U0107085

文景

———————

Horizon

社 科 新 知　文 艺 新 潮

中古政治
与思想文化史论

楼劲 ／ 著

上海人民出版社

目　录

第二编　制度抉义

第三编　经子发覆

第四编 文化掇遗

自 序

从政治现象的前因后果和发展过程观察相关的制度框架、实施状态，从制度举措及其施用之况观察相应的政治内涵和思想动向，由此才会有较为切实也更具纵深的制度史、政治史和思想史，这是笔者多年研习中古制度、思想和政治问题的一点执念。为此自须关注、涉猎一般政治史、制度史和思想史著述不甚寓目下力的问题和资料，更多地从事探旨抉义、发覆缀遗的工作，时有指认新路豁然开朗的振奋，也有汗漫放佚不知所归的惶惑。2020年秋，我应童岭兄之邀前往南京大学讲学，回京后他引荐上海人民出版社·世纪文景的何晓涛先生向我约稿，促使我把这十多年所撰中古政治、制度与思想文化之文汇为一帙，修改订补，刊行于世，既可借此总结反省这些年来自己的探讨，也可将相关问题一并就正于学界同仁，以获更多的批评意见。自2021年初以来，我都在不断为此做定稿工作，裁删取舍全书内容和编次结构，修削各篇文字，核对资料出处，统一全书体例，有时还要改写有些章节。直到十月下旬我在湖南大学岳麓书院访学期间，这一工作基本完成。从仍旧满目苍翠的湘江之滨回到秋意斑斓、色彩浓烈的北京，顿增岁末将近之感——是该为这本《中古政治与思想文化史论》做个说明了。

一

本书共分四编，第一编题作"'革命'三论"，所论为汉魏以来王朝的易代革命及其背后的思想传统。促使我写这组文章的问题盘旋于心亦已久矣：一是在中华民族数千年文明中，政治文明究竟处于何种状态，居于何种位置，起到了什么样的历史作用？长期以来学界勾勒的中国古代文明灿烂而政治黑暗，越是趋近政治核心部分就越应予以否定批判的状态，是不是一幅准确而合理的图景？二是夏、商、周三代是中国古代政治文明开始定型，公天下变为家天下已成定局的时代，在这个由商汤灭夏和武王伐纣完成政权更替的"革命"时代，为什么会日益流行明明已很难实现的尧、舜禅让传说？东周以来以禅让与革命为王朝易代两大模式，且以为禅让优于革命，蕴含着什么样的思想和历史进程？三是秦统一基础上发展起来的两汉，是中国统一的多民族国家和王朝体制的形成期，也是源远流长的汉文明体系之奠基期，那么为何两汉的建立均上效汤、武抗暴定乱而称革命举义，结束其祚的王莽和曹氏则都模仿尧、舜而行禅让？何以此后魏晋南北朝、隋唐、五代至宋，王朝更替大都通过禅让或革命模式展开，直至满清代明及清帝逊位仍存其踪？

对这些问题的思考探讨，应可明确夏、商、周三代积累、开启的政治与思想传统，在秦汉以来仍有绵亘的发展势头和现实影响，而禅让、革命模式所蕴王朝体制、王朝易代、王朝谱系和贯穿于中的王道理念，也包括今人关注的统治合法性之类，正是中国古代政治文明的集中体现，其成败得失及其光明与黑暗复合的历史状态，实为中国古代政治史和政治思想史头等重要、无可回避却又长期研究不力的课题。在清末民初以来的反封建、反复辟大潮中，几代志士仁人深恨清朝之腐朽而痛国运民命，由此清算王朝体制而重构国史，自然就要先把中华民族共有的中国与一家一姓所治的王朝区别开来，并把王朝体制视同帝制而"天下之恶皆归焉"，也就导致了史界对之除去蔑视批判几不正眼看待的局面。当然，近年以来其况已在改变之中，国史研究的不断深入终究需要直面王朝存在的事实，弄清历史上的中国为何以唐虞三代至秦汉以来王朝为标记的一系列问题。中国古代政治史和政治思想史研究只有超越以往那种标签化的定位、否定和批判，深入省思王朝体制的基础、构成、作用、地位及其不同阶段的思想内涵和演变进程，才能走出幼稚阶段，真正开始实事求是。

上述认识在我大约开始于二十一世纪的前十年，当时亦已在着手梳理相关资料。这方面最先撰就的《西汉时期"革命论"之退化与政治思想之转折变迁》一文（刊于《中国社会科学院历史研究所学刊》第七集，北京：商务印书馆，2011年），其开头一句"思想史研究要当以历史时期实际存在的论题为中心来展开"，说的就是相关研究如果老是纠缠于那些古人闻所未闻的现代命题，而不去关心他们当时究竟在面临和讨论什么样的问题，进而揭示其中的义旨意蕴、主次关系和发展轨迹，又怎么谈得上把握其思想发展脉络呢？同理，一部中古政治史或政治思想史，如果不能直面当时的基本统治体制及其所寓政治原理、社会理想，说不清楚时人何以对之积极实践并且抱有"天不变道亦不变"的自信，那么其构筑起来的研究框架即便在专制皇权、统治集团、种族关系、阶级斗争、农民战争等方面及相关思想的总结批判上贡献良多，也终究只是残缺片面的，其批判的部分也会是不合格的。

正是以此为出发点，本编"首论"阐述汉初以来"革命"理论的遭逢、流变与各阶段政治实际紧相关联的态势，以此解释王莽禅代及光武革命的思想背景，同时也为"二论"魏晋以来的禅让易代模式，"三论"十六国北朝各族标榜革命而称王称帝的相关问题，在其所承历史渊源和思想理论背景上做了铺垫。由此揭出的历史进程和思想进程，是王朝体制在解决易代难题时的逐渐成熟，是尧舜禅让、汤武革命说所寓政治原理经汉魏以来王朝易代实践而深入人心和发展修正，从而演出了"禅让革命"和"北族革命"的新样态。于中可见王朝绝非只是专制集权官僚政治的代名词，其思想内涵之丰富，制度构成之多样，得膺正统的前提之严肃，均远超今人之印象。围绕王朝体制、王朝谱系和王朝易代的理论和实践，不仅构成了华夏—汉文明系统中政治文明的核心内容，也是中国古代政治史和政治思想史亟待明确、充实的主体内容。而其在汉魏以来续被群雄操弄利用的历程，亦极为生动地展现了相关核心价值和政治准则易于沦入的异化困境，即便其也推崇尧、舜、汤、武之道，并可在"顺天应人"的自我辩护上达到逻辑自洽，这种核心价值和准则的异化困境仍意味着一系列严重的问题，足以导向政局动荡不安和朝代的短命衰落。

这三篇文章的写作断断续续长达十年，其最终样态与原先计划自然已有所不同。如原先设想应有"四论"隋唐革命一波三折，其余绪则可把五代和赵宋的建立也涵盖进来。但写到"三论"之末，觉得其义已尽，接下来多是史实铺陈而应就此收住。还有一些变化是在具体考察魏晋以来相关历史的过程中，对禅让、革命及王朝体制的看法有了进展，致使三文之间在某些问题的表述上不无差异，本书定稿时即对此做了调整。此外，在撰写过程中越来越觉得有必要上溯先秦时期革命和禅让问题形成、发展的脉络，却一直都缺乏时间和决心展开这一工作。直至疫情大起，鲜少外出而重读先秦诸子，仍感无力对之全面清理，只能就《论语·尧曰》首章所述二帝三王之道，尤其尧舜禅让和汤武革命之事做了补疏，也观照了秦汉以来王朝体制及其禅让、革命的态势，算是部分完成了自己的设想。在本书定稿时，这篇补疏列在第三编"经子发覆"之中，但其部分内容实可视为"'革命'三论"编之序章，关注王朝易代问题研究的同仁无妨参看。

二

第二编"制度抉义"收录了五篇制度史研究文章，由于其旨在抉发不同制度所蕴政治诉求和现实问题，加之一般都认为"制度"是由国家政权推出并保障其施用的规则章程，其构画、出台和调整发展均为政治的重要内容，故本编实际也在政治史研究之列。

我是从官制史走进史学的，当年内心最为纠结和与师友讨论最多的，便是什么是制度和应该怎样研究制度。后来撰文讨论各种制度问题，也常考虑所涉政治和思想背景。一直到2000年后，我写《道武帝所立庙制与拓跋氏早期世系》《〈周礼〉与北魏开国建制》等文，不少同仁推许我的礼制研究，其实我写的重点仍是政治和思想，心知自己在政治、思想和制度的综合研究上已趋自觉。回顾所经之路，自二十世纪八十年代徐连达老师邀我撰文讨论政制研究方法，倡扬"动态的制度"研究，其中即已讨论了制度规定、制度实际与制度记载的关系，包括影响制度形态、制度运行的政治前提和思想成分［《关于中国封建政制研究方法的若干问题》，刊于《复旦学报（社会科学版）》，1990年第1期］。到九十年代刘光华老师携我合著《中国古代文官制度》一书，不能不考虑制度的诸多内涵与外延，相关认识在系统性上有了切实推进，不过当时自己的关注点多在行政层面的层级节制、人事控制、公文流转及其法律表现，在制度与政治现实的关系上仍嫌概念化而流于浅表。我在这方面获得进展主要有赖于断代史研究，真正深入到某个具体专题或事件之中，各种历史要素及其相互关系才会生动地凸显出来，才能真正明白制度与政治和思想相互关联的实际状态，所撰之文也才开始有了些样子。2009年《中国古代文官制度》修订再版，我撰写的修订本序言结合自身所体甘苦，把学界已具相当共识的制度史认识总结为十条，以为今后研究及其方法讲求之要。现在看来，这些年来自己所撰也包括本编诸文得以具有一定的特点，都可归为对此的身体力行，而史界迄今所提的各种制度史研究主张，大略也均不出此十条之所概。

本编的五篇文章皆从具体问题抉发其制蕴义和历史内涵，而特别将之列在本编，则是考虑到其在时间上包括了魏晋、北朝和唐宋，内容多涉政治史并与前后各编之文有所照应，更重要的是所论都从一个侧面反映了中古政治与思想文化的发展脉络，也都体现了我对这一发展脉络的基本看法。瞿同祖先生所阐法律儒家化进程之所以需要撰文强调其切实而重要，是因为与之相伴的还有中古制定法运动等一系列重大的历史现象，相关事态远非仅涉及法制而至为错综，令人意识到其总体从属于汉武帝独尊儒术以来，整套政治、制度围绕儒学定型不断意识形态化的进程，这也正是中古政治与思想文化发展至为重要的一条线索。在这个进程中，北魏无疑因其终结十六国乱世和开向隋唐新局而占有特殊重要的地位，我曾概括其政治与制度主导整个社会不断更新的态势，称之为"儒家化北支传统"，并以这一传统的形成和发展为汉文明体系得以渡过魏晋南北朝的艰险坎坷而进入隋唐的关键。本编所论天兴定历和太和立法二文，即述儒家化北支传统开启期和定型期的有关状态。前一文反映了北魏建国举措对于十六国时期的继承和发展，在民族关系至为尖锐复杂之时仍以定历为立国要件，再次说明了北魏继承汉魏以来传统王朝的决心，体现了当时统治核心为构筑胡汉合作平台所做的努力，也解释了为什么是道武帝开启了儒家化北支传统。孝文帝迁都以前的立法，包括刑法、俸禄、三长、均田、官制等方面，较之迁都以后侧重于习俗的激进改革更能代表儒家化北支传统的常态，事实上也构成了北朝后期续此发展而超越南朝的框架基础。此文对迁都以前改革与立法关系的观察，对其阶段性重心变迁和内容递进的讨论，即旨在揭示儒家化北支传统定型期的路径特色，有助于理解这一传统在迁都以后的曲折走向和历史所以从北朝进入隋唐的进程。

　　旌表孝义之制是观察汉文明体系特有思想文化状态的绝佳视角，也是一种核心价值观在官方崇导和社会认同下有可能衍生何种事态的典型个案。与汉以来整套政治、制度围绕儒学定型的意识形态化过程相伴的，是整套纲常伦理即所谓名教不断渗透至全社会与时流衍的过程。这两个进程一起构成了两汉所以走向隋唐的内轴，即便在民族关系复杂的十六国北朝也还是呈现了坚韧之势，却都因为官方推崇、利禄所归而常失本异化。对这种名教异化之况的省思纠偏，实为中古政治与思想文化发展的又一重要线索，涉及政策制度、社会治理直至观念形态的诸多事件和波澜。本编收录的《证圣元年敕与南北朝至唐的旌表孝义之制》一文，即是从政策角度对崇尚孝义之所以催生伪滥而败坏孝义的观察，所论与上一编"'革命'三论"与下一编"经子发覆"述易代举措饰伪和玄学兴起原因的部分相互呼应。循此线索放眼再看，从郑学风行到玄学兴起和援道、援释入儒，再到儒释道终趋同归而催出宋学，这些思想史上的大事节目不仅皆与时人对名教失本异化的关注相连，且均蕴有强烈的政治、社会诉求。在此认识之下，《宋初礼制沿革与"宋承唐制"说之兴》一文讨论与宋学隐隐相关的"宋承唐制说"之兴，观其针对五代时期名教涂地之局，力欲在迅疾到来的平民时代追踪汉唐振起世风的旨趣，则唐宋政治、社会及其儒学之所以重振的问题，亦可以一窥其要矣。

三

上述第一、二编主要是从王朝易代和相关制度阐其思想和历史文化内涵，第三、四编所论则为公认的思想文化史问题。我对中古政治和思想文化主体内容和发展线索的认识，不少都从政治史和制度史探讨中领悟而来，是在关注政治实际和制度施用的来龙去脉、背景、内涵中得到的。这样的过程自然会在思想文化史领域积累起一些问题和看法，并且陆续撰写成文。今将之列为本书第三、四两编，依次对之略做说明。

第三编诸文的关键词是儒学和子学，其中前三篇文章讨论了魏晋以来儒学发展和子学流播的问题。儒学和子学之况是中古思想史研究的基本问题，我的讨论取径总的来说偏于澄清史实而非发挥义理，力图让问题回到而不是抽离其所处的历史场景，其结论与思想史界的定论相当不同：一是以往不少著述所绘汉魏以来儒学衰落和子学萎缩的图景，完全不符各种资料实际传递的样态，无论是传世、出土文献还是诸多考古发现，魏晋以来儒学和子学相辅相成不断发展的大量事实，实非今人变换视角和标准可以否定。二是正因为儒学和子学仍在继续发展并仍扎根现实与之积极互动，才可以解释魏晋以来政治与制度围绕儒学的意识形态化进程，以及玄学兴起和儒释道在思想、学术层面上交流互渗等一系列事态。三是既然中古思想界的主流是由儒学不断汲取子学、宗教等多重因子的发展过程所构成，并且贯穿于当时政治、社会以至民族关系等各个领域，那么以往关于两汉经学、魏晋玄学、隋唐佛学、宋明理学递嬗的阶段性概括，无论是要突出各期重点还是勾勒其间脉络，就都有了重新省思和修正的必要。

另外两篇即《〈论语·尧曰〉首章补疏》和《汤祷传说的文本系统》，则从先秦论至汉魏，属于中古儒学和子学的溯源性研究。其中前一文的撰写背景上已交代，文中可见春秋以来儒家政治学说尤其是对王道内涵的阐述，至于战国已为各家关注讨论的焦点，尤其有关王朝谱系、王朝体制和王朝易代的部分，可说已逐渐形成了某些主流共识，这实际上就是秦汉大一统王朝所以建立的理论基础，也解释了统一六国时秦始皇身边博士所以多为儒生，汉初文帝、景帝为何已立若干儒经博士，至于武帝独尊儒术而其势头得以不断壮大发展的轨迹。后一文在本书定稿时增加了分节，不少地方虽已重写而原先的观点并未改变。所论儒、墨二家汤祷传说文本的分化组合和演化过程，亦足见战国诸子围绕圣王形象、王道内涵的分歧及其义旨互渗，至于汉以来汤祷文本的"祛魅"之势和文本流变，也还是反映了汉以来儒学与子学上承战国而关联发展的总体态势。

第四编题为"文化掇遗"，一方面是因为其所含二文分别关乎谥法文献和女医之制，正在一般所谓"文化"的范围之内；另一方面则是由于其原来各为另一研究计划的部分内容，整个计划目前难言完成之期，使之犹如孤叶离枝，遂为"掇遗"。其中的《〈玉海〉所存沈约〈谥例序〉文笺解》一文，缘起于我试图讨论《魏书·序纪》所载道武帝追尊拓跋早先二十八帝谥号的问题，需要清理当时流行的谥法文献。《释唐令"女医"条》一文，则与我关注汉魏以来知识体系和知识阶层，不满于以往教育史、学校史几乎只论儒学而不及其他，遂曾梳理官方部门之学、佛道寺观之学的状态相系。而天一阁藏明钞本《天圣令》所存唐令中即有官方部门之学的不少重要资料，"女医"条亦其中之一。两者皆对相关问题研究具有绕不过去的基础性，故敢掇此二文以为全书末编。

回顾自己的研习之路，从官制逐渐推至礼、法诸制，再到制度所处的政治实际和背后的思想观念，以及更为多样的历史进程，这是自己在史学上的根柢所在。总结自己四十年来的体会，最为深切和困难的是要始终盯着问题所及展开探讨，不因其繁难冷僻绕避，也不因时忌尊讳或其他种种牵扯另行开局，即便事有轻重缓急，也能及时接续前功。认真说来，中国现代史学一直以来的痼症之一，便是几代学者的身段普遍过于柔软，大多跟着潮流说风就是雨，总是一拥而上，倏忽退潮，不惮重起炉灶。我曾得过不少老师告诫：

中古政治与思想文化史论

学术研究固然需要多种才华学识，但首要的仍是拙朴的坚持，亦即独立而不改的学者立场和持续推进认识的科学精神。至今思之，这真是至为痛切的经验教训，又深愧自己也曾一拥而上，遂书此于序末，以为鉴戒。

楼 劲

2021 年 12 月 30 日

第一编 "革命"三论

第一章 "革命"论退化与汉代政治、思想之转折变迁

思想史研究要当以历史时期实际存在的论题为中心展开，"革命"就是我国自古以来最为重要的论题之一。[1]历代关于"革命"问题的讨论，即所谓"革命论"，无疑是我国政治思想史上一个独特而重要的组成部分。在先秦以来革命论呈现的演变趋向和脉络中，具

---

1 就一般意义而言，"革命"即大众投身于中的剧烈社会变革。关于我国传统思想中的"革命"，亦即梁启超《中国历史上革命之研究》所称"狭义的革命"，晚清今文学多有讨论。梁启超：《饮冰室合集》第五册，北京：中华书局，2015年，第1301—1311页。如康有为述孔子为"制法之王"，其法足以指导革命改制而致太平之治。康有为：《孔子改制考》，北京：中华书局，1958年，第194—213页。皮锡瑞《经学通论》四《春秋》之首条，即述《春秋》大义在诛讨乱贼，微言在改立法制"。皮锡瑞：《经学通论》，北京：中华书局，1954年，《春秋》部分第1页。陈柱《公羊家哲学》首篇即为《革命说》，断言《公羊传》之说《春秋》，其富于革命思想"。即承晚清今文家言而阐其义。陈柱著、李静校注：《公羊家哲学》，上海：华东师范大学出版社，2014年，第11—20页。自来涉入这一论题的其他文著，除后文所述蒙文通、刘小枫先生的相关成果外，还有宫川尚志：《禅讓による王朝革命の特質》，载《东方学》第十一辑，1955年；渡会显：《漢代儒教国教化に関する二、三の考察──王莽の禅讓革命をめぐって》，收入《牧尾良海博士頌寿記念論集──中国の宗教、思想と科学》，东京国书刊行会，1984年；孙家洲：《先秦诸子论"汤武革命"》，载《社会科学研究》，1987年第1期；蔑森健介：《六朝贵族制形成期の吏部官僚──漢魏革命から魏晋革命に至る政治動向と吏部人事》，收入（日本）中国中世史研究会编：《中国中世史研究·续编》，京都大学学术出版会，1995年。

有关键意义而影响深远的转折发生在西汉。这自然与其统治期甚长，又是第一个巩固了的大一统王朝，思想界诸种事态经历了反复整合的大势分不开；同时也是革命论在西汉王朝地位特殊，相关讨论贯穿于其兴衰存亡始末，"革命"内涵和外延与其统治方略的变迁紧相缠绕而不断演化之故。

对于汉代革命论之况，清代今文学派多有关注。[1]迨至近现代变法潮起，革命风生，汉代今文各家对"革命"问题的讨论，遂被当作重要资源加以开发，更被看成儒学具有革命改制传统的关键证据来着力论证[2]。而其晚近之殿军，洵当首推蒙文通先生。蒙先生于1940年

1　如刘逢禄《春秋公羊经何氏释例》卷十《灾异例第三十》之末释曰："……夫陈说先王而失谴告之旨，谓之不学无术，魏以后儒者是也，讳其事应之着，而不肯戚言于上，谓之曲学阿世，谷永、翼奉之徒是也。"阮元编：《清经解》（以下简称《清经解》）第一百五十三种，南京：凤凰出版社，2005年，第10090页。清人好讥汉儒为立学干政而"曲学阿世"，谷永习《京氏易》，翼奉习《齐诗》，皆善说灾异而为西汉革命论代表人物，刘氏亦归之入此辈。又连鹤寿撰有《齐诗翼氏学》四卷，专门讨论和推演了《齐诗》和《诗纬》中的"四始五际"及"革命""革正"等说。王先谦编：《清经解续编》（以下简称《清经解续编》）卷一二八，南京：凤凰出版社，2005年，第4326—4334页。稍后陈乔枞撰《齐诗翼氏学疏证》二卷，逐句笺释了《汉书·翼奉传》所载翼氏《诗》学的有关内容。《清经解续编》卷一六二，第5861—5872页。陈乔枞在《三家诗遗说考·齐诗遗说考》五《小雅一》中，又整理了《齐诗》"四始五际"说及其所含革命论的基本资料。《清经解续编》卷一五九，第5636页。另参周予同《经今古文学》五《经今文学的复兴》，收入朱维铮编：《周予同经学史论著选集（增订本）》，上海：上海人民出版社，1983年，第17—23页。

2　如清末苏舆《春秋繁露义证》之《自序》述嘉、道以来，此书大显，学者"益知钻研《公羊》，而如龚、刘、宋、戴之徒，阐发要眇，颇复凿之使深，渐乖本旨。承其后者，沿讹袭谬，流为隐怪"。苏舆撰、钟哲点校：《春秋繁露义证》（以下简称《春秋繁露义证》），北京：中华书局，1992年，第1—2页。又梁启超《清代学术概论》第二十三章论康有为《孔子改制考》有曰："近人祖述何休以治《公羊》者，若刘逢禄、龚自珍、陈立辈，皆言改制；而有为之说，实与彼异。有为所谓改制者，则一种政治革命、社会改造的意味也。"上海：商务印书馆，1934年，第130页。

发表《儒家政治思想之发展》，至1961年又刊出《孔子和今文学》，二文所处背景不同，然皆截断众流而气魄无双，大略则以《齐诗》《京房易》《公羊春秋》中的"革命""素王"学说为西汉今文学之中心，述其上承《易传》、孟、荀，下启后儒阐崇"一王大法"、礼家经制的源与流。[1]其旨显自廖、康之茧蜕出蝶飞而来，而所论西汉革命论及其与一代政治思想的关系问题，实为近代以来相关论域最为出色的研究成果。直至2000年刘小枫出版《儒家革命精神源流考》，要仍围绕西汉今文学中的革命论而上下延伸[2]，可谓蒙先生所论之流风余韵。

此外还有不少学者在不同角度和程度上探讨过汉代革命论的相关问题，其共同点似可概为由经入史的"斫雕为朴"。即舍弃前人为汉儒"革命"之说构筑起来的宏伟叙事，而把汉代对"革命"问题的相关表述，各各还原至其本来所处的语境和历史过程之中。这类研究开始时明显是对清季以来该论域今文学风行一时之况的一种反动[3]，因为那个用微言大义黏合而成的革命大观，确有脱离历史过度

1　二文俱收入蒙默编：《蒙文通全集》册一《儒学甄微》，成都：巴蜀书社，2015年，第56—80、315—363页。据蒙默写在《儒家政治思想之发展》文末的附注，此文乃合《汉儒之学源于孟子考》《非常异义之政治学说》《非常异义之政治学说解难》三文（发表于1937年3月至1938年1月）而撰成，1940年发于《志林》第2期。《孔子和今文学》一文即在此基础上改写而成，收入《孔子讨论文集》第一辑，济南：山东人民出版社，1961年。

2　刘小枫：《儒家革命精神源流考》，上海：上海三联书店，2000年。其古代部分主要由《〈易传〉汤武革命论及其释义学》《汉代今文家的"素王"革命论》和《心学成圣论与儒家革命精神》三章构成。第33—75页。

3　如刘师培《两汉学术发微论》之《两汉政治学发微论》，从民权角度讨论汉代政治思想，涉及了董仲舒、盖宽饶、刘向所说的受命易代问题。《刘申叔遗书》上册，南京：江苏古籍出版社，1997年，第530—532页。顾颉刚《汉代学术史略》略为其后来所撰《五德终始说下的政治与历史》的雏形，其中多处讨论了汉魏（转下页）

演绎的致命缺陷[1]。较为晚近的，则从属于经学、谶纬及易代等问题的研究，其风更趋平实，所论亦多有进展。[2]这些讨论不仅擅胜于各自领域，整理了相关的史料和问题，也为继起的研究者讨论当时的"革命"问题提供了更好的基础。

但问题在于，清末今文学因欢呼革命而直面"革命"，其研究过程所开扩的，确为"革命"的论域和前沿；而晚近不少学者的研究，却往往对"革命"持回避态度，或者只是借用"革命"一词以称易代改姓，所关心的并不是革命论本身而是其他。若按此路数，当汉代形形色色的"革命"佚文各自散归五行、三统、受命、谶纬等表述之中，前一路研究构筑的琼楼玉宇斫为一地碎玉之后，"革命"这个汉人持续关注的重大论题，更不必说其演化历程和流变脉络，也就被消于无形了。由此看来，斫雕为朴固然可说是近现代学

（接上页）间的受命、改制、禅让问题。参看其第一章《阴阳五行说及其理想中的政治制度》、第四章《汉代受命改制的鼓吹与其实现》，上海：亚细亚书局，1935年，第1—7、18—23页。钱穆《孔子与春秋》欲破清末以来今、古学壁垒而疏通有关史实，亦论及了汉来的受命、改制诸问题。氏著《两汉经学今古文平议》，北京：商务印书馆，2001年，第263—317页。

1　王国维《沈乙庵先生七十寿序》曾述道咸以降学者"或尽力于先秦、西汉之学，以图变革一切……其所派夫古者，不必尽如古人之真；而其所以切者，亦未必适中当世之弊"。即指出了这一缺陷。徐兴无编：《王国维文选》，上海：上海远东出版社，2011年，第344—346页。即便是蒙文通先生上引二文，对"革命论"在《齐诗》《京房易》《公羊春秋》中究竟占有何种地位，西汉今文经学到底是否以"革命""素王"学说为中心等关键问题，基本上也还是承"今文家法"为说，并无可信的史学论证。

2　如安居香山《纬书与中国神秘思想》第五章《中国革命的特点》4《中国革命和预言》（田人隆译，石家庄：河北人民出版社，1991年，第130—138页）；王葆玹《今古文经学新论》第九章《经学思想"从宗教到哲学"的演变历程》四《禅让与革命》（北京：中国社会科学出版社，1997年，第445—454页）。

术发展的必然要求，但若由此而扭曲、放弃甚至取消了客观存在的
"革命"问题，则其在认识传统"革命"理论和实践时所竖立的识
障，正恐不小于非常可怪的今文学末流而更有过之。

以下即拟正面考察汉初以来革命论递嬗转折的基本历程，虽不
敢谓树大义而弃微言，缀碎玉而去雕饰，亦愿见其本来面目与动态，
探其与当时政治思想转折和政局演化关系之概要，抑且有裨于"以
实际论题为中心的思想史"研究。

一、"革命"传统及先秦至汉初的相关争议

作为一个政治命题，"革命"的较为原始和为人熟知的概括，出
于《易·革卦》的象辞："天地革而四时成、汤、武革命，顺乎天而
应乎人。"[1]这个命题看来是通过对商汤放桀代夏、周武伐殷诛纣的肯
定，确认了天怒人怨之际，被统治者奋起推翻暴政、夺取政权的正
当性和必要性。其中包括的理论内涵，与春秋以来国民观念的抬头
和民本思潮的骤然活跃有关，且与师旷说"困民之主，弗去何为"，
史墨说"社稷无常奉，君臣无常位"等言论[2]，构成了相互呼应的关

---

1 李道平撰、潘雨廷点校：《周易集解纂疏》（以下简称《周易集解纂疏》），北京：
中华书局，1994年，第437—438页。更早的如《尚书·牧誓》《多士》载武王牧野誓
师和周公告诫殷人，都说伐纣代殷是"恭行天罚"，"明致天罚"；《多士》且述"成
汤革夏""殷革夏命"。阮元校刻：《十三经注疏》（以下简称《十三经注疏》），北京：
中华书局，1980年，第183、219—220页。据此而推，以周革殷命比于"殷革夏命"
的"革命"说，有可能是周人伐殷的舆论准备和自我辩护方式，所谓"恭行天罚"，
实已含统治合法性来自天命而落实于人事的观念，实为革命抗暴应天顺人的前声。
2 分见《左传》襄公十四年师旷论卫人出君之事、昭公三十二年赵简子论季氏
出君之事。又《管子·形势解》："古者三王五伯，皆人主之利天下者也，（转下页）

系。其所反映的，正是旧式等级秩序离析崩溃而新型统治模式正在探索形成之时，人们对被统治者权利和要求的集中思考。

但汤、武革命这面激进的抗暴旗帜，显然并未随汤、武圣王地位的越益确立而迎风招展。在朝的统治者，包括那些因革命成功而取得了政权的统治者，自不能不看到尊奉汤、武和赞美汤、武革命之间的矛盾；在野的仁人志士，实际也很难将之一概承受下来。[1]政治态度相对消极或保守者自不必说，就是以激进而著称的孟子，也只是通过极力渲染桀、纣之"非君"和汤、武之仁德，甚至不惜抹杀文献中"血流漂杵"的史实[2]，才得以辩护了汤、武放、杀其君取

（接上页）故身贵显而子孙被其泽。桀、纣、幽、厉，皆人主之害天下者也，故身困伤而子孙蒙其祸……汤、武征伐无道，诛杀暴乱，以致民利，故明主之动作虽异，其利民同也。"黎翔凤撰、梁运华整理：《管子校注》（以下简称《管子校注》），北京：中华书局，2020年，第1183—1184页。1993年出土于湖北荆门郭店一号楚墓的《郭店楚简·成之闻之》："上不以其道，民之从之也难。"《尊德义》："下之事上也，不从其所爱，而从其所行。"陈伟等：《楚地出土战国简册十五种》二《郭店1号墓简册》，北京：经济科学出版社，2009年，第204、213页。

[1] 《易·系辞下》第七章曰："《易》之兴也，其于中古乎？作《易》者，其有忧患乎？"第十一章又曰："《易》之兴也，其当殷之末世，周之盛德邪？当文王与纣之事邪？是故其辞危。"《周易集解纂疏》，第659—670、677页。《革卦》象辞说汤、武革命顺天应人，切合于《系辞》的这些推测，可释为忧患意识下的"危言"，除强调被统治者权利外，其部分义涵有类于《尚书·召诰》谓"不可不监于有夏，亦不可不监于有殷"；《诗·大雅·荡》谓"殷鉴不远，在夏后之世"。《十三经注疏》，第213、554页。无论《易传》是否孔子所作，其对革命的肯定正以"顺天应人"为前提条件，且与《尚书·多士》周公说"非我小国敢弋殷命，惟天不畀允罔固乱"一脉相承。《十三经注疏》，第219页。

[2] 《孟子·梁惠王下》述"齐宣王问曰：汤放桀，武王伐纣，有诸？孟子对曰：于《传》有之。曰：臣弑其君，可乎？曰：贼仁者谓之贼，贼义者谓之残，残贼之人，人谓之一夫，闻诛一夫纣矣，未闻弑君也。"又《尽心下》述"尽信《书》则不如无《书》。吾于《武成》，取二三策而已矣。仁人无敌于天下，以至仁伐至不仁，而何其血之流杵也"。其主张是"行一不义，杀一不辜而得天下，不为也"。（转下页）

中古政治与思想文化史论

而代之的合理性；其代价则是把革命抗暴之所以正当的条件，限制到了几乎不可能在现实中存在的地步。至于在肯定汤、武革命时持论工稳的荀子和尸子，则是以"桀、纣无天下"来论证"汤、武不弑君"的。[1]这种与孟子一样先承认了"弑君为恶"，又转而在名、实关系和逻辑推理上大下功夫的辩护方式，非惟无助于加强汤、武诛暴的正当性，反倒令人有气虚理亏之感。

的确，对任何一个尊重上下秩序和谋求万世一系的集团或政权来说，处于早期形态而以汤、武放杀为特征的革命论，太危险了！是故战国以来，在孟、荀、尸子勉力为汤、武革命辩护的同时，声势越益壮大的还是反方的各种声音。《战国策·赵策二》载苏秦说赵肃侯有曰："夫割地效实，五伯之所以覆军禽将而求也；封侯贵戚，汤、武之所以放杀而争也。"[2]这是说汤武放杀为的是"封侯贵

（接上页）焦循撰、沈文倬点校：《孟子正义》（以下简称《孟子正义》），北京：中华书局，1987年，第145、959页。

[1] 《荀子·正论》："能用天下之谓王，汤、武非取天下也，修其道，行其义，兴天下之同利，除天下之同害，而天下归之也。桀、纣非去天下也，反禹、汤之德，乱礼义之分，禽兽之行，积其凶，全其恶，而天下去之也。天下归之谓之王，天下去之谓之亡，故桀、纣无天下，而汤、武不弑君也。"王先谦：《荀子集解》（以下简称《荀子集解》），北京：中华书局，1988年，第322—326页。魏徵等撰《群书治要》卷三六引《尸子·贵言》："臣天下，一天下也。一天下者，令于天下则行，禁焉则止。桀、纣令天下而不行，禁焉而不止，故不得臣也。"其理与荀子相同（上海：商务印书馆，1937年，第619页）。又《管子·形势解》有"人主之所以使下尽力而亲上"及"人主之所以令则行禁则止"之说，《版法解》有"与天下同利者，天下持之；擅天下之利者，天下谋之"之语，可见上引《荀子》《尸子》说所来有自。《管子校注》，第1088—1089、1126页。

[2] 张清常、王延栋：《战国策笺注》（以下简称《战国策笺注》），天津：南开大学出版社，1993年，第451页。《史记》卷六九《苏秦列传》载其文，"割地效实"作"割地包利"，"放杀"作"放弑"。北京：中华书局，1982年，第2245页。

戚"。《韩诗外传》卷八载狐卷子对魏文侯曰："父贤不过尧，而丹朱放……臣贤不过汤、武，而桀、纣伐。"[1]这是以尧放丹朱和汤、武伐桀、纣为其德有玷。《吕氏春秋·仲冬纪》之《当务》述"尧有不慈之名，舜有不孝之行，禹有淫湎之意，汤、武有放杀之事，五伯有暴乱之谋，世皆誉之，人皆讳之，惑也"。[2]这是把汤、武放杀与不慈、不孝、淫湎、暴乱看作同类。《韩非子·忠孝》："尧、舜、汤、武，或反君臣之义，乱后世之教者也。尧为人君而君其臣，舜为人臣而臣其君；汤、武人臣而弑其主，刑其尸；而天下誉之，此天下民所以至今不治者也。"[3]这是指斥尧、舜禅让和汤、武放杀皆有违君臣大义。《史记》卷八七《李斯列传》载始皇帝崩后，赵高说胡亥有曰："臣闻汤、武弑其主，天下称义焉，不为不忠；卫君弑其父，而卫国载其德，孔子著之，不为不孝。"[4]这种效果决定论同样表明了时人公认汤武革命为"弑其主"的立场。以上言论应当代表了战国以来革命论反方的基本看法，从"世皆誉之，人皆讳之"等语，又可看出争辩双方相峙而舆情已不利于正方的总体态势。

这也就是汉初革命论继续演化的历史前提。从秦、汉之际的情况看，秦末群雄起义，终由刘邦独得天下，其力欲标榜和树立的，即是类于汤、武应天顺人奋起抗暴的革命形象。《汉书》卷三九《萧何传》载萧何说高帝有曰：

1　屈守元：《韩诗外传笺疏》，成都：巴蜀书社，1996年，第738—739页。

2　许维遹撰、梁运华整理：《吕氏春秋集释》（以下简称《吕氏春秋集释》），北京：中华书局，2009年，第250—251页。

3　陈奇猷校注：《韩非子集释》（以下简称《韩非子集释》），上海：上海人民出版社，1974年，第1107页。

4　《史记》，第2549页。

夫能诎于一人之下而信于万乘之上者，汤、武是也。臣愿大王王汉中，养其民以致贤人，收用巴蜀，还定三秦，天下可图也。[1]

萧何之所以励高帝以汤、武之业，不仅由于革命抗暴是响亮而富于动员力的战斗号角，更因为当时群雄纷纷以兴复六国为号[2]，平民出身的刘邦托附汤、武革命，则可建上流之势而足与相抗。《史记》卷五五《留侯世家》载郦食其劝高帝封六国之后，以汤、武伐桀、纣而封其后为说；张良谏止之，以为汤、武伐桀、纣而封其后，是因为形势已能制其死命。[3]郦、张二人政见不同，然皆以高帝所行为汤、武之事，这表明仿效汤、武而高举革命抗暴的旗帜，实为刘汉创业时期的重大决策。[4]但即便如此，陆贾与刘邦论马上得之不可以马上治之的国策转折必要性，为之陈说汤、武"逆取而顺守"之理[5]，还是直截了当地指出了革命虽应天顺人而毕竟仍属以下犯上。

陆贾称汤、武革命为"逆"的观点，正代表了上面所述一段时期以来，人们对汤、武革命的"弑君"性质越来越直言不讳的倾向。

1　《汉书》，北京：中华书局，1962年，第2006—2007页。

2　参《史记》卷七《项羽本纪》、卷四八《陈涉世家》、卷八九《张耳陈余列传》，第316—317、1954—1956、2575—2576页。

3　《史记》，第2040页。

4　帮助进一步树立刘邦的这种革命形象的，便是西汉前期以来盛传的高帝斩蛇起义神话。参杨权《新五德理论与两汉政治——"尧后火德"说考论》关于高祖神话的讨论。北京：中华书局，2006年，第71—73页。

5　《孟子·滕文公下》，《孟子正义》，第459页。《史记》卷九七《陆贾列传》。同书卷一二八《龟策列传》载卫平说宋元王有曰："取之以暴强而治以文理……汤武行之，乃取天子；《春秋》著之，以为经纪。"（第2699、3235页）其说即陆贾逆取顺守说之所本。

与孟、荀、尸子为汤、武放杀辩护而殚精竭虑的状况相比，陆贾表达的这种倾向，因其紧傍统治集团的根本利益而理直气壮，似乎其已是无庸辞费的公理。这个苗头反映大一统帝国从蕴酿到终于建立的过程中，社会主流对待革命抗暴的基本态度正在从以往有条件的肯定，向着秦汉以来的无条件反对倾斜。而汉景帝时期那场关于汤武革命性质的著名论争，则相当清楚地宣告了其转折点的到来。《史记》卷一二一《儒林辕固生传》载：

　　清河王太傅辕固生者，齐人也。以治《诗》，孝景时为博士，与黄生争论景帝前。黄生曰："汤、武非受命，乃弑也。"辕固生曰："不然，夫桀、纣虐乱，天下之心皆归汤、武，汤、武与天下之心而诛桀、纣，桀、纣之民不为之使，而归汤、武，汤、武不得已而立，非受命为何？"黄生曰："冠虽敝，必加于首；履虽新，必关于足，何者？上下之分也。今桀、纣虽失道，然君上也；汤、武虽圣，臣下也。夫主有失行，臣下不能正言匡过以尊天子，反因过而诛之，代立践南面，非弑而何也？"辕固生曰："必若所云，是高帝代秦即天子之位非邪！"于是景帝曰："食肉不食马肝，不为不知味；言学者无言汤、武受命，不为愚。"遂罢。是后学者莫敢明受命放杀者。[1]

　　黄生所论，无非是贯彻了"孔子成《春秋》而乱臣贼子惧"式

---

1 《史记》，第3122—3123页。

　　　　　　　　　　　　　中古政治与思想文化史论

的君臣大义[1]，其代表的是当时政治秩序和政治理论发展的主要方向，必将成为举世公认无可辩驳的准则，绝非辕固生所依据和勉力坚持的"民心"向背说可与抗衡，但却与高帝革命抗暴获取天下的正当性相悖，也就威胁到了汉革秦命取而代之的合法性，连带也触犯了所有追随高帝起义的元功重臣及其子孙。这就立即把景帝放到了一个无法表态的尴尬境地，于是只好下诏不争论。

二、武帝以来为汤武辩护的三种理论倾向

"是后学者莫敢明受命放杀者"，似景帝以来一段时期内，汤、武受命放杀这个革命论的核心问题，已不得再在庙堂之上公然讨论。事实则是受命放杀问题无可回避，圣王的形象亟待维护，本朝的统治合法性不容置疑，革命论也就仍有必要继续展开，无非是讨论的面目已有所变化而忌讳益多，尤其不得再牵出高帝了而已。就是说，景帝以来围绕受命放杀问题的种种言论，无论其是否提到"革命"，实际上都是新时期革命论发展的表现形式。其中为汤、武放杀辩护而理论上发展变化相对较大的，大概不外乎以下三家：

一是说天命不常，惟有德者居之，故汤、武放杀桀、纣不为"弑"。其典型如董仲舒《春秋繁露·尧舜不擅移汤武不专杀》，就是

1　汤志钧先生认为"黄生即《史记·太史公自序》'习道论于黄子'的黄子，是汉初黄老学派的主要人物，他引用的冠履论证也见于太公《六韬》佚文和《韩非子·外储说左下》"。见汤志钧等：《西汉经学与政治》第一章《黄老之治和儒家独尊》，上海：上海古籍出版社，1994年，第1—19页。今案，"黄生"若即"黄子"，则其与辕固生之争就有了黄老学派与儒学相争的意味，然此事并无确证。从持论看，说黄生是《春秋》学者亦无不可。

一篇专门为尧、舜禅让和汤、武放杀辩护的文章[1]：

 尧、舜何缘而得擅移天下哉？《孝经》之语曰：事父孝，故事天明。"事天与父，同礼也。今父有以重予子，子不敢擅予他人，人心皆然。然则王者亦天之子也，天以天下予尧、舜，尧、舜受命于天而王天下，犹子安敢擅以所重受于天者予他人也？天有不以予尧、舜渐夺之故，明为子道，则尧、舜之不私传天下而擅移位也，无所疑也。儒者以汤、武为至圣大贤也，以为全道究义，尽美者，故列之尧、舜，谓之圣王，如法则之。今足下以汤、武为不义，然则足下之所谓义者，何世之王也？曰弗知。弗知者，以天下王为无义者邪？其有义者而足下不知邪？则答之以神农。应之曰：神农氏之为天子，与天地俱起乎，将有所伐乎？神农氏有所伐可，汤武有所伐独不可，何也？且天之生民，非为王也，而天立王，以为民也。故其德足以安乐民者，天予之；其恶足以贼害民者，天夺之。《诗》云："殷士肤敏，裸将于京，侯服于周，天命靡常。"言天之无常予、无常夺也。故封泰山之上，禅梁父之下，易姓而王，德如尧、舜者七十二人。王者，天之所予也，其所伐，皆天之所夺也。今唯以汤、武之伐桀、纣为不义，则七十二王亦有伐也。推足下之说，将以七十二王为皆不义

---

1 《荀子·正论》篇："世俗之为说者曰：'桀、纣有天下，汤、武篡而夺之。'是不然……世俗之为说者曰：'尧、舜擅让。'是不然……"荀子在此同时为尧舜禅让和汤武放杀做了辩护。《荀子集解》，第322—326、331—336页。又前引《韩非子·忠孝》篇力诋尧舜禅让和汤武放杀"反君臣之义，乱后世之教"，可见战国末年相关讨论展开之况，而《春秋繁露》此篇即承此而来。

        中古政治与思想文化史论

也。故夏无道而殷伐之，殷无道而周伐之，周无道而秦伐之，秦无道而汉伐之。有道伐无道，此天理也，所从来久矣。宁能至汤、武而然耶？夫非汤、武之伐桀纣者，亦将非秦之伐周，非徒不知天理，又不明人礼。礼：子为父隐恶。今使伐人者而信不义，当为国讳之，岂宜如诽谤者？此所谓一言而再过者也。君也者，掌令者也，令行而禁止也。今桀、纣令天下而不行，禁天下而不止，安在其能臣天下也？果不能臣天下，何谓汤、武弑？[1]

　　这里对汤、武放杀非弑的论证，即以自古易姓而王七十二人和夏、商、周、秦易代之事，证明了天命不常而依德予、夺的道理；又明确了汤、武"为至贤、大圣"而与尧、舜并为圣王，桀、纣失天命而"不能臣天下"的事实；结论则是"有道伐无道，此天理也……何谓汤武'弑'？"与之相类的言论，还可以举出《韩诗外传》卷八："贵为天子，富有四海，而德不谦，以亡其身者，桀、

---

[1] 《春秋繁露义证》，第219—221页。苏氏《义证》以为此篇"非董子文"，然其所举理由类多牵强，如述董仲舒"恶秦特甚"，此云周无道而秦伐之，与汤武相提并论"为不可能。今案《淮南子·泰族》："故汤处亳七十里，文王处丰百里，皆令行禁止于天下。周之衰也，戎伐凡伯于楚丘以归。故得道则以百里之地令于诸侯，失道则以天下之大畏于冀州。"刘文典撰，冯逸、乔华点校：《淮南鸿烈集解》（以下简称《淮南鸿烈集解》），北京：中华书局，1989年，第689页。《说苑·君道》述孔子曰："夏道不亡，商德不作；商德不亡，周德不作；周德不亡，《春秋》不作，《春秋》作而后君子知周道亡也。"刘向撰，向宗鲁校证：《说苑校证》（以下简称《说苑校证》），北京：中华书局，1987年，第31页。又《法言·五百》："或问：其有继周者，虽百世可知也。秦已继周矣，不待夏礼而治者，其不验乎？"汪荣宝撰、陈仲夫点校：《法言义疏》（以下简称《法言义疏》），北京：中华书局，1987年，第261页。以此观之，董仲舒述"周无道而秦伐之"似无不可。

纣是也。"[1]《说苑·贵德》："桀、纣以不仁失天下，汤、武以积德有海土，是以圣王贵德而务行之。"同书《政理》述"成王问政于尹逸……对曰：天地之间，四海之内，善之则畜也，不善则仇也。夏、殷之臣，反仇桀、纣而臣汤、武；凫沙之民，自攻其主而归神农氏"。[2]这些言论中，都内在地包含了董仲舒所代表的三段式论证，而其核心根据，都是由来悠远的"天命不常，惟有德者居之"说[3]，至于相关的申论和发挥，也都集中在天命和德及其相互关系的阐释上。像董仲舒文中就指出："天之生民，非为王也；而天立王，以为民也。故其德足以安乐民者，天予之；其恶足以贼害民者，天夺之。"这类辩护，可说是对孟子"诛独夫"和荀子、尸子"桀、纣无天下而汤、武不弑君"说的进一步阐释和发挥。

二是说天道"去恶夺弱"，故汤、武放杀桀、纣为理所当然。其代表如《汉书》卷八五《谷永传》载谷永元延元年为成帝言说灾异

1 屈守元：《韩诗外传笺疏》，第743页。这里其先言《易·谦卦》之理，再申此论，故马国翰《玉函山房辑佚书》的《经编·易类》辑《韩氏易传》卷上《嗛卦》，引此以明《易》理。扬州：广陵书社，2004年，第64页。前此之论，如《墨子·七患》述墨子曰："桀纣贵为天子，富有天下，然而皆灭亡于百里之君者，何也？"同书《明鬼下》以桀纣贵为天子富有天下，"上诟天侮鬼，下殃傲天下之万民"为其灭亡之因。孙诒让著、孙启治点校：《墨子间诂》（以下简称《墨子间诂》），北京：中华书局，1986年，第26、221—223页。

2 《说苑校证》，第100、152页。

3 如董仲舒此处便引用了《诗·大雅·文王》中的"天命靡常"章，前引史墨说"社稷无常奉，君臣无常位"亦是此意。关于天命不常及"天命靡常，惟德是亲"或"皇天无亲，惟德是辅"等观念在殷周时期的发展，参郭沫若：《先秦天道观之进展》，收入所著《青铜时代》，北京：人民出版社，1954年，第1—65页；另参傅斯年：《性命古训辨证》中卷第一章《周初人之帝、天》、第二章《周初之天命无常论》，收入欧阳哲生编：《傅斯年全集》第二卷，北京：中华书局，2017年，第603—628页。

有曰：

> 臣闻天生蒸民，不能相治，为立王者以统理之。方制海内，非为天子，列土封疆，非为诸侯，皆以为民也。垂三统，列三正，去无道，开有德，不私一姓，明天下乃天下之天下，非一人之天下也……夫去恶夺弱，迁命贤圣，天地之常经，百王之所同也。[1]

按照当时的话语系统，这里把"垂三统，列三正"和"去无道，开有德"连在一起[2]；又说"去恶夺弱，迁命圣贤，天地之常经，百王之所同"[3]；看起来已在超越现象说规律，实际上还是以汤、武革命为立足点的。其中尤值注意的，是"去恶夺弱"被升华至天道来看待。"去恶"即"去无道"，仍在"天命不常，惟有德者居之"的窠臼内；"夺弱"则近乎"有力者居之"，即便附加"仁者无敌"式的

---

1 《汉书》，第3466—3468页。

2 所谓"垂三统，列三正"，当即"三统论"以夏为黑统，殷为白统，周为赤统，各有其正朔服色等制，依次循环往复之说，参《春秋繁露·三代改制质文》，《春秋繁露义证》，第183—213页。但夏、商、周三统三正的更替，正是通过汤、武革命而实现的，故谷永所述，实际仍立足于汤武革命而观照后世易代改姓之事。

3 当时语例，尧、舜以上往往称"圣"不称"贤"，与"去恶夺弱"相连的"圣贤"只指汤、武。前引董仲舒文有述："儒者以汤、武为至贤、大圣也，以为全道究义，尽美者，故列之尧舜，之谓圣王，如法则之。"是当时儒者公认汤、武为"至贤、大圣"而近乎尧、舜。又《白虎通·圣人》"论古圣人"："何以言禹、汤圣人？《论语》曰：'巍巍乎！舜、禹之有天下而不与焉。'与舜比方巍巍，知禹、汤圣人。《春秋传》曰：'汤以盛德，故放桀。'"可见东汉章帝白虎观会议前，人们公认尧、舜为圣，而禹、汤是否圣人仍有疑问。陈立撰、吴则虞点校《白虎通疏证》（以下简称《白虎通疏证》），北京：中华书局，1994年，第336页。

解释，毕竟也还是偏离了孟、荀、董相沿的轨道。[1]谷永此论的直接来源，无疑是京房《易传》"凡为王者，恶者去之，弱者夺之，易姓改代，天命应常，人谋鬼谋，百姓与能"之说。[2]再往前推，则可溯至司马迁所述"非兵不强，非德不昌，黄帝、汤、武以兴，桀、纣、二世以崩，可不慎欤！"[3]是京房此说，亦当附丽于汤、武之事。其所体现的，是元帝前后人们随形势发展而对汤、武放杀问题的再思考，反映了当时革命论对"有德者居之"说的又一层发展。

三是说天命依历数气运而转移，故汤、武放杀桀、纣合乎天道变易之理，其代表是《齐诗》和纬书中的"五际"说。《汉书》卷七五《翼奉传》述翼奉元帝初元二年奏封事言灾异，说"《易》有阴阳，《诗》有五际，《春秋》有灾异，皆列终始，推得失，考天心，以言王道之安危"，后文又说"臣奉窃学《齐诗》，闻五际之要，《十月之交》篇，知日蚀、地震之效昭然可明"，次年奉又上疏说"臣前上五际，地震之效曰极阴生阳，恐有火灾"云云。[4]翼氏这三度提到

---

1 《孟子·公孙丑上》："以力假仁者霸，霸必有大国；以德行仁者王，王不待大，汤以七十里，文王以百里。"是孟子以汤、武为"以德行仁"之王，而非"以力假仁"的霸者。《孟子正义》，第221页。

2 《三国志》卷二《魏书·文帝纪》裴注引《献帝传》延康元年十一月辛亥太史丞许芝条上魏国受命之符引（北京：中华书局，1982年，第65页）。其中的"人谋鬼谋，百姓与能"，典出《易·系辞下》，《周易集解纂疏》，第682页。蒙文通《孔子和经文学》一文引此，以为"应"当作"靡"，形近而讹。又《汉书》卷八五《谷永传》载其学"于天官、《京氏易》最密，故善言灾异"（第3472—3473页）。

3 《史记》卷一三〇《太史公自序》叙《律书》曰，其下文又提到"《司马法》所从来尚矣"（第3305页）。《汉书》卷三〇《艺文志》兵家类后叙曰："……汤、武受命，以师克乱而济百姓，动之以仁义，行之以礼让，《司马法》是其遗事也。"（第1762页）是《司马法》相传为汤、武用兵之遗事。

4 《汉书》，第3172、3173、3175页。

中古政治与思想文化史论

的《齐诗》"五际"说皆不言其详[1]，从其上下文可知其要当与《易》之阴阳、《春秋》之灾异说同关乎天命之终始、朝政之得失、王道之安危。据郑玄《六艺论》引《春秋演孔图》云："诗含五际、六情。"又引《诗泛历枢》云：

> 午亥之际为革命，卯酉之际为改正，辰在天门，出入候听。卯，《天保》也；酉，《祈父》也；午，《采芑》也；亥，《大明》也。[2]

由此可见，《齐诗》和《诗纬》学缘甚近[3]，"五际"当指"革命""改正"等事的期会终始之机，似是一种以神秘主义的历数气运解释事

1 《汉书》卷七五《翼奉传》载元帝诏求直言，奉奏封事有曰"诗有五际"，师古注引应劭曰："君臣、父子、兄弟、夫妇、朋友也。"又引孟康曰："《诗内传》曰：五际：卯、酉、午、戌、亥也。阴阳终始际会之岁，于此则有变改之政也。"（第3171页）历来多以孟康引《诗内传》文为辕固生所作，乃《齐诗》"五际"说之正解。

2 以上俱《毛诗正义》卷一《诗大序》"是谓四始，诗之至也"《孔疏》引。《十三经注疏》，第272页。又《后汉书》卷三〇下《郎𫖮传》载郎𫖮顺帝阳嘉二年公车征，复对尚书陈说灾异，亦引《诗泛历枢》曰："卯酉为革政，午亥为革命，神在天门，出入候听。"其若干文字与郑玄所引不同，𫖮且解释"神在天门"句为"言神在戌亥，司候帝王兴衰得失，厥善则昌，厥恶则亡"（北京：中华书局，1965年，第1065页）。

3 陈乔枞《三家诗遗说考·齐诗遗说考》卷一《国风一》说《诗纬》"盖《齐诗》之学也"。《清经解续编》卷一五九，第5617页。《齐诗》与《诗纬》学缘虽近并不等同，迮鹤寿《齐诗翼氏学》卷一《戌际为十月之交解》据孟康所引《诗内传》文以卯、酉、午、戌、亥为五际之日，述纬书"卯、酉、午、亥四际袭用《齐诗》旧说，独土行一际，则改戌为辰"。便指出了其间差异。《清经解续编》卷一二八，第4327页。

物变易之理的学说[1]。其中所说的"午亥之际为革命",看似所指不明,然其既述"亥,《大明》也"[2];而《大明》所叙,正是季历至文王创成王业和武王伐纣之事,可知其出发点还是与汤、武革命相关。按此五际说,革命、革政等政治上的变化,都被归为气数历运转移遇合之所致;而汤、武革命或王朝的易代作为政治变化的特殊方式,又尤其是天、人各种因素际会聚变的结果[3]。考虑到辕固生本传述其为《齐诗》宗师,"诸齐以《诗》显贵,皆固之弟子"[4];那么"五际"说对"革命"的解释,似乎正是景帝时期"学者莫敢明放杀受命"以来,《齐诗》后学继续为汤、武革命辩护的一种隐晦而又神

1　参冯浩菲:《历代诗经论说述评》四《关于"四始"》及其所附之《齐诗五际说图解》,北京:中华书局,2003年,第122—130页;张峰屹:《翼奉诗学之五际说考释》,《郑州大学学报》,2008年第1期;郜积意:《齐诗五际说的殷历背景——兼释汉书翼奉传中的六情占》,《台湾大学文史哲学报》,2008年第5期。

2　《毛诗正义》卷一《诗大序》"四始"条《孔疏》又引《诗泛历枢》云:"《大明》在亥,水始也;《四牡》在寅,木始也;《嘉鱼》在巳,火始也;《鸿雁》在申,金始也。"其后文则据引《春秋演孔图》和《诗泛历枢》文,认为"五际"即"亥为革命,一际也;亥又为天门,出入候听,二际也;卯为阴阳交际,三际也;午为阴谢阳兴,四际也;酉为阴盛阳微,五际也"。《十三经注疏》,第272页。然《齐诗》早亡,孔疏所引的《诗泛历枢》文语焉不详,孔疏行文更显示其"亥为革命"以下文字,仅为孔氏之推论,然至今仍有不少研究者直接将之作为《诗纬》甚至《齐诗》翼氏学的内容来看待,这至少是需要另以证据来加以说明的。有关资料可参陈乔枞《诗纬集证》卷一《推度灾》对"卯酉之际为改正",卷二《泛历枢》对"大明在亥,水始也"及"卯酉之际为革正,午亥之际为革命",卷三《含神雾》对"下叙四始,罗列五际"等佚文的考证。《续修四库全书》经部第77册,上海:上海古籍出版社,2002年,第777—778、786—788、799—800页。

3　五际说不是说现实中每逢"亥"际皆有革命,气数的转移消长只是革命或改正的条件,其是否真正发生,还要取决于其他因素,故孔疏既有"亥为革命"之文,又有沟通天、人的"亥为天门,出入候听"之说。

4　《汉书》卷八八《辕固传》,第3612页。

　　　　　　　　　　　　　　　　　中古政治与思想文化史论

秘的方式，同时也呈现了一种"变易就是一切"，把革命与革政视为同类而漠视其方向的庸俗化倾向。

三、从革命到执政：理论困境和修正的方向

为汤、武革命所做的以上辩护，本身就反映了质疑的普遍存在；而辩护的曲折、隐晦或神秘，适足以表明质疑的强大和难以抗御。由此可以推想，从汉初比高帝为汤、武而称颂其起义创业的伟绩，到景帝以来越益否定汤、武放杀所代表的伐无道、诛暴君之举，意味的是从讴歌革命到怀疑革命，从推翻黑暗统治到维护现有秩序的深刻转折。而这个切关于时代中心任务转移和统治合法性讨论主题变换的重大转折，很可能就是主导汉初以来思想界变迁和儒学主流迅速步入强调君臣纲常之轨的关键所在，也是在汤、武放杀或革命抗暴问题上反对派终于占据压倒地位的基本原因。

董仲舒上引文用一句话概括了当时这方面的形势："今唯以汤、武之伐桀、纣为不义。"说明当时认为汤、武革命"不义"的，几乎已呈一边倒之势，而其核心观点显然沿袭了黄生驳斥辕固生之论："夫主有失行，臣下不能正言匡过以尊天子，反因过而诛之，代立践南面，非弑而何也？"当此之时，维护既得利益和严守君臣大义既已被作为社会共识压倒了一切，辕固生那种"置高帝革命于何地"的发问，在已经站到革命对立面的高帝后代眼中纯属不合时宜，为革命辩护的一方，也就不能不在汤、武与高帝、历史与现实、理论与实践之间，陷入了左支右绌的困境。《史记》卷一六《秦楚之际月表》序，感慨秦末陈涉、项羽、刘邦更替为王和汉家受命之事

有曰：

　　昔虞、夏之兴，积善累功数十年，德洽百姓，摄行政事，考之于天，然后在位。汤、武之王，乃由契、后稷，修仁行义十余世，不期而会孟津，八百诸侯犹以为未可。其后乃放、弑。秦起襄公，章于文、缪，献、孝之后，稍以蚕食六国，百有余载，至始皇乃能并冠带之伦。以德若彼，用力如此，盖一统若斯之难也！秦既称帝，患兵革不休，以有诸侯也，于是无尺土之封，堕坏名城，销锋镝，鉏豪强，维万世之安。然王迹之兴，起于闾巷，合从讨伐，轶于三代。乡秦之禁，适足以资贤者，为驱除难耳！故愤发其所，为天下雄，安在无土不王？此乃《传》之所谓大圣乎！岂非天哉，岂非天哉！非大圣孰能当此受命而帝者？[1]

　　这篇序文的"王迹之兴，起于闾巷"云云，都是在称道秦末群雄举义[2]，其要害则尤在于强调高帝身为布衣而革命抗暴，创成王业，无愧"大圣"，以此否定了认为受命为王必出身高贵世有封土的"无土不王"论[3]。但其中提到"汤、武之王"云云，却还是沿袭了其事

1　《史记》，第759—760页。

2　《索隐》以为这里的"贤者""天下雄""大圣"皆指高帝。据太史公此《序》开篇述"初作难，发于陈涉；虐戾灭秦，自项氏；拨乱诛暴，平定海内，卒践帝祚，成于汉家。五年之间，号令三嬗，自生民以来，未始有受命若斯之亟也"。是其"王迹之兴，起于闾巷，合从讨伐，轶于三代"云云，固然着眼于高帝而实亦兼指陈、项而言。《史记》，第760页。

3　《集解》引《白虎通》曰："圣人无土不王，使舜不遭尧，当如夫子老于阙里也。"可见无土不王说到东汉时期已经发展成为官方口径。这当然是与司马迁借陈涉之口宣扬"王侯将相，宁有种乎"的立场相对立的。《史记》，第760页。

中古政治与思想文化史论

虽顺天应人而仍属"放、弑"的世间俗套。从而可见，即便是乐于把陈涉列乎"世家"、项羽纳入"本纪"的司马迁[1]，在讴歌高帝时顺便还能守住革命抗暴的底线，在对待汤、武革命时，却并没有坚持被统治者放杀暴君的正当权利。以史笔精湛且富叛逆精神的太史公而出现这种矛盾，足可说明当时以《春秋》大一统和君臣纲常说为代表、以维护现行统治为旨归的官方意识形态，业已在革命放杀问题上设置了多么严密的牢笼[2]，也已使革命的辩护派面临着何种压力。

其时陷入这种矛盾的，当然决不止太史公一人而已。董仲舒的汤、武不为"弑"之说，与其着力阐述的《春秋》一统纲常大义，难道就不存在冲突？《京氏易》以天命"去恶夺弱"之理，《齐诗》后学用气数期会之际为革命辩护，其中不也充满了矛盾？不仅如此，正如太史公上引文用两个"岂非天哉"的感慨转移了自己笔下发生的疑问那样，无论是董仲舒，还是《京氏易传》和《齐诗》后学，

1　《史记》卷一三〇《太史公自序》叙《陈涉世家》曰："桀、纣失其道而汤、武作，周失其道而《春秋》作，秦失其道而陈涉发迹，诸侯作难，风起云蒸，卒亡秦族。天下之端，自涉发难，作《陈涉世家》第十八。"（第3310—3311页）在时人的眼中，司马迁为陈涉立"世家"，而以汤、武比陈涉，当然是拔高了陈涉而抑低了汤、武的地位。

2　《史记》卷一三〇《太史公自序》载其答壶遂问《春秋》之旨有曰："拨乱世，反之正，莫近于《春秋》……故有国者不可以不知《春秋》，前有谗而弗见，后有贼而不知。为人臣者不可以不知《春秋》，守经事而不知其宜，遭变事而不知其权。为人君父而不通于《春秋》之义者，必蒙首恶之名。为人臣子而不通于《春秋》之义者，必陷篡弑之诛，死罪之名。其实皆以为善，为之不知其义，被之空言而不敢辞。"（第3297—3298页）这段言论常被认为体现了董仲舒《公羊》学的《春秋》义旨，可称是时人眼中《春秋》学要义和地位的典型表述，其中处处观照了革命放杀之事，而太史公对此的态度显然是恶者自恶，弑者自弑，功、罪两不相掩。

实际上同样是靠引入天道，才使自己为汤武所做的辩护与维护现存秩序的立场，获致超越于人间的统一性而自圆其说的。玄默而又征兆无穷的天，正是上述三种辩护躲避"革命论"困境的共同港湾。

在孟子"诛独夫"和荀子"汤武不弒君"说的基础上，董仲舒所做论证的重大发展，既不在夸大汤、武之德和桀纣之恶，也不在强调"得民心者得天下"式的民本理论，而是在"天命王者治民"的预设下[1]，架构了一种独特的"天定真假二王论"。即天之所予者，虽无王位而实为真王；天之所夺，即便此人仍占据着王位，也不过是"独夫"。真王放杀假王，那自然是"有道伐无道"，因而汤、武放杀桀、纣的正当性，最终来自永远正确的"天"，而德行、民意等其他所有因素，实际都已被放到了帮助天做出判断的辅助地位上。《京氏易传》和《齐诗》后学也都首先是对天意或天道做出特定解释，力阐革命合乎"去恶夺弱"的天意或以气数运历显示出来的天道，才得以论证了汤武放杀或革命变易的天经地义，其共同点都是让天来为强者夺弱和盛者代衰的革命变易背书。其中《京氏易传》"去恶夺弱"说所呈现的天意，看起来颇有几分理性主义的"物竞天择"意味，但从其中提到"人谋鬼谋，百姓与能"，以及京房学《易》师从焦延寿而长于灾变占验等事来判断[2]，其完整的理论形态，自必与《齐诗》后学的"五

---

1 这个预设已把天—王—民固化为某种先天等级或神圣秩序，王在其中的地位相当于由天任免的官职，民可以影响天的任免而终究归王所治，其与天子—百官—编户的现实秩序显然存在着某种关联，其相较于先秦以来的"民为重"理论显然已大为退步。

2 《汉书》卷七五《京房传》述其"治《易》，事梁人焦延寿，延寿字赣……其说长于灾变，分六十四卦，更直日用事，以风雨寒温为候，各有占验，房用之尤精"。据师古注引孟康曰，其法"分卦直日之法，一爻主一日，六十四卦为（转下页）

际"说同入术数而饱含浓烈的神秘主义气息。[1]

尽管通过天而获得了正当性，但此"革命"已非彼"革命"。董仲舒就像孟子或荀子一样只为圣人举行的革命做辩护，《京氏易》的辩护对象又加上了强者或德、力兼备者，《齐诗》后学同时又为所有政治上的变革辩护。在这些辩护中，"革命"的内涵，已不约而同地遭到修正，而修正的方向，则不外是通过对"天命不常"或"天道变易"的演绎，把"革命"窄化为天命的易手、政权的更替，或将之泛化而归入形形色色的"革政"和变化。但改朝换代固然不失为革命发展到一定阶段的核心问题，却绝对无法涵盖革命的基本目标和过程，正如革命虽可以归入变革之列，却决不能等同于一般的变化或改革那样。所有把革命窄化为易代改姓或泛化为革新改良的努力，都势必会抽去"革命"所本来寓有的被统治者抗暴权利，其要

（接上页）三百六十日。余四卦，《震》《离》《兑》《坎》为方伯监司之官。所以用《震》《离》《兑》《坎》者，是二至、二分用事之日，又是四时各专王之气。各卦主时，其占法各以其日观其善恶也"（第3160页）。《京氏易传》卷上《革卦》："二阴虽交，志不相合，体积阴柔，爻象刚健……天地革变，人事随而更也。建始丁亥至壬辰，水土配位，积筭起壬辰至辛卯，周而复始。"程荣纂辑：《汉魏丛书》（以下简称《汉魏丛书》），长春：吉林大学出版社，1992年，第4页。可见其理论形态与《齐诗》五际说有相类处。又《焦氏易林》中有关汤、武革命的，如其《中孚之第六十一·革》："五精乱行，政逆皇恩，汤武赫怒，天伐利域。"正是把汤、武放杀桀、纣的合理性与当时"五精乱行"所体现的天命联系在一起的。尚秉和：《焦氏易林注》卷一六，收入《尚秉和易学全书》第二卷下，北京：中华书局，2020年，第1088页。

[1] 《汉书》卷七五《眭两夏侯京翼李传》史臣赞曰："……汉兴，推阴阳言灾异者，孝武时有董仲舒、夏侯始昌，昭、宣则眭孟、夏侯胜，元、成则京房、翼奉、刘向、谷永，哀、平则李寻、田终术。此其纳说时君著明者也。察其所言，仿佛一端：假经设谊，依托象类，或不免乎'亿则屡中'。"（第3194—3195页）这里以董仲舒、京房、翼奉等人为西汉各阶段"推阴阳言灾异"的代表人物，足见这三种辩护的完整理论形态，皆具有"借经设义，依托象类，或不免乎亿则屡中"的神秘主义特点。

害则是站在巩固和改良统治的立场上，把革命诠释为维护天命和相应规则的过程，实际是把"人民群众的盛大节日"，变成了一家一姓是坐庄还是下庄的庸碌游戏。

既然"革命"常被等同于王朝的易代改姓，其价值也就必须与易代改姓的各种方式来较衡短长。在董仲舒上引文中，汤、武放杀之所以要与尧、舜禅让放到一起来加以讨论，不仅是因为当时存在着对汤、武"专杀"和尧、舜"擅让"的批判，也是因为尧、舜禅让和汤、武放杀已被当作王朝更替的两大典型模式来看待，更是因为时人公认尧、舜禅让作为易代改姓的方式远比汤、武放杀可取，故董仲舒得以借汤、武与尧、舜并为圣人而得天命，来展开对其放杀桀、纣的辩护。这种把尧、舜禅让和汤、武放杀摆在一起来评骘高下的倾向，源头当在春秋时期。《论语·八佾》载孔子闻《韶》而称其尽善尽美，闻《武》而言"尽美矣，未尽善也"，就阐明了一种认为周武比于舜德尚有遗憾的观点。[1]这种观点在当时恐还不能算多数派[2]，但经荀子、韩非子争论而至董仲舒所处的时代，认为尧、舜

1　何晏《论语集解·八佾》此条引孔安国注："《韶》，舜乐名，谓以圣德受禅，故尽善；《武》，武王乐也，以征伐取天下，故未尽善。"《覆正平本论语集解·八佾》，黎庶昌辑：《古逸丛书》上册，扬州：广陵书社，2013年，第21页。《论衡·齐世》："孔子尤大尧舜之功，又闻尧禹而相让，汤武伐而相夺，则谓古圣优于今，功化渥于后矣。"黄晖撰、梁运华整理：《论衡校释》（以下简称《论衡校释》），北京：中华书局，1990年，第812页。自后儒生大抵皆以尧、舜禅让而汤、武放杀辨其高下，这大概正是汤、武在很长时期内不得跻身尧、舜等圣人之列而只被看作"至贤"的重要原因。
2　周初以来述商汤灭夏和武王伐纣的标准口径是恭行天罚，如《尚书·多士》载周公代成王训诫殷民，述夏桀无道，上天"乃命尔先祖成汤革夏"；又述"今惟我周王丕灵承帝事，有命曰：'割殷，告敕于帝。'"《十三经注疏》，第219—220页。在这种口径下，自然不会关注放杀桀、纣有什么副作用，认为放杀乃以下犯上留有隐患遗憾的观点，要到战国以来才逐渐占据主流。

　　　　　　　　　中古政治与思想文化史论

禅让作为改朝换代的方式要比汤、武放杀更为完美，已可说是一种举世公认的立场。[1]故董仲舒上引文只用寥寥数语就完成了尧、舜并非"擅移天命"的论证，却要用大部分篇幅来着力为汤、武放杀辩护，这既是汤、武革命所受质疑已远较尧、舜禅让为多的反映，也是革命作为改朝换代方式的价值已被明显抑低的体现。

如果说董仲舒仍在孟、荀的轨道上竭尽维护汤、武的圣王地位，那么《京氏易传》的天意"去恶夺弱"说，就是直截肯定了汤、武革命非惟以德，抑且以力的性质。从当时的价值体系来看，包括从"不战而胜为上"的角度看，这也等于是坦承"革命"的价值要低于"禅让"。至于《齐诗》后学和《诗纬》，其几乎已把改朝换代的"革命"与王朝内部的"革政"等量齐观，而皆视之为气数历运交合际会的产物，这种神秘化和趋于琐屑化了的"革命"，看起来已无价值可言，内里却还是革命价值进一步降低的反映。是故革命的内涵一旦被修正为易代改姓的方式之一，甚至被修正为体制内的改革更化过程，而不再被看作被统治者反抗暴政的正当权利，其独特性或唯

---

[1] 这当然有一个发展过程，《墨子·三辩》载程繁问墨子以乐，墨子答以"周成王之治天下也，不若武王；武王之治天下也，不若成汤；成汤之治天下也，不若尧、舜。故其乐逾繁者，其治逾寡"。墨子虽以为汤、武不若尧、舜，却并不以禅让和放杀分其高下。《墨子间诂》，第38页。《郭店楚简·唐虞之道》极颂尧、舜禅让之盛，至以为"不禅而能化民者，自生民未之有也"，然其又说"爱而征之，虞、夏之治（李零认为治当训作始）"，以为用武力征伐不服与禅让都是治理天下的必要。反映当时已极推崇尧舜禅让，征伐放杀则居于其次。陈伟等：《楚地出土战国简册十五种》二《郭店1号墓简册》，第193—194页。《盐铁论·论勇》："文学曰：……以道德为城，以仁义为郭，莫之敢攻，莫之敢入，文王是也。以道德为胄，以仁义为剑，莫之敢当，莫之敢御，汤、武是也。今不建不可攻之城、不可当之兵，而欲任匹夫之役，而行三尺之刃，亦细矣。"所述高下已显然有别。王利器校注：《盐铁论校注》（以下简称《盐铁论校注》），北京：中华书局，1992年，第536—537页。

一性便已流失殆尽，贬值遂无可避免。

非但如此，上述三种辩护又都不同程度地提高了革命的门槛。一旦革命的正当性寄托于永远正确和难以妄测的天，对天意的诠释，特别是对革命者确已获得天命的论证，自然便是其革命之所以正当的充要条件。正是由于这种诠释和论证的内在要求，这些辩护必须众口一词地突出革命者的仁德，说明其为什么是"大圣""至贤"，不惮于缕述其如何英明神武、功业盖世、世系华贵、众兆随身，总之是要以确凿的证据来表明其如何有别于芸芸众生。为之当然还要着力突出革命对象的丑恶，渲染其罪恶的人神共愤、罄竹难书及其世道的灾异百出和群魔乱舞。结果则不仅极大地限制了革命之所以正当的条件，而且还把革命者塑造成神，成为其血统、素质和气运断非同期他人可以侥幸具备的真命天子；连带又把不管是陈涉、项羽这样的枭雄人杰，还是名不见经传的百姓大众，都贬成了为真命天子担任驱除、铺好红地毯的配角。因而董仲舒强调汤、武为"大圣、至贤"；《京氏易传》宣扬"去恶夺弱，迁命圣贤"；《齐诗》后学则突出帝王兴衰、政治变动与"五际"遇合的关系，以及三者均分外突出"革命"所必需的天命、天意或天数前提，实际都不约而同地限制了革命的条件，以防范随便什么人都可以借革命之名行其犯上作乱之恶。更何况，革命虽已被等同于王朝的易代改姓，但其在理论上毕竟很难与被统治者奋起抗暴的义举截然分开，整体与部分、终点与起点之间，终究还存在着割不断的关系，这也使预为之制或曲为之防成为必要。因此，革命放杀的条件之所以要被严加限制，既是为革命和本朝统治合法性辩护的需要，更是既得利益者维护现存秩序之必需。

要之，景帝以来从讴歌革命到怀疑革命，从推翻黑暗统治到维护现存秩序的转折，不仅迅速地把政治思想和经学的主流推向了强调君臣纲常的轨道，而且也在很大程度上迫使革命的辩护派修正了革命的内涵，抑低了革命的价值，限制了革命的条件。由此综观汉初以来思想界演变的大势，那就应当认为，景、武时期政治思想发生的重大转折，不仅与休养生息的"无为"转向兴师动众的"有为"相伴，也不仅与独尊儒术的曲折进程相连，更与汉初以来革命论的走向息息相关，又尤其是以汉朝统治集团自觉完成从起义者到统治者的角色换位为转折关节点，以"革命"内涵被修正为易代改姓或革新改良的退化过程为其理论风向标的。这才可以具体地回答当时统治者追求的是什么样的"有为"和所尊为何种"儒术"的问题，并得以进一步解释革命论转折演化的基本态势和跌宕遭逢。

四、禅让与革命：从革命易代到革政改制

王莽代汉大肆强调刘氏气数已尽，莫可强济，云"今百姓咸言皇天革汉而立新，废刘而兴王"[1]，说明在当时的劝进舆论和王莽自己看来，新朝代汉也就是"革命"[2]。但其实际选择的易代步调，则是先

---

1 《汉书》卷九九中《王莽传中》始建国元年正月停金刀之币诏（第4108—4109页）。
2 《汉书》卷二一上《律历志上》载刘歆作《三统历》，引《易·革卦》象辞"汤武革命"为说（第979—980页）。则刘歆即把王莽易代上比于汤武"革命"。其前文载歆典领钟律，条奏其事引《书》曰：先其算命。师古注此为"逸《书》也，言王者统业，先立算数以命百事也"（第956—957页）。而《容斋四笔》卷一二"治历明时"条引刘歆所据逸《书》文及师古注，"先其算命"作"先其革命"，是宋本《汉书》如此，后方讹"革"为"算"，或后儒误改。洪迈：《容斋随笔》，上海：上海古籍出版社，1996年，第754—755页。

模仿周公居摄践祚，再以高帝刘邦承天命而令莽"即真"的方式登位为帝。其整个过程，一方面可说是禅让理论在大一统帝国中的第一次实践[1]；另一方面，"禅让"既然成为"革汉而立新，废刘而兴王"的"革命"路线，也就说明"革命"不仅接纳了禅让内涵，而且已付诸易代改姓的实践，从而构成了西汉一朝革命论退化历程的一个具有总结意义的重大事件。

尧、舜禅让与汤、武革命长期以来各圆其说，禅让与革命本是两个范畴。孔子虽曾就夺取政权的方式来评骘其价值高下，却显然并不将之混为一谈，更无意把禅让当成革命。一直要到景帝以来革命论退化，两者才真正交集到了一起。这个交集的理论基础，也就是前面所述"革命"内涵被窄化为易代改姓或泛化为各种"革政"的过程。在此基础上，尧、舜禅让和汤、武放杀已被看作易代"革命"的两大典型模式，均被解释为天命转移的体现[2]，且因禅让较之

1　王莽赴高庙受刘邦的传位金策书，还至未央宫前殿"即真天子位"。这个由开国皇帝之灵策禅位的方式，比于尧舜禅让之式为变体。见《汉书》卷九九上《王莽传上》，第4095页。

2　《孟子·万章上》："孔子曰：唐、虞禅，夏后、殷、周继，其意一也。"《孟子正义》，第652页。这是对孔子论尧、舜与汤、武高下的发挥，也是对《论语》数处述尧舜禹汤武之事大旨的概括。董仲舒《春秋繁露·尧舜不擅移汤武不专杀》述"儒者以汤武为至圣大贤也，以为全道究义尽美者，故列之尧、舜，谓之圣王，如法则之"。《春秋繁露义证》，第220页。扬雄《法言·孝至》："尧舜之道皇兮，夏殷周之道将兮，而以延其光兮。或曰：何谓也？曰：尧舜以其让，夏以其功，殷周以其伐。"《法言义疏》，第534页。这是把尧舜禅让与殷周征伐并列而以前者为优，把从禅让变为传子的夏单列。班彪《王命论》开头即言尧舜禅让与汤武革命，皆有天下，"虽其遭遇异时，禅、代不同，至于应天顺人，其揆一焉"。《文选》卷五二《论二》班叔皮《王命论》，北京：中华书局，1977年，第717页。《论衡·齐世》："尧舜之禅，汤武之诛，皆有天命，非优劣所能为，人事所能成也。使汤武在唐虞，亦禅而不伐；尧舜在殷周，亦诛而不让。"是其至东汉已被公认。《论衡校释》，第812—813页。

放杀的祥和、有序而尤其为人所重，成了"革命"的优先选项。此即"百姓咸言皇天革汉而立新"，而王莽却可以选择禅让来体现"革命"而完成"废刘兴王"大业的直接背景或原因。

事实上，禅让说正是自昭、宣以来开始与"汉命衰绝"说相连，从而汇入了景帝以来学者续言"受命放杀"问题和革命论退化递嬗的总体脉络。《汉书》卷七五《眭弘传》载昭帝元凤三年正月，泰山莱芜山南有大石自立，上林苑有仆柳复起，弘上书曰：

> 先师董仲舒有言："虽有继体守文之君，不害圣人之受命。"汉家尧后，有传国之运。汉帝宜谁差天下，求索贤人，禅以帝位，而退自封百里，如殷、周二王后，以承顺天命。[1]

眭弘公然声称汉室天命已去，要求汉帝让贤，因此被定罪"祆言惑众，大逆不道"而伏诛。史官为之辩解，说弘据石、柳之异，推知"当有从匹夫为天子者……故废之家公孙氏当复兴"，又不知其人之所在，因而其上书实际是在预言宣帝的登位。[2]但细观其文，泰山石立预兆的"匹夫为天子"，与上林仆柳复起所示的"公孙氏复兴"所指隐约不一，可见眭弘上书之意，固当不止于此。其中引以为据的董仲舒之言，即是前述董氏革命论中"天定真假二王"说的简述版，其下文大意是谓"汉家当年作为尧圣之后而获得天命，现

1 《汉书》，第3154页。
2 《汉书·眭弘传》载弘字孟，死五年后"孝宣帝兴于民间，即位，征孟子为郎"（第3154页）。关于宣帝身世及登位谶兆的关系，参张小锋：《"公孙病已立"谶言的出现与昭帝统治局势》，《中国史研究》，2001年第1期。

在天已降兆改命，理当从天下求得贤人禅让大位才行"。而贯穿于中的道理，则无非是所以得之亦所以失之，失去正当性的革命者必须有被革命的自觉。到宣帝时盖宽饶上封事抨击时政，"引《韩氏易传》，言'五帝官天下，三王家天下，家以传子，官以传贤，若四时之运，功成者去，不得其人则不居其位'"，发挥的也是这个道理，而其命运也还是被定为"意欲求禅，大逆不道"而下狱自杀。[1]

　　眭弘和盖宽饶的上书，代表了一股以"太古久远之事"评论时政的风气，也都是标志禅让说在当时迅速演变，及其开始与业已退化了的"革命"论合流的重要文献。二书虽俱被删节而其详难知，然眭弘为董仲舒《公羊》学传人，宽饶则服膺《韩氏易》义[2]，其学皆与汉代革命论关系密切。其上书的大旨，皆依天命转移而说易代改姓，要求统治者尊重天意禅位圣贤，其要适含前面所述"革命"内涵修正、价值抑低和条件受限诸端，也就应当归为景帝以来革命论在"天命变易不常"方向下的推演。看来，当"受命放杀"的讨论至昭、宣以来重新涉入时政，过于激烈的"放杀"不能不改换为相对温和的"禅让"之后[3]，也就进一步催成了禅让入主革命内涵而

1　《汉书》卷七七《盖宽饶传》，第3247—3248页。
2　《汉书》卷八八《儒林韩婴传》述"宽饶本受《易》于孟喜，见涿韩生说《易》而好之，即更从受焉"。又述韩生"尝受《韩诗》，不如《韩氏易》深，太傅故专传之"（第3613—3614页）。是《韩氏易》义甚深，其中有关革命论的内容，可于《盖宽饶传》所引大意见其一斑。又《韩氏易传》虽早佚，然前引《韩氏外传》卷八引《易·谦卦》而说桀、纣富有四海丧德而亡，是其亦言汤、武放杀之证。
3　王葆玹《今古文经学新论》第九章《经学思想"从宗教到哲学"的演变历程》四《禅让与革命》述西汉前、中期学者喜言革命，"到西汉末期则纷纷放弃'革命'说，改从'禅让'说"（第454页），便指出了这一转折。

革命成为易代别名的状态，从而构成了革命论退化递嬗的又一个阶段和变身。惟其如此，才可以解释元帝以来京房、谷永、翼奉的论述以及更晚的《诗纬》中，其革命论形态何以直指易代革政而又如此晦涩不明。

发展到这一步，革命论的退化，实际已完成了从反抗暴政的理论武器，到易代改姓的舆论工具的转折历程。至于其在成、哀以来"汉命衰绝"说愈扇愈炽的背景下[1]，终于现成地为力欲禅让易代的王莽所用，前引蒙文通、钱穆先生文中皆有深切著明的论述[2]，这里自不必赘述。只是从革命论演化的角度看，"革汉而立新"的过程既然是以禅让来完成的，也就势必进一步刷新"革命"的形态。要而言之，王莽的这种"以禅让为革命"的破天荒实践，一方面意味着退化不止的"革命"，终究要与"汤、武放杀"这个革命的原型相剥离，而这不啻是摒弃了本来居于革命中心的"反抗暴政"内核。另

---

1 "汉命衰绝"说成、哀以来渐成朝野共识，《汉书》卷九七下《外戚传下·孝成许皇后传》述刘向、谷永论建始元年以来的种种灾异，"斯昭阴盈溢，违经绝祀之应"（第3979页）。这显然是以戒惧和挽救汉室为立足点的，《汉书》卷七五《李寻传》载哀帝一度以"汉历中衰，当更受命"，下诏改元"太初元将"，改称"陈圣刘太平皇帝"（第3193页），也是这种挽救的体现。而王莽集团对"汉命已绝"说的推波助澜和利用，则是以置之死地为特征的，如扬雄《剧秦美新论》云汉朝"帝典阙而不补，王纲弛而未张，道极数殚，暗忽不还。逮至大新受命，上帝还资，后土顾怀，玄符灵契，黄瑞涌出"。就是从根本上否定汉朝的代表作。《文选》卷四八《符命》扬子云《剧秦美新论》，第680页。

2 蒙文通《孔子和今文学》指出：西汉今文学的革命、禅让学说，"为王莽的篡取政权提供了理论，把王莽推上了皇帝的宝座"。《蒙文通全集》册一，第361页。钱穆《孔子与春秋》则说："盖宽饶、眭弘都为公开请求汉室求贤让位，招致了杀身大祸。但禅国让贤，新王受命的呼声，依然不能绝，终于逼出了王莽。"钱穆：《两汉经学今古文平议》，第284页。

一方面，假手于禅让的"革命"，在实际操作上亦有必要综取禅让和革命的故事来加以展开，从而为"革命"增添新的样式。在王莽选择的易代步调中可以看出，除仍然搬出图历祥瑞以符"应天"，自塑圣贤形象以明"顺人"之义外，取禅让与革命相通的部分来大幅度革新改制，成了体现其"革汉而立新"合法性的一个富于特色的内容。其中地位特殊，对革命论演化来说又极富象征意义的，则是其定历之举。

定历在经典系统记载的圣王盛事中，地位非同小可。《尚书·尧典》说尧将禅位于舜，其各种安排中的第一条，就是"乃命羲和，钦若昊天，历象日月星辰，敬授民时"[1]。这似乎暗示治历授时是禅让的必要准备。《论语·尧曰》述尧禅位之语："咨！尔舜！天之历数在尔躬，允执其中。"[2]则天命转移也就是"历数"转移，自承舜后的王莽既然要像老祖宗那样通过禅让来取代尧后刘氏，当然要深体此意而治历授时，遂有元始四年王莽召集天下"通知钟律者百余人"[3]，任命其智囊刘歆为"羲和"典领律历创改，修订了《三统历》[4]。尤其值得注意的是，《汉书》卷二一上《律历志上》载刘歆阐述此事意义时，不仅抬出了《尧典》和《尧曰》篇上引文，更抬出了《易·革

---

1 《十三经注疏》，第119页。

2 《覆正平本论语集解·尧曰》，黎庶昌辑：《古逸丛书》上册，第100页。

3 《汉书》卷二一上《律历志上》："元始中，王莽秉政，欲耀名誉，征天下通知钟律者百余人，使羲和刘歆等典领条奏，言之最详。"（第955页）同书卷九九上《王莽传上》载元始四年召集"天下通一艺教授十一人以上，及有逸《礼》、古《书》、《毛诗》、《周官》、《尔雅》、天文、图谶、钟律、月令、兵法、《史篇》文字，通知其意者"（第4069页）。

4 钱穆《刘向、歆父子年谱》系其事在元始五年。收入钱穆：《两汉经学今古文平议》，第108—109页。

卦》的象辞"汤、武革命，顺乎天而应乎人"；并据《革卦》象辞
"革，君子以治历明时"，对此做了申说，认为"治历明时"，也就是
要顺天应人。[1]这就突出地表明，王莽集团之所以要治历明时，正是
在忠实遵循经典规定的禅让和革命故事。

定历又是推定本朝正朔及其在宇宙和人间秩序中神圣地位的必
由之途。《三统历》在技术层面上取鉴了《太初历》，其创革的要害
则在政治层面。其大旨则据天地自然、古今经传之理，统合了三统
论和五德说[2]，并以相应天象地气的际会周期和由此推定的正朔历数，
同时证明了本朝所处的统绪和行次[3]。发展到汉代后期，揭示和象征
了宇宙、人间统一秩序的三统论和五德说，各已是论证本朝神圣地
位的必备工具。三统论经董仲舒以来官学的陆续阐发而尤其得势，
其原型便是汤、武革命所实现的夏、商、周三代更替，故其更替的
程序和必然性，自然带有"革命"的烙印；而尧、舜禅让本不在三

1　《汉书》，第979—980页。

2　《汉书》卷二一上《律历志上》述其时刘歆"作《三统历》及《谱》，以说《春
秋》，推法密要"，其文有曰："三代各据一统，明三统常合，而迭为首，登降三统之
首，周还五行之道也。故三五相包而生：天统之正，始施于子半，日萌色赤。地统
受之于丑初，日肇化而黄，至丑半，日牙化而白。人统受之于寅初，日孽成而黑，
至寅半，日生成而青……三微之统既著，而五行自青始，其序亦如之，五行与三统
相错。《传》曰：'天有三辰，地有五行。'然则三统五星可知也。《易》曰：'参五以
变，错综其数。通其变，遂成天下之文；极其数，遂定天下之象。'太极运三辰、
五星于上，而元气转三统、五行于下。其于人，皇极统三德五事。"（第979、984—
985页）

3　《史记》卷二六《历书》谓"王者易姓受命，必慎始初，改正朔，易服色，推本
天元，顺承厥意"。《索隐》释其为"推本天之元气行运所在，以定正朔，以承天
意"（第1256页）。并参《礼记正义》卷三四《大传》"改正朔、易服色"条孔疏，
《十三经注疏》，第1506—1507页。

统之列，只能用五德终始来解释其之所以合乎天地人间之理。但问题正在于王莽必须以禅让来完成"革命"，也就一定要以体现宇宙和人间秩序的历数，来同时明确本朝在三统更替和五德终始中的统绪和行次[1]，才能真正完成对其合法和神圣性的论证。王莽所以要定历，《三统历》所以要统合三统论和五德说，玄机亦在于此。

定历还对新朝的大量建制活动具有先导意义。王莽即真登位的第一件事情，就是"定有天下之号曰新，其改正朔，易服色，变牺牲，殊徽帜，异器制。以十二月朔癸酉为建国元年正月之朔，以鸡鸣为时，服色配德上黄，牺牲应正用白"[2]。而指导这些万象更新的制度安排的基准，就是《三统历》及由之而生的乐律器制。元始中王莽秉政，命刘歆典领律历而条奏其事有曰："推历生律制器，规圜矩方，权重衡平，准绳嘉量，探赜索隐，钩深致远，莫不用焉。"[3]说明其建制的次序，是历定而律生，而后制器有准，正朔可明，继而行

1　《汉书》卷二一下《律历志下》录《世经》改定尧、舜、夏、商、周的五德更替次序为赤火、黄土、白金、黑水、木青（第1013—1015页）。这显然是据上引《三统历》"三五相包而生"之理的排序，要害是把尧、舜的禅让易代和汤、武革命实现的夏、商、周更替，编列为一个具有三统论内涵的行次系统。王莽正是据此排定新朝行次和统系承汉为土德、白统的。

2　《汉书》卷九九上《王莽传上》，第4095页。关于这些制度及王莽继而封国、命官等事与三统论的关系，参顾颉刚：《五德终始说下的政治与历史》二四《王莽的受禅及其改制》，《古史辨》第五册，上海：上海古籍出版社，1982年，第597—617页。

3　《汉书》卷二一上《律历志上》，第956页。其前文载武帝造《太初历》时，邓平、落下闳实际主持其事，"其法以律起历"（第975页）。而刘歆的方法是"推历生律制器"，这种理念和次序上的颠倒，反映了《太初历》相对依赖实证，而《三统历》更多灌注了政治要求的差异。

次、统绪随之可决，服色、牺牲、徽帜之类皆可凭此而明。[1]至于治历明时所必然牵涉的朝会、祭祀、礼乐、政事等方面制度的相应调整，那就更加广泛而深入了。[2]这里的逻辑是，历数的改变象征着天命的转移，新的历法意味着新的正朔和新的行次、统绪，而这必然带出一系列新的制度安排。[3]最终营构出一种禅代"革命"与民更始的新气象。

王莽的改制，大都体现了特定的政教理想，有助于其自塑合乎天命的圣贤形象，具体则多从禅让与革命的相通处来着手和展开。其中，元始四年起以"治历明时"为先导而陆续推出的那部分定制活动，直接服务于其禅代而迎来了新朝，典型地演示了这些因"历数"而暗合宇宙人间统一秩序的改制活动，对于以禅让来完成的

1　据《汉书》卷二一上《律历志上》，可以推知当时确定长度的之法，是以"九十分黄钟之长，一为一分，十分为寸"（第966页）。为什么要以"九十分黄钟之长"来分割长度？则是因为"黄钟为天统，律长九寸"，九为天数（第961页）。为什么"律长九寸"？除以"子谷秬黍中者，一秬之广"为一分来校准外，还应是靠律管应候飞灰之法来决定，而四分四至节气物候皆由历法推定。

2　参邢义田：《月令与西汉政治——从尹湾集薄中的"以春令成户"说起》，《新史学》第9卷第1期，1998年；于振波：《从悬泉置壁书看〈月令〉在汉代的法律地位》，《湖南大学学报（社科版）》，2002年第5期；杨振红：《月令与秦汉政治再探讨——兼论月令源流》，《历史研究》，2004年3期。杨文忽略了悬泉置壁书《使者和中所督察诏书四时月令五十条》，正是元始五年刘歆毕《三统历》后，由王莽奏请太皇太后颁行全国的，也就没有关注"五十条"及其颁行与王莽起明堂、辟雍、灵台及刘歆定律历等事的关系。

3　这个逻辑在武帝定《太初历》时已经形成，《汉书》卷二一上《律历志上》载武帝以倪宽领衔议改历纪，宽奏有曰"帝王必改正朔，易服色，所以明受命于天也。创业变改，制不相复"云云（第975页），即其体现。《春秋繁露·三代改制质文》则述"王者必改正朔，易服色，制礼乐"，即所以体现其受命而王也。《春秋繁露义证》，第185页。

"革命"具有何等重要的意义。包括"治历明时"本身在内，这类建制因历数而串联一体，又兼综了经典记载的禅让和革命故事，证明和保障了禅让易代的合法和神圣性，同时营构出新朝万象更新、与民更始的新局面、新气象。应当认为，王莽易代过程的惊人顺利，大量儒生倾心于其理念和政策，以及新朝速亡而相关观念和制度却影响深远等事实，都证明这类举措和制度安排，必有相当广泛的共识为其基础，也确在很大程度上被认为是"顺乎天而应乎人"。而对革命论的演化来说，这一切带来的一个重要结果，是以治历明时为先导的一系列改制活动，从此渐被公认为"革命"的必要程序和组成部分，也就进一步明确了"革命"与改制的关系。

五、"革命"论退化与汉以来政治、思想的变迁

就这样，继景帝以来"革命"等同于易代改姓，昭、宣以来禅让入主"革命"内涵之后，王莽时期的实践，又为"革命"增添了新的样式，由"治历明时"导出的特定改制活动，开始成了"革命"外延最为重要的组成部分，此即汉初以来革命论退化的基本阶段和过程。从中不难看出，自从起于闾巷的高帝举起汤、武革命的旗帜，经两百余年历史风雨淘洗之后，《易·革卦》象辞揭出的"天地革而四时成，汤、武革命，顺乎天而应乎人"这个早年确定的"革命"命题，实际上只要把"汤、武放杀"原型及其寓有的"反抗暴政"内涵剥离出去，就已完成了从被统治者的思想武器，到易代改姓的舆论工具的大回转，从而现成地构成了王莽及其后世追随者们所行禅代"革命"的思想背景和理论基础。说来好笑的是，这些禅代"革命"的过程，

看起来竟仍如此完美地"顺乎天而应乎人",且似更为准确地体现了"天地革而四时成"的变革更始本意。[1]仅此亦可见,忘记或背离了革命原型所寓的精神,是根本谈不上保持革命传统的,而衡量真革命和假革命的唯一试金石,也根本不在炫人耳目的发展或润饰,而在于革命成功后能否切实坚持被统治者反抗暴政的正当权利。

综观西汉革命论退化的历程,确与今文学存在着密切关系。这倒不是因为革命、改制、禅让、受命等当时流行的政治范畴,其讨论者几乎均有今文学背景,而是今文学的整体品格使然。正是由于今文学自身的性格和革命论所寓的政治意涵,使两者不能不在当时政局的递嬗和政治思想的转折发展中结下不解之缘,从而演出革命论在今文家递次展开的阐释中不断退化的场景。

---

1 《容斋四笔》卷一二"治历明时"条,即据刘歆定历而引《革卦》象、象辞,又据颜师古注刘歆《钟律书》引逸《书》之文,认为"天地革而四时成,汤武革命,顺乎天而应乎人",无非是说王者受命必治历明时而应天顺人,"所云革命,盖谓是耳,非论其取天下也"。洪迈:《容斋随笔》,第754—755页。洪氏的这一看法其实并不新鲜,蔡邕《历数议》:"汤、武革命,治历明时,可谓正矣。"《汉魏六朝百三家集》卷一八《蔡邕集》,《景印文渊阁四库全书》第1412册,台北:商务印书馆,1986年,第437页。徐干《中论·历数》:"及夏德之衰而羲和沦淫,废时乱日,汤、武革命,始作历明时,敬顺天数。故《周礼》太史之职正岁年以序事,颁之于官府及都鄙……"比洪氏说得更加清楚。徐干撰、孙启治解诂:《中论解诂》(以下简称《中论解诂》),北京:中华书局,2014年,第248页。其实这种观点早有苗头,《郭店楚简·语丛一》:"《易》,所以会天道人道也。"是战国已认为《易》之要在通天人之道。陈伟等:《楚地出土战国简册十五种》二《郭店1号墓简册》,第245页。又《汉书》卷三六《楚元王传》附《刘向传》载刘向在成帝元延因灾异奏言王氏将为祸乱,述"昔孔子对鲁哀公,并言夏桀、殷纣暴虐天下,故历失,则摄提失方,孟陬无纪。此皆易姓之变也"(第1964页)。战国以来流行孔子与鲁哀公对答之语甚多,这一则说明自来相传孔子与鲁哀公论桀、纣暴虐,历不正而天象月日皆乱,遂为易代预兆。其中即暗示了汤、武革命顺天应人与治历明时的内在关系。

这里不能不指出的是，有不少学者，包括蒙文通先生这样杰出的学者，仅据当时相关讨论者的今文学背景和今文学文献的部分论述，就得出了西汉今文学富于"革命精神"的结论。这些研究既没有把西汉今文家的微言大义，放到战国以来革命论所处的历史发展链条中来认识，甚至也没有将之放入这些今文家自身的学说系统中来讨论。例如，董仲舒这位独尊儒术的重要发起者和继往开来的《公羊》学家，其为何并在什么基础上讨论革命问题？其理论核心究竟是"革命"还是"天不变道亦不变"的大一统纲常伦理？难道汉武帝采行其说独尊儒术，或者说西汉官方学说的主旨，竟是要发扬革命的精神？[1]蒙文通先生的《孔子和今文学》一文已在一定程度上看到了这些问题，故其较蒙先生早年所撰《儒家政治思想之发展》一文增加了不少篇幅，用来批判董仲舒对革命论的消极作用，指出董氏把汤、武革命导致的夏、商、周更替，变换和诠释为"三代改制质文"，认为这是他改变了自己传承的学统，"来迎合汉王朝的需要"[2]。这些重要的补充体现了蒙先生在该问题上思考的进路，实际上却还是部分地回到了其早年《经学抉原》一文的结论："今文者，朝廷之所好；古文者，朝廷之所恶者也。"[3]立为官学的西汉今文学是否

1　参李泽厚：《中国古代思想史论·秦汉思想简议》，北京：人民出版社，1986年，第135—176页；金春峰《汉代思想史（增补第三版）》第五章《董仲舒思想的特点及其历史地位》，北京：中国社会科学出版社，2006年，第121—179页。

2　蒙文通：《孔子和今文学》，《蒙文通全集》册一，第329页。

3　蒙文通：《经学抉原·今学第四》，《蒙文通全集》册一，第249页。此文雏形，亦即蒙先生更早所撰的《经学导言》二《今学》则说："皇帝不爱的书，便不能立博士，博士也就排斥他们。他们的学问只好传授于民间，也不必跟着皇帝说，后来便与博士的学问分成两派，便分了个今文、古文的差别。简切说来，便是跟着皇帝的一派就叫作今文，皇帝不爱的一派便叫古文。"《蒙文通全集》册一，第198页。

"曲学阿世"之学还可以再议[1]，但要说其随本朝政治秩序和政治思想的演进，已越益以大一统君臣纲常为其理论轴心和整体性格，揆诸当时《春秋》学甚盛和石渠会议前后齐学与鲁学、王、霸杂治与纯用德、礼的发展递嬗大势，应当是经得起考验的不易之论。[2]

大一统君臣纲常这个理论轴心的确立过程，显然有着较以往所见更为复杂的背景和原因。巩固一统帝国所需的理论形式当然不会自动现世，战国以来"儒分为八"和各家学说错综斗争又相互渗透的复杂态势，表明笼统而言的"儒术"，很难说现成就是维护一统帝国的天生宠儿。所有历史时期的主流思想或核心价值，都需要在交锋和斗争中磨洗陶冶而成，自应有其具体的契机、因缘和承载其交锋和斗争的相应论域。西汉一代政治思想与革命论纠结缠绕而转折变迁的史实，正是揭示这些早被岁月湮没的历史侧面的关键所在。

现在看来，高帝举义开国和汉初布衣卿相之局，自易滋生对平民英雄的崇拜和革命抗暴的认同，由此带来的一系列"革命"态度、观念和后续的理论问题，一直都是汉初以来思想界纠缠和交锋不休的重要线索。循此线索切入，陆贾所谓"马上得之，不可以马上治之"，不仅说明了工作重心转移的迫切，亦体现了起义者换位

---

1 《史记》卷一二一《儒林辕固生传》载武帝时固与公孙弘俱被征，固诫之曰："公孙子，务正学以言，无曲学以阿世！"（第3124页）同卷《董仲舒传》亦载"弘希世用事，位至公卿，董仲舒以弘为从谀"（第3128页）。可见同属今文学，与当朝的关系还是相当不同的。

2 参陈苏镇：《〈春秋〉与"汉道"——两汉政治与政治文化研究》第四章《"纯任德教，用周政"——西汉后期和王莽的改制运动》，北京：中华书局，2011年，第367—393页。

为统治者，讴歌革命转为防范革命的必要。[1]而黄老学说被按"无为"的方向来渲染，又何尝不是叫革命者"与民一起休息"的意思？到景、武时期汉家统治渐形稳固，可以不甚顾忌高帝的革命形象和遗产，革命的后代越益清楚地变为既得利益集团的守护者后，虽然不乏争辩和斗争，革命论的退化和政治思想的转折显然大势已定。终于以《春秋》大一统说打动帝心而崛起独尊的儒术，也包括崛起于景帝时期又由董仲舒诸人发扬光大的《公羊》学在内[2]，作为官学自须配合统治者角色变换和重心转移的需要，以厉行强调君臣纲常和维护现有统治秩序为职志，今文家们即便仍以"曲学阿世"自惕，实际上却不能不一再从其原来的立场上后退。就像他们既要为汤、武的放杀辩护，却总在以修正革命的内涵为代价，以至于他们对"革命"的诠释，竟已丢掉了其因反抗暴政才顺天而应人的内核。

　　这样的理论转折，自然无助于天下的长治久安。民众对暴政的反抗，是不会因革命论形态如何而停歇的，思想界也很快随武帝以来的统治危机而进入了多事之秋。人们已再次面临被统治者反抗暴

1　《论衡·超奇》："高祖读陆贾之书，叹称万岁。"所说本于《史记·陆贾传》载"贾著《新语》，每奏一篇，高帝未尝不称善，左右呼万岁"。《论衡·书解》则述"高祖既得天下，马上之计未败，陆贾造《新语》，高祖粗纳采"。"叹称万岁"是要说明《新语》甚合当时之要，"粗纳采"则是汉初未能尽遵陆贾建议的写照。《论衡校释》，第617、1156页。

2　参徐复观：《两汉思想史》第二卷《先秦儒家思想的转折及天的哲学的完成——董仲舒〈春秋繁露〉的研究》，上海：华东师范大学出版社，2004年，第182—184页。林聪舜：《儒学与汉帝国意识形态》第六章《帝国意识形态的建立——董仲舒的儒学》，上海：上海人民出版社，2017年，第194—199页。

政的重大问题[1]，其流绪又渐集中于倡言或赞成王朝的让贤禅代，还是维护汉家一统江山的交锋斗争，双方的话语系统也还承袭和使用着"革命""受命"之类的词汇。所不同的是，执掌大权的一方现在动辄以下狱杀人来做结论，而退化不止的"革命"，也早等同于改朝换代，进而又以禅让为其基本内涵，本已只涉一家一姓的天命转移，又找到了和平过渡的适当方式。因而昭、宣以来这场在汹涌暗流中展开的斗争，虽然看起来你死我活无比激烈，虽然胜利的天平随王莽出现而终于倒向了拥护"革命"的一方，其理论的实际进程，却早脱离了人民是否有权推翻暴政的方向，而是超越一家一姓的更替而进一步强化了代表宇宙和人间至理的君臣纲常。这样的趋向，客观上的确有利于把易代活动本身对君臣关系准则的必然冒犯，尽可能减轻到最低程度。

西汉今文学的政治品格和理论轴心，就是在这种矛盾斗争的统合过程中更趋鲜明起来的。赞颂当时今文家"革命精神"的学者，往往都忽略了一个基本事实：景、武以来为汤、武放杀辩护的董仲舒、京房、谷永及《齐诗》后学之类固然是今文家，但演成董仲舒所述"今唯以汤、武之伐桀、纣为不义"局面的，更离不开依附官

---

1 《盐铁论·地广》："大夫曰：汤武之伐，非好用兵也；周宣王辟国千里，非贪侵也；所以除寇贼而安百姓也。故无功之师，君子不行，无用之地，圣王不贪。先帝举汤武之师，定三垂之难，一面而制敌，匈奴遁逃，因河山以为防……由此观之，圣主用心，非务广地以劳众而已矣。"又同书《伐功》："文学曰：古之用师，非贪壤土之利，救民之患也。民思之者，若旱之望雨，箪食壶浆以逆王师。故忧人之患者，民一心而归之，汤、武是也。不爱民之死，力尽而溃叛者，秦王是也……"《盐铁论校注》，第208、494—495页。这里大夫和文学政见不同，但均从诛暴安民出发肯定了汤、武放杀，即反映了时人对汤、武革命问题的关注。

方立场的今文家们。同样，昭、宣以来直至汉、新之际，倡言禅让或易代说的，固然多为今文家，其反对派却更清一色是今文家。即此可断：拥护、反对，或围绕"革命"及禅让易代来表达经解和政见，都不能视为今文学独有的理论品格。禅让、受命、易代等问题常见于今文家的阐述，除说明相关论题越益成为政坛关注和政治思考的焦点外，更是出于代表官方学说的今文家言论更易形诸史臣笔端的缘故。说到底，一代政治秩序和政治思想的转折变迁，要比儒学或今文学的发展更为波澜壮阔，是其间的种种错综事态决定了儒学或今文学的演化历程，而不是它们先天地引领和决定着时代潮流和其他各种思想观念的命运。

因而今文学或儒学这个筐子，并不是足以涵盖禅让易代等问题讨论的合适容器，这个讨论本来就属于革命论和一代政治思想的演化历程，其理论和现实意义都要比今文学或儒学所能范围的更具广度和纵深。可以设想，真要用今文学关于"三统更替"或"天命所授，非独一姓"之说，来为现实中的易代改姓辩护，就必然招致其一统纲常理论的严厉反弹和批判，所谓"事势不两大，王氏与刘氏且不并立"[1]，从而陷入以今文学之矛攻今文学之盾的深刻对立。由此看来，王莽易代之前召集大批民间学者献书撰说，又力倡古文经学以之指导改制活动等事实，倒是可以表明：经过"纯用儒术"的元帝时期进一步涵养而发展到西汉末年的今文学，既然已把一统天

---

1 上引文前为刘向切谏成帝修陵过盛所言，后为刘向奏说王氏过盛之语。见《汉书》卷三六《楚元王传》附《刘向传》，第1961页。刘向即是同一位今文家既危言易代学说又力遏易代行为的典型人物，其立场和动机亦正如其自述："圣帝明王常以败乱自戒，不讳废兴，故臣敢极陈其愚，唯陛下留神察焉。"（第1963页）。

下、君臣纲常之理发挥到了极致，也就必然会在易代改姓的理论和实践中处于两难，或虽可自圆其说而仍难匹敌其所阐纲常伦理的深入人心，以至于其在总体上已很难一力担当改朝换代的理论工具。然则当王莽谦恭流言纷飞之时，易代"革命"既势在必行，其更富朝气和更为适用的理据何在？"革命"的发起和拥护者又将何以自处呢？

在经学一尊的时代要为改朝换代提供新的理据，自然不能完全离开经学来另搞一套，那适足以制造阻力，更不可能有说服力和权威性。在当时，这类新的理据总的是要能更加有力地论证新朝的"顺天而应人"。它们必须是一种新的经学形式，却不能完全以君臣大义为轴心而作茧自缚；要依傍又出入于今文学，又有更易操作的政治程序和制度内涵。对当时来说，这样的理论形态一部分已经现成准备好了，这就是尚处民间和禁中秘阁的古文经学。但古文学扎实而不神圣，繁琐而少玄妙，见微而难知著，例证周详而结论平淡，重书本文献而忽民间谣谚，立足于实际而不着眼于未来，尤其致命的是缺少对天命转移的系统阐述，因而必须以充满天命所归、神圣意旨的谶记预言，证据链条极长极多而所释无不圆转如意的纬书为之辅翼。清代学者有谓"六经明往之书，纬则知来之业"，且以佛教有显、密二宗而喻"经显教，纬密教"，可以说相当准确地概括了纬书的各种素质[1]。而若在此基础上再括一义：纬书是对宇宙万物现象的诠释，要在着眼于易代而明其气运理致，取今文学微言之长而辅

1　张孟劬：《张孟劬先生书》（与叔明书），载姜忠奎：《纬史论微》卷首，上海：上海书店出版社，2005年，第1—2页。

古文学大义之短者也。这个问题自然不宜在此细说，但古文经学和纬书同时在成、哀以来崛起流行，且与当时政局及政治思想和革命论的转折演变紧相关联，当可断言其绝非偶然。

西汉往矣，新朝亦不旋踵而灭。光武帝本为汉室支裔，其在新莽乱政、汉犹被怀、烽烟四起之际举义旗、平群雄，被推为帝，基本上与高帝刘邦受命登位的过程属同一模式。渲染高帝功业和高举革命抗暴的旗帜，实为其践祚称帝前后的重大方略。[1] 而其"革命"演化的全过程，一方面说明民不聊生之时，汤、武革命的抗暴传统必将再被继承和唤醒，其况正犹战国末年汤、武放杀已多被否定，一到秦末刘邦却可再举此旗那样；另一方面，光武帝掀起的这场"革命"，也还是不免在夺取和巩固政权的转折中，重蹈汉初以来的退化覆辙，继承下整个西汉革命论退化的遗产；更因汉、新之际政治思想和革命论的交相递嬗，包括古文经学和纬书盛行等新的历史前提而呈现出"图谶革命"的新特征，透露出"革命"主旨进一步从抗暴转向卫道的新趋向，再翻出"符命论""正统论"等新讨论[2]。

1　东汉初年以来赞颂高帝革命的作品骤然而兴，其名作如《汉书》卷一〇〇下《叙传下》的述《高纪》第一："皇矣汉祖，纂尧之绪，寔天生德，聪明神武。秦人不纲，网漏于楚，爰兹发迹，断蛇奋旅。神母告符，朱旗乃举，粤蹈秦郊，婴来稽首。革命创制，三章是纪，应天顺民，五星同晷……"（第4236页）荀悦《汉纪》的《高祖赞》："高祖起于布衣之中，奋剑而取天下，不由唐虞之禅，不阶汤武之王，龙行虎变，率从风云，征乱伐暴，廓清帝宇……《书》曰：天工人其代之。《易》曰：汤武革命，顺乎天而应乎人。其斯之谓乎！"其实质是对光武革命的讴歌。荀悦、袁宏撰，张烈点校：《两汉纪》（以下简称《两汉纪》），北京：中华书局，2017年，第57—58页。

2　《后汉书》卷三五《张纯传》载张纯建武十九年与朱浮共奏言，称光武帝"受中兴之命，平海内之乱""兴于匹庶，荡涤天下，诛锄暴乱，兴继祖宗"，虽"名为中兴"而"实同创革"（第1194页）。同书卷一七《冯异传》载其说（转下页）

一定程度上可以认为，西汉初年到东汉初年革命论所呈现的这个回澜曲折的周期，要当以古典革命论终结和中古革命论起步为其主线，而其种种侧面，业已体现了我国近代以前所有"革命"事件及其理论形式的基本要素和轮廓。

（接上页）光武帝曰："天下同苦王氏，思汉久矣。今更始诸将从横暴虐，所至虏掠，百姓失望，无所依戴。今公专命方面，施行恩德。夫有桀纣之乱，乃见汤武之功，人久饥渴，易为充饱，宜急分遣官属……"（第640页）。《艺文类聚》卷一〇《符命部·符命》引傅幹《王命叙》，述尧舜汤武以来，"虽五德殊运，或禅或征，其变化应天，与时消息，其道一也。故虽有威力，非天命不授；虽有运命，非功烈不章。自我高祖，袭唐之统，受命龙兴，讨秦灭项，光有万国。世祖攘乱，奄复帝宇，人鬼协谋，征祥焕然。皆顺乎天而应乎人也"。欧阳询撰、汪绍楹校：《艺文类聚》（以下简称《艺文类聚》），上海：上海古籍出版社，1999年，第189页。皆其反映。而《文选》卷三《赋甲·京都上》班孟坚《东都赋》述"建武之元，天地革命，四海之内，更造夫妇，肇有父子，君臣初建，人伦实始"（第31页）。《文选》卷四《赋乙·京都中》张平子《南都赋》述"方今天地之睢剌，帝乱其政，豺虎肆虐，真人革命之秋也"（第73页）。亦正以"建武革命""真人革命"颂光武之业。另参陈槃：《秦汉间之所谓符应论略》，《中央研究院历史语言研究所集刊》第十六本，1947年。

第二章　魏晋以来的"禅让革命"及其思想背景

　　战国秦汉是中国古代王朝体系的形成期，也是王朝统治合法性理论的奠基期。尧、舜禅让和商汤灭夏、武王伐纣等传说、记载，即在此期逐渐排除了杂音异说而趋于一致。[1] 当时归纳王朝合法更替的基本模式有二，即要么如尧、舜禅让，要么如汤、武革命。而围绕两者利害和价值高低的讨论，则开启了这两种模式不断蜕变、合流的趋势。到汉代以来，"革命"的抗暴举义内涵愈遭忌惮而被不断抽弃淡化，"禅让"渐被视为政权得以和平过渡的最佳方式。至魏、晋取仿、发展王莽所为，相继以禅让完成易代而仍称革命，遂使"禅让革命"作为一种新的易代模式确定了下来。

　　像这样，在革命备受质疑之时标榜革命，在王莽禅代身败名裂后再行禅让，其事本堪深思；把革命和禅让的内涵嫁接为一，更意味着对以往相关争论和思考的扬弃，标志了王朝统治合法性理论的

1　其事至二十世纪二十年代以来由古史辨派着力还原和证明，其部分目的固然是要解构上古以来的王朝谱系，其主要成果却正可反映战国至两汉为王朝体系的形成期。参顾颉刚：《与钱玄同先生论古史书》，《古史辨》第一册，第59—66页。

发展。这都表明其为当时政治史和思想史的头等问题，却未受到近现代学界的应有关注，论者或循石勒鄙之为"欺他孤儿寡妇，狐媚以取天下"[1]，或如罗贯中《三国演义》第一一九回讥其为"再受禅依样画葫芦"，要仍归此入权谋厚黑之术而厌弃不顾[2]。究其所以，盖因近代以来王朝失败、覆灭又阴魂不散，人们亟欲将其一切抛进"历史垃圾堆"之故。但否定历史并不等于历史的否定，对魏晋以来"禅让革命"模式的形成和演化，还是要放入当时的场景加以考察，才能揭示其历史内涵和相应的思想进程，理解古人在王朝存在、更替合法性前提下的思考，也才能准确认识由此形成的传统及其深远影响。[3]

1　《晋书》卷一〇五《石勒载记下》，北京：中华书局，1974年，第2749页。
2　钱大昕《潜研堂文集》卷三六《书四·与邱草心书》述古来得天下之途，"其起于编户者，则托征诛之名；其起于权臣者，则托禅让之名。要其初皆因利乘便，尚诈力而违仁义，非有除暴安民之心也"（上海：商务印书馆，1936年，第563页）。赵翼：《陔余丛考》卷七《周书》述"宋、齐、梁、陈及北齐《书》，凡易代之际，必有九锡文、禅让诏，陈陈相因，可为呕哕。西魏之逊于周，当亦必有此等虚文，而《周纪》不载，更见其剪裁之净"（石家庄：河北人民出版社，1990年，第119页）。二十世纪五十年代末起，国内史界曾就曹操评价展开讨论，及于《三国演义》对曹氏父子的偏见，但当时各方对其易代情节不欲深论的态度是共同的。参郭沫若：《替曹操翻案》，收入所著《文史论集》，北京：人民出版社，1961年，第176—192页。
3　近年学界对此研究正在深入，参阅国林：《魏晋南北朝禅让模式的文化背景》，《文史哲》，1993年第3期；徐冲：《"禅让"与"起元"：魏晋南北朝的王朝更替与历史书写》，《历史研究》，2010年第3期；王强：《"篡逆"还是"禅让"：史学视角下的"新莽代汉"与"汉魏故事"》，《郑州大学学报（哲社版）》，2013年第2期；朱子彦：《汉魏禅代与三国政治》第一章《王朝鼎革的主流形态：以汉魏禅代为中心》，上海：东方出版中心，2013年，第14—73页。

一、革命易代及其与禅让的嫁接

汉、魏和魏、晋易代的基本特征，即号称革命而实则禅让，其所称革命已与汤、武抗暴举义放杀乱君的原型相去甚远，几乎已是易代的别称，具体则通过禅让来达成，故可名之为"禅让革命"。此后仿此而完成易代的王朝，包括了南朝的宋、齐、梁、陈及北朝后期的北齐、北周和隋，至唐、五代仍余绪不绝，足见这一易代模式影响之大。

当时把禅让易代称为"革命"的例子，如《晋书》卷一三《天文志下》史传事验的"妖星客星"目载恭帝元熙元年（419）正月戊戌：

> 有星孛于太微西蕃，占曰："革命之征。"其年，宋有天下。[1]

同期这种被视为"革命之征"的天象还有不少，除可视为魏、晋易代舆论在晋、宋之际的重演外，也表明革命以指易代的流行[2]，天占系统亦以此为惯用术语[3]。《弘明集》卷一一收录僧岩法师辞青州

1　《晋书》，第396页。

2　罗新、叶炜《新出魏晋南北朝墓志疏证（修订本）》一八《谢珫墓志》第六砖有"大宋革命，诸国并皆削除"云云之语，可见其时"革命"话题流行之况（北京：中华书局，2016年，第34—35页）。

3　《晋书》卷一二《天文志中》史传事验"日蚀"目："恭帝元熙元年十一月丁亥朔，日有蚀之。自义熙元年至是，日蚀皆从上始，皆为革命之征。"（第341页）同书卷一三《天文志下》史传事验"月五星犯列舍"目恭帝元熙元年条载"自义熙元年至是，太白经天者九，日蚀者四，皆从上始，革代更王，臣失君之象也"（第387页）。

刺史刘善明举其秀才而书信往复，其中的《僧岩重书》有云：

今既老矣，岂能有为？夫以耄耋之年，指麾成务，此自苍灵特授，假手天功，协佐龙飞之英，翼赞革命之主。今欲以东亩之农夫，西园之抒叟，侧景前光，参踪古烈，无异策驽足以均骅骝，系泽雉以双鸾鹤，斯之不伦，宁俟深察。[1]

僧岩作书坚拒刘善明之举，其中即称齐高帝为"革命之主"，是方外沙门对"革命"以指禅代的意涵亦甚熟稔。[2]

这类语例说明，经魏晋以来涵化以后，革命、禅让在指易代时其义大略重合，各界于此已普遍认同。表述更为明确的如《北齐书》卷四《文宣帝纪》载魏帝禅位策书曰：

时来运往，姒舜不暇以当阳；世革命改，伯禹不容于北面。况于寡薄，而可踟蹰？[3]

1　僧祐撰、李小荣校笺：《弘明集校笺》，上海：上海古籍出版社，2013年，第631—632页。
2　《艺文类聚》卷七六《内典上·内典》引梁元帝《庄严寺僧旻法师碑》曰："……皇帝革命受图，补天纫地，转金轮于忍土，策绀马于阎浮。"不仅把梁武帝代齐称为革命，更足见"革命"一词已与当时中土佛教话语系统完美啮合。《艺文类聚》，第1308—1309页。
3　《北齐书》，北京：中华书局，1972年，第49页。罗新、叶炜《新出魏晋南北朝墓志疏证（修订本）》七二《赵征兴墓志》述志主以武定七年自梁北投东魏，除中散大夫，"属皇齐兴运，革命受终，改授平南将军、太中大夫、金乡县开国侯"。亦称魏齐之禅为"革命"（第172—173页）。

又《庾子山集》卷六《燕射歌辞》周五声调曲之宫调曲二，所歌即北周禅魏之事：

我皇承下武，革命在君临，应图当舜玉，嗣德受尧琴。[1]

两者均直接把革命视同禅让。这样的革命，几已完全抹去了其举义犯上的色彩，意涵似已简化为单纯的"世革命改"，强调的是其顺应天命而和平易代，俨然一派舜禹承位而普天同庆的祥和模样。[2]

但同以"革命"指称易代，意涵仍可相当不同。堪与上述言论对比的是，另有一些把当时易代称为革命的说法，多少也还记得汤、武革命的原型，并在着力渲染其易代乃抗暴定乱的大义所在。《文苑英华》卷七五一《论·兴亡上》卢思道《后周兴亡论》末曰：

周武任数矩情，果敢雄断，拥三秦之锐，属攻昧之秋，削平天下，易同俯拾。未及三祀，宫车晚驾，嗣子披猖，肆其凶慝。真人革命，宗庙为墟，此盖天所以启大隋，非不幸也。[3]

文中把隋文帝禅代誉为"真人革命"，突出的是其终结乱政的一面，因为周末宣帝实为凶慝之主，年幼禅位的静帝自然也不是圣王。

---

1 庾信撰、倪璠注、许逸民校点：《庾子山集注》，北京：中华书局，1980年，第475页。
2 《艺文类聚》卷四六《职官部二·太尉》引陈沈炯《太尉始兴昭烈王碑》述陈武帝代梁之事："皇上革命应运，大启邦国，麟趾盘石之宗固具，金桢玉干之戚毕封。"（第821—822页）所述之况亦然。
3 李昉等编：《文苑英华》（以下简称《文苑英华》），北京：中华书局，1966年，第3931页。

不能不承认这是汉魏以来历次禅让的一个深切著明的事实，卢思道所论，正是在力图弥合其得之者即犹舜、禹，授之者却绝非尧、舜这个无法忽略的漏洞。[1]

这种以革命举义为禅让易代辩护的论证套路，反映了现在禅让模式及相关观念的深刻变化。同时其亦渊源有自，从魏、晋易代围绕汤、武话题的纷争、对立[2]，直到晋、宋以来关于易代的论调，其中不少也还是体现了人们对革命原型及其涵义的关注[3]。《北齐书》卷三〇《高德政传》载高洋欲行禅代而驰驿赴邺：

> 以众人意未协……又说者以为："昔周武王再驾盟津，然始革命。"于是乃旋晋阳，自是居常不悦。[4]

1　《晋书》卷三七《宗室任城景王陵传》附《司马顺传》载"武帝受禅，顺叹曰：'事乖唐虞，而假为禅名！'遂悲泣，由是废黜"（第1114页）。《宋书》卷六〇《范泰传》载范泰文帝元嘉初年因旱疫上表有曰："大宋虽揖让受终，未积有虞之道，先帝登遐之日，便是道消之初。"（第1623页）《梁书》卷三五《萧子恪传》末史臣引陈史部尚书姚察曰："昔魏藉兵威，而革汉运，晋因宰辅，乃移魏历。异乎古之禅授以德相传，故抑前代宗枝，用绝民望。"（北京：中华书局，1973年，第516页）这类言论都指出了魏晋以来禅让与古圣王之间"以德相传"截然有别的事实，构成了促使人们加强其合法性辩护的压力。

2　西晋代魏时，人们即常以汤、武革命为喻，从而形成了拥护和反对派以推崇或鄙薄汤武划界的局面，嵇康之死即与其鄙薄汤武相关。参楼劲：《魏晋时期的革命话题》，收入马宝记主编：《魏晋文化研究》，郑州：河南人民出版社，2012年，第1—6页。

3　《陶渊明集》卷六《记传赞述·读史述九章》"夷齐"曰："二子让国，相将海隅。天人革命，绝景穷居。采薇高歌，慨想黄虞。贞风凌俗，爰感懦夫。"这与其下的"箕子"章皆述武王革命之事，盖亦有感于晋宋禅代而抒其所思。逯钦立校注：《陶渊明集》，北京：中华书局，1979年，第179页。

4　《北齐书》，第407—408页。

可见高洋身边谋臣，确有以北齐禅魏比附汤、武革命的意思，意即其事固属易代，但也要将之标榜为终结魏末之乱。早些时候，梁武帝亦用过这个盟津之典，《广弘明集》卷二九上《统归篇第十》梁武帝《净业赋序》自述其志有曰：

> 以齐永元二年正月发自襄阳，义勇如云，舳舻翳汉……有双白鱼跳入艑前，义等孟津，事符冥应。云动天行，雷震风驰，郢城克定，江州降款……独夫既除，苍生苏息，便欲归志园林，任情草泽。下逼民心，上畏天命，事不获已，遂膺大宝。[1]

其所称"义等孟津""独夫既除"云云，直截以武王伐纣自比，以明其平乱代齐实乃大义所在。[2]再上推至晋宋易代之际，《宋书》卷三《武帝纪下》史臣曰盛称"宋祖受命，义越前模"：

> 高祖地非桓文，众无一旅，曾不浃旬，夷凶翦暴。祀晋配天，不失旧物，诛内清外，功格区宇，至于钟石变声，紫天改物。民已去晋，异于延康之初；功实静乱，又殊咸熙之末。所以恭皇高逊，殆均释负。若夫乐推所归，讴歌所集，魏晋采其名，

---

1 《广弘明集》，收入《四部精要》第15册《子部四》，上海：上海古籍出版社，1993年，第278页。
2 《文苑英华》卷七五四《论·史论一》何元之《〈梁典〉高祖革命论》："高祖痛兄弟之戮，因天下之心，举荆雍之师，兴易武之伐，指挥则智勇风从，号令则遐迩响应。取鄢郢若拉枯，定金陵如沃雪，黄越既斩，白旗乃悬，师不疲劳，民无怨讟，乐推□在，代德是膺。逆取顺治，享年四纪……"（第3949页）。所述"兴易武之伐"及"逆取顺守"等，皆为汉以来概括汤、武革命的常用说法。

高祖收其实矣。[1]

这是刘宋禅晋时上下一致的口径[2]，其旨也在强调宋武帝为平乱定难、夷凶翦暴的革命之主，且称魏晋的禅让革命徒有其名，晋宋易代方得其实。

由上可见，在魏晋以来禅让革命模式中，尧舜禅让所寓基本原则及其政权和平过渡的价值已被公认，汤武革命象征的举义抗暴传统也未被一概丢弃，且因其仍可与某些现实要求合拍而时被强调。这种革命、禅让内涵相兼，强调其易代由禅让达成而仍寓革命之义的状态，显然是要解决易代理论与现实之间的一系列疑问，且都深切关系到其合法性论证。揆诸形势和需要，时人面临的这类问题主要表现在两个方面：

一个方面是时代发展而禅让变质的现实，不能不使其合理性面临挑战，须另辟蹊径使之可行。尧舜禅让本是圣王之间在"公天下"前提下传授大位，后世既要禅让易代，也就必须在政治原理上接受天下非一家一姓之天下，大位唯有德者居之的预设，但无论如何，现在已不再可能"以圣传圣"。故王莽为论证其禅代合法性，只得越过已失天意民心的在位汉帝，勉强搬出其高庙神灵来授位于己，同

---

1 《宋书》，第60—61页。

2 如《宋书》卷三《武帝纪下》载刘裕永初元年六月丁卯登位告天策文，即称"裕虽地非齐晋，众无一旅"云云（第51页）。同书卷二《武帝纪中》载元熙二年六月晋帝禅位诏，称其时天命归宋实有显征，"夫岂延康有归，咸熙告谢而已哉？"（第46页）。所述即与此处史臣曰"宋祖受命，事越前模"如出一辙。

时渲染自身功德、政教措置及远祖世系上承圣王。[1]魏晋禅代大体即因袭了这个套路的后半部分，其既不再借手前朝祖灵，而是直截由其在位之主来完成禅让，便须更加强调其政衰世乱，人心已去而天命已终。至南北朝诸禅代之主更已不甚在意远祖是否圣王之裔[2]，也就尤其要让自身的盖世功德与前朝末世的黑暗腐朽形成对比，以奋起举义的革命为之铺垫，以此展开其易代合法性论证。就是说，要在完全不同的时代条件下仿行古圣王禅让来和平易代，就不能不在理据上做出一系列调整才能抵消相关非议，解决其合法性论证上的缺漏。而魏晋以来的选择，正是肯定了公天下让贤理念适用于后世的价值，且以"革命"抗暴平乱的大义为之驱除，方得使现在已由代位者主导的禅让成为拯世济难而大势所趋的义举。

另一个方面是，引入革命大义固然有其必要，却仍须解决其与现已空前明朗的纲常伦理的内在矛盾。"革命"之义在儒家经传中续有所论，到两汉之际三统论兴，夏、商、周三代地位确立，其更替之法被升华为合乎宇宙循环之理的规律，汤武革命作为易代范例的价值从此再难完全否定，足以构成下层人士举义抗暴、夺取政权可得援据的重要传统和思想资源。但伴随儒学的独尊和不断社会化，君臣纲常已被演绎为合乎天道的基本秩序，也就不能不与革命易代

---

1 《汉书》卷九九上《王莽传上》载王莽元始五年五月加九锡时，已明其功业德泽之盖世无双，其末又载其初始元年以"虞帝之苗裔"由当时已托附为尧后的"赤帝汉氏高皇帝之灵"传书授位，则是以尧舜之裔而仿行远祖盛事（第4073、4095页）。

2 《三国志》卷一《魏书·武帝纪》裴注引王沈《魏书》曰"其先出于黄帝"（第1页）。《晋书》卷一《宣帝纪》则述"其先出自帝高阳之子重黎"（第1页）。至南北朝诸帝则虽姓源可溯而多至两汉以来名族而止，是其已不甚在意是否身为古圣王之裔。至于北朝拓跋、宇文氏等溯其姓源于黄帝、炎帝，则又别有寓意而非为禅代。

的正当性形成矛盾。而其折中、统一之道则仍承以往的讨论，既百般限定革命的前提和方式，尽可能消除人们动辄借举义以犯上的危险性；更强调禅让所寓准则及其帮助实现天命转移的价值，以和平过渡而不是以干戈放杀的革命来完成易代。由此再看主导魏晋以来禅让革命的霸府之主，其既皆须由臣下跃居为君，又大都是寒微之人崛起于末世而有平乱定难之实，则引入革命大义来论证其崛起易代乃水到渠成，最终则以禅让来完成"惟有德者居之"的大位交割，正可谓理论上源远流长而甚完密，实际又与当时时势、条件无不合拍的一种必然。

要之，正由于战国秦汉政治理论和王朝体制的发展，使魏晋以来的禅代必须解决接踵而来的一系列难题：其既要以禅让来实现和平易代，便须确认尧舜禅让所寓公天下让贤原理的普适性；又须引入汤武革命抗暴定乱的大义，来解决当世禅让的可行性和正当性；还须限制革命的条件和方式，尽可能弥合其与君臣纲常的矛盾。而这自然就要修正禅让和革命所寓理念准则，使之具有相互兼容、发明的特定内涵，才能构成一套适应现实条件与可能，更有相当说服力的禅代合法性辩护体系，使循此易代得为朝野公认。

当时的这种改造和建构，要点是把"革命"与"禅让"协调起来，也就尤其要把革命的义旨框入体制之内。《宋书》卷二《武帝纪中》载元熙二年（420）六月晋恭帝禅位诏曰：

> 相国宋王，天纵圣德，灵武秀世，一匡颓运，再造区夏，固以兴灭继绝，舟航沦溺矣。若夫仰在璇玑，旁穆七政，薄伐不庭，开复疆宇，遂乃三俘伪主，开涤五都，雕颜卉服之乡，龙荒

朔漠之长，莫不回首朝阳，沐浴玄泽。故四灵效瑞，川岳启图，嘉祥杂遝，休应炳著，玄象表革命之期，华裔注乐推之愿……予其逊位别宫，归禅于宋，一依唐虞、汉魏故事。[1]

　　这是借晋帝之口述禅代的理据所在。所谓"玄象表革命之期，华裔注乐推之愿"，正表明革命、禅让之义现已杂糅为一；"一依唐虞、汉魏故事"则是自来禅代的常式[2]，强调的是其仪节的稽古而又创新。亟可注意的是所述刘裕定难平乱、北伐开疆的义举，延续了已被桓氏所篡的晋祚，足见其德深厚，于所效节之朝实已仁至义尽。[3]

　　以刘裕拯济晋室的平乱义举，来强调其臣节已尽和实行禅代的

1　《宋书》，第45—46页。

2　类此如《南齐书》卷一《高帝纪上》载升明三年三月辛卯宋顺帝禅位诏曰"逊位别宫，敬禅于齐，一依唐虞、魏晋故事"（北京：中华书局，1972年，第20页）。《梁书》卷一《武帝纪上》载中兴二年三月丙辰齐和帝禅位诏曰"今便敬禅于梁，即安姑孰，依唐虞、晋宋故事"（第26页）。《陈书》卷一《高祖纪上》载太平二年十月辛未梁敬帝禅位诏曰"今便逊位别宫，敬禅于陈，一依唐虞、宋齐故事"（北京：中华书局，1972年，第22页）。《北齐书》卷四《文宣帝纪》载武定八年五月丙辰东魏孝静帝禅位于齐，"禅代之礼，一依唐虞、汉魏故事"（第49页）。《隋书》卷一《高祖纪上》载大定元年二月周静帝禅位诏曰"今便祗顺天命，出逊别宫，禅位于隋，一依唐虞、汉魏故事"（北京：中华书局，1973年，第12页）。此期惟曹魏陈留王禅位于晋称"如汉魏故事"，盖因其已寓唐虞故事；西魏恭帝禅位北周称"踵唐虞旧典"，则因其此前已复古改制之故。

3　这也是当时盛称"宋祖受命，义越前模"的着眼点。《晋书》卷一〇《恭帝纪》元熙二年六月记刘裕命傅亮讽帝书禅位诏，帝谓左右曰："晋氏久已失之，今复何恨。"（第269页）即寓此义。《宋书》卷三《武帝纪下》载刘裕永初元年即位告天策文，自称其举义定乱之举为"投袂一麾，则皇祀克复……大造晋室，拨乱济民"（第51页），亦然。

正当无愧，其背后的逻辑正是司马氏已失天意民心，其虽竭尽挽之而仍枉然，是以君臣之义已全来论证其取而代之的合理。但即便刘宋禅晋"义越前模"，仍应看到这样的解说并非始于此时，曹魏以来的禅让革命事实上皆在尝试为革命易代与君臣纲常的矛盾解套，刘宋的这类论调无非是承前启后罢了。[1]像前引梁武帝《净业赋序》下文即曰：

> 论者以朕方之汤、武，然朕不得以比汤、武，汤、武亦不得以比朕。汤、武是圣人，朕是凡人，此不得以比汤、武。但汤、武君臣义未绝，而有南巢、白旗之事；朕君臣义已绝，然后扫定独夫，为天下除患。以是二途，故不得相比。[2]

其前文已自以平乱易代比附汤、武革命，此处又特别指出己身于君臣大义并未亏缺，故其事的正当尤胜于汤、武。这种把抗暴举义与君臣大义协调起来的"革命"，不仅继承了汉代以来其举义抗暴的尖锐性不断退化的趋势，更已明确了其维护王朝体制和根本伦理秩序的功能。经此演绎的"革命"，其实已定位为王朝体制在危机下

---

[1] 《三国志》卷二《魏书·文帝纪》裴注引《献帝传》载禅代众事，其中刘廙等言："自汉德之衰，渐染数世，桓、灵之末，皇极不建，暨于大乱，二十余年。天之不泯，诞生明圣，以济其难。"（第63页）已开刘裕所述之先河。其后如《晋书》卷三《武帝纪》载司马炎即位告天亦述"粤在魏室，仍世多故，几于颠坠，实赖有晋匡拯之德"云云（第51页）。《南齐书》卷二《高帝纪下》载其即位告天亦称"水德既微，仍世多故，实赖道成匡拯之功，以弘济于厥艰"云云（第31页）。梁、陈及北齐、北周至隋的禅代，类皆强调其于前朝有拯济扶危之实，文繁不录。
[2] 《广弘明集》，《四部精要》第15册《子部四》，第278页。

突破易代僵局的一种机制，是末世乱政之时面临王朝可否更替等根本问题的可取选项。而这显然是整个社会纲常已立，王朝更替原则渐明，革命前提和方式在理论上、实践上都被重重设限的结果。

以上讨论表明，魏晋以来的禅让既非"以圣传圣"，也就不仅是公天下让贤原理的体现，且被视为特定条件下的一种拨乱反正；革命亦非仅指易代，而是保留了其抗暴定乱的部分意涵，是在维护纲纪、扶危济难，以为臣君之义已尽而前朝命运不复可挽的证明。正是这种适应时势的内涵修正，方得大体存续两者所寓的易代合法性原则，使之互渗和啮合为一，从而构成了"禅让革命"的新模式。这一模式显然面对现实降低了"禅让"的门槛，又引入"革命"大义提升了易代的格调，从而在纲常已立的时代，为人们突破由臣为君的禁制，合理而和平地完成对其自身生存及社会发展来说已成必需的王朝更替提供了出路。

二、公天下原理与禅让革命的前提

魏晋以来的历次禅代，即是在这些已被修削嫁接的"革命""禅让"理念的指导下展开的，其具体的程序亦是对此的体现和确认，尽管在具体节目上不同时期仍有相当变化[1]。此期凡革命之主，必先统揽政柄位极人臣，旋即"依唐虞、汉魏故事"启动易代程序，其具体节目史载繁悉毋庸赘述，其中一个重要的部分，即是要彰显新

1　关于这类变化，参赵翼：《廿二史劄记》卷七"禅代""魏晋禅代不同""九锡文"三条，大略皆为时势、观念及统治集团实力对比所致（第87—92页）。

主有如古圣王功德盖世而身负气运、泽被万民，为其得行禅让之事所必需。为之遂须封土以建宗庙、社稷，定世系、国号，自署群卿百官，以明其渊源深厚有国有家[1]；九锡以彰其功业德泽有类周公，治教刑事足为典范[2]；摄天子位或用天子之仪，以示其虽未即真而实治天下[3]。凡此之类，皆基于其革命举义、定难平乱的伟业而来，又举着取法尧舜的旗帜，引领了古史复兴等思想潮流[4]，而实质均是要体现其禅代合乎古圣王传统而名正言顺，乃是大势所趋众望所归。

这种高度程式化又一再重复的过程，确易遮掩权力更替特有的精

---

1 《史记》卷一六《秦楚之际月表》序，提到了战国秦汉流行的"无土不王"论，其大意谓王者必先有封域，舜、禹、汤、武皆先受封有国而积善累功，方得行禅让、放杀之事而受命为王。《集解》引《白虎通》曰："圣人无土不王，使舜不遭尧，当如夫子老于阙里也。"（第760页）汉魏以来行"禅让革命"者之所以皆先封公进王而授土治民，表象上是因为有封域者必有庙社、世系、国号、百官，实则是在遵循这个"无土不王"的政治传统。

2 如《三国志》卷一《魏书·武帝纪》建安十八年五月丙申天子策命曹操为魏公并加九锡，裴注引《魏书》载其时曹操令曰"夫受九锡，广开土宇，周公其人也"云云，又引《魏略》载操上书谢曰"不意陛下乃发盛意，开国备锡，以贶愚臣，地比齐、鲁，礼同藩王"云云（第40—41页）。

3 其具体节目或有加减及次序调整，北周的情况又因其先已依周官改制而有不同。《周书》卷三《孝闵帝纪》载西魏恭帝三年十月宇文泰死后孝闵帝嗣位太师、大冢宰，十二月丁亥进封周公后，十余日后即行禅让。其既已封公，故无须再另行封土，九锡及用天子仪（北京：中华书局，1971年，第45—46页）。

4 战国荀子、韩非子等均有质疑尧舜禅让之说，晋武帝太康二年汲县魏冢所出竹书又催动了相关讨论，如《史记》卷一《五帝本纪》正义引"《竹书》记有"舜囚尧"等事（第31页）。《史通》卷一三《外篇·疑古第三》引"《汲冢琐语》云：舜放尧于平阳。而书云某地有城，以'囚尧'为号。识者凭斯异说，颇以禅授为疑"。刘知幾著、浦起龙通释、王煦华整理：《史通通释》（以下简称《史通通释》），上海：上海古籍出版社，2009年，第357页。是竹书整理及后续记逸之作不能不受当世禅代的触动和影响。《隋书》卷三三《经籍志二》史部杂史类著录皇甫谧《帝王世纪》等古史书多部，皆为当时古史因此复兴的反映（第961—962页）。

彩、残酷和跌宕起伏，像石勒就很不理解，讥其虚伪，不够"磊落"[1]。但与完全赤裸的丛林法则相比，与动辄失范僭越的权力更替对照，却仍应肯定其为王朝合法性理论与实践的长足发展，是华夏政治文明的历史性进步。仅把问题置于权谋诈术的层面，将之一概归为欺诳天下的掩耳盗铃之举，那就难以解释其相关程序的反复重现；厌弃或漠视这种易代模式的内在意涵，自以为"看透"了其权斗底蕴，说明的不仅是肤浅和傲慢，更是规则和信念的缺失。魏晋以来禅让革命模式接武继轨大同小异的样态，是因汉代以来的社会整合已渐铸就了朝野上下均难逾越的统治合法性原则，禅代程序即与之兼容又强化了易代的规则，其权力更替正是因其不可违背而须循规蹈矩，因高度程式化而得平稳过渡。其表明的也正是王朝体制在最为尖锐复杂的易代问题上的重大进展，是禅让和革命内涵经刷新、协调后仍然具有的严肃性。

如前所述，要以禅让来完成易代，自须肯定天下非一家一姓之天下，乃天下人之天下这个前提，又必接过选贤与能，大位唯有德者居之的传统。这两个方面自尧舜禅让说诞生即已连成一体不可分割[2]，后世也一直都在尚公、崇让等观念中存其脉绪，但在战国

---

1 《晋书》卷一〇四《石勒载记上》记其屯兵葛陂将寇建邺而遭饥疫，问张宾以和战之计，宾曰："将军攻陷帝都，囚执天子，杀害王侯，妻略妃主，擢将军之发不足以数将军之罪，奈何复还相臣奉乎！"（第2716页）是石勒自许之"磊落"如此，其既身为胡人备遭歧视，又倾覆晋室虐之尤甚，故只能推崇刘邦、刘秀而鄙薄禅代。

2　今存文献关于尧舜禅让的最早表述在《尚书·尧典》，其中即包含了天下为公、君位推举而惟德是尚的理念。杨希枚《再论尧舜禅让传说》一文的结论是："尧舜禅让传说应至迟是春秋时代以来就已经流传的古老传说之一。"收入所著《先秦文化史论集》，北京：中国社会科学出版社，1995年，第853页。另参彭裕商：《禅让说源流及学派兴衰——以竹书〈唐虞之道〉〈子羔〉〈容成氏〉为中心》，《历史研究》，2009年第3期。

以来建立的五帝公天下、三王家天下递嬗序列中，对公天下时期的禅让易代方式是否适用于三王以下曾屡有论争[1]。至西汉昭、宣年间，眭弘、盖宽饶等上承鲍白令之、韩婴、董仲舒等所论加以发挥，力主汉家已衰而当去位让贤，虽以此被祸而为朝野所惜，可见禅让在后世仍可帮助完成和平易代的价值渐被广泛认同[2]。再到王莽将之付诸实践，禅让体现的公天下让贤理念，已因其有助于突破业已势在必行而又受制于君臣纲常的易代僵局，渐被确认为同样适用于家天下时期的政治公理[3]。这就构成了魏晋以来禅让革命的重要思想基础，故当时的历次禅代都十分明确地对此公理做了阐发。

《三国志》卷二《魏书·文帝纪》裴注引袁宏《汉纪》载献帝禅

---

[1] 战国后期关于燕王哙禅位子之的讨论即集中体现了这一点。又《说苑·至公》述秦始皇既吞天下，与群臣议君位禅贤、世继"孰是"，鲍白令之对曰："天下官，则让贤是也；天下家，则世继是也。故五帝以天下为官，三王以天下为家。"并认为当世行桀纣之道，"五帝之禅，非陛下所能行也"。这又反映了秦汉以来相关讨论之况。《说苑校证》，第347—348页。

[2] 《汉书》卷七五《眭弘传》载眭弘元凤三年正月上书说灾异曰："先师董仲舒有言：'虽有继体守文之君，不害圣人之受命。'汉家尧后，有传国之运。汉帝宜谁差天下，求索贤人，禅以帝位，而退自封百里，如殷、周二王后，以承顺天命。"结果被定罪"妖言惑众，大逆不道"而伏诛（第3154页）。同书卷七七《盖宽饶传》载盖宽饶"引《韩氏易传》，言'五帝官天下，三王家天下，家以传子，官以传贤，若四时之运，功成者去，不得其人则不居其位。'……时执金吾议，以为宽饶意欲求禅，大逆不道。而谏大夫郑昌则认为"宽饶忠直忧国，以言事不当意而为文吏所诋挫"，请恕其罪。"上不听，遂下宽饶吏，宽饶引佩刀自刭北阙下，众莫不怜之"（第3247—3248页）。二例可见韩婴、董仲舒以来对鲍白令之所说的发展，"莫不怜之"表明相关理论已被广泛接受。

[3] 《汉书》卷九九下《王莽传下》载莽临终，"公卿大夫、侍中、黄门郎从官尚千余人随之"（第4191页）。是其直至末路仍拥护者甚众，对此自须联系上引韩婴、董仲舒及眭弘、盖宽饶所论来加以认识。

位诏有曰：

夫大道之行，天下为公，选贤与能。故唐尧不私于厥子，而名播于无穷。朕羡而慕焉，今其追踵尧典，禅位于魏王。[1]

《晋书》卷三《武帝纪》载其登位告天，亦述"昔者唐尧，熙隆大道，禅位虞舜"云云。所谓尧舜禅让的"大道"，也就是献帝禅位诏所引《礼记·礼运》的"天下为公，选贤与能"。其后禅代者对此道的申述，如《宋书》卷三《武帝纪下》载其登位告天有曰：

夫树君宰世，天下为公，德充帝王，乐推攸集。越俶唐虞，降暨汉魏，靡不以上哲格文祖，元勋陟帝位，故能大拯黔首，垂训无穷。[2]

《北齐书》卷四《文宣帝纪》载其登位告天有曰：

夫四海至公，天下为一，总民宰世，树之以君。既川岳启符，人神效祉，群公卿士，八方兆庶，金日皇极乃顾于上，魏朝推进于下，天位不可以暂虚，遂逼群议，恭膺大典。[3]

1 《三国志》，第62页。
2 《宋书》，第51页。
3 《北齐书》，第50页。《南齐书》卷二《高帝纪下》载其登位告天有曰："夫肇自生民，树以司牧，所以阐极则天，开元创物。肆兹大道，天下惟公，（转下页）

中古政治与思想文化史论

这类文字以往常被鄙为虚饰之论，不外是因人们先已认定其不过是为篡位谋逆张本，以致无视了其事本身和这些理论、规则的严肃性；忘记了末世乱政之际的改朝换代，正所以维护天下为公之理；意识不到确认公天下让贤原则的普适性，也就改变了后世所谓"家天下"的内涵。尤其是这些均为业已付诸实践的重大理论突破，明确君臣之义晚出而辅从于天下为公、选贤与能的准则，其提出早在先秦，王莽始落实于王朝更替而身死名裂，为后人所笑，故其真正明确和得以巩固还是在魏晋以来的禅代，自此一直都是历代志士仁人在王朝更替和统治合法性问题上坚持的原理。一旦否定了这一点，那就是说凡属易代皆为谋逆而不可行，也就等于认定天下乃一家一姓之天下，封闭了通过易代使整个社会走出困境而获更始的可能。

此即魏晋以来历次禅代，都要连篇累牍强调"天下为公，选贤与能"之道的原因。在专制皇权秩序和纲常伦理越益深入人心的家天下时期，不举起尧舜禅让的旗帜，不凭借其所代表的公天下让贤传统，就无法与"天下者列祖列宗之天下"或"朕即国家"之类的观念抗衡，也就谈不上易代的必要性、合法性了。正其如此，贯穿于禅让革命全过程的基调之一，就是要竭尽塑造现世禅代者有类尧

命不于常。"（第31页）《梁书》卷二《武帝纪中》载其登位告天有曰："夫任是司牧，惟能是授，天命不于常，帝王非一族。"（第33页）《陈书》卷二《高祖纪下》载其登位告天有曰："夫肇有蒸民，乃树司牧，选贤与能，未常厥姓。"（第31页）《周书》卷三《孝闵帝纪》载魏帝禅位册书有曰："帝王之位弗有常，有德者受命，时乃天道。"（第45页）《隋书》卷一《高祖纪上》载周帝禅位诏书有曰："元气肇辟，树之以君，有命不恒，所辅惟德。天心人事，选贤与能，尽四海而乐推，非一人而独有。"（第11页）皆然。

舜的神圣形象，并以九锡、封王、用天子仪、再三劝让等各有特定寓意的步骤，来象征和体现让位、登位均合乎"唯有德者居之"的公天下准则，以尽可能减少王朝更替的阻力，使易代得以按古圣王传统和平实现。

这也决定了禅让革命处理不少现实问题的理路和方式。像如何对待、评价前朝的问题，当时虽循周汉分封二王三恪的传统，以不臣的宾礼尊重前朝帝裔，并将此礼推及至前此一、二朝之裔[1]，但现在其着力点首先是在维护禅让的合法。故其不仅尤重禅位之君的安置程式[2]，以此为"一依唐虞、汉魏故事"的重要体现，还一定要以所禅前朝为天命所归，明确其本来立国甚正而统治有道，其裔自亦承此正统，但因政衰世乱而为天所弃。这是因为"以圣传圣"既因时代发展再不可能，非此，即无法按公天下让贤原理禅让大位完成权力的和平过渡，也不能使本朝成为历代正统相承王朝谱系的一环。具体如《三国志》卷二《魏书·文帝纪》裴注引《献帝传》载其禅位册诏有曰：

朕惟汉家世逾二十，年过四百，运周数终，行祚已讫，天心

---

1 这类制度安排起源甚早，但后世所称的二王三恪之制当始于西周，汉、新、曹魏做法不一，西晋定型后仍有变化而尤重所禅代之裔。参《通典》卷七四《礼三十四·三恪二王后》，北京：中华书局，1984年，典四〇五至四〇六；谢元鲁：《隋唐五代的特殊贵族——二王三恪》，《中国史研究》，1994年第2期；孙正军：《二王三恪所见周唐革命》，《中国史研究》，2012年第4期。

2 如《三国志》卷二《魏书·文帝纪》黄初元年十一月癸酉，"以河内之山阳邑万户奉汉帝为山阳公，行汉正朔，以天子之礼郊祭，上书不称臣，京都有事于太庙，致胙；封公之四子为列侯"（第76页）。自后各朝禅代安置旧君之式皆在此基础上损益，虽大多不久被杀而仍须留其裔脉以为承统象征。

已移，兆民望绝，天之所废，有自来矣。今大命有所底止，神器当归圣德。[1]

又《晋书》卷三《武帝纪》载其告天登位之文有曰：

昔者唐尧，熙隆大道，禅位虞舜，舜又以禅禹，迈德垂训，多历年载。暨汉德既衰，太祖武皇帝拨乱济时，扶翼刘氏，又用受命于汉。粤在魏室，仍世多故，几于颠坠，实赖有晋匡拯之德……[2]

这都是当时评述前朝的标准口径，其基调是要确认其本来膺有正统。《宋书》卷二《武帝纪中》载晋恭帝签署禅位诏时，"谓左右曰：'桓玄之时，天命已改，重为刘公所延，将二十载。今日之事，本所甘心。'"[3]所说晋室在桓玄称帝时"天命已改"，与上引文述汉"天心已移"、魏"几于颠坠"大意不二，即先明确前朝祖上获得天命，再强调其末叶失去了天命[4]，不一起肯定这两点，禅代的合法性就无从谈起，新旧君臣就不能两得其便。

---

1 《三国志》，第71页。

2 《晋书》，第50—51页。

3 《宋书》，第46页。

4 《宋书》卷三《武帝纪下》史臣评论晋宋易代之事有曰："桓温雄才盖世，勋高一时，移鼎之业已成，天人之望将改。自斯以后，晋道弥昏。道子开其祸端，元显成其末衅，桓玄藉运乘时，加以先父之业，因基革命，人无异心。"（第60—61页）同书卷四六《王懿传》载王懿字仲德，"桓玄篡，见辅国将军张畅，言及世事，仲德曰：'自古革命，诚非一族，然今之起者，恐不足以成大事。'"（第1391页）是桓玄称帝而时人亦比之为"革命"。

这类渲染显然也反映了禅让与革命内涵的嫁接组合，并可将之视为禅代的必要步骤。形形色色称颂前朝祖宗功德绝伦而获天下，又痛惜其终至气运衰绝而四海困穷的文字，既可表明舆论的至公与开放，亦可抒达易代之际人们或幸或痛的复杂情怀和思考，同时又烘托了革命易代拨乱反正的性质，彰显了禅让所寓公天下让贤原理的普适性，体现了王朝更替而正统不绝的谱系。就是说，除那些形态较为确定的节目程式外，禅让革命也甚有赖于这类看似纷杂而内有脉理的舆情议论，来传播相关理念，形成声势和共识，尽可能消解阻力，以便在现有体制内展开易代程序，直至借手其君和平交割权力，让新主成为王朝正统的当然继承者。

三、顺天与应人：禅让、革命合法性的统一

前已指出，魏晋以来禅让革命的着眼点之一，是要以抗暴定乱的革命大义，为家天下时期再行禅让提供辩护，这本身即意味了两者在合法性前提下趋于一致。非但如此，禅让与革命所寓准则的修正和嫁接，又势必要中和、协调以往对公天下和家天下时期易代合法性问题的不同思考。结果便是《易·革卦》象辞说汤武革命的"顺乎天而应乎人"，已不再只是夏、商、周的易代前提和革命传统的远源，而亦成了当下禅让合法性论证的充要条件。

这一点当然也有一个逐渐明确起来的过程。西汉后期至东汉以来，特别是由于王莽代汉的刺激，各种易代方式包括禅让的正当性已日益引起了人们关注。东汉初年班彪的《王命论》说尧舜禅让与汤武革命，"虽其遭遇异时，禅代不同，至于应天顺民，其揆一

　　　　　　　　　　　　中古政治与思想文化史论

焉"[1]，即把禅让与革命的理据统一了起来。到魏晋以来的禅代，无论是把革命等同于禅让易代，还是以禅让为革命的归宿，两者皆须顺天应人而"其揆一也"的认识，自亦延续了下来而被公认。

《艺文类聚》卷一〇《符命部·符命》引魏邯郸淳《受命述》有曰：

> 虞夏受终，殷周革命，有禅而帝，有代而王，禅代虽殊，大小繇同……圣嗣承统，爰宣重光，陈锡裕下，民悦无疆。三神宜釐，四灵顺方，元龟介玉，应龙粹黄。若云魏德，据兹以昌。[2]

同书卷六二《居处部·阙》引梁陆倕《石阙铭》则述：

> 昔舜格文祖，禹至神宗，周变商俗，汤黜夏政。虽革命殊乎因袭，揖让异于干戈；而晷纬冥合，天人启基，克明克俊，大庇生民，其揆一也。[3]

《隋书》卷一《高祖纪上》载周帝禅位册书亦称：

> 厥有载籍，遗文可观，圣莫逾于尧，美未过于舜……汤代于夏，武革于殷。干戈揖让，虽复异揆，应天顺人，其道靡异。[4]

---

1 《文选》卷五二《论二》班叔皮《王命论》，第717—720页。
2 《艺文类聚》，第195页。
3 《艺文类聚》，第1117页。
4 《隋书》，第12页。

以上足见魏晋以来，随禅让与革命所寓原理的啮合互渗，本来只是家天下时期革命理据的"顺乎天而应乎人"，确已成为现世禅让是否合法的基本判据。正由于此，在禅让革命模式的应有节目中，除前面所述彰显公天下让贤理念，体现新主功德有同尧舜而得仿行禅让之事的部分外，又不能不以呈进灵征、再三劝让等另一部分节目，来专门表明其易代亦如汤武革命为天意、民心所向，才能在讲究纲常伦理的时代构成禅让革命合法性论证的完整链条。也正是这两部分节目及其所寓之理的相互对接而不可或缺，决定了这种易代模式"一依唐虞、汉魏故事"而高度程式化的状态。

从禅让和革命所寓原理的协调、折中，到两者的合法性判据一并落脚于顺天、应人，可说是禅让革命模式的内蕴逻辑，也是对战国秦汉以来王朝易代和统治合法性论争的历史性总结，理当视为中国政治思想史及人类政治文明史上的划时代成果。纵观中外历史，确认公天下让贤理念适用于后世的价值，以此修正本与公天下相对而言的家天下内涵及其应循准则，使人不再能公然声称"天下乃一家一姓之天下"，这样振聋发聩的理论突破和实践已足傲视整个古代世界。更为重要的是，无论是公天下让贤准则，还是主权在天或民本观念，其本身并不能保证在位者代天、代民理物，也无法阻碍其肆意粉饰其统治的为公、有德，只有进一步肯定人民有权反抗暴政，确认天怒人怨之时被统治者举义革命的正当合理，方可防止并有途径驱逐现实中一家一姓的为私、无德之治，贯彻为公让贤或民本、神本的政治原理才会有确切保障，其整个理论也才能自洽有力。即此而论，魏晋以来对禅让、革命在顺天应人上"其揆一也"的确认和强调，实际上是为各种方式的易代明确了合法性论证的共同基点，即便这是以模糊革命抗暴的意涵为前提的，却还是相当彻底地澄清了先秦、秦汉以来各执一是，对于王朝体制和王朝传统承续来说已愈为重要而迫切的易代合法性论证难题。

不过，易代合法性论证的基点统一至顺天而应人以后，其具体论证方式尤其是天、人关系如何协调，认识和实际过程也还会有曲折。在汉儒的表述中，王者革命易代的天意和民心基础，总的是相互感应缺一不可的。如前引班彪《王命论》述：

> 帝王之祚，必有明圣显懿之德，丰功厚利积累之业，然后精诚通于神明，流泽加于生民，故能为鬼神所福飨，天下所归往。未见运世无本，功德不纪，而得崛起在此位者也。[1]

其述王者兴起在位，必有厚德丰功，然后得以通于神明、泽被生民而为天下所归，仍体现了儒经中"民之所欲，天必从之"或"天视自我民视"的逻辑[2]；但其功德前提中既然包含了出身、祖业及

1　《文选》卷五二《论二》班叔皮《王命论》，第718页。
2　《左传》襄公三十一年鲁穆叔曰："《太誓》云：民之所欲，天必从之。"《十三经注疏》，第2014页。《国语·楚语上》记楚灵王曰"是知天咫，安知民则？"子革曰："民，天之生也，知天，必知民矣。"徐元诰撰，王树民、沈长云点校：《国语集解（修订本）》（以下简称《国语集解（修订本）》），北京：中华书局，2002年，第499—500页。《孟子·万章上》引《泰誓》曰："天视自我民视，天听自我民听。"《孟子正义》，第646页。又《尚书·皋陶谟》述天叙有典，天秩有礼，天命有德，天讨有罪即云："天聪明，自我民聪明；天明畏，自我民明畏。"《十三经注疏》，第139页。因而自《易》象辞述汤武革命顺天、应人以来，天与人在儒家思想和范畴体系中是以民意为基础而统一的。

所秉气运等先天条件，似"人事"与"天命"又是交感混同地发挥作用的。《艺文类聚》卷一〇《符命部·符命》引后汉傅幹《王命叙》则述：

> 帝王之起，必有天命瑞应自然之符，明统显祚丰懿之业，加以茂德成功贤智之助，而后君临兆民……未见运叙无纪次，勋泽不加于民，而可力争，觊觎神器者也。[1]

与班彪大略以人事为先相比，傅幹也强调了天命与人事不可或缺，却明显是把天命置于"茂德成功"等人事之上的，可见东汉时人关于天、人感应或协调孰重孰先的看法已有较大反差。这种认识上的异同模糊之处魏晋以来尤然，其典型如干宝《晋武帝革命论》有曰：

> 史臣曰：帝王之兴，必俟天命，苟有代谢，非人事也。文质异时，兴建不同……尧舜内禅，体文德也；汉魏外禅，顺大名也；汤武革命，应天人也；高、光争伐，定功业也。各因其运而天下随时，随时之义大矣哉！古者敬其事则命以始，今帝王受命而用其终，岂人事乎？其天意乎！[2]

不难看出时人于天命、人事孰先孰重虽有异议，但其论显然更

---

1 《艺文类聚》，第189页。
2 《文选》卷四九《史论上》干令升《晋武帝革命论》，第687页。

重天意。可见汉魏以来虽已明确顺天应人为合法易代的前提，却因其难以切实证明和表达民意，也就势必连同天命一并发生疑惑，而终究只能迷失于鬼神莫测之间。这也可说是近代以前各国政治理论鲜有例外的归宿，像禅让革命模式所示节目中，标志天意的恒为玄妙不一的祥瑞谶记，象征人心归属的则多诸处呈进的谣谚歌颂，以及一再策禅奏让和臣民的反复劝进[1]，其况不能完全视为欺诳造作，却也表明理论和逻辑上讲得通的"天意自我民意"，正是当时的统治合法性理论最为薄弱的一环，极易在付诸实际时落入以天为本而曲释人事的窠臼。[2]

就其理论本身的问题而言，"天意自我民意"虽以人事诠释天命，却毕竟还是肯定了唯天为上的预设，是以天命为最高权力合法

1　此期历次禅位的诏策文可说是禅让革命理据的说明书，作结时通常都要点明其事顺天应人。如前引晋恭帝禅位诏称"玄象表革命之期，华裔注乐推之愿"。此后如《南齐书》卷一《高帝纪上》载宋帝禅位玺书称"神祇之眷如彼，苍生之愿如此，笙管变声，钟石改调，朕所以拥琁持衡，倾伫明哲"（第22页）。《梁书》卷一《武帝纪上》载齐帝禅位诏称"河岳表革命之符，图谶纪代终之运，乐推之心，幽显共积，歌颂之诚，华裔同著"（第26页）。《陈书》卷一《高祖纪上》载梁帝禅位诏称"革故著于玄象，代德彰于图谶，狱讼有归，讴歌爰适，天之历数，实有攸在"（第22页）。《北齐书》卷四《文宣帝纪》载东魏孝静帝禅位诏称"祯符杂遝，异物同途，讴颂填委，殊方一致，代终之迹斯表，人灵之契已合。天道不远，我不独知"（第48页）。《周书》卷三《孝闵帝纪》载西魏恭帝禅位册书称"玄象征见于上，讴讼奔走于下，天之历数，用实在焉"（第46页）。《隋书》卷一《高祖纪上》载周帝禅位诏称"河洛出革命之符，星辰表代终之象，烟云改色，笙簧变音，狱讼咸归，讴歌尽至"（第11页）。所述皆以灵征图谶象征天意，而以讴歌劝进表明人心。

2　参顾颉刚：《五德终始说下的政治和历史》，《古史辨》第五册，第404—617页；陈槃：《秦汉间之所谓符应论略》，《中央研究院历史语言研究所集刊》第十六本，1947年；安居香山：《纬书与中国神秘思想》第五章《中国"革命"的特点》，田人隆译，第106—138页。

授受的终极步骤的。曹魏李康撰《运命论》有曰：

> 圣明之君，必有忠贤之臣。其所相遇也，不求而自合；其所以相亲也，不介而自亲。唱之而必和，谋之而必从，道德玄同，曲折合符，得失不能疑其志，谗构不能离其交，然后得成功也。其所以然者，岂徒人事哉？授之者天也，告之者神也，成之者运也。[1]

其述帝王创业而君臣遇合、风云际会，人事固然重要，但真正授之告成的还是天命气运，这在当时确为普遍的认识[2]。《洛阳伽蓝记》卷三《宣阳门》引常景《汭颂》称：

> 详观古列，考见《丘》《坟》，乃禅乃革，或质或文。周余九裂，汉季三分，魏风衰晚，晋景彤曛。天地发辉，图书受命，皇建有极，神功无竞。魏箓仰天，玄符握镜，玺运会昌，龙图受命。[3]

是尧、舜、汤、武及魏晋以来"乃禅乃革"的历次易代，要之

1　《文选》卷五三《论三》李萧远《运命论》。李善注谓李萧远曹魏明帝时为寻阳县长，其"运"指五德之运，"命"指天命（第730页）。

2　《隶释》卷一九《魏受禅表》："陛下圣德，懿侔两仪，皇符照晰，受命咸宜。且有熊之兴，地出大蝼；夏后承统，木荣冬敷；殷汤革命，白狼衔钩；周武观□，□□□□。方之今日，未足以喻。"（北京：中华书局，1985年，第189页）《宋书》卷二《武帝纪中》载晋帝逊位，群臣劝进至于再三，"太史令骆达陈天文符瑞数十条，群臣又固请，王乃从之"（第48页）。皆以天命符瑞为禅让登位的终极理由。

3　杨衒之撰、范祥雍校注：《洛阳伽蓝记校注》（以下简称《洛阳伽蓝记校注》），上海：上海古籍出版社，1978年，第159页。

皆为天命授受的结果。《隋书》卷五八《许善心传》载其续父撰著《梁史》，其《序传》末述其撰作之意有曰：

> 有人民焉，树之君长；有贵贱矣，为其宗极。保上天之眷命，膺下土之乐推，莫不执太方，振长策，感召风云，驱驰英俊。干戈揖让，取之也殊功；鼎玉龟符，成之也一致。[1]

这是认为禅让或革命易代，虽亦赖其"殊功"，而均成之于天意。凡此之类的看法，显然并未否定人事的重要，更无意否定易代必须顺天而应人的命题，而是由于易代的最终程序毕竟是要告天登位。故其说明的是相比于人为努力和有时不免对立的民意，人们更愿把天象地兆之类所示天意，视为一种非造作而具有决定意义的存在。

魏晋以来禅代合法性论证所以尤重"顺天"的一面，还有一重背景是此期易代均在数朝并峙之时，也就不能不更加关注本朝为天命正统所归的唯一性，遂愈为着力于天意的证明，特别在意那些被公认为直示天意的天象。《宋书》卷二三《天文志一》曹魏文帝黄初六年（225）纪事引《蜀纪》载魏明帝时事：

> 明帝问黄权曰："天下鼎立，何地为正？"对曰："当验天文。往荧惑守心，而文皇帝崩，吴、蜀无事，此其征也。"[2]

---

1 《隋书》，第1428页。
2 《宋书》，第681页。

其下文有曰："案三国史并无荧惑守心之文，宜是入太微。"这条按语质疑了《蜀纪》所述天象，却还是说明鼎立之时当以天文定其正统的说法，在当时实已深入人心。[1]《宋书》卷二四《天文志二》记东晋康帝建元元年（343）之事：

岁星犯天关。安西将军庾翼与兄冰书曰："岁星犯天关，占云：'关梁当涩。'比来江东无他故，江道亦不艰难；而石虎频年再闭关，不通信使。此复是天公愦愦，无皂白之征也。"[2]

又《魏书》卷一〇五之三《天象志三》明元帝泰常二年（417）十二月"彗星出自天津入太微"条述"是岁，晋安帝殂，后年而宋篡之"，以为当时晋室犹上应天象，其下的原注有曰：

自晋灭之后，太微有变，多应魏国也。[3]

这类记事，说明时人面对日、月、彗星出入于太微、紫宫、天关等对应于王者及其政治的天象变化，是多么着紧、在意。这是因为它们早已是证明天命正统不可取代的证据，更是因为数朝并峙局面进一步强化了独占这种正统地位的重要性。[4]《艺文类聚》卷五八

---

1 《宋书》卷二四《天文志二》东晋成帝咸和六年十一月纪事："荧惑守胃、昴。占曰：赵、魏有兵。八年七月，石勒死，石虎自立，多所残灭。是时虽勒、虎僭号，而其强弱常占于昴，不关太微紫宫也。"（第707页）亦其例。

2 《宋书》，第712页。

3 《魏书》，北京：中华书局，1974年，第2398页。

4 《魏书》卷一〇五之四《天象志四》载静帝武定八年三月甲午（转下页）

《杂文部四·檄》引魏收《檄梁文》有曰：

> 夫辰象丽天，山岳镇地，方以类聚，物以群分。建之以邦国，树之以君长，日月于是莫贰，帝王所以总一。虽五运相推，百王革命，此道所以孰云能易？[1]

从中不难体会，易代合法性论证所以要特别强调其"顺天"的一面，要害正在时人公认"日月莫贰"而"帝王总一"。在鼎峙局面下，各种因应着"革代更王"的天象灵征，实为其易代合乎天意和本朝独占正统地位的最佳证明，遂使人们强调其易代之"顺天""因天""荷天"有了更大的必要和意义。

正是由于理论和实际的上述原因，导致了魏晋以来禅代合法性论证重视"顺天"甚于"应人"的某些现象，不少记载或言论甚至只提顺天而略云应人[2]。但若据此断言其时惟天是从而忘却了顺天、

（接上页）"四星聚焉。五月丙寅（辰），帝禅位于齐。是岁，西主大统十六年也。是时两主立，而东帝得全魏之墟，于天官为正。昔宋武北伐，四星聚奎；及西伐秦，四星聚井。四星聚参而勃海始霸；四星聚危而文宣受终。由是言之，帝王之业其有征矣"（第2449—2450页），亦然。

1　《艺文类聚》，第1048页。

2　如《晋书》卷一九《礼志上》载魏明帝景初元年六月，群公有司奏定七庙之制，称"文皇帝继天革命，应期受禅，为魏高祖"（第602页）。《抱朴子外篇·仁明》有"汤武逆取顺守，诚不仁也；应天革命，以其明也"之语。杨明照撰：《抱朴子外篇校笺》（以下简称《抱朴子外篇校笺》）下册，北京：中华书局，1991年，第229页。《文选》卷五三《论三》陆士衡《辨亡论》下篇有曰："《易》曰：汤、武革命顺乎天。或曰：乱不极则治不形。言帝王之因天时也。"（第741页）《南齐书》卷三九《刘瓛传》："太祖践阼，召瓛入华林园谈语，谓瓛曰：'吾应天革命，物议以为何如？'"（第678页）皆然。

应人不可或缺的易代合法性前提，那显然是过犹不及，不仅不符把禅让和革命相关内涵嫁接为一所体现的政治理性，也有违当时仍多本乎圣贤所示天人关系义理，坚持以人事来解释天命的基本倾向和事实。

如《三国志》卷二《文帝纪》裴注引《献帝传》载汉魏禅代之际太史丞许芝条上曹魏代汉之谶，侍中辛毗等奏引《易传》"观乎天文以察时变"等文而申论其义：

> 天文因人而变，至于河洛之书，著于《洪范》，则殷周效而用之矣。斯言，诚帝王之明符，天道之大要也。[1]

其说仍秉持了"天意自我民意"的逻辑，而早被公认为揭示了天人关系之要的《尚书·洪范》之义，也正是为政合乎物理人情天即佑之，龟筮、征兆的吉凶常随民意而定这个传统。直至周隋禅代之际，《隋书》卷七八《艺术庾季才传》载其精于天文灾异，曾为太史中大夫，撰《灵台秘苑》，杨坚为丞相后尝夜召季才问事：

> 问曰："吾以庸虚，受兹顾命，天时人事，卿以为何如？"季才曰："天道精微，难可意察，切以人事卜之，符兆已定。季才纵言不可，公岂复得为箕、颍之事乎？"[2]

---

1 《三国志》，第65—66页。
2 《隋书》，第1766页。

　　　　　　　　　　　　　　中古政治与思想文化史论

这是说天意终须以人事来说明和确定。诸如此类诠释天意的人本立场[1]，与同期诸种强调天命的论点虽有矛盾，却毕竟仍有某种共同的基底[2]。在当时的社会条件和天人关系认知框架下，易代之际参差百出而不免对立的人心所向，实际上只能借助于看似中立而征兆确切的天意来加以统一，因人而变的天文，要在指示一种根本的、无疑义的民意。[3]

四、改制以明天道、人心及模式的演化

在禅代合法性论证时强调天命的论调，无疑从属于汉代思想界高涨起来的神学倾向。[4]而这个持续高涨的过程，说到底是已居政治

1　如《宋书》卷一六《礼志三》载孙权告天登位之文："权生于东南，遭值期运，承乾秉戎，志在拯世，奉辞行罚，举足为民。群臣将相州郡百城执事之人，咸以为天意已去于汉……历数在躬，不得不受。"（第421页）《抱朴子外篇·诘鲍》述抱朴子论诸祥瑞："至于扰龙驯凤，河图洛书，或麟衔甲负，或黄鱼波涌，或丹禽翔授，或回风三集，皆在有君之世，不出无王之时也。夫祥瑞之征，指发玄极，或以表革命之符，或以彰至治之盛。若令有君不合天意，彼嘉应之来，孰使之哉？"《抱朴子外篇校笺》下册，第523页。凡此皆以民意人事而定天意灵征，例不胜举。

2　史载其例甚多，故学界亦有汉魏以来神学主义和理性主义孰占上风的分歧。参安居香山、中村璋八辑《纬书集成》前附的吕宗力、栾保群《〈纬书集成〉前言》，石家庄：河北人民出版社，1994年，第1—12页；孙英刚《神文时代：谶纬、术数与中古政治研究》之《绪论》一《神文与人文》，上海：上海古籍出版社，2015年，第1—8页。

3　《白虎通·三正》"论改朔之义"章："王者受命必改朔何？明易姓，示不相袭也。明受之于天，不受之于人，所以变易民心，革其耳目，以助化也。"即寓此义。《白虎通疏证》，第360页。另参江晓原：《天学真元》第二章《哲学基础：天人合一与天人感应》。沈阳：辽宁教育出版社，1991年，第13—30页。

4　参侯外庐等主编：《中国思想通史》第二卷《两汉思想》第三章《董仲舒公羊春秋学的中世纪神学正宗思想》、第七章《汉代白虎观宗教会议与神学（转下页）

主导地位的儒学亟欲与阴阳五行宇宙论统一起来的反映，是儒学指导下的统治和社会整合获得巨大成功，遂使士人主流坚信其基本准则上合天道而为宇宙至理的结果。故当时的主要神化对象，是以尧舜禹汤文武以及周孔等古王先圣构成神谱，并把圣贤所示伦理准则上升为天道。这种不同于欧洲中世纪的神学主义，自须遵循圣贤所示传统，秉持人可感天而天佑良政的天人关系架构，致力于使宇宙和社会的终极真理发挥合一而非二元的作用，以适应和巩固政治和社会体制的一元化架构。在如此根深蒂固的一元化坚持之中，所谓天命绝非脱离人事的独立意志，而更像是一种特殊的民意刻度，是以人事是否上通圣贤之道为转移，其征兆亦经历代验证筛选而成为更为确切的终极指示[1]，遂得在易代合法性论证和大位授受时起到一锤定音的决定作用。

正其如此，汉魏以来虽符命图谶之说盛行，却仍确认了民意

（接上页）思想》，北京：人民出版社，1957年，第84—125、223—247页；李泽厚：《中国古代思想史论》之《秦汉思想简议》，北京：人民出版社，1985年，第135—176页；汤志钧等：《西汉经学与政治》第二章《董仲舒和尊儒崇经》，第21—46页。

1 唐前期成书的《开元占经》中记有大量天象及地上、人间征兆的占验之辞，这类占书摘编的是经传纬书及星经、史籍所记的权威性成例，其中不少都表明先秦以来对同类征兆的占验是一脉相承非可曲解的。如其书卷三一《荧惑占二·荧惑犯心五》："《洛书》曰：荧惑守心成钩已不言，王命凶。《春秋纬》曰：火灾荧惑守心，海内哭。《石氏》曰：荧惑守心，大人易政，主去其宫。《海中占》曰：火守心，色赤，有兵臣革其主；黑，主死；白，谋臣有赐爵者；青，大人有忧……《甘氏》曰：荧惑守心，大臣为变，谋其主，诸侯皆起。又占曰：荧惑守心成钩已及环绕之，天子失其宫，期六月。"下文又引《黄帝占》及郗萌曰，皆以荧惑守心为"大人恶之"及"国有大丧"之征。瞿昙悉达：《唐开元占经》，北京：中国书店，1989年，第240页。前引《宋书·天文志一》载黄权与魏明帝论三国正统所在，以黄初六年荧惑守心而魏文帝崩为证，显然也是以《甘石星经》以来各种星占书对荧惑守心的解释为据的。

中古政治与思想文化史论

基础对王朝存在和更替的不可或缺，事实上也一直都在禅代必须顺天应人的前提下，展开如何集中代表民意以获天命的探索。《艺文类聚》卷一〇《符命部·符命》引曹魏傅遐《皇初颂》赞美曹魏代汉：

> 昔九代之革命，咸受天之休祥；匪至德其焉昭，匪至仁其焉章？懿大魏之圣后，固上天之所兴……摅皇象以阐化，顺帝则以播音，遵阳春以行施，揆四时以立信，运聪明以举善，宣柔惠以养人。於赫我后，迈德如神，化不期月，令不浃辰。于是天地休豫，灵祇欢欣，嘉瑞云集，四灵允臻。[1]

这是确认惟仁德可以受天眷命，魏主正是以一系列仁政而使祥瑞并臻、天命嘉许的，尤其"摅皇象以阐化"以下数句所述，其语皆从《洪范》之政化出，实与上引辛毗据以强调的天道之要相互呼应。其所代表的观点，显然是在禅代合法性论证如何统一天意与人心的难题面前，着力强调了良法善政足以勾通天人和证明天意的重大作用。也就是说，灵征图谶、劝让文书之类对证明禅代顺天而应人固甚必要，却仍须以儒经所示天佑良政的大义为其根基方得其实。在古圣王及其治道已被神化的前提下，合乎其道的政教举措，实为代表民意和落实天命的根本途径。

这种以合乎圣政王道的政教举措来集中表达民意以证天命的理

---

1 《艺文类聚》，第188—189页。

路，亦上承汉儒及王莽改制之意发展而来。[1]在民意难定而天心莫测的困境下，按特定政教举措即代表民意以及天命的理路统一对其统治或易代合法性做出证明，较之本属象征又易于流向二元论和泛滥失信的灵征图谶、谣谚劝让之类[2]，正是一条重要而可行的路径。但易代既须由禅让完成，制度改作就不能不受其尤重因循之义的制约，这一矛盾在汉魏禅代论证其顺天应人时即已暴露。《宋书》卷一四《礼志一》载曹魏代汉时议定正朔服色之事：

> 尚书令桓阶等奏："……今新建皇统，宜稽古典先代，以从天命，而告朔牺牲，壹皆不改，非所以明革命之义也。"诏曰："服色如所奏，其余宜如虞承唐，但腊日用丑耳，此亦圣人之制也。"[3]

桓阶等所奏，取据的是三统论概括的汤武革命易代改制之理，认为革命易代本须改作制度与民更始，否则即难证明其顺天而应人。

1　如董仲舒《春秋繁露·三代改制质文》即述其理。《春秋繁露义证》，第183—213页。《白虎通·三正》继此发挥。《白虎通疏证》，第360—368页。王莽的相关举措见《汉书》卷九九中《王莽传中》，第4099—4146页。又《文选》卷四八《符命》扬子云《剧秦美新》赞美新朝的改制举措合乎古圣王治道而"天人之事盛矣，鬼神之望允塞"（第678—682页）。亦抒此理，魏晋以来已对这类举措做了简化。

2　参钟肇鹏：《谶纬论略》第一章《谶纬的起源和形成》（二）《谶纬的定型和兴衰》，沈阳：辽宁教育出版社，1991年，第26—33页；吕宗力：《汉代的谣言》之《绪言》及第四章《谶言和谶谣》第三节《谶言、谶谣也是谣言》，杭州：浙江大学出版社，2011年，第1—6、170—173页。

3　《宋书》，第328页。

魏文帝最终诏定宜遵尧舜禅让故事[1]，故不改正朔，服色等制则依本朝行次加以调整[2]。需要指出的是，"正朔"即官颁历法按天地宇宙之理确定的岁首朔日，不仅是王朝与天命相通的象征，更在历法起点上决定了因时施政的"月令"，关系到各种朝政、典礼的构成和展开。[3]是故禅让革命而不改正朔，也就是要尽可能保持制度的稳定，所体现的正是这一易代模式对禅让与革命内涵的折中。但争论显然并未结束，七年以后魏明帝登位，受命易代必改正朔的议论又高涨

---

1 所谓"虞、夏故事"不改正朔，指《尚书·尧典》（晚书在《舜典》）述舜"正月上日，受终于文祖"；晚书《大禹谟》述禹"正月朔旦，受命于神宗，率百官若帝之初"。其"正月上日"及"正月朔旦"皆用尧、舜之历而不改正朔，"若帝之初"更明确舜禹禅让一如尧舜禅让不失旧物。《十三经注疏》，第126、136页。又所谓"腊日用丑"或"腊以丑"，指以丑日腊祭，魏文帝定未祖丑腊，称其"亦圣人之制也"，其事可参《初学记》卷四《岁时部下·腊》引《魏台访议》，徐坚等撰、司义祖点校：《初学记》（以下简称《初学记》），北京：中华书局，1962年，第84—85页；《通典》卷四四《礼四·大褅》载黄初元年高堂隆等议腊用之事，典二五六。

2 《宋书》卷一四《礼志一》："魏文帝虽受禅于汉，而以夏数为得天，故黄初元年诏曰：……朕承唐、虞之美，至于正朔，当依虞、夏故事。若殊徽号、异器械、制礼乐、易服色、用牲币，自当随土德之数。每四时之季月，服黄十八日，腊以丑，牲用白，其饰节旄，自当赤，但节幡黄耳。其余郊祀天地、朝会四时之服，宜如汉制。宗庙所服，一如周礼。"（第328页）

3 王莽对此已甚为注意，近年公布的悬泉置壁书《元始五年四时月令诏条》共含五十条，即于元始五年刘歆定毕《三统历》后，由王莽奏请太皇太后颁行全国，其事与当时起明堂、辟雍、灵台及刘歆定律历等事相互关联。中国文物研究所、甘肃省文物考古研究所编：《敦煌悬泉月令诏条》之《释文》及《图版》，北京：中华书局，2001年，第4—9、59页。又《礼记注疏》卷一四《月令第六》孔疏引《郑目录》云："名曰'月令'者，以其记十二月政之所行也。"《十三经注疏》，第1352页。《柳河东集》卷三《论·时令论》通篇以"政令之作，有俟时而行之者，有不俟时而行之者"立意，其开篇谓"《吕氏春秋》十二纪，汉儒论以为月令，措诸礼，以为大法焉"（上海：上海人民出版社，1973年，第52—56页），也指出了汉代以来以月令为大法的传统。唐宋几次为《月令》重新作注，仍有改制变法的寓意。

起来，其原因还是要以特定改制活动来完成本朝为天命人心所归的证明。《宋书·礼志一》载当时明帝下诏：

> 自五帝三王以下，或父子相继，同体异德；或纳大麓，受终文祖；或寻干戈，从天行诛。虽遭遇异时，步骤不同，然未有不改正朔，用服色，表明文物，以章受命之符也。由此言之，何必以不改为是邪？[1]

当时预议的侍中高堂隆，亦以为自古以来禅让或革命，皆须改正朔而易诸制度，"所以明天道，定民心也"[2]。其事因缪袭、王肃等仍持异议而被搁置，十年以后明帝方断然诏改正朔，行《景初历》，"以建丑之月为正"，易诸服色时令，至齐王芳登位后又复其旧。

这一波折表明，以禅让革命的模式易代，改正朔这种极富象征意义的制度革新举措，势须受到禅让之义的制约，但"圣人之制"上通天意而下合民心既得公认，以相应的改制举措来完成易代合法性论证的倾向，也就还在不断滋长并影响决策。《宋书·礼志一》又载：

> 晋武帝泰始二年九月，群公奏："唐尧、舜、禹不以易祚改制，至于汤、武，各推行数……今大晋继三皇之踪，踵舜、禹之迹，应天从民，受禅有魏，宜一用前代正朔、服色，皆如有虞遵

---

1 《宋书》卷一四《礼志一》，第328—329页。
2 《三国志》卷二五《魏书·高堂隆传》载高堂隆当时以为"改正朔，易服色，殊徽号，异器械，自古帝王所以神明其政，变民耳目"（第712页）。其旨显然本乎前引《白虎通·三政》"论改朔之义"所说，其义即改制固上应天命亦下合人心。

唐故事，于义为弘。"奏可。孙盛曰："仍旧，非也。且晋为金行，服色尚赤，考之天道，其违甚矣。"[1]

群公既奏不改正朔、服色"于义为弘"，说明当时于此仍多异议而各有理据[2]，以制度更作证明易代合乎天意人心的讨论在禅代以后仍在持续，这正是魏明帝改制波折所示思想脉络的再现，说明改制以证禅代顺天而应人的倾向仍在发展。尤其上引文中东晋史臣孙盛论其泥古因循之弊，凿凿言其行次既改而服色仍旧甚悖天道，足见必要的制度更作已愈被视为天经地义，服色以外的其他制度亦可类推。值得注意的是，晋武帝当年即已对其拘泥于因循之失做了反省和调整，《晋书》卷一九《礼志上》：

泰始二年正月诏："有司前奏郊祀权用魏礼，朕不虑改作之难，令便为永制，众议纷互，遂不时定，不得以时供缮神祇，配以祖考。日夕难企，贬食忘安，其便郊祀。"时群臣又议，五帝即天也，王气时异，故殊其号，虽名有五，其实一神。明堂南郊，宜除五帝之坐；五郊改五精之号，皆同称昊天上帝，各设一

1 《宋书》卷一四《礼志一》，第333页。
2 《通典》卷五五《礼十五·历代所尚》载西晋初年议正朔服色："散骑常侍傅玄上议：'帝王受命，应历禅代，则不改正朔；遭变征伐，则改之。舜正月上日受终于文祖，无改正之文，唐、虞正朔皆同，明矣。至殷周革命乃改。魏受汉禅，亦已不改，至于服色，皆从其本，唯节幡用黄。大晋以金德王天下，顺五行三统之序矣。'诏从之。由是正朔服色，并依前代。"其原注亦引用了孙盛《晋阳秋》论不改正朔服色为非，其语较详。《通典》保存的这段记载亦反映了当时的争论，且可见其的确是围绕禅让和革命之义的裁剪嫁接而展开的。

坐而已。地郊又除先后配祀。帝悉从之。[1]

　　这也表明当时与不改正朔相应的，是一系列制度的因循。而武帝此时对郊祀制度所做的调整，则因关系到地位最崇的天地神祇而首当其冲，尽管其同时也受到了王肃释祭天之义的影响[2]，却也可见孙盛所述行次与服色等制须相协调方符天道，早在此时就已有了教训。

　　事实上，即便是不改正朔这个集中代表禅让之义的定式，也还可用历法的更名或修订为之变通，以示天命已随易代而改。像曹魏禅汉固然循用了东汉《乾象历》而不改正朔，但文帝黄初年间命高堂隆"详议历数，更有改革"，并由太史丞韩翊制订《黄初历》付诸校验，即可视为明帝改正朔而行《景初历》的前声。至晋武帝禅代后，更直接把《景初历》易名《泰始历》，可谓实不改正朔而名已改之。[3]其后禅代之朝亦多循此而为，或改历名而岁首月建略同，或不久即议改订历法。[4]而这无疑表明，改制较之因循更足证实易代为天

1　《晋书》，第583页。《宋书》卷一六《礼志三》载其文字略有出入，第423页。
2　参《隋书》卷六《礼仪志一》载郑玄、王肃之学释"天"释"帝"之异，第107页。
3　二事并见《晋书》卷一七《律历志中》。其载西晋改定历名："泰始元年，因魏之《景初历》，改名《泰始历》。"（第503页）《宋书》卷一二《律历志中》则载是年改定祖、腊祭日，"改《景初历》为《泰始历》"（第259页）。据诸处所载魏明帝行《景初历》以建丑之月为正，帝崩后复用夏正而晋初不改正朔，当时改其历名当不涉岁首月建之改，只有易象征意义。
4　如刘宋禅晋不改正朔，至文帝改行《元嘉历》，孝武帝时又改行《大明历》而多所调整；萧齐禅宋又改《元嘉历》名《建元历》而循其岁首月建，萧梁、北齐、北周则在禅代之后定历，皆因众说纷纭而拖沓未成，即有成而颁行者，亦与旧历大同小异。见《宋书》卷一二《律历志中》，第259—264页；《隋书》卷一七《律历志中》，第416—421页。

命人心所向的看法已是大势所趋，遂使禅代不改正朔的做法仅具一时以应唐虞故事的象征意义，至新历颁行即告终结。

除此之外，南北朝以来凡诸彰显天命改易的服色、礼乐等制，渐多例随本朝行次而加调整，以往在禅代之前展开的改制活动往往被移至其后，新帝登位而改制的进程和幅度则逐渐拉长、扩大。《隋书》卷一六《律历志上》载南北朝后期声律沿革：

> 梁初，因晋、宋及齐，无所改制。其后武帝作《钟律纬》，论前代得失，其略云："……且夫验声改政，则五音六律，非可差舛。工守其音，儒执其文，历年永久，隔而不通。无论乐奏，求之多缺，假使具存，亦不可用。周颂汉歌，各叙功德，岂容复施后王，以滥名实？今率详论，以言所见，并诏百司，以求厥中。"[1]

其事虽因侯景之乱爆发而未成，但梁武帝强调以往律吕因循之失和后王"验声改政"的必要，正是上承汉儒所阐五音六律上通天道之理[2]，以此为易代在位者是否顺应天意民心而名实相副的一个标志。在当时的知识系统中，律吕与历法、月令皆与天地气运相连而原理相通，又是确定度量衡制的重要标准，对之的整顿与改正朔同样属于制度牵动面极广的举措。故《隋志》后文载北齐、周、隋皆于禅代之际详正音律，不仅也是要以变更律吕来上通天道而下达民

---

1 《隋书》，第389—391页。
2 见《汉书》卷二一上《律历志上》据刘歆《钟律书》所论（第956—965页）。

心，更说明了其改制幅度的进一步加大。在看待南北朝前期制度更多因循而后期则较多改作，从礼制、法制到官制等基本政教制度大略皆然的现象时[1]，除问题本需有积累和解决的过程外，这种以系统改制为禅代顺天应人的重要论证路径，其事且可延至新主登位后持续进行的发展势头，也是一个重要的原因。

当然易代完成而新帝登位，总要推出若干除旧布新、兴利去害的更张举措，以示本朝的上通天命和与民更始。这固然早已是秦汉王朝的常例，但在魏晋以来禅让革命的模式中，各种更张改制活动显然已有了共同的基调和动向[2]，总的是更为自觉地以比附古圣王所为的政教举措来证成其禅代的顺天而应人，而禅让因循之义对此的制约又总是被革命改制的必要冲破。还须一提的是南北朝后期这种

1　如礼典的制定，即应以萧梁、北齐划出前后阶段，隋礼即本梁、齐新礼而来。参梁满仓：《魏晋南北朝五礼制度考论》第三章《五礼制度化的过程原因及意义》第二节《五礼制度发展的三个阶段》三《天监、太和以后——五礼制度的成熟期》，北京：社会科学文献出版社，2009年，第144—146页。此期律令制定和完善的阶段性大略与之相应，参楼劲：《魏晋南北朝隋唐立法与法律体系：敕例、法典与唐法系源流》第十二章《中古“制定法运动”与“法律儒家化”进程》第二节《“儒家化进程”与魏晋以来的“制定法运动”》五《修礼典与定律令的相互驱动》，北京：中国社会科学出版社，2014年，第692—698页。官制的修订则与律令相连，《隋书》卷二六《百官志》总序勾勒魏晋至隋官制沿革尤重因循，却特别强调了萧梁、北周及隋的改作（第720页）。

2　如《梁书》卷二《武帝纪中》载萧衍告天登位后，还驾太极前殿下诏大赦除旧布新，开头即称“五精递袭，皇王所以受命；四海乐推，殷周所以改物。虽禅代相舛，遭会异时，而微明迭用，其流远矣。莫不振民育德，光被黎元”云云（第34页），即把这类举措视为禅让革命的题中之义。《乐府诗集》卷五一《清商曲辞八·梁雅歌》之《应王受图曲》有曰：“应王受图，荷天革命，乐曰功成，礼云治定。”亦抒此义。郭茂倩编：《乐府诗集》，北京：中华书局，1979年，第749页。魏晋以来禅代后行大赦，内容包括蠲放官户，听还流徙，恤刑厚俗，荐贤求言之类，史载不一而足而基调类皆如此，文烦不引。

趋势的加速，也受到了其他一些因素的催动。像北朝后期禅代前后的改制倾向，即有上承北魏尤其是孝文帝以来改革的成分；而南朝后期的制度举措，也有北朝托古改制的压力在起作用。但若考虑北族政权因其自身特点向有标榜革命改制的传统[1]，其制度变革着眼的也都是顺天而应人这个王朝合法性论证的基点，那就应当认为，无论其变革以明正统，还是禅代而多改制，归根到底也仍处于魏晋以来确认的禅让、革命"其揆一也"的思想笼罩之下。直到隋、唐禅代，虽仍一时不改正朔却皆先修历法[2]，其他凡服色、音律、度量衡

----

1 《魏书》卷二《太祖纪》载皇始二年八月伐燕遇疫，九月晃崇称甲子进兵不吉，帝诘以"纣以甲子亡，周武不以甲子胜乎?"（第30页）是其亦自比武王革命。同书卷一〇八之三《礼志三》载安定王休等与孝文帝争文明太后之服期，休表有曰："自皇代革命，多历年祀，四祖三宗，相继篡业，上承数代之故实，俯副兆民之企望，岂伊不怀，理宜然也。"（第2779页）此"皇代"即大代亦即北魏，是孝文帝时仍以本朝建立为革命易代。同书卷一九中《景穆十二五传中·任城王云传》附《元澄传》载孝文帝欲迁都而卜，其兆遇《革》，帝称："此是汤武革命，顺天应人之卦也。"群臣因其为易代之征而不敢言，元澄力陈其不可比附汤武易代而可据以南征，帝又以"革"卦亦寓革政之义坚持己意。孝文帝不惮于革命、革政的心态，仍与北魏建立以来的传统相关（第464—465页）。
2 《隋书》卷一七《律历志中》载隋文帝欲行禅代时即命道士张宾等修订历法，开皇四年二月颁行，即《开皇历》（第420—421页）。《旧唐书》卷一《高祖纪》载李渊登位于戊寅年五月甲子，十月癸巳，"诏行傅仁均所造《戊寅历》"（北京：中华书局，1975年，第8页）。是当时禅代已例修新历，唐则于当年即颁新历。至于五代，《旧五代史》卷一四〇《历志》载各朝多于禅代之年修订历法（北京：中华书局，1976年，第1862—1863页）。《五代会要》卷一〇《历》载周显德三年八月宰相王朴奏："臣闻圣人之作也，在乎知天人之变者也……夫为国家者，履端立极，必体其元；布政考绩，必因其岁；礼动乐举，必正其朔；三农百工，必授其时；五刑九伐，必顺其气；庶务有为，必从其日月；六籍宗之为大典，百王执之为要道。是以圣人受命，必治历数，故得五纪有常度，庶征有常应，正朔行之于天下也。"（《丛书集成初编》本，北京：中华书局，1985年，第127页）所述即为唐以来的共识。

及礼、法诸制，则多比附古圣王所为而于当年下诏修订。可见全面系统的政教更张举措，至此确已被公认为禅代合法性证明所必需，同时这也表明，面对民意难定而天命莫测的困境，在更为可信地证明禅代顺天而应人的讨论和探索中，魏晋至隋唐禅让革命模式演化的内在思想脉络，实际上是从偏于禅让因循逐渐转到了较重革命改制之义的方向，而北族革命和北朝改革传统的汇入其间与之共鸣，则显著地强化了这个总的趋势，又揭开了唐以来这一模式进一步调整变迁的序幕。[1]

综上所述，魏晋以来王朝存在和更替的合法性论证，确与"禅让"和"革命"内涵的讨论密切相关。此期形成的禅让革命模式，即是把两者嫁接为一的成果，尽管这不免会是尧舜禅让和汤武革命原型的某种退化，但其在基本面上，却毕竟确认了公天下让贤原理的普适性，同时确认了顺天应人的革命大义为当下禅代合法性的基石。这就上承先秦、秦汉以来的相关思考，进一步明确了合法易代的理论根据和操作程序，相当彻底地解决了对王朝体制发展来说至为关键而迫切的易代合法性论证难题。在禅让革命模式形成以后，为切实完成禅代合法性论证，当人们具体折中和协调"禅让"和

1　《大唐创业起居注》卷三记义宁二年三月少帝欲行禅让，李渊以为魏晋以来的禅让革命"虽欲已同于舜，不觉禅者非尧；贬德于唐虞，见过于汤武。岂不悖哉"。温大雅撰，李季平、李锡厚点校：《大唐创业起居注》（以下简称《大唐创业起居注》），上海：上海古籍出版社，1983年，第52页。是其确曾犹豫于禅让，故其后来虽仍用之而略变其体。《旧唐书》卷一《高祖纪》载隋恭帝禅位诏已不像魏晋以来这类策书例有禅位于新主的诫饬之语，又载李渊在隋帝逊位后再由群臣劝进而择日登位（第5—6页）。即是体现其犹豫并不满于近世禅让名不符实的制度安排，而其背景则是李渊自以其事类于汉高而上比武王，其登位后改年号为"武德"，亦所以标榜其虽行禅让而实为革命易代。

"革命"的内涵之时，又势必会随形势和需要各有取舍或侧重；尤其是面临民意难以集中而天命莫测的困境，更须不断探寻如何证成其禅代上应天意而下合民心的方式和路径。这又意味着这一模式的陆续调整和演化，突出表现为魏晋以来禅代之际围绕"禅让"因循和"革命"改制的争论，渐从强调因循到改制占据上风的态势。其实质正是古圣王治道上通天命而下合人心的信念已渐巩固，是对相应政教举措可一并证明王朝易代和统治顺天而应人的肯定。在历史发展到以普选制度为民意集中的必由之途以前，禅让革命模式的形成和发展，实际已以富于特色的理论突破，为之澄清了权力来源、权力过渡的基本原则，在可行性上亦堪称近代以前统治合法性证明的一种相对理性和极具智慧的方式，足可视为古代中国对于人类政治文明的重大贡献。故若因其不尽合乎近现代政治理念，或因王朝的最终失败和灭亡即否定其为古代政治原理和实践的历史性进步，甚至对此鄙之弃之，则非惟厚诬古人，更使真理不得发扬。笔者不知其可，因作此文以发其覆。

第三章　十六国北朝的"北族革命"及其影响

魏晋以来形成的"禅让革命"模式，即以易代为"革命"，由"禅让"完成之，并以革命的某些涵义为实行禅让辩护，以此协调势须犯上谋逆的改朝换代与业已根深蒂固的纲常名教的矛盾冲突，从而使秦汉建立和发展起来的王朝体制具备了和平易代的途径，得以在体制内消解那些非易代改姓即难施治的统治危机。这都集中体现了中古政治文明和政治思想的积累和发展，也标志王朝体制正趋于成熟。不过，尽管其为魏晋以后数百年中的主要易代方式，当时也还有不少政权尤其是业已具备一定条件的胡人所建政权，并未或无法袭用禅让革命模式。他们虽欲登位称帝建立王朝，却没有掌握可以禅让大位的天子，本人也不被世间以为有接受禅让的资格，其王朝建立过程不免带有所属族部及其文化传统的印记，却也更为迫切地需要为之提供合乎华夏正统的理据，于是就纷纷标榜"革命"而比附汤、武，下及也曾举起汤武革命旗帜的汉高帝、光武帝崛起登位的前例。这是一条不同于汉魏和魏晋所行禅让革命模式，在历来所释"革命"意涵中相对突出其抗暴定乱原义的立国建政之路，从而构成了先秦至西汉以来革命论日趋退化历程中的一大回澜。

这种打着汤、武革命旗号的立国路径，晚近史家大抵归为与

　　　　　　　　　　　　　　　中古政治与思想文化史论

"禅让"并列的"征诛"模式，讥其"皆因利乘便，尚诈力而违仁义，非有除暴安民之心也"。[1] 但正如魏晋以来的禅让不应简单视为权谋诈术一样，同期这些标榜革命的征诛易代，不仅体现了被压迫者举义抗争的一面，体现了有别于禅让的暴力夺取政权之路同样需要凭借特定理念和准则，而且反映了中古王朝体制与民族关系理论、实践的紧密关联，包括北族如何建立王朝完成易代并且为其地位辩护，不同时期多民族统一国家体制如何发展与完善等重大问题，值得予以高度关注。以下即请围绕十六国北朝的相关事例，结合汉唐间王朝体制的变迁和革命论递嬗进程诠解其要，以有助于研究的深入。

一、五胡酋豪的"革命"举义

十六国群雄开国创业之时，不少都号称"革命"，比附汤、武或汉高祖，学界以往或视之为鄙浅虚饰而不予置论。但就相关记载细加体察，其事适反映了这些酋豪建立政权时共同面临的困境和诉求。

《晋书·李特载记》述西晋惠帝永康二年（301），略阳巴氏入蜀流民首领李特、李庠兄弟时为割据自专于益州的原刺史赵廞麾下部将，李庠说廞有曰：

1　钱大昕：《潜研堂文集》卷三六《书四·与邱草心书》，第563页。赵翼：《廿二史劄记》卷七"禅代"条持论与钱氏相类（第87—90页）。刘咸炘《推十书》之《右书》卷三《易代》则取章太炎之说而申论之，以为唐宋禅让而汉明征诛，"直伯仲间耳"，易代之要在德而不在禅代、征诛（成都：成都古籍书店，1996年，第259—262页）。

今中国大乱，无复纲维，晋室当不可复兴也。明公道格天地，德被区宇，汤武之事，实在于今。宜应天时，顺人心，拯百姓于涂炭，使物情知所归，则天下可定，非但庸蜀而已。[1]

廙甚忌李氏，遂以此语为"大逆不道"，杀庠及其子侄宗族三十余人。李庠此说，实际也就是其兄李特等人旋即起事，至特子李雄终得雄据巴蜀，建立成汉的基本战略[2]，无妨视为十六国酋豪比照汤武革命故事，从举义抗暴走向建政立国的最早一例。

从李氏政权创立的形势来看，一方面，八王乱中晋室渐成鱼烂之势，益州则足以自守而为各方觊觎，元康以来散布于益州的秦、雍六郡巴氏流民处境艰窘，此时又被朝廷逼遣还乡，居难立足，归无行资而"人人愁怨"，业已形成了登高一呼举义反抗的契机。这些都在颇具野心的李庠、李特等人观照之中，故李特聚兵时，曾刻意挑动六郡流人之豪，主要是李、任、阎、赵、杨、上官等姓及氐、叟酋帅与官府的矛盾。另一方面，作为李特起事导火线的李庠被杀事件，起因于赵廙及其僚佐甚忌李氏握有强兵，以为"非我

---

1 《晋书》卷一二〇《李特载记》，第3024页。

2 《晋书·李特载记》述其时李特之谋主阎式作书益州刺史罗尚，"陈特兄弟立功王室，以宁益土。尚览书，知特等将有大志"（第3023页）。其后文载李特"与蜀人约法三章，施舍振贷，礼贤拔滞，军政肃然"（第3027页）。这显然仿效了比拟汤武革命的汉高帝之所为。《晋书》卷一二一《李雄载记》述其立兄子李班为太子，述李氏起事始末有曰："值天下丧乱，晋氏播荡，群情义举，志济涂炭，而诸君遂见推逼，处王公之上。本之基业，功由先帝。"（第3038页）所述"义举"，已明李氏起事号称举义抗暴。以此观之，李特等人所立"大志"，盖即李庠所说"汤武之业，实在于今"；"天下可定，非但庸蜀"之志。

族类，其心必异"，亟欲除之[1]。其事反映了当时夷夏关系的尖锐对立，足见巴氐流人深受歧视和压迫，连跻身高位也很困难，要想壮大势力建政立国，自然只能另辟蹊径。这两个方面，即可视为李庠所说"汤武之事，实在于今"，李特等人则承此起事的基本背景，同时也可视为五胡群雄欲成就王业只能打起举义抗暴旗帜的共同原因。

在李特举事稍后的晋惠帝永安元年（304），南匈奴酋豪刘渊在离石起事反晋，建立汉国。《晋书》载记述其叔祖刘宣及族人当时皆以兴复单于之业为志，渊曰：

> 善。当为崇冈峻阜，何能为培塿乎！夫帝王岂有常哉？大禹出于西戎，文王生于东夷，顾惟德所授耳。今见众十余万，皆一当晋十，鼓行而摧乱晋，犹拉枯耳。上可成汉高之业，下不失为魏氏。虽然，晋人未必同我。汉有天下世长，恩德结于人心，是以昭烈崎岖于一州之地，而能抗衡于天下。吾又汉氏之甥，约为兄弟，兄亡弟绍，不亦可乎！且可称汉，追尊后主，以怀人望。[2]

1　参崔鸿撰、汤球辑补、聂溦萌等点校：《十六国春秋辑补》（以下简称《十六国春秋辑补》）卷七六《蜀录一·李特》，北京：中华书局，2020年，第869—873页。

2　《晋书》卷一〇一《刘元海载记》，第2649页。《资治通鉴》卷八五《晋纪七》永兴元年载其时刘渊曰："大丈夫当为汉高、魏武，呼韩邪何足效哉！"司马光撰、胡三省音注：《资治通鉴》（以下简称《资治通鉴》），上海：上海古籍出版社，1987年，第571页。《太平御览》卷一一九《偏霸部三·前赵刘渊》引崔鸿《十六国春秋·前赵录》载刘渊曰"下不失为魏氏"后，有"何呼韩邪足道哉"（北京：中华书局，1960年，第574页）。《十六国春秋辑补》卷一《前赵录一·刘渊》载渊所述略同《晋书》而补"何呼韩邪足道哉"一句（第6页）。

刘渊深知南匈奴诸部久受压迫，积怨深重，时值晋乱，起事条件已备而众心可用。所谓"晋人未必同我"，是其深刻意识到身为异族立国于华夏的困难，以兴复单于之业为号，不可能获得广泛支持。故须援据"大禹出于西戎，文王生于东夷"所示的"惟有德者居之"说，抗衡那种偏于民族对立和歧视的夷夏关系观，明确了建立王朝的目标和理据。并因汉德久结于人心及南匈奴与之的渊源，建议采取复汉借壳的建国策略。[1]刘渊以为如此则"上可成汉高之业"，也就是可以像刘邦当年取法汤、武革命奋起抗秦那样，举义反晋以成王业。史载刘粲劝其父刘聪杀掉掳至平阳的晋愍帝，言"昔周武王岂乐杀纣乎？正恐同恶相求为患故也"云云[2]，也说明汉赵国主自刘渊以来标榜"革命"，曾以武王伐纣喻其灭晋之举。因而南匈奴刘氏的立国条件虽与李氏有所不同，但其乘势而起却受制于种族身份，必须建立王朝体制，又只能按革命举义的套路来立国建政，大略仍与李氏一致。

　　在出身尤为卑微的羯人石勒崛起建国的过程中，其号称"革命"的表现和记载要比李氏和刘氏都来得充分。《晋书·石勒载记下》载勒称赵王九年（327）时的献瑞之事：

1　参周伟洲：《汉赵国史》第三章《刘渊的起兵及汉政权的建立》，桂林：广西师范大学出版社，2006年，第47—54页；陈勇：《汉赵史论稿——匈奴屠各建国的政治史考察》之《绪论》，北京：商务印书馆，2009年，第1—19页；罗新：《从依傍汉室到自立门户——刘氏汉赵历史的两个阶段》，《原学》第5辑，北京：中国广播电视出版社，1996年，第148—159页。

2　《资治通鉴》卷九〇《晋纪十二》建武元年十一月，第604页。《通鉴》载刘粲此语不见于《晋书》及《十六国春秋辑补》等处，然《晋书·刘聪载记》述陈元达谏聪有曰："晋氏暗虐，视百姓如草芥，故上天剿绝其祚。乃眷皇汉，苍生引领息肩，怀更苏之望有日矣。"（第2663页）亦喻汉赵灭晋为汤武吊民伐罪之举。

茌平令师懽获黑兔，献之于勒。程遐等以为勒"龙飞革命之祥，于晋以水承金，兔阴精之兽，玄为水色，此示殿下宜速副天人之望也"。于是大赦，以咸和三年改年曰太和。[1]

其时石勒正筹划称帝，程遐等称"龙飞革命""大赵革命"，请勒"速副天人之望"，显然套用了《易·革卦》彖辞的"汤武革命，顺乎天而应乎人"之说，所体现的自是其群臣对后赵开国路径的定性。这很合乎记载中石勒甚崇举义抗暴成就王业的汉高帝，乐以其事自比的态度[2]，但上引文所谓"于晋以水承金"云云，说明石勒最终仍决定国统行次承晋，故其虽早以赵王纪年，却还是要再改东晋咸和三年为太和元年。以此联系其当年率部欲寇江东，被困葛陂，饥疫交加时曾考虑是否投降东晋，即可知其"革命"立场并非如其后来自道的坚定。推其所以自比汉高帝"革命"而蔑视曹氏、司马

---

1 《晋书》卷一〇五《石勒载记下》，第2743页。日本尊经阁藏《天地瑞祥志》旧钞本汉籍残卷第十九"菟"条引《石勒别传》载程遐等所奏节文："今大赵革命，以水受金。夫菟阴兽，玄水色。黑菟见，以表应行。以此推之，黑应上。"载高柯立选编：《稀见唐代天文史料三种》之《天地瑞祥志》卷一九《菟》，北京：国家图书馆出版社，2011年，第495页。

2 《晋书》卷一〇〇《祖约传》载石勒称帝后，程遐说勒，谓"天下粗定，当显明逆顺，此汉高祖所以斩丁公也。今忠于事君者莫不显擢，背叛不臣者无不夷戮，此天下所以归伏大王也。祖约犹存，臣切惑之"云云（第2627页）。同书卷一〇五《石勒载记下》载其称帝前与武乡耆旧欢饮，下令："武乡，吾之丰沛，万岁之后，魂灵当归之，其复之三世。"（第2739页）称帝以后，又因酒酣与徐光论己为何等主："朕若逢高皇，当北面而事之，与韩、彭竞鞭而争先耳。脱遇光武者，当并驱于中原，未知鹿死谁手。大丈夫行事当礌礌落落，如日月皎然，终不能如曹孟德、司马仲达父子，欺他孤儿寡妇，狐媚以取天下也。朕当在二刘之间耳，轩辕岂所拟乎？"（第2749页）

氏禅代，部分原因在于石勒乃羯人"部落小率"之裔，曾被鬻为奴，身份极其卑微，所遭歧视深重，其起事反晋以来的杀伐亦极果决，尤其亲自率部"攻陷帝都，囚执天子，杀害王侯，妻略妃主"，其谋士张宾述此以明勒与晋已势不两立，"擢将军之发不足以数将军之罪，奈何复还相臣奉乎！"[1]实际上早已断掉了仿效魏晋扶持傀儡实施禅代的可能。

甚值注意的是，勒为前赵部将主持方面之时，都督并冀幽等州的西晋重臣刘琨曾示好招揽，称"自古以来诚无戎人而为帝王者，至于名臣建功业者则有之矣"；勒报书则谓"吾自夷，难为效"而大不以为然[2]。这种夷狄不得为帝王的说法曾流行一时[3]，不以身为胡人自卑而反自傲如石勒者，既不甘人下亟欲创辟王业，标榜革命比附汤、武举义起事，自是最显正大光明的开国立业路径。

从李庠、李特谋事萌始，经刘氏、石氏接踵为之，此后酋豪号称"革命"者仍多有之。如后赵末年内乱，冉闵登位称帝后，遣常

---

1 《晋书》卷一〇四《石勒载记上》，第2716页。

2 《晋书》卷一〇四《石勒载记上》，第2715页。后文又载勒曾遣王子春等奉表诳劝王浚为天子有曰："勒本小胡，出于戎裔……勒所以捐躯命，兴义兵诛暴乱者，正为明公驱除尔。"又曰："自古诚胡人而为名臣者实有之，帝王则未之有也。"（第2721页）所述戎裔仅为驱除而胡人未有为帝王云云，必为当时流行之说。

3 《晋书》卷一〇〇《王弥传》载弥曾先后事刘渊、刘曜，曜不听其徙都洛阳之议，弥怒曰："屠各子岂有帝王之意乎！"（第2611页）同书卷一一六《姚弋仲载记》述其戒诸子有曰："今石氏已灭，中原无主，自古以来未有戎狄作天子者。我死，汝便归晋，当竭尽臣节，无为不义之事。"（第2961页）《资治通鉴》卷九〇《晋纪十二》大兴元年载汉赵末靳准自号大将军，汉天王，"谓安定胡嵩曰：'自古无胡人为天子者，今以传国玺付汝，还如晋家。'"（第606页）

炜出使前燕慕容儁，即称"暴胡酷乱，苍生屠脍，寡君奋剑而诛除之"，比之为"汤、武亲行诛放"[1]。此语说明冉闵复汉杀胡，改赵为魏，亦自谓举义抗暴有类汤、武。前燕自慕容皝称王，曾长期奉东晋正朔，至慕容儁讨灭冉魏，平定河北，登位称帝，亦号"大燕革命"[2]。前秦苻生暴虐，薛讚、权翼以苻坚众望所归，劝其"行汤武之事，以顺天人之心"，坚深然之[3]。则苻坚杀苻生而登位的政变，亦以汤、武诛放暴君的大义自辩，是为前秦国势日盛以至统一北方的转折点。淝水之战后前秦崩溃，慕容垂与其子慕容宝、弟慕容德谋划复国，德即劝垂效法汤、武和汉高祖，以建中兴之业。[4]同期姚苌、姚兴父子建立后秦，臣属亦喻其为"成汤之隆殷基，武王之崇周业"[5]。前秦亡后，拓跋代的复国及其进而灭亡后燕入主中原的历程，也曾号称革命而比附汤、武。[6]至于匈奴赫连勃勃建立夏国，进据长

---

1 《晋书》卷一一〇《慕容儁载记》，第2832页。

2 《晋书》卷一一〇《慕容儁载记》，第2838页。其后文又述儁临终托孤于弟慕容恪，称"若汝行周公之事，吾复何忧"（第2842页），自比为承文王之业而为天子的周武王。

3 《晋书》卷一一三《苻坚载记上》，第2884页。

4 《晋书》卷一二三《慕容垂载记》载德劝垂有曰："愿不弃汤、武之成踪，追韩信之败迹，乘彼土崩，恭行天罚，斩逆氏，复宗祀，建中兴，继洪烈，天下大机，弗宜失也。"（第3079页）后文述垂还关东复国而声势大盛，上表于苻坚，称其"军次石门，所在云赴，虽复周武之会于孟津，汉祖之集于垓下，不期之众，实有甚焉"。苻坚报书则称其"诞言骇众，专拟非常，周武之事，岂卿庸人所可论哉！"（第3084页）此皆慕容氏比附汤武之证。

5 《晋书》卷一一七《姚兴载记上》，第2979页。

6 《魏书》卷二《太祖纪》载拓跋珪皇始以来伐燕，已以武王伐纣为比；卷二四《崔玄伯传》载崔玄伯天兴元年奏定国号为魏，称为"革命之征验，利见之玄符"（第30、614、621页）。

安，旋即帝位，亦以革命举义自诩。[1]

以上这些五胡酋豪标榜革命的事例，大抵呈现了初皆反晋，西晋亡后则为胡汉和胡胡围绕君位国统相争杀伐的嬗变线索，其具体情形各有不同，但也有若干重要的共同点：

一是无论反晋还是胡汉、胡胡相争，或为一国之内的平难定乱，这些事例多有举义抗暴包括反抗民族压迫、歧视的内涵。这说明儒家推崇又被经学所固化的汤、武革命说，以及刘邦、刘秀仿此崛起登位之事，已随两汉四百多年统治而深入人心。每到胡、汉各族苦难深重的时刻，被两汉以来统治者多方限制、防范的"革命"抗暴原义，仍有可能被再次唤醒，成为对抗暴虐，争取生存和相应政治权益的战斗号角。

二是其无论胡、汉，也无论是复国、创业或激进、缓和，号称"革命"而以汤、武等符号化了的革命象征人物自比的，基本上都是称帝（天王）为天子者，仅仅称王似罕用此典。这又说明汉以来"革命"内涵中已愈突出的改朝换代之义，亦被各族广为接受。看来这些国主枭雄已确信王朝或可容其"称制"为王，但要进而称帝建立王朝，就只能定于一尊，独自承续华夏古今的朝代谱系和法统，也就必须兼顾、尊重华夏认同的称帝名义和途径。

三是意欲称帝者之标榜"革命"，不等于其从无通过禅让登极

---

1 《晋书》卷一三〇《赫连勃勃载记》载其称帝后刻石自诩"龙升北京，则义风盖于九区；凤翔天域，则威声格于八表。属奸雄鼎峙之秋，群凶岳立之际，昧旦临朝，日旰忘膳，运筹命将，举无遗策。亲御六戎，则有征无战"（第3211页）。从中可见，赫连勃勃因自称大禹之后，故不直接比附汤武革命，然其所言"龙飞""义风"云云，实寓革命举义之意；"亲御六戎""有征无战"，则喻己为"王者之师"。

的设想[1]，而是基于对王朝体制认知及所处夷夏关系现实的清醒选择。"自古岂有胡天子"之说，即集中体现了五胡酋豪必须面对的观念和实际障碍，加之晋末尤为激化爆燃的夷夏对立氛围，实已排除了其以禅让模式建立王朝的可能。祭起《易》传所述"汤、武革命"的旗帜，是要援据这个主导三代更替的公理，尽可能按汉高帝和光武帝崛起登位的模式立国登极。

四是十六国时期号称革命而比附汤、武等象征人物的现存记载仅余零星，其中有些且可考知其曾被北魏崔鸿编纂《十六国春秋》及唐初再修《晋书》时删改[2]。则当年各国修史之时，对其国主的革命义举必曾多有记叙渲染，其间虽不免对相关史事有所缩放，却仍应肯定当时的理论武库中，上至汤、武下及两汉的"革命"故事，确为胡酋得以凭借的王朝建立合法性理据，而其起事反晋或抗暴，也确有举义成分和长期积累而成的群众基础。

1　《资治通鉴》卷九〇《晋纪十二》建武元年十一月载刘粲劝聪杀愍帝，"聪曰：'吾前杀庾珉辈，而民心犹如是，吾未忍复杀也。且小观之。'"（第604页）此事亦不见于《晋书》。据《晋书》卷五《孝怀帝纪》《孝愍帝纪》，怀帝于永嘉五年六月被掳至平阳，后于正月鸩杀，愍帝于建兴四年十一月被掳至平阳，次年十二月鸩杀（第123—125、130—132页）。《十六国春秋辑补》卷三《前赵录三》且载怀帝掳至平阳，刘聪与之叙旧并赐小刘贵人为其妻（第28页）。似刘聪灭晋之初，确有利用二帝之想法。又《晋书》卷一一四《苻坚载记下》载姚苌俘坚至新平，"遣尹纬说坚，求为尧舜禅代之事"而被拒（第2928—2929页）。

2　此类自应载于其国史却多被后世删落，主因是北魏与晋皆视十六国帝王者为"僭伪"，故《十六国春秋》《晋书》多视之为无谓之文。又陈寿著《三国志》惟载汉献帝禅让及曹丕登位告天之文，其余辞让、劝进之文仅赖裴松之注而存之，西晋至北朝史载其内容愈趋简化，为史例随时代变迁所致。参《史通通释》，第115页。

二、北族革命的发生背景

十六国以来各族酋豪纷纷标榜革命建立王朝，为中古史上堪与禅让易代模式相辉映的现象，有必要在更长时段和更大纵深中论其原委。在对其影响较为直接的背景中，有两点需要特别加以关注。

一是汤武革命说或革命论在两汉的流变。前已指出，自高祖刘邦标榜革命举义反秦以后，整个西汉至新莽时期革命论退化的主要表现，是"革命"等同易代改姓，禅让入主"革命"内涵，改制成为"革命"外延。至东汉建立前后，汤、武革命说又掀波澜。如《华阳国志·公孙述志》载公孙述新莽之末自临邛起兵，进据成都，威震益部。建武元年（25）光武帝刘秀即位河北，公孙述亦称帝，国号大成，建元龙兴，其属荆邯说述有曰：

昔汤以七十里王天下，文王方百里臣诸侯。其次，汉祖败而复征，伤瘳复战，故能禽秦亡楚，以弱为强。况今地方数千，杖戟百万，天下之心，未有所归。不东出荆门，北陵关陇，与之进取，则王业不全，子孙不久安也。[1]

---

[1] 常璩著、任乃强校注：《华阳国志校补图注》（以下简称《华阳国志校补图注》）卷五《公孙述刘二牧志》，上海：上海古籍出版社，1987年，第331页。《后汉书》卷一三《公孙述传》未载此事，而载述据成都威震益部，其功曹李熊说述曰："方今四海波荡，匹夫横议，将军割据千里，地什汤、武，若奋威德以投天隙，霸王之业成矣。宜改名号，以镇百姓。"述深以为然，于是自称蜀王，都成都；明年又"自立为天子，号成家"（第534—535页）。《太平御览》卷四六一《人事部一〇二·游说中》引《东观汉记》述李熊说公孙述之语，"地什汤、武"作"地方十城"（第2122页）。

公孙述有鉴于汤、武、高帝举义创业之事，又定国号为成，即为西晋末李氏建立成汉之先声。两汉之际群雄多以举义抗暴自许，光武帝刘秀亦在标榜"革命"比附汤、武者之列。《后汉书·冯异传》载其更始时追随刘秀，春陵军首领刘縯被杀后，异进说于秀：

> 天下同苦王氏，思汉久矣。今更始诸将纵横暴虐，所至虏掠，百姓失望，无所依戴。今公专命方面，施行恩德。夫有桀、纣之乱，乃见汤、武之功，人久饥渴，易为充饱。宜急分遣官属，徇行郡县，理冤结，布惠泽。[1]

此亦以汤、武革命喻光武之创业，后来遂成为刘秀以"匹庶受命中兴"的标准口径[2]，故班固《东都赋》有"建武之元，天地革命……恭行天罚，应天顺人，斯乃汤、武之所以昭王业也"之句。[3]

正是由于刘邦、刘秀皆曾标榜革命推崇汤、武，举义抗暴的革命理念在两汉虽被限制防范而仍影响不绝。班固之父班彪两汉间曾与割据陇右的隗嚣纵论天下大势，针对"世俗见高祖兴于布衣，不达其故，以为适遭暴乱，得奋其剑，游说之士至比天下于逐鹿，幸

捷而得之，不知神器有命，不可以智力求也"，遂著《王命论》宣扬帝王天授，非可幸取，以廓清这种动辄欲仿高祖，争相觊觎大位的风气。[1]这类讨论在理论上大抵是循荀子至董仲舒以来的路数，通过强调天命来调和革命放杀与君臣大义的关系，其实际影响看来主要是提高了"革命"易代的门槛。

《后汉书·皇甫嵩传》载皇甫嵩主持平定黄巾起义，却难挽救东汉的危机，遂有前信都令阎忠干说嵩曰：

> 天道无亲，百姓与能。今将军受钺于暮春，收功于末冬，兵动若神，谋不再计，摧强易于折枯，消坚甚于汤雪，旬月之间，神兵电扫，封尸刻石，南向以报，威德震本朝，风声驰海外，虽汤武之举，未有高将军者也。今身建不赏之功，体兼高人之德，而北面庸主，何以求安乎？[2]

下文载嵩惧而不从，辞以"创图大功，岂庸才所致"，忠遂亡去。阎忠欲以汤武之事激励皇甫嵩创立王业而嵩不纳，正好体现了汤武革命说仍具影响，易代之事却已令人生畏的时势。[3]另外值得注意的是，阎忠引据的"天道无亲，百姓与能"，典出《易·系辞下》

1　《汉书》卷一〇〇上《叙传上》，第4207—4212页。

2　《后汉书》卷七一《皇甫嵩传》，第2302—2303页。

3　东汉以来多以汤、武革命为天命人事诸多条件聚合之果，意即帝位非常人可觊觎。如《论衡·偶会》："夏殷之朝适穷，桀纣之恶适稔，商周之数适起，汤武之德适丰。"《论衡校释》，第99页。《潜夫论·慎微》引孔子说汤、武非一善而王，述"三代之废兴也，在其所积"。王符著、汪继培笺、彭铎校正：《潜夫论笺校正》，北京：中华书局，1985年，第143页。

中古政治与思想文化史论

及京房《易传》[1]，前已述之乃西汉后期为汤、武革命辩护的基本套路之一，并被善说灾异的谷永等人视为百王所同的天地常经。至董卓乱后群雄蜂起，孔融劝刘备应邀赴任徐州牧曰"今日之事，百姓与能，天与不取，悔不可追"，也引用了这个与革命举义相连的典据。[2]刘备当时犹豫，顾忌的是割据淮南的袁术，术则早有大谋，但下属并不同心。《后汉书·袁术传》载：

> （术）少见谶书，言"代汉者当涂高"，自云名字应之。又以袁氏出陈为舜后，以黄代赤，德运之次，遂有僭逆之谋。又闻孙坚得传国玺，遂拘坚妻夺之。兴平二年冬，天子播越，败于曹阳。术大会群下，因谓曰："今海内鼎沸，刘氏微弱。吾家四世公辅，百姓所归，欲应天顺民，于诸君何如？"众莫敢对。主簿阎象进曰："昔周自后稷至于文王，积德累功，参分天下犹服事殷。明公虽奕世克昌，孰若有周之盛？汉室虽微，未至殷纣之敝也。"术嘿然。[3]

袁术自矜家世，欲乘乱效汤武革命应天顺民，阎象却以为"汉

---

1 《十三经注疏》之《周易正义》卷八，第91页。《三国志》卷二《魏书·文帝纪》裴注引《献帝传》载其时太史丞许芝条上魏国受命之符，其中即有"京房作《易传》曰：'凡为王者，恶者去之，弱者夺之。易姓改代，天命应常，人谋鬼谋，百姓与能。'"（第65页）前此相类之说，如《史记》卷一三○《太史公自序》叙《律书》，称"非兵不强，非德不昌，黄帝、汤、武以兴，桀、纣、二世以崩，可不慎软"（第65页）。
2 《三国志》卷三二《蜀书·先主传》，第873页。
3 《后汉书》卷七五《袁术传》，第2439页。

室虽微，未至殷纣之敝"，主宾立场虽与皇甫嵩、阎忠相反，所反映的革命论境况则同。至于后来拓跋珪自比武王伐纣攻克燕都，复以"代汉者当涂高"之谶定国号为魏，那倒不是在取法袁术，而是反映了汉晋间两百年中的确存在着矛盾丛凑而易动难安，却又不出两汉以来发展轨道的政治态势和革命氛围。

显然，当"革命"门槛被不断强调、提高以后，其举义抗暴的内涵就不免窜入膺有天命者平乱定难之义，极易为东汉成长起来的豪族枭雄割据谋位所用。这实际上也是魏晋以来"禅让革命"模式的一个理论前提。汉魏易代前夕太史丞许芝条上符命劝进，称颂曹丕"体尧舜之盛明，膺七百之禅代，当汤武之期运，值天命之移受"[1]。魏晋之际司马氏之心路人皆知，亦曾盛颂汤、武之事，遂有嵇康"非汤、武而薄周、孔"，为"世教所不容"[2]。曹氏、司马氏所以欲行尧舜之事而亦标榜汤、武，一是"革命"的易代之义已极为突出，二是要用"革命"平乱之义为"禅让"合法性辩护，两者均是革命论退化嬗变的结果。因此，魏晋以来禅让革命的盛行，并不等于拔掉汤武革命的旗帜，其举义抗暴的原义虽已深染承秉天意平乱定难的色彩，但其足为底层民众反抗压迫和上层枭雄创立王业所用的巨大潜力，仍可因特定形势、任务而被激活。西晋末年以来各族酋豪所以纷纷标榜革命而攀比汤、武，即与革命论的这种流衍之况直接相关。

二是两汉四百年统治对胡、汉各族及其相互关系的深切影响。

1　《三国志》卷二《魏书·文帝纪》裴注引《献帝传》，第65页。
2　嵇康著、戴明扬校注：《嵇康集校注》（以下简称《嵇康集校注》）卷二《与山巨源绝交书》，北京：中华书局，2014年，第198页。

前已提到晋末夷夏关系论中存在着偏于其间差异和对立的一面，这是两汉历史的遗产而又渊源有自。儒学自孔子以来即持尊王攘夷立场，强调夷夏有别、渲染四夷威胁的倾向在儒家经典中并不鲜见。到汉武帝以来，对匈奴、羌戎等族的连绵战争与已获独尊地位的儒学交相催发，这一倾向已被持续放大，其理论概括如《礼记·王制》有曰：

> 中国、戎夷五方之民，皆有性也，不可推移。东方曰夷，被发文身，有不火食者矣……北方曰狄，衣羽毛穴居，有不粒食者矣。中国、夷、蛮、戎、狄，皆有安居，和味，宜服，利用，备器。五方之民，言语不通，嗜欲不同。[1]

《礼记》多战国儒家之说而定本于西汉，《王制》述古圣王之制以供后世取则，上引文则以中原与四方各族差异为"不可推移"的天性使然。[2]这就把夷夏各族习俗、言语、嗜欲等方面的不同推向了无从改变的极端，也在理论上统一了儒经中"蛮夷猾夏""戎狄是膺""猃狁孔炽""非我族类，其心必异"等说的归因。前述"自古岂有胡天子"之说，即是这一理论结出的果实。

《王制》此说凝聚了尊王攘夷以来的主流观念而影响极大，如《汉

1　孙希旦撰、沈啸寰等点校：《礼记集解》（以下简称《礼记集解》），北京：中华书局，1989年，第359—361页。
2　先秦、秦汉说性，多指与生俱来的天性、本性。傅斯年《性命古训辨证》析"性"字晚出，早期文献皆作"生"，"古初以为万物之生皆由于天，凡人与物生来之所赋，皆天生之也"。欧阳哲生编：《傅斯年文集》第二卷，第602页。

书·匈奴传》赞概括先秦至西汉与匈奴等各族的关系，其末总结道：

> 夷狄之人……与中国殊章服，异习俗，饮食不同，言语不通，辟居北垂寒露之野，逐草随畜，射猎为生，隔以山谷，雍以沙幕，天地所以绝外内也。是故圣王禽兽畜之，不与约誓，不就攻伐；约之则费赂而见欺，攻之则劳师而招寇。其地不可耕而食也，其民不可臣而畜也，是以外而不内，疏而不戚，政教不及其人，正朔不加其国；来则惩而御之，去则备而守之。其慕义而贡献，则接之以礼让，羁縻不绝，使曲在彼，盖圣王制御蛮夷之常道也。[1]

班固在此提炼了秦汉时期与匈奴等族关系的经验教训[2]，可以明显看出，其核心就是《王制》五方之民"不可推移"的理论和准此应取的实际方略。到西晋元康末，江统见四夷内徙甚众，有乱华之患，作《徙戎论》建议迁其至周边故地安置。其开头也是说蛮夷戎狄"言语不通，贽币不同，法俗诡异，种类乖殊"；进则同样强调"有道之君牧夷狄也，惟以待之有备，御之有常。虽稽颡执贽，而边城不弛固守；为寇贼强暴，而兵甲不加远征。期令境内获安，疆场不侵而已"。[3]《匈奴传赞》和《徙戎论》代表的是汉晋关于夷夏关系

1　《汉书》卷九四下《匈奴传下》，第3834页。

2　如《汉书》卷六四上《主父偃传》载主父偃武帝时献策，引秦始皇时李斯谏伐匈奴，即有"得其地不足以为利，得其民不可调而守也"之语（第2800页）。又清人何焯《义门读书记》卷二〇以为王莽之将严尤的御胡三策，乃"百代之龟鉴"；并指出《汉书·匈奴传》赞"'是以圣王禽兽畜之'至'盖圣王制御蛮夷之常道也'，严尤三策，皆包于数语之中"（北京：中华书局，1987年，第341页）。

3　《晋书》卷五六《江统传》，第1529—1530页。

的主流看法，"不可推移""羁縻而已"之说对当时的民族关系现实有着显著影响，在此认识前提和相应形成的氛围之下，无论是偏执地说四夷"法俗诡异"，还是如实承认彼此章服殊异、言语不通，显然都只能伴随歧视而加深压迫。结果则在不断积累发酵之后导向了民族问题大爆发，催成了"五胡之乱""神州沉沦"的数百年动荡局面。

这种早自先秦已有典有据，汉以来又被持续强化了的夷夏关系观念和实际，与土地、豪族等问题同为汉以来统治模式中不断积累演化的大患之一，愈趋尖锐的民族冲突，确实构成了晋末各族奋起反抗，连带其酋豪称帝也无法选择禅让模式的一重背景。但同时也须意识到，隔阂、对立、歧视和压迫远远不是两汉以来民族关系的全部，且根本无法解释身受其害的五胡群雄为什么一定要建立王朝和比附汤武革命的事实。这样的事实，恐怕只能以汉代步入正轨的王朝体制及其四百年统治的巨大成功来解释，这是事情的另一个方面。

在推翻王朝的过程中生长起来的中国现代史学，在为之定性专制、腐朽以后，几乎再也没有正眼瞧过王朝体制，立场保守者也往往只是以言谏等制证其含有"开明"成分。[1]但若回看秦汉以来的历史场景，时人对这个古来圣贤规划，又经亲身努力完善起来的体制，正如董仲舒说"天不变，道亦不变"所示，其珍视和自信真真切切溢于言表。在主导这一体制形成、完善过程的儒学中，关于民族关系问题并非只有"内诸夏而外夷狄"的科旨，也

1　参钱穆《中国历代政治得失》之《总论》，北京：生活·读书·新知三联书店，2012年，第173—181页。

有尧舜所示"百姓昭明，协和万邦"的典范[1]，以及"夷狄进至于爵，天下远近大小若一"的盛世理念[2]。与那些针对四夷威胁的激烈言论同时存在的，还有"王者无外，以天下为家"[3]，"溥天之下，莫非王土，率土之滨，莫非王臣"这类正面说理而不刻意区隔夷夏的原则[4]。在王朝酝酿和雏形期，有"启以商政，疆以周索"和"启以夏政，疆以戎索"之类的政策[5]。到其建立起来的形态发展期，则秦有"狄道"[6]，汉有"賨人"[7]，皆设"典客"掌归义蛮夷，下设行

1　《尚书·尧典》，孔疏释此语义为"百姓蒙化，皆有礼仪，昭然而明显矣，又使之合会调和天下之万国，其万国之众人于是变化从上，是以风俗大和……是安天下之当安者也"。《十三经注疏》，第119页。

2　《春秋公羊传注疏》隐公元年十二月"所见异辞，所闻异辞，所传闻异辞"条，何休《解诂》说衰乱世"内其国而外诸夏"，升平世则"内诸夏而外夷狄"，太平世则"夷狄进至于爵，天下远近大小若一"。《十三经注疏》，第2200页。可见东汉经学有条件地肯定了夷夏"若一"原则。

3　《春秋公羊传注疏》隐公元年十二月"祭伯来"条。《十三经注疏》，第2199—2200页。

4　《毛诗正义》卷一三《小雅·北山》，《十三经注疏》，第463页。

5　《春秋左传正义》卷五四《定公四年》，《十三经注疏》，第2135页。

6　《汉书》卷二八下《地理志下》陇西郡属县十一，首为狄道。师古注："其地有狄种，故云狄道。"（第1610页）出土秦简中多有"县道官""县道啬夫"之称，如里耶秦简8-1516载沮守廖的上行文书，是"以荆山道丞印行"。陈伟主编《里耶秦简牍校释》第一卷，武汉：武汉大学出版社，2012年，第343页。秦封泥中有"荆山道丞""荆山道印"，适可互证。王伟：《秦玺印封泥职官地理研究》，北京：中国社会科学出版社，2014年，第366页。又岳麓书院藏秦简所存秦《亡律》佚文："□□□罪而与郡县道及告子居陇西县道及郡县道者，皆毋来之中县道官。犯律者，皆（4·093/2107正）作其数，及命者蘦（遂），盗贼亡，司寇、隶臣妾、奴婢阑亡者，吏弗能审而数，其县道啬夫（4·094/2122正）。"其中即提到了包括狄道在内的陇西郡所属县、道，说明秦以来"道"确为地多戎狄的县级建制。陈松长主编：《岳麓书院藏秦简（肆）》，上海：上海辞书出版社，2015年，第69—70页。

7　《文选》卷四《赋乙·京都中》左太冲《蜀都赋》"奋之则賨旅"注引应劭《风俗通》述高祖曾募取巴地賨人定三秦，后遂"复除所发賨人卢朴（转下页）

中古政治与思想文化史论

人"掌九仪之制以宾诸侯者"[1]。以后还有各因其俗的更多文化因子和制度成分不断纳入其中。凡此均表明王朝体制的内涵，诚如刘渊以"崇冈"与"培塿"比喻华夏与北族的体制那样，非仅专制皇权等几枚标签所可概括，其对境内和周边各族的包容程度远过今人想象。至于其所获成功，亦集中体现为四夷对之的接受、认同以至向往。

这方面的突出证据之一，是《史记·匈奴列传》述其先祖淳维乃"夏后氏之苗裔也"[2]；《史记·越王句践世家》述越王句践，"其先禹之苗裔，而夏后帝少康之庶子也"[3]。这一北一南被太史公郑重载录的匈奴与越人源出夏人说，具体来源及其在当时的流行程度已不

（接上页）沓鄂度夕袭七姓，不供租赋"（第77页）。又《文选》卷六《赋丙·京都下》左太冲《魏都赋》"賨幏积滞"注引《风俗通》曰："槃瓠之后，输布一匹二丈，是谓賨布。廪君之巴氏，出幏布八丈。"（第103页）。

1 《汉书》卷一九上《百官公卿表》，第730页；卷五《景帝纪》中元二年二月条注引臣瓒曰，第145页。《三国志》卷四三《蜀书·张嶷传》载嶷为蜀汉越巂太守，提到有"苏祁邑君""旄牛邑君"；又载"汉嘉郡界旄牛夷种类四千余户，其率狼路"，后投越巂依张嶷，"奏封路为旄牛羉畇毗王"（第1053页）。是"苏祁""旄牛"俱为西南夷种类，蜀汉封王并设君长。这显然是从汉代封西南夷君长之举发展而来的，《史记》卷一一六《西南夷列传》载武帝时经略西南夷，其"君长以百数，独夜郎、滇受王印。滇小邑，最宠焉"（第2997页）。今考古出土有"滇王之印""汉叟邑长印"，可与相证。参方国瑜：《滇王之印概说》及《附说"汉叟邑长印"》，方国瑜主编《云南史料丛刊》第1卷，昆明：云南人民出版社，1990年，第148—153页。

2 《史记》卷一一〇《匈奴列传》《索隐》："张晏曰：'淳维以殷时奔北边。'又乐彦《括地谱》云'夏桀无道，汤放之鸣条，三年而死。其子獯粥妻桀之众妾，避居北野，随畜移徙，中国谓之匈奴。'"（第2879—2880页）。《索隐》提供了后世关于匈奴为夏后之裔的传说，其源应与太史公所说类同。《晋书·赫连勃勃载记》述赫连勃勃匈奴右贤王之后，义熙三年僭称天王、大单于，"自以匈奴夏后氏之苗裔也，国称大夏"（第3202页）。是其仍循《史记》之说名其国号。

3 《史记》卷四一《越王句践世家》，第1739页。

可考，却可说明继先秦以来华夏各族纷纷归源为炎黄子孙以后[1]，到汉武帝以来又出现了夷、夏共同源于炎黄的传说，从而揭开了此后各族接踵托祖华夏的浪潮。五胡时期的酋豪，不少即曾取据这类传说重塑祖源。如鲜卑慕容氏称自身所出的东胡为"有熊氏之苗裔"，即其先祖与黄帝同族；氐人蒲氏（后改苻氏）称"其先有扈之苗裔"，托源与夏后氏同为姒姓的有扈氏；羌人姚氏称"其先有虞氏之苗裔"，为大禹封于西戎的舜少子之后；鲜卑拓跋氏则称其远祖为"昌意少子，受封北土"而世为君长，也是黄帝的后裔。[2]尽管留下这些记录的多为膺录"五胡"的枭雄，其国史托附其先原出华夏，明显是要配合其登极称帝的需要[3]，但如此纷纷然而为，至少表明了其对王朝体制及其作为华夏政治文明结晶的认同，背后大抵还有其族众高企华夏文化，愿一并承受相关举措的基本态度。解释这类问题仍须引入前述"自古岂有胡天子"之说，比这种通俗表达更为堂皇而严谨的经典阐述，则是王朝历史所昭示，并由《史记》据《大戴礼·五帝德》《帝系姓》以及《世本》所叙说的有天下者皆黄帝子

1　参杨宽：《中国上古史导论》第八篇《五帝传说之起源与组合》；吕思勉、童书业编著：《古史辨》第七册（上），第246—269页。

2　分见《晋书》卷一〇八《慕容廆载记》、卷一一二《苻洪载记》、卷一一六《姚弋仲载记》，第2803、2867、2959页；《魏书》卷一《序纪》，第1页。

3　这类托源华夏的传说多出五胡各国的国史，但不等于其皆在编修国史时伪造。《魏书》卷二三《卫操传》载"桓帝崩后，操立碑于大邘城南，以颂功德，云'魏，轩辕之苗裔'"（第599页），以下且载碑文内容。案卫操立碑亦见《魏书·序纪》，所称之"魏"应属魏收依《魏书》义例而改。可以认为，拓跋氏为轩辕氏后裔之说，实有可能在桓、穆二帝相继被封代公、代王前后出现，原因应与《史记》述匈奴为夏后氏苗裔相类。

孙的定律。[1]

除这类族源传说的出现和托附祖源以就华夏天子之范的努力外，王朝体制在两汉以来所获的巨大成功，更体现于各族大量内徙及其胡教、胡乐、胡床、胡饭、胡药等随此不断融入华夏风习的一系列事实。如江统《徙戎论》历述周、汉各族内徙之况，至于西晋，"关中之人百余万口，率其少多，戎狄居半"；并州南匈奴"五部之众，户至数万，人口之盛，过于西戎"。[2]其他如河东、西之杂胡，河北的乌桓、鲜卑，河南的丁零、句骊等族亦史不绝书。[3]两汉至晋整个北方地区因多重因缘而致各族杂居，种类炽盛，文化多样，其况无庸在此赘述，需要强调的是这种持续数百年大规模内徙，多历变乱仍居留不去的事实，无论古今中外都是文明和体制优越性形成虹吸向化效应的体现，并与各族接踵托祖华夏等事一样证明了王朝体制处理民族关系的巨大成功。因而实际事态根本不是隔阂、歧视或兼容并蓄的单选题，而是两个侧面同时存在又错综相关，类此的现象在今天的世界史中仍比比皆是。而问题的关键恰恰在于，持续而大批的族群内徙与"不可推移"的认知并存，就不能不积累起同样巨大的问题，构成对已被过去证明为优越的文明与体制的新挑战。适

---

1 《史记》卷一《五帝本纪》据《大戴礼·帝系》与《五帝德》载尧舜禹皆颛顼之后，颛顼乃昌意之子，黄帝之孙；汤、武皆帝喾之后，帝喾乃玄嚣之子，也是黄帝之孙。故尧、舜、禹、汤、武及其所代表的禅让与革命易代，其实均在黄帝子孙间进行。这一叙说本来就有"华夏乃华夏人之华夏"和"夷狄不得为天子"之义。
2 《晋书》卷五六《江统传》，第1533—1534页。
3 参唐长孺：《晋代北境各族"变乱"的性质及其五胡政权在中国的统治》《魏晋杂胡考》，《唐长孺文集·魏晋南北朝史论丛》，北京：中华书局，2011年，第130—184、369—435页。三崎良章：《五胡十六国：中国史上的民族大迁徙》，刘可维译，北京：商务印书馆，2019年，第6—19页。

应这一挑战的过程煎熬而漫长，却是深切制约汉唐间诸多事态的一大背景。

也正是因为既有各族接受、认同以至向化的巨大成功，又存在着"不可推移"说代表的民族隔阂、对立和歧视，才决定了身为单于、可汗者不能名正言顺统治华夏，五胡酋豪若非登极称帝建立王朝，即无从建构胡汉合作平台，成为万邦各族共主；同时也决定了其无法通过禅让成为天子，而只能走起义反抗，暴力夺取政权之路，故须按汉以来所认夏商周三统更替昭示的易代合法性公理来标榜革命，比附汤武，才能有助于其政治目的和所建王朝的正统地位。但尽管如此，其擘画和实践在胡在汉仍须克服重重阻碍，想要切实推进，就要突破旧说禁锢，把各族的"不可推移"变为"可以融合"。在认识上开启这一进程，事实上也代表了十六国北朝历史走向的，即刘渊述"帝王岂有常哉"的"大禹出于西戎，文王生于东夷"说。其说在孟子发挥西周以来的天命无常惟德所授说时略已形成[1]，类此之说转辗流播至魏晋以来[2]，遂为北族国主破除胡汉畛域的利器[3]，陈寅恪

1　焦循撰、沈文倬点校《孟子正义》卷一六《离娄章句下》："舜生于诸冯，迁于负夏，卒于鸣条，东夷之人也。文王生于岐周，卒于毕郢，西夷之人也。"（第537—538页）刘渊所说盖沿陆贾《新语·术事》"文王生于东夷，大禹出于西羌"说而来。王利器：《新语校注》，北京：中华书局，1986年，第43页。

2　《世说新语·言语》载吴郡蔡洪太康时赴洛，亦说"大禹生于东夷，文王生于西羌，圣贤所出，何必常处"。刘孝标注述华谭与王济亦作此语。可见三国鼎立和西晋统一后的吴人亦好此说。余嘉锡笺疏、周祖谟等整理：《世说新语笺疏》（以下简称《世说新语笺疏》），北京：中华书局，2007年，第99—100页。

3　除刘渊外，《晋书·慕容廆载记》述廆欲令汉士高瞻心服，亦称"大禹出于西羌，文王生于东夷，但问志略何如耳，岂以殊俗不可降心乎"；同书《姚兴载记上》述其部吕超宗言凉州人才，曰"文命大夏之弃夫，姬昌东夷之摈土，但当问其文彩何如，不可以区宇格物"（第2813、2988页）。

　　　　　　　　　中古政治与思想文化史论

先生曾将之概括为强调文化而非种族的"有教无类"说[1]。而一旦其说随着民族融合持续展开，逐渐取代"不可推移"的积习而成新的公理，也就再造了王朝体制的民族关系内涵，揭开了隋唐王朝的序幕。

三、从"革命"回归"禅让"

五胡酋豪所以要认真考虑举义立业的"革命"舆论，打起汤、武抗暴定乱的旗帜，政治上是要获取大义名分，便于号召胡汉民众，建构适于合作的平台，成为各族诸部的共主，理论上凭借的还是经过两汉以来限制、整合，内涵多半已与禅让说合流了的"革命"论。这样的目的、路径和理论前提，实已内在预定了五胡酋豪登极称帝的程式安排，也蕴伏了"北族革命"在北朝后期回归于禅让的一幕。

就程式而言，北族革命既非禅让易代，自无先加九锡等例行的禅让步骤及由前朝之君承秉天意让授大位的环节，而是像汉高、光武那样登坛承受天命[2]。《十六国春秋辑补·前赵录二》述刘渊登位之事：

1　陈寅恪：《隋唐制度渊源略论稿》二《礼仪》，上海：上海古籍出版社，1982年，第71页。

2　《史记》卷八《高祖本纪》载义帝六年正月汉王"即皇帝位氾水之阳"。《正义》引《括地志》云："高祖即位坛在曹州济阴县界。"（第379—380页）《后汉书》卷一《光武帝纪》载更始三年六月群臣劝进，"光武于是命有司设坛场于鄗南千秋亭五成陌""己未，即皇帝位。燔燎告天，禋于六宗，望于群神"（第22页）。于是建元为建武，大赦天下。《续汉书·祭祀志上》载其"祭告天地，采用元始中郊祭故事"，又载其即位告天祝文曰："皇天上帝，后土神祇，眷顾降命，属秀黎元，为人父母，秀不敢当。群下百辟，不谋同辞，咸曰……皇天大命，不可稽留。敢不敬承。"可见高帝登位仪节草创，光武帝时已趋完备。《后汉书》，第3157—3159页。

迁于左国城，晋人东附者数万。宣等上尊号，渊曰："今晋氏犹在，四方未定，可仰遵高祖初法，且称汉王，权停皇帝之号，待宙宇混一，当更议之。"十月，为坛于南郊，僭即汉王位……改晋永兴元年为元熙元年，大赦天下。[1]

刘宣等所上为称帝的"尊号"，渊则"且称汉王"而即位于南郊，规格实同称帝。故元熙四年渊"即皇帝位于南郊，大赦境内，改元永凤"[2]，仪节与称汉王略同。后赵石勒亦因群臣劝进尊号，于东晋太兴二年（319）先称赵王，十年后进为赵天王，七个月后再即帝位，有南郊告天"升御中坛"之仪[3]。前秦苻健于晋永和七年（351）因群臣上尊号，亦"即天王位于南郊"而大赦、改元，稍有不同的是健次年正月再"即皇帝位于太极前殿"，仅行大赦而不再郊告[4]。其他如前燕、后秦、大夏等主即位的程式仪节，今存记载要比汉、赵、

---

1 《十六国春秋辑补》卷二《前赵录二·刘渊》，第9—10页。

2 《十六国春秋辑补》，第12页。《晋书·刘渊载记》述其事又删去了刘渊述"且称汉王，权停皇帝之号"，及其后来即帝位于"南郊"之文（第2649—2651页）。

3 《十六国春秋辑补》卷一三《后赵录三·石勒》、卷一五《后赵录五·石勒》只记其即位大赦之事而无南郊登坛仪节，不过其载赵王元年臣属劝进有曰"诚应升御中坛，即皇帝位"（分见第153—154、175—176页）。是知其必亦告天即位。又《晋书·石季龙载记》述石虎废杀石弘后，群臣称尊号，石虎下书"且可称居摄赵天王"；后年"依殷周之制"称大赵天王，"即位于南郊，大赦殊死已下"（见第2730、2746页）。以此相推，后赵虽拜胡天而石勒仍于南郊告天即位，惟其称王、称帝是否皆赴南郊今已不得而知。

4 《十六国春秋辑补》卷三一《前秦录一·苻健》，第385页。即天王位郊告而即皇帝位只在殿中，这一记载明确体现了苻健以前者为要的态度。《晋书·苻健载记》则根本不在意这种差异，其记苻健即天王位未述南郊，记次年即帝位于太极前殿同（第2869—2870页）。

　　　　　　　　　　　　　　　　中古政治与思想文化史论

前秦更为简略，但大体仍当与之相类。[1]

从这些历经删略的残零记载来看，郊祭告天与大赦改元，洵为五胡酋豪称王称帝建立王朝的基本仪节，随之当然还有追尊祖宗、封拜功臣等例行之务。需要指出的是，刘渊、石勒等在群臣上尊号前多已先为单于，这是被其族众推为酋首的北族传统尊称[2]；到其称王或天王时往往兼为大单于，也就是一身二任，为华夏之王及诸胡族部首领；至称帝时再将大单于之号授予太子或重臣[3]。这就明确体现了称帝即为胡、汉各族共主而不得再兼单于的理念，透露了其逐阶登极的政治涵义。基于此也才可以理解，有些胡主所以称王郊告而称帝则否，是因称王建国既是预定的称帝步骤，更是其决策排除族类障碍，成为胡汉共主的心理突破界标，其象征意义大过称帝，遂须就此完成祭告上天，改元大赦等必行环节。至于其所以成为必行环节，原因亦在其标榜革命比附汤武，就必须依从"汤武革命，

1　如《十六国春秋辑补》卷二六《前燕录四·慕容儁》述其父慕容皝被东晋封为燕王，永和四年皝薨，儁"僭即燕王位，赦其境内"；四年后儁"僭即皇帝位于正阳前殿，大赦境内"（第319、324页）。此处前一事未载其是否郊告，后则显未郊告，与前秦苻健的登极程式相类，《晋书·慕容儁载记》所载亦然。又《晋书·赫连勃勃载记》载赫连勃勃义熙三年"僭称天王、大单于"；十余年后攻取长安，遂"为坛于灞上，僭即皇帝位"（第3202、3209页）。

2　刘渊号称匈奴屠各贵种，单于"冒顿之后"，故其称帝前已被推为"大单于"。至于略阳临渭家世氏人"部落小帅"的苻健，则是在即天王位时成为"大单于"的。见《十六国春秋辑补》第5—6、385页。

3　参王安泰：《皇帝的天下与单于的天下：十六国时期天下体系的构筑》，收入童岭主编：《皇帝　单于　士人：中古中国与周边世界》，上海：中西书局，2014年，第82—98页。李椿浩：《中国中古时期五胡王朝的建国体系研究》第七章《统治胡人与地域：大单于、单于台的意义》，新北：花木兰文化出版社，2013年，第161—186页。

顺乎天而应乎人"的公理。是故五胡酋豪必须以登坛告天代表其为众拥戴、受天之命而"顺乎天",又以大赦改元象征其平乱定难、与民更始而"应乎人",以此体现其立国登位之名正言顺。不过,也正是在这些仪节隆重举行之时,汤武革命所寓举义抗暴顺天应人的内涵,已悄然而被命世之主顺天应人完成易代的主题所置换。

首先,郊祭告天与大赦改元也是汉魏、魏晋完成禅让的基本程式。史载延康元年(220)十月丙午,汉献帝遣使奉玺绥禅位于魏王曹丕:

册曰:"咨尔魏王,昔者帝尧禅位于虞舜,舜亦以命禹,天命不于常,惟归有德。汉道陵迟,世失其序,降及朕躬,大乱兹昏,群凶肆逆,宇内颠覆。赖武王神武,拯兹难于四方,惟清区夏,以保绥我宗庙,岂予一人获义,俾九服实受其赐。今王钦承前绪,光于乃德,恢文武之大业,昭尔考之弘烈……君其祗顺大礼,飨兹万国,以肃承天命。"乃为坛于繁阳。庚午,王升坛即阼,百官陪位。事讫,降坛,视燎成礼而反。改延康为黄初,大赦。[1]

册文竭尽渲染魏武之德,是要以曹操拯难平乱的义举说明曹丕登阼受命的正当,曹丕不在南郊而是筑坛繁阳,似取鉴了刘邦、刘秀登位时设坛氾水之阳和鄗南的做法,这都寓有"禅让"与"革命"合流之义。"视燎成礼"云云,说明其正是以牺牲玉帛告天祭拜再改元大赦的。到魏晋禅代时"设坛于南郊",则表明诸生出身的司马氏

1 《三国志》卷二《魏书·文帝纪》,第62页。

回归了儒经所述的祭天正位，可信其整套仪规亦较曹魏雅正。至若郊祭告天、大赦改元之大节，包括魏帝禅位和晋帝告天之文渲染司马氏"乃祖乃父"匡拯弘济之德，也仍与汉魏完成禅让的程式及其象征的顺天应人之义相同。[1]将之与北族革命立国登位的程式对照，不难看出两者之别主要是在登位之前的步骤仪节，而最终证明其事顺天而应人的郊祭告天、大赦改元环节却大致相同。其所反映的思想、政治和社会现实，是"禅让革命"模式定型以后，尧舜禅让与汤武革命说之义已趋合流，顺天应人成为举世公认的易代合法性前提，征诛或禅让易代确已被视为"其揆一也"。[2]

其次，五胡酋豪标榜革命的改制举措亦与禅代大同小异。《晋书·李雄载记》载李雄于李流死后统众，自称大都督、大将军、益州牧，攻克成都：

诸将固请雄即尊位，以永兴元年僭称成都王，赦其境内，建元为建兴。除晋法，约法七章。[3]

1　《晋书》卷三《武帝纪》，第50—51页。《文选》卷四九《史论上》干令升《晋武帝革命论》有曰："尧舜内禅，体文德也；汉魏外禅，顺大名也。"李善注："谢灵运《晋书·禅位表》曰：'夫唐虞内禅，无兵戈之事，故曰文德；汉晋外禅，有翦伐之事，故曰顺名。'以名而言，安得不僭称以为禅代邪？灵运之言，似出于此。"（第687页）是魏晋人已注意到当世禅代"有翦伐之事"，此亦曹氏、司马氏以革命义举为禅代辩护的背景之一。

2　《文选》卷五二《论二》班叔皮《王命论》开头即举尧舜禅让与汤武革命之事，述其"虽其遭遇异时，禅代不同，至于应天顺人，其揆一焉"（第717页）。魏晋以来这种禅让、革命皆须顺天应人而"其揆一也"的看法极为流行。

3　《晋书》卷一二一《李雄载记》，第3036页。《十六国春秋辑补》卷七六《蜀录二·李雄》载此事称其"即位于南郊"，两年后称帝，未明其是否郊告（第882—883页）。

李雄同样是群臣请即帝位，却先称王郊告、大赦改元，后再相机称帝，程式仪节类于刘渊。引人注目的是其父李特起事已取仿刘邦"约法三章"，至雄又"除晋法，约法七章"，这是最能匹配李氏取仿汤武起事举义的措施。按汉魏以来故事，禅让易代总要更多地强调因循前朝之制，而汤武革命的传统则势必要求革政改制及较大幅度的政策调整[1]。李雄此举在十六国时期虽似绝无仅有，但五胡枭雄登位前后的立法建制多取鉴儒经而胡汉杂糅，其中往往也有部分体现了这层因举义抗暴而来的"革命改制"之义。如石勒称赵王前夕亦曾立法：

> 勒又下书曰："今大乱之后，律令滋烦，其采集律令之要，为施行条制。"于是命法曹令史贯志造《辛亥制度》五千文。施行十余岁，乃用律令。[2]

石勒不照搬约法三章故事，是有鉴于其毕竟无法取代律令的务实做法，《辛亥制度》的出台定性也以平乱除烦为说，适与"大赵革命"的口径相配。又如代国拓跋珪攻灭后燕建立北魏，其称帝前夕

1　如王国维《殷周制度论》开头即曰："中国政治与文化之变革，莫剧于殷周之际。"《观堂集林》卷一〇，北京：中华书局，1959年，第451页。

2　《晋书》卷一〇四《石勒载记上》，第2730页。所谓"施行十余年乃用律令"，即十一年后石勒称帝还用新定律令。同书卷一一〇《慕容儁载记》载慕容儁于永和八年称帝，后来其廷尉监常炜奏事，称"谨案戊辰诏书，荡清瑕秽，与天下更始，以明惟新之庆"（第2839页）。此戊辰诏书或即其称帝大赦诏，或在其称帝前后不久颁布，其中亦含革命改制、与民更始之义。看来这很有可能是五胡酋豪标榜革命的通例，唯惜其文多被后世删落而仅余残零。

的不少建制，也包括像后赵制订《辛亥制度》那样"定律令，申科禁"，实际都是贯彻拓跋珪自比武王伐纣，"躬率六军，扫平中土，凶逆荡除，遐迩率服"的举措。[1]

但问题在于，这些多少含有革命改制理念的建制举措，在汉魏以来革命论退化和禅让革命模式形成的背景之下，实质还是与魏晋禅让易代的相关举措类同。如晋文帝受禅前亦命贾充主持修订律令，至泰始四年（268）正月告成班行，《晋书·刑法志》序述其大旨：

> 世祖武皇帝接三统之微，酌千年之范，乃命有司，大明刑宪。于时诏书颁新法于天下，海内同轨，人甚安之。条纲虽设，称为简惠，仰昭天眷，下济民心，道有法而无败，德俟刑而久立。[2]

所谓"接三统之微，酌千年之范"，已明其立法上鉴汤武而下酌周汉[3]，是要继汉魏禅让进一步贯彻"三正周复之义"，以彰天命已革之理[4]，下文则渲染了其平乱定难，清除繁苛而顺天应人的宗

---

1 《魏书·太祖纪》，第33页。参楼劲：《北魏天兴"律令"的性质和形态》，《文史哲》，2013年第2期。
2 《晋书》卷三〇《刑法志》，第916页。这段文字虽为唐初史臣所撰，所据必是武帝颁律之诏。
3 "三统"即因汤武革命更替的夏商夏三代各有其正朔服色等制以顺天应人，详参《春秋繁露义证·三代改制质文》，第183—213页；《白虎通疏证》卷八《三正》，第360—368页。
4 《宋书》卷一四《礼志一》载曹丕禅汉时，下诏"朕承唐、虞之美，至于正朔，当依虞、夏故事"，尚书令桓阶等奏："据三正周复之义，国家承汉氏人正之后，当受之以地正，牺牲宜用白，今从汉十三月正，则牺牲不得独改。今新建皇统，宜稽古典先代，以从天命，而告朔牺牲，壹皆不改，非所以明革命之义也。"其后文载曹丕批复桓阶等奏，"服色如所奏，其余宜如虞承唐，但腊日用丑耳，（转下页）

旨。[1]这就扣合了前述魏晋皆行尧舜之事而亦标榜汤武，并以革命平乱之义为禅让合法性辩护的意向，其背景则是汉魏之际禅让因循与革命改制的争论，到魏明帝以来已明显朝着制度应随革命易代而改的方向倾斜。[2]石勒和拓跋珪立法所以要标榜平乱除苛，既有统治规范方面的实际考虑，也是魏晋以来易代即为革命而革命必须改制以昭新朝气象的思想潮流之所致。因而除律令整顿等切于实用的建制以外，北族革命还有大量专事象征其受命易代而顺天应人的行次、正朔、服色等制，则几乎全承魏晋的同类举措而来。[3]这也可见标榜

（接上页）此亦圣人之制也"（北京：中华书局，1974年，第328—329页）。曹魏代汉因受禅让说因循束缚而不改正朔，桓阶等仍以为须大幅改制以"明革命之义"。故上引文称晋武帝"接三统之微"，意即其立法之举继承了魏初桓阶至魏明帝以改制彰显天命已改的用意。

1 《晋书》卷三〇《刑法志》载曹魏代汉后，除曹操为魏王时所定《甲子科》外，仍多"承用秦汉旧律"，至明帝时下诏"制《新律》十八篇"（第922—923页）。《资治通鉴》卷七一《魏纪三》系于太和三年十月（第476页）。适符《宋书》卷一四《礼志一》载"明帝即位，便有改正朔之意"的时势，其告成颁行恐应在青龙时明帝下诏"推三统之次……以显祖考大造之基，崇有魏维新之命"而改制之时（第318、331页）。可见曹魏立法先受禅让因循说影响，至魏明帝及于司马炎，重定律令所含各项制度以彰革命之义的思潮已愈流行。

2 《宋书》卷一四《礼志一》载魏明帝时群议在是否应改正朔上持疑不决，遂下诏亮明上意有曰："自五帝三王以下，或父子相继，同体异德；或纳大麓，受终文祖；或寻干戈，从天行诛。虽曹遇异时，步骤不同，然未有不改正朔，用服色，表明文物，以章受命之符也。由此言之，何必以不改为是邪？"（第328—329页）其后文又载司马氏代魏"一用前代正朔服色，皆由有虞遵唐故事"，而东晋史家孙盛仍以为"非也"（第333页）。其实西晋改明帝《景初历》为《泰始历》，尤其律令所含各项制度正在改定之中，无论是象征新朝已立的正朔服色还是实质性的官制封爵等制，均不得谓"不用前代"。

3 《魏书》卷一〇八之一《礼志一》载太和十四年中书监高闾议行次有曰："魏承汉，火生土，故魏为土德。晋承魏，土生金，故晋为金德。赵承晋，金生水，故赵为水德。燕承赵，水生木，故燕为木德。秦承燕，木生火，故秦为（转下页）

　　　　　　　　　　　　中古政治与思想文化史论

"革命"的五胡枭雄虽无"禅让"带来的改制束缚，其建制活动却终究还是须受既定的王朝易代理念与合法性证明程式制约。

第三，北族枭雄建立王朝后，也像两汉那样迅速地从标榜革命转向了防范"革命"。《晋书·刘曜载记》述咸和三年（328），刘曜梦三人金面丹唇，东向逡巡，不言而退，刘曜拜而履其迹。旦，召公卿议之：

> 太史令任义进曰："三者，历运统之极也。东为震位，王者之始次也……东井，秦分也。五车，赵分也。秦兵必暴起，亡主丧师，留败赵地。远至三年，近七百日，其应不远。愿陛下思而防之。"曜大惧，于是躬亲二郊，饰缮神祠，望秩山川，靡不周及。大赦殊死已下，复百姓租税之半。[1]

任义以三统历运、王者始次释此梦，以之为前赵败亡而后赵兴起的革命易代之征。石勒等割据齐、代、燕、赵的争雄态势，一直都是汉赵政权的噩梦[2]，这种人人皆欲逐鹿中原称王称帝的状态，始终都是五

（接上页）火德，秦之未灭，皇魏未克神州，秦氏既亡，大魏称制玄朔……故以魏承秦，魏为土德。"（第2745页）其语即体现了五胡至北魏行次服色等制承魏晋而来的状态。参何德章：《北魏国号与正统问题》，《历史研究》，1992年第3期；罗新：《十六国北朝的五德历运问题》，《中国史研究》，2004年第3期。

1 《晋书》卷一〇三《刘曜载记》，第2699页。

2 《晋书》卷一〇〇《刘聪载记》述太史令康相进说天有异象，称"汉既据中原，历命所属，紫宫之异，亦不在他，此之深重，胡可尽言"，并指出石勒、曹嶷、鲜卑之众雄踞中原，"齐、代、燕、赵皆有将大之气"的危机（第2690页）。同书卷一〇三《刘曜载记》载刘曜在位时终南山崩，有白玉谶文出现，中书监刘均进言有曰："山崩石坏，象国倾人乱。'皇亡皇亡败赵昌'者，此言皇室将为赵所败，赵因之而昌。今大赵都于秦雍，而勒跨全赵之地，赵昌之应，当在石勒，不在我也。"（第2674页）

胡枭雄必须面对的现实。以革命兴者自亦可因革命亡，像刘曜这样以多重措施防范"革命"，实为其共同要务。这方面表现更为自觉而典型的是北魏，《魏书·太祖纪》载天兴三年十二月乙未日拓跋珪下诏有曰：

> 世俗谓汉高起于布衣而有天下，此未达其故也。夫刘承尧统，旷世继德，有蛇龙之征，致云彩之应，五纬上聚，天人俱协，明革命之主，大运所钟，不可以非望求也。然狂狡之徒，所以颠蹶而不已者，诚惑于逐鹿之说，而迷于天命也。故有踵覆车之轨，蹈衅逆之踪，毒甚者倾州郡，害微者败邑里，至乃身死名颓，殃及九族，从乱随流，死而不悔，岂不痛哉！ [1]

其后文交代此诏下达背景，是其时太史屡奏天文错乱，占辞多云改王易政，故其针对的正是当时攀比汉高、惑于逐鹿、妄称革命的并峙群雄与北族大人，在思想理论上则直承班彪《王命论》而来。像这样明确以限制革命、防范革命为主旨的声明，在五胡时期罕有其匹，应可视为北族革命高涨之余，革命之主由此面临重重问题的集中体现。

从这些方面来看，尽管原始意义上的"革命"较之"禅让"要更多与民更始、一新政治的内涵和诉求，但其在魏晋以来历史前提和理论逻辑之下的实践，尤其是五胡酋豪亟欲以此建立王朝成为胡

---

1 《魏书》卷二《太祖纪》，其后文又载次日拓跋珪下诏，针对其时群臣攘夺官爵争为台辅之风，指出官爵名号以人主所任为轻重而不可妄求，警告其不得"心谤腹诽"而兴邪谋奸匿（第37—38页）。二诏显然反映了与之并峙群雄和北族大人在当时的思想动向，皆为拓跋珪防范革命强化皇权的声明。

汉共主的旨归，却不能不让所有可能体现其王朝不同凡响而应天顺人的仪节和举措，都落入"革命"即王朝易代的成式定规之中，使之与禅让易代的相应仪节和举措"其揆一也"而大同小异，同时又与两汉所曾经历的那样，呈现了革命论随革命者成为统治者而日益偏于维护既得利益的退化宿命。

如果说这一宿命在五胡时期尚因各国运祚短暂未尽展现，那么在拓跋珪以来逐渐巩固了统治的北魏，就相对完整地显示了北族革命成功展开以后革命论退化的样态。具体如《魏书·任城王澄传》载孝文帝迁都前卜筮于明堂，其兆遇"革"：

> 高祖曰："此是汤武革命顺天应人之卦也。"群臣莫敢言，澄进曰："《易》言革者，更也，将欲应天顺人，革君臣之命。汤、武得之，为吉。陛下帝有天下，重光累叶，今日卜征，乃可伐叛，不得云革命。此非君人之卦，未可全为吉也。"高祖厉声曰……车驾还宫，便召澄，未及升阶，遥谓曰："向者之革卦，今更欲论之。明堂之忿，惧众人竞言，阻我大计，故厉色怖文武耳。想解朕意也。"乃独谓澄曰："今日之行，诚知不易，但国家兴自北土，徙居平城，虽富有四海，文轨未一，此间用武之地，非可文治，移风易俗，信为甚难。崤函帝宅，河洛王里，因兹大举，光宅中原，任城意以为何如？"澄曰："伊洛中区，均天下所据。陛下制御华夏，辑平九服，苍生闻此，应当大庆。"[1]

---

1 《魏书》卷一九中《景穆十二王传中·任城王云传》附《元澄传》（第464—465页）。

孝文帝既厉欲迁都，不惜以汤武革命顺天应人释所获"革"卦，以示受命变革之决心；任城王元澄对迁都有保留意见，遂以孝文帝所释非类为迁都"未可全为吉"之兆[1]。迨帝与澄从容讨论时，已着眼于"变易""革政"释其迁都旨归及所获"革"卦之义[2]，二人就此达成一致，故后文载孝文帝命"任城驰驿向代，问彼百司，论择可否。近日论革，今真所谓革也。王其勉之！"这次围绕迁都卜筮"革"卦的讨论，始于"汤武革命"而终于革政变易[3]，足见自北魏建立发展到孝文帝时代，同出"革"卦的汤武革命说仍世所熟知，却已甚受忌惮，大行其道的已是无关于抗暴易代内涵的因势改制、治历明时之义[4]。而孝文帝所以要厉行改革，实际上也与其前的四祖三

---

1 《魏书》卷一〇八之三《礼志三》载安定王休等与孝文帝争文明太后之服期，休表有曰："自皇代革命，多历年祀，四祖三宗，相继纂业，上承数代之故实，俯副兆民之企望，岂伊不怀，理宜然也。"（第2779页）此"皇代革命"，即拓跋珪创立元魏之谓，是当时君臣俱认同当年祖宗标榜革命建立本朝之传统，并无真以迁都比拟易代革命之意。

2 《周易集解纂疏》卷六《革》："郑玄曰：革，改也。水火相息而更用事，犹王者受命改正朔、易服色，故谓之'革'也。"疏："《书·尧典》'鸟兽希革'，孔传：'革，改也。'息，长也。水火相息，更迭用事，犹王者易姓受命，改正朔，易服色而谓之革。如《彖辞》'汤武革命'是也。又有三义焉：如水火相息，四时更代；《彖辞》'天地革而四时成'；《象辞》'治历明时'是也。"是唐人李鼎祚《集解》引汉以来经师所释"革"卦之义要为变革，具体有三而革易代仅其一，以至郑玄亦强调其受命革政之义（第435—436页）。

3 《崔敬邕墓志》述志主太和中为尚书都官郎中，"时高祖孝文皇帝将改制创物，大崇革正，复以君兼吏部郎，诠叙彝伦，九流斯顺。"可见时人多以孝文帝改革为合乎《易》"革"卦革正改制之义。赵超：《汉魏南北朝墓志汇编》，天津：天津古籍出版社，2008年，第99页。

4 《魏书》卷一〇七上《律历志上》载宣武帝命太乐令公孙崇等共考验历法，正始四年（507）崇上表有曰："四序迁流，五行变易，帝王相踵，必奉初元，改正朔，殊徽号服色，观于时变以应天道。故《易》汤、武革命，治历明时，（转下页）

中古政治与思想文化史论

宗相似，既然要建立和巩固专制皇权和王朝体制，也就必须担负从胡汉各族共主到天下一统之君的使命，不断审时度势切实推进其进程。也正是在此进程中，太武帝、文成帝以来北魏文明程度与政教体制均愈近乎东晋南朝一脉，迁都以后孝文帝推行的氏姓、习俗、语言、服饰变革又将胡、汉轸域进一步弭平，这就打通了五胡时期开辟的胡、汉杂糅走向各族融合之路[1]，也从根本上解除了当年制约五胡酋豪难行禅让的桎梏，遂有魏齐、魏周及周隋、隋唐纷纷回归禅让易代的谢幕演出。

四、北族革命的多重影响

综上所述，五胡酋豪标榜"革命"比附汤武，有其虚夸矫饰成分，也有深厚的历史渊源和力图建立正统王朝，成为胡汉各族共主以巩固统治的真实内容，其所以发生及其终究回归于禅让的历程，呼应的是所处的时代主题和思想潜流，其影响和余绪则自北朝后期至于隋唐而愈壮阔绵长。

（接上页）是以三五迭隆，历数各异。伏惟皇魏，绍天明命……"（第2659—2660页）同书卷四三《房法寿传》附《房景先传》载其神龟元年卒，作《五经疑问》百余篇，其中有指责汤武革命"杀伐是用"，"逆顺乖殊"，认其为"兆巨衅"而不足"训万世"（第978—980页）。此亦北魏后期革命论退化之一斑。

1　《元经薛氏传》卷九文中子曰："中国之道不替，孝文之力也。"又曰："太和之政近雅矣（传曰：都洛阳，得中国也；建明堂、修制度兴文物，得先王之道也），一明中国有法也（传曰：置职制，定律令，举兵百万伐江陵，其后宣武、孝明皆修太和之政，是中国有法也）。"《汉魏丛书》，第261页。此书虽"真伪不可知"，然上引文亦见于《中说》卷四《周公篇》及卷五《问易篇》，是其确为文中子王通之语。张沛：《中说校注》，北京：中华书局，2013年，第107、134页。

影响之一，是北族革命与魏晋以来的禅让革命双轨并行又理念互摄，一起继承和发展了先秦以来尧舜禅让与汤武革命说所寓的政治原理，使公天下、唯有德者居之和举义抗暴顺天应人等思想观念，得以通过长达百年的探索不断深入胡汉各族人心。与欧亚草原各部进入罗马帝国而走向等级贵族和政教双轨体制相比，这一过程围绕北族如何参与和完成王朝易代，如何巩固统治及其所建王朝的正统地位而展开，并因胡、汉和胡、胡关系空前复杂的形势，促使各族各部对之进行前所未有的思考与实践，最终则在动荡和苦难中拓宽了华夏政治文明的基础，丰富了其构成因子，提升了其发展水平。

影响之二，是北族革命以"帝王岂有常哉""顾惟德所授耳"的理论和实践，冲破了两汉以来夷夏关系问题上偏于歧视、对立的旧论，开启了从各族天性"不可推移"转为"可以融合"的新论。其"有教无类"的内涵特色要在强调政教文化而淡化种族血缘，注重弘扬华夏圣王传统和经典叙说中的王者无外、夷夏若一理念，不仅合乎世所公认的学理和人性，而且呼应了当时东亚各地族群自觉和文明追求的历史潮流。其过程自五胡萌始，北朝承之而历经战乱，方得逐渐建构起新的民族关系框架，最终得以完善、再造了多民族一统王朝体制，也消弭了两汉以来不断积累和爆发的民族关系问题和危机。

影响之三，是北族革命不仅破除了"自古岂有胡天子"之类的魔咒，更构成了北族立国建政的一种模式。这一模式既要适应其统治华夏地区，人口较之其他族部只占少数的局面；亦基于其久已内徙华夏，即便地处边缘亦已多染汉风的事实；更与其所处族群传统甚为强固，种族自觉已随其文明程度和所受压迫加深而抬头崛起相

　　　　　　　　中古政治与思想文化史论

关。也正因为这样的态势，使其不能不凭借暴力反抗夺取政权，又必须为其所以正当合理做出辩护，也就只能依托本族传统又引入华夏公认的政治原理，杂糅胡汉多重文明和制度因子来尝试构建新的统治体系，其过程虽多曲折，最终却还是提供了一个相对成功并对内亚各族部具有空前影响的北魏样板。

因此，无论是特定政治原理和准则的普及、领悟和实践，还是王朝体制或多民族统一国家制度的完善；无论是先秦、秦汉以来民族关系理论和实际问题的解决，还是对整部中国史及东亚、内亚史的影响，北族革命所具的多重面相和内涵，都构成了中古政治史和政治思想史上的重要篇章。再就北朝后期具体而论，北齐《高建墓铭》载高建为高氏宗室，魏末以来追随高欢、高洋建功立业：

献武皇帝观白虎之戏，受赤雀之符，眷升陑以陈罪，抗义旗而揃虐。公既地属维城，戚当宗子，同心戮力，组钾持戈，诛九黎于赤县，殛三苗于白壤。玉门除斥候之警，金华奉乐推之君，除镇东将军金紫光禄大夫，又转武卫将军加卫将军右光禄大夫……[1]

志文所述的白虎、赤雀，典出汤、武传说[2]，“抗义旗而揃虐”，

1　赵超：《汉魏南北朝墓志汇编》，第399—401页。

2　《太平御览》卷八三《皇王部八 · 殷帝成汤》引《春秋演孔图》曰：“夏民不康，天果命汤；白虎戏朝，白云入房。”（第389页）同书卷八四《皇王部九 · 周文王》引《尚书帝命验》述文王时有“赤雀衔丹书入酆”（第395页）；同卷《周武王》引《尚书中候》述武王伐纣又有赤乌之征以证“雀书之福”（第398页）。

指的是高欢起事反尔朱氏之举[1]，将之比拟汤武革命。"金华奉乐推之君"，则以北齐文宣帝高洋为释迦牟尼佛之化身，以其禅魏比燃灯佛授记故事[2]。由此可见东魏北齐"革命""禅让"之事，已入墓志之文而为寻常之口实[3]。又北周《田弘墓志》述田弘追随宇文氏之功绩：

太祖文皇帝始用勤王之师，将有兵车之会，公于高平奉见，即陈当世之策。太祖憙云："吾王陵来矣。"天水有大陇之功，华阳有小关之捷……魏祚乐推，周朝受命，进爵雁门郡公，食邑通前三千七百户。[4]

---

1 《北史》卷五《魏本纪五·节闵帝纪》普泰元年六月庚申，"勃海王高欢起兵信都，以诛尔朱氏为名"（北京：中华书局，1974年，第168页）。《北齐书》卷一《神武纪上》载此事为"六月庚子，建义于信都"（第7页）。2013年山西忻州发现的佛教造像窖坑中，有一件东魏武定二年的背屏立像，所雕五位供养人之一即为"勃海大王高欢"，其下段所刻发愿文有"因大王建义，愿为造灵图三级"云云，亦可与"建义于信都"说相证。《山西忻州忻府佛教造像窖藏坑发掘简报》，《文物》，2018年第12期。

2 "乐推"为禅让习语，"金华"典出燃灯佛（一译定光佛）授记故事。如《广弘明集》卷二〇唐释玄则《禅林妙记前集序》述释迦牟尼成佛前历劫修行，曾"遇定光如来，以发布泥，金华奉上，寻蒙授记"，遂得成佛。《四部精要》第15册，第206页。参孙英刚：《布发掩泥的北齐皇帝：中古燃灯佛授记的政治意涵》，《历史研究》，2019年第6期。

3 又如《娄叡墓志》："高祖神武皇帝膺白雀之贶，建黄鸟之旗，静四海之群飞，雪万国之忧耻。"亦用武王伐纣之典，以王者之师自比。赵超：《汉魏南北朝墓志汇编》，第441页。所谓"膺白雀之贶"，是因汉魏以来多视"白雀"为"王者"之瑞，以至后秦姚苌建元"白雀"，《魏书》卷一一二下《灵徵志下》载元象元年七月"齐献武王获白雀"（第2951页）。"黄鸟之旗"指天赐周武王伐殷之旗，亦为魏晋以来习用之典，《初学记》卷二二《武部·旌旗》事对"赐黄鸟法青龙"条引《墨子》曰："赤鸟衔书降曰：命周文王伐殷，天赐武王黄鸟之旗。"（第525页）

4 罗新、叶炜：《新出魏晋南北朝墓志疏证（修订本）》，第260页。

宇文泰以田弘比汉元勋重臣王陵，即以汉高帝革命创业自喻[1]，志文并同样把北周禅魏喻为"乐推""受命"，足见相关话题在高氏、宇文氏标榜革命以行禅代时甚为流行。

这一风气是在魏末愈煽愈盛的。自六镇暴动以来，朝局动荡混乱，南北烽烟再起，各地起事者争相逐鹿或入主中枢，多以举义革命为号。如《元天穆墓志》载元天穆经历：

> 孝昌三年，牝鸡失德，雄雉乱朝，肃宗暴崩，祸由酖毒。天柱为永世恒捍，王实明德茂亲，同举义兵，克定京邑。除太尉公，爵上党王，食邑三千户，仍除侍中兼领军将军使持节骠骑大将军京畿大都督。魏虽旧邦，革命唯新，王业艰难，事同草创。王内奉丝纶，中总周卫，谟明之道以宣，捍城之寄逾重。[2]

志文以尔朱荣发兵入洛，为针对胡太后乱政的义举；又把河阴

1　北周《韦孝宽墓志》述其功业有曰："太祖龙飞百二，虎据三分，折胜籍帷幄之谋，扞城资腹心之用。"其末词曰："凰历基初，龙图运俶，载驱金阵，实勤鞿服。吴邓谋猷，良平心腹。"前后文皆以孝宽比两汉革命从龙之臣。罗新、叶炜：《新出魏晋南北朝墓志疏证（修订本）》，第296—297页。又《隋书》卷三七《李穆传》："周太祖首建义旗，穆便委质，释褐统军。永熙末奉迎魏武帝，授都督，封永平县子，邑三百户。"（第1115页）所谓"首建义旗"，亦同上引《高建墓志》的"抗义旗而揃虐"。

2　赵超：《汉魏南北朝墓志汇编》，第276页。同书第303页《元肃墓志》亦称"故天柱大将军尔朱荣建义旗于晋阳，公预参远略，及扶危翼"。《北史》卷四九《贺拔允传》附《贺拔岳传》载尔朱荣与元天穆起事前曾问计于岳，岳建议"若首举义旗，伐叛匡救，何往不克，何向不摧！"（第1800页）

之变后尔朱氏另立孝庄帝,喻为"革命唯新"[1]。然尔朱氏所为不得人心,次年北魏宗室元颢由梁将陈庆之护送入洛,尔朱荣挟孝庄北逃。《洛阳伽蓝记》载其时元颢登位而改年"建武",显然自比光武帝革命复汉,旋又作书孝庄帝有曰:

> 尔朱荣不臣之迹,暴于旁午,谋魏社稷,愚智同见……今家国隆替,在卿与我,若天道助顺,誓兹义举,则皇魏宗社,与运无穷。傥天不厌乱,胡羯未殄,鸱鸣狼噬,荐食河北,在荣为福,于卿为祸。[2]

此书以已请师梁朝驱逐尔朱氏为解民倒悬的义举,从其斥尔朱氏为"胡羯"来看,其"义"亦在维护孝文帝以来的改革成果,这也是当时各地纷纷起事反抗尔朱氏的重要背景。但元颢登位不到两月即因乱政败亡,尔朱荣则在还洛后被孝庄所杀,其属遂再弑帝废立,其时四方无论反元颢或反尔朱氏,即声名不彰者亦多各勤其王而纷纷聚义建义。[3]高欢、宇文氏起事举义,各奉魏君割据关东、关

---

1 《北史》卷五《魏本纪五·孝庄帝纪》述其永安元年四月戊戌即位,辛丑车驾入宫,"御太极殿,大赦,改武泰为建义元年"(第162页)。其年号"建义"即反映了《元天穆墓志》述"同举义兵"的由来。

2 《洛阳伽蓝记校注》卷一《城内·永宁寺》,第7—8页。

3 《魏书》卷八四《儒林徐遵明传》载"元颢入洛,任城太守李湛将举义兵,遵明同其事,夜至民间,为乱兵所害",后文又提到"北海王入洛之初,率土风靡,遵明确然守志,忠洁不渝"(第1855—1856页)。可见拥护和反对元颢入洛者皆自以为合乎大义。《北齐书》卷一《神武纪上》载普泰二年正月,神武拔邺城,"是时青州建义,大都督崔灵珍、大都督耿翔皆遣使归附"(第7—8页)。崔灵珍和耿翔即在青州举义反尔朱氏之豪酋。隋《王基及其妻刘氏墓志》述基太原祁人,(转下页)

中古政治与思想文化史论

中而完成禅代，即发生于六镇暴动以来的这种日渐弥漫于朝野的革命举义氛围之中。凡此均表明汤武革命说已在魏末接连的乱局中被再度唤醒，及其所寓受命定乱之义与北朝后期禅让易代理据的进一步嵌合，因而也是北族革命传统强劲而余绪绵长的体现。

魏末以来这种革命举义的氛围及其思想内涵，也深切影响了隋、唐的易代活动。如隋文帝即位后下诏于相州立寺，自道登位前事：

> 昔岁周道既衰，群凶鼎沸，邺城之地，实为祸始。或驱逼良善，或同恶相济。四海之内，过半豺狼；兆庶之广，咸忧吞噬。朕出车练卒，荡涤妖丑，诚有倒戈，不无困战，将士奋发，肆其威武，如火燎毛，殆无遗烬。于时朕在廊庙，任当朝宰，德惭动物，民陷网罗，空切罪己之诚，唯增见羞之泣……[1]

从中可见身为六镇后人的隋文帝[2]，也像上引墓志称颂齐神武和周文帝那样，竭尽渲染其有类汤武受命平乱的功德，是要宣示其禅让易代的

（接上页）亦提到"魏永安之末，尔朱构乱，仆射刘助建义旗于河北"。罗新、叶炜：《新出魏晋南北朝墓志疏证（修订本）》，第454页。

1　《广弘明集》卷二八上隋文帝《于相州战场立寺诏》，《四部精要》第15册，第272页。

2　《隋书》卷一《高祖纪上》载杨坚"皇考从周太祖起义关西，赐姓普六茹氏，位至柱国，大司空，隋国公"（第1页）。同书卷四三《河间王弘传》载其父元孙，"及武元皇帝与周太祖建义关中，元孙时在邺下，惧为齐人所诛，因假外家姓为郭氏"（第1211页）。是杨坚之父出于武川而从周太祖举义，其事在隋颇被看重。

正当合理。[1]但百般强调周室的黑暗和自身的光明,意味的是功德盖世的杨坚仍要由酿成这些奸宄妖氛的乱主来禅让大位,这是禅让革命模式一直存在的问题,现在杨坚则要设法解决这个问题。《隋书·高祖纪上》载大定元年二月甲寅周帝下策禅位,百官奉皇帝玺绶劝进而杨坚受焉:

> 甲子,上自相府常服入宫,备礼即皇帝位于临光殿。设坛于南郊,遣使柴燎告天。是日,告庙,大赦,改元。[2]

这一登位程式仍由周帝先逊位禅让,再由百官劝进,其要害在于隋帝先在临光殿备礼即位,再设坛告天并昭告天下。与魏晋以来禅代皆先告天秉明旧主禅让新主受之,再还驾主殿改元大赦发号施令的程式相比[3],这显然是对前述苻健和慕容儁称帝即位于前殿而不郊告之式的进一步发挥,当年二人是要以此表明秦、燕革命非由禅让,而杨坚则是要尽可能淡化周帝禅让政权的分量,相应则凸显自身作为拯难定乱革命之主顺天应人理当受命的地位。

---

1 上引文中"德惭动物,民陷网罗",典出商汤"网开一面"之说,见《史记》卷《殷本纪》,第94页。又《隋书》卷一《高祖纪上》载周帝禅位诏书极言"周德将尽,妖孽递生",而杨坚"芟夷奸宄,刷荡氛祲,化通冠带,威震幽遐。虞舜之大功二十,未足相比;姬发之合位三五,岂可足论"(第11页)。此亦综合了武王革命与尧舜禅让之义,为周隋禅代之正当辩护。

2 《隋书》卷一《高祖纪上》,第13页。

3 《三国志》卷二《文帝纪》载曹丕"升坛即阼",礼成而反,再改年大赦。裴注引《献帝传》载曹丕告天之文,称汉主"致位于丕……谨择元日,与群寮登坛受帝玺绶,告类于尔大神"(第62、75页)。《晋书》卷三《武帝纪》载司马炎告天之文,末言"升坛受禅,告类上帝,永答众望"。礼毕,即洛阳宫太极前殿,大赦改元(第51页)。自后南朝及北朝魏齐禅代皆循此式,唯西魏北周禅代采周公即正为天王之式而较特殊。

由此看来，北族革命的传统在魏末以来群雄纷纷立国建政之时确已抬头[1]，并与当时酿成的革命氛围交相催驱，以至周隋易代虽大抵仍以禅让革命模式完成，其模式的运作重心却已从偏于"禅让"向"革命"的一侧移动。到唐高祖李渊考虑易代方式时，这一态势已十分清楚。《大唐创业起居注》卷三载少帝进渊相国，加九锡，公卿多有劝禅之意。渊以为魏晋禅代故事，"路人咸见其心，有识呼为狐媚"，应注意"勿循前弊"：

帝又谓之曰："魏氏以来，革命不少，鸿儒硕学，世有名臣。佐命兴皇，皆行禅代，不量功业之本，惟存揖让之容，上下相蒙，遂为故实……末叶后来，功德无纪，时逢屯否，拥兵窃命；托云辅政，择立余孽，顽嚚支庶，先被推崇，睿哲英宗，密加夷戮，专权任己，逼令让位；虽欲己同于舜，不觉禅者非尧。贬德于唐、虞，见过于汤、武，岂不悖哉！魏晋宋齐，为惑已甚，托言之士，须知得失。"群公退而悦服……帝又谓所亲曰："诸人虽复见吾言论，仍自不知至理。吾今一匡天下，三分有二，入关形势，颇似汉高祖，且起军甲子，旗帜已革，如何更于少帝之处，却受九锡而求殊礼？孺子有知，不容肯行，此事既成无识，此乃吾自为之。立身以来，不欺暗室，如何今日，诬罔天听？所区别

---

1 张沛《中说校注》卷五《周公篇》记文中子曰："苻秦举大号而中原静，唯王猛知之。""或曰苻秦逆，王通曰：晋制命者之罪也，苻秦何逆？"（第105页）是王通已重新认识苻秦地位而不以为逆。六镇起事之破六韩拔陵、葛荣，以及万俟丑奴、莫折念生以至侯景之辈，皆曾立国建政，可断其必有相关说辞，惜其多被史家弃之不顾或删落。

帝王，激扬名理，以惩是古非今之辈，谬相劝逼。"于是惟改丞相府为相国府，而九锡殊礼，并属诸有司。[1]

李渊抨击魏晋以来禅让易代流于形式以掩其恶，强调自身起事立业"颇似汉高"，实际是以禅让革命模式中的革命举义内涵来质疑近世禅让故事的虚伪，从中可见这一模式所寓矛盾发展到隋唐之际，几已走到了否定禅让的方向上。[2]从其以石勒斥曹氏、司马氏"狐媚以取天下"为"有识"，并同样强调自身所为合乎大义光明磊落，足见身为六镇之裔深染胡风的李渊[3]，对于五胡酋豪标榜革命比附汤武，魏末群雄争相举义逐鹿中原之事确多共鸣之处。故其最终虽还是以禅让完成易代[4]，却不仅循用了杨坚先即位再行告天的程序，更取消了魏晋至周隋旧主禅位策书中例所当有的诫勉之语。[5]

---

1 《大唐创业起居注》卷三，第51—52页。"肯行"原作"背行"，据校记改，标点已有调整。

2 《资治通鉴》卷九五《晋纪十七》咸和九年十月载后赵石虎拒绝石弘的禅位之请，其理由一是"帝王大业，天下自当有议，何为自论此邪"；二是"弘愚暗，居丧无礼，便当废之，何禅让也"（第637页）。这两点均反映了石虎对魏晋以来禅让革命模式的省思，隋末李渊所论亦承此而展开。

3 《旧唐书》卷一《高祖纪》载其高祖李熙"为金门镇将，领豪杰镇武川，因家焉"；祖李虎，"与周文帝及太保李弼、大司马独孤信等以功参佐命，当时称为'八柱国家'，仍赐姓大野氏"（第1页）。是李唐对其家于武川，祖父从周文帝发迹，亦如上举杨隋述其祖考功业那样颇为看重。

4 参宋敏求编：《唐大诏令集》卷二《即位赦上·神尧即位赦》，此诏亦强调革命、禅让"其揆一焉"，故仍由隋氏"敬禅厥位"（北京：商务印书馆，1959年，第5—6页）。

5 冯友兰《中国政治哲学与中国历史中之实际政治》一文述尧舜禅让与汤武革命说对中古政治的影响多有卓论，其中亦注意到历代禅位册文之中，有"绝不为旧皇帝留地步者，则如隋禅唐册云"。《古史辨》第七册（下），第296—310页。

　　　　　　　中古政治与思想文化史论

"禅让革命"模式的重心开始偏向"革命"一侧，实为中古史上禅让易代走向终结的前声。这一态势的出现其实并不突兀，如《梁书·文学颜协传》载颜协出身琅邪临沂的士人世家，父见远，博学有志行：

　　齐和帝之镇荆州也，以见远为录事参军。及即位于江陵，以为治书侍御史，俄兼中丞。高祖受禅，见远乃不食，发愤数日而卒。高祖闻之曰："我自应天从人，何预天下士大夫事？而颜见远乃至于此也。"[1]

　　魏晋以来抵制禅让易代的个案史不绝书，但颜见远殉节被梁武帝认为并无实在理由，却可能代表了天下士大夫立场，则是一段时期以来的新动向[2]。又隋代杨素《赠薛播州（道衡）十四首》之一：

　　在昔天地闭，品物属屯蒙。和平替王道，哀怨结人风。麟伤世已季，龙战道将穷。乱海飞群水，贯日引长虹。干戈异革命，

1　《梁书》卷五〇《文学颜协传》，1973年，第727页。颜真卿之《颜勤礼碑》述其祖见远"梁武帝受禅，不食数日，一恸而绝。事见《梁》《齐》《周书》"。所述虽同而真卿以此傲人之意可掬，是唐人的看法已更有过之。
2　《隋书》卷三五《经籍志四》著录刘宋袁淑撰《俳谐文》十卷，梁又有沈宗之等续撰十卷（第1089页）。严可均《全宋文》卷四四从唐宋类书中辑得袁淑《俳谐文》所收《鸡九锡文》《劝进笺》《驴山公九锡文》《大兰王九锡文》《常山王九命文》佚文五篇，其中如《初学记》卷二九《兽部·豕》引宋袁淑《大兰王九锡文》，取仿当世九锡策文，称颂猪之纯、美、德、勇，以喻当世禅让者犹沐猴而冠。《全上古三代秦汉三国六朝文》，北京：中华书局，1958年，第2681页。

揖让非至公。[1]

　　此诗明言季世道穷之际的征诛，有别于顺天应人的汤武"革命"，和平易代的当世"禅让"亦不合尧舜所示的大道至公。显然，魏晋以来禅让革命和北族革命的不断展开，不能不引人深思"革命"与"禅让"的理论与现实，质疑、反省其间发生的问题和流弊。[2]上引李渊所示与其凿枘不合仿效尧舜，不如因势利便取法汤武的倾向，总的即在这一渐趋高涨的思潮下产生。[3]而魏末以来群雄举义浪潮与北族革命传统的激荡，则因其影响直接而冲击强烈，更在当时相关思想理论的转折尤其是禅让革命模式的衰落上起到了关键作用。至于后来的辽、金、元、清等北族所建王朝，又因其与北族革命形势、任务多有相近，经验教训足供借鉴而取法乎此调整发挥。是其余绪绵亘长达千年，影响所及而叠起波澜，可谓良有以也。

1　《文苑英华》卷二四八《寄赠二》，第1250页。《隋书》卷五七《薛道衡传》载薛道衡炀帝初年自检校襄州总管转番州刺史。中华书局点校本此条有《校勘记》谓"番原作潘，据本书《杨素传》、又《房彦谦传》改，隋有番州，无潘州"（第1414页）。是播州始置于唐，此诗题名"播"当作"番"。

2　张沛《中说校注》卷二《天地篇》述文中子曰："唐虞之道直以大，故以揖让终焉，必也。有圣人承之，何必定法？其道甚阔，不可格于后。夏商之道直以简，故以放弑终焉，必也。有圣人扶之，何必在我？其道亦旷，不可制于下。如有用我者，吾其为周公所为乎！"（第57—58页）意即后世易代仿用尧舜禅让与汤武革命之式，皆因时过境迁不识其原而弊端重重，若有用我者则当如周公，可以承则承，可以扶则扶。其说足与杨素诗句相证。

3　《大唐开元礼》卷五〇《吉礼·有司享先代帝王》载其中的尧、舜祝文并不提及其禅让之事，殷汤祝文则称"惟王革命黜暴，功济天下"云云；周武王祝文亦称"惟王应天顺人，克定祸乱"云云（北京：民族出版社，2000年，第284—285页）。此亦唐时禅让说不振而汤武革命则被强调其原义的例证。

第二编　制度抉义

第四章 "法律儒家化"与魏晋以来的 "制定法运动"

　　相较于秦汉时期的状况，魏晋定型的《律》《令》体制已经发生了重大转折。中、日学者在这方面已有长期的研究和丰硕的成果。近年以来继续对此展开的探讨，如富谷至先生《晋泰始律令への道——第一部秦漢の律と令》《晋泰始律令への道——第二部　魏晋の律と令》二文[1]，已使学界对这个转折及其相关问题有了更为深入的认识。笔者也有《〈格〉〈式〉之源与魏晋以来敕例的编纂》等文[2]，讨论了《晋故事》以来各种敕例集的不断编纂及其对当时法律体系的影响，认为其体现了一种尽可能对制敕、敕例加以约束的倾向，贯穿了强调《律》《令》作用和地位的内在精神，既可视为唐代《格》《式》的"形成前史"，又可说是魏晋《律》《令》体制完成重大转折所致的基本趋势，乃是反映自来"制定法运动"持续兴起的重要表现。[3]

1　二文载于《东方学报》第72、73册，京都，2000、2001年。

2　《文史》2012年第2辑。"敕例"即被朝廷明确为具有行政指导意义的制敕，可以是行政成例，也可以直接做出行政规定。参楼劲：《魏晋南北朝隋唐立法与法律体系：敕例、法典与唐法系源流》跋语《敕例、法典与中国古代法制的基本特征》，第750—759页。

3　本文是在近乎现代法学"制定法"的意义上使用"法典"一词的，（转下页）

有理由认为，这种持续而根深蒂固地强调《律》《令》作用和地位的倾向，并不止是魏晋以来法制发展的成果，也应视为魏晋时期《律》《令》相继完成法典化，并且引出《晋故事》编纂等一系列事态的重要推动力。因此，探讨这种倾向究竟如何发生和发展起来的问题，也就关系到了魏晋法律体系相对于秦汉时期的转折，关系到了魏晋以来法制演化的根本走向，构成了法史学界不能不予以关注的重大问题。

一、问题的提出：西晋《律》《令》观及其前提

着眼于制定法运动的发展来综观魏晋时期的立法，其最为突出的事态是：先有曹魏对《律》体的整顿，使《新律》的法典性质得以空前凸现而臻于成熟。继而则是西晋泰始《令》体的改变和法典化，另又编行《故事》与《律》《令》协调发挥作用，以保障新《律》《令》的稳定性和严肃性，约束各种制敕和敕例对此的冲击。如此表现出来的进程，表明当时的立法活动中，业已持续涌动着一种明显的制定法自觉和实践，遂使整个法律体系的发展逸出了秦汉

（接上页）即无论其是否以原有制敕或法律规范为基础来编纂，均是按既定程序和体例起草制订、统一颁行、篇章明晰、内容系统的制定法，而非现行法律法规的摘编或汇辑。参梅因：《古代法》第一章《古代法典》，沈景一译，北京：商务印书馆，1996年，第1—12页；穗积陈重：《法律进化论（法源论）》第一编《无形法》第三章《规范法》第六节《规范法之发达》、第二编《成形法》第三章《文字法》，黄尊三、萨孟武等译，北京：中国政法大学出版社，2003年，第56—83、128—142页；望月礼二郎：《英美法（新版）》第一篇《英美法总论》第三章《法源》第二节《判例法》、第三节《制定法》，郭建、王仲涛译，北京：商务印书馆，2003年，第82—113页。

中古政治与思想文化史论

以来因循的轨道，也以此展示了一个延续至隋唐而波澜迭起的制定法运动的开篇。

这样的事实，本身就表明魏晋时期的君臣上下，已对法典的性质、作用和地位，有了远较以往深刻的认识；也体现了当时朝廷亟欲以法典来统一指导刑事和其他各项行政活动，相应则以各种敕例居于其下来发挥作用的努力。以下请先考察西晋泰始《律》《令》施用之后的有关事态，以证时人对其性质的新看法，并可见在此基础上严守《律》《令》和强调其在整套法律体系中无可比拟的作用和地位，在当时确已形成了一个强有力的趋势。

《晋书·刑法志》载惠帝时政出群下，各立私情，每多"临时议处之制"，以致刑法不定而狱讼繁滋，遂有大臣上表力陈遵守《律》《令》的必要，其事其论相当典型地体现了当时业已基本定型而得公认的儒家化法律观及其影响。如尚书裴𫖯表陈之有曰：

夫天下之事多涂，非一司之所管；中才之情易扰，赖恒制而后定。先王知其所以然也，是以辨方分职，为之准局。准局既立，各掌其务，刑赏相称，轻重无二，故下听有常，群吏安业也……刑书之文有限，而舛违之故无方，故有临时议处之制，诚不能皆得循常也。至于此等，皆为过当，每相逼迫，不复以理，上替圣朝画一之德，下损崇礼大臣之望。臣愚以为：犯陵上草木，不应乃用同产异刑之制。按行奏劾，应有定准，相承务重，体例遂亏。或因余事，得容浅深。[1]

1　《晋书》卷三〇《刑法志》，第933—935页。

此奏借"先王"而言时制，说明了泰始《律》《令》已定"准局"而"刑赏相称"的局面，据此表达了对当时有法不依而辄别奏议处之习的痛心疾首。特别是裴颁概括这类做法的危害，"上替圣朝画一之德，下损崇礼大臣之望"，其语显然蕴含了新《律》《令》性质已不同往常，因而特须强调严格准此执行的意思，令人对其究竟为何"崇礼大臣"，怎样体现了"圣朝画一之德"的问题产生悬念。

《晋志》续载其时刘颂为三公尚书，亦针对裴颁所痛心者而上奏：

> 臣窃伏惟陛下为政，每尽善，故事求曲当，则例不得直；尽善，故法不得全……古人有言："善为政者，看人设教。"看人设教，制法之谓也。又曰"随时制宜"，当务之谓也。然则看人随时，在大量也，而制其法。法轨既定则行之，行之信如四时，执之坚如金石，群吏岂得在成制之内，复称随时之宜，傍引看人设教，以乱政典哉……又《律》法断罪，皆当以法《律》《令》正文，若无正文，依附名例断之，其正文、名例所不及，皆勿论。法吏以上，所执不同，得为异议。如《律》之文，守法之官，唯当奉用《律》《令》。至于法律之内，所见不同，乃得为异议也。今限法曹郎令史，意有不同为驳，唯得论释法律，以正所断，不得援求诸外，论随时之宜，以明法官守局之分。[1]

---

1 《晋书》，第935—938页。《艺文类聚》卷五四《刑法部·刑法》亦引刘颂此奏，可与参校。《艺文类聚》，第977—978页。引文中诸书名号为作者所加，后之引文皆然。

中古政治与思想文化史论

此奏大意是泰始《律》《令》已"看人设教"而"随时制宜"，体现了当世政治与教化的基本准则，故须强调"法官守局"而"奉用《律》《令》"。其中建议的"依附名例断之"[1]，适可与上引裴颜所述"体例遂亏"之语相证，说明《泰始律》确已集中通过《刑名》《法例》篇的规定而通体贯彻了"圣朝画一之德"。

《晋志》后文又载刘颂此奏下达公卿集议时，汝南王亮奏议有曰：

> 夫礼以训世，而法以整俗，理化之本，事实由之。若断不断，常轻重随意，则王宪不一，人无所错矣……周悬象魏之书，汉咏画一之法，诚以法与时共，义不可二。今法素定，而法为议，则有所开长。以宜如颂所启，为永久之制。[2]

这里所说的"礼以训世，而法以整俗……王宪不一，人无所错"，似已透露了"看人随时"以设其教的泰始《律》《令》，及其所体现的"圣朝画一之德"，内核就是以礼为本，以法为用的礼、法关系准则和相关理念，其中所寓"崇礼大臣"等一系列法意，也就皆

1　其语是说《泰始律》中的《刑名》《法例》已有《律》《令》正文未及，法官如何根据法意推定其罪的条款。亦即《晋书》卷三〇《刑法志》载张斐《上律注表》所述的"《律》之名例，非正文而分明也……皆随事轻重取法，以例求其名也"之所指（第930页）。《唐律疏议·名例》"诸断罪而无正条，其应出罪者，则举重以明轻；其应入罪者，则举轻以明重"条即由此而来，《疏议》则以断罪所据情理尤其是亲疏关系准则对此做了解释。长孙无忌等撰、刘俊文点校：《唐律疏议》（以下简称《唐律疏议》），北京：中华书局，1983年，第134页。

2　《晋书》，第938页。此条中华书局点校本《校勘记》引《通鉴考异》，述其时汝南王司马亮已卒，《志》误，上此奏者应是别人。

是其贯彻了这种准则和理念的表现。

上引三篇奏文在这一点上显然是完全一致的。其共同的背景，则是泰始《律》《令》颁行以后，司法过程仍在汉代《春秋》决狱，"原情定罪"的惯性之下，常因追求"尽善"而求"曲当"，遂致动辄上奏议处而有法不依，改从比例。故三人之奏，皆强调现行《律》《令》已全面贯彻了先王、古人立法设教的基本精神，并以"周悬象魏，汉咏画一"，"信如四时，坚如金石"为喻，明确了其作为法典统一了司法标准的权威性，基此而提出了严格执法的建议。《晋志》载其结果是下诏准此定制，限制了法官动辄别奏议狱的做法。这又说明三人之奏的确代表了当时对泰始《律》《令》所具特性的主流看法，才会被视为解决惠帝朝特定政治和法制问题的一种方案予以落实。

由此联系《晋书》卷三四《杜预传》载其撰《泰始律注》，奏之有曰：

> 法者，盖绳墨之断例，非穷理尽性之书也。故文约而例直，听省而禁简。例直易见，禁简难犯。易见则人知所避，难犯则几于刑厝。刑之本在于简直，故必审名分。审名分者，必忍小理。[1]

其述法"非穷理尽性之书"云云，针对的也就是后来刘颂上奏所说的"事求曲当，则例不得直；尽善，故法不得全"。又《北堂

---

1 《晋书》，第1026页。

　中古政治与思想文化史论

书钞》卷四五《刑法部下·律令十三》引杜预奏事有云：

> 被敕以臣造新《律》事，律吏杜景、李复等造《律》，皆未清本末之意者也。[1]

当时法吏弄不清"本末之意"，也就是杜预注《律》之所以要说"审名分者，必忍小理"的原因。上引裴頠奏文中的"中才之情易扰，赖恒制而后定"；刘颂奏文中的"看人随时，在大量也，而制其法"，都是要明确这个道理。

泰始立法以来的这些言论，所欲纠正的其实都是上承两汉以来《春秋》决狱之风，司法过程每欲"尽善"，各家《律》注往往"穷理尽性"，以致"忍于小理"，拘于成例而把《律》《令》条文束之高阁的状态。这当然不是要清除儒经或经学对于法制的影响，而是在强调这种影响现在已有了更为直接有效的方式，其说其论恰恰是以泰始《律》《令》已贯彻了礼、法关系准则，体现了儒经所示法制原理为其前提的。除裴頠等人所述以外，上引杜预明言"例直禁简"的目的在于"刑厝"，"刑厝"即是古圣王用刑的根本目的，参与制定泰始《律》的杜预显亦以此为其宗旨；其所要求的"清本末之意"，显然也是以如何方得臻于刑厝的"大道"来衡量的。《晋书·刑法志》载张斐注《律》表上之，即阐述了当时公认的这个大道：

1　虞世南撰、孔广陶校注：《北堂书钞》（以下简称《北堂书钞》），台北：新兴书局，1978年、第178页。

五刑不简，正于五罚；五罚不服，正于五过，意善功恶，以金赎之。故《律》制，生罪不过十四等，死刑不过三……以人得罪与人同，以法得罪与法同。侵生害死，不可齐其防；亲疏公私，不可常其教。礼乐崇于上，故降其刑，刑法闲于下，故全其法。是故尊卑叙，仁义明，九族亲，王道平也。[1]

现在已可明白，惠帝时期裴颜、刘颂等人要求严守《律》《令》的倾向，实际上是与泰始立法已空前明确地贯彻了儒家化主题的事实分不开的，遂使各种类同《春秋》决狱而欲在司法过程中另求"曲当"的观点失去了根基，这才使要求严格"守法""守局"的主张占据了必要的道义制高点而再难抗拒。进而言之，正是由于当时《律》《令》历经曹魏、晋初定型以后，已基本完成了全面贯彻儒经所示礼、法关系准则的改造，也就在根本上扭转了汉武帝独尊儒术以来，法律主体部分与统治指导思想和儒经所示法理并不吻合的局面，撤除了因此而有法不依，另再引经据典或援引决事比来指导司法过程的合理性，从而使严格执行《律》《令》这两部法典的重要性迅速突出了起来，也就在观念和实践上催成了法典在整套法律体系中的至上地位。

在西晋时期的上述法律观中，杜预所述"刑之本在于简、直"的看法，张斐关于刑罚简明方合"王道"的论点，显然并不形成于泰始《律》《令》颁行之后，而是反映了一段时期以来对汉代法律滋繁之弊的深刻总结，其基本立场与《汉书·刑法志》所论极相吻合，可证其在魏晋立法之时必已存在。这就不能不令人意识到：这种《律》

---

1 《晋书》，第929页。

中古政治与思想文化史论

《令》必须合乎"大道"并须具有相应形态的认识，不仅决定了强调《律》《令》作用和地位，以至于进一步主张法典至上的倾向；且必参与决定了曹魏和西晋的立法，构成了推动其《律》《令》形态进化，促致秦汉以来法律体系发生转折的重要因素。有鉴于此，在可能影响魏晋以来新的《律》《令》体制定型发展的多个因素中[1]，在考虑自来制定法运动兴起的原因时，对于陈寅恪先生提出，至瞿同祖先生正面论证的"法律儒家化"进程，亟应放到更为突出的位置上来重新看待。

二、"法律儒家化"命题及其内涵和背景

近年以来，不少学者都对"魏晋以来法律儒家化"命题再做审视和讨论，其要是认为战国、秦汉法律已在不少方面体现和维护了儒家推崇的纲常伦理和等级差异，故就儒家学说对法律的影响或法律系统中的儒法相融进程而言，其起点当在战国时期，至秦汉而愈显露，再到汉武帝以来而大势已定。[2]

1　参楼劲：《魏晋南北朝隋唐立法与法律体系：敕例、法典与唐法系源流》第十二章第二节《"儒家化进程"与魏晋以来的"制定法运动"》一《推进魏晋以来制定法运动的若干因素》，第660—674页。大体可以认为，在学界业已提出的诸多考虑中，魏晋以来对汉代法制的反思、名理学的理论品格及其影响、文法吏地位下降和司法权的上收及相应发展起来的行政一体化趋势，这类因素均在魏晋形成新的《律》《令》体制的过程中发挥过某种作用。但对两汉以来法制的反思从属于法律儒家化进程，名理学的影响也是与之结合发挥作用的，其余则只提供了外在必要性而非根本推动因素。

2　参张晋藩主编：《中国法制通史》第二卷《战国秦汉》（徐世虹主编）之《绪言》第二部分，北京：法律出版社，1999年，第7—12页；韩树峰：《汉魏法律与社会——以简牍、文书为中心的考察》后论《从法律、社会的变迁审视法律"儒家化"学说》，北京：社会科学文献出版社，2011年，第244—277页。

这些讨论多少都含有质疑旧说的成分，且常利用新出简牍资料补正其中不足，在有些方面确可深化以往的认识。但也必须看到，无论把儒学对法律的影响提前至何时，其实都无碍于"魏晋以来法律儒家化"这个命题的成立与价值，因为即便是质疑者也无不承认，魏晋时期确是"儒家学说对法律渗透与改造"显著加速和深化的转折点，并突出地表现为《律》《令》对儒经所示礼法关系准则和有关法制理念的全面贯彻。有必要代瞿同祖先生三复斯言的是，这一转折本来就是在汉武帝独尊儒术以来，政治和制度越益深受儒家学说化染的基础上发生的，命名之为"法律儒家化"，可以说深刻揭示了魏晋以来法律相较于秦汉时期转折变化的要害所在。[1]

自春秋晚期儒家形成以来，至战国百家争鸣而儒分为八，各家学说异同纷呈而交光互摄，各国各时期政治和制度所受影响来源多端，也各渗透了基于自身社会基础的伦理准则和等级差异，这种前提下自然只会有"儒家的影响"，而谈不上有什么"儒家化"进程。故严格说来，所谓"儒家化"，只能是汉武帝独尊儒术以后的事情，只有儒学的官方意识形态地位逐渐确立，才有各种政治过程和制度设置陆续被其整合和化染的进程，而其具体进度，自然又会因各时期儒学和各领域状况的不同而参差不齐。

循此再加观察，较之官学、察举等先行的领域，法律在这方面

---

1 瞿同祖《中国法律之儒家化》一文原刊于1948年，其中包括了三个基本观点：一是秦汉法律为法家所拟订，纯本于法家精神；二是法律之儒家化汉代已开其端；三是儒家有系统之修改法律自曹魏始。收入所著《中国法律与中国社会》，北京：中华书局，1981年，第328—346页。至今看来，瞿先生对此的具体表述和发挥容有可商之处，但总体上仍切合史实而无可置疑。

　　　　　　　　　　　中古政治与思想文化史论

显然是相对滞后的。《盐铁论·刑德》载文学指出当时法律领域的问题在于"礼义废而刑罚任也"，其论有曰：

> 方今律令百有余篇，文章繁，罪名重，郡国用之疑惑，或浅或深，自吏明习者，不知所处，而况愚民。律令尘蠹于栈阁，吏不能遍睹，而况于愚乎！此断狱所以滋众，而民犯禁滋多也……亲服之属甚众，上杀下杀，而服不过五。五刑之属三千，上附下附，而罪不过五。故治民之道，务笃其教而已。[1]

可见昭帝时期的儒生深痛律令滋繁，已明确要求将之置于笃行德教的大道之下，并按儒经所示五服、五刑简化其纲目。至东汉班固撰《汉书·刑法志》，述武帝以来刑法滋繁，"文书盈于几阁，典者不能遍睹"，显然承袭了西汉后期儒生的观点，并且更为明确地发出了"清原正本"的号召：

> 原狱刑所以蕃若此者，礼教不立，刑法不明，民多贫穷，豪桀务私，奸不辄得，狱犴不平之所致也。《书》云："伯夷降典，折民惟刑。"言制礼以止刑，犹隄之防溢水也。今隄防凌迟，礼制未立；死刑过制，生刑易犯；饥寒并至，穷斯滥溢；豪桀擅私，为之囊橐，奸有所隐，则狃而寝广：此刑之所以蕃也……自建武、永平，民亦新免兵革之祸，人有乐生之虑，与高、惠之间同，而政在抑彊扶弱，朝无威福之臣，邑无豪桀之侠。以口率

---

1 《盐铁论校注》，第566页。

计，断狱少于成、哀之间什八，可谓清矣。然而未能称意比隆于古者，以其疾未尽除，而刑本不正……岂宜惟思所以清原正本之论，删定《律》《令》，篹二百章以应大辟。其余罪次，于古当生，今触死者，皆可募行肉刑。及伤人与盗，吏受赇枉法，男女淫乱，皆复古刑，为三千章。诋欺文致微细之法，悉蠲除。如此，则刑可畏而禁易避，吏不专杀，法无二门，轻重当罪，民命得全，合刑罚之中，殷天人之和，顺稽古之制，成时雍之化。[1]

　　班固此论一再强调的"礼教不立，刑法不明""疾未尽除，刑本不正"，亦即前文已着力陈说的"大议不立，遂以至今"之所指[2]，故其提出的解决之方，便是要"清原正本，删定《律》《令》"。

　　与之呼应的观念和实践，如《晋书·刑法志》载东汉章帝时尚书陈宠以儒经为范请定刑政，"谳五十余事，定著于《令》"；至和帝时宠为廷尉，又奏请删定《律》《令》有曰：

　　臣闻礼经三百，威仪三千，故《甫刑》大辟二百，五刑之属三千。礼之所去，刑之所取，失礼即入刑，相为表里者也。今《律》《令》，犯罪应死刑者六百一十，耐罪千六百九十八，赎罪以下二千六百八十一，溢于《甫刑》千九百八十九……宜令三公、廷尉集平《律》《令》，应经合义可施行者，大辟二百，耐

_____

1　《汉书》卷二三《刑法志》，第1109—1112页。
2　其述成帝有鉴于汉初以来法令"日以益滋"，下诏审核，"务准古法"；而"有司无仲山父将明之材，不能因时广宣主恩，建立明制，为一代之法，而徒钩摭微细，毛举数事，以塞诏而已。是以大议不立，遂以至今"。《汉书》，第1103页。

164　　　　　　　　　　　　　　　　　中古政治与思想文化史论

罪、赎罪二千八百，合为三千，与礼相应。其余千九百八十九事，悉可详除。使百姓改易视听，以成大化，致刑措之美，传之无穷。[1]

此奏虽因陈宠不久得罪而未施行，其所阐释的礼、法关系准则和以"应经合义"来删定《律》《令》的要求，正与班固所述同出一辙。

这类议论，应当代表了两汉士人对汉兴二百余年法律体系所做的反思，其看起来针对的是汉初以来法律滋繁之弊，实则显然是要求进一步确立武帝独尊儒术以来影响渐大的"德主刑辅"原则，集中通过删定《律》《令》来明确礼、法关系及法律体、用等一系列根本问题。此亦可见汉武帝以来儒学影响法律的程度，直至东汉仍很有限而不宜高估。特别是作为法律基干的《律》《令》的状态，在独尊儒术以来新形势下不断发展壮大的士人主流看来，总体上是不合格的，亟待重新删定，以全面体现和贯彻儒学推崇的统治原则和法制理念，才能从根本上解决统治过程和法制领域积重难返的种种问题。

甚值注意的是，东汉以来士大夫们的这类立法主张，不仅要按儒家推崇的基本统治方略和礼、法关系框架界定法律体、用，而且要以儒经所述法制为范改造法律，特别是把那些象征着圣王之治的理念、范畴，也尽可能落实于《律》《令》之中。

像上引班固之论，即曾着力阐释了《周礼》中的"五听、八议、

1　《晋书》，第920页。

三刺、三宥、三赦之法"，以之为刑事立法应当取仿的准则，这也就是曹魏终于把"八议"修入《新律》的因缘，由此不难联想"五听"之类当时亦被修入《新律》的可能。至于《泰始律》的"峻礼教之防，准五服以制罪"，则不仅切实体现了班固强调的"刑本"，也应是对"八议"体现的礼制身份等级的进一步贯彻。[1] 又如班固、陈宠皆要求删定《律》《令》为三千章，减大辟为二百章，其意是要合乎《尚书·吕刑》所述之数[2]，同时也是要使之"与礼相合"，即与《礼记·中庸》的"威仪三千"相配以体现礼法合一之义[3]。而泰始所定《律》《令》合共二千九百二十六条，举其大数仍为"三千"，恐怕也是受到了上引班、陈所述观念的影响。

因此，正是汉武帝独尊儒术以来，法律领域越益被认为"大议不立""刑本不正"的滞后态势，以及东汉以来这类高举"清原正本""应经合义"旗帜，要求准此通盘"删定《律》《令》"的立法主张，奠定了魏晋立法的现实基础和指导思想，规定了其方向、主题和内容特色，使之构成了儒家推崇的理念、准则全面贯彻和真正落实为《律》《令》条文的明确起点。《晋书·刑法志》所述魏晋立法背景，之所以特别接续了《汉书·刑法志》关于法律体、用问题的论述，也正是晋唐间人确认魏晋立法和法律围绕班固所述立法主题和任务而转折发展的体现。

1　参祝总斌：《略论晋律之"儒家化"》，《中国史研究》，1985年第2期。

2　《尚书·吕刑》述"五刑之属三千"为："墨罚之属千，劓罚之属千，剕罚之属五百，宫罚之属三百，大辟之罚，其属二百。"《十三经注疏》，第249页。

3　《礼记·中庸》："礼仪三百，威仪三千，待其人然后行。故曰：苟不至德，至道不凝焉。"郑注："言为政在人，政由礼也。"《十三经注疏》，第1633页。

故历史地看，所谓"法律儒家化"，显然要较"儒学对法制的影响"更进一步，指的实际上是按儒经所示礼法关系和相关准则、理念系统地改造在当时法律体系中居于主干地位的《律》《令》，本就不能脱离汉武帝独尊儒术以后法制领域形成的问题及其解决过程来加以讨论，而是一个有其特定内涵和时间起讫点的完整历史进程。瞿同祖先生之所以把法律儒家化进程的起讫点定在魏晋至隋唐，即是在这样的意义上，综据其间立法和法律体系的总体状态而做出的判断。[1]

三、法律儒家化与制定法运动的关联

法律儒家化既然是"按儒经所示礼法关系和相关准则、理念来系统地改造法律"，则其与制定法运动兴起和发展的关联，也就易于理解了。

从立法过程来看，要把儒经所示礼法关系和相关准则、理念全面贯彻于《律》《令》，也就首先要结合本朝实际，明确各种儒经、注疏中有所出入的这类关系、准则和理念，将其要义统一起来并形成标准解释，再将之系统地贯彻于《律》《令》之中。而这显然并非随事随时所下敕例及对之简单编辑所能做到，也非对法律条文做些局部的改动、补充可以达成。为之就只能通盘讨论斟酌，重新起草

1　瞿同祖《中国法律之儒家化》一文最终的结语曰："归纳言之，中国法律之儒家化可以说是始于魏晋，成于北魏、北齐，隋唐采用后便成为中国法律的正统。其间实经一长期而复杂的过程，蕴酿生长以底于成。"瞿同祖：《中国法律与中国社会》，第346页。

和安排其条文、篇章，才能使整部法律前所未有地围绕礼法关系获得全新的中心思想，呈现相应的纲目结构、条文关系及其各项规定内涵的周延性。应当指出，这种围绕特定观念和范畴体系全面制订其条文、篇章，使之相对于所取材的现行法律具有空前系统性、普适性和稳定性的编纂过程和目标，体现的正是制定法的根本立法特征，是严格意义上的"法典"之所以产生的必由之途。

即就魏晋《律》的制定而言，《刑名》篇的创设，无疑是曹魏《新律》得以改造《律》体和完成其法典化的重要一步，可以视为制定法运动兴起的标志性事件。而现在看来，《新律》之所以"集罪例以为《刑名》，冠于《律》首"，固然在方法论上受到了名理学的某种影响，但其内在的和直接的原因，还是其先就确立了"更依古义制为五刑……凡三十七名，以为《律》首"的总纲。[1]确立这个显属取本或附会儒经的刑名总纲，既是法律儒家化进程的典型表现，又有力地推动了《律》典体例和内容的进化，其在当时即已统领了《新律》其余各篇条文的规定和安排，更为此后各朝立法继续按儒经所示来讨论、调整"五刑"体系，包括历代聚讼纷纭的"肉刑"存废问题提供了基础。由此不难体会，法律儒家化进程自开始阶段以

---

1 《晋书》卷三〇《刑法志》所载《新律序》节文，第925页。此处"古义"，当时多指新立为官学的古文经义，如《新律序》后文又提到"贼斗杀人，以劾而亡，许依古义，听子弟得追杀之"。这也合乎古文经学有条件地赞同亲族复仇的倾向，如《周礼·地官司徒》"调人"职文："凡和难：父之仇，辟诸海外；兄弟之仇，辟诸千里之外；从父兄弟之仇，不同国；君之仇视父，师长之仇视兄弟，主友之仇视从父兄弟。"见孙诒让撰，王文锦、陈玉霞点校：《周礼正义》，北京：中华书局，1987年，第1024—1030页；另参沈家本撰，邓经元、骈宇骞点校：《历代刑法考·律令一》"和难、辟仇"条，北京：中华书局，1985年，第831—832页。

来，即已持续影响和推进了制定法运动不断展开。

再看"八议"入《律》，"亲、故、贤、能、功、贵、勤、宾"这八个原出《周礼》的范畴，实际上涵盖了人们的各种身份地位和相互关系，故其一旦明确成为有罪必须议请和据以量刑与夺的法律身份，也就宣告了儒经所示的礼制身份等级内容向《律》文的全面渗透。其具体影响《律》文规定的状态，则如《晋书·刑法志》所存《新律序》节文所示：

> 又改《贼律》，但以言语及犯宗庙园陵，谓之大逆无道，要斩，家属从坐，不及祖父母、孙。至于谋反大逆，临时捕之，或污潴，或枭菹，夷其三族，不在《律》《令》，所以严绝恶迹也。贼斗杀人，以劾而亡，许依古义，听子弟得追杀之……正杀继母，与亲母同，防继假之隙也。除异子之科，使父子无得异财也。殴兄姊加至五岁刑，以明教化也。[1]

作为对《新律》条文要义的概括，上引文提到的"家属"及"祖父母、孙""三族""子弟""继母"及"亲母""父子""兄姊"，固然都是长期以来影响法律和司法活动的亲属关系，《新律》却在这方面突出地呈现了新的倾向，即在各种定罪量刑规定中，一一对此做了精细的亲疏辨别，足见其背后存在着一个重新界定过的亲属关系序列。故其至少可以反映"八议"中的"议亲"入《律》之际，必据儒经所示而对"五服"所代表的各种亲属关系进行过通

---

1 《晋书》，第925页。

盘梳理和界定，又深切地指导了有关《律》条的制定过程。也正像"五刑"成为刑名纲要所发生的影响那样，"八议"入《律》同样开启了此后各朝定《律》之时，结合儒经中的相关范畴和当时礼制等各项制度的情况，重新梳理和界定这八种法律身份，以此规范相关《律》条内容的进程，也就持续以此推进了制定法运动的延伸和发展。

由此看来，《泰始律》的"峻礼教之防，准五服以制罪"，正是对"八议"入《律》所含法理的继续发挥。从大逆无道从坐"不及祖父母、孙"及"夷其三族，不在《律》《令》"，可以看出《新律》区别对待的亲属关系范围要小于"三族"[1]，而父子关系确在其中居于核心地位。《泰始律》则明确了亲属关系至"五服"而止，故当时立法必综据《仪礼·丧服》等处所述，以及郑玄、王肃的相关解释，对《律》文涉及的亲属关系进一步做了界定和调整；至于"准五服以制罪"原则的确立，更表明《丧服》等篇所示的五服范畴及其内涵，已被全面转化为特定的法律权利和义务。这就反映了《泰始律》对儒经所示"亲亲"和"尊尊"的礼制内核切实贯彻[2]，也就构成了其在儒家化程度上要比《新律》更为全面和彻底的重要标志。

其余如《晋书·刑法志》述《泰始律》较之《新律》调整的有

---

1 "三族"汉来解释不同，有释为"父族、母族、妻族"者，有释为"父母、兄弟、妻子"者。参沈家本撰，邓经文、骈宇骞点校：《历代刑法考·刑法分考一》"夷三族"条，第71—79页。

2 关于《周礼·天官冢宰》及《礼记·丧服小记》所述的"亲亲"和"尊尊"及其相互关系，参钱杭：《周代宗法制度史研究》第六章《宗法伦理结构类型》，上海：学林出版社，1991年。

关规定：

> ……除谋反适、养母出女嫁，皆不复还从父母弃市……重奸伯、叔母之令，弃市。淫寡女，三岁刑。崇嫁娶之要，一以下娉为正，不理私约。[1]

上述条文，即可视为泰始定《律》重新梳理儒经所示"五服"和婚姻关系范畴，将之转化、落实为具体条文的结果。至于《泰始律》新创的《诸侯》，《晋书·刑法志》述其直接取本"周官"的有关阐述制定而成[2]，近年甘肃玉门花海出土的《晋律注》残文，其中属于"诸侯律注第廿一"的，即存有下列两行文字[3]：

> 贡赋□废王职不□□□□□□□□□□

<hr>

1　《晋书》，第927页。

2　"周官"二字，中华书局点校本加书名号。今案魏晋以来所称"周官"常指《周礼》，其中确有多处提到了诸侯之政，如其《地官司徒》有大司徒"以土均之法辨五物九等，制天下之地征，作民职，以令地贡，以敛财赋，以均齐天下之政"之说，可供《诸侯律》编纂所取材。但晋以来流传的晚书中也有《周官》，其中提到"内有百揆四岳，外有州牧侯伯"，并有诸侯定期朝觐和天子对之巡考之制。分见《十三经注疏》，第704、234—236页。故《晋书》此处"周官"，亦可理解为兼指两者。

3　花海所出《律注》书于木制棺板之上，因出土匆促不及处理而木板毁裂，今存其文残零不堪，其中"诸侯律注第十九""诸侯律注第廿""诸侯律注第廿一"之字尚属可辨，其下条文如"诸侯谋反、反叛""犯《律》""卿相"等王国官犯罪处置、王国人口流亡及管理等条，虽不完整而皆残存部分文字。见张俊民：《玉门花海出土〈晋律注〉》，载《简帛研究》第2002—2003号，桂林：广西师范大学出版社，2005年；曹旅宁、张俊民：《玉门花海出土〈晋律注〉初步研究》，《法学研究》，2010年第4期。

擅□土田□□□ □□□□□□□□□□□

这种关于诸侯王国"贡赋"和"土田"等事的违法惩处规定[1]，即应体现了《尚书·周官》和《周礼·地官司徒》相关内容对之的影响。凡此之类，都可归为法律儒家化在西晋的新进展。

需要特别指出的是，《泰始律》以礼入法和取本儒经定其条文的要旨，不少都是与今存《泰始令》佚文相辅相成的。如近人张鹏一所辑《晋令辑存》卷三《复除令》辑有一条《晋令》：

> 庶人遭三年丧者，复除徭役。[2]

此条究竟是否《晋令》佚文尚有问题，但《晋令》中自应有此规定。大体自晋武帝泰始元年下诏吏民为父母服三年之丧，其中即有庶人复除二年的内容，这些规定至泰始三年立法之时，必被斟酌

---

1 《宋书》卷一四《礼志一》述蕃王朝觐之制有曰："晋泰始中，有司奏：'诸侯之国，其王公以下入朝者，四方各为二番，三岁而周，周则更始。若临时有故，却在明年。来朝之后，更满三岁乃复，不得从本数。朝礼执璧，如旧朝之制。不朝之岁，各遣卿奉聘。'奏可。"（第345页）这类记载，应当也反映了《诸侯律》的相关内容。

2 张鹏一编著、徐清廉校补：《晋令辑存》（以下简称《晋令辑存》），西安：三秦出版社，1989年，第147页。张鹏一称此条出于"《通典》一〇八引《晋令》"。今案《通典》卷一〇八通篇为《开元礼纂类三》，包括"君臣冕服冠衣制度"直至"杂制"等五个部分，其所引皆为《唐令》，且不见有此内容。惟《通典》卷八〇《礼四十·凶二》"总论丧期"载"晋武帝泰始元年，诸将吏二千石以下遭三年丧者，听归终宁，庶人复除徭役二年"（典四二九）。《宋书》卷一五《礼志二》亦载此诏而无"二年"两字（第391页）。《晋书》卷三《武帝纪》载帝告天登位于泰始元年十二月丙寅，是其登位不久即下此诏（第50页）。

完善而修入了《令》文。可与参证的如《太平御览》卷七七五《车部四·骡车》引《晋令》曰：

> 乘传出使，遭期丧以上，即自表闻，听得白服乘骡车，副使摄事。[1]

在儒经所示守丧概要中，丧制与"五服"密切相关，这里所谓的"期丧以上"，指的即是三服之内丧期一年以上的亲属之丧，其中也包括了为父母服"斩衰"的三年之丧[2]。故这条《晋令》当可说明五服丧制大体上已正面规定于《令》中，且其显然是与《泰始律》中业已全面明确的"五服"和有关定罪规定相配套的制度。

又《初学记》卷二七《宝器部·绢》引《晋令》：

> 赵郡、中山、常山国输縑当绢者，及余处常输疏布当绵绢者，縑一匹，当绢六丈；疏布一匹，当绢一匹；绢一匹，当绵三斤。[3]

---

[1] 《太平御览》，第3436页。"遭"原作"曹"，"得"原作"德"，"骡"前夺"乘"字，均据《宋书》卷一八《礼志五》述车舆之制引《晋令》此条正补。又，《宋书》脱一"期"字（第501页）。

[2] 《礼记·中庸》："期之丧，达乎大夫。三年之丧，达乎天子。父母之丧，无贵贱，一也。"《十三经注疏》，第1628页。《晋令》的这些规定显然体现了此义。

[3] 《初学记》，第658页。《晋令辑存》卷三《户调令》此条据王国维《释币》一文，指出其"疏布一匹，当绢一匹"义不可解，疑应是"疏布六丈当绢一匹，一匹当绵三斤"。《晋令辑存》，第136—137页。

是各王国贡赋之制已一一明定于《令》，可称是儒经所示诸侯定其土宜输赋之法的具体化。以此参照上引《诸侯律注》关于王国贡赋有缺的处罚条文，又具体地展示了《令》定事制而《律》正罪名的辅成关系。

再如《魏书》卷一八《太武五王传·临淮王谭传》附《元孝友传》载元孝友东魏时奏表有曰：

> 古诸侯娶九女，士有一妻二妾。《晋令》：诸王置妾八人，郡公、侯妾六人。[1]

"古诸侯娶九女"，典出《春秋公羊传》，东汉《白虎通·嫁娶》篇承此为说[2]，指媵婚制下诸侯娶一妻而有八妾[3]。大约自郑玄沟合今、古文经学起，天子、诸侯嫔妃之制，常被魏晋以来视为周公制礼的

---

1 《魏书》，第423页。

2 《白虎通·嫁娶》"论天子嫡媵"条："天子、诸侯一娶九女者何？重国广继嗣也……或曰天子娶十二女，法天有十二月，万物必生也。"同篇之"论卿大夫士妻妾之制"条："卿大夫一妻二妾者何？尊贤重继嗣也……士一妻一妾何？下卿大夫，礼也。"《白虎通疏证》，第469、480—481页。元孝友所说的古者"士有一妻二妾"显然与之不同，《礼记·曲礼下》"士不名家相、长妾"句孔疏引"熊氏云：'士有一妻二妾。'"《十三经注疏》，第1256页。是熊安生《礼记义疏》有此之说，应出自徐遵明门下的三礼学。

3 《春秋公羊传》庄公十九年"四月秋，公子结媵陈人之妇于鄄"条："媵者何？诸侯娶一国，则二国往媵之，以侄、娣从。侄者何？兄之子也。娣者何？弟也。诸侯壹聘九女，诸侯不再娶。"《十三经注疏》，第2235页。其大意是诸侯娶一国之女为妻，其妻之侄女及妹各一人陪嫁，另有与妻国同姓之二国之女各一人及其"侄""娣"各一人陪嫁，如此共为九女，一妻八妾。

产物，属于广义的"周礼"[1]，《晋令》定诸侯王妾八人，下至公、侯减至六人，显即本此而来，并与当时"撰周官为《诸侯律》"之义相契合。

这些事例大致应可说明，泰始立法在把儒经所示礼法关系和有关准则、理念进一步贯彻于法律时，实已较之以往发生了一个突出变化，即服从于此通盘考虑和兼顾《律》《令》的制定及其匹配关系，也就必然要重新起草和调整两者的相关规定。这自然是与西晋政治和各项制度的儒家化程度更趋深化的大势相符的，同时又构成了标举"诸生"出身的司马氏集团，之所以能在《令》的法典化上迈出关键一步的重要契机。而其原因亦如前述，随事随时下达的敕例及其汇编，实际上很难系统体现儒经所示礼法观念，只有通盘重新起草的制定法，才是达成这种要求的合适形式。特别是要结合本朝实际，讨论斟酌儒经所示准则、理念及其相互关系，将之有选择地转化为切实可行和足以匹配的《律》《令》条文，只有制定法才能

---

1 《晋书》卷三一《后妃传》序："周礼：天子立一后，三夫人，九嫔，二十七世妇，八十一御妻，以听王者内政。"（第947页）《隋书》卷三六《后妃传》序："周公定礼，内职始备列焉……开皇二年，著内官之式，略依周礼，省减其数。嫔三员……世妇九员……"（第1106页）《魏书》卷一三《皇后传》序述孝文帝"改定内官"，立一后二昭仪三夫人、九嫔下至世妇、御女，亦应取本于广义的"周礼"（第321页）。《魏书》卷五三《李冲传》即载为："高祖初依周礼，置夫、嫔之列。以冲女为夫人。"（第1181页）然《周礼·天官冢宰》篇惟述天子有"六宫""九嫔"，这个以三为倍的嫔妃序列实为《礼记·昏义》之说，汉来注家常以之释《周礼》"六宫"之构成。参孙诒让撰，王文锦、陈玉霞点校：《周礼正义》卷一三《天官·内宰》"以阴礼教六宫"条，第514—515页；郑注孔疏之《礼记正义》卷四《曲礼下》"天子有后，有夫人，有世妇，有嫔，有妻，有妾"条及卷六一《昏义》"古者天子后立六宫，三夫人，九嫔、二十七世妇、八十一御妻"条。《十三经注疏》，第1261、1681—1682页。

做到。

由此再看前引杜预所说的"法者，盖绳墨之断例，非穷理尽性之书"，所反映的正是泰始立法围绕儒经疑义展开的讨论，以往各家《律》注亦必因此而枝节纷歧，故其进而申述的"文约例直、易见难犯"要求，也正是要明确强调起草法典的文例，决不能像解经那样繁琐论证或微言大义。[1]就这样，既要通盘贯彻同一套礼法观念，以此涵盖各项制度而不再限于刑事领域，又要将之化为文字简约而义理明白的法条，泰始《律》《令》就必须删除各种芜杂累赘的无关文字，也只能形成某种并行互辅关系。其结果也就无法再像汉魏那样，现成地以敕例为《令》随时随事或将之编集成篇来补充《律》的规定，于是便形成了《律》正罪名，《令》定事制，两者共为法典而相辅相成的新体制。当此之时，法律儒家化的进一步发展，显然起到了极其重要的作用。

再从司法过程来看，儒经所示礼法关系及其相关准则、理念的系统贯彻于《律》《令》，既然是相对于秦汉时期法律构成的重大变化，体现了法律领域"大议"已立、"刑本"已正的新局面，也就尤其需要强调这两部新法典指导司法的严肃性和权威性。前面所述惠帝之时裴頠等人所奏，即反映了当时法官或泥于旧习，对泰始《律》《令》已是全面贯彻了儒经所示法制要义的法典，尚有一个适应过程，遂有必要再三申述"圣朝画一之德"，更加严格地要求断罪必依

1　杜预要求的"文约例直、易见难犯"，应当总结了长期以来法律起草的文例，这在出土简牍所示秦汉《律》文中可以说基本上也是做到了的。故杜预强调"文约"和"易见"，针对的一方面应是当时把儒经所示观念系统贯彻于法律的新情况，另一方面则是汉魏时期尚以敕例及其汇编形式而存在的《令》文的状态。

《律》《令》正文，正文所无者则依"名例"所示法意断之。

事实上，同类申述在惠帝以前就已构成了有关司法问题的一个焦点，如《晋书》卷五九《赵王伦传》：

> 武帝受禅，封琅邪郡王，坐使散骑将刘缉买工所将盗御裘，廷尉杜友正缉弃市，伦当与缉同罪。有司奏伦爵重属亲，不可坐。谏议大夫刘毅驳曰："王法赏罚，不阿贵贱，然后可以齐礼制而明典刑也。伦知裘非常，蔽不语吏，与缉同罪，当以亲贵议减，不得阙而不论。宜自于一时法中，如友所正。"帝是毅驳，然以伦亲亲故，下诏赦之。[1]

时值泰始《律》《令》颁行后不久[2]，其事具体地说明了当时法官在如何贯彻"齐礼制而明典刑"的根本法意，怎样执行"亲、贵议减"的《律》文时，确有难以平衡其间关系的疑惑存在。这自然是"八议"入《律》以后带来一系列执行问题的缩影，而刘毅则要求依《律》先定其罪再行议减，以此阐明了其间理致，强调了各项《律》文规定的严肃性。其所展示的，同样是法律儒家化必然要更加强调严格执法的逻辑。

非但如此，既然要强调《律》《令》这两部法典指导司法的严肃

1　《晋书》，第1598页。
2　《晋书》卷三《武帝纪》载伦封琅邪王泰始元年十二月丁卯（第52页）。同书《刑法志》载文帝始定律令，杜友已为廷尉，与贾充等人共事（第927页）。《晋书》卷四五《刘毅传》载刘毅在武帝受禅后"为尚书郎、驸马都尉，迁散骑常侍、国子祭酒。帝以毅忠蹇正直，使掌谏官"（第1272页）。其任谏议大夫当在泰始三年后。

性和权威性，也就势必要面对如何处理制敕或敕例与法典的关系问题。前面所引《晋书·刑法志》载惠帝时刘颂的奏文，其中有一段文字即论及于此：

> ……夫出法权制，指施一事，厌情合听，可适耳目，诚有临时当意之快，胜于征文不允人心也。然起为经制，终年施用，恒得一而失十。故小有所得者，必大有所失；近有所漏者，必远有所苞。故谙事识体者，善权轻重，不以小害大，不以近妨远，忍曲当之近适，以全简、直之大准。不牵于凡听之所安，必守征文以正例。每临其事，恒御此心以决断，此又法之大概也。[1]

这里的"法"，其实就是指泰始《律》《令》[2]，故"出法权制"也就是出乎《律》《令》"经制"之外，随时随事处分政务或做有关规定的制敕或敕例，遂可理所当然地将之称为"权制"。刘颂在此申明的道理，是作为"经制"的《律》《令》，在着眼于远、大的性质和简、直的形态上，均非作为"权制"而临时下达的制敕或敕例可比。故其认为君臣皆须以《律》《令》为司法的准绳，不以制敕或敕例来妨害这一"大准"，每事以此为中心正确决断。这种区分"经制"和"权制"，要求制敕或敕例总体上应在《律》《令》之下发挥补充和辅助作用的认识，实已开启了强调法典地位势必要相应约束敕例作用

1　《晋书》，第937—938页。
2　上引文中"谙事识体者，善权轻重……以全简、直之大准"这段文字，几乎全从前引杜预奏上《律注》所述"必忍小理"及"例直易见，禁简难犯"之论化出。

的趋势，其影响是极为深远的。[1]

至此已可明确，法律儒家化进程既然是按儒经所示礼法关系和相关准则、理念系统地改造法律，也就内在地蕴含了强调制定法作用和地位的倾向。表现为其势将通过立法来体现圣王治理之道和社会的终极公义，并因必须把相关观念贯穿于中而导致了其篇章、条文的系统性、普适性和稳定性，从而推进了其所立之法或敕例编纂的法典化；同时也表现为司法过程必然因此而特别强调法典地位，强调其统一指导举国行政的权威性和严肃性，相应则以尽可能约束敕例的作用为其特色。

四、古文经学与法律儒家化及制定法运动

在得到以上认识之后，关于法律儒家化与制定法运动的关联，还有两个问题也值得在此一提。在此先要考虑的是：儒经的形成、传承和诠解各有其系统，不同的经典文本和学说具有相当不同的内涵和影响。在讨论魏晋以来法律儒家化和制定法运动之所以兴起的问题时，不能不注意到：今文经学的官方地位被古文经学全面取

---

1 《晋书》卷三〇《刑法志》载东晋草创之时，"议断不循法律，人立异议"，元帝主簿熊远遂奏："权道制物，此是人君之所得行，非臣子所宜专用。主者唯当征文据法，以事为断耳。"（第938—939页）《宋书》卷六〇《王韶之传》载王韶之武帝初为黄门侍郎之事："有司奏东冶士朱道民禽三叛士，依例放遣。韶之启曰：'尚书金部奏事如右，斯诚检忘一时权制，惧非经国弘本之令典……'"（第1625页）《魏书》卷一五《昭成子孙传·常山王遵传》附《元晖传》载元晖孝明帝时上书论政，称河北饥馑积年，"自非更立权制，善加检括，损耗以来，方在未已。请求其议，明宣条格"（第380页）。凡此皆反映了"经制""权制"之别的后续状态。

代，正是始于魏晋，且其局面大体上一直延续了下来。[1]

法律儒家化和古文经学的兴起之间，确实存在着某些关联。前已提到，东汉班固呼吁正本清原，按儒家伦理准则重修《律》《令》，即以"复古""稽古"为说。曹魏制定的《新律》和西晋所撰《泰始律》，前亦指出其的确是"依古义"来制定"五刑"和修入"八议"的。其所称之"古"固然都有比附古圣王之治的寓意，但也皆与古文经学所宗义旨合辙。[2]再如东汉陈宠的立法主张与班固略同，史载其家传法律而兼通经书[3]，曾祖陈咸且曾为王莽"讲礼祭酒"[4]，是其家

1　参王国维《观堂集林》卷四《汉魏博士考》，第174—217页；张汉东：《论秦汉博士制度》，收入安作璋、熊铁基：《秦汉官制史稿》上册，济南：齐鲁书社，1984年，第409—491页。

2　班固之论深受古文经《周礼》影响，"五刑""八议"之类在《周礼·秋官司寇》中确具指导刑事的纲领性地位。参孙诒让撰，王文锦、陈玉霞点校：《周礼正义》卷六六小司寇"以八辟丽邦法"条、卷六八司刑"掌五刑之法"条，第2771—2775、2835—2841页。又《三国志》卷二一《魏书·卫觊传》裴注引《魏书》载汉末"台阁旧事散乱……觊以古义多所正定"（第611页）。《晋书》卷一九《礼志上》："《周官》五礼，吉、凶、军、宾、嘉……汉兴，承秦灭学之后，制度多未能复古。历东、西京四百余年，故往往改变。魏氏承汉末大乱，旧章殄灭，命侍中王粲、尚书卫觊草创朝仪。及晋国建，文帝又命荀颛因魏代前事，撰为新礼，参考今古，更其节文，羊祜、任恺、庚峻、应贞并共刊定，成百六十五篇，奏之。"（第580—581页）即表明卫觊等草创朝仪是依周官古义。《晋书》卷四《惠帝纪》末载帝为太子时，武帝命其试决尚书事，"贾妃遣左右代对，多引古义"，给事张泓以为"宜以事断，不可引书"（第107—108页）。《宋书》卷四〇《百官志下》载"诸官府至郡，各置五百者……依古义也"（第1258页）。其"古义"亦皆指古文经义而言。

3　《后汉书》卷四六《陈宠传》，第1547页。

4　《汉书》卷九九中《王莽传中》载始建国三年置"六经祭酒各一人……沛郡陈咸为讲礼"（第4126—4127页）。其时所讲自必包括了古文经学的《周礼》和逸礼。又王葆玹认为王莽之时为讲礼祭酒的是陈咸长子陈参，《后汉书·陈宠传》则受其家传影响而强调了咸及子参、丰、钦（宠之祖父）在王莽时"去职""解官"之事。王葆玹：《今古文经学新论》第三章《古文经学及其流派》五《周官的传承谱系》，第154—155页。

中古政治与思想文化史论

学必通古文经学。又曹魏立法时，清理汉代以来各家《律》注，下诏"但用郑氏章句，不得杂用余家"，而郑玄之学虽兼综今、古而称"通学"，其底色或主干却仍是古文经学。[1]西晋立法的重要人物杜预曾撰《春秋左氏经传集解》，本是当时古文经学的大师，其定《律》撰《注》自亦受此影响。张斐《上律注表》述《泰始律》规定讯囚论罪，须精辨罪犯"声色""视息"等项征象，即是其中采纳了《周礼》"五听"之说的表现，而《周礼》更是古文经学最具代表性的经典。

因此，从东汉以来士大夫提出"清原正本"、"应经合义"、删定《律》《令》的主张，到魏晋时期这些主张的真正落实，亦即法律儒家化进程的展开，正是与东汉以来古文经学影响愈大，至魏晋则全面上升为官学的事态啮合在一起的。而这自然是因为古文经学倡导的经典义理和相关诠解，要比今文经学更加适宜于"托古改制"，也更合乎法律儒家化所坚持的立法主张的缘故。就是说，古文经学的兴起，不仅是为法律儒家化进程提供了可供依据的儒经文本和诠解，也为这一进程的开启和发展提供了一定的基础和动力。

既然如此，古文经学与制定法运动兴起究竟存在着怎样的关联，也就成了一个亟值注意的问题。汉武帝独尊儒术以来的总体趋势，是经学在多个方面对政治和社会产生了越来越大的影响。而比之于今文经学，古文经学在内容和形态上显然存在着若干更加有利于制定法观念和实践发展的特色，其在这方面所起作用当不下于学界已

---

[1] 参周予同：《经今古文学》四《经今古文的混淆》，朱维铮编：《周予同经学论著选集（增订本）》，第15—17页；张舜徽：《郑学丛著》之《郑学叙录》，济南：齐鲁书社，1984年，第1—37页。

提到的玄学或名理学。

如《周礼》，作为古文经学的重要经典，向被视为"周公致太平之法"，故其从内容到形态，均可直接看作是一部寄寓了古代圣王治道理想的制定法。且其自西汉末年即已指导了某些制度的调整，王莽时期更隐隐是其托古改制的重要蓝本，东汉以来其影响仍在持续深入之中，前述班固之论即征引了《周礼》中的多个法制范畴，直至魏晋把其中的"八议""五听"之类修为《律》文，另又据其各篇所述创辟和调整了礼仪、职官等一系列制度¹，这都拉出了《周礼》不仅影响愈大，且亦陆续被付诸实施，切实指导了某些改制、定制活动的线索。由此不难推知，《周礼》这部"圣王制定法"的影响越大，对其有关范畴、理念的实践越是扩展，强调制定法作用和地位的倾向就会越是深入人心。因此，当影响渐大的古文经学到魏晋终于被立于官学，《周礼》的影响，特别是其对行政过程和各项制度包括法律制度的影响，自亦随之进一步扩大，也就推进了制定法理念和实践在当时的显著发展。²

---

1 《三国志》卷一《魏书·武帝纪》载建安二十三年六月令定葬制，即引《周礼·春官宗伯》冢人职文为说（第51页）。《宋书》卷一四《礼志一》载魏文帝黄初元年诏定服色，"宗庙所服，一如《周礼》"（第328页）。同书卷一六《礼志三》载魏明帝时曾据《周礼》而定武宣皇后配祀北郊及文帝甄后别立寝庙（第420、444页）。同书卷一九《乐志一》则载魏明帝据《周礼》定诸宗庙乐舞之制（第535—538页）。西晋这方面的事例更不胜枚举，如封爵的五等之制，官制的"上公""太宰"之设，舆辇的"五路"之制，田赋的"限田""占田"之法，后妃如"三夫人""九嫔"之设，皆取鉴《周礼》而来。

2 冨谷至《晋泰始律令への道——第二部 魏晋の律と令》在文末指出：促成西晋《律》《令》成为两种法典的，有"书写材料从简牍向纸的变化"这种"物理性的外因"在起作用。此外，"内在的思想性原因也值得注意，这就是隆盛于东汉时期之礼教之义的礼的理念被采用为现实的法令……以《周礼》为代表的礼典只不过是记载了理想统治方式的经书，但是在应当制定以典籍形式表现出来的（转下页）

　　　　　　　　　　　　　中古政治与思想文化史论

再如郑学，前已指出郑玄之学虽沟合今、古而称"通学"，然其所宗仍为古文经学。郑学在东汉末年已颇流行，魏晋以来一直都在官学所立各家古文经解中居于突出地位，当时古文经学的状态和命运，很大程度上可说是以郑学为代表的。[1]郑玄晚年自道毕生之志，是要"述先圣之玄意，整百家之不齐"[2]，即要把后世纷纭不已的经义解释，统一到先圣的本意上来。这个圣意在其看来即集中体现于"三礼"尤其是《周礼》之中，故郑学的核心亦为"三礼注"而尤重《周礼》[3]，以至于后来的经学家们常把郑学称为"礼学"[4]。其要则可概括为发明、融通和简化古礼中的义理，推动古礼与

（接上页）令典时，它们推动了行政法规典籍的诞生。在内因与外因的双重推动下，晋泰始律令诞生了，这就是本文的结论"。这里提出的"物理性外因"还可以再讨论，但明确以"礼的理念被采用为现实的法令"为泰始《律》《令》体制形成"内在的思想性原因"，并且将之与《周礼》的影响联系起来看，确是令人钦佩的真知灼见。

1　参陆德明撰、吴承仕疏证：《经典释文序录疏证》（以下简称《经典释文序录疏证》）之"注解传述人"部分，北京：中华书局，2008年，第28—126页。

2　见《后汉书》卷三五《郑玄传》载其《诫子益恩书》，第1209—1210页。

3　清人于此多有论证。如钱大昕《潜研堂文集卷》二四《仪礼管见序》："三礼之有郑注，所谓悬诸日月不刊之书也。"（第345页）邵懿辰《礼经通论·论王礼》指出："后世所传三礼之名自郑氏始……郑氏释经之功，莫大于礼。"又述："郑氏学盛行而后《周官》阑入于《礼》之中，《礼记》逸出乎经之外矣。"《清经解续编》卷一六八，第6355—6356页。皮锡瑞《经学通论》一《易经》"论郑、荀、虞三家之义"条述："郑学最精者三礼，其注《易》，亦据礼以证易义广大，无所不包。"（卷一第21页）同书三《三礼》则有"论郑注《礼器》以《周礼》为经礼《仪礼》为曲礼有误臣瓒注《汉志》不误""论郑君以《周礼》为经《礼记》为记其别异处皆以《周礼》为正而《周礼》自相矛盾者仍不能弥缝"等条，以述郑学最重《周礼》之况（卷三第5—6、55—56页）。

4　张舜徽《郑学丛著》之《郑氏校仇学发微·条理礼书第四》："《礼记·月令》《明堂位》《杂记》疏并云'礼是郑学'，良不诬已。"（第50—51页）

当世秩序的啮合，促使其转化成为现世可行之礼。正由于此，郑学影响的不断扩大，既表现为汉末以来礼学在经学体系中地位的日渐加重，至魏晋以来甚或把《礼》视为六经之"本"[1]；也表现为汉魏以来人们论及规范常以"礼""律"并举[2]，其所反映的正是当时士大夫对礼、法关系的强调及相关认识的深化；更表现为《周礼》地位的不断提高，郑玄对此的注解成为礼学关注的中心，并在依本《周礼》展开的立法活动中发挥了重要作用。也就是说，无论是法律儒家化进程特别重礼和讲究礼、法关系的倾向，还是制定法理念和实践通过取鉴、贯彻《周礼》有关范畴而不断发展起来的历程，其背后实际上都存在着郑学的影响。

应当说，仅有《周礼》这样的典籍或仅有郑玄这样的学者，其影响都不可能达到两者结合到一起以后的地步。正是由于古文经学在文本和诠释上的这种风云际会的独特性，决定了其更加适合于两

1　《三国志》卷二五《魏书·高堂隆传》载明帝景初中诏"昔先圣既没，而其遗言余教，著于六艺。六艺之文，礼又为急，弗可斯须离者也"（第717页）。这是以礼为六经之要的观念。《宋书》卷五五《傅隆传》载其元嘉中论礼有曰："所谓极乎天，播乎地，穷高远，测深厚，莫尚于礼也。其《乐》之五声，《易》之八象，《诗》之《风》《雅》，《书》之《典》《诰》，《春秋》之微婉劝惩，无不本乎礼而后立也。其源远，其流广，其体大，其义精，非夫睿哲大贤，孰能明乎此哉！"（第1551页）这是以礼为六经之本。《礼记·经解》"恭俭庄敬，礼教也"，孔疏引皇侃云："六经其教虽异，总以礼为本。"与之相同。《十三经注疏》，第1609页。

2　《三国志》卷一《魏书·武帝纪》载建安十八年五月策命曹操为魏公并加九锡，其文有曰"以君经纬礼律，为民轨仪"云云（第39页）。同书卷五三《吴书·阚泽传》载其曾"斟酌诸家，刊约礼文及诸注说以授二宫"，孙权每欲"增重科防，以检御臣下，泽每曰'宜依礼律'"（第1249—1250页）。这是"礼""律"并举较早之例，前引祝总斌《西晋法律儒家化》一文已指出其西晋以来已甚流行。另参本书第六章《太和元年至十六年定〈律〉〈令〉的几个问题》二《改革与定〈律〉〈令〉的关联》关于"礼律"的说明。

汉发展起来的政治和社会需要，奠定了其在魏晋以来官方经学中的主体地位，同时也构成了其所以能够在法律儒家化和制定法运动中发挥一定指导和推进作用的历史因缘。

除此之外，古文经学与制定法运动的另一层关联亦值注意。当经学集中承载了官方意识形态以后，贯彻儒经所示准则实为必然之势，定其文本，明其字句及所示义理，据以省视和指导行为亦属理所当然。不能不说其事极近于法律付诸实施的状态，尤其是本就具有规范性质的礼经、礼文的践行过程，与法律实施过程的相像之处就更为明显了。也正是在这一点上，古文经学的一系列有别于今文经学的形态或风格，确实大都隐隐与制定法的状态合拍，且甚有利于法定主义影响的扩大。即就公认的今、古文经学各自特征[1]，与法制领域的状态比较而言：一是今文家甚重经典的口传心授，而古文家更重其古传的写本。比之于法制领域，前者显然有类于《律》文义旨在法吏之间的心法别传，即便形诸文字自无妨稍异，后者则更近于法典定本而不容增减出入。二是今文家往往精研一经恪守师说家法，古文家则提倡兼治诸经而会通其理。前者犹如法家之学各守一端互有长短而各家竞作《律》注，后者则像法典规定的普适、互补，有类不同法典及其篇章、条文之间的其理一贯。三是今文家好为微言大义而出非常可怪之论，古文家则重文字训诂、章句疏通，据此出其义理。前者颇类于法官的自由裁量和以例破《律》，后者则合乎法典文句的自洽、自足，及其施行、解释的强调正文和不容

1　参廖平：《今古学考》之《今古学宗旨不同表》，收入李耀仙主编：《廖平选集（一）》，成都：巴蜀书社，1998年，第44—45页；周予同：《经今古文学》二《经今古文异同示例》，第4—9页。

曲解。四是今文家说经往往"碎义逃难"而文句愈演愈繁，古文家则直就经文为释而相对简约。前者近乎各种敕例的层出不穷，终不免左支右绌而盈于几阁，后者则如法典条文的质直、稳定而无冗余文字。

凡此之类，均可表明就总体特征而言，今文经学似更偏于非法定主义，而古文经学则甚接近于法定主义；古文家看待经典更像是切实可行的法典，凡人皆可遵守勿失，今文家眼里的经典则比比皆是无上秘要，对此的践行绝非照章办事的机械过程。正其如此，从这两种经学体系和氛围中可以延伸出来的法律和司法观念，及其为各种敕例和司法解释预留的空间大小，也就都存在着明显的反差。这应当也是法律儒家化和制定法运动开启和发展于魏晋以来古文经学时代的原因之一。

五、修礼典与定《律》《令》的相互驱动

在考虑法律儒家化与制定法运动的关联时，另一个值得注意的问题是：魏晋以来的定《律》《令》与修礼典，已开始成为两个内在相关的定制活动。这自然是因为法律儒家化本来就是围绕着礼、法关系展开的，其一方面是要以礼入法，从而势须清理礼文、礼制，借以统一或明确相关准则和理念，将之贯彻于《律》《令》；另一方面又必然发生如何分配或安排礼、法规定，使之相互协调的问题，其大要亦即前引东汉陈宠所述："礼之所去，刑之所取，失礼即入刑，相为表里者也。"也正是在此基础上，修撰礼典与制定《律》《令》，在魏晋以来明显形成了相互驱动的关系。

《晋书》卷一九《礼志上》：

> 《周官》五礼，吉、凶、军、宾、嘉……汉兴，承秦灭学之后，制度多未能复古。历东、西京四百余年，故往往改变。魏氏承汉末大乱，旧章殄灭，命侍中王粲、尚书卫觊草创朝仪。及晋国建，文帝又命荀颉因魏代前事，撰为新礼，参考今古，更其节文，羊祜、任恺、庾峻、应贞并共刊定，成百六十五篇，奏之。[1]

　　这段记载说的是秦汉直至魏晋修订礼制的概要，对其所反映的问题的分析，可以说明三个阶段修礼活动及礼、法关系的变化，有助于进一步理解魏晋以来修撰礼典与制定《律》《令》的相互关系。

　　第一阶段，其述《周礼》中的"五礼"范畴为吉、凶、军、宾、嘉，而汉代"制度多未能复古"，是把按《周礼》定"五礼"看作了礼制得失的标准。故其所谓"未能复古"，也是站在古文经学立场上的看法。其所指的，既是汉初叔孙通以来所定礼制承秦变化损益，却仍然未能体现古圣王治道所示的礼、法关系的现状[2]；同时也是指秦汉礼制的驳杂，即便到了汉武帝独尊儒术以后，在今文经学占据官方地位的前提下，古文经学特别是《周礼》所述的礼制范畴自难

1　《晋书》，第580—581页。
2　《汉书》卷四三《叔孙通传》载其汉初与诸弟子共起朝仪，"颇采古礼与秦仪杂就之"，有鲁地儒生质疑"公所为，不合古"，而叔孙通则谓其"鄙儒，不知时变"（第2127页）。可见叔孙通定制的宗旨即是适时通变，不以合乎古制为其标准。

全面落实。[1]

可以为证的，如《汉书》卷二二《礼乐志》载成帝时犍为郡于水滨得古磬十六枚，刘向借此奏兴礼乐有曰：

> 宜兴辟雍，设庠序，陈礼乐，隆雅颂之声，盛揖攘之容，以风化天下……今之刑，非皋陶之法也，而有司请定法，削则削，笔则笔，救时务也。至于礼乐，则曰不敢，是敢于杀人而不敢于养人也。为其俎豆管弦之间小不备，因是绝而不为，是去小不备而就大不备，或莫甚焉。夫教化之比于刑法，刑法轻，是舍所重而急所轻也。[2]

刘向娴于古文经学，此奏正是着眼于礼、法关系，指斥了当时法律非古圣王之法，礼乐又为人所轻而亟待厘定完善的状态，从而反映了成帝以前礼乐未兴的史实，也构成了前引班固、陈宠之论的先声。《汉书·礼乐志》后文又述：

> 今叔孙通所撰礼仪，与《律》《令》同录，臧于理官，法家又复不传，汉典寝而不著，民臣莫有言者。又通没之后，河间献王采礼乐古事，稍稍增辑，至五百余篇。今学者不能昭见，

---

1 《宋书》卷一四《礼志序》："闵子讥古礼，退而致事；叔孙创汉制，化流后昆。由此言之，任己而不师古，秦氏以之致亡，师古而不适用，王莽所以身灭。然则汉、魏以来，各揆古、今之中，以通一代之仪。"（第327页）其语亦寓"复古"后面的今、古文学消长内涵。
2 《汉书》，第1033—1034页。

但推士礼以及天子，说义又颇谬异，故君臣长幼交接之道寖以不章。[1]

这里的两处"今"，都是指班固所处的东汉前期。所述叔孙通以来制订礼仪，"臧于理官……民臣莫有言者"一段，是说这些礼仪制度均以制诏形式下达生效，或被编为《尚书旧事》之类[2]，故与《律》《令》同被编录而收存于法司，却又不为所重。继而"河间献王采礼乐古事"以下，说的是古文经学自武帝前后河间献王"修学好古"开始兴起，《左传》《周礼》等经典正是由此而传，"礼乐古事"亦得刘德主持辑集而大体略备[3]，然至东汉却仍其义"谬异"而其道"不彰"。

又《后汉书》卷三五《曹褒传》载其为庆氏礼传人，章帝欲定礼乐，褒与班固竭尽促成其事，褒上疏"具陈礼乐之本，制改之意"；固则面奏"宜广招集，共议得失"。其下文载：

章和元年正月，乃召褒诣嘉德门，令小黄门持班固所上叔孙通《汉仪》十二篇，敕褒曰："此制散略，多不合经，今宜依礼条正，使可施行。于南宫、东观尽心集作。"褒既受命，乃次序礼事，依准旧典，杂以五经谶记之文，撰次天子至于庶人冠、婚、

---

1 《汉书》，第1035页。

2 《晋书》卷三〇《刑法志》载建安元年应劭整理法书内有《五曹诏书》《尚书旧事》等七种，"旧事"亦即故事，"尚书旧事"当与同期卫觊整理的"台阁故事"相类（第920—921页）。

3 《汉书》卷五三《景十三王传·河间献王德传》，第2410页。

吉、凶、终始制度，以为百五十篇，写以二尺四寸简。其年十二月奏上，帝以众论难一，故但纳之，不复令有司平奏。[1]

后文又载和帝即位，曾用褒所制冠礼，不久又因太尉张酺、尚书张敏等"奏褒擅制《汉礼》，破乱圣术，宜加刑诛。帝虽寝其奏，而《汉礼》遂不行"。显然，上引《汉书·礼乐志》所论，正是班固身与其事有感有发，以见光武帝以来及于章帝虽颇留意复古改制[2]，但礼制的总体状态亦如《律》《令》一样不能令人满意，亟待立其"大议"清源正本，来改变这种礼、法各行其是的局面。

第二阶段，《晋志》特别强调了曹魏王粲、卫觊"草创朝仪"之事，点出了其为西晋荀颉等人制定新礼所"因"的史实。《三国志》卷二一《魏书·王粲传》载其任侍中在曹操魏国建立之时，卒于建安二十二年，并称其"博物多识，问无不对。时旧仪废弛，兴造制度，粲恒典之"。裴注于此专门补充了粲定诸制的一个实例：

挚虞《决疑要注》曰："汉末丧乱，绝无玉珮。魏侍中王粲识旧珮，始复作之。今之玉珮，受法于粲也。"[3]

《决疑要注》是挚虞讨论荀颉等人所定新礼的副产品，因而这条

---

1 《后汉书》，第1203页。
2 《续汉书·祭祀志上》载建武"二年正月，初制郊兆于雒阳城南七里，依郊，采元始中故事"。"元始中故事"，也就是平帝时王莽当政托古改制之故事，《续汉志》中此类例子不少。《后汉书》，第3159页。
3 《三国志》，第599页。

中古政治与思想文化史论

裴注说"今之玉珮，受法于粲"，可证王粲所定礼制不少为晋沿袭的史实。又卫觊先与王粲同为侍中"并典制度"，再任尚书则在魏文帝代汉前后至明帝之时[1]，然则卫觊为尚书在"朝仪"上的制作，应是其与王粲定制的后续之举。故上引《晋志》所述"侍中王粲、尚书卫觊草创朝仪"之事，时间上应与曹操定《甲子科》至魏文帝以来定《律》《令》大体同时，这就透露了当时礼、法撰作本就相互配套的性质，"草创朝仪"则可能有类西晋制定礼典之举，从而说明了新律之所以修入"八议"而渗透了礼制等级内容的一个重要背景。

王粲、卫觊草创朝仪，虽因史载简略而其详难知，但也还有若干资料可以证其梗概。如《宋书》卷一四《礼志一》载嘉礼先蚕之制：

> 《周礼》：王后帅内外命妇，蚕于北郊。汉则东郊，非古也。魏则北郊，依《周礼》也。晋则西郊，宜是与籍田对其方也。魏文帝黄初七年正月，命中宫蚕于北郊。按韦诞《后蚕颂》，则于时汉注已亡，更考撰其仪也。及至晋氏，先蚕多采魏法。晋武帝太康六年，散骑常侍华峤奏……于是使侍中成粲草定其仪。[2]

据此则魏文帝黄初七年按《周礼》所载重新"考撰"了皇后北郊先蚕之仪[3]，其制与汉在东郊殊为不同。至晋定新礼之时，"先蚕多

---

1 《三国志》卷二一《魏书·卫觊传》，第611页。

2 《宋书》，第355页。

3 《周礼·天官冢宰》"内宰"之职有"中春，诏后帅外内命妇始蚕于北郊"之文。孙诒让撰，王文锦、陈玉霞点校：《周礼正义》，第528—530页。

采魏法"，应可解释为大体沿袭了王粲、卫觊所定朝仪的内容。[1]直至太康六年，方因华峤奏请而由成粲再次起草其制，先蚕遂与籍田相对而改在西郊。这个例子表明，王粲、卫觊相继主持拟定的曹魏礼制不仅取鉴了《周礼》，且系重新"考撰其仪"而成，可见其定制过程确与制定法的起草相类，而非相关敕例的汇编，故其不仅在内容上，也在形态上拉开了晋定新礼的序幕，体现了汉代礼制向魏晋礼制的转折变迁。

第三阶段，晋文帝命荀顗、郑冲等制定新礼[2]，时间上适与《晋书·刑法志》载"文帝为晋王"而"令贾充定法律"相符，且当时参与定《律》《令》的十四人中，也正包括了郑冲、荀顗、羊祜这三位制定新礼的重要人物。这都证实了西晋定礼与定《律》《令》之间的联动关系，说明了泰始立法之所以在以礼入法和儒家化程度上较之曹魏更进一步的原因。

据《晋书》卷一九《礼志上》，荀顗等刊定新礼奏上后未即施行，太康初方由尚书仆射朱整奏付尚书郎挚虞讨论之，虞集中讨论了其中十五篇，于元康元年奏上而获诏可，且曾上表论新礼所宜损

1　可与相证的如《宋书》卷一四《礼志一》载嘉礼冬至日受贺之制："魏、晋则冬至日受万国及百僚称贺，因小会。其仪亚于岁旦，晋有其注。"（第345—346页）是为魏晋冬至日受贺之仪相沿而晋又有所完善，"晋有其注"，指的是为之制订了专门仪注。西晋所定新礼即称"五礼仪注"，这个冬至日受贺仪注必在其中，《宋书·礼志一》载"晋武帝世，更定元会注，今有咸宁注"，下文载咸宁元会仪注之要节，即是也（第343—344页）。

2　《晋志》前文称"晋始则有荀顗、郑冲裁成国典，江左则有荀崧、刁协损益朝仪"（第580页）。《宋书》卷一四《礼志序》则称"魏初则王粲、卫觊典定众仪，蜀朝则孟光、许慈创理制度；晋始则荀顗、郑冲详定晋礼；江左则荀崧、刁协缉理乖紊"（第327—328页）。

增者有曰：

> 臣典校故太尉颙所撰《五礼》，臣以为，夫革命以垂统，帝王之美事也；隆礼以率教，邦国之大务也。是以臣前表礼事稽留，求速讫施行。又以丧服最多疑阙，宜见补定……又此《礼》当颁于天下，不宜繁多。颙为百六十五篇，篇为一卷，合十五余万言，臣犹谓卷多文烦，类皆重出。案《尚书·尧典》祀山川之礼，惟于东岳备称牲币之数，陈所用之仪，其余则但曰"如初"。《周礼》祀天地、五帝，享先王，其事同者皆曰"亦如之"，文约而义举。今礼仪事同而名异者，辄别为篇，卷烦而不典。皆宜省文通事，随类合之，事有不同，乃列其异。如此，所减三分之一。[1]

从中可以看出，新礼的修撰，既要体现王者易代必更新众制的气象，又要表明和贯彻晋朝"隆礼以率教"的国策，且其又称"五礼"，是为其体例到内容皆有本于《周礼》吉、凶、军、宾、嘉礼说的明证。[2]

上引文中另可注意的是，《新礼》共有一百六十五篇十五余万字，平均每卷（篇）九百余字，而挚虞犹嫌其"卷多文烦，类皆重

---

1 《晋书·礼志上》，第581—582页。

2 挚虞此表解释为何丧礼需要补定时说："盖冠、婚、祭、会诸吉礼，其制少变，至于《丧服》，世之要用，而特易失旨。"《晋书·礼志上》，第581页。这说明新礼正是把冠、婚、祭、会等仪注归入"吉礼"的。又，关于晋以来五礼分类续有调整之况，参梁满仓：《魏晋南北朝五礼制度考论》第三章《五礼制度化的过程原因及意义》第二节《五礼制度发展的三个阶段》二《两晋宋齐——五礼制度的发育期》，第135—144页。

出"，有待"省文通事，随类合之"。其理由则是"此《礼》当班于天下，不宜繁多"，故须做到"文约义举"。这就说明新礼之修，一开始就是按"例直易见，禁简难犯"的制定法要求来展开的，且将与新《律》《令》一样颁于天下以供取准。只是其面临的问题显然要较《律》《令》复杂，故两者虽皆始修于文帝为晋王时，有关礼制的核心内容及其分配安排亦当原则早定，但其制订始于泰始四年（268）颁行《律》《令》后，却还要十余年方得初步完成，其施行则唯元康元年（291）挚虞讨论后，奏上诏可了其中的十五篇而已。

但尽管如此，新礼的制定，毕竟还是构成了朝廷制定《五礼》颁于天下以为礼典的明确开端。从曹魏王粲、卫觊"草创朝仪"，发展到西晋荀颙、郑冲主持制定新礼，这才大体完成了改革汉代礼、法诸制各行其事而"大议不立""刑本不正"的局面，建立礼、法合一原则下的新《律》《令》体制和五礼体系的历史任务。

从上面的讨论中可以清楚地看到，以《周礼》"五礼"说为纲而制定的礼典，不仅是儒经有关礼事范畴和理念的制度化，且其在编纂的程序、规范的形态及颁于天下指导礼事活动的作用上，都是与《律》《令》相当一致的。两者之异主要应是规范领域的不同，其强制性程度或亦因此而有区别，但违反礼典所示准则、规定者，恐怕也会像违反《令》所规范的相关制度那样，在《律》中有其相应的惩处条文。

无论如何，魏晋以来礼典的制定，实与当时《律》《令》内容和体例的变革相辅相成，其所体现的既是法律儒家化进程的特定礼、法关系主题和必然要求，也是制定法运动随法律儒家化进程而明显扩展的标志，是其在礼制领域的集中表现。从其后续事态来看，其实际上已经奠定了一个重要的立法传统：此后各朝通盘立法，大都包括了或伴随着有关定礼活动，修撰礼典与制定《律》《令》相互驱动的关系，也就贯穿并持续地推动了法律儒家化和制定法运动的进程。[1]

1　关于魏晋以后定律令与制礼典之关联，参楼劲：《魏晋南北朝隋唐立法与法律体系：敕例、法典与唐法系源流》第十二章《中古"制定法运动"与"法律儒家化"进程中》第四节《儒家化进程的终结与制定法运动的衰落》三《礼典与法典的制作及礼、法关系的厘定》，第733—741页。

第五章 北魏天兴定历的相关问题及其名称

《魏书·律历志》述国初定历之事：

> 秦世汉兴，历同《颛顼》，百有余年，始行《三统》。后汉孝章世改从《四分》，光和中易以《乾象》。魏文时用韩翊所定，至明帝行杨伟《景初》，终于晋朝，无所改作……太祖天兴初，命太史令晁崇修浑仪以观星象，仍用《景初历》。[1]

是北魏天兴定制之时，除命太史令晁崇修浑仪、观星象外，亦制定了历法。这不仅合乎秦汉以来王朝建立定历法、颁正朔的惯例[2]，亦附会了《尚书·尧典》"乃命羲和，钦若昊天，历象日月星辰，敬授人时"所示的圣王范式[3]，故可视为北魏开国建制综据儒典和前朝故事，以示其上承华夏王朝谱系及其政治传统的突出表现。

1　《魏书》卷一〇七上《律历志上》，第2659页。

2　《史记》卷六《秦始皇本纪》载始皇统一六国后定制"改年始，朝贺皆自十月朔"（第237页）。《汉书》卷二一上《律历志上》载汉兴袭秦正朔，旋"以北平侯张苍言，用《颛顼历》，比于六历，疏阔中最为微近"（第974页）。是其均本于《颛顼历》定历颁朔。

3　《十三经注疏》二《尚书正义》卷二《尧典》，第119页。

但这段记载也存在着一些问题，尤其所述天兴定历"仍用《景初历》"之事易致疑惑，从而影响对当时历法递嬗脉络的认识，更关系到对天兴所定诸制及前、后魏制度因革等事的理解，遂有必要梳理相关记载，澄清天兴定历的史实，以有助于研究的展开。

一、定历为北魏开国建制的重要环节

《魏书·太祖纪》载天兴元年（398）十一月：

> 诏尚书吏部郎中邓渊典官制，立爵品，定律吕，协音乐；仪曹郎中董谧撰郊庙、社稷、朝觐、飨宴之仪；三公郎中王德定律令，申科禁；太史令晁崇造浑仪，考天象；吏部尚书崔玄伯总而裁之。[1]

所述为天兴开国建制的概况，其中也提到了"太史令晁崇造浑仪，考天象"，而不及定历之事。《太祖纪》下文载此年十二月议定行次之事：

> 尚书崔玄伯等奏从土德，服色尚黄，数用五，未祖辰腊，牺牲用白，五郊立气，宣赞时令，敬授民时，行夏之正。[2]

1　《魏书》卷二《太祖纪》，第33页。
2　《魏书》，第34页。

这里的"宣赞时令，敬授民时"，应是指颁行历法，但其"行夏之正"，明显与曹魏明帝所颁《景初历》"以建丑之月为正"不符[1]，从而令人疑惑天兴定历与《景初历》的关系，甚至连当时究竟是否像汉魏以来那样定历也成了问题。

天兴元年展开的这次大规模定制，对北魏国基、国运影响深远。但对当时所定诸制的内容，史界看法很不一致，主要是对其胡汉杂糅及假托附会的名、实状态估介不一。在长期均以拓跋氏当时多半尚处于部落时期的观点影响下，不少学者均断定其制必甚粗犷简略，也就很易忽略这些制度可能具备的完整形态和细致考虑，并视其中部分为后人造作而属子虚乌有。加之汉魏历法本就集成了居于华夏文明系统顶端的诸多知识、技术和思想观念，据之定历在北魏开国之际是否必要并有相关条件，引起怀疑亦属自然。这就尤其需要正视北魏开国时期已具相应文明程度的大量史实，综合考虑天兴定制的各项内容，方能排除疑惑，落实其事，确定天兴定历确为当时定制的重要组成部分，进而明确其取据及其具体形态。

上面所引《魏书》的记载，当可表明天兴定制之时，是把太史令晁崇具体负责的天文星历之事，与制订官制爵品、礼仪律令等事放在同等位置上看待的。这本身就是对汉魏以来历法传统的继承，即以观象授时证明本朝建立上应天命，合乎日月星辰及五行、三统的周流规律，遂须"造浑仪、考天象"、定历法、明正朔。其中"造浑仪"完成时间较晚，笔者曾据多种记载，指出天兴元年命晁崇设计制作的浑仪，历十余年至明元帝永兴四年（412）方告完成，沿用

1　《三国志》卷三《魏书·明帝纪》，第108页。

　　　　　　　　　　中古政治与思想文化史论

至北周及隋，直至唐睿宗景云三年（712）方因仪盖倾斜下敕重造。[1]在这架新浑仪设计制作之前，"考天象"之事于登国末年晁崇归附拓跋氏后就已展开。[2]其证如《魏书·天象志》载：

皇始元年夏六月，有星彗于髦头。彗所以去秽布新也，皇天以黜无道，建有德，故或凭之以昌，或由之以亡……是秋，太祖启冀方之地，实始芟夷涤除之，有德教之音，人伦之象焉。终以锡类长代，修复中朝之旧物，故将建元立号，而天街彗之，盖其祥也。[3]

皇始二年十月壬辰，日晕，有佩璚。占曰"兵起"。天兴元年九月，乌丸张超收合亡命，聚党三千余家，据勃海之南皮，自号征东大将军、乌丸王，钞掠诸郡。诏将军庾岳讨之。[4]

皇始二年六月庚戌，月掩太白，在端门外。占曰"国受兵"。

1　楼劲《关于北魏开国时期的文明程度》，《社会科学战线》，2015年第3期。《旧唐书》卷七《睿宗纪》载景云三年正月己丑，改元太极；五月辛未，改元延和；八月庚子帝传位太子，甲辰，改元先天（第158、160页）。重造浑仪时亦有可能为太极元年或延和元年。

2　《魏书》卷九一《术艺晁崇传》载晁崇为辽东襄平人，家世史官，本为慕容垂太史郎，登国十年十一月参合陂之战时被俘，因其善天文术数，为道武帝亲待，"从平中原，拜太史令，诏崇造浑仪，历象日月星辰"（第1943页）。至天兴五年十一月与弟晁懿一并被道武帝猜忌赐死。

3　《魏书》卷一〇五之三《天象志三》，第2389页。其卷首《校勘记》已指出：今《魏书·天象志》三、四皆为宋人补佚的张太素《魏书·天文志》文，并述其"记月变即采《志二》所载，记星变似兼采已亡之《魏书·志》三、四和《宋书·天文志》"（第2418—2419页）。需要指出的是，张太素书《天文志》持南、北朝并立为帝的立场，故其验辞中包括了东晋南朝事态，这与魏收书《天文志》是迥然不同的。

4　《魏书》卷一〇五之一《天象志一》，第2333—2334页。

九月，慕容贺驎率三万余人出寇新市。十月，太祖破之于义台坞，斩首九千余级。[1]

天兴元年八月戊辰，木昼见胃。胃，赵代墟也。□天之事。岁为有国之君，昼见者并明而干阳也。天象若曰：且有负海君，实能自济其德而行帝王事。是月，始正封畿，定权量，肆礼乐，颁官秩。十二月，群臣上尊号，正元日，遂禋上帝于南郊。[2]

由此可见，皇始元年至天兴元年已有系统的天象观测及占验记录，其验辞尤其表明当时决策者力图以日月星辰之象证明本朝建立合乎天道。

因此，在考天象、定历法、造浑仪这三件相连之事中，前者和后者皆为确凿无疑的史实。而介于其间的定历法之举，既有先期的天象观测及占验记录为其基础，又须与浑仪设计一并在有关天学理论及制作成例中做出选择[3]，这也反映此历的确是在汉魏以来历法基础上损益的，而非现成使用《夏小正》或北族习用之历。[4]至于其

1　《魏书》卷一〇五之二《天象志二》，第2347页。

2　《魏书》卷一〇五之三《天象志三》，第2390页。

3　《开元占经》卷一《天体浑宗》引张衡《浑仪注》有曰："天地各乘气而立，载水而浮，周天三百六十五度四分度之一……两极相去一百八十二度半强，天转如车毂之运也，周旋无端，其形浑浑，故曰浑天也。"瞿昙悉达：《唐开元占经》，第3页。可见定历法和造浑仪有其共同的天学理论前提，天兴时自应对以往成例有所选择。

4　《后汉书》卷八九《南匈奴传》："匈奴俗，岁有三龙祠，常以正月、五月、九月戊日祭天神。"（第2944页）其所述月日当已换算为汉朝之历日，匈奴所用盖为太阳历，参耶兹：《俄国科斯洛夫探险队外蒙考古发现纪略》，向达译，载林幹编：《匈奴史论文选集（1919—1979）》，北京：中华书局，1983年，第452—453页。刘尧汉《中国文明源头新探——道家与彝族虎宇宙观》指出："根据彝夏十月太阳历，阴历七月约当十月太阳历六月；则阴历七月七日约当十月太阳历六月六日（转下页）

内容要节，则可从天兴建制的其他事项推知一二。如前引天兴元年十一月命邓渊"定律吕，协音乐"，实即前此八月"平五权、较五量、定五度"之事的继续[1]，其事亦取仿了古圣王和汉魏以来的定律历故事。这是因为取仿虞舜"同律度量衡"，自刘向、歆父子定《三统历》以来，一直都是与制订历法密切相关的举措。[2] 此外，与邓渊定律吕同时，董谧定郊庙、社稷等仪的过程，也与历法内在相关。具体如前引天兴元年十二月定行次时明确的"未祖辰腊"，即确定本朝岁初祖祭和岁终腊祭之日；"五郊立气"则是四立日及大暑日分别在四郊及中兆祭五方帝，以迎接时气变换；这些祭日的推定自然皆须取准于历法。

由此看来，天兴元年定历颁历之事不仅毋庸置疑，且其历也像汉魏所行诸历那样合乎一定的天文历算理论，包括了回归年、朔望月、交食周期等一系列数据，以及时令节气、五行避忌之类的内容。因而天兴元年定历颁朔及观象制器、同律度量衡等相互配套的举措，显亦从属于汉魏以来王朝建立须上应天道以定人间典章的政治传统，乃是北魏开国建制中具有一定基础意义的组成部分。

（接上页）或七日。"所说即为彝族等族所用十月太阳历与汉族所用十二月阴阳历的月日之别（昆明：云南民族出版社，1985年，第162页）。

1　《魏书》卷二《太祖纪》，第33页。又天兴定律度量衡尤其是所定"后魏前尺"的考证，参楼劲：《关于北魏开国时期的文明程度》一文。

2　《汉书》卷二一上《律历志上》："夫推历生律制器，规圜矩方，权重衡平，准绳嘉量，探赜索隐，钩深致远，莫不用焉。"所述即为推历十二辰以生律吕及度量衡的关联。其后文述汉武帝时造太初历，"其法以律起历"，至刘向、歆造《三统历》循此而为，"太极中央元气，故为黄钟，其实一龠，以其长自乘，故八十一为日法，所以生权衡度量，礼乐之所繇出也"（第956、981页）。

二、天兴所定之历取鉴了《乾象历》

天兴元年定历及其合乎汉魏以来历法传统的形态既无可疑，接下来的问题，是其究竟是否"仍用《景初历》"。上面已经提到，曹魏明帝所颁《景初历》是"以建丑之月为正"，即以夏历的十二月为正月；而天兴元年颁历则明确了"行夏之正"，也就是按汉武帝定《太初历》以来的通例，以夏历一月为正月。这至少说明，两者在定历的"上元"起点和积年上迥然有别[1]，可见天兴元年即便"仍用《景初历》"，亦必对之进行了某种修订。

需要看到的是，前引《魏书·律历志》述汉魏以来历法沿革之文多有疏误。如其说"后汉孝章世改从《四分》，光和中易以《乾象》"。其实《乾象历》在灵帝时并未颁行，因其制订者刘洪、蔡邕等精于律历算数而多发明，并在朔望月与回归年长度测定、月行迟疾、阴阳的测算、交食周期值的确定等方面全面超越了《四分历》，后来又得郑玄推重注释，故其在汉末以来极孚盛名[2]，至三国孙吴方行用之。[3]又如其说"魏文时用韩翊所定，至明帝行杨伟《景初》，

1　参曲安京：《东汉到刘宋时期历法上元积年计算》，《天文学报》，1991年第4期。

2　《宋书》卷一二《律历志中》载刘洪"造乾象法，又制迟疾历以步月行。方于《太初》《四方》，转精微矣"。不言其是否颁行（第231页）。徐幹《中论·历数》述刘洪造《乾象历》极精，因灵帝崩，"京师大乱，事不施行，惜哉！"《汉魏丛书》，第576页。《晋书》卷一七《律历志中》载魏文帝时"太史令许芝云：刘洪月行术用以来，且四十余年，以复觉失一辰有奇。"（第499页）是《乾象历》当时虽未颁行，但其测算月行等术汉末以来已被太史采用。

3　见《宋书·律历志中》，第259页。又许嵩撰、张忱石点校《建康实录》（以下简称《建康实录》）卷一《太祖上》吴王"二年春正月，城江夏武昌宫，（转下页）

　　　　　　　　　　　中古政治与思想文化史论

终于晋朝，无所改作"，亦略去了韩翊所制《黄初历》因有纷争而加校验等事，所谓"无所改作"，更是完全不顾魏明帝死后"复用夏正"，至西晋"改《景初历》为《泰始历》"，东晋又调整其"五星法"的不实之论。[1] 其说的可取之处，是约略勾勒了汉以来影响较大的几部历法的递嬗脉络，而所谓天兴"仍用《景初历》"，大概也只是在当时定历采用了《景初历》框架的意义上才有合理性可言。从今仍可考的事实来看，天兴定历之时必曾综合考虑过汉魏以来上述历法，最终虽或取本了《景初历》，其具体修订之时却也多处参用了汉末以来影响甚大的《乾象历》。以下就此略做疏证，以见其要：

一是天兴元年十二月所定"未祖辰腊"，取据了《乾象历》中的"五行用事日"部分。

所谓"五行用事日"，也就是据岁时节气和特定理念测算五行之运的始末盛衰周期及相应忌宜，为汉魏以来历法的重要内容之一。而祖、腊祭日则被公认为一朝气运所关，故须基于本朝行次，再据所行历法中的五行用事日加以确定。前引《魏书·太祖纪》载天兴所定土德、尚黄、数用五、牺牲用白，皆与曹魏类同[2]，唯有"未祖辰腊"与曹魏的"未祖丑腊"有别。[3] 这是因为北魏当时是据《乾象

（接上页）改《四分》，用《乾象历》，自以土行代汉，建寅为岁首"（北京：中华书局，1986年，第23页）。可见汉末所用仍为《四分历》，孙权此时方改行久孚盛名的《乾象历》。

1　《宋书·律历志中》，第232、259—260页。

2　前后魏的这些类同之处，应与其国号相同所寓思想背景的部分叠合有关。参何德章：《北魏国号与正统问题》，《历史研究》，1992年第3期；楼劲：《谶纬与北魏建国》，《历史研究》，2016年第1期。

3　《宋书》卷一四《礼志一》载黄初元年诏本朝"腊以丑"（第328页）。《初学记》卷一三《礼部上·祭祀第二》引晋嵇含《祖道赋》："有汉卜日丙午，（转下页）

历》中的五行用事日来定祖、腊祭日的，其证如蔡邕《独断》卷上述"五帝腊、祖之别名"：

> 青帝以未腊卯祖，赤帝以戌腊午祖，白帝以丑腊酉祖，黑帝以辰腊子祖，黄帝以辰腊未祖。[1]

蔡邕曾与刘洪参定《乾象历》，这段文字当体现了《乾象历》五行用事日中的祖、腊祭日之要。至三国孙吴黄武二年正月，"改《四分》，用《乾象历》"，又"推五德之运，以为土行，用未祖辰腊"。[2]这就证实了《乾象历》测算的五行用事日，其中确有意为"黄帝以辰腊未祖"的内容[3]，由于其正好合乎北魏当时定行次土德，拓跋氏又自承黄帝之裔的国策，遂为天兴定制时所取。这就表明，北魏天兴定历虽或取本了《景初历》，但其中的五行用事日部分[4]，取据的却

（接上页）魏氏择其丁未，至于大晋，则祖孟月之酉日，各应其行运。"（第319页）可见曹魏所定为未祖丑腊。

1　《汉魏丛书》，第183页。

2　《三国志》卷四七《吴书·吴主传》及裴注引《江表传》，第1129—1130页。

3　《通典》卷四四《礼四·大腊》载魏初高堂隆及秦静议祖腊祭日，高堂隆所据为土行始于未，盛于戌，终于辰之说，议本朝应戌祖辰腊，秦静则据土行盛于未而终于丑之说，议本朝应未祖丑腊，为魏文帝所纳（典二五六上）。考虑到魏文帝登位后诏用虞夏故事不改正朔，秦静等人主张的未祖丑腊，所据应是当时沿用《四分历》中的五行用事日，而高堂隆则属魏初以来改正朔的一派，其议似受《乾象历》五行用事日影响，且有未周之处，遂被文帝否定。曹魏历法自《四分》《黄初》至《景初历》叠有递嬗，但其祖、腊祭日迄未变更，可见这些历法中的五行用事日皆持土行盛于未而终于丑之说。

4　《晋书》卷一七《律历志中》载《乾象历》"推五行用事"法之概要："置冬至大小余，加大余二十七，小余九百二十七，满二千三百五十六从大余，得土用事日也。加大余十八，小余六百一十八，得立春木用事日。加大余七十三，（转下页）

是被奉为"后世推步之师表"的《乾象历》。[1]

二是在天文仪象理论上，天兴定历亦深受《乾象历》影响。

在汉魏以来历法中，五行用事日的测算相对处于外围，其内核则是据特定天文仪象理论加以测算，又可供实际观测验证的日月食及朔望时分等内容。正由于此，定历与浑仪等观测仪器的设计也就必须在同一理论基础上展开。因而天兴定历之详今虽不得而知，但其所本理论却仍可从诸处载当时浑仪设计制作之所承窥知一二。《开元占经》引隋代刘焯《浑天论》述东汉张衡以来至北魏晁崇造浑仪之要：

> 至吴世，陆绩、王蕃并更修铸，绩小有异，蕃乃事同。宋有钱乐之。魏初晁崇等总用铜铁，小大有殊，规域经模，不异蕃造。观蔡氏《月令章句》、郑玄注《考灵曜》，势同衡法，迄今不改。[2]

是晁崇设计制作浑仪远承张衡，近与孙吴王蕃的规制相合。而王蕃正是据《乾象历》所持天象说来制造浑仪的，《晋书·律历志中》：

（接上页）小余百一十六，复得土。又加土如得其火。金、水放此。"（第509页）《宋书》卷一二《律历志中》载《景初历》"推五行用事日"法之概要："立春、立夏、立秋、立冬者，即木、火、金、水始用事日也，各减其大余十八，小余四百八十三，小分六，余命以纪，算外，各四立之前土用事日也。"（第240页）两者相较，其异可见。

1 《晋书·律历志中》："自黄初以后，改作历术，皆斟酌《乾象》所减斗分、朔余、月行阴阳迟疾，以求折衷。洪术为后代推步之师表，故先列之云。"（第503页）

2 瞿昙悉达：《唐开元占经》卷一《天地名体·天体浑宗》，第19页。

吴中书令阚泽受刘洪《乾象法》于东莱徐岳，又加解注。中常侍王蕃以洪术精妙，用推浑天之理，以制仪象及论，故孙氏用《乾象历》，至吴亡。[1]

孙吴用《乾象历》而王蕃先据其术以制浑仪[2]，这也是定历与浑仪制作内在关联的例证，同时又表明规制类同王蕃所造的晁崇浑仪，其设计制作亦必深受《乾象历》术的影响。由此联系上引刘焯《浑天论》述王蕃、晁崇造仪甚合蔡邕、郑玄浑仪之说，而二人分别为《乾象历》的与修者及注释者，则天兴定历虽或取本《景初历》框架，其中有关回归年、朔望月长度和交食周期的数据，却参据了《乾象历》的相应部分[3]，这才合乎当时的实际。

三是魏初以来的岁星纪年之称与魏晋通行之称有异，这也反映天兴所定之历的五星运行部分有可能来自《乾象历》。

2005年发掘的山西大同沙岭北魏壁画墓，出土有不少从器物上脱落的漆皮图文，其中之一残留有下列隶书题记：

☐（☐表示残缺字数不详）元年岁次豕韦月建中吕廿一日丁

---

1 《晋书》卷一七《律历志中》，第503页。其论详见同书卷一一《天文志上》，第285—288页。

2 详见瞿昙悉达：《唐开元占经》卷一《天地名体·天体浑宗》引王蕃《浑天象说》，第6—10页。

3 《宋书·律历志中》载杨伟斟酌《四分》《乾象》，"以立多少之衷，因朔积分设差，以推合朔月蚀"（第231页）。《隋书》卷一七《律历志中》则述"韩翊创之于前，杨伟继之于后，咸遵刘洪之术，未及洪之深妙"（第416页）。可见《景初历》亦取鉴了《乾象历》而未及妙，这是天兴定历得以据《乾象历》修订《景初历》相关内容的重要背景。

未侍中主客尚书领太子少保平西大将军□破多罗太夫人□殡于第宅迄于仲秋八月将祔窆□□□□于殡宫易以□慈颜之永住□无期欲□之德昊天文极□莫□岁月云。[1]

　　所记为破多罗太夫人逝世和祔葬之事，发掘简报正是据其"岁次豕韦，月建中吕，廿一日丁未"，推定上引文开头的"元年"为太武帝太延元年（435）。此时上距天兴颁历仅三十七年，又在太武帝平定河西后改行赵欧所修的《玄始历》前。[2]作为北魏显贵墓葬器物的题记，这一纪时方式自应来自天兴所颁之历。[3]其中的"廿一日丁未"，为三代以来传统的干支纪日；"月建中吕"循战国以来以十二音律分指十二月之习，"中吕"即四月的别名[4]；"岁次豕韦"则为岁星纪年法，即以木星每十二年由西向东运行一周天的次序来纪年，"豕韦"为其十二等分之一，对应于十二地支中的"亥"年。这些都可视为天兴定历在纪时方式上继承汉魏以来历法的证据，但研究者也已指出，题记中表示"亥"年的"豕

1　录文据大同市考古研究所：《山西大同沙岭北魏壁画墓发掘简报》，《文物》，2006年第10期。
2　《魏书》卷一〇七上《律历志上》，第2659页。
3　赵超《汉魏南北朝墓志汇编》所收"万氏夫妻合葬砖志"录文："大魏太延二年四月九日，万纵□及妻樊合会塚墓记。"（第35页）此志与上引题记为同时期物，因墓主乃白身，纪年方式甚为简略。今知北魏墓志早在太武帝改历之前的唯此一例，此后官贵墓志中的纪时方式，多书年号某年之干支及某月朔日之干支，再书某日及其干支，其所据显即官颁历法。
4　陈奇猷校释《吕氏春秋》卷四《孟夏纪》载是月"律中仲吕"，已以四月对应十二律中的"仲吕"。"仲吕"亦即"中吕"（上海：上海古籍出版社，2002年，第188页）。

韦"之称，见于蔡邕的《月令章句》，而与晋太史令陈卓称之为"诹訾"不同。[1]在考虑天兴定历的相关依据时，这是亟可注意的一点。

蔡邕既参定《乾象历》，前引刘焯《浑天论》且述王蕃、晁崇所制浑仪，亦与蔡邕《月令章句》中的天文仪象之说相合，故上引题记所称"豕韦"，或即《乾象历》岁星运行周期中的"亥"年之称，而为《天兴历》所循用。陈卓原为孙吴太史令，约曹魏末入北[2]，《晋书·天文志上》载其武帝时仍为太史令，"总甘、石、巫咸三家所著星图，大凡二百八十三官，一千四百六十四星，以为定纪"[3]。这说明陈卓总结三家星图以后，诸星包括岁星运行之次的名称已皆成"定纪"[4]，遂为历代沿用。因而晋初所定《泰始历》中的岁星运行之次，其中的"亥"年必循陈卓称为"诹訾"而不称"豕韦"。综合这些情况来看，若肯定上引题记中的"岁次豕韦"来自天兴定历所明岁星运行之次的"亥"年之称，那就很有可能是来自蔡邕参定的《乾象历》而非《景初历》，因为后者自魏明帝死后至晋武帝、元帝已三度修订，其中的经星及岁星运行之次的名称已经陈卓改定。考虑到北

1　赵瑞民、刘俊喜：《大同沙岭北魏壁画墓出土漆皮文字考》，《文物》，2006年第10期。文中数处以陈卓为"北魏太史令"，误。

2　瞿昙悉达《唐开元占经》卷一《天地名体·天体浑宗》述"吴太史令陈卓所称《浑天论》与王蕃略同"（第10页）。《晋书》卷一一《天文志上》又称之为"魏太史令陈卓"（第307页）。似其魏末已入北为太史令。

3　《晋书》卷一一《天文志上》，第289页。

4　《晋书·天文志上》"十二次度数"条述"魏太史令陈卓更言郡国所入宿度，今附而次之"。其下所载岁星十二次名称，除"自危十六度至奎四度为诹訾"外，皆同蔡邕《月令章句》之称（第307—308页）。这也可见当时陈卓所定非止恒星而已。

魏道武帝颇谙天文，主持天兴定制的崔玄伯亦精天文星占[1]，而《乾象历》对五星尤其木星运行周期的测算又远较《景初历》精确，以至于东晋亦改从《乾象历》测算的五星周期[2]，则天兴所定之历的五星运行部分不取《景初》而本《乾象》实甚自然[3]，这才导致了其岁星运行之次在名称上与魏晋通行之称的不同。

三、天兴定历的记载、史源与名称

据上所述，天兴定历既未现成择用曹魏明帝时"以建丑之月为正"而仅行三年的《景初历》原本，也未通盘沿袭此后至晋《泰始

1　《宋书》卷九五《索房传》载拓跋珪"颇有学问，晓天文"（第2322页）。《魏书》卷二《太祖纪》载天兴定制，包括晁崇造浑仪、考天象等事皆由崔玄伯总裁（第33页）。同书卷三五《崔浩传》载崔浩为玄伯之子，天兴定制时给事秘书，"博览经史，玄象阴阳，百家之言，无不关综，研精义理，时人莫及"（第807页），其后为政屡论天象，又奏上《五寅元历》（第825页）。是天文术数亦为崔氏父子之家学。
2　《宋书·律历志中》述《景初历》"推五星，则甚疏阔。晋江左以来，更用《乾象》五星法以代之，犹有前却"（第260页）。《晋书·律历志中》所载亦然，第503页。陈美东《刘洪的生平、天文学成就和思想》（《自然科学史研究》，1986年第2期）一文，曾比较《四分历》《乾象历》《黄初历》《景初历》所示五星会合周期与现代观测值的误差，指出《乾象历》与《四分历》精度不相上下，但《乾象历》对木星会合周期的测算精度在隋《皇极历》前无与伦比，至《黄初历》《景初历》则已倒退。另参曲安京：《东汉到刘宋时期历法五星会合周期数源》。
3　释僧祐撰，苏晋仁、萧炼子点校《出三藏记集》（以下简称《出三藏记集》）卷一一《成实论记第五》："大秦弘始十三年，岁次豕韦，九月八日，尚书令姚显请出此论，至来年九月十五日讫。外国法师拘摩罗耆婆手执胡本，口自传译，昙晷笔受。"（北京：中华书局，1995年，第404页）前引赵瑞民、刘俊喜文已指出后秦弘始十三年（411）为辛亥年，其岁星纪年法亦称"亥"年为"豕韦"而非"诹訾"。似后秦亦用《乾象历》五星法，这又令人联想《乾象》对前燕、前秦及后燕历法的影响，并为《天兴历》所以如此提供了背景。

历》等《景初历》的各次修订本，而是与北魏开国建制的其他举措相配套，综据汉魏以来历法而制订、颁行了适应本朝实际的新历。其内容即如《魏书·律历志》所述取本了《景初历》框架，亦必采据汉魏以来影响甚大尤其是五星运行和推步之术较为精密的《乾象历》做了不少修订。

因此，前引《魏书·律历志》述国初"仍用《景初历》"，以及太武帝平凉土，得赵歐所修《玄始历》"以代《景初》"，适足以表明时人对天兴元年参据汉魏以来所行之历而制新历的史实已甚憭然。《魏书·官氏志》概括国初以来官制之况：

> 自太祖至高祖初，其内外百官屡有减置，不为常目……旧令亡失，无所依据。[1]

是魏初以来制度屡变，所存文档至太和时已大多亡失，天兴所定之历及其修订故事似不例外。在此前提下，北齐史臣魏收所撰的《魏书·律历志》对天兴定历之事的概括，恐必来自其当时可见的历家之论[2]，则其所说的天兴"仍用《景初历》"，也正像《宋书·律历志》述魏"明帝时，尚书郎杨伟制《景初历》，施用至于晋、宋"那样[3]，乃是历家眼中尤重历术框架沿革，而以历法名称及其具体修订

---

1 《魏书》卷一一一《官氏志》，第2976页。

2 《魏书·律历志》这段追溯魏初以来定历之要的文字，位置在其历法记载的开头，应属魏收的概括之语。据《北史》卷五六《魏收传》，魏收其人擅文，天算星历之学似非所长（第2023—2038页）。

3 《宋书·律历志中》，第231页。又魏收书《律历志》述汉魏以来定历之事所可取仿者，最为重要的自是《宋书·律历志》，此志内容大半来自《元嘉历》（转下页）

颁行之况为可略之枝节的一得之见，对于理解天兴定历之事远非完整准确而易致误解。故若仅据《魏书·律历志》述天兴"仍用《景初历》"云云，就认定北魏沿用了《景初历》[1]，那就掩去了天兴定历对之多有修订的史实，且易在理解当时所定诸制内容上发生错误。

事实上，《魏书·律历志》载宣武帝时主持修订历法的公孙崇上表，其述国初以来定历之事即有所不同：

> 伏惟皇魏绍天明命，家有率土，戎轩仍动，未遑历事，因前魏《景初历》，术数差违，不协晷度。世祖应期，辑宁诸夏，乃命故司徒、东郡公崔浩错综其数……然浩等考察未及周密，高宗践祚，乃用敦煌赵𣱟《甲寅》之历，然其星度，稍为差远。臣辄鸠集异同，研其损益，更造新历。[2]

其后文请以太史令辛宝贵及博涉经史或兼通历术的郑道昭、高僧裕、宗景、崔彬等参定历法，诏命太常卿刘芳率太学、四门博士等，"依所启者，悉集详察"。自此展开的定历活动及对本朝以往相

（接上页）主修者何承天所撰之志。见《宋书》卷一一《志序》，第204—206页。上引宋志所述《景初历》"施用之于晋、宋"，似亦采自历家何承天论。

1　日本学者薮内清《中国的天文历法》第三章《魏晋南北朝时期的历法》即循《魏书·律历志》此说，述"北魏初始，依然是因袭了《景初历》"（杜石然译，北京：北京大学出版社，2017年，第64页）。黎耕、孙小淳《汉唐之际的表影测量与浑盖转变》认为："《景初历》从魏景初元年（公元237年）颁行，至魏亡共使用了28年。不过魏亡后，晋所用《泰始历》（公元265年）、刘宋所用《永初历》（公元420年）、北魏的历法实际都是《景初历》，其传统前前后后延续了250年之久。"（《中国科技史杂志》，2009年第1期）所述仍受南北朝历家之论影响而不够准确。

2　《魏书》卷一〇七上《律历志上》，第2660页。

关故事的回顾、讨论[1]，应当就是北魏国史至魏收书《律历志》载历法诸事的史源。而公孙崇表文述国初"未遑历事，因前魏《景初历》"云云，或即魏收说当时"仍用《景初历》"之所据。但公孙崇此语显然也可理解为《天兴历》取本《景初历》仓促修成故多误差，而非当时沿用了《景初历》；其下所述的文成帝时"乃用敦煌赵𢾾《甲寅》之历，然其星度，稍为差远"，其义亦与魏收说太武帝平凉土得赵𢾾《玄始历》，"后谓为密，以代《景初》"殊为不同。[2]可见在更为原始的资料中，对天兴以来行用之历的叙述，并不像魏收据历家之说概括得那么过分。

当然公孙崇上表也还是肯定了天兴所定之历与《景初历》的因袭关系，这说明当时定历取本《景初》实为后世历家公认。由于拓跋氏亦定国号为魏，天兴建制在行次土德、服色尚黄、牺牲用白等方面皆同于曹魏，则其定历颁朔甚重《景初历》，或因此历本是魏明

---

1 《魏书·律历志上》后文载延昌四年至正光元年颁行《正光历》前的定历活动，尤其是延昌四年冬及神龟初年崔光两度表奏，虽未涉及国初定历之事，却对太和以来太史等官的治历故事多有回顾（第2660—2663页）。《魏书·律历志》所载北魏历法之事，盖即据史馆所存这类故事及历家所说裁剪润色而成。又《魏书》卷一〇九《乐志》载公孙崇太和时曾为太乐令，与中书监高闾等参定音律，所定乐器度量至宣武帝、孝明帝时多遭非议而重新改定（第2830—2833页）。《律历志上》前文载太和中高闾表奏乐律之事，其中指责公孙崇"徒教乐童书学而已，不恭乐事"（第2658页）。是崇通乐律而天文非其所长，则其表奏国初"因前魏《景初历》，术数差违，不协晷度"（第2660页），当采自太和以来历家之论，合乎孝文帝改制对国初所定典制的评价口径。
2 《魏书·律历志上》这两处述赵𢾾之历名称不同，实情应是赵𢾾所修《玄始历》本行用于河西，太武帝平凉土后得之；至太平真君时崔浩参据此历修成《五寅元历》，因浩不久被诛而未施行；至文成帝时又参据二历修订为《甲寅历》而颁行之，因历家眼中其仍据赵𢾾历术修成而归其名下。

　　　　　　　　　　　　　　　中古政治与思想文化史论

帝为易代必改正朔、服色等各项制度而修订颁行，其中与改制有关的内容甚合北魏开国建制相应主旨的缘故。[1]另有一种可能亦值得考虑，即天兴定历实取本了东晋之历，也就是西晋本着《景初历》修订颁行的《泰始历》，其中的五星运行部分至东晋元帝时已据《乾象历》术加以调整，然因从来历家公认晋、宋历法框架皆因袭了《景初历》，故北魏天兴定历既取本于此，从历术沿革的角度自应归入《景初历》的递嬗脉络。宣武帝以来历家以为国初"因《景初历》"，或正由此而来。不过无论如何，这两种可能与天兴定历同时取鉴了《乾象历》均无矛盾。以北魏开国之际的戎马倥偬，其定历颁朔既为国策而刻不容缓，却乏以往长期观测积累的数据可凭，则其定历过程大略取本《景初》而参据《乾象历》，所重则尤其着眼于既定的开国建制方略，无暇从容讨论校验而须速成，遂多疏误，可谓必然之事。

总之，按汉魏以来形成的易代传统，王朝建立例须依古圣王改制更张以明"革命"之义，历法则被公认为五行、三统、日月星辰

---

1 《宋书》卷一四《礼志一》载魏文帝禅汉，诏不改正朔，"郊祀天地朝会四时之服，宜如汉制"。众臣"或以改之为宜，或以不改为是"，魏明帝即位后下诏亮明主张，认为五帝三王以下，"虽遭遇异时，步骤不同，然未有不改正朔，用服色，表明文物，以章受命之符也"。至青龙五年下诏，"今推三统之次，魏得地统，当以建丑之月为正……改青龙五年春三月为景初元年孟夏四月。服色尚黄，牺牲用白，戎事称黑首之白马，建大赤之旗，朝会建大白之旗"（第328—331页）。《晋书》卷一八《律历志下》载杨伟奏上《景初历》表文，自述"欲使当今国之典礼，凡百制度，皆韬合往古，郁然备足，乃改正朔，更历数，以大吕之月为岁首，以建子之月为历初"（第536页）。可见魏明帝所定诸制，正是由《景初历》为之提供理据的，天兴既亦定本朝属地统土德，服色尚黄，牺牲用白，则其历自应取本《景初历》框架。

运行规则的体现，乃是证明本朝行次统系及诸典章文物合乎天命正统的一个基准，故颁历授时除示天下以"正朔"所在外，也是一一确定本朝郊祀祖祭、服色牺牲、律度量衡及诸器制的必要前提。正其如此，天兴元年所颁之历不仅在北朝历法史上具有开创意义，更在理解北魏开国建制及此后相关制度与政治发展上事关重大，值得予以高度关注。尽管由于记载亡佚，当时所定此历名称已不得而知，但就本文以上所论，已足断其内容参据《景初》《乾象历》，其修订过程又不像崔浩以来所修诸历那样，可别定上元积年的起算之年详为测算校验而称"甲寅""壬子"之类[1]，故其最有可能是循魏晋以来多以颁历年号为其正称的故事，名之为"天兴"。鉴于天兴元年颁行新历之事无可置疑，唯其名称不见于史载，则姑且名之为《天兴历》，庶可填补北魏这一历名的空白，便于中国天文历法史的相应表述。

---

1 《魏书》卷一〇七上《律历志上》载孝明帝神龟初，主持定历的崔光表奏，谓其时总合九家之历，"共成一历，元起壬子，律始黄钟，考古合今，谓为最密"；并请依《太初历》《景初历》命名故事，"定名为《神龟历》"。诏"以历就，大赦改元，因名《正光历》，班于天下"（第2662—2663页）。同书卷八四《儒林李业兴传》载其延昌中"为《戊子元历》上之。于时屯骑校尉张洪、荡寇将军张龙祥等九家各献新历，世宗诏令共为一历。洪等后遂共推业兴为主，成《戊子历》"（第1861页）。中华书局点校本此条《校勘记》已据《律历志》等处所载，指出这里的后一"戊子乃壬子之讹"（第1868页）。这也可见崔浩修"五寅元历"以来的"甲寅""戊子""壬子"等历名，皆为历家以上元积年起算之年的干支，至朝廷颁行则多改以颁行年号为其正称。

第六章　太和元年至十六年定《律》《令》的几个问题

关于北魏孝文帝太和元年（477）至十六年定《律》《令》之事，以往研究孝文帝改革和北魏法制的学者，已经取得了可观的成果，不少问题特别是定《律》的状况已较清楚，从而为后人的研究提供了良好基础。[1]这里所以还要专门围绕这次定《律》《令》的进程来加以讨论，主要是有鉴于两个方面的考虑：

一方面，关于太和年间各种事态和相关制度的研究，以往大都是在"孝文帝改革"这个大题目下来进行的，却很少以之结合当时定《律》《令》的进程来展开。在身处急剧变革时代的学者眼

1　关于孝文帝改革，参张金龙：《北魏政治史》第七册第九卷《孝文帝时代（476—499）（下）：政治文化改革》之卷首语，兰州：甘肃教育出版社，2011年，第3—10页。关于北魏法制，参滋贺秀三：《中国法制史論集（法典と刑罰）》第一章《法典編纂の歷史》第三節《魏·晋·南北朝——真正律令形成期（法源の整頓）》，东京：东京创文社，2003年，第56—71页；张晋藩主编：《中国法制通史》第三卷《魏晋南北朝》（乔伟主编）第十一章《北魏政权的法律制度》第二节《北魏的法律思想和立法概况》二《北魏的立法活动》，第488—492页；李书吉：《北朝礼制法系研究》第四章《南北朝时期的法律体系》第二节《北朝以礼入法及中华法系的基本奠定》，北京：人民出版社，2002年，第182—205页；邓奕琦：《北朝法制研究》第四章《北魏前期的法制建设（公元386—465年）》、第五章《北魏孝文帝的法制改革》、第六章《北魏后期封建法律儒家化的基本完成》，北京：中华书局，2005年，第41—114页。

中，"改什么"的重要性似乎总是超过了"怎么改"的重要性，对改革内容的关注往往压倒了对改革赖以推出、巩固的法律形式的关注。这样的研究取向自然是可以理解的，但也不能不构成了研究现状的一个明显缺陷，因为其势必会在认识当时改革和新制发展的阶段性等问题上，导致一系列不必要的障碍和麻烦。诸如三长制推行的时间、均田制的法律形态、太和十七年《职员令》及十九年《品令》与前后"职令"的关系等等，这类学界长期纷纭的问题，多少都是因此而导致的。事实上，定《律》《令》在当时即是集中立法，也就是在法律上通盘设计、建立和确认新的制度，其本身就是孝文帝推进改革和巩固改革成果的有机部分，又直接划出了各项改革和制度从蕴酿推出到发展完善的时间和阶段，以此来考察改革实为事理之必然。即便立法方面的事态与某些改革举措的推出存在着时间差和性质、形态的不同，那也决不是把孝文帝改革与其定《律》《令》进程割裂开来的理由，而正是当时改革的要点及其路径特色的重要表现，是需要研究者着力探明的问题。

另一方面，改革和相应的制度建设虽贯穿于整个孝文帝在位时期，但其显然是以太和十七年迁洛为界分为前、后两个阶段的。迁洛以后是改革进一步推至社会风习等领域和陆续增补此前所行及未成诸制的深化期，之前则是改革方向、目标的确定期和各项举措的集中展开期。诸如刑法、俸禄、三长、均田、官制等充当了改革基干的重大制度，实际上都是在太和元年（477）以来定《律》《令》的过程中先后推出，至十六年再统一修订为新《律》《令》加以颁行，因此而深切影响了此后的改革和历史发展。也就是说，迁洛以后的改革，正是在太和十六年新《律》《令》所建立的法律基础上展开的。更何况，由于太和十六年后孝文帝再无统一颁行《律》《令》之举，这又使太和元年至十六年所定《律》《令》，不仅在北魏前后期络绎不断立法改革的发展过程中，而且也在上承道武帝、太武帝和文成帝时期《律》《令》的演化，下启宣武帝正始《律》《令》以及北齐河清《律》《令》的进程中，在北朝《律》《令》体制乃至于整部中古法制和制度史的演进链条上，构成了一个具有里程碑意义的重要环节。但长期以来，不仅研究孝文帝改革的学者很少正面讨论其定《律》《令》的进程，研究此期《律》《令》发展史的学者也很少结合孝文帝改革来展开其讨论，从而形成了北魏断代史和法制专门史所关心的事项和焦点经常不甚相干的局面，研究视角和分工的不同有时竟成了认识的樊篱。其直接后果，便是时至今日，对太和元年至十六年定《律》《令》的进程及其方方面面，学界的认识仍然很不充分，悬疑和谬误所在多有，也就制约了对其他各种问题的认识。

有鉴于此，以下即拟结合当时的改革和立法进程，来探讨太和元年至十六年定《律》《令》的几个以往研究较为薄弱的侧面，希望能有助于相关研究的进一步深入。

一、孝文帝亲政前后的立法进程及其转折

《魏书》卷七《高祖纪》清楚地交代了太和元年以来定《律》《令》的起讫点：

太和元年九月乙酉：诏群臣定《律》《令》于太华殿。[1]

太和十六年四月丁亥朔：班新《律》《令》，大赦天下。[2]

与天兴以来几度修订《律》《令》皆当年或不久告竣的状况相比，太和元年至十六年定《律》《令》为时长达十六年，说明其过程远较以往的立法曲折，目标和内容并不单纯。而其所以如此，一方面是因为北魏前期以来各项制度和《律》《令》体制发展至太和初年已积累了大量亟待解决的问题，另一方面又与太皇太后冯氏执柄和孝文帝亲政的阶段性，与二人在法律修订或变革上的不同思路分不开。

关于前一方面，以往研究孝文帝改革的学者已对相关问题和背景做了深入探讨。需进一步说明的是，北魏前期各项制度的法律表现形式，实际上一直呈现了从强调诏令所做规定的重要性，到强调在此基础上所撰法典重要性的进化历程；与之相应，《律》《令》的发展，也就呈现了从道武帝时期两者皆为科条诏令集而不具法典形态[3]，到太武帝以来《律》开始具备法典形态，而《令》仍作为科条诏令集补充《律》和规定各项制度，正在或有待于进一步向专门规定各项制度的法典演进的态势。从历史渊源上看，这样的历程，显然是在新的历史条件下，约略再现了汉代样式的《律》《令》体制向魏晋以来的《律》《令》体制过渡或靠拢的进程。也就是说，太和元

1　《魏书》卷七上《高祖纪上》，第144页。

2　《魏书》卷七下《高祖纪下》，第169页。同书卷一一一《刑罚志》并未明确说明太和元年以来诏定和颁行《律》《令》的时间，而只记载了与之相关的要事节目。

3　参楼劲：《天兴"律令"的形态和性质》，《文史哲》，2013年第2期。

年以来展开的改革和定《律》《令》过程，不仅要解决制度内容如何适应新形势、新要求的问题，也面临着如何完善制度形式，通过制订新的《律》《令》来推进和巩固各项改革的任务。就此背景来观察冯氏和孝文帝本人在太和元年以来立法过程中的角色，二人虽在不少问题上有其一致性，但也表现出了明显的差异性，即无论是在制度内容还是形式的改革上，冯氏的思路总体说来是比较传统的，而孝文帝就要显得新锐得多。

太和元年始定《律》《令》时，孝文帝年方十岁，主其事者自然是太皇太后冯氏，这次修订《律》《令》的序幕之所以在太华殿揭开，就是因为此殿乃冯氏临朝称制之所[1]。《魏书》卷一一一《刑罚志》关于太和元年修订《律》《令》有两条记载，一条关于斩刑的修订：

故事：斩者皆裸形伏质，入死者绞，虽有《律》，未之行也。太和元年，诏曰："刑法所以禁暴息奸，绝其命不在裸形。其参详旧典，务从宽仁。"司徒元丕等奏言："……臣等谨议，大逆及贼各弃市袒斩，盗及吏受赇各绞刑，踣诸甸师。"又诏曰："民由

---

1 《魏书》卷五《高宗纪》太安四年三月丙辰，"起太华殿"；九月辛亥，"太华殿成。丙寅，飨群臣，大赦天下"。和平六年五月癸卯"帝崩于太华殿"（第123页）。是太华殿为文成帝时新修的理政之所，于其皇后冯氏也就是后来的文明太后有着特殊意义，故冯氏在献文帝时和献文帝"暴崩"后两度临朝称制俱在太华殿。参殷宪《北魏平城钩沉·关于东宫》对"太华殿"的阐述，载中国魏晋南北朝史学会、武汉大学中国三至九世纪研究所编：《魏晋南北朝史研究：回顾与探索——中国魏晋南北朝史学会第九届年会论文集》，武汉：湖北教育出版社，2009年，第753—775页。

化穆，非严刑所制。防之虽峻，陷者弥甚。今犯法至死，同入斩刑，去衣裸体，男女媟见。岂齐之以法，示之以礼者也？今具为之制。[1]

这应当是八月乙酉下诏定《律》《令》稍后之事，要求修改以往《律》文斩者"去衣裸形，男女媟见"之弊，既体现了这次立法的"宽仁"取向，又应与冯氏身为女性的感受有关。故当元丕等拟议坚持裸形伏质适用于大逆及贼杀人者，太皇太后断然再诏驳回，要求"具为之制"，也就是将废除"裸形伏质"的精神贯彻于新《律》。另一条则是对太和元年以来修订《律》《令》的概括：

先是，以《律》《令》不具，奸吏用法，致有轻重。诏中书令高闾集中秘官等修改旧文，随例增减。又敕群官，参议厥衷，经御刊定。五年冬讫，凡八百三十二章，门房之诛十有六，大辟之罪二百三十，五刑三百七十七。除群行剽劫首谋门诛，《律》重者止枭首。[2]

---

1 《魏书》，第2876—2877页。

2 《魏书》，第2877页。中华书局点校本把"大辟之罪二百三十五刑三百七十七"断为"大辟之罪二百三十五，刑三百七十七"，其断《刑罚志》载太武帝、文成帝时所定《律》条之句亦皆把"五刑"二字点开。这大概是认为"大辟"不应在"五刑"之外的缘故，然《唐六典》卷六《刑部》原注载北魏太武帝时定刑名，"凡三百九十条，大辟一百四十条，五刑二百三十一条"，可见太武帝以来"大辟"实不在"五刑"之中，当时形成的是一套带有复古肉刑特色的五刑制度。李林甫等撰、陈仲夫点校：《唐六典》（以下简称《唐六典》），北京：中华书局，1992年，第182页。

这说明太和元年以来《律》的修订至五年已大体告讫。当时既由"高闾集中秘官等修改旧文",可见预其事者多为汉士[1],其况可与上条所示的"宽仁"取向相证,并可看出这次修订《律》《令》,本意仍与《魏书·刑罚志》载太武帝以来因"刑网太密"屡欲宽刑简《律》的考虑接近。不过,太和五年修《律》讫时"凡八百三十二章"[2],将之比较文成帝和平年间"增《律》七十九章,门房之诛十有三,大辟三十,五刑六十二"[3],所增七十九条加上太武帝正平元年

---

1 《魏书》卷五四《高闾传》载高闾为渔阳雍奴人,"博综经史,文才俊伟",太武帝时为中书博士,文成帝末迁中书侍郎,献文帝时文明太后临朝称制,闾与中书令高允并入禁内"参决大政",文明太后二度临朝称制时,闾"为中书令,加给事中,委以机密"。然传中未详其修订《律》《令》之况,惟载其甚重法度、刑赏,太和十六年"以参定《律》《令》之勤"赐布帛、粟及牛马(第1196、1206页)。《魏书》载当时与议《律》《令》者尚有穆亮、封琳、冯诞、李韶、源怀、李冲、游明根、高佑、崔挺、李彪、高遵等人,由于此次定《律》《令》为时长达十六年,故此诸人显非同时参与其中。据《北史》卷三一《高允传》附《高遵传》载高遵"与中书令高闾增改《律》《令》,进中书侍郎、假中书令……后与游明根、高闾、李冲等入议《律》《令》,亲对御坐,时有陈奏"(第1133页),即反映了太和元年定《律》《令》及其后续之态。

2 《唐六典》卷六《刑部》原注载"文成时,又增《律》条章,至孝文时,定《律》,凡八百三十三章,门房之诛十有六,大辟之罪二百三十,五刑三百七十七"(第182页)。其"八百三十三"较《刑罚志》多出一章,而此"章"盖即"条章"之章,与《刑罚志》载文成帝时"又增《律》七十九章"义同,即"条"也。

3 《魏书》卷一一一《刑罚志》,第2875页。今案《刑罚志》载此条数当有讹误,因为其门诛、大辟和五刑之条相加共为一百〇五条,不符"增律七十九章"之数。而若"大辟三十,五刑六十二"不为和平年间所增条数,而为其删定正平《律》后"大辟""五刑"条的总数,其与正平《律》"大辟一百四十,五刑二百二十一条"相较又明显太少。颇疑和平增《律》"五刑"之条为"三十六",而后来讹为"六十二"矣。又其"门房之诛十有六",当是在正平定《律》"门诛四"加上和平《律》所增"门房之诛十有三"共为十七条的基础上,"除群行剽劫首谋门诛"一条以后所得之数。

改定《律》七百五十六条[1]，总计已达八百三十五条，两者相比，太和五年《律》条总数仅较和平定《律》减少了三条[2]。同时其由"门诛""大辟""五刑"等构成的刑名和罪名体系，显然也无甚变化，特别是"大辟"在"五刑"之外这个太武帝以来刑名体系的特征，也还继续保留了下来。由此可见，完全由冯氏主导的太和元年至五年修订《律》《令》之举，基本上仍是文成帝时期"增《律》条章"轨辙上的后续之举，也是对冯氏诸种讲求刑政之举的一个总结[3]，因而也还算不上是对以往《律》《令》体制做了变革。

　　这显然是合乎太和改革在当时尚未真正展开的局势的。其时孝文帝年已十五而亲政在即，其本是早慧好学雄才伟略之人，又因屡睹大变，饱经磨砺而心志愈趋坚定成熟。[4]也正是此年，冯氏携孝文帝并登方山，顾瞻川阜，为自己择定了百年之后的安葬之地。[5]将此与定《律》初步告讫之事联系到一起来考虑，冯氏当时似乎确有一

1　《魏书·刑罚志》载正平元年改定律制，"盗律复旧，加故纵、通情、止舍之法及他罪，凡三百九十一条。门诛四，大辟一百四十，五刑二百二十一条。有司虽增损条章，犹未能阐明刑典"（第2875页），诸项相加为七百五十六条。

2　上引文中"除群行剽劫首谋门诛"为一条，"《律》重者止枭首"，则神麚《律》以来的"轘""腰斩"亦已被废。

3　《魏书·刑罚志》载献文帝禅位后，"犹躬览万机，刑政严明"。延兴四年诏罢门诛，改革中书经义决狱之制，又规范司法过程使趋"精详"，及其他慎赦慎杖之类（第2876页）。又《魏书》卷一七下《景穆十二王传下·南安王桢传》载冯氏与孝文帝俱临皇信堂案桢"不顺法度，黩货聚敛，依犯论坐"之事（第494页），亦足说明冯氏用法甚严。

4　《魏书》卷七下《高祖纪下》末述帝为文武全才，雄才大略，且载帝"至年十五，便不复杀生，射猎之事悉止"，亦以太和五年为转折点（第187页）。

5　《魏书》卷一三《皇后列传·文成文明皇后冯氏传》明载冯氏寿陵"太和五年起作，八年而成"（第329页）。

种政柄即将移交的心态，也就预示了孝文帝在此后政局和立法改革各项制度的过程中，必将发挥越益重要的作用。与冯氏和孝文帝都保持着密切关系的李冲，也正是在这种微妙的转折形势中，得以开始在政治上崭露头角的。而其扮演的第一个要角，即是一力说服冯氏支持和推出了三长等制，从而标志了改革的全面展开。[1]诸如此类的征兆和史实都与太和五年定《律》基本告讫一事存在着关联，说明这个看似寻常的事件，实际上蕴含着相当丰富的历史内涵。其中最为重要的一点，便是立法主导权开始从冯氏向孝文帝本人过渡，是定《律》《令》终将与改革合为一体或成为孝文帝改革的工具。这也就解释了太和五年以后定《律》《令》之所以风格大变又旷日持久的根本原因，及其直到太和十六年新《律》《令》颁行而仍愈出愈新、无有底止的奇特轨迹。

种种迹象表明，孝文帝对太和五年初步定讫的《律》是不以为然的，其首先加以指摘的是此《律》定刑仍嫌过重。《魏书·刑罚志》记太和五年定《律》讫后，其时系讯每用重枷，诬服者多，"帝闻而伤之，乃制非大逆有明证而不款辟者，不得大枷"。又载太和八年始班禄制后，大幅度加重了对贪赃罪的惩处力度，"更定义赃一匹，枉法无多少皆死"。于是坐赃当死者甚众，"帝哀矜庶狱，至于奏谳，率从降恕，全命徙边，岁以千计。京师决死狱，岁竟不过五六，州镇亦简"。[2]把《刑罚志》这两处记载，与其前文载太和元年以来议定《律》《令》之文相比，"经御刊定"也就是由冯太后来做

1　《魏书》卷五三《李冲传》，第1180页。

2　以上诸条并见《魏书》卷一一一《刑罚志》，第2877页。

决定，而特别记明"帝闻而伤之""帝哀矜庶狱"，强调的显然是孝文帝本人的态度和对新定之《律》的看法。也许正由于此，太和五年定讫之《律》是否已经颁行，史载并无明文[1]，因为接下来就轮到孝文帝自己来提出改《律》要求了。《魏书·刑罚志》载太和十一年春，诏曰：

> 三千之罪，莫大于不孝，而《律》不逊父母，罪止髡刑，于理未衷。可更详改。

又诏曰：

> 前命公卿论定刑典，而门房之诛犹在《律》策，违失《周书》父子异罪。推古求情，意甚无取。可更议之，删除繁酷。

八月，诏曰：

> 《律》文刑限三年，便入极默。坐无太半之校，罪有死生之殊。可详案《律》条，诸有此类，更一刊定。

1　有些研究者是把太和元年至五年和太和十五年至十六年定《律》《令》之事分开来看作两次立法的。如刘精诚《魏孝文帝的法制思想和法制改革》（《中国史研究》，1993年第2期）、程维荣《北魏究竟修订过多少次法律》（《法学杂志》，1993年第4期）即是如此。但从《高祖纪》不载太和五年颁《律》之事，此后改《律》之举仍络绎不绝，特别是据《刑罚志》载太和十一年屡诏改《律》诸事来判断，太和五年《律》颁行与否，显然不宜骤为定论。即便确是"两次"的话，太和十六年所颁新《律》《令》的制订，也当从太和十年孝文帝亲政后"命公卿论定刑典"算起。

十月：

> 复诏公卿令参议之。[1]

这次定《律》的举措，一定要结合《魏书·高祖纪下》所载二事来理解，方得其要。一是太和"十年正月癸亥朔，帝始服衮冕，朝飨万国"；二是此年四月甲子，"帝初以法服御辇，祀于西郊"。就是说，从太和十年正月初一帝始服衮冕受万国朝贺起，二十岁的孝文帝实际已以合乎华夏法统的方式宣告了亲政，四月的西郊祭天，更以合乎草原部族传统的仪式正式承袭了拓跋氏君统，权位已得北族各部确认。[2] 故《魏书·刑罚志》载太和十一年春其下诏要求加重"不孝"之罪和废除"门诛"，"删除繁酷"而"更一刊定"，意味的正是其亲政以后，要求按自己的认识来对太和五年大体修订已讫的《律》做全面修改。

至于其改《律》的方向，在这些诏书中亦已言明，即进一步向儒家化了的法的精神及相关理念靠拢，相应则废止"门诛"等以往沿袭下来而不符这种精神和理念的繁酷之刑。此举显然得到了冯氏

1　以上诸条并见《魏书》，第2878页。

2　《魏书》卷一《序纪》神元帝三十九年"夏四月，祭天，诸部君长皆来助祭，唯白部大人观望不至，于是征而戮之，远近萧然，莫不震慑"。这是拓跋氏四月祭天见于史载的首例，从此其开始成为拓跋君统传承及其取得北族共主地位的标准仪式，《魏书》卷一〇八之一《礼志一》载登国元年拓跋珪"即代王位于牛川，西向设祭，告天成礼"，以及天赐二年四月"祀天于西郊"诸事（第2736页），即为神元帝四月祭天之典的继承和发展。参罗新：《黑毡上的北魏皇帝》一《孝武帝元脩的即位仪式与"代都旧制"》，北京：海豚出版社，2014年，第5—23页。

的同意，因为她本来也是要求"宽仁"的，但其是否积极支持孝文帝大肆改动业经自己"御刊"的太和五年之《律》呢？史籍中对十一年以后定《律》之事着笔不多，这一点到太和十四年九月冯氏逝世还是个谜。不过次年其谜底可以说已经揭晓，《魏书》卷七下《高祖纪下》太和十五年五月己亥：

> 议改《律》《令》于东明观，折疑狱。

八月丁巳：

> 议《律》《令》事，仍省杂祀。[1]

这两个举动把太和十一年以来全面修订《律》《令》之举推向了高潮，其中五月己亥"议改《律》《令》"而"折疑狱"，其重点显然在《律》的有关疑难问题；八月丁巳"议《律》《令》事"而"省杂祀"，显见其重点在《令》中的祭祀部分。大概也正是从此开始，议定《律》《令》的主要人物，已从太皇太后冯氏的亲信高闾，变成了孝文帝锐志改革的同志李冲[2]。看起来，这两次议定《律》《令》，或许是解决了那些冯太后在世时难以解决的问题，才为太和十六年

1　以上两条并见《魏书》，第168页。
2　《魏书》卷五三《李冲传》："文明太后崩后，高祖居丧，引见待接有加，及议礼仪、《律》《令》，润饰辞旨，刊定轻重，高祖虽自下笔，无不访决焉。"（第1182页）李冲显然是从"文明太后崩后"全面参预修订"礼仪、《律》《令》"的，而孝文帝也正是由此开始亲自"下笔"从事其内容、文字的制定推敲的。当然其过程延伸到了太和十六年以后。

四月"班新《律》《令》，大赦天下"准备了条件。这一点在同期发生的另一件事情上得到了佐证，《魏书·高祖纪下》太和十六年纪事有曰：

> 正月戊午朔，飨群臣于太华殿，帝始为王公兴，悬而不乐。己未，宗祀显祖献文皇帝于明堂，以配上帝……二月庚寅，坏太华殿，经始太极（殿）。[1]

太和十六年正月戊午在太华殿宴飨群臣，大概是这个文成帝所建、冯太后在此两度临朝称制的殿堂所履行的最后一次重要功能，孝文帝借此完成了太皇太后时代的告别式[2]；继在新近定制建设的明

---

[1] 《水经注》卷一三《漯水》："太和十六年，破太华、安昌诸殿，造太极殿，东、西堂及朝堂，夹建象魏、乾元、中阳、端门、东西二掖门、云龙、神虎、中华诸门，皆饰以观阁。"郦道元注，杨守敬、熊会贞疏，段熙仲点校，陈桥驿复校：《水经注疏》，南京：江苏古籍出版社，1989年，第1142—1143页。此条熊氏补疏曰："戴删'太华'二字。会贞按：《通鉴》宋大明二年《注》引此，有'太华'二字。《魏书》本纪高宗太安四年三月，起太华殿；九月，太华殿成。高祖太和元年正月，起太和、安昌二殿；七月，太和、安昌二殿成。太和十六年，坏太华殿，经始太极殿；十月，太极殿成。十一月，依古六寝，权制三室，以安昌殿为内寝，皇信堂为中寝云云。在太极成之后，则造太极殿未破安昌殿，所破者惟太华殿，'安昌'二字衍文，戴反删'太华'二字，慎矣。"所论甚确。

[2] 《魏书》卷二七《穆崇传》附《穆亮传》载其事："时将建太极殿，引见群臣于太华殿，高祖曰：'朕仰遵先意，将营殿宇，役夫既至，兴功有日，今欲徙居永乐，以避嚣埃。土木虽复无心，毁之能不凄怆？今故临对卿等，与之取别。此殿乃高宗所制，爰历显祖，逮朕冲年，受位于此。但事来夺情，将有改制，仰惟畴昔，惟深悲感。'亮稽首对曰：'臣闻稽之卜筮，载自典经，占以决疑，古今攸尚。兴建之功，事在不易，愿陛下讯之著龟，以定可否。又去岁役作，为功甚多，太庙明堂，一年便就，若仍岁频兴，恐民力凋弊，且材干新伐，为功不固。愿得逾年，小康百姓。'高祖曰：'若终不为，可如卿言，后必为之，（转下页）

堂中"宗祀"献文皇帝[1]，通过祭祀制度确立了被冯氏杀害的、其父献文帝的崇高地位；最后再把这座象征着冯氏无上权柄和自己诸般屈辱痛苦的太华殿夷为平地[2]，在上面建起太极殿以为今后理政的正殿，以喻自己终于确立的一尊地位[3]。在当时可能选择的各种举措中，难道还有比"坏太华殿，经始太极"更为激烈、也更富告别过

（接上页）逾年何益？朕远览前王，无不兴造，故有周创业，经建灵台，洪汉受终，未央是作。草创之初，犹尚若此，况朕承累圣之运，属太平之基，且今八表清晏，年谷又登，爰及此时，以就大功。人生定分，修短命也，蓍蔡虽智，其如之何！当委之大分，岂假卜筮？'遂移御永乐宫。"（第669—670页）可见孝文帝"坏太华殿，经始太极殿"谋划早定持志极坚，且欲以之比"有周创业"和"洪汉受终"之事。

1 《魏书》卷一〇八之一《礼志一》载太和十五年正月诏穆亮等与高闾、李彪议魏之行次，四月"经始明堂，改营太庙"（第2746—2747页）。又《礼记·祭法》："有虞氏禘黄帝而郊喾，祖颛顼而宗尧……周人禘喾而郊稷，祖文王而宗武王。"《孝经·圣治》："昔者周公郊祀后稷以配天，宗祀文王于明堂以配上帝。是以四海之内，各以其职来祭。"故宗祀献文帝于明堂，正是要确立献文帝地位，同时标榜其"以孝治天下"。《十三经注疏》，第1587、2553页。

2 参《魏书》卷一三《皇后列传·文成文明皇后冯氏传》，第328—330页。又《魏书》卷二七《穆崇传》附《穆泰传》："初，文明太后幽高祖于别室，将谋黜废，泰切谏乃止。"（第663页）又《魏书》卷五八《杨播传》附《杨椿传》载杨椿诫子孙有曰："太和初，吾兄弟三人并居内职，兄在高祖左右，吾与津在文明太后左右，于是口敕，责诸内官十日仰密得一事，不列便大瞋嫌，诸人多有依敕密列者，亦有太后、高祖中间传言构间者。"又载太和二十一年孝文帝谓诸王诸贵曰："北京之日，太后严明，吾每得杖左右，因此有是非言语，和朕母子者，唯杨椿兄弟。"（第1290页）

3 《魏书》卷七下《高祖纪下》载太和十六年十月庚戌"太极殿成，大飨群臣"（第171页）。关于"太极殿"之象征意义，如《初学记》卷二四《殿第四》叙事："历代殿名，或沿或革，唯魏之太极，自晋以降，正殿皆名之。"（第570页）《文馆词林》卷六九五《魏曹植毁鄄城故殿令》命撤去当地之汉武帝殿，且曰："汉氏绝业，大魏龙兴，只人尺土，非复汉有。是以咸阳则魏之西都，伊洛为魏之东京。故夷朱雀而树阊阖，平德阳而建泰极，况下县腐殿，为狐狸之窟藏者乎？"许敬宗编、罗国威整理：《日藏弘仁本文馆词林校证》，北京：中华书局，2001年，第425页。所述"平德阳而建泰极"之义，或亦孝文帝"平太华而建太极"所属意者乎？

去和开辟未来意义的举动吗？由此不难推想，只能在太皇太后去世后解决的《律》《令》难题，必然是那些与冯氏杀子和孝文帝如何对待杀父仇人相关的伦理准则，以及有关献文帝地位的祭祀问题，同时也包括了废除那些与北族旧俗相关的"杂祀"等内容[1]。正是这些，既是儒家化法的精神的集中体现，也是太和十年孝文帝亲政以来改革的要旨所在，从而明确了当时再定《律》《令》必须坚持的原则。

由上可见，太和元年定《律》《令》之举，其初不过是太皇太后冯氏按"严明刑政"和施以"宽仁"的套路，针对以往刑禁过重和奸吏弄法之弊来删定刑法，到太和五年成《律》八百三十二条后，其目标已基本达到。如果当时已将之颁行，这次定《律》《令》之举就会像太武帝和文成帝时期的轨辙那样，进入又一轮不断以诏令补充和修正《律》的过程。但少年孝文帝却先是不满于《律》的量刑依然过重，继更指责其未能贯彻"孝"这类伦理准则，至于《律》文规定与新出俸禄、三长、均田等制内容的配套，亦属亟待解决的问题。故太和十年其年满二十亲政以后，便围绕这些掀起了对新定之《律》的全面修订，又因冯氏仍执国柄而有掣肘难通之处，其儒家化法律观和定《律》大旨的贯彻，便要到太和十四年冯氏去世才真正具备了条件。也正是由于冯氏去世，解放了久已盘旋于孝文帝心头的种种宏伟蓝图，从而揭开了太和十七年其执意迁都洛阳实行暴风骤雨般改革的序幕。因此，太和十六年四月新《律》《令》的颁

---

1 《魏书》卷一〇八之一《礼志一》载太和十五年八月戊午诏"国家自先朝以来，飨祀诸神，凡有一千二百余处，今欲减省群祀，务从简约"云云（第2748—2749页），即是其事。

行既是一个结束，是对冯太后时代整顿刑政和陆续展开制度改革的总结；同时又是一个开始，是孝文帝完全在自身主导下，通过各种制度包括《律》《令》的进一步修订，来全面反思和改造北魏前期以来政治、社会和文化的起点。

二、改革与定《律》《令》的关联

在以上考察的基础上，关于太和元年至十六年定《律》《令》之事，还有下列三点堪值注意：

一是此次修订《律》《令》为时长达十六年之久，在此期间不断推出和具有制度变革内容的制诏或条制，既补充、修正了旧《律》《令》而指导着各种行政过程，又直接构成了新《律》《令》制订的重要环节。

太和十六年颁行新《律》《令》以前的行政过程，首先要依据的自然还是以往的《律》《令》，由于献文帝时未有大幅度立法之举，故其所据主要是文成帝以来的《律》《令》。不过，新《律》《令》修订过程的旷日持久，必然会放大以往一种立法惯例的作用：即凡修正或补充以往《律》《令》的规定，每多先以制诏或条制的形式即时颁下施用，然后再据以修入将要或正在编纂的新《律》《令》。也就是说，冯氏和孝文帝自太和元年定《律》《令》以来推出的一系列改革举措，无论是均田制、三长制还是俸禄等制，其实都是以制诏、条制的形式颁下施行的，这些制度的设计同时也是新《律》《令》制订的重要环节，或为之提供了重要素材。

即以"三长制"的推出为例，《魏书》卷七下《高祖纪下》载

中古政治与思想文化史论

其事在太和十年二月甲戌，"初立党、里、邻三长，定民户籍"[1]；卷五三《李冲传》载"冲创三长之制而上之"，其制要为"立长校户"，改宗主督护为依户输赋，事经公卿博议，因冯氏一力支持而得确立[2]。《魏书》卷一一〇《食货志》载其施行，是由孝文帝下诏遣使各地加以贯彻的，其诏曰：

> 夫任土错贡，所以通有无；井乘定赋，所以均劳逸。有无通则民财不匮，劳逸均则人乐其业，此自古之常道也。又邻里乡党之制，所由来久，欲使风教易周，家至日见，以大督小，从近及远，如身之使手，干之总条，然后口算平均，义兴讼息……自昔以来，诸州户口，籍贯不实，包藏隐漏，废公囷私。富强者并兼有余，贫弱者糊口不足。赋税齐等，无轻重之殊；力役同科，无众寡之别。虽建九品之格，而丰埆之土未融；虽立均输之楷，而蚕绩之乡无异。致使淳化未树，民情偷薄。朕每思之，良怀深慨。今革旧从新，为里党之法，在所牧守，宜以喻民，使知去烦节简之要。[3]

这道诏书很清楚地表明，在所谓"三长制"名下，包括了乡里组织、户籍校阅和均徭省赋等多种规定，相当于涵盖了西晋《户令》

1　《魏书》，第161页。

2　《魏书》，第1180页。

3　《魏书》，第2855—2856页。关于"三长制"施用年代等问题，参侯旭东：《北朝"三长制"四题》，《中国史研究》，2002年第4期。解决这一问题的关键，在于明确"三长制"先陆续以条制形式施用，至太和十六年方以《令》的形式颁行的史实。

《户调令》和唐代《户令》《赋役令》的基本内容，而如此庞杂的内容先被遣使一体加以贯彻[1]，这本身就说明当时其制必是体例不拘和作用灵活的制诏或条制[2]，其推行则有其急迫性而不容延缓[3]。至于把这一系列规定编入正在修订之《令》[4]，斟酌和部署其篇章条文及其与旧《令》的关系，则是随后才进行的。

当时在刑法上做出的各种调整，也是按这种先诏施行又同时将之修入《律》《令》的套路来展开的。如《魏书》卷七上《高祖纪上》太和五年三月诏曰：

法秀妖诈乱常，妄说符瑞，兰台御史张求等一百余人，招结

1　《魏书》卷四二《尧暄传》载尧暄太和中迁南部尚书，"于时始立三长，暄为东道十三州使，更比户籍，赐独车一乘，厩马四匹"（第954页）。同书卷八三上《外戚闾毗传》载闾毗孙豆，后赐名庄，"太和中初立三长，以庄为定户籍大使，甚有时誉"（第1816页）。皆是当时遣使的实例，而《令》的施行是无庸遣使的。

2　《魏书·高祖纪下》太和十四年十二月壬午，"诏依准丘井之式，遣使与州郡宣行条制，隐口漏丁，即听附实"（第167页）。即说明关于乡里编组和户籍校阅的三长制，在当时实以"条制"形式施行，其以《令》的形式颁行乃是太和十六年四月之事。

3　《魏书》卷五三《李冲传》载当时公卿博议三长制，"咸称方今有事之月，校比民户，新旧未分，民必劳怨，请过今秋，至冬闲月，徐乃遣使，于事为宜"。而李冲坚执此制须即施行，"宜及课调之月，令知赋税之均"（第1180页）。是施行三长制的二月为课调有事之月。

4　三长制有关规定，后来必已进入了太和十六年所颁新《令》，且一直稳定地沿用了下来。《魏书》卷一九中《景穆十二王传中·任城王云传》附《元澄传》载元澄孝明帝时奏事十条，七曰"边兵逃走，或实陷没，皆须精检三长及近亲"；九曰"三长禁奸，不得隔越相领，户不满者，随近并合"（第475页）。同书卷七六《卢同传》亦载卢同孝明帝时因吏部勋书多有伪滥，上表建议"征职白民，具列本州郡县三长之所，其实官正职者，亦列名贯，别录历阶，仰本军印记其上，然后印缝，各上所司"以塞其弊（第1683页）。可见三长后来又增加了"禁奸"等职能。

奴隶，谋为大逆，有司科以族诛，诚合刑宪。且矜愚重命，犹所弗忍。其五族者，降止同祖；三族，止一门；门诛，止身。[1]

法秀作乱平城，事极诡异而牵连甚众。[2]其时新《律》尚未修成，所谓"科以族诛，诚合刑宪"，即其完全符合旧《律》惩处谋大逆者的规定。此诏则要求递次减降其族诛范围，从而对有关规定做了调整，其精神应已体现在《刑罚志》载是年冬修讫之《律》"门房之诛十有六……除群行劫劫首谋门诛，《律》重者止枭首"的条款中。又《魏书·高祖纪上》太和七年十二月癸丑诏曰：

> ……夏殷不嫌一族之婚，周世始绝同姓之娶，斯皆教随时设，治因事改者也。皇运初基，中原未混，拨乱经纶，日不暇给，古风遗朴，未遑厘改，后遂因循，迄兹莫变。朕属百年之期，当后仁之政，思易质旧，式昭惟新。自今悉禁绝之，有犯以不道论。[3]

这是要按周典来禁止同姓婚姻，其在诏下之日即已生效，同时也补充了太和五年所定《律》中的"不道"罪条，故亦必被修入新《律》而于太和十六年颁行之。诸如此类的事例，都可表明当时以制诏或条制来驱动各项改革，随之以《律》《令》加以定型的路径。

1　《魏书》，第150页。
2　参《魏书》卷四四《荀颓传》、卷六〇《程骏传》、卷九三《恩幸王叡传》，第994、1347—1348、1988页。
3　《魏书》，第153页。

二是太和元年至十六年定《律》《令》的重心无疑仍在于《律》，但冯太后和孝文帝陆续展开的制度改革，不仅使《令》的编纂比重较之过去明显增大，也使太和五年冬初步修讫的《律》有必要不断随之调整，从而拉长了这次定《律》《令》的时间进程。

　　如前所述，太和元年以来冯氏主导的定《律》《令》之举，基本上沿袭了太武帝和文成帝以来的轨辙，即以《律》的修订为中心，着重解决"刑网太密"的问题。至太和五年冬，《律》已大体撰成，但此后《律》的修订仍未稍歇，其修订幅度自太和十年孝文帝亲政起已明显变大，特别是贯彻儒家化原则的宗旨越益突出起来。这方面的事例上面已经举到，另可注意的，如《魏书》卷七上《高祖纪上》太和九年正月戊寅诏曰：

　　　　图谶之兴，起于三季，既非经国之典，徒为妖邪所凭。自今图谶、秘纬及名为《孔子闭房记》者，一皆焚之，留者以大辟论。又诸巫觋假称神鬼，妄说吉凶，及委巷诸卜非坟典所载者，严加禁断。[1]

　　图谶之禁在西晋的《泰始律》中，罪止二岁刑[2]，十六国时期的石赵，已加重其刑至于大辟[3]，北魏则至太武帝太平真君五年正月诏

1　《魏书》，第155页。
2　《太平御览》卷六四二《刑法部八·徒作年数》引《晋律注》："有挟天文图谶之属，并为二岁刑。"（第2877页）
3　《晋书》卷一〇六《石季龙载记上》咸康二年"禁郡国不得私学星谶，敢有犯者诛"（第2765页）。《九朝律考》卷五《后魏律考下》"魏禁图谶"条，即以为北魏此制"盖沿石赵之制"（北京：中华书局，1963年，第385页）。

　　　　　　　　　　　　　　　　　中古政治与思想文化史论

禁"私养师巫，挟藏谶记阴阳图纬方伎之书"，犯者师巫身死，主人门诛[1]。从太和九年此诏来看，太武帝时期的这项禁止私藏谶记图纬之书的规定，似乎并未进入正平元年所定之《律》，此时方明确其"留者以大辟论"，也就是增补了文成帝以来《律》中关于大辟的罪条，同时亦必将之修入了太和十六年所班之《律》。因此，这个例子反映了太和十六年所班之《律》对以往相关禁令的总结和对晋《律》的发展。

又如《魏书》卷五三《李冲传》载迁洛后议元拔、穆崇谋逆案，太尉咸阳王禧等俱上其议，李冲奏论其是非，其中多处涉及了《律》文：

前彭城镇将元拔与穆泰同逆，养子降寿宜从拔罪。而太尉咸阳王禧等以为："《律》文：'养子而为罪，父及兄弟不知情者，不坐。'"谨审《律》意，以养子于父非天性，于兄弟非同气，敦薄既差，故刑典有降……臣以为依据《律》文，追戮于所生，则从坐于所养，明矣。又《律》惟言父不从子，不称子不从父，当是优尊厉卑之义。臣禧等以为："《律》虽不正见，互文起制，于乞也举父之罪，于养也见子坐，是为互起。互起两明，无罪必矣。若以嫡继，养与生同，则父子宜均，祗明不坐。且'继养'之注云：若有别制，不同此《律》。又《令》文云：'诸有封爵，若无亲子，及其身卒，虽有养继，国除不袭。'是为有福不及己，有

---

1 《魏书》卷四下《世祖纪下》太平真君五年正月戊申诏，第97页。诏文惟规定"限今年二月十五日，过期不出，师巫、沙门身死，主人门诛"，而未涉及不出谶记图纬之书者该当何罪。

罪便预坐。均事等情，《律》《令》之意，便相矛盾。伏度《律》旨，必不然也。"臣冲以为：指例条寻，罪在无疑，准《令》语情，颇亦同式。[1]

此事在宣武帝新立为太子后不久，当在太和十九年左右，故上引文中的《律》《令》，必是太和十六年四月所颁。从中可以看出，其时《律》文确已相当全面地贯彻了嫡庶继养等宗法准则，并与《令》文相互匹配；同时又有"互文起制"之例，足见其法例甚密而条文之间互为呼应；而所谓"'继养'之注"，更表明其《律》逐条有注以为标准解释[2]。凡此均体现了太和十六年《律》已进一步贯彻了《晋律》所代表的儒家化精神，反映了其作为刑法典所达致的较高立法水平。

再如《唐律疏议·斗讼篇》首《疏议》曰：

从秦汉至晋，未有此篇。至后魏太和年，分《系讯律》为《斗律》。至北齐以讼事附之，名为《斗讼律》。[3]

《系讯律》篇乃曹魏《新律》首创，而为西晋《泰始律》所继承。而此处所谓"太和年"，从孝文帝时期的立法进程来判断，只能

---

1 《魏书》，第1186—1187页。
2 《魏书》卷一〇八之二《礼志二》载孝明帝熙平二年七月议宗室资荫之事，"灵太后令曰：议亲《律》注云：'非唯当世之属籍，历谓先帝之五世。'此乃明亲亲之义，笃骨肉之恩重……"（第2765页）。是《正始律》亦逐条有注，当承自太和十六年《律》。
3 《唐律疏议》，第383页。

是太和元年至十六年定《律》之时。其时定《律》既然已从《系讯律》中分出了《斗律》，说明北魏最晚至文成帝所定《律》中，已仿魏晋而设立了《系讯》篇，从而进一步佐证了北魏法律自太武帝以来业已明显向魏晋靠拢的倾向，更说明太和元年至十六年定《律》之时，充分取鉴了魏晋及本朝文成帝以来《系讯律》之况而新创了《斗律》篇。这显然是太和《律》不仅在体例、条文和注释上，也在篇章上较前发展变化的重要表现。

当时立法的重心在《律》，既是由于其为太和元年以来冯氏确定的基本立法方向，也是因为《律》在当时法律体系中确实起着主导作用的缘故。不过冯氏和孝文帝不断推出的制度改革，确实使这次修订《律》《令》，出现了与以往完全围绕《律》来展开不同的新气象，表现为《令》的编纂比重和独立性较之以往明显变大，且渐形成了以之进一步驱动修《律》进程的态势。如《魏书·刑罚志》载太和三年：

下诏曰："治因政宽，弊由网密。今候职千数，奸巧弄威，重罪受赇不列，细过吹毛而举。其一切罢之。"于是更置谨直者数百人，以防喧斗于街术，吏民安其职业。[1]

《刑罚志》前文载文成帝"增置内外候官，伺察诸曹、外部州镇，至有微服杂乱于府寺间，以求百官疵失。其所穷治，有司苦加

1　《魏书》，第2877页。

讯恻，而多相诬逮，辄劾以不敬"[1]，又载孝文帝太和元年"以《律》《令》不具，奸吏弄法，致有轻重，诏中书令高闾集中秘官等修改旧文，随例增减"[2]。太和三年罢此显属"奸吏弄法"的候官之制，另置谨直者以防街衢喧斗，显然也在高闾等"随例增减"《律》《令》条款的范围之内。如果文成帝所设候官之制是以《令》的形式发挥作用的，那么太和三年也就是修改了此《令》，其既专设"数百人"来防止街衢"喧斗"，说明当时修改此《令》不仅是由于候官弄奸之弊，且亦有鉴于平城地区斗殴之风甚盛之况，故又提示了《系讯律》中分出《斗律》篇很可能就在此时，从而构成了当时《律》《令》同加修订和相互联动的一个例证。

这种联动关系，在太和五年《律》初步修迄而《令》的编纂方兴未艾以后，显然更加突出化了。[3]其最为典型的事例，如太和八年起始行俸禄制，便直接要求了《律》的相应调整。《魏书·刑罚志》载其事曰：

> 《律》：枉法十匹，义赃二百匹，大辟。至八年，始班禄制，更定义赃一匹，枉法无多少，皆死。[4]

1 《魏书》，第2875页。
2 《魏书》，第2877页。
3 《令》的编纂自太和五年以后加速之况，如《魏书》卷一〇八之一《礼志一》载其较为重要的举措自太和六年"亲祀七庙，诏有司依礼具仪"始，到太和十三年五月孝文帝在皇信堂召群臣议禘祫之制开始进入高潮，其过程直至太和十六四月颁新《律》《令》后，至于太和二十年"立方泽于河阴"（第2740—2753页），也仍在陆续进行。
4 《魏书》，第2877页。

又如太和九年起始行均田制，《魏书》卷一一〇《食货志》载当时下诏行其制曰：

> 九年，下诏均给天下民田：诸男夫十五以上，受露田四十亩……诸应还之田，不得种桑榆枣果，种者以违《令》论，地入还分……诸宰民之官，各随地给公田，刺史十五顷，太守十顷，治中、别驾各八顷，县令、郡丞六顷，更代相付。卖者坐如《律》。[1]

此处所谓"种者以违《令》论"，说明均田制当时还不是《令》而是以制诏形式下达的条制，但诏文已明确其效力与《令》相同，其与"卖者坐如《律》"，都是对《律》中有关违《令》之罪和非法买卖罪的补充，说明均田制的推行同样直接关系到了《律》的进一步修订。[2] 另如《魏书》卷一一四《释老志》载太和十年冬：

> 有司又奏："前被敕以勒籍之初，愚民侥幸，假称入道，以避输课，其无籍僧尼罢遣还俗。重被旨，所检僧尼，寺主、维那当寺隐审。其有道行精勤者，听仍在道；为行凡粗者，有籍无籍，悉罢归齐民。今依旨简遣，其诸州还俗者，僧尼合一千三百二十七人。"奏可。[3]

---

1 《魏书》，第2853—2855页。
2 《九朝律考》卷五《后魏律考下》"魏以均田入律"条据此以为太和均田制进入了《律》文（第383—384页）。这显然是一种误解，均田制先是以条制形式施用的，到太和十六年新《令》颁行则以《令》的形式施行，进入《律》文的是违背均田制有关规定者的惩处办法。
3 《魏书》，第3039页。

这显然是太和十年二月三长制施行后，针对有人"假称入道，以辟输课"采取的后续措施。上引文中虽未涉及此举与《律》文的关系，但惩处"假称入道"和寺主审核不力的情节尤劣者自属必然之事。也就是说，三长制的推行与《律》中惩处隐漏户口和输赋不均之条的增订，也构成了一种联动关系。

此外，《魏书》诸《志》所载太和元年至十六年在祭祀、仪制、车服、音乐以及厩牧、转运等方面推出的制度改革，显然都可归入当时修《令》的范畴，同时又不可能完全与《律》无关，如祭祀礼乐必涉"失仪不敬"或"淫祀"等情节的处罚，其中庙制、丧制则与《律》中贯彻的儒家化原则密切相关[1]，定乐律所包括的度量衡制，更是切关乎国计民生而广涉刑事[2]，故这类制度的施行及其有关《令》的编纂，势必会带来《律》条的相应调整或补充。从当时立法的总体格局来看，如果说太和元年以来定《律》《令》的过程，主要是围绕《律》来修订涉及刑事之《令》的话，那么太和五年《律》初步修成之后，除孝文帝本人力欲进一步把儒家化原则贯彻于《律》的

---

[1] 《魏书》卷一〇八之二《礼志二》载孝明帝初议宗室与祭太庙之事，国子博士李琰之提到"国家议亲之《律》，指取天子之玄孙"，灵太后令亦引"议亲《律注》云：非唯当世之属籍，历谓先帝之五世"（第2764、2765页）。北魏自天兴《律》以来即有"八议"之条，其"议亲"至孝文帝以来必以宗法制为准则，此亦庙制与《律》常相关联之一证。

[2] 《魏书》卷一〇九《乐志》载太和十六年春诏高闾制定音律乐典（第2829—2830页）。同书卷七下《高祖纪下》载太和十九年六月戊午"诏改长尺大斗，依《周礼》制度，班之天下"（第178页），是其至此方成而颁行。其过程详见《魏书》卷一〇七上《律历志上》，第2657—2659页。参同书卷一九上《景穆十二王传上·广平王洛侯传》附《元匡传》及卷七八《张普惠传》，第452—457、1736页。又《隋书》卷一六《律历志上》载有"后魏前、中、后尺"之长度，其"后魏中尺"即为太和时所定（第404—405页）。

修订外，其过程也已开始围绕各种制度变革和《令》的修订来继续补充和完善《律》的内容。这整个过程皆在冯氏和孝文帝不断推出的改革举措的主导之下，又在《律》《令》修订间形成了相互联动的关系，此次《律》《令》修订为时长达十六年之久，及其颁行之后仍因孝文帝加速展开的改革而不止不歇地续加修订，其原因都寓于当时形成的这个特定的改革立法格局之中了。

三是此期的制度改革大都直接关乎《令》的编纂，而与《律》的修订则关系相对间接，这就使《令》独立规定各项制度的性质分外突出了起来。当时不少制度已非删定和摘编现有制诏而成，而往往斟酌古今重起炉灶加以起草，这又凸显了有关《令》篇的制定法性质，从而开启了北魏《律》《令》体制进一步向魏晋、江左一脉转折过渡的新阶段。

太和五年以来修《令》比重的增大和《令》相对于《律》的依附性减褪趋势，自太和十年孝文帝亲政以后已进一步明显化了，其突出表现是当时不少制度的改革，都分门别类专门详议和起草，且经常都从属于相关《令》篇的编纂过程。如《魏书》卷七下《高祖纪下》载太和十一年正月丁亥：

诏定乐章，非雅者除之。[1]

同书卷一〇九《乐志》载太和十一年春太皇太后冯氏令曰：

---

1 《魏书》，第162页。

先王作乐，所以和风改俗，非雅曲正声不宜庭奏。可集新旧乐章，参探音律，除去新声不典之曲，裨增钟悬铿锵之韵。[1]

可见冯氏和孝文帝都认为"庭奏"之乐需要改革。"裨增钟悬铿锵之韵"，显然是要再建代表华夏正声的雅乐，故所谓"新声不典之曲"当指民间流行乐曲，其中恐怕也应包括天兴以来掖庭中和郊庙宴飨"时与丝竹合奏"的北族传统歌谣。[2]不过音律之事所涉经典和技术本甚复杂，况又牵扯到北族旧俗的变革，其过程之坎坷就成了必然。《魏书·乐志》载太和十五年冬孝文帝诏置乐官，称"今方厘革时弊，稽古复礼，庶令乐正雅颂，各得其宜"[3]，证明其事至此仍乏进展。后文又载太和十六年春，太乐奏请与中书参议音律，而孝文帝则"览其所请，愧感兼怀"，遂命高闾"与太乐详采古今，以备兹典"[4]。这又可证太和十一年以来再造雅乐之举，本应从属于太和元年以来由中书监高闾主持修订《律》《令》的过程，至十六年春则被正式纳入了详定和编纂有关乐律之《令》的进程。而其制在太和十六年四月颁新《律》《令》时远未告竣[5]，也正说明了其编纂过程"稽古

---

1 《魏书》，第2829页。

2 《魏书·乐志》后文载太和十六年孝文帝诏天兴以来，"司乐失治定之雅音，习不典之繁曲"（第2829页），即已明言其所针对的"不典之曲"包括天兴以来此类乐曲在内。

3 《魏书》，第2829页。同书卷一一三《官氏志》载太和中官品有协律中郎、方舞郎庶长、协律郎、太乐祭酒、方舞郎、秘书钟律郎、太乐典录诸官，当即十五年冬统一厘定者（第2983、2985、2986、2988、2989、2991页）。

4 《魏书》，第2829—2830页。

5 《魏书》卷一〇九《乐志》述正始元年诏公孙崇更调金石，燮理音准，四年又命刘芳参与其事，永平年间又以刘芳为主定诸乐器、乐章而用之，然犹有（转下页）

　　　　　　　　　中古政治与思想文化史论

复礼"和改革旧俗的艰巨性，及其并不附属于《律》的专门性和独立性。

这方面更为典型的是祭祀之制及相关《令》篇的修订。《魏书》卷一〇八之一《礼志一》载太和十三年五月壬戌，孝文帝临皇信堂引见群臣议禘祫之制，最终下诏为之总结和定论曰：

> ……今互取郑、王二义，禘祫并为一名，从王；禘是祭圆丘大祭之名，上下同用，从郑。若以数则黩，五年一禘，则四时尽禘，以称今情。禘则依《礼》文，先禘而后时祭。便即施行，著之于《令》，永为世法。[1]

"便即施行"，说明这个结论自此诏下时已生效贯彻；"著之于《令》"则证明这次议制其实也就是《令》的修纂，其结论必被采入其中。《魏书·礼志一》载当日在皇信堂又讨论了六宗祀制，高闾引汉魏晋诸儒之说共有十一家，认为可按"从多""依古"的原则，"别处六宗之兆，总为一祀而祭之"。孝文帝则认为当辨其是非，评而定之，下诏总结曰：

> 详定朝令，祀为事首，以疑从疑，何所取正……今祭圆丘，五帝在焉，其牲币俱裡，故称'肆类上帝，裡于六宗'。一祭而六祀备焉。六祭既备，无烦复别立六宗之位。便可依此附《令》，

（接上页）御史中尉元匡与芳等"竞论钟律"，至孝明帝熙平二年又因元匡奏停刘芳所定乐制（第2830—2833页）。

1 《魏书》，第2743页。

永为定法。[1]

"朝令"义与"朝仪"相仿，其中自应包括有关礼制之《令》在内[2]，故所谓"详议朝令，祀为事首"，表明这次皇信堂议禘祫及六宗祀制，乃是太和十一年以来修《令》过程的重要一步。而"依此附《令》，永为定法"，说明时议其制也是有关《令》的编纂，孝文帝此诏必被采入了正在修订之《令》。《魏书·礼志一》又载太和十六年正月戊午诏曰：

夫四时享祀，人子常道，然祭荐之礼，贵贱不同……自顷蒸尝之礼，颇违旧义。今将仰遵远式，以此孟月，犆祫于太庙。但朝典初改，众务殷凑，无遑斋洁，遂及于今。又接神飨祖，必须择日，今礼律未宣，有司或不知此，可敕太常，令克日以闻。[3]

此诏表明祭祀之制及相关《令》篇，也像上面所说乐律的修订一样，直至太和十六年正月还有许多问题有待解决。"礼律"则是西

1 《魏书》，第2742—2744页。
2 《魏书》卷八二《常景传》载宣武帝时，"太常刘芳与景等撰朝令，未及班行，别典仪注，多所草创，未成芳卒，景纂成其事"（第1802—1803页）。同书卷五五《刘芳传》载此为"世宗以朝仪多阙，其一切诸议，悉委芳修正"（第1222页）。是"朝令"与"朝仪"略同，在位阶上高于规定具体礼节的仪注，至于其中包括了礼制之《令》，如《魏书》卷一〇八之二《礼志二》载神龟初议灵太后父胡国珍庙制，清河王怿议曰："先朝祀堂令云：'庙皆四栿五架，北厢设坐，东昭西穆。'是以相国构庙，唯制一室，同祭祖考……相国之庙，已造一室，实合朝令，宜即依此，展其享祀。"（第2771—2772页）可证"朝令"涵盖了"先朝祀堂令"。
3 《魏书》，第2749—2750页。

晋以来的习称，常泛指礼典或礼制，用来强调礼合乎天道人心的严肃性[1]，由于孝文帝当时未有编修礼典之举，故此"礼律未宣"，当指祭祀等有关礼制之《令》尚未告竣施用，遂命太常先择本月祫礿太庙之日奏闻。《礼志一》又载太和十六年二月丁酉诏定尧、舜、禹与周公、孔子之祀有曰：

> ……今远遵明令，宪章旧则，比于祀令，已为决之。其孟春应祀者，顷以事殷，遂及今日。可令仍以仲月而飨祀焉。凡在祀令者，其数有五：帝尧树则天之功，兴巍巍之治，可祀于平阳。虞舜播太平之风，致无为之化，可祀于广宁。夏禹御洪水之灾，建天下之利，可祀于安邑。周文公制礼作乐，垂范万叶，可祀于洛阳。其宣尼之庙，已于中省，当别敕有司。飨荐之礼，自文公已上，可令当界牧守，各随所近，摄行祀事，皆用清酌尹祭也。[2]

1　参《九朝律考》卷三《晋律考上》"晋礼律并重"条，第237—238页。祝总斌：《略论晋律之"儒家化"》一文据以为"礼、《律》并举，乃西晋特点。其实时人所称的"礼律"，除有部分确为"礼""《律》"并举外，其他经常都不是"礼"和"律"的合称，而只是在强调礼的严肃性，相当于今人所说的"道德律"。如《晋书》卷四四《华表传》附《华廙传》载华廙为荀勖中伤而除名削爵，武帝诏责为其辩护者"诡易礼律，不顾宪度"（第1261页）。此以"礼律"与"宪度"为对，明显只是指"礼"。《晋书》卷五〇《庾纯传》载庾纯得罪贾充，诏免其官，"又以纯父老不求供养，使据礼典正其臧否。太傅何曾、太尉荀颛、骠骑将军齐王攸议曰：'凡断正臧否，宜先稽之礼律。八十者，一子不从政；九十者，其家不从政。新《令》亦如之……'"（第1398页）此处"礼律"无疑是指"礼典"，中华书局点校本将此点为"礼、律"，不妥。
2　《魏书》，第2750页。同书卷七下《高祖纪下》载太和十六年二月丁酉，诏祀尧、舜、禹、周公；丁未，"改谥宣尼曰文圣尼父，告谥孔庙"（第169页）。

将此参以上引太和十三年定六宗祀制诏云"详定朝令，祀为事首"，足见太和十三年以来屡屡集中修订祭祀诸制，实际上都是在编纂"祀令"；且可看出其至太和十六年二月已大体告竣。其设计编纂则分门别类独立展开而并不依附于《律》，特别是其依据经典注疏，参酌往代故事及当今时宜，每逢疑难辄由公卿群臣博议而孝文帝亲自裁定的过程，已在很大程度上呈现了制定法的编纂特征。

三、《律》《令》体制的演进与太和《令》的形态

这里应当看到，无论是太和九年以来的俸禄、三长、均田等制，还是太和十一年以来的礼乐祭祀诸制，这些不断推出的制度改革和修《令》之举，显然并不因《律》的修订而起，而是自有其根据和必要。而如此众多专门针对制度改革又旷日持久的修《令》活动，自然会使《令》的独立性格不断凸显起来，从而在事实上划出"《律》正罪名、《令》定事制"的分野格局。《魏书》卷五四《高闾传》载有当时皇信堂议政时孝文帝与高闾的一段对话：

高祖曰："刑法者，王道之所用，何者为法？何者为刑？施行之日，何先何后？"闾对曰："臣闻创制立会，轨物齐众，谓之法；犯违制约，致之于宪，谓之刑。然则法必先施，刑必后著。自鞭杖已上至于死罪，皆谓之刑。刑者，成也，成而不可改。"[1]

1　《魏书》，第1204页。

　　　　　　　　　　　　　中古政治与思想文化史论

这里孝文帝已把"刑""法"区分了开来，并且关心两者施行的先后，当是有鉴于其时议定《律》《令》并前瞻其颁行问题而展开的探讨，高闾对此的见解，也正是把"刑""法"与《律》《令》联系起来加以讨论，并认为各项制度规定理当具有先导地位，正刑定罪的《律》就是要保障其贯彻执行。当时君臣的这种认识，除有可能受到西晋、江左一脉《律》《令》体制的影响外，更是与孝文帝亲政以来锐意改革，各项制度的制订和施行越来越显得重要并与《律》相对独立的态势分不开的。由此再看上引《魏书》卷五三《李冲传》载其关于元拔、穆崇案的奏论：

> ……咸阳王禧等以为："《律》虽不正见，互文起制……且'继养'之注云：'若有别制，不同此《律》。'又《令》文云：'诸有封爵，若无亲子，及其身卒，虽有养继，国除不袭。'是为有福不及己，有罪便预坐。均事等情，《律》《令》之意，便相矛盾。伏度《律》旨，必不然也。"臣冲以为：指例条寻，罪在无疑，准《令》语情，颇亦同式。[1]

咸阳王禧等认为元拔养子降寿不应从戮，其论据除《律》文、《律》注、《律》意外，还特别引用了《令》文，强调了《律》《令》之间相辅相成的关系；而李冲的驳论，同样依据了《律》文及其法例，指出了《令》文与之并不冲突的事实。这说明孝文帝和高闾关于"刑""法"和《律》《令》关系的认识，已经贯彻于太和

---

1 《魏书》，第1187页。

十六年所颁《律》《令》，两者确已体现了《律》正罪名，《令》定事制的辅成关系。由此再考虑当时制度改革和《令》的修订过程往往撇开以往制诏成例而另起炉灶起草条制，再在此基础上参酌古今别撰为《令》的特点，则相关之《令》更多地呈现出某种制定法形态，亦为理所当然。[1]要之，孝文帝亲政以来围绕改革和修《令》的一系列事态，实际上已经宣告了太武帝以来《律》成为刑法典而《令》体仍旧为补充性诏令集的局面已难以为继，也就预示了太和十六年以后《令》的编纂向独立规定事制的法典加速过渡的结局。

但尽管如此，在总体地估介太和十六年四月告成的《律》《令》体制时，也还是要承认当时的《令》体尚未大变，尤其是《令》作为诏令集向法典的过渡，迄孝文帝时期仍在展开而未结束，因而当时的《律》《令》体制，也就只是出现了许多新的苗头和趋势，却未在根本上改变太武帝以来《律》为刑法典而《令》仍为补充《律》和规定各项制度的诏令集的基本格局。请以两个方面的事实来证明这一点：

一个事实是诏书"著令"的立法方式仍在流行。如《魏书》卷七上《高祖纪上》太和二年五月诏曰：

1　《李冲传》上引文中的《令》文，与《魏书》卷一九下《景穆十二王传下·南安王桢传》附《中山王英传》载亢英宣武帝初为吏部尚书奏事云"谨案《学令》，诸州郡学生"云云（第497页），皆体现了其《令》各条以"诸"起首的体例，尽管孝文帝时所定各《令》未必皆是如此，却至少可以表明当时部分《令》篇已由法条构成，从而也已不再是制诏集而是法典。

　　　　　　　　　　　中古政治与思想文化史论

……乃者民渐奢尚，婚葬越轨，致贫富相高，贵贱无别。又皇族贵戚及士民之家，不惟氏族，下与非类婚偶。先帝亲发明诏，为之科禁，而百姓习常，仍不肃改。朕今宪章旧典，祇案先制，著之《律》《令》，永为定准，犯者以违制论。[1]

婚葬越礼之况，太武帝时已有禁限[2]，文成帝时则继此而专门制订过婚丧等级规范并将之"著令"[3]，孝文帝此时又为之制定了新的规范。这里所谓的"著之《律》《令》"，应是指把此诏所含规定修入太和元年以来正在编修的新《律》《令》，使之"永为定准"；其诏末所称的"犯者以违制论"，则说明这些规定已随此诏下达而生效，故须专门明确相应的罚则，同时也表明这份包括了婚丧等级规制和相应罚则的诏书，实际上也就是补文成帝以来现行之《律》的《令》。这种诏文明定"著《律》""著《令》"的事例，自天兴所定《律》《令》皆为诏令集以来，指的都是把随时随事下达的诏书规定编入《律》《令》；太武帝时期《律》成为刑法典而《令》仍是诏令集以来，"著《律》"大体都是把诏书规定的内容撰入新《律》，而"著《令》"仍是把此诏编入某个《令》篇。孝文帝时期也还是在延续这样的做法，无非是因为此时正在修订《律》《令》而增加了一层另再

---

1 《魏书》，第145页。

2 《魏书》卷四下《世祖纪下》太平真君九年十月癸卯："以婚姻奢靡，丧葬过度，诏有司更为科限。"（第103页）此处"科限"显然具有刑事规范的性质；且其既是"更为科限"，则此前应已有所规定。

3 《魏书》卷五《高宗纪》和平四年十二月辛丑诏曰："名位不同，礼亦异数，所以殊等级，示轨仪。今丧葬嫁娶，大礼未备，贵势豪富，越度奢靡，非所谓式昭典宪者也。有司可为之条格，使贵贱有章，上下咸序，著之于《令》。"（第122页）

将之修入新《律》《令》的意思罢了。由此看来，《魏书》卷一一一《刑罚志》载太和十二年诏：

> 犯死罪，若父母、祖父母年老，更无成人子孙，又无期亲者，仰案后列奏以待报，著之《令》格。[1]

同书卷一一四《释老志》载太和十六年诏：

> 四月八日、七月十五日，听大州度一百人为僧尼，中州五十人，下州二十人，以为常准，著于《令》。[2]

以及前引《礼志一》载太和十三年分别诏以禘祫和六宗之祀"著之于《令》"，实际上都是既将之即时编附入《令》，同时又将之修入正在制订而尚未颁行的新《令》。

必须特别指出的是，这种下诏制定规章而"著之于《令》"的做法多见于汉代[3]，不见于两晋南朝，北魏又常用之，可称是当时继承汉代《律》《令》制传统的一个标志性现象。这是因为汉代的《令》

---

1 《魏书》，第2878页。

2 《魏书》，第3039页。

3 《后汉书》卷四六《陈宠传》载陈宠章帝时为尚书，上疏奏请宽法轻刑，"帝敬纳宠言，每事务于宽厚，其后遂诏有司绝钻钻诸惨酷之科，解妖恶之禁，除文致之请，谳五十余事，定著于令"（第1549页），可见一斑。参大庭脩：《秦汉法制史研究》第三篇《关于令的研究——汉代的立法手续和令》第一章《汉代制诏的形态》第四节《著令用语与具、议令用语》、第五节《结论》，林剑鸣等译，上海：上海人民出版社，1991年，第185—189页。

篇，无论是《津关令》《功令》等按其针对事项来命名的[1]，还是《廷尉挈令》《光禄挈令》等以官府部门来命名的，或是《令甲》《令乙》这种按时间先后来编排的[2]，其实都是特定制诏的汇编[3]，故可不断编附后续下达的同类制诏，也就是那些补充、修正《律》文或规定某项制度，而诏文特书"著于《令》""具为《令》"的制诏。到西晋泰始四年确立《律》《令》《故事》并行之制，《律》《令》都已是通盘制定的法典，其中条文皆为内涵周延和相互关系严密的"法条"，而非现成节录有关制诏而成的"敕条"，即便其内容基于某份制诏，亦被重新斟酌起草而除去了原诏痕迹。《故事》则仍为制诏汇编，用以容纳不便收入《律》《令》的制诏规定。故从汉代的律令体制到西晋定型的《律》《令》体制的转折，其重要标志之一，

1　以所涉事项命篇的汉代《令》篇形态，现在已有张家山247号汉墓所出《二年律令》中的《津关令》和336号汉墓出土的《功令》简提供的考古实证。其中已刊布的《津关令》篇条之况，参彭浩、陈伟、工藤元男主编：《二年律令与奏谳书：张家山汉简二四七号汉墓出土法律文献释读》之《二年律令释文·津关令》，上海：上海古籍出版社，2007年，第305—325页。

2　参陈梦家：《汉简缀述·西汉施行诏书目录》，北京：中华书局，1980年，第275—284页；冨谷至《晋泰始律令への道——第一部　秦汉の律と令》，载《东方学报》第72册，京都，2000年。

3　张家山汉简《二年律令》之《津关令》即摘编有关制诏而成。冨谷至上引文认为"挈令"之"挈"当作"摘编"解，即从诏令簿档中摘取具有某种共性的诏令编为一帙，其说与前人相较有所发展。《令甲》《令乙》之类，如《续汉书·律历志中》载永元十四年太史令奏对，曰"案官所施漏法，《令甲》第六常符漏品，孝宣皇帝三年十二月乙酉下，建武十年二月壬午诏书施行"云云。《后汉书》，第3032页。这说明当时《令甲》第六条为宣帝三年十二月乙酉诏书所做的漏法规定，其之所以列于《令甲》第六，或因建武十年二月下诏确认，此诏在后汉《令甲》中排序第六的缘故。由此亦可看出《令甲》之类所收皆为有关制诏，且有可能是不断被删定重编的。这一点应当有助于澄清法制史界长期以来围绕《令甲》《令乙》性质或体例而发生的不少纷歧。

就是《律》《令》都已成为由"法条"构成而相互关系严密、篇章条数稳定的法典，故后续补充或修正《律》《令》内容的制诏，实际上已只能编附于《故事》之类的制诏集中，而不再能随时编附于《律》《令》了，否则就会破坏《律》《令》的制定法体例，且必有碍其篇章条文的严谨和统一。这也就是两晋南朝有关制诏不再有"著《令》"之文的原因所在[1]。正其如此，北魏自道武帝以来至孝文帝之时仍然盛行的诏书"著《令》"现象，适足以说明其《令》仍可不断编录制诏而成[2]，形态和性质与汉《令》相类，说明当时的《律》《令》体制与西晋定型的《律》《令》体制还存在着一定的距离。

另一个事实是《令》篇并不明确而稳定，其篇名多为泛称、约称而显得错杂不堪。笔者曾分析太武帝时所定之《令》"史失篇目"，直至孝文帝初年以来官制改作之况仍因"旧《令》亡失"而史载无据，是因为《令》在当时并非法典而是补充《律》和规定制度的制诏汇编，故其篇章条文无法稳定而常在伸缩变动之中，既会随《律》的修订发生大的变动，又可随时随事因相关制诏的下达而不断增删，

1　参楼劲：《〈格〉〈式〉之源与魏晋以来敕例的编纂》。这里还要说明的是：至唐代复又出现的"著于《令》"之例，均发生于修订《律》《令》之时，其义即为"撰入新《令》"，这与汉魏"著于《令》"是指随时"附于《令》"的情况截然不同。特别是唐后期出现的"著于《令》"之例，则与"定《格》"（长行《格》或《格》后敕）相关，适为《令》体再变的某种表现，亟待引起史界的注意。

2　《魏书》卷七下《高祖纪下》载太和十七年六月诏《职员令》"权可付外施行，其有当局所疑而《令》文不载者，随事以闻，当更附之"（第172页）。所谓"随事以闻，当更附之"，即臣下奏补其制而诏附于《令》，这就清楚地说明了这篇《职员令》是编录有关制诏而成且可随时增附后续制诏的，从而有力地证明了当时《职员令》还未具备法典形态而是诏令集的史实。

史官修史时自难一一详载。[1]种种迹象表明，这种状况直至孝文帝太和十六年以来仍未改变。

如《魏书》卷四一《源贺传》附《源怀传》载源怀景明四年（503）底巡行北边六镇，上表奏事有曰：

> ……诸镇水田，请依地令分给细民，先贫后富。若分付不平，令一人怨讼者，镇将已下连署之官，各夺一时之禄；四人已上夺禄一周。[2]

其时正始《令》尚未修撰[3]，此奏建议据以分田的"地令"，显然就是孝文帝太和十六年以来关于田地管理之《令》，盖采纳太和九年所定均田制等内容而成。又《魏书》卷一一三《官氏志》记载了"太和中"和太和二十三年（499）两次修订"职令"的成果，从其内容可知"职令"主要规定了百官品阶。此外，前述孝文帝太和十三年以来制定祭祀礼乐之《令》，诏文中提到有"朝令"和"祀令"，其内容关乎朝仪和祭祀。以上"地令""职令""朝令""祀令"皆以事类为名，显然已近乎"《令》定事制"之体，但将之与《唐六典》卷六《刑部》原注所载《泰始令》篇相参照，就可以发现其

---

1 楼劲：《对几条北魏官制材料的考绎——太和年间官制整改与官制诸令的若干问题》，《中国社会科学院历史研究所学刊》第一集，北京：社会科学文献出版社，2001年，第121—155页。

2 《魏书》，第926页。

3 《魏书》卷八《世宗纪》载景明四年十一月"诏尚书左仆射源怀抚劳代都、北镇，随方拯恤"（第196页）。明年即正始元年十二月己卯方"诏群臣议定《律》《令》"（第198页）。

"地令""祀令"尚与西晋的《佃令》《祠令》篇名相仿,"朝令"和"职令"则无其匹。《泰始令》中规定百官品阶的是《官品令》,另有《吏员》《军吏员》《选吏》《选将》《选杂士》等篇关乎官制,而可能规定了朝廷仪制的则有《服制令》等篇。[1]其实孝文帝诏"详定朝令,祀为事首",已经表明"朝令"只是一个泛称而涵盖了"祀令"。这就提示"职令"也有可能不是《令》篇正名而只是泛称,其包括的内容应当不是只有百官品阶,而是包括了官吏员额职掌乃至于选举等多种内容。《魏书》卷五七《崔挺传》附《崔振传》载崔振太和二十年为高阳内史:

> 高祖南讨,征兼尚书左丞,留京……后改定职令,振本资惟拟五品,诏曰:"振在郡著绩,宜有褒升。"除太子庶子。[2]

即可证明太和二十三年再定的"职令",其中是兼含官品、官资和相关选举内容的。[3]这样的状况表明,孝文帝时所定有关朝仪礼乐和官制诸《令》其实并未一一明确和稳定下来,而是处于有泛称、通称而无定名的状态,遂致论事者或史官引据时,只能将有关规定

1　《唐六典》卷六《刑部》原注载《泰始令》中有《服制》篇,虽关礼制而非朝仪,另有《杂》上、中、下篇和《杂法》两篇,其中或有朝仪内容(第184页)。

2　《魏书》,第1272页。

3　《太平御览》卷二二九《职官部二十七·太常少卿》:"景明初,班职令,太常少卿第四品上,第一清,选明礼兼天文阴阳者为之。"(第1086页)其所引"景明初"颁行的"职令",显然就是《魏书·官氏志》所载太和二十三年复次而宣武帝初颁行的"职令",其中也包括了品阶和铨选条件。

分别统归在"朝令"和"职令"名下来加以指称。[1]

"地令"和"祀令"的内容和名称可能要相对稳定和明确一些，但其形态是由"法条"还是由摘编制诏而成的"敕条"构成实难肯定，两者是否《令》篇正名也无确证，故其仍有可能只是对若干制诏条制的一种约称或俗称。此外，当时的《令》还可拆分其一部分先行施用，太和年间所定"考令"就是如此。《魏书》卷二一上《献文六王传上·广陵王羽传》载元羽太和十八年奏事有曰：

> 外考令文，每岁终州镇列牧守治状，及至再考，随其品第，以彰黜陟。去十五年中，在京百寮尽已经考为三等，此年便是三载，虽外有成令而内令未班。内、外考察，理应同等。臣辄推准外考，以定京官治行。[2]

此奏引据了"外考令"文，称其时"外有成令而内令未班"，说明太和元年尤其是十年以来定《令》时，是包括了考核百官之"令"的。据奏文所称"外考令"，当时其名称很可能就叫"考令"，但到太和十六年颁行新《令》时，关于考课仍只施用了其中有关外官考核的部分。像这样考课之《令》大致已成而先只颁行其中一部分的做法，似乎表明当时《令》所包括的各个部分均可独立生效，而非考簿、考课及其考等和奖惩等内容前后一体首尾相应，故最大的可能，是其形态仍像前引太和十七年《职员令》那样并非法典而是诏

1　参楼劲：《对几条北魏官制材料的考绎——太和年间官制整改与官制诸令的若干问题》。

2　《魏书》，第546页。

令集，即其内容仍由关于考核的各种诏书或条制构成，"考令"即是对这些诏书或条制的泛称或通称，"外考令"则是对其中关于外官考核的诏书或条制的约称。又《魏书》卷六七《崔光传》附《崔鸿传》载崔鸿延昌二年（513）论事，称"考令于体例不通"，说明《正始令》颁行后，人们还在以"考令"称呼考核之《令》[1]；但这显然是沿袭以往的习称，因为《魏书》卷六四《郭祚传》载同一年，曾参与"刊正"《正始令》的郭祚奏考课之事，已非常正式地引用了"考令"的法定篇名和部分条文：

> 《考察令》："公清独著，德绩超伦，而无负殿者为上上，一殿为上中，二殿为上下，累计八殿，品降至九。"[2]

从《正始令》中已有《狱官令》《官品令》等篇的事实来判断[3]，显然《考察令》才是正始所定关于考核之《令》的法定篇名，"考令"之称则与"地令""祀令""朝令""职令"之类相仿，无非是沿袭了以往对《令》的称谓习惯。这种《令》体及其篇名已在法律上得到了明确，其称谓却仍在循用旧习的现象，直至孝明帝以来还在延续[4]。其当然不能说明《正始令》篇章条文还未明确和稳定下来，

---

1 《魏书》，第1501页。

2 《魏书》，第1424页。

3 《魏书》卷一一一《刑罚志》永平元年七月尚书令高肇等奏文所引，第2878—2879页。

4 如《魏书》卷一四《神元平文诸帝子孙传·高凉王孤传》附《元子思传》载元子思孝庄帝时奏论尚书与御史台关系，其中引据了孝文帝时所定有关御史中尉职掌和出行仪制的"御史令"，同时又引据了百官"朝会失时，即加弹纠"（转下页）

　　　　　　　　中古政治与思想文化史论

而是其形态接近于西晋、江左一脉的新《令》体仍待巩固下来的表现，其所反映的是北魏开国至正始以前百余年中，《令》一直都是诏令集而篇章名称一如汉《令》之错杂细碎的传统[1]，是《令》的分篇、名称直至魏末仍不被人们认真对待的旧习。

综上所述，大略可得如下结论：

一、太和元年至十六年定《律》《令》的过程，可用太和五年《律》初步告讫，十年孝文帝亲政，十四年太皇太后冯氏去世和十六年新《律》《令》颁行这些事件为界，划出其改革和立法不断递进的若干阶段。这实际上也就是当时立法、改革的方向和目标随形势变化而不断更新或向前推进的过程，其中的决定性因素则是孝文帝作用和地位的越益突出。正其如此，太和十六年新《律》《令》颁行，对于冯氏当政时代所展开的立法和改革来说是一个总结，而对于孝文帝所主导的改革和立法来说则是一个新的起点。

二、太和元年以来冯氏主导下的定《律》《令》活动，其要是围

（接上页）的"职令"文，可见"职令"也规定了御史职掌（第353—354页）。由此可推"御史令"当是"职令"中关于御史职掌的部分，两者关系犹如"外考令"与"考令"一样。

1　如汉有"祀令"，见《汉书》卷二五下《郊祀志下》载平帝时王莽奏改祭祀述汉兴"已有官社，未立官稷"，师古注引臣瓒曰"见《汉祀令》"（第1269页）。又有"祠令"，《汉书》卷四《文帝纪》载陈平、周勃等劝进文帝，师古注引如淳曰"案《汉祠令》"（第109页）。两者内容显然有所重合，或属同令异名。汉又有"斋令"，《续汉书·祭祀志下》载明帝更为光武帝起庙，"尊号曰世祖庙"，刘昭补注引蔡邕《表志》曰"建武乙未、元和丙寅诏书，下宗庙仪及《斋令》，宜入《郊祀志》"。《后汉书》，第3196页。此"斋令"或者也只是"祀令"或"祠令"部分内容的约称。

绕《律》的修订来宽简和整顿刑法，其过程至太和五年已告一段落。此后特别是太和十年孝文帝亲政以后续定《律》《令》的过程，大旨是要在《律》中全面贯彻法律儒家化的精神，更要相应改革和调整其他各项制度，其重心则已逐渐转移至《令》的修订，又明显驱动了《律》的进一步调整和发展，从而构成了改革全面展开和不断深入的转折点。由此可见，太和元年以来定《律》《令》，实际上只是揭开了改革的序幕或为改革提供了契机，而改革的正剧显然是在太和五年尤其是十年以后才全面上演的，这也标志着改革和立法形成了相辅相成不可分割的关系。

三、太和年间改革、立法的路径特色，大体是先以制诏或条制即时改革有关制度加以实施，然后将之修入、完善和刊定为《律》《令》加以颁行，以此巩固改革成果并为改革的进一步深入奠定法律基础。作为其中的一个阶段性产物，太和十六年颁行的新《律》《令》，不仅以法律的形式总结和完善了此前的改革举措，同时也在具体的法律形态上，继太武帝以来的发展而凸显了《令》的独立性和《律》正罪名、《令》定事制的格局，呈现了加速向魏晋、江左一脉《律》《令》体制靠拢而又有所超越的态势。太和《律》篇、《律》条、《律》注和《律》意，均表明其在体例和内容上已开始具有优于《晋律》的某些特点，其《令》的形态和性质亦已在明显向法典过渡，从而为正始《令》的完全法典化提供了条件。

　　　　　　　　　　　　中古政治与思想文化史论

第七章　证圣元年敕与南北朝至唐的"旌表孝义"之制

　　旌表孝义是体现古代中国基本伦理和核心价值的政治和制度举措，有着深厚的社会基础和广泛影响。现今已愈显稀罕、甚至需要售票游览的一座座古孝义牌坊，其中蕴含的历史内涵正在迅速流失之中，残存的也要比这些木石架构更加破落潦倒。不过在一种秩序走向衰微，而另一种秩序又总是一潮一潮翻卷而来的世变之中，维系以往秩序的各种机制，特别是礼制对人们行为的规范作用，其不断法律化和社会化的进程，及其曾对无论高贵还是卑贱者生活和行为的共同约束或升华，大抵都会被朝、野上下重新挖掘、重新澄清、重新强调；与之相伴的，则必是各种堪称伪滥的复古举措、复古兴造、复古讲礼行径，令人在似乎看见道德和信仰的曙光时，又不免倍感沮丧而喟然长叹世风之日下。

　　本章所要讨论的 S.1344 号敦煌文书所存武周证圣元年（695）四月九日敕，就是一道把合乎礼教的孝义观念、行为和对此的表彰加以明确化、制度化的制敕。此敕的出台及其背景和后续事态，对波澜壮阔的唐史来说虽似微不足道，却也构成了上面所说新旧秩序交替之际，必会围绕礼而发生各种令人悲欣交集的社会涌动的一个缩影，当然其本身也可说是唐代礼制的一个独特组成部分。其独特性之一，即在内容和性质上，此敕乃是唐代官方对何为孝子和义门，及其如何认定和表彰的一份最为具体和完整的法律解释和规范，舍此即不可能对唐代这方面的规定有准确认识。独特性之二，是在形式上，此敕所含规定从未被修入过唐代的礼典，除玄宗后期曾经将之修入《开元格》外，此前和晚唐再到五代的后唐、后晋，其基本上都是作为补充《令》《式》的"格后敕"发挥作用的。这一点提示礼制研究不能只盯住礼典或《律》《令》等形态严整的典章规定，格后敕及作为其基础的各类制敕，在礼尤其是唐宋以来礼的规范上有可能起着更为基本和活跃的作用。独特性之三，是其本来早已湮灭失传，若非S.1344号敦煌文书幸存于世，仅靠传世文献所存其残零文字，今人根本连其时代和总体内容都无从知晓，也就谈不上对此的研究了。故此敕蕴含的种种问题，天然就与S.1344号敦煌文书的性质和定名联系在一起，对此的讨论自然也将推进对这份敦煌文书的研究。

以下即拟在前人有关研究的基础上[1]，围绕证圣元年敕的相关问题展开讨论，旨在观察汉代以来有关礼教准则在法律化、社会化进程中的波动变迁，借以揭示此敕所规定的旌表孝义之制自出台直至晚唐五代续被删定施用的踪迹及其效用和影响，希望能以此观察、讨论唐宋间礼制与社会互动发展的某些态势，亦以澄清或纠正以往学界在S.1344号敦煌文书性质和定名问题上的误解。

1　王美华：《官方旌表与唐宋孝悌行为的变异》，《东北师范大学学报（社会科学版）》，2003年第2期；张卫东：《唐代刺史与旌表制度》，《江西社会科学》，2009年第7期；中村裕一：《唐令逸文の研究》第五章《公式令に関する問題》第三节《隋唐の旌表門閭に関する文書の考察》，东京：汲古书院，2005年，第470—523页。

一、旌表孝义与证圣元年敕的历史背景

S.1344号敦煌文书首尾皆缺，据文书形制、笔迹等项要素，可断其正面本为唐玄宗开元时期的沙州一带官府文书，其上现存文字六十九行，所录皆为制敕，各条文式皆开头书"敕"，以下节存敕文内容，再换行空阙约十字，后书下敕年月日。其中除现存第一条因文书前缺，惟余"开元元年十二月十七日"这行日期而已不知敕文内容外，另外十七条皆内容完整，而其第四行至十四行即为证圣元年旌表孝义敕，现据刘俊文《敦煌吐鲁番唐代法制文书考释》移录其文于下：

敕：孝、义之家，事须旌表，苟有虚滥，不可哀称。其孝必须生前纯至，色养过人；殁后孝思，哀毁逾礼，神明通感，贤愚共伤。其义必须累代同居，一门邕穆，尊卑有序，财食无私，远近钦永，州闾推伏。州县亲加按验，知状迹殊尤，使覆同者，准《令》申奏。其得旌表者，孝门复终孝子之身，义门复终旌表时同籍人身。仍令所管长官以下及乡村等，每加访察。其孝、义人，如中间有声实乖违，不依格文者，随事举正。若容隐不言，或检覆失实，并妄有申请者，里正、村正、坊正及同检人等，各决杖六十，所由官与下考。

证圣元年四月九日[1]

1　刘俊文：《敦煌吐鲁番唐代法制文书考释》二一《S.1344开元户部格残卷》，北京：中华书局，1989年，第276—294页。

敕文内容明白晓畅，刘先生所作笺释又对有关字句文义做了疏通，故其解读应已无滞。当然就本文关心的旌表孝义之制来说，此敕所蕴的历史内涵仍可进一步加以抉发。以下请就敕文所涉旌表孝义的大事节目略做阐释，以见其中包含的礼教准则及其法律化、社会化诸问题，俱曾经历了长期波动起伏和发展蕴育的过程，借以明确此敕所处的历史背景和位置。

敕文首言"孝、义之家，事须旌表，苟有虚滥，不可哀称"，显然是对下敕背景及其必要性的交代，其中确认"孝""义"须加旌表予以阐扬，但以往这方面或不免"虚滥"，故须明确其具体内涵、认定程序和责任，并且规范与旌表相连的物质奖励。这些事项背后显然存在着一系列事态，故有必要从较长时段来观察其来龙去脉。

旌表不同于一般的表彰，秦汉以来常把旌表的源头追溯到周武王克商以后"封比干之墓，表商容之闾"[1]，其事真实与否自可不论，却也表明旌表总须由朝廷在被表彰者居所、闾里、墓地等处建立某种永久性标志；同时其适用对象本可包括古贤先烈及于当世各种高

1　其事载于《史记》卷三《殷本纪》《韩诗外传》卷三等处。《史记》，第108页；韩婴撰、许维遹校释：《韩诗外传集释》（以下简称《韩诗外传集释》），北京：中华书局，1980年，第96页。其中"封比干之墓"早见于《逸周书·克殷》，黄怀信等撰：《逸周书汇校集注》（以下简称《逸周书汇校集注》），上海：上海古籍出版社，1995年，第379页。《淮南子·道应》《新序·善谋下》等处又有"柴箕子之门""轼箕子之门"（《史记》《逸周书》等处作"释箕子之囚"）说，与"封比干之墓，表商容之闾"并列。《淮南鸿烈集解》，第412页；刘向编著、石光瑛校释、陈新整理：《新序校释》（以下简称《新序校释》），北京：中华书局，2017年，第1310—1312页。将这些标识饰护门闾墓茔以示彰扬之举合称之为"旌表"，则应是魏晋以来之事。

　　　　　　　　　　　　中古政治与思想文化史论

节至行之士。立足于此便不难发现，尽管对"孝"的表彰自汉以来已骤然突出[1]，但朝廷对孝子的旌表却久无觅处，现存文献中时期较早的一例已晚至东晋。《晋书》卷八八《孝友许孜传》载许孜东阳吴宁人，守二亲之丧至笃，数十年中奉亡如存：

元康中，郡察孝廉，不起，巾褐终身。年八十余，卒于家。邑人号其居为孝顺里。咸康中，太守张虞上疏曰："臣闻圣贤明训，存乎举善，褒贬所兴，不远千载，谨案所领吴宁县物故人许孜，至性孝友，立节清峻……及其丧亲，实古今之所难。咸称殊类致感，猛兽弭害。虽臣不及见，然备闻斯语，窃谓蔡顺、董黯，无以过之。孜没积年，其子尚在，性行纯悫，今亦家于墓侧。臣以为孜之履操，世所希逮，宜标其令迹，甄其后嗣，以酬既往，以奖方来。《阳秋传》曰：'善善及其子孙。'臣不达大体，请台量议。"疏奏，诏旌表门闾，蠲复子孙。[2]

同理，累世同居之门在汉晋间早已为人颂扬，朝廷对此的旌表

---

1 参《艺文类聚》卷二〇《人部四·孝》，第368—375页。
2 《晋书》，第2280页。《建康实录》卷七《显宗成皇帝》载张虞上表在咸康七年十二月。《建康实录》，第199页。《晋书》卷四四《郑袤传》载郑袤曹魏时为济阴太守，"下车旌表孝悌，敬礼贤能"（第1249页）。此例虽早，却是地方长官而非朝廷表彰孝悌，史臣大概是在"旌善表功"的意义上泛泛使用"旌表"一词的。类此的语例，如同书卷九〇《良吏窦允传》载武帝下诏褒允有曰："允前为浩亹长，以修勤清白见称河右，是辈当擢用，使立行者有所劝。主者详复参访，有以旌表之。"遂迁其为临水令（第2332页）。此诏显然也只是在一般表彰意义上述"旌表之"的，如果其确是武帝原诏之文，那就表明"旌表"一词之义，魏晋以来经历了从一般以喻表彰到只表示最为隆重的表彰的变化。

却同样久矣未见，现知较早的例子载在《南史》卷七三《孝义刘瑜传》后附记：

> 又元嘉七年，南豫州举所统西阳县人董阳，三世同居，外无异门，内无异烟。诏榜门曰"笃行董氏之间"，蠲一门租布。[1]

以上二事，一在东晋成帝之时，一在南朝宋文帝时，自此以后，正史和其他文献中旌表孝子和累世同居的记载便相继多了起来[2]，并在朝廷对各种人士的旌表中占了较大份额。这当然不能说成是二事影响所致，由于文献记载和流传的诸多不确定性，许孜和董阳未必就是历史上旌表孝子和累世同居之门的最早事例。但有一点恐无问题，在这两个事例所处的时期，汉代以来的孝、义行为和朝廷对此的引导倡扬，确已处于重要的转折变迁之中，从而才使二事犹如秋之落叶，传递了这个时期朝廷在维系孝、义这类礼教准则和社会伦

1　《南史》，北京：中华书局，1975年，第1799页。《宋书》卷九一《孝义许昭先传》末附此事，惟载"元嘉初，西阳董阳五世同财，为乡邑所美"（第2255页）。

2　旌表孝子之例自刘宋以来已频繁出现，且皆蠲、表。如《宋书》卷九一《孝义传》载孝子而被旌表蠲复者，元嘉四年有郭世通（道）、潘综，元嘉九年有王彭，大明时有余齐民（第1800、1804、1806—1807、1810—1811页）。《南齐书》卷五五《孝义公孙僧远传》则载太祖命使巡行，"建元三年，表列僧远等二十三人，诏并表门闾，蠲租税"（第957页）。旌表门闾之例则在萧齐时成批出现而表闾蠲税同，《南齐书》卷五五《孝义封延伯传》载其三世同财，"建元三年，大使巡行天下，义兴陈玄子四世一百七十口同居，武陵郡邵荣兴、文献叔八世同居，东海徐生之、武陵范安祖、李圣伯、范道根五世同居，零陵谭弘宝、衡阳何弘、华阳阳黑头疎从四世同居，并共衣食。诏表门闾，蠲租税。又蜀郡王续祖、华阳郝道福，并累世同爨，建武三年明帝诏表门闾，蠲调役"（第961页）。同书卷三七《刘悛传》载刘悛明帝时为安远护军、武陵内史，"汉寿人邵荣兴六世同爨，表其门闾"（第649—650页）。

理之时的特定处置和走向。

　　当此之时，汉武帝以来用功名利禄阐扬孝行的做法已难为继，各地所举"孝廉"在现实品行和重要性上均已大部破产，像许孜那样举孝廉"不起"，早已成为豪门自矜或名士养望的一种时尚。正在晋宋间急剧滑坡的美德当然并不只有孝行[1]，但孝在社会秩序和国家体制中占有的地位，使朝廷不能不对之有所振作。晋成帝旌表许孜，即是把这种隆盛之极的激励方式推广至孝行的表彰，免其课役则是与之配套的物质手段和保障生者尽孝的必要条件。这当然不失为一种改旧换新的思路，却仍难与功名利禄完全脱钩，也就无法真正摆脱可能出现的伪冒虚滥。张虞上疏述许孜之孝"虽臣不及见，然备闻斯语"，末又称"臣不达大体，请台量议"，则在此前后同类事情背后的诸种叵测难料之事，于此数语略已可见。宋文帝对累世同居者董阳的旌表，同样是榜其门闾，蠲其租布，说明这已是既有旌表之法的必含内容。南豫州所举董阳不仅三世同居，而且"外无异门，内无异烟"，特意强调这种异乎寻常确凿可查的现象，针对的显然也还是在此前后各地所报同类事例的鱼龙混杂。与旌表孝子相比，旌表义门还有一重时代特色堪值注意。父母在时几代同堂本是"孝"

1　《抱朴子外篇·审举》述汉末灵、献之世"时人语曰：'举秀才，不知书；察孝廉，父别居，寒素清白浊如泥，高第良将怯如鸡'"。《抱朴子外篇校笺》上册，第393页。案《抱朴子外篇·自叙》明言"《外篇》言人间得失，世事臧否"。《抱朴子外篇校笺》下册，第698页。故其通篇常以汉、吴喻晋，陈澧言其"托言汉末"，王国维称其"为晋而作"，皆已揭出此点。故此谣亦应流行于晋，"良将"科始于魏明帝太和二年三月，而为晋所沿；《审举》篇后文述灵、献之时"中正、吏部，并为魁伧"（第396页），中正亦非汉时所有；俱可为证。而杨明照《校笺》述"此文本论汉末贡举，而忽用'中正'一词，行文偶疏也"。又谓"'吏部'误倒，当乙作'部吏'"（第398页）。可谓千虑之失。

的必然要求¹，父母不在而兄弟累世同居，在大家族广泛存在的时期亦非鲜见²，将此列为值得效法的楷模并与古贤先烈同加旌表，显然是因为东晋南朝社会中，累世同居的生活方式已因多种原因而存延维艰³，但维系累世同居局面的家族伦理和秩序却被视为拯救末世道德沦丧所应取准的圭臬，这才有必要树其典型并与孝子同被纳入旌表之列。

以上分析表明，武周证圣元年旌表孝义敕所涉事项，无论是表其门闾、蠲其课役，还是可能出现的"虚滥"情状和地方官员的核查，在魏晋以来均已具其轮廓。其间的不同，在于唐代此敕详细列

<hr />

1 《礼记·曲礼上》："父母存，不许友以死，不有私财。"《十三经注疏》，第1234页。《唐律疏议》卷一二《户婚篇》"诸别籍异财"条："诸祖父母、父母在，而子孙别籍、异财者，徒三年（原注：别籍、异财不相须，下条准此）。"《疏议》曰："……或籍别财同，或户同财异者，各徒三年，故云'不相须'。"可见父母在不分家直至唐代仍被法律严格规定。《唐律疏议》，第236页。

2 《礼记·檀弓上》提到丧服有"同爨缌"，郑注："以同居生缌之亲可。"《十三经注疏》，第1289页。后世往往释"同爨缌"为四世同居者之服，足见累世同居古来并不罕见。汉代兄弟数代同居虽被世人赞许而不见朝廷表彰，如《汉书》卷五〇《张释之传》载张释之南阳堵阳人，"与兄仲同居"，文帝时以赀为骑郎，十年不得调，遂虑"减仲之产"而"欲免归"（第2307页）。《后汉书》卷二五《魏霸传》："济阴句阳人也，世有礼义，霸少丧亲，兄弟同居，州里慕其雍和。"（第886页）同书卷五二《崔骃传》附《崔瑗传》："家贫，兄弟同居数十年，乡邑化之。"（第1722页）同书卷六〇下《蔡邕传》载蔡邕陈留圉人也，"与叔父从弟同居，三世不分财，乡党高其义"（第1980页）。又《宋书》卷九三《隐逸陶渊明传》载其《诫子书》有曰："颍川韩元长，汉末名士，身处卿佐，八十而终，兄弟同居，至于没齿。济北汜稚春，晋时操行人也，七世同财，家人无怨色。"（第2289页）

3 《晋书》卷八八《孝友传》所传十六人中，惟桑虞一人"五世同居，闺门邕穆"（第2291—2292页）。其余如《宋书》卷九一《孝义传》共传二十八人，惟董阳一人"五世同财，为乡邑所美"（第2242—2258页）。又《魏书》卷七一《裴叔业传》附《裴植传》："植虽自州送禄奉母及赡诸弟，而各别资财，同居异爨，一门数灶，盖亦染江南之俗也。"是江南以一门数灶为俗也（第1571—1572页）。

举了何者为孝，何者为义的特征，又进一步规范了其查核的程序、责任和旌表所含的物质奖励内容，特别是敕中已把累世同居明确界定为"义"的要项[1]，更典型地说明了其制渊源及其所处时代背景和观念形态俱与晋宋以来相当不同。这些征象均透露唐代的旌表孝义之制另有其形成背景，当是直承北朝以来故事成例发展而来，而非南朝有关做法的延续或完善。[2]

北魏旌表孝子较早者是乡郡襄垣人杨引，《魏书》卷八六《孝感杨引传》载其乡郡襄垣人：

> 三岁丧父，为叔所养。母年九十三卒，引年七十五，哀毁过礼。三年服毕，恨不识父，追服斩衰，食粥粗服，誓终身命。终十三年，哀慕不改，为郡县乡间三百余人上状称美。有司奏宜旌赏，复其一门，树其纯孝。诏别敕集书，标杨引"至行"，又可假以散员之名。[3]

---

1 正史立《孝义传》或《孝友传》当始于臧荣绪《晋书》和沈约《宋书》，二书皆撰于萧齐时，盖受西汉刘向和晋以来萧广济、王歆、王韶之、周景式、师觉受、宋躬、虞盘佑等撰《孝子传》的影响。从仅传"孝子"到改传"孝义"或"孝友"，累世同居者虽得入传，却非主要为此。今《晋书·孝友传》中的"友"，除桑虞一人为累世同居者外，其余皆为兄弟、宗人敦睦而乡里得其存抚者；《宋书·孝义传》中的"义"，则多忠节仗义之士，累世同居者董阳已被附带提到而非传主。而证圣元年敕中，累世同居已成"义"之要项，两处的观念显然存在着较大距离。
2 《南齐书》卷五五《孝义传》序所述之"义"，仍仅就其一般意义而论，故其所传除述封延伯及于建元三年同时得到旌表的累世同居者外，其余亦皆节义者而已（第955—967页）。《陈书》则惟立《孝行传》，所传仅殷不害兄弟及谢贞、司马暠、张昭五人（第423—431页）。
3 《魏书》，第1883—1884页。

其时约在太和五年前后。[1]北魏旌表累世同居者较早的事例可能稍早于此，《魏书》卷八七《节义石文德传》载石文德事迹：

河中蒲坂人也，有行义。真君初，县令黄宣在任丧亡，宣单贫无期亲，文德祖父苗以家财殡葬，持服三年，奉养宣妻二十余载。及亡，又衰经敛祔，率礼无阙。自苗逮文德，刺史守令卒官者，制服送之。五世同居，闺门雍睦。又梁州上言：天水白石县人赵令安、孟兰彊等，四世同居，行著州里。诏并标榜门闾。[2]

从这两个事例起，文献所载北魏旌表孝子和累世同居者明显多了起来。这是因为一方面，北魏国史自太和十一年起改编年体为纪传体，自此以后史官采集史料和载录诸事方得稍详；另一方面，自道武帝"离散部落""计口授田"至太武帝以来调整发展，北族各部和拓跋政权均经历了曲折的汉化或封建化过程，人们习惯的生活方式及其观念形态中礼教准则的影响，至文成帝及孝文帝改革已进入新的阶段。换言之，在魏晋南朝一脉已经较为成熟的旌表孝子和累世同居之举，到民族关系复杂的十六国北朝治下，实际上经历了重新起步发展[3]，到北魏孝文帝改革方迅速突出起来的过程。

---

1 《传》文虽未明书其旌表之年，但其前的孙益德为母复仇得孝文帝和文明太后免罪，其后的阎元明太和五年辞官归养后方得旌表，可推此事应在太和五年前后。
2 《魏书》，第1890页。《北史》卷八五《节义石文德传》载石文德为"中山蒲阴人"（第2843页）。石文德奉养宣妻，从真君初下推二十余年约在文成、献文帝之际，得旌表显然还在其后。
3 《晋书》卷一一三《苻坚载记上》载坚兴学崇教，"其有学为通儒，才堪干事，清修廉直，孝弟力田者，皆旌表之。于是人思劝励，号称多士，盗贼（转下页）

　　　　　　　　　　　　中古政治与思想文化史论

正其如此，上举杨引、石文德二例所代表的北魏旌表孝子和累世同居之举，实际上都是当时朝廷和社会所崇尚的生活方式和观念形态正在如此变化之中的反映。即就旌表孝子而言，北族自有其不同于汉人的伦理准则，鲜卑各部本视弒父杀兄为寻常之事，北魏君位更替凤多"家庭之变"[1]，故其治下父系家庭伦理的确立和维护，大体要到太武帝时期才开始明显加强[2]，而对"孝"这种礼教准则的推崇，则要到孝文帝亲政以后才能算是真正明朗了起来[3]。对累世同居的旌表也有类此背景。由于部落制下同辈皆为兄弟姐妹，继而流行的宗主督护制又有多个家庭计为一户的意涵，各种形态的累世同居在北魏前期必非鲜见[4]，将其中合乎礼教准则者作为旌表对象，只能是整个社会尤其统治

（接上页）止息，请托路绝，田畴修辟，帑藏充盈，典章法物，靡不悉备"（第2888页）。此应采自崔鸿《十六国春秋》，事在甘露三年。《十六国春秋辑补》卷三三《前秦录三·苻坚》，第416页。

1 《三国志》卷三〇《乌桓鲜卑东夷列传》裴注引王沉《魏书》述乌丸俗"怒则杀父兄，而终不害其母，以母有族类，父兄以己为种，无复报者故也"。又述鲜卑"语言忌俗与乌丸同"（第832、836页）。参赵翼：《廿二史劄记》卷一五"后魏多家庭之变"条，第196页。

2 《魏书》卷一一一《刑罚志》载太武帝神䴥四年立法，定"害其亲者，轘之"（第2874页）。"轘"刑原出《周礼》而汉代以来罕见，十六国时期及北魏道武帝时忽多用于惩处犯上作乱者，神䴥四年以之入《律》，以之惩处"害其亲者"。参楼劲：《天兴"律令"的性质和形态》。

3 《魏书》卷一一一《刑罚志》载孝文帝太和十一年春诏曰："三千之罪，莫大于不孝。而《律》不逊父母，罪止髡刑。于理未衷，可更详改。"（第2878页）这是要秉持"孝"的原则，加重对太武帝和文成帝以来《律》中"不逊父母"罪的惩处。需要指出的是，北族重母不重父之习直到东魏所定《麟趾格》"母杀其父，子不得告"之条仍有体现。见《魏书》卷八八《良吏窦瑗传》，第1909—1910页。

4 《魏书》卷四二《寇赞传》附《寇治传》（第948页）、卷四五《辛绍先传》附《辛少雍传》（第1027页）、卷四六《许彦传》附《许绚传》（第1037页）、卷五三《李冲传》（第1189页）、卷五七《崔挺传》（第1264页）、卷五八（转下页）

集团汉化到相当程度的标志和结果，同时也未尝没有针对北族遗风来按儒家伦理敦睦家族父子、兄弟关系的内涵。

再看文献所载当时旌表孝子和累世同居的情况：北魏对孝子的旌表，不少都像晋宋那样标闾蠲课，但孝明帝以来常不蠲课而仅标闾[1]，这种变化亦应与可能存在的"虚滥"相连考虑。仅标门闾而不予物质奖励，确应有其抑制伪冒的作用，况且孝文帝以来旌表孝子数量渐多，皆尽蠲课自然会给财政带来问题[2]，因而首先就须严其查核。从《魏书·孝感传》所载诸例来看，其得旌表大略多经守令临视，州以闻奏，再由尚书拟定获准而来[3]，而其缘起，则常由乡里多人"上状"称美。这样的程序较之南朝显然已更为严格[4]，但像杨引

<hr />

（接上页）《杨播传》（第1302页）、卷六八《甄琛传》（第1513页）、卷七六《张烈传》（第1686页）、卷八一《山伟传》（第1794页）等处，皆载其兄弟同居数十载或累世同居，时期分布于孝文帝前后而皆未得旌表。

[1] 《魏书》卷八六《孝感传》所载诸人旌表，王续生以前为孝文、宣武时事，皆"标闾复役"；自李显达以下皆明帝以来之事，皆仅载标闾而不载蠲课（第1882—1885、1885—1887页）。《北史》卷八四《孝行传》所载周、齐之例亦皆如此（第2832—2834页）。另《北史》卷二七《李先传》载李先后裔李兰，"以纯孝著闻，不受辟召，孝昌中，旌表门闾"（第979页）。亦不载其有蠲课之事。

[2] 《魏书》卷八《世宗纪》延昌元年十一月诏："朕运承天休，统御宸宇，太子体藉灵明，肇建宫华，明两既孚，三善方洽。宜泽均率壤，荣泛庶胤。其赐天下为父后者爵一级，孝子顺孙廉夫节妇，旌表门闾，量给粟帛。"（第212—213页）此诏所示旌表门闾泛泛普加之况，恐即孝明以来旌表孝子不再蠲课的重要背景。

[3] 《魏书·孝感传》载其旌表程序较为完整的，是王崇孝行感动神明，"守令闻之，亲自临视，州以闻奏，标其门闾"（第1886页）。由此可推其他各例，如郭文恭"尚书闻奏，标其门闾"（第1887页）。仓跋孝行"见称州里，有司奏闻，出帝诏标门闾"（第1886页）。其中略载的程序皆为史官省文所致。

[4] 《魏书》传诸孝子特名《孝感传》，恐正有鉴于太和以来旌表孝子特别强调其孝行必须感人至深上及神明，其中正应包括了严其查核程序的内涵。又魏收书《孝感传》宋以来阙，卷末原有宋人校语，称其乃取《高氏小史》、宗谏（转下页）

得到"郡县乡闾三百余人上状称美"、皇甫奴兄弟由"郡人杨风等七百五十人列称"、吴悉达则被"乡闾五百余人诣州称颂",这类周、齐犹然的情况[1],其背后恐必存在着各种可能的组织过程和难以避免的伪滥,也就反映了北朝后期孝子旌表不再蠲课并非偶然。无论如何,北朝旌表孝子严其查核的上述程序,业已直接构成了武周证圣元年诏规定核实孝子和义门须有"州县亲加按验",且有"里正、村正、坊正及同检人"的基础。

北魏累世同居者的旌表,从孝文帝以来皆仅标识门闾而无蠲课内容,其事应与明帝以来孝子不再蠲课有所关联。另值注意的一点,是累世同居似乎要到孝明帝以来方才独立构成旌表的理由[2],其前孝文、宣武帝时期的累世同居者,其实都是因多种善举而得旌表。像上举石苗、石文德祖孙得到旌表,固是由于石氏"五世同居,闺门雍睦",也是因其"刺史、守、令卒官者,制服送之"的义举[3]。

(接上页)《史目》等书所补。其《序》开头有曰:"《经》云:'孝,德之本。''孝悌之至,通于神明。'此盖生人之大者。淳风既远,世情虽薄,孔门有以责衣锦,诗人所以思素冠。"(第1881页)其中点到的"孝通神明"和"世情虽薄",正是其之所以名为《孝感传》的要点所在。

1 《北齐书》无孝子传,《周书》卷四六《孝义传》载孝子荆可,"大统中,乡人以可孝行之至,足以劝励风俗,乃上言焉";秦族,"其邑人王元达等七十余人上其状";张元则由"县博士杨轨等二百余人上其状"(第830—833页)。其中张元为河北芮城人,"县博士"非北周之制,当是北齐循魏所置,张元盖因北齐灭于北周而被收入此传。

2 《魏书》卷八七《节义传》载累世同居者除石苗、石文德祖孙外,其余共有博陵安平人李几、北海密人王闾、太山刘业兴、鲁郡盖俊四例,皆为孝明帝以来所旌表而无其他理由(第1896页)。

3 《魏书·节义传》,第1890页。其下文载同时得到旌表的赵令安、孟兰强,也是因其不仅"四世同居",而且"行著州里",而行著州里恐非闺门雍睦之类,而当另有节义之举。为地方长官料理身后之事在北魏极受重视,《魏书》卷八七(转下页)

宣武帝时东郡小黄县人董吐浑、养兄弟和河东闻喜人吴悉达弟兄三人，虽亦累世同居，却主要是因其孝行而被旌表的[1]。这表明累世同居作为"义"行的价值，要到孝明帝以来才被人们突出起来，同时也说明《魏书》虽把《孝义传》分立为《孝感》《节义》二传，但其"义"所指大略仍自长期以来公认的"仁义"而来[2]，累世同居直至宣武帝时仍非"义"的要项。因此，证圣元年旌表孝义敕把累世同居视为"义门"的观念，应当是在北魏之末才逐渐发展出来的。

从北魏末年分裂为东、西魏，到北齐、北周而至于隋，社会发展及其汉化、胡化虽又经历了不小波折，其各自旌表孝子和累世同居的举措，却仍是在北魏奠定的框架内进行的。其中值得一提的变化有二：

一是以功名利禄相诱的倾向明显化了。《隋书》卷二四《食货志》载隋文帝开皇定《令》，重新规范了均田租调课役之制：

（接上页）《节义传》中共有石苗、石文德祖孙及刘侯仁、石祖兴、邵洪哲、张安祖五例与此相关，另有王玄威一例是为献文帝筑庐守丧（第1891页）。同书卷八六《孝感吴悉达传》亦载其"每守宰殡丧，私办车牛，送终葬所"（第1885页）。这似乎也与部落制和宗主督护制下地方长官与其统属者较多人身依附关系，及在此影响下形成的观念形态相关。

1　《魏书·孝感传》载宣武帝时累世同居者两例，一为"东郡小黄县人董吐浑、兄养，事亲至孝，三世同居，闺门有礼。景明初畿内大使王凝奏请标异，诏从之"（第1884页）。这显然是父母在世的同居，其得旌表显然另有"事亲至孝"可供"标异"的情节。另一为河东闻喜人吴悉达，"昆弟同居四十余载，闺门和睦，让逸竞劳"，然其因孝感动天而被"有司奏闻，标间复役"（第1885页）。

2　魏收书《节义传》宋以来阙，中华书局点校本《校勘记》以为其多取《北史》而补，其《序》文仍应节自魏收书原《序》。此《序》首句"大义重于至闻自日人"，当有讹舛，已不可解。其下大要述节义之可贵，遂"佥列之传名《节义》云"（第1897页）。《北史》卷八五《节义传》序："仁道不远，则杀身以徇；义重于生，则捐躯而践。"（第2842页）亦取此义。

有品爵及孝子顺孙、义夫节妇，并免课役。[1]

所谓"孝子顺孙、义夫节妇，并免课役"，首先自然是得到朝廷旌表者，说明隋文帝改变了北魏孝明帝以来旌表孝、义一般不蠲课役的规定。这是在北周和北齐都已明显加大了孝、义奖赏力度之后的自然之举，隋代的劝励实际上也多超过了《令》文规定的蠲课。具体如周武帝旌表河东安邑孝子纽回，同时又擢授其为甘棠县令[2]；周世宗诏以上郡洛川孝子秦荣先孝感过人，特"赠沧州刺史以旌厥异"[3]；北齐旌表河间孝子杨庆，标其门闾外另赐帛三十匹、绵十屯、粟五十石，至隋文帝时庆又被"屡加褒赏，擢授仪同三司，版授平阳太守"[4]。隋文帝旌表孝子田德懋，不仅遣使就吊，且又特降玺书劳问，"并赐缣二百匹，米百石"。隋炀帝旌表楚丘孝子翟普林，"擢授孝阳令"[5]；又旌表武功人史永遵与从父、昆弟同居，"赐物一百段，米二百石"[6]。诸如此类的做法，实际上是把以往例外的特赐变成了一种常态，其在加大了褒赏力度的同时，自然也会相应增加"虚滥"之弊。

1 《隋书》，第680—681页。

2 《隋书》卷七二《孝义纽回传》，第1668页。

3 《周书》卷四六《孝义秦族传》载荣先为秦族弟，因母丧毁卒，而族先已得旌表，故荣先加赠刺史（第831页）。

4 《隋书》卷七二《孝义杨庆传》，第1667页。《北史》卷八四《孝行杨庆传》载北齐赐杨庆"帛及绵料各有差"，隋文帝褒赏擢授仪同三司而无"版授平阳太守"六字（第2837页）。

5 以上并见《隋书》卷七二《孝义田德懋传》《翟普林传》，第1663、1669页。

6 《隋书》卷三《炀帝纪》大业五年三月庚午条，第72页。

二是隋代以来累世同居与"义"的关系开始得到了强调。《隋书》卷七二《孝义郭儁传》：

> 家门雍睦，七世同居，犬豕同乳，乌鹊同巢，时人以为义感之应。[1]

这里把郭儁七世雍睦同居所致物征称为"义感"[2]，显然与过去把至孝所致物征称为"孝感"相同，乃是累世同居开始被视为与"义"密切相关的表现[3]。《旧唐书》卷一八八《孝友李知本传》载李知本赵州元氏人：

> 后魏洛州刺史灵六世孙也……知本颇涉经史，事亲至孝，与弟知隐甚称雍睦，子孙百余口，财物僮仆，纤毫无间。隋末盗贼过其间而不入，因相诫曰："无犯义门。"同时避难者五百余家，

---

1 《隋书》，第1667页。

2 《北史》卷八五《节义传》载其名为郭世儁，亦称"时人以为义感之应"（第2862页）。"义感"一辞以往常见，而不用于累世同居。如《魏书》卷六六《李崇传》载李崇宣武帝末为扬州刺史都督江右，驻寿春，遇水灾不走，曰："昔王尊慷慨，义感黄河，吾岂爱一躯，取愧千载？"（第1469页）

3 《隋书》分立《诚节传》和《孝义传》，前者所传为以往《孝义传》中的忠节之士，后者所传以孝子为主兼及兄友弟悌包括累世同居者。这种变化显然也是"义"在当时已被更多地与兄弟关系相联系的表现。又《旧唐书》卷一八八《孝友刘君良传》载刘君良瀛州饶阳人，"累代义居，兄弟虽至四从，皆如同气，尺布斗粟，人无私焉"；又载大业末天下饥馑，"属盗起，闾里依之为堡者数百家，因名为'义成堡'"（第4919页）。此"义居"及"义成堡"之名，俱可证累世同居隋唐间已与"义"发生不解之缘。

皆赖而获免。[1]

是隋唐之际，累世同居已称"义门"[2]，这就与证圣元年旌表孝义
敕中关于"义"的阐述完全合拍了。其所强调的，显然是那种按家
族伦理和礼教准则而形成的，因而也是最合符"礼义"要求的同爨
共居，而不是其他各种因领民酋长或宗主督护而聚合多个小家庭而
出现的累世同居。因而"义门"一词的出现，总体上还是三长制实
施以来，北方社会基层组织和家庭形态转折变迁影响到伦常观念的
结果。

经过以上梳理，可以看出证圣元年敕的内容要节，无论是孝、
义的具体界定还是标其门闾、蠲其课役的基本内容，或者是由地方
长官在乡里组织基础上查验核实的具体程序，都已经历了晋宋以来
三百五十多年，特别是北魏孝文帝太和以来两百年多年历史的蕴育
和淘洗。其整个过程，可以说相当典型地体现了我国古代的某些礼
教准则或价值观念，如何通过朝廷主导和阐扬而法律化为特定礼

---

1 《旧唐书》，第4918页。其后文《裴敬彝传》载敬彝为绛州闻喜人，曾祖子通为
隋开皇中太中大夫，"弟兄八人复以友悌著名，诏旌表其门，乡人至今称为'义门
裴氏'"（第4923页），亦其例。
2 《南齐书》卷五五《孝义韩灵敏传》附载："会稽人陈氏有三女无男，祖父母年
八九十，老耄无所知，父笃癃病，母不安其室，值岁饥，三女相率于西湖采菱莼，
更日至市货卖，未尝亏Ë 乡里称为义门，多欲取为妇……"（第959页）是"义
门"在南朝并不特指累世同居。与之相应，"义夫节妇"一词南朝以来多见于德音
敕书，其中"义夫"所指与累世同居者关系并不明显，但到开皇定《令》，"孝子顺
孙、义夫节妇并免课役"，其制后来必为唐武德以来诸《令》所沿，自此"义夫"
恐已特指累世同居者。故日本惟宗直本编撰的《令集解》诠解"义夫"，即以"五
代父母亡后同爨"为释。见惟宗直本编：《令集解》卷一三《赋役令》"孝子"条，
东京：吉川弘文馆，1989年，第412页。

制，从而迅速推进了其社会化并且使之经历又一轮变迁和调整的过程。应当肯定，通过礼制及其他各种制度来倡扬某些礼教准则和观念，通过将之法律化而推进其进一步社会化的进程，总体说来是收到了显著效果的。汉武帝独尊儒术以来的相关举措，在帮助完成战国以来社会秩序和文化系统的整合，塑造出后来被视为"汉人"特有的族群性格和礼义之邦的过程中，显然起到了至关重要的作用，具有极其深远的历史影响。北魏孝文帝以来同样是以一系列制度的改革推进，帮助完成了北族的汉化和封建化进程，从而在永嘉以来乱象丛生的北方社会再造了这种礼义之邦的形象和特质，也就为隋唐帝国的创辟提供了基础。魏晋南北朝墓志碑铭中对诸纲常伦理的大量赞美颂扬之语，足以令人感慨其在历经磨劫和苦难的人们心中扎根之深，即是这两个发展周期所生效应的最好例证。从中不难体会，社会秩序的整合和礼义之邦的塑造，绝非单个制度可得奏功，而是整套制度的调整和贯彻不断顺应于社会发展的内在要求，遂得持续地促使某些基本准则和价值扎根于社会基层的结果。

这样的过程当然不可能一帆风顺，而是有其经验也有教训。具体到上面所述旌表孝义之制的发展历程上，无论是汉武帝还是北魏孝文帝以来，其"表彰典型"和"以利劝诱"的特性，实已意味其只能是一种并不适合芸芸众生，却又易于激发芸芸众生的制度手段，其效应也就总是会在典型的树立和利益的驱动之间变得复杂难言。其中一个十分突出和屡见不鲜的事态，便是朝廷因世风日下而不能不以功名利禄来额外彰扬某些践履了孝、义准则的典型，却始终都难避免和必然伴有层出不穷的"虚滥"，遂致其初始的效应迅速衰减殆尽，甚至进而为之败坏，最终则是朝野上下对这些本已普遍存在的伦理准则的推崇和维护，反倒需要首先克服形形色色的虚滥而须付出更大的行政和社会成本。

从这个角度来观察晋宋之间直到武周证圣元年旌表孝、义的举措，可以认为两者正好分别处在这种周期性推崇到异化的衰变节点上：晋宋之间开始成批出现的旌表孝、义之举，适值汉武帝以来利用法律或制度手段阐扬以“孝”为核心的伦理和准则，到魏晋以来有关做法已因种种伪滥而效用尽失之时，证圣元年敕对旌表孝、义之制所做的规范，则是从北魏孝文帝重新利用旌表手段来阐扬以“孝”为核心的伦理和准则，至北朝末期以来亦已再现诸多伪滥而须痛加整改的体现。由此看来，证圣元年旌表孝义敕之所以通体着眼于防范，敕文所有内容所以都针对“虚滥”和旨在指导官府的复核，又特别明确了其相应的责任和处罚，而其阐扬孝、义、标其门闾和复其课役的煌煌作用和意义则皆隐而不见，其原因实在都已蕴含在上面所述的历史背景之中了。

二、证圣元年敕的删定与 S.1344 号残卷定名

唐代旌表孝、义始于高祖武德二年（619）[1]，《册府元龟》卷

1　王钦若等编：《册府元龟》（以下简称《册府元龟》），北京：中华书局，1960年，第1669—1670页。同书卷五九《帝王部·兴教化》载“唐高祖武德元年五月即位，诏孝子顺孙义夫节妇旌表其门闾”。此是诏命各地表上旌表人家，而其实行则在二年。其下文载武德四年，太宗即位及贞观四年、十三年俱有旌表孝子顺孙义夫节妇之诏，三年及十七年又诏孝子顺孙义夫节妇赐米或赐物有差（第661页）。

一三八《帝王部·旌表二》载武德二年五月诏曰：

民禀五常，仁义斯重，士有百行，孝敬为先。自古哲王，经邦致治，设教垂范，莫尚于兹。叔世浇讹，民多伪薄，修身克己，事资诱劝。朕恭膺灵命，临驭遐荒，愍兹弊俗，方思迁道。雍州万年县乐游乡民王世贵，孝性自天，力行无怠，丧其所怙，哀毁绝伦，负土成坟，结庐墓侧，盐酪之味，在口不尝，哭泣之声，感于行路。安福乡民宋兴贵，立操雍和，主情友睦，同居合爨，累世积年，务本力农，崇谦履顺，弘长名教，敦厉风俗。宜加褒显，以劝将来，可并旌表门闾，蠲免课役，布告天下，使明知之。[1]

诏文所述"叔世浇讹，民多伪薄，修身克己，事资诱劝"，即道尽了上面所述朝廷阐扬某些伦理准则的原委曲折。因其"伪薄"故须"诱劝"，知其"伪薄"而仍须"诱劝"，是因为事关国基而不得不然。唐初以来虽仍像隋代那样在发使巡省天下时成批旌表孝、义之人[2]，却并未伴以严格其制的任何举措，也就不能不同时承续以往

---

1 《旧唐书》卷一八八《孝友刘君良传》附宋兴贵之事节载此诏而文略有异，又无王世贵之事（第4919—4920页）。《新唐书》卷一九五《孝友传》序称有唐一代身为闾巷之人而名录史馆的孝子，首为"万年王世贵"，义门首为"万年宋兴贵"，而《传》中并无二人事迹，亦不载此诏（北京：中华书局，1975年，第5575—5576页）。《册府元龟》所存此诏当取自实录而堪称完整。

2 如《隋书》卷三《炀帝纪》载大业元年正月戊申发使巡省风俗，下诏命其扬诸善行，内即有"义夫节妇，旌表门闾"之条（第62页）。《文馆词林》卷六六九《诏三九》收录的《武德年中平王世充窦建德大赦诏》有云："孝子顺孙，义夫节妇，所在详列，旌表门闾。"许敬宗编、罗国威整理：《日藏弘仁本文馆词林（转下页）

那种旌表愈力而虚滥愈甚的趋势，这应当就是证圣元年下敕对此加以规范的直接原因。从武德二年此诏还可以看出，证圣元年所下原诏，必不会像S.1344号残卷所存那样简略，其显然已经某种删定[1]，而其已被略去的，自是删定者认为与其大旨无关的诸种文字。这又印证了前面所说此敕通体无不着眼于"防范"的特色，同时也可凭此拉出唐初承隋旌表孝义而虚滥丛生，证圣元年下敕定制加以规范，到S.1344号残卷所示的开元时期[2]，又曾对其加以删定而颁行各地的历程。

也就是说，这份敦煌残卷不仅使今人知晓了证圣元年旌表孝义敕的存在，同时也提供了探讨此敕下达以后施用之况的宝贵线索。现在的问题是，此卷所示开元时期特加删定和颁行的这些制敕，究竟是否就是学界以往认定的《开元户部格》抄件？弄清这一问题，无论是对此卷所存各敕性质的判断，还是对唐代立法及《格》文形态的认识均有重要意义。具体到证圣元年敕的研究上，要了解其后来续被删定、施用的下落，要明确其所规范的旌表孝义之制究竟被

（接上页）校证》，第360页。《唐大诏令集》卷一〇三《政事·按察上》所收贞观八年正月《遣使巡行天下诏》亦有"耆年旧齿，孝悌力田，义夫节妇之家，疾废惇嫠之室，须有旌赏赈赡，听以仓库物赐之"的内容。宋敏求编：《唐大诏令集》，第524页。

1 S.1344号敦煌残卷所存各敕短者惟占一行，大都只占二至三行，故可断其皆非原诏而经删定。学界以往将其定名为"《开元户部格》残卷"，部分理由正是因为其所存各敕文字已经简化的状态，合乎唐《格》皆由制敕删定而来的特点。

2 此卷所存各敕最晚者下于开元元年十二月七日，其中唐隆元年七月十九日敕又避玄宗名讳而略书"隆"字，故可断定其为玄宗时期开元元年以后的产物。由于此卷前后皆缺，其所存各敕又不按下达时间先后排列，故难断其时间下限。以往学界认为此卷抄录的是开元三年所定之《格》，却未回答其何以不是开元七年或二十五年所定之《格》的问题，因此，即便仅就时间而言，将之定在开元三年也是不足采信的。

纳入了何种法律形式，要继续讨论此敕残存于其他文献的几处佚文及其差异，问题也全都聚焦到了此卷的定名上。

正是在这一问题上，即便把各种可能的证据和理由都考虑在内，要定 S.1344 号残卷名为《开元户部格》"抄件，也还是存在着若干难以跨越的障碍。即就唐《格》种类和形态而言[1]，自永徽二年《格》分两部，"《散颁格》下州县，《留司格》本司行用"[2]，至开元二十五年立法也仍如此[3]。而《散颁格》的条文形态，如敦煌所出《神龙散颁刑部格残卷》所示，其各条无不书"一"起首，换行为别，前

1　戴建国《唐格条文体例考》一文指出：现存史料所载唐《格》条文体例，存在着"格文起始无'敕'字，末尾不署格文的发布年月"；"格文以'敕'字起始，末尾不署颁布年月"；"格文以'敕'字起始，末尾署有年月"三种类型（《文史》，2009 年第 2 期）。这是值得重视的看法，唯惜其讨论并未以区分《散颁格》和《留司格》为前提，其所据之例有不少实际上是格后敕，还有不少则是因为摘引而失去了其原有形态的《格》节文，且未以今存较多保持原貌的《格》佚文为基准来展开探讨，从而限制了其结论的价值。

2　王溥等撰：《唐会要》（以下简称《唐会要》）卷三九《定格令》，《丛书集成初编》本，上海：商务印书馆，1936 年，第 702 页。两《唐书·刑法志》述与此同。《旧唐书》卷四六《经籍志上》史部刑法类著录长孙无忌撰"《永徽散颁天下格》七卷、《永徽留本司行格》十八卷"，即是当时散颁和留司《格》的全称。

3　《唐六典》卷六《刑部》："凡《格》二十有四篇。"原注："以尚书省诸曹为之目，共为七卷。其曹之常务但留本司者，别为《留司格》一卷。"（第 185 页）由于其后文提到了《开元前格》和《后格》各十卷，故可断其所述《散颁格》七卷和《留司格》一卷俱为开元二十五年所定。日本《类聚三代格》卷一《序事》收录的《贞观格序》，述日本清和天皇时期编修了《贞观格》十卷，另又择事理较轻内容琐碎者"撰为两卷，准《开元留司格》，号《贞观临时格》，并一帙十二卷，象十有二月以成岁"（东京：吉川弘文馆，1965 年，第 3—4 页）。此"《开元留司格》"亦可证开元《格》仍分两部，故法史学界有人认为景云所定《太极格》已将永徽以来《散颁格》和《留司格》合并为一，此后唐《格》再无散颁、留司之别，显然是不顾史实的谬说。

无"敕"字，末亦不署年月日[1]，与S.1344号残卷所存各敕内容虽经删节，而仍保留了其原为制敕的样态殊为不同[2]。由此再考虑神龙以来《散颁格》和《式》的状况俱趋稳定，加之《散颁格》既与《律》《令》《式》同属颁于天下，故四者皆已具备制定法特征而不再表现为制敕的选集。[3]这就基本上排除了S.1344号残卷属于《散颁格》的可能。但要视之为《留司格》抄件，又必然要回答其本来只"留本司施行"而不颁下州县，为什么竟会被沙州一带官府抄录行用的问题。更何况，此卷所存各敕的规定，大都事关州县行政，本就不应是留于尚书诸司施行之物。显然，在对这些问题做出合理解释之前，是不宜骤定S.1344号残卷之名为《格》的。

再看证圣元年敕文，其中所做规定中有一项是："其孝、义人，如中间有声实乖违，不依格文者，随事举正。"这里的"格文"，从其上下文义来看只能是指此敕前面所述的孝、义标准。其说明证

1　见刘俊文《敦煌吐鲁番唐代法制文书考释》一九《P.3078、S.4673号神龙散颁刑部格残卷》，第246—254页。又此书二三《P.4978开元兵部选格断片》（第301—302页），本是每年颁下各地明确当年参选条件的法令，唐人亦习称为"格"，其性质显然与《散颁格》有相通处，故其各条同样书"一"起首，与《神龙散颁刑部格残卷》形态略同。顺便指出，据两《唐书·刑法志》及《唐会要》卷三九《定格令》等处所载，神龙以来《式》已稳定为二十卷，《散颁格》自神龙定为七卷后，至《太极格》增为十卷，到开元二十五年仍为七卷，其变化幅度亦已不大。篇帙的趋于稳定，当可在很大程度上反映其内容和体例亦无大变。
2　坂上康俊：《有关唐格的若干问题》一文，认为《神龙散颁刑部格残卷》所示条文形态有可能"本身特殊"，难以代表散颁格的一般状态（收入戴建国主编：《唐宋法律史论集》，上海：上海辞书出版社，2007年，第60—70页）。这一看法不明唐《格》编纂概要，不辨其散颁与留司之别，且以学界定名有误的几件敦煌吐鲁番"格"文书为据来推测唐《格》形态，上引戴建国文已断其无法成立。
3　唐《式》条文形态今犹可见于敦煌文书P.2507号《开元水部式残卷》，其各条开头并不书"敕"，末亦不署年月日，皆不保留制敕样态。

圣元年敕在当时确可称"格"，同时又构成了S.1344号残卷并不是《格》的证据，因为《格》条决不会出现"不依格文者，随事举正"这类赘语，就像《律》《令》《式》条或任何一份制敕的规定，都只会附加"违者杖六十"或"以某某论"等规定，而不可能再出现"不依《律》(《令》、《式》、敕)文者，随事举正"之类的文字一样。据此可说，S.1344号残卷所存证圣元年敕中出现的"格文"二字，实际上还透露了一个可以帮助判断此卷性质的重要信息：即此卷抄录的，应属那种可以称"格"而被颁下州县，却又并非《散颁格》和《留司格》的法律形式。

这种法律形式在唐代的确是存在的，开元时期更曾就此留下了明确记载。《唐会要》卷三九《定格令》载开元十九年（731）：

> 侍中裴光庭、中书令萧嵩，又以格后制敕行用之后，颇与《格》文相违，于事非便，奏令所司删撰《格后长行敕》六卷，颁于天下。[1]

这部《格后长行敕》六卷，乃取诸格后敕"删撰"而来，所谓"长行"，是指其已经删定可久施用，且又像《散颁格》那样"颁于天下"，这都符合S.1344号残卷所存各敕及其被沙州一带官府抄录、施用的状况。至于"格后敕"或"格后长行敕"被称为"格"，也

---

1 《唐会要》，第703页。

中古政治与思想文化史论

是唐代常见之事。[1]这自然是由于唐代格后敕地位本就高于一般制敕，又往往在统一立法时被修入《格》的缘故，同时亦当与北朝以来的称谓习惯相关。《唐律疏议》卷三〇《断狱篇》"诸制敕断罪"条曰：

> 诸制敕断罪，临时处分，不为永格者，不得引为后比。若辄引，致罪有出入者，以故失论。[2]

这条《律》文区别了"临时处分"的制敕和可为"永格"的制敕，格后敕特别是格后长行敕显然属于后者，自然皆可称为"永格"。此外，古代日本学者藤原佐世所撰《日本国见在书目录》第十九《刑法家》著录的"《垂拱后常行格》十五卷"[3]，乃是今知唐代

1　晚唐立法不再新定《律》《令》《格》《式》，而皆删定格后敕编集成帙加以颁行，此类皆被称为"格"。如《新唐书》卷五六《刑法志》载"开成三年，刑部侍郎狄兼谟采开元二十六年以后至于开成制敕，删其繁者，为《开成详定格》"（第1414页）。这显然也是经过删定的格敕集，却被称为"详定格"。《新唐书》卷五八《艺文志二》史部刑法类将之著录为"狄兼谟《开成详定格》十卷"（第1497页）。《宋本册府元龟》卷六一三《刑法部·定律令第五》则载此为"开成四年九月，中书门下奏两省详定《刑法格》一十卷，敕令施行"（北京：中华书局，1989年，第1904页）。《五代会要》卷九《议刑轻重》载后唐长兴二年大理寺剧可久奏文及《宋刑统》卷三〇《断狱律》"断罪引律令格式"门引此俱作"《开成格》"。《五代会要》，第115页；窦仪等撰、吴翊如点校《宋刑统》，北京：中华书局，1984年，第486页。又《五代会要》卷九《定格令》载后唐天成元年九月二十八日御史大夫李琪奏"奉八月二十八日敕，以大理寺所奏见管四部法书，内有《开元格》一卷，《开成格》一十一卷……"（第111页），可见时人已将之与《开元格》相提并论。

2　《唐律疏议》，第562页。

3　藤原佐世撰此书目一卷，约在日本宇多天皇宽平年间（889—897），即唐昭宗时期。晚清黎庶昌据日本旧抄卷子本，将之影印编入了《古逸丛书》。（转下页）

删定格后长行敕之最早者，这也提供了长行敕可称为"格"的例证。尤其是这部《垂拱后常行格》的状态，今犹可见于德藏TIIT号吐鲁番文书残卷[1]，其中所存长行敕条的形态特点，是各条并不换行而皆开头书"敕"，下存敕文要节，末以小字注明下敕年月日，这样的条文体例，显然是与S.1344号残卷所存各敕基本一致的，其间差异则纯属细节，对于两部不同时期编纂的敕集来说实可忽略不计。

要之，以S.1344号残卷所存各敕的种种现象，与唐代有关法律形式的状态相对照，即可断定其不可能是《格》文的抄件，倒是与开元十九年裴光庭等建议删撰的《格后长行敕》六卷的诸种属性丝丝入扣。也就是说，包括证圣元年敕在内，此卷所存各敕最有可能出自开元十九年编纂的《格后长行敕》六卷，即便现有证据尚难将之确凿断在开元十九年，至少也可定其性质为开元时期删定的格后长行敕。

现在再看学界以往把S.1344号残卷定名为《开元户部格》抄件的两个证据：一是其中所存万岁通天元年（696）五月六日敕关于"市师、壁师"的内容，被《唐会要》卷八六《市》大中五年八月记事引为"户部格式"[2]。二即此卷所存证圣元年敕的相关内容，亦见于

（接上页）见黎庶昌辑：《古逸丛书》下册，扬州：广陵书社，2013年，第743页；参孙猛：《日本国见在书目录详考》，上海：上海古籍出版社，2015年，第759—761页。

1 刘俊文：《敦煌吐鲁番唐代法制文书考释》二〇《TIIT垂拱后常行格断片》，第270—271页。此卷与德藏CH3841号敦煌文书残片的部分内容略同，有些学者亦曾将之定名为"神龙吏部留司格残卷"，以致刘先生后来在所著《唐代法制研究》第二章第三节《唐格初探》中再将TIIT号吐鲁番残卷改名为"神龙留司格残卷"，皆误（台北：文津出版社，1999年，第129—130页）。

2 《唐会要》，第1583页。

中古政治与思想文化史论

日本《令集解》卷一三《赋役令》"孝子"条解释"义夫节妇"时所引的《开元格》：

> 《开元格》云：其义必须累代同居，一门邕穆，尊卑有序，财食无私，远近钦承，州闾推伏。州县亲加按验，知状迹殊充，使覆问者，准《令》申奏，其得旌表者，孝门复终孝子之身也。[1]

根据上面所做的讨论，这些文字虽与前引证圣元年敕文"其义必须……复终孝子之身"完全相同，却只能凭此断定证圣元年敕被修入了《令集解》所引的《开元格》，而无法据此认为S.1344号残卷就是这个《开元格》的抄件。对此卷所收万岁通天元年敕的相关内容见于《唐会要》所引"户部格式"的现象，自然也应作如是观。这是因为此卷既然更有可能出自开元十九年所定的《格后长行敕》，则其所收各敕后来再被删定入《格》，正是顺理成章之事。然则即便肯定《令集解》所引《开元格》确为玄宗时期所编之《格》[2]，

1　惟宗直本编：《令集解》，第412页，其中"充"字，据上下文应是"尤"之讹。另需指出的是，《令集解》此处解释"义夫节妇"所引的《开元格》文，前面说的都来自证圣元年敕中判断"义门"的标准，末句"其得旌表者，孝门复终孝子之身"则说的是旌表孝子的待遇，而已全然不见证圣敕中对解释"义门"来说十分重要的"义门复终旌表时同籍人"以下内容。出现这种令人费解的现象，当是《令集解》征引所致的问题，而非开元定《格》之时所为，尽管当时确对证圣元年敕旌表孝义的规定做了一定调整。详见下文。
2　《册府元龟》卷六一二《刑法部·定律令四》载宪宗元和二年（807）七月，"命刑部侍郎许孟容、大理少卿柳登、吏部郎中房式、兵部郎中蒋武、户部郎中熊执易、度支郎中崔元、礼部员外郎韦贯之等，于命妇院定《开元格》"（转下页）

亦应断定其为开元二十五年（737）统一立法时删定而成的《开元新格》。

上引文中的"准《令》申奏"云云，又表明当时不仅把证圣元年敕的相关内容修入了《开元新格》，而且又据此敕调整了《令》《式》的相关规定。《令集解》卷一三《赋役令》"春季"条在解释"逃亡者附亦同"时，引用了日本类书《古记》所存的一条《开元式》文[1]：

> 《开元式》云：一依《令》：孝、义得表其门间，同籍并免课役。即孝、义人身死，子孙不住，与得孝、义人同籍，及义门分异者，并不在免限……[2]

（接上页）（第7349页）。王溥等撰：《唐会要》卷三九《定格令》载此为："元和二年七月，诏刑部侍郎许孟容……礼部员外郎韦贯之等，删定开元格后敕。"（第704页）似宪宗元和二年许孟容等删定开元格后敕的作品亦被称为"《开元格》"。而这样称名在唐前期是有例可循的，《旧唐书》卷四六《经籍志上》史部刑法类著录源直心等撰的"《永徽留本司行中本》十八卷"和刘仁轨撰"《永徽留本司格后本》十一卷"，便分别是麟德二年和仪凤二年奏上之物，两者显然皆因其底本为《永徽格》而得名（第2010页）。而《令集解》作为《养老令》文的集注，一般认为其成书时间在平安朝初期的贞观年间，其编成不会早于清和天皇贞观元年（859）即唐宣宗大中十三年。则其此处所引或是元和二年编成的这部《开元格后敕》（"《开元格》"）的可能很难完全排除。

1 《令集解》各处引"《古记》"之文甚多，其中往往杂引《孝经序》、《韩诗外传》、日本天皇敕旨及《令》文以及唐《令》与《格后敕》之类的文献以证日本《令》义，仁井田陞先生已指出其是《大宝令》的注释书，成书于圣武天皇天平十年正月至十二年八月（当唐开元二十六年至二十八年，738—740）间。见仁井田陞：《唐令拾遗》序说第二《唐令拾遗采择资料に就いて》之"令集解"条，东京：东京大学出版会，1964年，第91页。

2 惟宗直本编：《令集解》，第406—407页。

前已指出隋代开皇《令》中已有"孝子顺孙、义夫节妇免其课役"的内容，按隋、唐《律》《令》的递嬗脉络来理解，唐武德以来诸《令》皆应沿袭了这一规定。因而证圣元年下敕规范旌表孝义之制，既是要针对"虚滥"严其防范，同时也以"孝门复终孝子之身，义门复终旌表时同籍人身"的规定，明确和细化了在以往《令》文中显得较为笼统的孝、义人免课范围。继此而发生的事态，则如《令集解》上引《开元格》《式》文所示，S.1344 号残卷所存证圣元年敕中旌表孝义的免课范围，显然又被简化为"同籍并免课役"六字而修入了同期所定《令》文。[1] 因此，只要肯定此卷所存各敕出自开元十九年删定的《格后长行敕》，那就可以断定，见于上引《令集解》文的《开元式》《令》，实际上也像上面所述此书征引的《开元格》一样，都是开元二十五年所定。由此遂可还原出当时对旌表孝义之制的三个调整：一是根据开元十九年所定《格后长行敕》中的证圣元年敕，其"孝门复终孝子之身，义门复终旌表时同籍人身"的内容，已被简化提炼为"同籍并免课役"六字而被修入了《令》文。二是此敕显然仍有防范"虚滥"和补充、细化《令》文规定的重要价值，故被稍事删削去其敕头敕尾而修入了《开元新格》。三是

---

1 这条《令》文的基本内容，今犹可见于《唐六典》卷三《户部》："孝子顺孙、义夫节妇志行闻于乡闾者，州县申省奏闻，表其门闾，同籍悉免课役；有精诚致应者，则加优赏。"（第77页）《唐令拾遗》之《赋役令》即照录此文以为《令》条（第683—684页）。又天一阁藏明钞本《天圣令》中的《赋役令》中，仍保留了开元二十五年《令》中的"诸孝子顺孙、义夫节妇，志行闻于乡闾者，具状以闻，表其门闾，同籍悉免色役。有精诚冥感者，别加优赏"之条，其中文字与唐《令》稍异者，当是其"因旧文，以新制参定"的结果。天一阁博物馆、中国社会科学院历史研究所天圣令整理课题组：《天一阁藏明钞本天圣令校证》（以下简称《天一阁藏明钞本天圣令校证》）之影印本《赋役令卷》，北京：中华书局，2006年，第50页。

当时所定《开元新式》中，也适应《令》《格》有关旌表孝、义的新规定，相应增加了关于孝、义人身死以后，如何继续对其同籍、同门之人免课的条文。

由此可见，证圣元年下敕规范旌表孝义之制以后，不仅在开元十九年被删定编入了《格后长行敕》六卷，到开元二十五年又被进一步修入了《开元新格》，同时朝廷又据以调整了《令》《式》的相关规定。也就是说，开元二十五年的这些立法，实际上是证圣元年下敕以来续加删定、施用的一个高峰，此敕在唐代旌表孝义的各种制度形式之中的核心地位，至此已然凸显无遗。

这里还须指出的是，《令集解》卷一三《赋役令》"孝子"条后文，还提供了此敕在开元十九年前曾被删定编纂的踪迹。其在解释"唯当五代人可称义夫者"时曰：

《古记》云：义夫，谓《格后敕》十三卷云：其义必须累代同居，一门邕穆，易衣而出，同爨而食，尊卑有序，财产无私，言行匪亏，乡闾不竞，官寮委验，远近称扬。其祖父见存，计子孙，虽至四代共居者，亦不得计。从数为义。[1]

《古记》此处解释"义夫"所征引的《格后敕》，篇帙不下十三卷，当是唐朝传至日本之物。其与前面所述《日本国见在书目录》中的《垂拱后常行格》十五卷是何关系？是一个颇值吟味的问题。[2]

1　惟宗直本编：《令集解》，第413页。
2　据前引《唐会要》卷三九《定格令》载开元十九年编纂《格后长行敕》六卷之事，不难推知《垂拱后常行格》删定的，必是《垂拱格》颁行后形成的（转下页）

但在此特须关注的是，这部《格后敕》十三卷中的一条，自"其义必须累代同居"以下所述，与S.1344号残卷所存证圣元年敕的内容大体相合，却多出了"易衣而出，同爨而食"等不少文字，而其中关于义门的相关内容则已被明显提炼和改写[1]。据此似可断其亦当原出证圣元年四月九日敕，其面貌却显然要比见于S.1344号残卷者更加原始。换言之，在S.1344号残卷所存各敕被删定的开元十九年之前，其中的证圣元年敕曾以一种更为接近原敕的形态，被编入过某部篇帙不下十三卷的《格后敕》。

可以与之互证的，是《令集解》卷一三《赋役令》"孝子"条前面在解释"孝子顺孙"时，又引用了一条存于《古记》的"格后敕"文：

> 《古记》云："孝子，谓《孝经序》曰：'……曾子喟然知孝之

（接上页）格后敕，由于格后长行敕到统一立法时必是《散颁格》的首选素材，且继《垂拱格》而修者即为《神龙格》，遂可断其删撰时间在神龙元年定《格》之前，故证圣元年敕正在《垂拱后常行格》删定之列。

[1] S.1344号残卷所存各敕对原敕文字的删节和改写，可从其中的唐隆元年七月十九日敕文见其一斑。《唐大诏令集》卷一一〇《政事·诫谕》收录了同日下达的《诫励风俗敕（又）》，其中的"逃人田宅，不得辄容卖买，其地在（劲案："在"当作"任"）依乡原例租纳州县仓，不得令租地人代出租课"一段，即是S.1344号残卷所存此敕全文的来源，但其已被改为："敕：逃人田宅，不得辄容卖买。其地任依乡原价租充课役，有剩官收。若逃人三年内归者，还其剩物。其无田宅，逃经三年以上不还者，不得更令邻保代出租课。"分见宋敏求编：《唐大诏令集》，第570—571页；刘俊文：《敦煌吐鲁番唐代法制文书考释》，第280页。这表明格后长行敕除可删节原敕文字使之严密外，也可另据别敕增入相关规定。前引《唐会要》卷三九《定格令》载开元十九年"删撰"《格后长行敕》六卷，其中的"撰"字，即增入文字之谓。

为大也。'《韩诗外传》曰:'曾子曰:"……悲不见吾亲也。"'格后敕云:'其孝必须生前纯至,色养过人,没后陪(劲案:此处当脱一字),哀毁喻礼,神明通感,贤愚共伤。'又云:'孝养贰亲,始终无怠,名表州里,行符曾、郭也。'又云:'却标孝悌,有感通神也。'"[1]

　　这里《古记》引用了各种文献来解释"孝子"之义,其中引到的这段"格后敕",自"其孝必须生前纯至"直到"贤愚共伤",显然也与S.1344号残卷所存的证圣元年敕文相同,其应当也是来自《古记》所引的《格后敕》十三卷,乃属其中某条提到"其义必须累代同居"云云之前的那段说明"其孝必须"如何的文字。两处所引显然都原出证圣元年旌表孝义敕,而其相较于S.1344号残卷所存此敕多出来的同义文字,正是此敕曾以一种更为原始的形态被编入过这部传至日本的《格后敕》的证据。另可一提的是,上引文中的两处"又云",从其文义当可断其为别条"格后敕"文,从而说明《古记》所引这部篇帙不下十三卷的《格后敕》中,还编入了几条内容同样有关孝行和孝悌的制敕。这又透露证圣元年下敕前后,朝廷曾在阐扬有关礼教准则上推出过若干举措,而其皆被编入了某部《格后敕》的事实,则表明这些举措必然也是在推崇孝行上相当重要的制度或成例,且其难免会与证圣元年敕发生某种扞格出入,这又反映了裴光庭等建议删定《格后长行敕》的背景。故若S.1344号残卷抄录的就是开元十九年删定的《格后长行敕》,那就可以断定其中已

1　惟宗直本编:《令集解》,第410—411页。

经删去了《古记》这两处"又云"对应的格后敕条，而只保留了证圣元年敕。

讨论至此可见，证圣元年敕必是以格后敕的形式出台和发挥作用的，并曾在开元以前被编入过一部后来传至日本，篇帙不下十三卷的《格后敕》。到开元时期此敕又被进一步删定为"格后长行敕"而颁行各地，这也就是其出现于S.1344号敦煌残卷的原因。故学界以往将之定名为"《开元户部格》残卷"是错误的，此卷极可能就是开元十九年裴光庭等建议删定的《格后长行敕》六卷的某种抄件[1]，连同其他几件学界以往定名为《格》而又不明其为"散颁"或"留司"的敦煌吐鲁番文书，由此看来都需要重新考虑其性质和定名。到开元二十五年统一立法之时，证圣元年敕又被修入了《开元新格》，同时其相关内容又影响了当时《令》《式》的修订，充实和调整了以往旌表孝义的有关规定。自此证圣敕本身当已停废，然其基本内容仍存于《开元新格》，并与《令》《式》的相关规定一起规范着开元二十五年以来的旌表孝义活动。

但证圣元年敕被删定施用的经历并未至此告终，因为文献中还有一处记载，反映了此敕在晚唐以来再被删定而复以格后敕形式发

1　此卷所存各敕的时间排序看似先后无序，细观之即可发现其实际是在分类之下再以下敕时间先后为序排列的。如现存其第四至七条皆为禁断聚集人众之事，八至十条皆为蕃胡化外之事，十一至十四条皆为各地市易买卖诸事，十五、十六条皆为纳课进物之事，便都是以时间先后为序的。由此可推此卷现存末条圣历元年正月三日岭南铨官敕后，应当另有同类敕条；其现存首条惟余"开元元年十二月十七日"这个日期，则应是上一类目的末条；而此卷第二条为景龙二年九月廿日所下实封封户不得辄改，第三条即为证圣元年旌表孝义敕，两者各属一类。因此，此卷在抄录时显然隐去了原件必然存在的类目，这可能是因为其所抄录的有些类目只有一条的缘故，不过其所抄各条凡后条时间先于前条者，即标志其属于另一类。

挥作用的状况。《册府元龟》卷一四〇《帝王部·旌表四》载后晋天福四年（939）正月：

> 尚书户部奏："深州司功参军李自伦，六世义居，奉敕准格处分。按格敕节文：'孝义旌表，苟存虚滥，不可褒称。必在累世同居，一门和睦，尊卑有序，财食无私，遐迩钦承，乡间推伏，州县亲加按验，状迹殊尤，简覆既同，准令申举，方得旌表。'当司当本州审到，乡老呈言等，自伦高祖训，训生灿，灿生财，财生忠，忠生自伦，自伦生光厚。六从弟兄同居不妄。"敕："以所居飞凫乡为孝义乡，孕圣里为仁和里，仍准《式》旌表门间。自伦委吏部以本道一官注拟。"[1]

"格敕"即格后敕[2]，其时有司奏请旌表李自伦，晋高祖下敕"准

1　《册府元龟》，第1700页。白居易原本、孔传续撰：《白孔六帖》卷二六《义感》"孝义乡"条亦引此奏节文，"当司当本州审到"以下数句作"得本州审到乡老程言等，称自伦高祖训"。是其"呈"当作"程"，"自伦"前脱一"称"字（上海：上海古籍出版社，1992年影印《文渊阁四库全书》本，第891册，第416页）。

2　如《旧唐书》卷一四八《权德舆传》载宪宗时事："先是，许孟容、蒋乂等奉诏删定格敕……留中不出。德舆请下刑部，与侍郎刘伯刍等考定，复为三十卷奏上。"（第4005页）《唐会要》卷三九《定格令》则载："其年（劲案：元和十三年），刑部侍郎许孟容、蒋乂等，奉诏删定格后敕，勒成三十卷，刑部侍郎刘伯刍等，考定修为三十卷。至长庆三年正月，刑部奏请户部郎中王正、司门员外郎齐推详正敕格。从之。"（第704页）此即《新唐书》卷五八《艺文志二》史部刑法类著录的《元和删定制敕》三十卷及《元和格敕》三十卷（第1497页）。是"格敕"和"敕格"皆为格后敕，其例自初唐以来即不胜枚举。《白孔六帖》和《宋刑统》中常见的"户部格敕""刑部格敕"等等皆是此类，学界以往或将之标点为"《户部格》敕""《刑部格》敕"云云，其书名号显属误加。

格处分"，而户部拟其旌表事宜引据的则是格后敕的节文，这也是格后敕本可称"格"的例证[1]。这份格后敕的节文，除个别文字稍异外，其余大多与S.1344号残卷所存证圣敕略同，但其"财食无私"等处文字，又与前引日本《古记》所引《格后敕》中的此敕佚文相符。这无疑表明其亦原出于证圣元年敕，却显然不是来自S.1344号残卷抄录的开元十九年《格后长行敕》之类。那么能否由于两者文字更为接近，而说其来自《古记》所引的这部《格后敕》呢？结论还是不能，因为开元二十五年新《格》《式》颁行以后，凡是此年五月三十日前行用的所有制敕，都已被当时主持立法的宰相李林甫奏准停废[2]，这部《格后敕》和其他各种类此删定的敕集，包括开元十九年删定的《格后长行敕》六卷在内，都已停其效用，且其传本至此存否亦当别论，也就根本不可能为后晋户部所据了。以此结合开元以后直至晚唐五代的立法事态，遂可断定天福四年正月户部征引的这份格后敕，必自证圣原敕删定而来，具体则应出于后唐沿用的晚唐所编格后敕集，随后又被后晋相承施行者。

这部格后敕集，应当就是唐宣宗大中五年（851）四月删定的《大中刑法总要格后敕》六十卷。[3]这样判断的理由有三：一是开元

1 《册府元龟》卷一四〇《帝王部·旌表四》载后晋少帝开运三年："敕孟州奏河阴县版籍乡谢明里义居百姓王均宜，宜改版籍乡为孝悌乡，谢明里为积庆里。余准格文处分。"此"格"显然也是指证圣元年敕（第1701—1702页）。

2 《唐会要》卷三九《定格令》，第704页。《通典》卷一六五《刑三·刑制下》原注亦载此事。《通典》，典八七一。

3 《旧唐书》卷五〇《刑法志》载为"《大中刑法总要格后敕》六十卷"（第2156页）。《唐会要》卷三九《定格令》载为"《大中刑法统类》六十卷"（第705页）。《五代会要》卷九《定格令》载后唐天成元年九月二十八日复用唐法之事，作"《大中刑法格后敕》六十卷"（第112页）。

以后立法已完全围绕格后敕的删定来展开，其中只有《大中刑法总要格后敕》，才统一清理和删定了贞观二年（628）六月二十八日至大中五年四月十三日所下的各种制敕。而德宗以来陆续编纂的其他各种格后敕集，其删定的时限都在开元二十五年以后，也就都不可能收入证圣元年敕。[1] 二是唐法统至后梁开平四年（910）立法已告断绝，至后唐天成元年（926）九月"废梁伪格，施行本朝格令"方续其绪[2]，当时存而复行的唐代格后敕集，只有《太和格》五十一卷、《开成格》十一卷和《大中刑法总要格后敕》六十卷[3]。而《开成格》删定格后敕的时间上限是德宗建中元年，《太和格》则仅取大

1　参楼劲：《魏晋南北朝隋唐立法与法律体系：敕例、法典与唐法系源流》第十章《律令格式体系的变迁》第三节《长行敕的删定编纂与开元二十六至唐末立法》，第536—552页。

2　《册府元龟》卷六一三《刑法部·定律令》后唐庄宗同光元年十二月，"御史台奏：当司、刑部、大理寺，本朝法书，自朱温僭逆删改事条，或重货财轻入人命，或自徇枉过滥加刑罚。今见在三司收贮刑书，并是伪廷删改者，兼伪廷先于诸道追取本朝法书焚毁，或经兵火，所遗皆无旧本节目。只定州敕库有本朝法书具在，请敕定州节度使速写副本进纳，庶刑令式并合本朝旧制。从之。未几，定州王都进纳唐朝《格》《式》《律》《令》凡二百八十六卷"（第7357页）。《资治通鉴》卷二七二《后唐纪一·同光元年》十二月庚辰条及《旧五代史》卷三〇《唐书六·庄宗纪第四》此年十二月庚辰俱载其事而文简。分见《资治通鉴》，第1986页；《旧五代史》，第422页。

3　《五代会要》卷九《定格令》载其所存还有宝历二年卢纾所撰《刑法要录》十卷，另外即为开元二十五年所编《格式律令事类》四十卷及《律》《律疏》和《令》《格》《式》（第111—112页）。又其所载的"《太和格》五十二卷"，《册府元龟》卷六一三《刑法部·定律令》载为"五十一卷"。据《唐会要》卷三九《定格令》及《新唐书》卷五八《艺文志二》史部刑法类著录太和"《格后敕》五十卷"的原注，其在唐大和四年七月奏上时为六十卷，诏下刑部详定"去其繁复"，至太和七年奏上时减为五十卷，后唐时其溢出的一或二卷当是其序目，其况与《开成格》本为十卷而后唐溢出的一卷为其序目相同。分见《唐会要》，第706页；《新唐书》，第1497页。

理寺所存格后敕删定而成。三是后晋天福元年（936）曾专门下诏循用后唐明宗所定诸法，且明确规定"不得改易"[1]。因而《大中刑法总要格后敕》等正是天福四年现行之"格"，这才合乎晋高祖下敕"准格"旌表李自伦，而户部奏拟则引据了证圣敕的情节。由此可断，收录了证圣元年敕的晚唐所定格后敕集，只能是《大中刑法总要格后敕》，其既径据原敕稍加删定而成，自然也就既出现了S.1344号残卷所存此敕的内容，又较之多出了"财食无私"等原敕本有的文字。

至此已可推知开元二十五年以后证圣元年敕的经历：当中唐以来格后敕盛行而《律》《令》《格》《式》渐成具文之时，此敕的基本内容虽然仍在《开元新格》之中，其中规定的孝、义标准及其查验核实和责任追究之制，实际效力必亦不彰，当时旌表孝义的诸种"虚滥"亦必更为严重。有鉴于此，宣宗删定《大中刑法总要格后敕》时便特意收入了证圣敕，目的是在当时只重格后敕而开元旧法已不被重视的法律氛围下[2]，通过将之编入新定刑事格后敕的方式，再次申明其所含种种规定的法律效力，使之在防范"虚滥"时起到

---

1 《五代会要》卷三九《定格令》："晋天福三年六月，中书门下奏：'伏睹天福元年十一月敕节文，唐明宗朝敕命法制，仰所在遵行，不得改易。今诸司每有公事，见执清泰元年十月十四日《编敕》施行，称明宗朝敕，除编集外，并已封锁不行。臣等商量，望差官将编集及封锁前后敕文，并再详定，其经久可行，条件别录奏闻。'从之。"（第112页）据此则晋天福元年已明诏规定循用后唐之法，具体也就是上面所举各部唐法，及后唐明宗清泰元年删定庄宗登位以来十一年内可久施用的《编敕》三百九十四道。

2 《唐会要》卷三九《定格令》："大和四年七月，大理卿裴谊奏当寺《格后敕》六十卷，得丞谢登状，准御史台近奏，从今已后，刑部、大理寺详断刑狱，一切取最后敕为定。"（第706页）即典型地体现了这种"当时为是"的法律氛围。

比《开元新格》更加明显的作用。由此再据后唐及后晋其仍被相沿施用的事实[1]，可见此敕在朝廷旌表孝义之制中的主体地位，至少延续到了后晋灭亡之前。[2]

最后还须一提的是，上引后晋天福四年所下敕文既述"准《式》旌表门闾"，也就表明其承自后唐的开元二十五年《式》中，还存在着旌表孝、义门闾的规定。《五代会要》卷一五《户部》载：

> 天福四年闰七月，尚书户部奏："李自伦义居七世，准敕旌表门闾。当司元无《令》《式》，祇先有登州义门王仲昭六代同居，其旌表有厅事、步栏，前列屏树，乌头正门，阀阅一丈二尺，一（劲案："一"当作"二"）柱相去一丈，柱端安瓦桶（劲案："桶"当作

1　《五代会要》卷九《定格令》载后唐天成元年十月二十一日，御台史、刑部、大理寺奏"《开元格》与《开成格》并行，实难检举"，敕命其"详定一件《格》施行"，结果三机构一致认为"《开元格》多定条流公事，《开成格》关于刑狱，今欲且使《开成格》"，明宗"从之"。是《开元格》至此被搁置（第111页）。

2　《册府元龟》卷一四〇《帝王部·旌表四》载周太祖广顺"三年五月户部言：济州金乡县民索修己、陈州项城县民常真，皆散发跣足守坟，本州以闻。户部以赦书节文：孝子义夫所宜旌表，以厚时风。敕：宜依《令》文施行"（第1702页）。是当时旌表孝义，所据乃是太祖前此下达的"赦书"，其具体规定则按《令》文施行。由此联系《五代会要》卷九《定格令》载周世宗显德四年中书门下奏当时"朝廷之所行用者，《律》一十二卷、《律疏》三十卷、《式》二十卷、《令》三十卷、《开成格》一十卷、《大中统类》一十二卷，及皇朝制敕等，折狱定刑，无出于此"（第113页）。可见后唐以来行用的《大中刑法总要格后敕》六十卷至北周已佚，所存除《开成格》外，惟有《唐会要》卷三九《定格令》载唐宣宗大中七年五月张戣"编集《律》《令》《格》《式》条件相类者一千二百五十条，分为一百二十一门，号曰《刑法统类》"者，也就是《新唐书》卷五八《艺文志二》史部刑法类著录的张戣《大中刑律统类》十二卷。分见《唐会要》，第705页；《新唐书》，第1497页。由此可推证圣敕至后周已佚，故其户部奏请旌表孝义已不像后晋有唐代"格敕"可据，遂仅依据"赦书"而依《令》施行矣。

"桷"），漆黑，号乌头。筑双阙一丈柱，乌头之南三丈七尺，夹街十有五步，槐柳成列。今举此为例，又不载《令》文。"敕："王仲昭正厅、乌头门等事，既非故实，恐紊彝章，宜从《令》《式》，祇表门闾。于李自伦所居之前，量地之宜，高其外门，安绰楔，门外左右各建一台，高一丈二尺，广狭方正，称台之形，垍以白泥，四隅染赤。行列树植，随其事力，同籍课役，一准《令》文。"[1]

　　既然是"准《式》旌表门闾"，则上引文中关于旌表李自伦门闾的"量地之宜，高其外门"，"门外左右各建一台"的规制，必在一定程度上来自《开元新式》的相关条文，这就补充了前举《古记》所引《开元式》佚文未及的其他内容。[2]上引文同时也已表明，《开

1　《五代会要》，第197页。《新五代史》卷三四《一行李自伦传》载此在天福四年九月丙子而文简，但"赤其四角"后多"使不孝不义者见之，可以悛心而易行焉"一句（北京：中华书局，1974年，第373页）。《册府元龟》卷六一《帝王部·立制度二》载此在闰七月壬申，卷一四〇《帝王部·旌表四》载正月户部奏准李自伦旌表之事，原注载闰七月丙子户部奏其门闾规制，其文与此大抵相同（第1700页）。《旧五代史》卷七八《晋书四·高祖纪第四》天福四年闰七月壬申载其事，即辑自《册府元龟》两处所载并据他书做了校改（第1030—1031页），如其末之"一准《令》文"，《册府元龟》卷六一《帝王部·立制度二》载为"一准《令》《式》"（第686—687页）。今案《册府元龟》卷一四〇《帝王部·旌表四》载后唐明宗长兴四年九月登州黄县义门王义云、末帝清泰二年七月镇州元氏县义门曹重兴、后晋高祖天福四年正月深州义门李自伦等人，皆作"依《令》《式》加以旌表"（第1699—1700页）。而南宋程大昌《演繁露》卷一〇"旌表门闾"条引《册府元龟》此条亦作"其同籍课役，一准《令》《式》"。程大昌撰、许逸民校证：《演繁露校证》，北京：中华书局，2018年，第699页。而日本《古记》所引《开元式》佚文中，又确有旌表孝子免其课役的具体规定。据此诸端，均可证此处"同籍课役，一准《令》文"，确应作"同籍课役，一准《令》《式》"为是。
2　由于隋以来《赋役令》中已有旌表孝义的免课规定，《式》中有关旌表孝义门闾的规定，应自永徽以来定《式》后即已有之，而霍存福《唐式辑佚》之（转下页）

元新式》的这些规定在晚唐以来，也像《律》《令》《格》文一样不断被突破，即如王仲昭旌表的"正厅""乌头门""双阙"之类，甚至包括李自伦旌表的门外安绰楔、行列树植和白台赤角等项在内，显然都是在唐《式》规定以外的"自由发挥"，但却构成了今仍残存于世的古孝、义牌坊的直接前身。[1]

三、史馆所录孝、义事迹与证圣元年敕的效应

以上结合S.1344号残卷的性质、年代和定名问题，通过对今存若干证圣元年敕佚文的讨论，尽可能还原了此敕自证圣元年下达至五代后

（接上页）复原篇《户部式第五》失辑此条（北京：社会科学文献出版社，2009年，第202—259页）。关于上引文中"当司元无《令》《式》"的解释，《册府元龟》卷一四〇《帝王部·旌表四》载后唐明宗长兴四年九月旌表登州黄县累世义居人王义云之事，其原注曰："所司初言，自丧乱已来，亡失旌表式样，《令》《式》虽载条目，别无制度。时有明经生王守诚者，即义云之孙，自言累代义居，今乡里尚有载初元年旌表门闾见在。载初中奏臣远祖六代同居，有白雀、嘉禾之瑞。其旌表门闾样，请下本州简验以闻。即召房知温遣画工至王义云乡里，画门闾以进。所司方得安行。"（第1699页）是唐《式》中确有关于旌表孝义门闾之条，却未详其具体建筑规制。

1 "绰楔"一词方志多见，盖即牌坊之古称也。《宋史》卷四五六《孝义郭义传》载"郡上其事，诏旌表其闾，于所居前安绰楔，左右建土台，高一丈二尺，方正，下广上狭，饰白，间以赤，仍植所宜木"。其制与李自伦略同（北京：中华书局，1985年，第13412页）。《明史》卷三〇一《列女传》序："大者赐祠祀，次亦树坊、表乌头绰楔，照耀井间，乃至僻壤下户之女，亦能以贞白自砥。"（北京：中华书局，1974年，第7689—7690页）明代谢迁《归田稿》卷二《旌忠祠记》述此祠为死难于宸濠之乱的巡抚孙燧、按察副使许逵而立，建于南昌东湖之畔贡院旧址，"瞰湖竖绰楔，石为之扁，曰'旌忠'，遵圣训也"（上海：上海古籍出版社，1991年影印《文渊阁四库全书》本，第1256册，第18页）。可见宋代以来至明清旌表牌坊规制，正承晚唐五代旌表门闾之法演变而来。

晋两百五十余年中续被删定和施用的脉络。而这两百五十多年旌表孝、义的历程，承接的正是前面所述北魏孝文帝以来相关举措和与之伴生的"虚滥"交替催动，遂致其效用迅速衰变而不能不续加提振整顿的演变趋势。从其所处时代及与之相关的诸种事态来看，证圣元年敕对旌表孝义之法的规范及其续被删定施用的过程，显然也反映了中古史前后期或唐宋之间社会转折变迁之际，朝廷在倡扬某些礼教准则、基本价值，并以种种手段将之法律化和社会化时面临的某种共同主题和命运。以下即拟对证圣元年敕的效用和影响略做分析，以此结束本文。

证圣元年敕对以往旌表孝、义之制所做的规范，特别是其在防范"虚滥"上所做的多种规定和努力，是收到了一定效果的，这在两唐书《孝友传》所载各时期孝、义之人的主要事迹中即有体现。如前所述，隋代以来旌表孝、义的免役规定已被纳入了《赋役令》，永徽定《式》以后，旌表孝、义门闾的相关内容亦当进入了《式》文[1]，证圣元年敕更详细规定了其相应待遇及其查验核实的程序和责任，在此基础上，各地州县申报和朝廷旌表或以其他方式加以表彰的孝、义之人，在唐代已有远较以往具体和连续的记录，特别是将之申送史馆以便录入《国史》的制度亦已趋于完备[2]，这也就是两唐

---

1 隋开皇、大业及唐武德、贞观立法皆未制定综合指导各种行政过程并与《律》《令》相辅而行的《式》，唐代的《律》《令》《格》《式》体系实始于永徽三年。参楼劲：《隋无〈格〉〈式〉考——关于隋代立法和法律体系的若干问题》，《历史研究》，2013年第3期；《武德时期的立法与法律体系——说"武德新格"及所谓"又〈式〉十四卷"》，《中国史研究》，2014年第1期。
2 《唐会要》卷六三《史馆上·诸司应送史馆事例》，即有"州县废置及孝、义旌表，户部有即报""硕学异能、高人逸士、义夫节妇，州县有此色，不限官品，勘知的实，每年录附考使送"之条，另有"如史官访知事由，堪入史者，虽不与前件色同，亦任直牒索。承牒之处，即依状勘，并限一月内报"的规定。（转下页）

书《孝友传》取舍和记载的取材来源[1]。正是在此体制的基础上，史馆所存孝、义之人的诸种事迹，无非是来自户部或州县奏请对之加以旌表或彰扬时列举的理由，而这些理由首先自然需要合乎制度规定的旌表或彰扬条件。明确了这一点，也就可以明白两唐书《孝友传》所载孝、义者事迹在不同时期所呈现出来的变化[2]，实可在很大程度上反映有关政策的调整及其效用和影响。

由此细观两唐书《孝友传》载诸孝、义的事迹，特别是其中被突出强调的情节，就可以发现其波动之况，确是大略与证圣元年敕的下达，也与其后续删定、施用的过程大体合拍的。具体则可以证圣敕下达的武则天和玄宗时期为界，将之区分为三个阶段：

第一阶段是唐初至高宗前期，此期户部和州县申报孝义时强调的，显然是其事迹的"神异"。具体如武德时期旌表的孝子张志宽，除丁母忧"负土成坟"外，另有"母尝有所苦，志宽亦有所苦，向

（接上页）后文又载建中元年十一月二十八日史馆奏："前件事条，虽标《格》《式》，因循不举，日月已深。伏请申明旧制，各下本司。"从之。（第1089—1090页）是申送史馆条例早已纳入《格》《式》，德宗登位后又加申明。

1 《旧唐书·孝友传》序述以往《孝友传》所传"人或微细，非众所闻；事出闾里，又难详究"；又称"今录衣冠盛德，众所知者，以为称首。至于州县荐饰者，必覆其殊尤，可以劝世者，亦载之"（第4918—4919页）。此《序》或采自吴兢、韦述、柳芳三人相继所撰唐《国史·孝友传》原序，其大意盖谓以往史臣传诸孝、义并无详实文档可覆。《新唐书·孝友传》序则一一列出了有唐二百八十八年无他功业的闾巷之士"以孝悌名通朝廷"者的姓名籍贯，又述"故辑而序之"。其所据显为唐史馆文档（第5575—5577页）。

2 《册府元龟》卷一三八至一四〇《帝王部》之《旌表二》《旌表三》《旌表四》所载唐及五代孝义表彰之例，皆取自当时《国史》，其性质与两《唐书·孝友传》同（第1669—1703页）。

中古政治与思想文化史论

患心痛，知母有疾"的感应情节[1]。唐初因孝义得旌表的裴子通，母终庐于墓侧，哭至双目失明，有"白鸟巢于坟树"；其曾孙敬彝亦因其父暴卒远方而有"心痛，手足皆废"之异[2]。贞观时表彰的孝子王少玄，父死隋末乱兵，于野滴血渗骨辨父骸骨，"阅旬而获"[3]。高宗时得旌表的孝子支叔才，除母病痫吮疮注药外，守丧庐墓又有"白鹊止庐旁"的异征[4]；程袁师母丧"负土筑坟"，又"常有白狼、黄蛇驯墓左，每哭，群鸟鸣翔"[5]；武弘度（武则天堂兄）父卒"负土筑茔"，另有"素芝产庐前，狸扰其旁"；许伯会母丧"负土成坟"，"野火将逮茔树，悲号于天，俄而雨，火灭。岁旱，泉涌庐前，灵芝生"[6]。诸如此类大量出现的感通神明之迹，显然传递了当时各地申报孝义争相以"神异"为说的情景，其一方面可以表明文献所存《开元令》中关于旌表孝义"有精诚致应者，则加优赏"的规定，必是承自隋及唐初以来诸《令》而来；另一方面又不难想见，面对这些多有雷同而无从验证的神异情节时，朝廷所处左右为难的境地。由此再看证圣元年敕之所以通体着眼于防范而逐一对相关事项做出限

---

1 《旧唐书》卷一八八《孝友张志宽传》，第4918—4919页；《新唐书》卷一九五《孝友张志宽传》，第5579页。

2 《旧唐书》卷一八八《孝友裴敬彝传》，第4923—4924页；《新唐书》卷一九五《孝友裴敬彝传》，第5582页。

3 《旧唐书》卷一八八《孝友王少玄传》，第4921页；《新唐书》卷一九五《孝友王少玄传》，第5579—5580页。

4 《新唐书》卷一九五《孝友支叔才传》，第5580页。

5 《新唐书》卷一九五《孝友程袁师传》，第5580—5581页。

6 《新唐书》卷一九五《孝友许伯会传》，第5581页。《册府元龟》卷一三八《帝王部·旌表二》载此期这类事例还有：贞观六年正月旌表边凤、常引宗、崔定仁、陈嗣等四家课役，"凤举植柏而为嘉树，引宗庐前生芝草七十余茎"；贞观十二年又旌表节义人王陇德为其主人守丧，"负土成坟，每有白雉悲鸣于坟上焉"（1671—1672页）。

制的特性，也就可以恍然大悟了。

这个阶段的结束和第二阶段的开始，正在证圣敕下达前后至玄宗登位前，在这个转折期中，史馆所录孝友之人的典型事迹中，忽已看不到以往习见的诸种神异征象，而被代之以那些相对较为平实的情节。值得注意的是这种变化似在高宗后期武则天当政之时就已开始显示出来，如高宗后期表彰的陈集原，丧父哀毁，"悲感行路，资财田宅及僮仆三十余人，并以让兄"[1]。高宗之末永淳二年（683）得到表彰的元让，侍母至孝，"不出闾里者数十余年"，守丧"菜食饮水而已"[2]。永淳以来以孝悌著称的裴守真，母丧"哀毁骨立"，"事寡姊及兄甚谨……尽以禄俸供姊及诸甥，身及妻子粗粝不充"[3]。中宗时被巡察使奏上孝状的李日知，事母至孝，侍疾"数日而鬓发变白"，母终则哀痛"殒绝，久之乃苏"[4]。这类记载表明武则天实际操持帝柄之时，必然已对各种如潮涌来迹近神异的孝义之例加以控制[5]，至高宗崩殂十余年后证圣元年敕的下达，则标志了相关制度的

---

1 《旧唐书》卷一八八《孝友陈集原传》，第4922—4923页；《新唐书》卷一九五《孝友陈集原传》，第5583页。

2 《旧唐书》卷一八八《孝友元让传》，第4923页；《新唐书》卷一九五《孝友元让传》，第5581—5582页。

3 《旧唐书》卷一八八《孝友裴守真传》，第4924—4925页。

4 《旧唐书》卷一八八《孝友李日知传》，第4926—4927页。《册府元龟》卷一三九《帝王部·旌表三》载此类还有：神龙二年十二月旌表义门朱敬则"尝与三从兄同居四十余年，财物无异"；三年六月旌表孝子潘元祚，"以其居丧结庐墓次，负土乃成坟也"（第1677页）。

5 《旧唐书》卷一八八《孝友元让传》载永淳元年巡察使奏让孝悌殊异，"圣历中，中宗居春宫，召拜太子司议郎，及谒见，则天谓曰：'卿既能孝于家，必能忠于国。今授此职，须知朕意。宜以孝道辅弼我儿。'"（第4923页）武则天显然是接受忠臣出于孝子之门的传统逻辑，其所限制的主要是各种败坏风俗的"虚滥"。

　　　　　　　　　　　　中古政治与思想文化史论

整顿和这种控制的全面展开；同时也说明此敕防范"虚滥"的效用，直至中宗、睿宗时期仍在继续。特别是其骤然加严的责任追究办法及其所确认的"州县亲加按验，知状迹殊尤，使覆同者，准令申奏"的规定，显然已把那些无从查验的神异感应排除在"状迹殊尤"的"申奏"范围之外了。

第三阶段是自玄宗以来，各地申报孝、义之人的神异事迹复又出现，自此直至晚唐而络绎不绝。如《册府元龟》卷一三九《帝王部·旌表三》载玄宗先天二年江西道按察使奏东陵人唐君祐丧母，哀感乡曲，"庐于墓侧，有芝草三茎生焉"；同时又奏澧阳人张仁兴五代同居，"其家堂后生一草，彩色甚茂"，而并得旌表。[1]但总体看来，此后这类表彰孝义而强调其神异之迹的情况虽不时有之，却仍因证圣元年敕的存在而受到了明显控制。如《旧唐书》卷一八八《孝友梁文贞传》载其虔州虔乡县人，守丧甚笃：

> 结庐墓侧，未尝暂离。自是不言三十年，家人有所问，但画字以对……远近莫不钦叹。有甘露降茔前树，白兔驯扰，乡人以为孝感所致。开元初，县令崔季友刊石以记之。十四年，刺史许景先奏："文贞孝行绝伦，泣血庐墓三十余年，请宣付史官。"是岁，御史大夫崔隐甫廷奏："恒州鹿泉人李处恭、张义贞两家祖父，自国初已来，异姓同居，至今三代，百有余年。又青州北海人吕元简，四代同居，至所畜牛马羊狗，皆异母共乳。请加旌

---

1 《册府元龟》，第1678页。

表，仍编入史馆。"制皆许之。[1]

据此可见，开元之初阌乡县令即曾刊石表彰梁文贞孝行，但在证圣元年敕所做限制下，其"甘露""白兔"之征显然因其无从查验核实，只是在民间相传而无法上达天听，故其刊石只是县令的职务行为。[2]开元十四年其州刺史许景先奏其事迹，强调的也只是梁文贞"泣血庐墓三十余年"这个情节。不过，同年御史大夫崔隐甫奏请旌表义门，述及青州北海人吕元简四代同居，其家"牛马羊狗皆异母共乳"，其奏顺利地得到了玄宗批准。这似乎表明当时经由州县乡里的常规申报渠道仍在遵守证圣元年敕的规定，而其他如御史系统的渠道特别是高官的申奏，相应的限制已被突破。[3]不过此口既开，旌表孝义强调这类神异之迹的情况自然便会逐渐增多[4]，前面所述证圣元

1 《旧唐书》，第4934页。《新唐书》卷一九五《孝友传》亦传其事而文简，第5582页。
2 《新唐书》卷一九五《孝友宋思礼传》载宋思礼事继母甚孝，有甘泉涌出之异，"县人异之，尉柳晃为刻石颂其感"（第5581页）。此例与梁文贞县为刻石相类，从其前后旌主时期推此当在高宗末至开元中之间，应由史官访知其事。这也可见史馆所录孝义事迹不含诸种神异感应，并不等于其不在民间脍炙人口，而只是户部和州县申奏旌表孝义不再列此为据的结果。前引后唐登州黄县累世义居人王义云自称祖上"六代同居，有白雀、嘉禾之瑞"，并于武周载初元年得到旌表。恐亦应作如是观，王氏祖上得到武周旌表固是事实，却与当时州县上奏是否称其"白雀、嘉禾之瑞"是两回事，其很有可能只是当地及其家人久相传诵的佳话。
3 《旧唐书》卷六二《李大亮传》附族孙《李迥秀传》载李迥秀甚孝而"色养过人"，"景龙中累转鸿胪卿、修文馆学士，又持节为朔方道行军大总管。所居宅中生芝草数茎，又有猫为犬所乳，中宗以为孝感所致，使旌其门间"（第2391页）。此为中宗直接接受传说旌其门间，文中形容其至孝的"色养过人"正与证圣元年敕列举的孝行的标准相合，这才是当时有司奏请旌表的主要依据。
4 《册府元龟》卷一三九《帝王部·旌表三》载玄宗时期此类事例有：开元十四年旌表的刘九江三代同居，"有慈乌巢于庭"；孝子彭思义庐于墓侧，"有（转下页）

　　　　　　　　　　　中古政治与思想文化史论

年敕到开元十九年被修入《格后长行敕》，二十五年又将之修入《开元新格》并据以调整《令》《式》，即发生在这种情况所示的背景之下。

但尽管如此，即便到安史之乱以后，被史馆收录而见于两唐书《孝友传》及《册府元龟》旌表目的孝义事迹中，具有神异感应者的数量也仍显得有限，更未像初唐以来那样占据多数。这应当也反映了《开元新格》修入的证圣元年敕规定仍有一定的约束作用，如《册府元龟》卷一三九《帝王部·旌表三》载代宗宝应元年八月之事：

> 梁州刺史臧希让上言："南郑县百姓李贞古孝行彰闻，请付所司旌表。"从之。贞古六岁时，母欲改嫁，贞古雨泣留之，母遂守志。母未食寝，贞古不食寝。及母亡，负土成坟，庐于墓侧，有猛虎驯于庐前，白鼠见于墓门。村人异之。[1]

此例与上引开元十四年梁文贞事迹有所异同，相同的是刺史申奏的李贞古事迹，显然并未强调"猛虎""白鼠"之征，相异的是其中肯定提到了这些神明通感的现象被"村人异之"。前者表明证圣元年敕防范虚滥的作用仍存，后者则表明刺史的申奏已可转述那些无从查验的神异之迹以增加其说服力。由此即可体会中唐以来旌表孝

（接上页）嘉禾生及白兔驯扰"。开元二十三年旌表的孝子石仵奴庐于墓侧二十余年，"茔内有枯树重生枝叶，群鸟驯扰"。天宝四载三月旌表孝子杨思贞庐墓三十八载，"有芝草、白兔、甘露等瑞"；四月又旌表孝子郭景华父目失明，"景华昼夜啼泣，宅中忽涌甘泉，因以洗目渐明"。（以上并见第1679—1681页）。另《新唐书》卷一九五《孝友传》亦载一例，即天宝时得旌表的许法慎，亲丧庐于墓，"有甘露、嘉禾、灵芝、木连理、白兔之祥"（第5590页）。

1 《册府元龟》，1682页。

义的查验程序渐趋松弛的状态[1]，又说明了宣宗大中五年证圣元年敕再被修入《大中刑法总要格后敕》的背景。

有必要指出的是，神异之征是否多见于史馆所录孝义事迹，虽可用来衡量证圣元年敕对州县、户部履行相关核实和申奏程序时的约束力大小，却并不能直接说明得到表彰的孝子、义门是否伪冒。严格遵守此敕的规定势必难再强调无从查验的神异之迹，但有此奇迹者仍可能另有感人的孝义表现，正如情节相对平实者也不一定就是确凿的事实一样。[2]不过话虽如此，诸种神异之迹经常发生在孝子周围，而在本难维持的累世同居那里则较少看到，这样的现象还是

----

1 《新唐书》卷一九五《孝友传》载此期这类事例有：李华作赞表其行的侯知道，守丧哀毁，"率夜半傅坟，踊而哭，鸟兽为悲号"；有贞元时得旌表的林攒，母亡"自埏甓作冢，庐其右，有白乌来，甘露降"；此后又有柳宗元为作《孝门铭》的李兴，父卒庐墓，"庐上产紫芝、白芝、庐中醴泉涌"；又有大中时得旌表的万敬儒，"丧亲庐墓，刺血写浮屠书，断手二指，辄复生"（第5589—5591页）。此外，《册府元龟》卷一三九《帝王部·旌表三》又载有：玄宗、代宗时期曾三度因"孝行祯祥"旌表杨播、杨炎三代事迹；大历四年旌表孝子许利川居母丧以孝闻，"闻有芝草八茎及连理树一株产于墓庐"（第1683页）。六年旌表孝子樊漪居父母丧，"负土成坟，庐于墓侧，有兔鸽驯扰，木生连理，慈竹自生"；八年十二月旌表孝子张球，父殁五年，庐于墓侧，"墓门砖上生芝草七茎，有鹊巢于墓之丛竹"（第1682—1683页）。德宗贞元三年旌表孝子黄天丧母庐于墓侧，"有紫芝生"（第1689页）。同书卷一四〇《帝王部·旌表四》文宗太和七年旌表义门李渭存抚孤侄妇孙共三十三人，"其家生芝草"（第1695页）。

2 如欧阳修《新五代史》针对五代之"乱极"而着力阐扬纲常，特设卷三四《一行传》而审其取择，其中所传惟有隐逸郑遨、张荐明、孝悌石昂、忠而被冤者程福赟及义门李自伦五人而已（第370—373页）。而宋人黄震《黄氏日抄》卷四九《读史四·五代史》"一行传"条仍以为其中郑、张、程三人不应入《传》，"恐其未免陷君于过举，于义尚有当审处者"（日本立命馆大学图书馆藏本，京都：中文出版社，1979年，第597页）。由此再观《册府元龟》卷一三九《帝王部·旌表四》所载后唐以来得到旌表的众多孝义，其事之真实性亦正所谓"缙绅先生难言之"矣。

　　　　　　　　　　　　中古政治与思想文化史论

透露了实际行为及累加于上的斑驳传说之间的客观距离，更不消说官府的验证核实极易在这类缝隙中落空。对朝廷力欲杜绝其中"虚滥"的政策目标来说，始终存在的大敌，恐怕还不是武则天当政以来社会越益走向平民化而伴生的世风日下礼法愈薄，而恰恰是"同籍悉免课役"及"有精诚致应者，则加优赏"所包含的物质劝诱，这是被汉武帝以来用功名利禄倡导某些准则和价值的过程所一再证明了的道理。在初唐以后课役愈趋繁重不均的形势之下，孝、义同籍皆免课役的表彰力度本已甚大，再加上特异情节的额外奖赏，人们对之的趋之若鹜及因竞相争取而必然出现的虚滥，实在是无可避免的结果。

有一个事实很好地说明了朝廷对此的物质劝诱必然导致的另一种效用和影响，《新唐书》卷一九五《孝友传》序：

> 唐时陈藏器著《本草拾遗》，谓人肉治羸疾，自是民间以父母疾，多割股肉而进。又有京兆张阿九、赵言、奉天赵正言、滑清泌……左千牛薛锋及河阳刘士约，或给帛，或旌表门闾，皆名在国史。[1]

明州人陈藏器开元间曾任三原县尉，其作《本草拾遗》亦应在开元中。[2]上引文共列举了有唐二十九位割股典型而未载其事迹，其

1　《新唐书》，第5577页。

2　《新唐书》卷五九《艺文志》子部医术类著录"陈藏器《本草拾遗》十卷"，注其"开元中人"（第1571页）。《本草纲目》卷一《序例上·历代诸家本草》专列《本草拾遗》之条，并引北宋医家掌禹锡曰："唐开元中三原县尉陈藏器撰，以《神农》本经虽有陶、苏补集之说，然遗沉尚多。故别为《序例》一卷，《拾遗》六卷，《解纷》三卷，总曰《本草拾遗》。"李时珍著、刘衡如等点校：《本草纲目》（以下简称《本草纲目》），北京：人民卫生出版社，2020年，第5页。

中最早的张阿九、赵言皆在开元二十五年五月被玄宗"嘉之，赐物各五十段以旌孝行"[1]；较晚的薛锋、刘士约则分别在代宗大历四年（769）二月和穆宗长庆元年（821）正月得到旌表，不过此后仍有文宗太和七年（833）三月旌表越州萧山县人李渭割股疗母等例发生[2]。这种显然属于证圣元年敕称"状迹殊尤"的"孝行"，在中唐以来曾屡遭质疑，《新唐书·孝友传》序即引韩愈《鄠人对》之所论[3]，讥其"毁伤灭绝之罪有归矣，安可旌其门以表异之？"而韩愈在其中对割股疗亲现象做了一个尖锐的发问："旌表门闾，爵禄其子孙，斯为为劝已？矧非是而希免输者乎？"韩愈的看法在当时并非孤立无援[4]，"免输"的动机在证圣元年敕力欲纠正虚滥时早已广泛存在，开元以来的割股疗亲者恐怕亦莫能例外。平心而论，韩愈所说之理并不高深，民间接踵行此割股疗亲之事者，未必皆以为孝，亦未必皆为无知惶急之举，割股者所疗之病更未必皆是"羸疾"，其中知晓《本

1　《册府元龟》卷一三九《帝王部·旌表三》，第1680页。其载张阿九、赵言事下即赵正言割股事，亦于天宝四载二月赐物五十段。其后文又载滑清泌至德三年正月被肃宗下诏"宜与官以旌孝道"（第1681页）。

2　《册府元龟》卷一四〇《帝王部·旌表四》，第1683、1694、1695页。此外，《新唐书·孝友传》序述诸割股者称"列十七八焉"，故其后文所传何澄粹、李兴、章全启三人皆有割股之事，而不在《序》文二十九人之列，其中章全启乃唐末之例。至于事迹未入史馆者则必定还有不少。

3　韩愈：《韩昌黎全集》之《外集》卷四《鄠人对》，北京：中国书店，1991年，第493页。

4　《册府元龟》卷一三九《帝王部·旌表三》载穆宗长庆元年正月"河阳奏百姓刘士约母疾，割股肉以奉母，请表门闾。从之"。原注："议者以《神农》记辨药物，凡陆行、泉游、草伏、木栖、金石之伙，荒裔之产可攻于疾者，无不悉载，未尝言人之肌肤可以愈疾。及开元末有明州城门山里人陈藏器著《本草拾遗》云：'人肌主羸疾。'自后闾阎相仿自残，往往而有。"（第1694页）此或当时异议者所论，而穆宗勿取，所称"自残"，其意亦以此与自残避役者相仿。

草拾遗》者又尤可断定其远不如得知朝廷褒奖割股者多。也就是说，促使这种毁誉参半的行为流行于世的，其实并不是杰出的医家陈藏器[1]，而恰恰是开元二十五年以来定之为孝行尤异而大加褒奖或旌表的政策。应当说，割股疗亲这种始于唐代而流行于后世的独特"孝行"[2]，说明的正是倡扬某种准则和价值一旦与物质劝诱紧相缠绕而脱离了基本生产和生活方式的内在驱动[3]，就一定会在红尘万丈的世间结出畸形果实，其究竟是疗救还是毒害了那些本须倡导的准则和价值的效应，实际上从一开始就已越出了朝廷预设的轨道。

---

1 《本草纲目》卷一《序例上·历代诸家本草》之"本草拾遗"条有李时珍按语曰："藏器，四明人。其所著述，博极群书，精核物类，订绳谬误，搜罗幽隐，自《本草》以来一人而已。肤谫之人，不察其赅详，惟诮其僻怪，宋人亦多削删。岂知天地品物无穷，古今隐显亦异，用舍有时，名称或变，岂可以一隅之见，而遽讥多闻哉！"（第5页）已明陈藏器之无辜。

2 南宋吴自牧《梦粱录》卷一七《行孝》："陈藏器《本草》谓人肉可疗疾，非谓人肉之果能疗疾也，盖以人子一念孝诚，出于天性，能动天地鬼神，故借此以奏功耳。"可见宋人已不从医理解释此举（杭州：浙江人民出版社，1980年，第160页）。

3 如两唐书《孝友传》和《册府元龟》卷一三八《帝王部·旌表二》俱载郓州寿张县张公艺九代同居，北齐及唐贞观中两得旌表，高宗麟德时封禅泰山途经郓州而亲幸其宅，"问其义由，其人请纸笔，但书百余'忍'字。高宗为之流涕，赐以缣帛"。《旧唐书》，第4920页；《新唐书》，第5578页；《册府元龟》第1674页。这虽然是一个极端的例子，但也说明凡是脱离了生产和生活的实际需要，只能以一忍再忍来维持的秩序和准则，再加倡扬自然只能付出巨大的行政和社会成本而又根本无法遏止虚滥的发生。

第八章 宋初礼制沿革与"宋承唐制"说之兴

关于宋初礼制及其他各项制度的沿革所本[1]，早在北宋就有了不少说法，大较而言则有两种。一如《石林燕语》卷一所述："国朝典礼，初循用唐《开元礼》。"[2]叶梦得说掌故每得失参半，这里强调的是宋制承唐的一面。另一则坦承宋初制度循自五代，如《铁围山丛谈》卷二："国家初沿革五季，故纲纽未大备，而人患因循，至熙宁制度始张。"[3]蔡絛此书常为其父蔡京说项，所述宋初纲纽未备，至熙宁制度始张，其论似有深意存焉。在北宋后期政见和意识形态近乎分裂的局面中，国朝制度究竟是循用唐制还是沿革五代的问题，确

---

[1] 在较严格的意义上理解"制度"，礼制即法律化了的礼仪规范。早自西汉叔孙通所撰朝仪与律令合藏于理官，礼制的法律地位便已很明晰了。瞿同祖《中国法律与中国社会》第六章《儒家思想与法家思想》第三节《以礼入法》："其实礼与法都是行为规范，同为社会约束，其分别不在形式上，也不在强制力的大小……同一规范，在利用社会制裁时为礼，附有法律制裁后便成为法律。成为法律以后，既无害于礼所期望的目的，也不妨害礼的存在。同一规范，不妨既存于礼，又存于法，礼法分治，同时并存。"礼制的情况，正合乎瞿先生此处"附有法律制裁后便成为法律"之谓（第321页）。

[2] 叶梦得撰、宇文绍奕考异、侯忠义点校：《石林燕语》，北京：中华书局，1984年，第8页。

[3] 蔡絛撰，冯惠民、沈锡麟点校：《铁围山丛谈》，北京：中华书局，1983年，第29页。

乎包含着丰富的现实政治内涵。迨至几番雨打风吹之后，"宋承唐制"说已人人耳熟，而宋制"沿革五季"的事实则往往未被认真对待。平心而论，"宋承唐制"显然是一个成问题的概括。与"汉承秦制"及"唐承隋制"等说相比，汉、唐直接在秦、隋统治体系上展开有关制度的损益，其具体过程虽亦有其他因子窜入而大要各承前朝之制；唐、宋之间却横亘着五十余年五代的历史，"和平"接收了后周统治体系的宋朝，又怎么去越过它们来承袭唐制呢？同理，如果连中晚唐礼制也已偏离了《开元礼》的轨道[1]，宋初又能在多大程度上循用这部盛唐的礼典呢？

话虽如此，要反过来说"宋不承唐制"或"国初典礼未循用《开元礼》"，那也不行，因为宋初以来确有循用或归复唐代典制（包括《开元礼》在内）的一面。宋太祖开宝六年（973）以前科举制仍以《开元礼》设科取人，唐代各种法规延至五代者，至宋初三朝仍一直有其效力。[2] 由此可见，立场问题确实是一个"根本的问题"，强调现象的这一侧面或那一侧面，常能改变对现象本身的结论。天

---

1 《唐会要》卷三七《五礼篇目》述元和十三年八月礼官王彦威集五礼裁制格敕，为《曲台新礼》，上疏有曰："臣今所集开元以后至元和十三年奏定仪制，不惟与古礼有异，与开元仪礼已自不同矣。"（第671页）《玉海》卷六九《礼仪·礼制》"唐曲台新礼"条引《唐会要》所载彦威此疏末句作"与《开元礼》已自不同矣"（元刻合璧本，台北：大化书局1977年影印，第1357页）。
2 李焘《续资治通鉴长编》（以下简称《长编》）卷一四开宝六年四月辛丑：《开宝通礼》及《义纂》修成，"并付有司施行。诏改乡贡《开元礼》为乡贡《通礼》，本科并以新书试问"（北京：中华书局，1992年，第299页）。又《长编》卷六一景德二年十二月己卯：礼部贡院请明法科试七场，其中三场试《律》并杂问《疏》义，两场试《令》（第1376页）。由于宋初三朝循用了唐代《律》《令》，故其亦如《开元礼》一样被纳入了科举考试的范围。

水一朝既直承五代而来，整个五代历史又通体笼罩于盛唐的光环和晚唐的阴影之下，宋初各项制度的整顿和发展，也就一定要面临与唐制纠结缠绕的宿命。形形色色"宋承唐制"的表述，具体分析起来虽多勉强之处，却还是在强调宋制与唐制关系的某些侧面中，得到了存在的合理性和发展的空间。而到底是"宋承唐制"还是"沿革五代"？其间的矛盾和纷歧，也可说是宋制唐制密切相关的历史宿命不断在现实中展开，又反过来影响到现实的表现。

显然，关于宋初制度的状况，及其究竟在多大程度上和以什么方式对唐制做了继承或发展，还有大量事实和问题待于梳理。考虑到唐制递嬗为宋制的历史进程及其内涵的重要性，也考虑到礼制本身兼跨礼、法领域的特性和宋代礼制在中国礼制史上的转折意义，梳理这些事实和问题，不仅对研究宋制和宋史的有关问题来说极为必要，对深入认识唐宋历史变迁及其整个中古前后期制度形态的演变来说，也当有助于揭示其间的线索和底蕴。有鉴于此，本文试集中通过对宋太祖、太宗、真宗三朝礼制沿革的考察，来初步把握其演化的格局与趋势，借以一窥宋制与唐制的若干基本关系，希望能引起对有关问题的关注和进一步探讨。

一、宋初礼制直承五代及宋承唐制说之问题

《宋史》卷一一九《礼志二十二》：

太祖建隆元年正月四日诏曰："封二王之后，备三恪之宾，所以示子传孙，兴灭继绝……矧予凉德，历试前朝，虽周德下衰，

中古政治与思想文化史论

勉从于禅让；而虞宾在位，岂忘于烝尝。其封周帝为郑王，以奉周嗣，正朔服色，一如旧制。"又诏曰："矧惟眇躬，逮事周室，讴歌狱讼，虽归新造之邦；庙貌园陵，岂忘旧君之礼。其周朝嵩、庆二陵及六庙，宜令有司以时差官，朝拜祭飨，永为定式。"[1]

是宋太祖登位之初，先立法确认本朝得国于周而直承五代。在此法意下，《长编》载是年三月，"有司言：国家受周禅，周木德，木生火，当以火德王，色尚赤，腊用戌。从之"[2]。进一步确定了本朝以火德承周木德及进一步上溯的行次关系。值得注意的是，太宗雍熙元年（984）有上书者，称"梁至周不合叠居五运，欲我朝上继唐统，宜为金德"；百官集议却以为"岂可越数姓之上，继百年之运，此不可之甚也"[3]。后来真宗大中祥符三年（1010）及天禧四年（1020）皆有人力主"国家当承唐室正统，用金德王"[4]；"宜黜五代，绍唐土德"，结果皆为议事大臣及真宗否定[5]。可见在宋初三朝，赵氏得国于

---

1 《宋史》，第2796页。《长编》卷一建隆元年五月载："先是，改作周六庙于西京。己酉，庙成，遣光禄卿郭玘奉神主迁焉。"（第15页）然《宋史》卷一《太祖纪一》载西京作周六庙成在是年五月己酉，郭玘飨周庙在八月辛未（第6—7页）。又《长编》卷六五景德四年二月辛未"命史部尚书张齐贤祭周六庙"；戊子"诏有司葺周六庙"（第1444、1446页）。《宋会要辑稿》（以下简称《辑稿》）之《礼》一四之一载国朝祀制概要，其中周六庙为中祠，而仍四仲皆祭。是周庙之祀一直保留了下来（北京：中华书局，1957年，第587页）。
2 《长编》卷一建隆元年三月壬戌，第10页。
3 《长编》卷二五雍熙元年四月甲辰，第577页。
4 《长编》卷七四大中祥符三年九月戊戌，第1690页。
5 《长编》卷九五天禧四年五月己卯，第2194—2195页。以上并参《宋史》卷七〇《律历志三》，第1596—1600页。

周直承五代之统，不仅仅是一桩事实，亦在法律上得到了确认。

这一点当然要在建制过程中体现出来。即以存周六庙而言，此举既符兴灭继绝之礼文，又为国统绍续之象征，且有历代成法之可循。而唐初为隋惟建三庙，五代后晋天福四年（939）太常礼院奏立唐庙时，遂引"武德故事"，请立后唐庄宗、明宗、闵帝三庙，诏增唐高祖、太宗为五庙，后汉及后周亦分存晋、汉五庙[1]。则宋初存周六庙，其制显非承唐，而是循用了五代时期汉、周的胜朝宗庙之法[2]，从而不仅贯彻了宋承五代之统的法意，而且体现了这种前提下，宋承五代之制的理所当然。又《宋史》卷六八《律历志一》：

> 宋初，承五代之季王朴制律、历，作律准，以宣其声。太祖以雅乐声高，诏有司考正，和岘等以影表铜臬暨羊头秬黍，累尺制律，而度量权衡因以取正……显德《钦天历》亦朴所制也，宋初用之。建隆二年，以推验稍疏，诏王处讷等别造新历。四年历成，赐名《应天》。[3]

1　见《五代会要》卷三《庙制度》载晋天福四年十一月事及周广顺元年二月事，第30页。

2　据《旧五代史》卷一四二《礼志上》及《五代会要》卷二《庙仪》、卷三《庙制度》所载，后晋天福三年正月惟建四亲庙，至天福七年以高祖升附太庙，当即后汉所存晋之五庙。又后汉天福十二年建四亲庙连同汉高帝及光武帝共六庙，其后高祖升附太庙，则后周所存汉之五庙，汉高帝及光武帝庙当已被毁。又后周广顺元年亦建四亲庙，至显德初已因太祖、世宗之升附而为六庙，从而为宋初所存。是后汉、后周及宋朝的胜朝宗庙之制，皆现成地搬用了前朝的庙制，而与唐初有选择地留存隋庙的做法相当不同。《旧五代史》，第1893—1906页；《五代会要》，第20—28、29—31页。

3　《宋史》，第1491—1492页。又《宋史》卷一三一《乐志六》载："建隆初用王朴乐，艺祖一听，嫌其太高，近于哀思，诏和岘考西京表尺，令下一律，（转下页）

律和历乃是讲究和体现神州正朔的制度要件[1]，又为礼、乐等各项制度提供了基准，因而承用后周律、历再有所调整和损益，正是宋承五代之统及其各项制度而继续发展的重要表现。又《辑稿·礼》二八之六二：

> 太祖皇帝乾德元年闰十二月二十八日，国子司业兼太常博士聂崇义上言："皇家以火德，上承正统，应五行之王气，篡三元之命历。恭寻旧制，存于祀典。伏请奉赤帝为感生帝，每岁正月别尊而祭之。"事下尚书省集议，请如崇义之奏。有司酌隋制，感生帝为坛于南郊，高七尺，广四丈，奉宣祖升配，牲用骍犊二，玉用四圭有邸，币如方色，常以正月上辛奉祀。[2]

既然确认国朝以"火德"代周"木德"为"上承正统"，自须奉赤帝为感生帝，其制遂亦无从承唐，而是取本了同属火德的隋制。[3]此又可见宋初开国规模，新定诸制是否承唐，仍有赖于国朝直承五

（接上页）比旧乐始和畅。至景祐、皇祐间，访乐、议乐之诏屡颁，于是命李照改定雅乐，比朴下三律。"（第3055页）又《长编》卷四载《应天历》颁于乾德元年四月辛卯，卷七又载和岘所定雅乐及律管之行用在乾德四年十月辛酉朔（第89、179—180页）。

1　《长编》卷三建隆三年十一月壬午："初颁历于江南。"（第76页）其时《应天历》未成，所颁乃后周《钦天历》。

2　《辑稿》，第1050页。

3　《长编》乾德元年闰十二月乙亥、《文献通考》卷七八《郊社十一·祀五帝》亦载其事。《长编》，第113页；《文献通考》，北京：中华书局，1986年，考七二二。又《隋书》卷六《礼仪志一》载隋文帝定南郊祠感生帝之制："南郊为坛于国之南太阳门外道西一里，去宫十里，坛高七尺，广四丈，孟春上辛祠所感帝赤熛怒于其上，以太祖武元皇帝配。其礼四圭有邸，牲用骍犊二。"（第117页）

代的前提来决定。

应当说，宋初各项制度之直承五代而增损调整，本是一个显白的事实，但对这个事实的具体认识，却受到了如何评介五代历史地位的深切影响。倘依上面那种"黜五代"而"上继唐统"的看法，便势必要淡化五代在唐、宋制度递嬗间的作用，也就不免要凸显或夸大唐制对宋初制度的影响。具体分析礼制领域"宋承唐制"的种种表述，就可以发现它们的确都存在着漠视五代的问题。

《宋史》诸《志》述本朝各项制度沿革，不少都采用了"宋承唐制"式表述。其典型如《宋史》卷一九九《刑法志一》：

> 宋法制因唐《律》《令》《格》《式》，而随时损益则有《编敕》，一司、一路、一州、一县又别有敕。[1]

其所说乃"法制"，但其同时亦包括礼制内容。因为唐代礼制的法律形式，有《开元礼》等奉敕统一编撰的礼典，但效力更为确切规定也较为具体的[2]，仍是《律》《令》《格》《式》中有关礼制的规定，另有各种补充性的制敕故事。其中《令》如《祠令》《仪制令》等，《式》如《礼部式》《祠部式》等，对相关规定来说又尤其起着

1　《宋史》，第4962页。
2　西晋以来，官修《五礼》是礼典的主要形式之一，然其法律效力并不十分明确，各时期法律的官方表述中，常不包括《五礼》，当其与同期《律》《令》及其他法规内容重合时，后者效力往往在礼典之上。参楼劲：《魏晋南北朝隋唐立法与法律体系：敕例、法典与唐法系源流》关于礼典与法典制作及礼法关系的讨论（第733—741页）。

某种骨架作用。[1]由此看来,"宋法制因唐《律》《令》《格》《式》"之说,几可视为"宋礼制因唐礼制"的另一种说法。

但问题是,赵宋实在是从五代那里间接因袭唐代的各种法律的,其实际情况也就远非如此简单。《宋会要》的表述便与《刑法志》上引文相当不同[2]:"国初用唐《律》《令》《格》《式》外,又有元和删定《格后敕》、《开成详定刑法总要格敕》、后唐《同光刑律统类》、《清泰编敕》、《周广顺续编敕》、《显德刑统》,皆参用焉。"[3]其行文中已经包含了宋初法制承自五代的意思。据《五代会要》卷九《定格令》及《文献通考》卷一六六《刑五·刑制》所载:后梁开平四年(910)十二月删定并颁下《大梁新定〈律〉〈令〉〈格〉〈式〉》,唐法统在自承神州正朔的中原王朝处遂告断绝。到后唐天成元年(926)九月"废伪梁之新格,行本朝之旧章",以唐开元二十五年(737)以来的《律》、《令》、《格》(天成元年十月定用《开成格》)、《式》及《大中刑律统类》与本朝之《编敕》并行,这才又接上了唐法的统绪。后晋唯修编敕,《律》《令》《格》《式》循用后唐,后汉亦大

---

1 《令》《式》常直接规定有关礼制以及仪节,除上举者外,其他如《衣服令》《卤簿令》《公式令》《营缮令》《丧葬令》及《膳部式》《主客式》《太常式》《光禄式》等亦然。参仁井田陞:《唐令拾遗》序説第一《唐令の史的研究》,第1—58页;霍存福:《唐式辑佚》论述篇《唐式研究》二《唐式的制定与修缉》,第10—32页。

2 赵宋历朝所修《会要》多达十余种,明修《永乐大典》摘录其内容所据的《宋会要》文本今亦难知其详,从徐松将之辑出转辗至今《宋会要辑稿》,仍存《宋会要》所载之大概。参陈智超:《解开宋会要之谜》第十三章《原名与原本之谜》,北京:社会科学文献出版社,1995年,第64—91页。

3 《辑稿·刑法》一之一,第6462页。其起首言"国初",与《辑稿》所见各门原序开头述"国初""国朝"例同,故上引文显然是某本《宋会要·刑法》类有关格后敕之门的原序之文。

略如此，后周显德四年（957）五月颁行《大周刑统》，与后唐以来的《律疏》《令》《式》通行。[1] 以上脉络虽嫌粗略，仍足见宋初循用唐法及有关制度，不过是后唐以来相承不绝现状的延续。又《辑稿·刑法》一之一载太宗至道元年（995）十二月十五日权大理寺陈彭年言："法寺于刑部写到《令》《式》，皆题伪蜀广政中校勘，兼列伪国官名衔云：'奉敕付刑部。'其帝号、国讳、假日、府县、陵庙名，悉是当时事。伏望重加校定改正，削去伪制。"[2] 是宋初刑部所存唐代《令》《式》，皆为当时流行的蜀刊本，且系后唐将领孟知祥、孟昶父子所建后蜀政权广政年间校勘颁行之物，至太宗朝重加校定，"削去伪制"文字后仍加循用[3]，这就佐证了后唐至赵宋相继沿用唐《律》《令》《格》《式》的脉络。而这样的立法及法律文本关系无疑表明：所谓"宋承唐制"，对包括礼制在内的各项制度来说，实际上都是以五代特别是后唐以来的沿用为其前提的。[4]

1　《五代会要》，第111—114页；《文献通考》，考一四四二至一四四三。

2　《辑稿》，第6462页。其下文载太宗诏胡昭、张复等于史馆校勘，宋白、贾黄中等详定。

3　《直斋书录解题》卷七《史部·法令类》著录《唐令》三十卷，《式》二十卷云："唐开元中宋璟、苏颋、卢从愿等所删定。考《艺文志》卷数同，更同光、天福校定。至本朝淳化中，右赞善大夫潘宪、著作郎王泗校勘，其篇目条例颇与今见行《令》《式》有不同者。"是唐代《令》《式》后唐、后晋至宋皆校勘而行用焉。陈振孙著，徐小蛮、顾美华点校：《直斋书录解题》（以下简称《直斋书录解题》），上海：上海古籍出版社，1987年，第223页。

4　如《宋史》卷一〇五《礼志八》载文宣王庙，"唐开元末升为中祠，设从祀，礼令摄三公行事。朱梁丧乱，从祀遂废，后唐长兴二年仍复从祀。周显德二年别营国子监，置学舍，宋因增修之。"又载武成王庙："梁废从祀之祭，后唐复之，太祖建隆三年诏修武成王庙，与国学相对，命左谏议大夫崔颂董其役，仍令颁检阅唐末以来谋臣名将勋绩尤著者以闻。"（第2556页）真宗时编《册府元龟》以唐、晋、汉、周人《帝王部》而独以后梁人《闰位部》，又以闽、蜀以下各国人《僭伪部》，便体现了宋初以后唐、晋、汉、周、宋法统相承的定论。

需要指出的是，在记载宋初制度沿革的基本文献中，尽管《宋会要》述国初法律承自五代的情况要较《刑法志》客观，但有关"宋初因唐"的种种说法，却绝不只是元修《宋史》所独有，或因其删摘《国史》诸《志》之文不当所致。在《宋会要》关于国初三朝制度沿革的概括性文字中，同样不乏"国初因唐"这类成问题的表述。具体如《辑稿·礼》二八之七六载大礼五使之制的由来：

国朝亲祭祀，举大礼，沿唐制置五使，以宰臣为大礼使，太常卿为礼仪使，御史中丞为仪仗使，兵部尚书为卤簿使，知开封府为桥道顿递使……唐自元和以前史籍不载。长庆后有礼仪使，太常卿为之；大礼使，御史中丞为之。哀帝时中丞为仪仗使，而不载大礼使。梁以河南尹为大礼使，余二使如旧，又有仪仗、法物二使，以武将为之。后唐以宰相为大礼使，兵部尚书为大礼仪使，御史中丞为仪仗使，兵部侍郎为卤簿使，开封尹为顿递使。周唯以礼仪使归太常，余如之……太祖建隆四年八月二十二日，以亲郊命宰臣范质为大礼使，翰林学士丞旨陶谷为礼仪使，吏部尚书张昭为卤簿使，御史中丞刘温叟为仪仗使，皇弟开封尹为桥道顿递使。[1]

正是据其所述晚唐以来五使沿革及建隆四年首设五使之事，上引文开头所谓国朝"沿唐制置五使"之说实在勉强。相比之下，《宋

---

1 《辑稿》，第1057页。《长编》卷四乾德元年八月癸未载以范质等为亲郊大礼五使之事，亦述"今依唐制"。又载陶谷时为"翰林学士承旨、礼部尚书"（第102页），是。

史》卷九八《礼志一》对之的综述就要来得准确得多了："五代以来，宰相为大礼使，太常卿为礼仪使，御史中丞为仪仗使，兵部尚书为卤簿使，京府尹为桥道顿递使。至是大礼使或用亲王，礼仪使专命翰林学士，仪仗、卤簿使亦或以他官。"[1]可以断言：《宋会要》述"沿唐制置五使"的依据，其实只是唐代已置使筹礼这么个意思[2]，而大礼五使的具体建制和人选，却完全是沿袭后唐和后周之制继续调整和发展的。

《文献通考》中也有这种勉强而说"宋因唐制"之例，如卷一一五《王礼十·圭璧符节玺印》：

宋因唐制，诸司皆用铜印，诸王及中书门下印方二寸一分，枢密、宣徽、三司、尚书省诸司印方二寸，惟尚书省印不涂金，余皆涂金。节度使印方一寸九分，涂金；余印并方一寸八分，惟观察使涂金。诸王、节度、观察使、州、府、军、监、县印皆有铜牌，其长七寸五分，诸王广一寸九分，余广一寸八分，诸王、节度、观察使牌涂以金，刻文云：牌出印入，印出牌入。或本局无印者，皆给奉使印。[3]

1　《宋史》，第2427页。《文献通考》卷七一《郊社四·郊》载其事与之略同，又引石林叶氏曰述之甚详（考六四三）。
2　《唐会要》卷三七《礼仪使》叙唐代礼仪使自开元九年韦绍知太常礼仪事始，又载礼仪使自建中以来"每有南郊大礼，权置使，毕日停"（第671—672页）。又《旧唐书》卷二一《礼仪志一》载开元十一年十一月亲享圆丘，以张说为礼仪使。是唐南郊大典设礼仪使盖始于开元九年焉（第833页）。
3　《文献通考》，考一○三九。

《宋史》卷一五四《舆服志六》印制亦有类似文字，但《宋志》说的是"唐制，诸司皆用铜印，宋因之"，具体从枢密等使有印、诸王至三司使印以铜涂金及铜牌之制皆非唐制来判断，则所谓"因"唐者确如《宋志》所述，惟"诸司皆用铜印"一端而已。更为重要的是，《宋志》下文又载，乾德三年（965），"太祖诏重铸中书门下、枢密院、三司使印。先是，旧印五代所铸，篆刻非工。及得蜀中铸印官祝温柔，自言其祖思言，唐礼部铸印官，世习缪篆，即《汉书·艺文志》所谓'屈曲缠绕以模印章'者也。思言随僖宗入蜀，子孙遂为蜀人。自是，台、省、寺、监及开封府、兴元尹印，悉令温柔重改铸焉"。[1]《长编》卷六乾德三年九月乙未述此尤得其要："令中书门下、枢密院、三司使及台、省、寺、监、开封、兴元尹，皆别铸新印，比旧制悉增大焉，革五代之敝陋也。"[2]两相参证，遂知宋初官司牌印规制悉袭五代"旧制"而甚"敝陋"，太祖乾德三年九月起方取鉴唐制加以改作。[3]可见《通考》此处述"宋因唐制"云云，不惟语次不清，且略去了宋初先因五代这个重要的事实。

倘再加追究，像这样置五代至宋初制度传承脉络于不顾，逮住一点由头就进行"宋承唐制"式的概括，其实不仅是后世史家或文献编撰者的问题，而很可能是北宋中期以来士人主流总结和探讨国

---

1 以上自"唐制，诸司皆用铜印"以下引文，皆《宋史》，第3590—3591页。《唐六典》卷四《礼部》述"内外百司皆给铜印一纽"，卷八《门下省》又载内外官司有铜鱼符、传符、随身鱼符、木契、旌节之制（第116、253—254页）。

2 《长编》，第158页。

3 《长编》卷一二开宝四年十月戊寅，"改铸中书门下之印"；卷六〇景德二年七月庚申，"重铸门下省等五十四印。先是，印文皆有新铸字，因判刑部慎从吉上言，改易之"（第270、1350页）。是乾德三年以来诸司印制又屡经调整。

初制度发展历程的一种常态。《宋史》卷九八《礼志一》述元丰元年（1078）于太常寺置局，命枢密直学士陈襄、太常博士杨完等详定郊祀礼乐：

> 襄等言："国朝大率皆循唐故，至于坛壝神位、法驾舆辇、仗卫仪物，亦兼用历代之制。其间情文讹舛，多戾于古。盖有规摹苟略，因仍既久，而重于改作者；有出于一时之仪，而不足以为法者。请先条奏，候训敕以为礼式。"[1]

元丰元年重定礼制，遂须总结国初以来之况，而襄等明明知道其况多因仍五代或出于一时草创，却还是要说国朝郊祀礼乐"大率皆循唐故"。又《宋史》卷九九《礼志二》载元丰元年二月详定奉祀礼文所言：

> 国朝郊坛率循唐旧，虽《仪注》具载圜丘三壝，每壝二十五步，而有司乃以青绳代内壝，诚不足以等神位、序祀事，严内外之限也。伏请除去青绳，为三壝之制。[2]

这里既述"国朝郊坛率循唐旧"，又请"除去青绳为三壝之制"，与陈襄等所述一样存在着矛盾。据《礼志二》前文述宋初以来郊坛

---

1 《宋史》，第2422页。
2 《宋史》，第2433—2434页。《文献通考》卷七一《郊社四·郊》亦载元丰元年详定礼文所此奏，"每壝二十五步"作"三十五步"，"为三壝之制"作"如《仪注》为三壝之制"（考六五〇）。

规制："梁及后唐，郊坛皆在洛阳。宋初始作坛于东都南薰门外，四成，十二陛，三壝。设燎坛于内坛之外丙地，高一丈二尺。设皇帝更衣大次于东壝东门之内道北，南向。仁宗天圣六年（1028），始筑外壝，周以短垣，置灵星门。亲郊则立表于青城，表三壝。"这段文字综述了宋初至仁宗时期的郊坛之况[1]，而先述"梁及后唐郊坛"，寓意正是宋制因循五代。故宋初郊坛规制与唐制虽多有相似[2]，但唐之郊坛有"三壝"，有"外壝"[3]，而宋初则无"外壝"，所谓"三壝"也不过是亲祀时立表布设的三道"青绳"。据《五代会要》卷二《亲拜郊·杂录》载周广顺三年（953）九月事：

太常礼院奏："准敕定郊庙制度，洛阳郊坛在城南七里丙巳之地，圜丘四成，各高八尺一寸：下广二十丈，再成广十五丈，三成广十丈，四成广五丈。十有二陛，每节十二等。燎坛在泰坛之丙地，方一丈，高一丈二尺，阔上，南出户，方六尺。请下所司修奉。"从之。[4]

1　《宋史》，第2433页。其述"仁宗天圣六年始筑外壝"，则前文所谓"东壝东门"显非宋初所有；其述元丰礼官请"去青绳而为三壝之制"，则前文"三壝"亦非宋初所有。故谓之"综述"。

2　见《旧唐书》卷二二《礼仪志一》载《武德令》圜丘规制，第819—820页；《大唐开元礼》卷四《皇帝冬至祀圜丘·陈设》，第36—38页。

3　上引《大唐开元礼》卷四《皇帝冬至祀圜丘·陈设》有"外壝东门"及"内壝东门"之名，可证。又《旧唐书》卷二二《礼仪志一》载《武德令》所定圜丘之制，有"外官百十二座在坛下外壝之内，众星三百六十座在外壝之外"之文。此"外壝"盖指"三壝"之外壝。《大唐开元礼》卷一《序例上·神位》述冬至祀昊天上帝于圜丘，"又祀外官一百五座于内壝之内，又设众星之座三百六十座于内壝之外"（第13页）。两相参照，其义甚明。

4　《五代会要》，第20页。

其制亦与唐略同，而无三壝与外壝之法。可见元丰礼官所谓"率循唐旧"，无非是指太祖乾德元年（963）亲祀南郊定其《仪注》以来[1]，有关礼文已"具载圜丘三壝"。但在现实中，宋初汴京所筑郊坛，继承的是后周广顺三年所定规制，而周制当循梁及后唐，其所本虽为唐代东都之制而已不免走样，直到仁宗、神宗依唐制筑其外壝，定其三壝之制前，实在是谈不上什么"率循唐旧"的。

从元丰定礼诸官仅就若干礼制具文，即云"国朝郊坛率仍唐旧"的作派中，显然已可看到叶梦得只据某些事实而言"国朝典礼，初循用唐《开元礼》"的前辙，而其忽略或遮蔽宋制直承五代而发展的史实，又凸显或夸大宋初立法采鉴乎唐制之事的思想倾向，也正是宋初以来"黜五代"而"上承唐统"主张的某种流绪。

具体说来，赵宋得国于后周，国朝承统乎五代的法律事实既无可动摇，"黜五代"而"上承唐统"的主张在宋初三朝既被否定，以后各朝亦未能公然在制度层面上改此"祖宗之法"[2]，但在思想文化领域，特别是在反省晚唐五代历史和探讨本朝长治久安之道的过程中，有关

---

1 《辑稿·礼》二八之一载乾德元年八月范质等参定是年十一月亲郊之制，"凡坛壝、牲器、玉帛、醴馔、斋戒之制，与祠官定仪以闻"（第1019页）。《长编》卷四乾德元年十一月甲子载范质等讨寻故事已引据"仪注"（第108页）。是此前其制轮廓已备，此后又陆续有所修订。而这里元丰礼官所云，当并仁宗天圣二年重定之郊祀仪注而言。

2 《宋史》卷一一九《礼志二十二》载仁宗嘉祐四年著作郎何鬲言："本朝受周天下，而近代之盛莫如唐，自梁以下皆不足以崇袭。臣愿求唐、周之裔以备二王之后，授以爵命，封县立庙，世世承袭，永为国宾"；事下太常议曰："五代草创，载祀不永，文章制度，一无可考。上取唐室，世数已远，于经不合。惟周则我受禅之所自，义不可废。"（第2796—2797页）可见仁宗以来虽无能改变"本朝受周天下"的法理和事实，但"梁以下皆不足以崇袭"，五代"文章制度一无可考"之说，已在不可遏止地发展起来。

主张却以一种不拘泥于国统相承，而是立足于道义功德的理论形式蓬勃发展了起来。其重要代表人物如欧阳修重编《五代史记》，承认了五代，然其宗旨是"不没其实，以著其罪"[1]。修又作《正统论》曰：

> 伏惟大宋之兴，统一天下，与尧舜三代无异……夫居天下之正，合天下于一，斯正统矣……故正统之序，上自尧舜，历夏、商、周、秦、汉而绝，晋得之而又绝，隋、唐得之而又绝……五代之得国者，皆贼乱之君也……夫梁固不得为正统，而唐、晋、汉、周，何以得之？今皆黜之。[2]

其所揭出的，正是承认五代之国统相继，却否认其为"正统"的思想套路。这才消解了原先"黜五代"而"上承唐统"之说在理论和现实、逻辑与历史上的两难处境，使其得以在并不挑战赵宋得国承统合法性的前提下流行开来。至神宗朝司马光著《资治通鉴》，因"天下离析之际，不可无岁时、月、日以识事之先后，据汉传于

---

1 《新五代史》卷二《梁本纪》末之系论曰："夫欲著其罪于后世，在乎不没其实。"（第21页）。以下参见饶宗颐：《中国史学上之正统论》八《宋之正统论》，上海：上海远东出版社，1996年，第35—48页。又刘咸炘《推十书》之《右书》卷三《断统》曰："古今学者争持正统之论，夫正自正，统自统，史家记事之法或当以正论，或当以统论。以正论论义，以统论论事，不可以并为一谈。"（第263—266页）所论着眼于史家修史，对古代的相关观点做了总结。
2 《六一居士集》卷一六《正统论》上下篇。欧阳修撰、李之亮笺注：《欧阳修集编年笺注》第五册，成都：巴蜀书社，2007年，第23—39页。《司马温公集》卷六一《答郭纯长官书》称欧阳修作《正统论》，章望之作《明统论》，郭纯作《会统稽元图》，"正闰之论，虽为难知，经三君子尽心以求之，愈讲而愈精"。司马光撰、李之亮笺注：《司马温公集编年笺》（以下简称《司马温公集编年笺》），成都：巴蜀书社，2009年，第12—14页。是司马光以此三君子为当时正统论的代表人物。

魏而晋受之，晋传于宋以至于陈而隋取之，唐传于梁以至于周而大宋承之，故不得不取魏、宋、齐、梁、陈、后梁、后唐、后晋、后汉、后周年号以纪诸国之事，非尊此而卑彼，有正闰之辨也"[1]。其"不得不"之语，足见当时以汉、晋、隋、唐、宋为正统相继，而曹魏、南朝、五代则虽得其"统"而并非"正统"的看法入人已深[2]，力欲恪守"不偏不私"叙事立场的史家已须对此再三致意。[3]

要之，宋初以来的一系列建制事态都可以证明，赵宋王朝开国伊始，无非是一个承接五代的"第六代"，因而包括礼制在内，其各项制度基本上都是直承五代而继续调整发展的。在此前提下，由于唐朝近三百年统治的历史惯性，五代既大体循用了唐制，宋初的有关制度也就仍具有唐制的某种形相；同时五代以来礼制又因干戈纷扰而多有失位和不伦，宋初的礼制整顿和重建过程，遂不免有取鉴或归复唐制的成分。有关事实在宋初各项制度沿革的原始记载中，还是大体清楚或易于复原的。故准确意义上的"宋承唐制"，严格地应是"宋初循用了五代相沿革的唐制"，宽泛一点也可以兼指宋初以

---

1 《资治通鉴》卷六九《魏纪一》黄初二年四月刘备即帝位条下"臣光曰"，第460—461页。

2 当时亦有基本仍持"黜五代"而"上承唐统"之旧说者，如仁宗朝为"东南士范"的章望之作《明统论》三篇，一方面以尧、舜、夏、商、周、汉、唐、我宋为正统，以秦、晋、隋为霸统，另一方面又说："凡以书者，将有补于治乱也。秦、魏、梁于统之得否，未有损益焉可措者，进之无以别善恶也。"转自饶宗颐《中国史学上之正统论》资料一所辑章望之《明统论》，第106页。

3 上引《通鉴》黄初二年四月条有云："正闰之论，自古及今，未有能通其义，确然使人不可移夺者也。"是司马光对正统论并非全盘接受者。然《司马温公集》卷六六《记〈历年图〉后》述其作《历年图》，"苟天下非一统，则漫以一国主其年，固不能辨其正闰；而赵君乃易其名曰《帝统》，非光志也"，表明了"光志"断不以历代"非一统"者为"帝统"的态度。《司马温公集编年笺》，第200页。

来归复某些业已废弛的唐制的过程，而其价值和缺陷，都在于它着力凸显了唐制的深远影响。但时人显然更倾向于这种朝后看的价值。自太祖、太宗努力拓展土境，巩固统治，至真宗又北境粗定而盛世有望，在这个"第六代"中，已渐滋长了一种远祧尧、舜，上承汉、唐而跻身于"新三代"的冲动。以欧阳修重编《五代史记》为标志，仁宗朝以道义功德为本位的正统史观崛起，这种历朝不免其俗的自大冲动，显然已升华为主流士人的一种理论自觉。而一旦竖起了大唐、我宋正统相继的标杆，便势必要坦然或激动地把五代视为两种光明之间的黑暗时代[1]，从而在总结和探讨本朝制度原委时，倾注其目光于唐朝。自此以还，五代各朝竟直就失却了自身的价值，其间的种种制度举措和事态，已非借助于唐、宋来评判不可；而"宋承唐制"之说，也势不能不有了为本朝承唐正统提供证据的重大意义，成了史家的一种无可旁贷的道义责任。自此，宋初礼制中仍具唐制形相或其礼制整顿过程归复唐制的一面，已被格外强调。而这些形相原本承自五代已非唐代的面貌，以及当时在归复唐制时又据五代以来实际而有所调整的一面，则被刻意淡化了。是故"宋承唐制"说固然有其意义，但当时此说的种种表述，却经常逸出了限制其准确性的圈子。因为几乎从宋人开始总结国初制度沿革起，"因唐""循唐"之类的话语，就已越益被使用于一切可能的场合，以至于它们所表达的，很大程度上只是一种真实的思想史，而已难说是一种真实的制度史。

1　《司马文正公集》卷六一《答郭纯长官书》："先儒谓秦为闰者，以其居二代之间而非正统，如余居两月之间而非正月也。"业已揭出了这层意思。《司马温公集编年笺》，第13页。

二、礼制诸《令》之况与唐宋礼制递嬗

如果不囿于"宋承唐制"之说，而是从中跳出来观察宋制与唐制的关系，则赵宋史家据以说"国初因唐"的种种由头，还是反映了这种关系的丰富层面。见于《辑稿》《文献通考》和《宋史》诸《志》的"国初因唐"等语，既可以指某些源头在唐的五代制度在宋初的继续发展，也可以仅就宋初仍存的唐制具文或轮廓而言，还可以用于宋初跨越式地归复唐制并对之有所调整和改造的过程。从中可以看出，在五代所提供的历史前提下，宋初礼制与唐制的关系，最为基本的，无非是围绕着循用和归复唐制的过程及其相应的调整或变通来展开的。以下请先就礼制诸《令》的状况，来集中考察宋初三朝循用唐制的状况。

在王朝直承五代而发展的前提下，只要五代沿用了唐制，那么除非必须改弦更张，一般都会被宋初继续循用。前面已经谈到宋初对五代以来《律》《令》《格》《式》的沿袭，具体到《令》上，宋初三朝礼制循用《唐令》的记载，不少都举出了具体篇名，或其内容足以判断其篇名，诸如《仪制令》[1]、《祠令》[2]、

1　如《辑稿·礼》一〇之一载太祖乾德二年二月四日事，第548页。《长编》卷二四太平兴国八年正月癸未、《长编》卷六九大中祥符元年八月己丑（第538、1553页）。

2　《宋史》卷一〇五《礼志八》载乾德初诏祀历代帝王之事（第2558页）。《文献通考》卷一〇三《宗庙十三·有司享先代帝王仪》载乾德二年十一月太常博士聂崇义上言（考九四〇）。《长编》卷七一大中祥符二年二月戊子条，第1592页。又《辑稿·礼》一四之一五载大中祥符四年八月二十二日监祭使俞献可奏事称之为"祠祭令"，第594页。

《乐令》[1]、《丧葬令》[2]、《公式令》[3]、《假宁令》[4]、《卤簿令》[5]、《衣服令》[6]、"太清宫令"[7]等。由此已足见当时礼制与《唐令》的关系之大，但它们同时也体现了后唐以来络绎相承的踪迹。

比如：上面举到的《令》篇中，《乐令》《假宁令》等不见于《唐六典》卷六《刑部》所载开元前《令》之目，这本身就是宋初所承乃后唐以来所循开元二十五年《令》的证据。至于其相沿之况，《五代会要》卷十二《观·杂录》载后唐天成三年（928）正月：

中书门下奏："准《假宁令》，玄元皇帝降圣节休假三日。据《续会要》，准会昌元年二月敕休假一日。伏请准近敕。"从之。[8]

---

1 《辑稿·乐》四之一一至一二载乾德四年十月十九日判太常寺和岘上言，第327页。《太常因革礼》一七《总例·乐一》引《广乐记》所载略同（上海：商务印书馆，1936年，第96—97页）。

2 《辑稿·礼》四一之六载真宗咸平元年九月三日事（第1380页）。《宋史》卷一二四《礼志二十七》所载略同（第2905页）。

3 《长编》卷八六大中祥符九年正月己巳宗正言事，第1968页。《辑稿·仪制》三之一〇略同（第1876页）。

4 《辑稿·仪制》一三之三一大中祥符元年十一月二十四日事，第2064页。同书《礼》三六之一四载天圣五年四月二十三日事，第1315页。

5 《宋史》卷一五〇《舆服志二》载大中祥符四年知枢密院事王钦若言，第3506页。《太常因革礼》卷二八《总例·卤簿下》引《国朝会要》乾德六年十一月诏，第174页。

6 《太常因革礼》卷八二《河中府祭后土庙》引《礼院例册》大中祥符二年正月十四日敕，第399页。

7 《宋史》卷一〇四《礼志七》大中祥符六年礼仪院言，第2537页。此"太清宫令"盖即专项格令、格敕，《唐会要》卷五〇《尊崇道教》载天宝元年九月改在京元元宫为太清宫，四载四月十七日敕太清宫行礼官朝服及青词、乐章等事"朕当别自修撰，仍令所司具议仪注奏闻"，或即"太清宫令"之修（第866—867页）。

8 《五代会要》，第155页。

此后唐循用开元二十五年《假宁令》而有所变通之证。沿至宋初，《辑稿·仪制》一之一载太祖乾德六年（968）九月十一日诏：

自今每旬假日御讲武殿，近臣更不赴晚朝。其节假及大祠，并准《令》《式》处分。[1]

又《长编》卷三二太宗淳化二年（991）六月末载都官员外郎知杂事张郁言[2]：

案《令》《式》，每假日，百司不奏事。陛下忧勤万机，虽遇旬假，亦亲听断……望自今假日除内职及将校，阁门不得引接辞、谢，其受急命者，不在此限。[3]

另《辑稿·仪制》一之四载真宗大中祥符九年（1016）二月二十二日中书门下奏：

陛下抚御庶邦，财成万物，未尝不大听视政，端拱当阳，逮至退朝，再临便坐。往岁以时臻下武，恩洽群伦，夙夜在公，载矜于百执；休浣之令，俾举于旧章。[4]

---

1 《辑稿》，第1841页。
2 《辑稿·仪制》九之八载张郁奏疏在是年六月五日（第1991页）。
3 《长编》，第717页。
4 《辑稿》，第1842页。

以上三处所载之《令》，显然皆指后唐以来相沿不绝的开元二十五年《假宁令》，至宋初三朝亦仍循而用之。《乐令》也有类似的线索可寻，《五代会要》卷六《论乐上》载后晋天福五年（940）七月详定院奉敕定正、至朝会的乐章仪节，"其歌曲名号、乐章词句，请中书条奏，差官修择"；而文、武二舞行列等事则"一从《令》《式》"。其中关于"二人执鼗鼓，二人执铎"，以及文舞人"冠进贤冠，服黄纱袍，白纱中单"，武舞人"服锦平巾帻，金支绯丝布大袖"云云的内容[1]，适可与《辑稿·乐》四之一一载乾德四年十月十九日判太常寺和岘奉敕详定礼乐之器及二舞"旧制"，请"其铙、铎、雅、相、金镎、鼗鼓，并引二舞等工人冠服，即依《乐令》"之事相证[2]。是后晋以来二舞乐器及工人冠服承用了后唐所循开元二十五年《乐令》，又一直被沿用到了宋初。

由《假宁令》和《乐令》之况已可看出，"循用"绝非一成不变。由于时移境迁，即使是唐代各朝也不能照单全用前朝法令，就更不必说是政权业已更迭和各种情况都已明显变化的五代至宋了。因而后唐以来在循用《唐令》时已难免有所选择、变通或修正，宋初三朝也同样如此。这就说明了当时既承五代所循的唐制，亦必有承五代而继续对之调整或补充的一面。

再以《假宁令》为例，《五代会要》卷八《服纪》载后唐清泰三

1　《五代会要》，第81—83页。

2　《辑稿》，第327页。《长编》卷七乾德四年十月辛酉朔亦载其事："诏太常寺自今大朝会复用二舞。先是，晋天福末，中原多故，礼乐之器浸以沦废。帝始命判太常寺浚仪讲求修复之，别营宫悬三十六簴设于庭，登歌两架设于殿上，又置鼓吹十二案，及舞人所执旌纛、干戚、钥翟等与其服，皆如旧制云。"（第179—180页）可与参证。

年（936）二月礼院请定嫂、叔丧服：

> 尚书左仆射刘昫等议曰："伏以嫂、叔服小功五月，《开元礼》《会要》皆同，其《令》《式》正文内元无丧服制度，只一本编在《假宁令》后，又不言奉敕编附年月……臣等集议，嫂、叔服并诸服纪，请依《开元礼》为定；如要给假，即请下太常，依《开元礼》内五服制度录出本编附《令》文。"从之。[1]

是知唐代丧服制度不载于《令》《式》正文，而只将有关规定编附于《假宁令》后，至后唐又改从《开元礼》录出五服制度编附之。《宋刑统》卷二《名例律》"请减赎"条释周亲，卷十二《户婚律》"死商钱物"条释大功、小功亲，卷二十《贼盗律》"盗亲属财物"条释周亲、大功、小功、缌麻服，皆曰"具在《假宁令》后《五服制度令》"[2]。是宋初丧服之制仍编附于《假宁令》后，称"五服制度令"。又《长编》卷六乾德三年（965）十二月记事：

> 秘书监判大理寺汝阴尹拙等言："后唐刘岳《书仪》，称妇为舅姑服三年，与礼律不同，然亦准敕行用。请别裁定之。"诏百官集议……十二月丁酉，始令妇为舅姑三年齐衰，一从其夫。[3]

---

1 《五代会要》，第98—99页。

2 窦仪等详定、岳纯之校证：《宋刑统校证》，北京：北京大学出版社，2015年，第19、171、267页。

3 《长编》，第160—161页。《宋史》卷二《太祖纪二》乾德三年十二月（转下页）

此处"礼律"当指《开元礼》为舅姑服期的规定，说明后唐以来，"诸服纪"虽已"依《开元礼》为定"，且编附于《假宁令》后，但刘岳《书仪》中妇为舅姑服三年之礼，却仍"准敕行用"了下来。而宋初处理这一矛盾的办法，则是把《开元礼》的规定束之高阁，而下诏肯定了刘岳《书仪》之说。另《辑稿·礼》三六之一四载天圣五年（1027）四月二十三日：

翰林侍读学士孙奭言："伏见礼院及刑法司、外州各报守一本，丧服制度编附入《假宁令》者，颠倒服纪，鄙俚言词，外祖卑于舅姨，大功加于嫂叔，其余谬妄，难可遽言。臣于《开宝正礼》录出五服年月并见行丧服制度，编附《假宁令》，伏乞详择雕印颁行。"[1]

由此可见后唐以来，正如妇为舅姑服三年，嫂、叔服大功那样，丧服制度的内容复又脱离了《开元礼》的轨道，直至宋初三朝，有关的修正或变通，一直是陆续被编附于《假宁令》后的。由此累积至天圣年间，其中已充满了"颠倒服纪"的"鄙俚言词"。

这种不断编附新出规定于《令》篇之后的做法，说明后唐以来各朝既确认《唐令》在有关领域的基本作用，自然就须不断对之有所调整和变通。宋初三朝基本顺延了这样的格局。除丧服制度和《假宁令》外，上引《辑稿·乐》四之一〇载乾德四年十月和岘详定

（接上页）丁酉载为："诏妇为舅姑丧者齐、斩。"又《宋史》卷一二五《礼志二十八》亦载其事，可与参校（第23、2930页）。

1　《辑稿》，第1315页。此当与《宋史》卷一二五《礼志二十八》所载孙奭奏文相校（第2926页）。

礼乐之器及二舞旧制时，又奏乐器中有抄手笛：

> 可以旋十二宫，可以通八十四调。其制如雅笛而小，其长九寸，与黄钟之管等，其窍有六，左四右二，乐工执持之时，两手相交，有拱揖之状。请改为拱宸管，于十二案上及二十编磬并登歌两架下各一，仍望编于《令》《式》。[1]

和岘奏请新定拱宸管之制"编于《令》《式》"，这里的《令》，显然仍指开元二十五年《乐令》[2]；而此奏既得太祖敕准，也就构成了承敕编附新定乐制于《乐令》的实例。后来仁宗天圣七年修成新《令》三十卷颁行，"取敕文内罪名轻简者五百余条，著于逐卷末，曰《附令敕》"[3]，也还是采用了这种"承敕编附"的套路。必须看到，天圣七年的这种工作，显然是对现存有关敕文的选择和删定，其选择的范围或删定的对象，自必首先是以往陆续编附于有关《令》篇的敕文；而所谓"编附"，在字面上或实际上都不外乎是"著于逐卷末"。由此可推，宋初三朝以新出规定"著《令》"的大量事例，其实都是把有关敕文编附于《唐令》各篇。[4]

---

1 《辑稿》，第327页。其下文载太祖对和岘奏请的诏答："二舞人数衣冠悉仍旧制，拱宸管乐章如所请。"
2 唐制太常寺辖太乐、鼓吹等署，故此处《式》当指《太常式》。《唐会要》卷六五《太常寺》载大中十二年十月太常卿封敖左迁事："旧《式》：太常卿上事，庭设九部乐。"即《太常式》之文（第1137页）。
3 《辑稿·刑法》一之四，第6463页。
4 如《长编》卷一三开宝五年八月癸巳载李符知京西南面转运事。"符前后条奏便宜，凡百余条，其四十八事皆施行，著于《令》。"（第288页）此"著于《令》"之四十八事所涉必广，是必分附于各有关《令》篇。

进而言之，即便并不编附于《令》篇，只要下达了新的制敕规定，也就同样会在相关的领域内，对《唐令》构成修正或变通。如《文献通考》卷一一三《王礼八·群臣冠冕服章》载：

国初令礼官检讨模画袴褶衣冠形像，且云武弁、平巾帻即是一物两名，乃于笼巾中别画一帻。中书门下奏议：据《令》文，明武弁非袴褶之冠，合是具服有剑履佩绶，又非骑马之服。乃请导驾官止用平巾帻、袴褶、靴、笏。如平巾帻制度未详，且以今朝服冠代之，当戴笼巾者，亦不带。导驾官袴褶色未久本品色者，止用见著服色，其起梁带依礼官之议，权以革带充。自是遂为定制。[1]

这显然是乾德元年（963）为冬至亲郊确定大驾卤簿时的事情，其中的"令"自指《衣服令》[2]，中书门下据之而明"武弁非袴褶之冠"，然其关于导驾官"止用平巾帻……以今朝服冠代之"等事的奏请，既得太祖准许而"遂为定制"，也就不能不对《衣服令》的相应条文做出了修正。再如《长编》卷九开宝元年（968）十一月载曰：

旧制，太庙每室用一犊，郊坛用犊十一。周显德初，太庙四室共用一犊。乾德初，从礼仪使之请，增太庙用三，郊坛用五，

---

1 《文献通考》，考一〇一九。
2 《旧唐书》卷四五《舆服志》述唐武德《衣服令》文，其中武弁、平巾帻之别甚晰（第1938页），可参。

羊豕如《令》。是岁，复减犊数如周制。[1]

《辑稿·礼》二六之七亦载其事而较为详细：

建隆四年八月二十九日，有司上言："准礼：宗庙之牛角握，天地之牛角茧栗。太庙四室各用犊一，昊天上帝用犊一，皇地祇及配帝用犊一，加羊豕各一；五方帝用随方色犊各一，大明赤犊一，夜明白犊一，神州地祇黝犊一，皆有羊豕。从祀中外官而下，共用羊豕各九。周显德元年郊祀、太庙四至，共用犊一，郊坛用犊、羊、豕之数如故，颇异旧制。"诏太庙宜用犊二，郊坛宜用犊五，羊、豕如《令》。开宝元年十一月十四日冬至亲郊，诏有司宗庙共用犊一，郊坛用犊牲如周制。[2]

以下载此后用牲之制仍续有变化。以上两处有司所言的"旧制"或"礼"，显然就是太祖诏文提到的"令"，而此"令"既称"旧制"又关乎祭礼用牲，自必是循自后唐以来的《祠令》。是宋太祖乾德元年（963）虽下敕规定祭祀用牲之制"如《令》"，但其太庙和郊坛用犊之数，却仍循后周显德元年（954）的原则而减《祠令》之半，至开宝元年（968）十一月诏"复减犊数如周制"以来，又陆续有所调整变更。另如《辑稿·礼》一四之二〇载真宗天禧四年（1020）八月二十一日，同判太常礼院陈宽奏准："郊庙致斋日，左右街司承例

---

1 《长编》，第212页。
2 《辑稿》，第1007页。以上引文与《长编》所载相校，"太庙四至"，"至"为"室"之讹；"太庙宜用犊二"，"二"或作"三"。

遣杂职随行，按《令》文散斋之后不行刑罚，欲望自今罢之。"[1]此处"散斋之后不行刑罚"，亦当是《祠令》之文；而"自今罢之"，自指《祠令》此条从此停用。也就是说，在并未全面重修本朝新《令》之时，这种随时下达的制敕，不仅可以修改《令》文的规定，且可直接停废有关的《令》条。

因此，编附或不编附于《令》篇的制敕规定越多，《唐令》的适用范围、效力和地位自会越被压缩，加之唐末以来战乱不绝，各种制度尤其礼制的正常施行，正可谓难乎其难。故而宋初三朝循用的《唐令》在这双重背景下，势不能不有很大部分已被停废或有名而无实。《辑稿·刑法》一之四载天圣七年（1029）修《令》之事："凡取唐《令》为本，先举见行者，因其旧文，参以新制定之。其《令》不行者，亦随存焉。"[2]便明确指出了此前《唐令》多有"不行者"。具体再以《祠令》为例，《宋史》卷一〇五《礼志八》载太祖乾德初诏：

历代帝王，国有常享，著于甲令，可举而行。自五代乱离，百司废坠，匮神乏祀，阙孰甚焉。按《祠令》：先代帝王，每三年一享，以仲春之月，牲用太牢，祀官以本州长官，有故则上佐行事。官造祭器，送诸陵庙。[3]

又《长编》卷七一载真宗大中祥符二年（1009）二月戊子

---

1 《辑稿》，第596页。
2 《辑稿》，第6463页。
3 《宋史》，第2558页。

诏曰：

如闻近岁命官祈雨，有司第给祝板，不设酒脯。按《令》文，凡祈以酒及脯醢，报准常祀。宜令有司自今祈、报，虔遵《礼令》，务在蠲洁。[1]

又《辑稿·礼》一四之一五载大中祥符四年八月二十二日监察使俞献可奏郊祀仪相关安排有曰：

祀官幕次在壝内，皆乘马直至次前。按《祠祭令》：中祠以上并官给明衣。斯礼久废，望付礼官详酌。

真宗诏太常寺与礼院官详定以闻。判太常寺李宗谔等言："明衣绢布《唐礼》俱存，然停废既久，望且仍近例。"奏可。[2]这三个例子表明，宋初所循用的唐《祠令》中，关于历代帝王之祀、祈祷以酒及脯醢、中祠以上并官给明衣等规定，长期以来仅为具文而无施行之实。至于当时对这种状况的处理，则既可以重申《唐令》的规定，也可以像大中祥符四年对待中祠以上官给明衣之制那样，因其"停废既久"而"且循近例"。

由上所述可知，自五代沿用至宋初，《唐令》有关礼制的条文，实际上处于既有循用，又有废黩，同时又不断被一系列新规定所取

1　《长编》，第1592页。
2　以上皆见《辑稿》，第594页。

代或修正的状态。对于宋初礼制与唐制的关系来说，这种前朝旧《令》文与本朝新规定的错杂样态颇具典型意义，其中值得注意的有下列数端：

其一，宋初三朝对《唐令》有关内容的修正、变通或另搞一套，总是通过一系列随时下达的制敕而体现出来的，这当然是晚唐五代以来相应局面的延续。但相比于《令》文规定的统一和完整，这些针对具体事项的制敕规定，往往都是些单行法规而显得零散，一时是无从全盘取代《唐令》的作用和地位的。这就呈现了新规定不断吞噬和抛开了旧《令》文，但旧《令》文仍在总体上规范着原有领域的态势。

就拿《仪制令》来说，文献所载宋初三朝对《仪制令》的修正或补充规定为数不少，如《辑稿·礼》一〇之一载太祖乾德二年（964）二月，因《仪制令》不载皇后别庙门戟之制，遂诏少府监准《仪制令》文及近例另行定其制度。[1]《长编》卷五乾德二年四月载官制已久经沿革，内外官相见仪已无法按《仪制令》执行，遂诏尚书省集群官详定新制。[2]《长编》卷二四载太宗太平兴国八年（983）正月甲申，因《仪制令》行路避让规定久已隳废，诏以其"贱避贵，少避长，轻避重，去避来"之文立木刻字，立于两京、诸道要害处。[3]《长编》卷六九载真宗大中祥符元年（1008）八月己丑，因五代以来车驾行幸百司各称"随驾"，诏据《仪制令》及蔡邕《独断》

1　《辑稿》，第548页。

2　《长编》，第126页。《辑稿·仪制》五之一载此在乾德二年九月十二日而文详（第1916页）。

3　《长编》，第538页，《辑稿·仪制》五之三所载略同，第1917页。

改云"行在某司"。[1]这些新的制敕规定都在所涉范围内取代或补充了《仪制令》的原有条文，但作为单行规定，仅仅这些显然还不足以涵盖《仪制令》所规范的整个领域，同时唐制的光环毕竟也还那样地眩目，因而真宗咸平元年（998）修撰《咸平编敕》时，仍定"凡敕文与《刑统》《令》《式》旧条重出者，及一时机宜非永制者，并删去之"；且"以仪制车服等十六道别为一卷，附《仪制令》"。[2]这一做法当然可以看作前述仁宗天圣七年修订新《令》三十卷，仍然存留《附令敕》五百余条的先声，同时也与太宗淳化年间校勘唐代《令》《式》以便继续施用的事实，与宋初有关制敕每被编附于相应《令》《式》的状态一脉相承。这里"别为一卷"，说明新的仪制规定业已开始了一种专门汇编成帙的新形式；而删并本朝有关敕文附于唐代的《仪制令》，又说明在宋初三朝并未全盘制订本朝新制的前提下，两者不能不并行而互补的事实，以及《令》主而敕辅的旧观念对各种新的礼制形式的明显影响。

其二，与把本朝制敕规定编附于唐代《令》篇的做法形成鲜明对照的是，本朝制敕与前朝的《令》文，在作用和效力上正可谓高、下立判，前者永远处于决定后者命运的地位上。[3]因而在宋初三朝礼

---

1 《长编》，第1553页。其他虽不出《仪制令》名而仍可断其有关《仪制令》者还有不少，如《辑稿·礼》一五之二至三载大中祥符九年八月尚书右丞兼宗正卿赵安仁言太庙、后庙供用之物有云："所有两庙载衣，准《令》五年一换，今亦乞三年一加饰，六年一换。"（第652页）此"令"显然也是《仪制令》。

2 《长编》卷四三咸平元年十二月丙午条，第922—923页。

3 《长编》卷四二载至道三年九月壬午左正言直史馆孙何表献五议，"上览而善之"，其二申明太学之议，指摘唐代《学令》"纲条疏阔，……遂令浅俗，扇以成风"（第881—882页）。其语气十分严厉，这当然是由于《学令》乃唐制之故。

制乃至于整套法律体系中，宣敕的位置已被进一步拔高。

如前所述，宋初三朝每一次与《唐令》相关的建制活动，都可以说是在下诏重新规定有关《令》文的效力、适用范围和实际作用。[1]尽管宋初也曾下过断事须遵《律》《令》《格》《式》的诏令，但本朝制敕高于《唐令》的地位实属理所当然。《辑稿·仪制》七之一九载太宗淳化四年（993）四月二十二日诏曰：

> 国家万务至广，盖先于有司；旧章具存，必求于政府。近日中外官吏不守章程，凡有举行，多称特奉圣旨。鸾台凤阁，既未降于敕书；金科玉条，又靡干于《律》《令》。即有乖忤，无所辨明。自今诸司，凡有举行，不得辄称圣旨，违者置其罪。[2]

是当时公认"特奉圣旨"便可"不守章程"，而这份诏书虽旨在纠正此弊，却还是肯定了"圣旨"效力在《律》《令》之上的法理。《长编》卷六六载真宗景德四年（1007）七月壬午：

> 知制诰周起言："诸司定夺公事，望令明具格敕、《律》《令》、条例闻奏。或事理不明，无条可援者，须件析具事宜从长酌中之道取旨，不得自持两端，逗遛行遣。如挟情者，望许人论

---

1 《长编》卷九一天禧二年三月乙卯载上封者言有曰："今之《律》《令》则具有明文，制敕则常有更改。"（第2105页）亦概括了这一点。
2 《辑稿》，第1959页。《宋史》卷五《太宗纪二》淳化四年四月己卯亦载其事而甚简（第91页）。

告，重行朝典；或止是畏避，亦量加责罚。"从之。[1]

是《律》《令》与有关格敕、条例皆须遵守，但"取旨"实为"定夺公事"的最终裁决程序。又《辑稿·仪制》七之二〇载大中祥符二年五月九日：

> 三司度支判官曹谷言："内外群臣上封者众，多务更改宣敕，徒成烦扰。欲望自今言钱谷者，先检会三司前后《编敕》；议刑名者，引《律》、《令》、《格》、《式》、《刑统》、诏条；论户税者，须按《农田敕》文；定制度者，并依典礼故事。各于章疏具言前后宣敕未曾条贯，如已有条贯，即明言虽有某年敕令，今来未合便宜，方许通接。"从之。[2]

这里曹谷所奏，表明当时各种《编敕》、诏条已指导了各种行政过程，同时也肯定了"宣敕"可以破除一切成法包括"典礼故事"的性质。

如所周知，自秦汉确立专制集权体制以来，前敕与后敕，前主与后主之"所是"，早已存在着"当时为是"，"今上"旨意至高无上的原则。但五代至宋初的情况又多了一重因素，由于其"众制不

---

1 《长编》，第1476页。《辑稿·仪制》七之二〇所载略同（第1959页）。又《辑稿·刑法》一之三载大中祥符二年十一月十九日，"诏大理寺自今定夺公事，并具有无冲改《律》《令》及前后宣敕开坐以闻"（第6463页）。这也表明但有"宣敕"则"冲改《律》《令》"自属无妨。
2 《辑稿》，第1959页。

立"，许多领域并不全盘重定本朝新制，而是仅以层出不穷的制敕另做规定或对旧制加以变通，此时其"前、后"关系，也就经常直截表现为后者对前者的主宰。由此看来，宋代宣敕在整套法律体系中地位的上升，不仅是专制皇权体制有所强化的产物，也是五代和宋初这种特定法制格局培育的结果。[1]因而在宋初三朝，在形式和观念上看起来仍或编附于《唐令》的制敕规定，在内容和实践上具有的却是不容置疑的主导作用和地位，这是宋初礼制乃至于全部宋初制度的一个重要特色。

其三，在旧《令》文与新规定的动态关系中，随着时间的推移和有关制敕的积累，统一编修有关礼制的制敕汇编和重新制订新《令》的任务，至真宗后期业已提上了日程。

据载，真宗咸平元年（998）编修《咸平编敕》时，曾综取在京百司及诸路转运司所受太宗《淳化编敕》及续降宣敕，总数达一万八千五百五十道[2]；此后至大中祥符六年四月再修《编敕》，其间的续降宣敕有一千一百余道，"杂行者又三千六百余道"[3]。在礼制领域，截止真宗驾崩的乾兴元年（1022），太祖以来主管礼仪事务的太常礼院所承有关五礼的诏敕，删去重复后总计达一千八百三十道，至仁宗天圣五年（1027）将之编为《礼阁新编》六十卷（或

1　在此过程中，以往较为稳定的《令》《式》与变动不居的制敕之间的主辅关系常态便开始逆转，这就为神宗时期《敕》《令》《格》《式》统类合编，而《律》恒在其外的法律体系奠定了基础，同时也标志了唐代《律》《令》《格》《式》体系的终结。参楼劲：《魏晋南北朝隋唐立法与法律体系：敕例、法典与唐法系源流》，第十一章《宋初三朝的"例"与规范形态的变迁：以礼例为中心的考察》，第621页。
2　《辑稿·刑法》一之一至二，第6462页。
3　《长编》卷八〇大中祥符六年四月庚辰，第1823页。

作五十卷），史称其"大率吏文，无著述体，而本末完具，有司便之"[1]。因而在数量上，宋初三朝礼制领域随时下达的各种制敕已远远超过了《唐令》有关礼制的条文。[2]在形态和作用上，围绕有关事类而陆续下达的制敕规定，积累和汇编后亦已"本末完具"，甚便于有司的操作。可见各种编附或不编附于《唐令》的制敕规定的日积月累，一方面蕴酿了专门对之加以汇编的必要性，另一方面也必然会使《唐令》失去继续循用的价值，并为新《令》的修订提供基础。

事实上，真宗天禧二年（1018）就已经出现了"重编定《令》《式》"的动议，当时其虽因"诸处所供文字悉无伦贯，难以刊缉"而作罢[3]，但天禧四年参知政事李迪等，先后修成《一州一县新编敕》五十卷及《删定一司、一务编敕》三十卷[4]，正可视为继此而全盘整理诸处所承诏敕，使其有所"伦贯"的举措。也正是在这样的基础上，仁宗天圣七年终于修定了本朝新《令》三十卷并《附令敕》五百余条，礼制领域则继《礼阁新编》后，又陆续编修了《太常新礼》《庆历祀仪》和《太常因革礼》等汇编有关诏敕和礼文故事的专

---

1 《宋史》卷九八《礼志一》，第2422页；《玉海》卷六九《礼仪·礼制下》"天圣《礼阁新编》"条，第1360页。

2 《唐六典》卷六《刑部》载开元前《令》总计为二十七卷一千五百四十六条，开元二十五年《令》当多于此数，然《令》文非皆关于五礼（第184页）。

3 《辑稿·刑法》一之四载天禧二年十月十七日右巡使王迎等言，第6463页。

4 《长编》卷九五天禧四年二月辛卯："参知政事李迪等上一州一县新编敕三十卷。李焘按：本《志》作一州一县，《会要》并言一司一务一州一县。今从本《志》。"（第2180页）案《辑稿·刑法》一之四载天禧四年二月九日，李迪等上《一州一县新编敕》五十卷，十一月十七日又上《删定一司一务编敕》三十卷（第6463页）。

书。[1]从此《唐令》已被当作一般前朝故事来看待或加以取鉴，其自五代宋初以来在包括礼制在内各个领域中的指导作用已告终结。

以上所说虽仅是《令》的状况，却有着明显的普遍性。因为宋初循用的各项唐代礼制，无论是有关《令》《式》，是《开元礼》还是中晚唐以来的各种礼制故事，既然都已是从五代对之的沿袭和变通中延续下来的，都是在同样的历史前提下继续发展的，其有循、有变、有废、有复的状态，及其各种新的制敕规定与旧的礼制框架的关系格局，也就只有具体程度和方式上的差异，而无根本或实质的不同。要之，宋初三朝循用唐制的过程，不仅是循五代的轨迹进行的，也是唐制不断经历修正和变通的过程，同时又是唐制适用范围不断缩小，而宋代新制不断由此长出，终至完全取代唐制的过程。天水一朝新的礼制体系乃至于整套新的法律体系的雏形，正是由此而逐渐形成的，而所谓"宋承唐制"，也只有在这种旧死而新生的意义上才有其合理性。

三、归复和反省：宋代礼制的新路向

在记载中，有鉴于五代时期礼制的失位和不伦，宋初重申或归复唐代礼制的现象，确是大量地存在着的。所谓"归复"，一般当指恢复已被停废或被他制所取代之制，但唐代礼制自五代以来往往只是自然地弛坏或被制敕所补充，鲜有截然停废的规定，故宋初以来也往往只是对之"重申""采取""参照"而罕明令恢复，以下姑将

---

1 《玉海》卷六九《礼仪·礼制》"景祐《太常新礼》、庆历祀仪"及"治平《太常因革礼》"诸条，第1361—1362页。

之一并视为"归复"来加以讨论。就其总体而言，宋初的归复唐制，以我为主的色彩十分浓烈，实质是对五代以来制度现状的整顿，其过程已很难以"宋承唐制"来概括，而是牵涉了宋初礼制与唐制的另一种关系，一种根据形势和需要来取鉴、选择、重组和改造唐制，以重新制定本朝新制的关系。因而正如循用并非一成不变那样，归复亦包括着一系列复杂的权衡和取舍，而下列四项事实最值注意：

首先，归复唐制并非宋初的唯一选项，且常有曲折。

前面谈到，乾德三年十二月曾撇开《开元礼》为舅姑服期之制不用，而是下诏确认了后唐刘岳《书仪》为舅姑服三年之制。《长编》载当时百官集议时，尚书左仆射魏仁浦等二十一人有曰：

> 五服制度，前代增益已多。只如嫂叔无服，唐太宗令服小功；曾祖父母旧服三月，增为五月；嫡子妇大功，增为期；众子妇小功，增为大功。父在为母服周，高宗增为三年。妇人为夫之姨舅无服，明皇令从夫而服，又增姨舅同服缌麻及堂姨舅服袒免。迄今遵行，遂为典制……且昭宪皇太后丧，孝明皇后亲行三年之服，可以为万代法矣。[1]

这说明当时所以要在舅姑服制上诏行"时之所尚"的刘岳《书仪》之文[2]，实乃长期以来丧服制度变化的趋势使然。又《辑稿·仪

---

[1] 《长编》卷六乾德三年十二月，第160—161页。《宋史》卷一二五《礼志二十八》亦载此奏（第2930页），可与参校。
[2] 参《文献通考》卷一八七《经籍十四》经部仪注类"刘岳《书仪》"条（考一五九九）。

制》五之一乾德二年九月十二日诏定内外群官相见仪有曰:

> 若以内司诸使承前规例,则朝官拜揖之制不同;若以《仪制
> 令》遵守而行,则古今沿革之制不等。晋天福、周显德中以庭
> 臣、内职、宾从、将校,比其品数,著为纲条,载于《刑统》,
> 未为详悉。宜令尚书省集台省官、翰林学士、秘书监、国子司
> 业、太常博士等详定……以前后《编敕》、故事参定仪制以闻。[1]

《文献通考》卷一一三《王礼八·君臣冠冕服章》载太平兴国七
年李昉等奏准:

> 案后唐天成三年诏:今后庶人工商只著白衣。今请县镇公
> 吏、及工商技术、不系官乐人,通服皂、白。[2]

这些都是宋初不取唐制,而据五代以来有关制度续加规定的例

---

1 《辑稿》,第1916页。《长编》卷五载其事在乾德二年四月末(第126页)。《辑
稿·仪制》八之八载仁宗景祐四年三月诏详定参与都省集议之官员位次,太常礼院
奏引其事在乾德二年二月(第1970页)。三者系时不同,《宋史》卷一一八《礼志
二十一》唯载其在乾德二年而不著月日(第2788页)。
2 《文献通考》,考一〇二〇。《辑稿·舆服》四之五及四之二八皆载此事在太平兴
国七年正月九日,前者载李昉奏作"旧制庶人服皂,今请通许服皂"云云,又载
"至道元年六月,复许庶人服紫。帝以时俗所好,冒法者众,故除其禁"(第1796、
1807页)。又《唐会要》卷三二《异文袍》载武德四年八月十六日敕流外及庶人服,
"其色通用黄、白"(第581页)。同书卷三一《内外官章服·杂录》载太和六年六月
敕重申了《礼部式》"流外官及庶人,服色用黄"的规定,又定"诸部曲、客女、
奴婢服䌷绢布,色通用黄、白"(第573、575页)。

子。可见在唐代礼制与五代以来的做法有所不同时，宋初经常可以在五代的道路上继续走下去，而不是一定要重蹈唐制之轨辙。

同理，即便宋初确实是要振起或恢复五代以来隳废之制，也大可以另定其制而未必要归复唐制。如《宋史》卷一一四《礼志十七》：

> 大射之礼，废于五季，太宗始命有司草定仪注……帝览而嘉之，谓宰臣曰："俟弭兵，当与卿等行之。"[1]

其所载仪注的具体内容，似已化简了《开元礼》卷八六《皇帝射于射宫》的不少环节。[2] 又如《文献通考》卷八七《郊社二十·籍田东郊仪》：

> 宋太宗皇帝雍熙四年九月，诏以来年正月有事于东郊，行籍田之礼，令所司详定仪注以闻，无致烦劳，务遵典故。[3]

废弛已久的籍田之礼至此复行，而所谓"务遵典故"，当然并不是恢复唐制，《通考》下文载有司所定仪注之况便可为证。

尤其是有些唐制的隳坏，体现的是某种长期的趋势，则其废弛

1　《宋史》，第2718页。《长编》卷三六载淳化五年八月甲申"诏有司讲求大射仪注"（第791页），其后又载是年九月"有司详定大射仪，并图来上。上谓宰相曰：'俟弭兵，与卿等行之。'"（第795页）

2　《大唐开元礼》，第411—413页。

3　《文献通考》，考七九〇。《长编》卷二八载此在雍熙四年九月辛巳（第640页），《辑稿·礼》一九之一九亦载此事（第762页）。

而不复实乃必然之事。如《开元礼》及有关《令》《式》中皆有岁终行乡饮酒礼之制，然此礼甚古，唐代大体上"唯贡举之日，略用其仪"[1]，其实已经变成了科举制度的一个附属部分[2]。至五代则并贡举时亦不行乡饮酒礼，后唐长兴及清泰年间宰臣李愚两次上奏，皆请诸州荐送举人须先行此礼，而"竟不能行"[3]。下迨宋初三朝，《长编》卷三六载太宗淳化五年（994）八月田锡奏谓"制科可设，乡饮可行"；卷四二又载至道三年（997）九月壬午左正言直史官孙何表献五议，其五便是"望诏礼官举故事而行"乡饮之礼；卷四八且载真宗咸平四年（1001）三月己丑"宴射后苑。上言及大射、投壶、乡饮酒之礼"，亦惟"言及"而卒未能行。[4]大抵直至《政和五礼新仪》重定此礼，除个别地方偶而一行外，乡饮酒礼无论是作为古礼还是作为科举制的一部分，皆未能复。[5]这样的颓势，适与宋初以来朝廷各色游宴活动的纷纷著为定制，形成了鲜明对照。[6]《宋史》卷一一三《礼志十六》载："凡国有大庆皆大宴，遇大灾、大札则罢……凡幸苑囿、池籞、观稼、畋猎，所至设宴，惟从官预，谓之

---

1 《唐会要》卷二六《乡饮酒》，第498—499页。

2 王定保撰、黄寿成点校：《唐摭言》卷一"贡举厘革并行乡饮酒"条。西安：三秦出版社，2011年，第2页。

3 《五代会要》卷四《乡饮》，第52页。

4 以上分见《长编》，第794、883、1053页。

5 《宋史》卷一一四《礼志十七》乡饮之礼载"唐贞观所颁礼，惟明州独存，淳化中会例行之"（第2721页）。《宋史》卷一三九《乐志十四》载《淳化乡饮酒三十三章》，即其时所用者（第3295—3297页）。

6 如《长编》卷四六咸平三年二月丙子载赏花钓鱼宴"自是著为定制"（第995页）；卷七三载大中祥符三年二月戊申，"始宴私第……遂为定制"（第1656—1657页）。诸如此类，例不胜举。

曲宴"；两者各有仪制，而皆成型于宋初三朝，从而使此后历朝的嘉礼中，出现了《开元礼》未予收录的各种节庆、大宴、曲宴、游观、赐酺之仪。[1]是世风官俗已变，礼制系统亦在除旧而迎新，乡饮酒礼之难复，仅其一端而已。

除屡议而难复者外，宋初三朝也有屡复而难行的例子。如《辑稿·礼》一八之二至三：

太祖建隆二年六月十九日，翰林学士王著上言："秋稼将登，将稍愆时雨，望令近臣按旧礼告祭天地、宗庙、社稷，及望告岳、镇、海、渎于北郊，以祈雨。"诏用其礼，惟不祀配座及名山大川，雨足报祭如礼。四年五月一日，以旱，命近臣遍祷天地、社稷、宗庙、宫观、神祠、寺，遣中使驰驿祷于岳渎，自是凡水旱皆遣官祈祷，唯有变常礼则别录。[2]

这里建隆二年祈雨所复的"旧礼"，乃指《祠令》和《开元礼》的有关规定。[3]但当时似仅偶行，至建隆四年（963）五月大旱祷雨，"自是凡水旱皆遣官祈祷"[4]，方将之上升为一项制度。此后，《辑稿·礼》一八之四载太宗至道二年（996）三月十五日因旱祷雨，命

---

1 《开元礼》嘉礼部分除乡饮酒外别无宴飨之仪，而《宋史·礼志》所载五礼系统与《开元礼》体系的不同，固远不止宴飨游观之仪进入嘉礼一端而已。

2 《辑稿》，第733—734页。《长编》卷二建隆二年六月壬子亦载其事而文简（第47页）。

3 见《大唐开元礼》卷三《序例下·祈祷》，第32页。白居易原本、孔传续撰：《白孔六帖》卷八二《祈祷》"祈祷令"条引《祠令》文可与参证（第351页）。

4 《辑稿·礼》一八之三，第734页。

350　　　　　　　　　　　　　　　　　　　　中古政治与思想文化史论

有司讲求故实，太常礼院上言：

> 按典礼：凡京都旱，则祈岳镇、海渎及诸山川能兴云雨者，于北郊望而祭之，又祈宗庙、社稷；每七日一祈，不雨，还从北郊如初。旱甚则雩，雨足则报。祈用酒、脯、醢，报如常祀，皆有司行事；已斋及未祈而雨者，皆报祀。[1]

遂分遣宰臣李昌龄等遍祷之。此处的"典礼"，还是《祠令》与《开元礼》之文，可见建隆四年到至道二年的三十三年中，祷雨之事虽史不绝书，祈报之礼却并未在建隆年间归复唐制的轨道上运行，以至于还要礼院再来"讲求故实"。到真宗大中祥符二年（1009）二月七日，"帝闻遣官祈雨，有司止给祝板不设酒脯，因出《礼》《令》故事示宰臣，命申明之"，遂诏自今祈报"虔遵《祠令》"[2]。是至道二年以来十余年中，仍未能按唐制行事，真宗遂下诏再加申明。但其申明的效果看来还是有限，故有仁宗皇佑二年（1050）八月十五日"诏再颁先朝祈雨雪法，令所在置严洁处，遇愆旱即依法祈雨"[3]。这种再三重申而不得要领的状况[4]，盖与宋初以来宗教信仰之况及祈雨术的花样百出有关。其实建隆二年祈

---

1 《辑稿》，第734页。

2 《辑稿·礼》一八之六，第735页。参《长编》卷七一大中祥符二年二月戊子载事，第1592页。

3 《辑稿·礼》一八之一〇，第737页。

4 《宋史》卷一〇二《礼志五》祈报："历代皆有禬禜之事，宋因之，有祈，有报。祈用酒、脯、醢，郊庙、社稷或用少牢；其报，如常祀。"（第2499—2500页）这是说宋初因袭了唐代祷雨的祈报之礼，从中是根本看不出其实际过程究竟如何的。

雨不祀唐制应祀的"配座及名山大川"[1]，建隆四年又增添祈于"宫观、神祠、寺"等唐制所无而俗所趋骛的内容[2]，说明当时复唐此礼，已不能不有所调整。《辑稿》录建隆四年以后"有变常礼"者甚多，从中可见宋初以来常祷雨于诸祠、庙、寺、观，其法有类民间的赛神活动，旱甚祈祷则花样百出而无所不用其极，亦包括重申"《礼》《令》故事"而命虔行，然其精神显已去唐祈报之礼甚远，且反映了当时世俗平民之仪不断窜入朝廷之礼以至于反客为主的势头。

由此可见，宋初之所以并未，事实上也不可能一一归复五代以来隳废的唐代礼制，其归复唐制所以会有屡议而难复或屡复而难行的种种曲折，根本原因是时代和社会在变，也就都是中晚唐以来旧的礼制系统正在发生深刻转折的体现。

其次，归复的范围，包括了各种形式和各个阶段的唐代礼制。

从文献所载实例看，宋初重申或归复的唐代礼制分属于三个部分：

一是《开元礼》的有关内容，如《长编》卷四太祖乾德元年

---

1 《辑稿·礼》一八之六至七载大中祥符二年二月二十六日，"以雨足，遣官报谢社稷。初，学士院不设位。及是，以问礼官。太常礼院言：'祭必有配，报如常祀，当设配座'"（第735—736页）。是太祖复唐祈报之礼而不设配座的做法直到此时方予修正。

2 《文献通考》卷七七《郊社十·雩（祷水旱附）》亦载建隆二年王著请依旧礼祷雨，"诏用其礼，惟不祀配座及名山大川，雨足报赛如礼"（考七一一）。其末一项显然与唐制"报如常祀"有异。同书卷八八《郊社二十一·祈禳》："宋朝之制，凡水旱灾异有祈报之礼，祈用酒、脯、醢，报如常祀（原注：宫观寺院以香茶素馔，详见《雩祀门》）。"（考八〇六）是建隆四年以来祈雨于宫观寺院并以"香茶素馔"，此皆变通之证也。

（963年）六月丙午载"有司请依《开元礼》，三祭同用戌腊日，从之"[1]；《辑稿·礼》二一之一载乾德六年四月七日定诸镇祀制，"诏自今祭准《开元礼》"[2]，皆为其例。

二是《令》《式》的有关内容，前述太祖诏依《祠令》享先代帝王，真宗诏祈、报虔准《祠令》，即是。又《长编》卷六二真宗景德三年（1006）三月己巳："太常寺言：'神州坛壝中有坑堑及车马之迹，又两壝步数迫隘，不合礼文。望令改择坛位，及依《令》《式》封标，诸坛外壝，禁人耕垦樵牧。'奏可，即坛于方邱之西焉。"[3]亦然。

三是其他有关制敕规定，其中既有天宝以来所定之制，如《宋史》卷一〇八《礼志十一》载时享之制："太祖乾德六年十月，判太常寺和岘上言：'按《礼阁新仪》：唐天宝五年，诏享太庙宜祭料外，每室加常食一牙盘。将来享庙，欲每室加牙盘食，禘祫、时享亦准此制。'"[4]这是归复了《礼阁新仪》所载的天宝五年之制。[5]但当时也有归复唐前期所定之制的，如《文献通考》卷一一七《王礼八·君臣冠冕服章》载太平兴国七年李昉奏准："按唐制禁外官袍衫之内辄服朱紫，近年品官绿袍、举子白襕之下多服紫色衣，并望禁止。"[6]据

1　《长编》，第96页。

2　《辑稿》，第851页。

3　《长编》，第1393页。《辑稿·礼》二八之四〇亦载其事（第1039页），可与参校。

4　《宋史》，第2593页。

5　《礼阁新仪》三十卷，韦公肃撰录开元以后至元和十年礼文损益而成。参《文献通考》卷一八七《经籍十四》经部仪注类"《礼阁新仪》三十卷"之提要（考一五九六至一五九七）。

6　《文献通考》，考一〇二〇。

《唐会要》卷三一《章服品第》所载，这里归复的，乃是唐高宗咸亨五年五月十日敕文的规定。[1]

宋初三朝归复有关《令》《式》弛文的记载，似要比归复《开元礼》的更多一些。这一方面是因为开宝六年（973）以后，取《开元礼》损益而成的《开宝通礼》部分地取代了其作用，另一方面也与唐以来礼典在整套礼制系统中地位下降的大势有关。因而每当《开元礼》和《令》《式》规定有所重合时，时人更为重视和加以采据的，往往是后者。如《长编》卷二四载太平兴国八年正月甲申大理寺丞孔承恭奏准：

> 《仪制令》有云：贱避贵，少避长，轻避重，去避来。望令两京、诸道，各于要害处设木刻其字，违者论如律，庶可兴礼让而厚风俗。[2]

但《开元礼》卷三《序例下·杂制》亦有"凡行路巷街，贱避贵，少避老，轻避重，去避来"的规定[3]，孔承恭却不提《开元礼》而惟引《仪制令》。又前述《祠令》及《开元礼》卷三《序例下·祈祷》皆有祷雨"祈用酒、脯、醢，报用常祀"的规定，而《长编》卷七一载大中祥符二年二月戊子诏：

---

1 《唐会要》，第569页。宋初所复唐制常常可取自多种文献，除上举《礼阁新仪》外，另如《曲台礼》《五礼精义》《唐会要》《唐六典》《大唐郊祀录》等，皆在其取本范围之内。

2 《长编》，第538页。

3 《大唐开元礼》，第32—35页。

中古政治与思想文化史论

如闻近岁命官祈雨，有司第给祝板，不设酒脯。按《令》文，凡祈以酒及脯醢，报准常祀。宜令有司自今祈、报，虔遵《礼令》，务在蠲洁。[1]

还是舍《开元礼》不提而重申了《祠令》。[2]在这样的背景下，宋初定礼引据《开元礼》的例子固然不少，但真正归复其有关内容的却不多。如《辑稿·舆服》四之一八载乾德元年九月二日，定南郊祭服之制，礼官检寻故事有曰：

按《开元礼》：武官陪立大仗，加螣蛇裲裆[3]。如袖无身，以覆其膊胳，盖裖下缝也，从肩领覆臂膊，共一尺二寸。又按《释文》《玉篇》相传云：其一当胸，其一当背，谓之两当。今详裲裆之制，其领连所覆膊胳，其一当左膊，其一当右膊，故谓之起膊。今请兼存两说，择而用之。[4]

太祖诏答："以青色造裲裆，用当胸、当背之制。"又《长编》卷四乾德元年十一月甲子载有司奏请是年亲祀南郊，"准《仪注》，以礼仪使赞导；而《开元礼》合用太常卿，今请并置，分左右前

1　《长编》，第1592页。
2　与此相应，当时所云"唐礼"常可兼指《令》《式》；言《令》《式》者，却显然不指《开元礼》。如前述大中祥符四年俞献可言"明衣绢布，唐礼俱存"，其"唐礼"即兼指《祠令》和《开元礼》。
3　此乃《开元礼》卷三《序例下·衣服》之文，《开元礼》此目已详群官祭服之制，而此时定制不加归复，唯以之为取材原料。
4　《辑稿》，第1802页。

引"，太祖从之。[1]这类兼存或不取的例子，说明《开元礼》在宋初定制时虽甚重要，却往往只被当作了一堆可供定制时采鉴的原料。其况与当时也常从《唐会要》《唐六典》《大唐郊祀录》《曲台礼》《礼阁新仪》《五礼精义》等文献中，拾取某些制度来加以归复的做法相通。

但对礼制运作来说，《令》《式》的规定不是只有大纲而嫌笼统，就是过于具体只关局部，最具完整和系统性的，仍当首推《开元礼》这样的礼典，这也是长期以来除《令》《式》外，还要另修五礼及仪注与之相辅为用的原因之一。由此看来，宋初较《开元礼》更为关注和更多地归复《令》《式》弛文，旁及于文献所载其他制敕规定的事实，适足以说明其出发点并不是要通盘地恢复唐礼，而只是在取我所需地进行礼制的重建。这种主观上的出发点当然还是由客观的条件所决定的，且不论世移时迁后能否"完整而准确"地归复唐礼，仅就宋初对唐制的了解来说，历经唐末五代的乱离和沦丧后，其程度亦已相当有限。如太祖乾德元年欲亲祀南郊，诏谓"中原多故，百有余年，礼乐仪制，不绝如线"，遂命宰臣范质等"讲求遗逸，遵行典故，无或废坠"。而有司筹备其仪时，面临的则是"官籍散落，旧史皆物故，惟得后唐天成中《南郊卤簿字图》，考以《令》文，颇为疏略"的局面。[2]又《通考》载当时议大驾卤簿有关衣服制度时，"礼官检讨模画袴褶衣冠形像，且云武弁、平巾帻即是一物两名，乃

1　《长编》，第108页。《辑稿·礼》二八之一亦载其事（第1019页）。此处"仪注"，当系是年八月二日诏有司"定仪以闻"的产物。
2　《长编》卷四乾德元年十一月癸亥条，第108页。参《辑稿·礼》二八之一，第1019页。

于笼巾中别画一帻"，遂为中书门下所驳。[1]这种对唐《衣服令》缺乏起码了解的状态竟发生在礼官身上，说明对唐代礼制在宋初劫后犹存的状况，及当时定礼诸官对唐代掌故名物的了解程度，实不宜过高估计。同时，即便是对五代以来相承不绝的唐制，时人对之的理解也大有问题。乾德元年七月工部尚书判大理寺窦仪进《刑统》及《编敕》表有曰："旧《疏议》节略，今悉备；文字难识者，音于本字之下；义似难晓，并例具别条者，悉注引于其处。"[2]是过去以详备晓畅而著称的《唐律疏议》，至宋初已嫌其内容之"节略"，文字之"难识"，义理之"难晓"。[3]这当然不仅是由于文化水平，更是宋人的礼法观已与唐初大为不同的缘故。在这样的历史前提下，宋初的归复唐制，又怎能不是自我作古好恶由己?

因而归复唐制，固然表明曾经辉煌的大唐，对渴欲再建隆平之世的赵宋有着多么重大的影响，却不等于当时有一条全面回归唐代礼制的自觉政纲。在很大程度上，宋初归复唐制之举，也还是五代方镇更迭为王而胥吏用事，遂不能不取唐为样以为文饰的建制格局的延伸，其中既有小家子艳羡大家之礼的成分，也是其建制库房中几乎别无蓝图的贫乏所致，更不免充满了令有些礼学家痛心疾首的实用主义取舍和选择。

其三，归复是一种约取，且限于局部。

1　《文献通考》卷一一三《王礼八·君臣冠冕服章》，考一○一九。

2　窦仪等著、吴翊如点校：《宋刑统》前附之窦仪《进刑统表》，第5—6页。参《玉海》卷六六《诏令·律令》"建隆新定刑统"条，第1308页。

3　此可与五代后周显德四年五月二十四日中书门下奏准，以《律》《令》为"文辞古质看览者难以详明"的现象相证。见《五代会要》卷九《定格令》，第113页。

既然是取我所需，在宋初三朝归复唐代礼制的过程中，自然就免不了再三约取。而约取的第一义是选择，包括在唐制和非唐制中选择，也包括在唐制的大范围内再加选择。如前面谈到乾德元年六月丙午依《开元礼》定蜡祭日事，《长编》卷四载其过程为：

太常博士和岘上言："蜡者，腊之别名。圣朝以戌日为腊，而前日辛卯行蜡礼，非是。按唐贞观中，以前寅蜡百神，卯日祭社稷，辰日腊飨宗庙。开元定礼，三祭皆于腊辰，以应土德。或从贞观，或从开元，惟上所择。"有司请依《开元礼》，三祭同用戌腊日，从之。[1]

这里和岘奏《贞观礼》和《开元礼》有关内容"惟上所择"，正说明同属唐制而仍须选择。又《辑稿·舆服》三之一七载建隆四年十一月五日：

南郊卤簿使张昭言："准旧仪：銮驾将出宫、入庙、赴南郊、斋宿，皆有夜警晨严之制。唐宪宗亲郊时，礼仪使高郢奏称：据鼓吹局中斋宿夜奏严是夜警，恐与挝鼓版奏三严事不同。况其时不作乐县，不鸣鼓吹，务要清洁，其致斋夜奏四严请不行。详酌典礼，奏严之设，本缘警备，事理与作乐全殊，况斋宿之夜，千乘万骑，宿于仪仗之中，苟无鼓漏之微巡，何警众多之耳目？望

---

1 《长编》，第96页。

　　　　　　　　　　　　　中古政治与思想文化史论

依旧礼施行。"从之。[1]

张昭所称致斋奏严的"旧仪"或"旧礼",指的是初唐以来至《开元礼》之制[2];不奏严则是唐宪宗以来对之的变通规定。两者同属唐制,而宋初选择了前者。另如《文献通考》卷一〇三《宗庙十三·祀先代帝王贤士》载乾德二年十一月:

> 太常博士聂宗义上言:"准《祠令》:周文王以太公配。唐天宝七载以师鬻熊及太公望配。伏缘太公已封武成王,春秋释奠,望自今止以鬻熊配享。"奏可。[3]

是天宝七载已增师鬻熊配周文王,而宋初则选择归复了开元二十五年《祠令》太公配文王的规定。

约取的另一义,是即使已经择定了样板,具体归复时亦非依样画葫芦,而是取其大体而不拘小节。如《辑稿·乐》四之一二至一三载乾德六年十月二十七日:

> 和岘言:"……按《开元礼》:郊祀,车驾还宫,入嘉德门,奏《采茨》之乐;入太极门,奏《太和》之乐。今郊祀礼毕,登楼肆赦,然后还宫,宫悬但用《隆安》,不用《采茨》。其《隆

---

1 《辑稿》,第1790页。
2 见《大唐开元礼》卷四《皇帝冬至祀南郊·斋戒》载致斋之日侍中奏"中严"及"外办"之文(第35页)。
3 《文献通考》,考九四〇。

安》乐章，本是御殿之辞。伏详礼意，《隆安》之乐，自内而出；《采茨》之乐，自外而入，若不并用，有失旧曲。今太乐局丞王光裕诵得唐日《采茨》曲，望依月律，别撰其辞，每郊祀毕，车驾初入，奏之御楼；礼毕还宫，即奏《隆安之乐》。"诏岘作瑞文、驯象、玉乌、皓雀四瑞乐章，以备登歌，余从之。[1]

是当时君臣所着眼而归复的，显然是《开元礼》的"礼意"而非其具体条文。又《辑稿·礼》五六之五载太宗淳化三年（992）正月朔：

服衮冕，御朝元殿，受朝贺。礼毕，改通天冠、绛纱袍，升座受群臣上寿。帝即位以来，每朝贺毕，退御大明殿，常服上寿，奏教坊乐。至是始命有司约《开元礼》定上寿仪，皆以法服行礼，设宫悬万舞，酒三行而罢。复旧制也。[2]

此处的"旧制"，似为太祖朝所承五代以来的有关制度，但《长编》载太祖朝自乾德四年诏大朝会复用雅乐，是年冬至朝贺毕上寿之礼用之，而仍御别殿，常服。[3]故淳化三年正月其实是进一步归复了《开元礼》卷九七《皇帝元正冬至受群臣朝贺（并会）》的有关规

1　《辑稿》，第327—328页。

2　《辑稿》，第1587页。

3　《长编》卷七乾德四年十月辛酉及十一月癸巳，第179—181页。又《五代会要》卷五《受朝贺》载后晋天福四年十二月太常礼院奉敕"约《开元礼》重定正旦朝会"之仪，而多有变通，包括改皇帝服通天冠、绛纱袍为乌纱巾、赭黄袍，变雅乐为九部乐，用教坊伶人等项（第65页）。此为五代"约《开元礼》"之例，且可见宋初正、至朝毕上寿之仪亦承五代而来。

定¹；这里"约《开元礼》定上寿仪"的"约"字，真可谓道尽了当时归复唐制的真谛。²

更为重要的是，宋初三朝似根本就没有把某项唐代礼制整个儿恢复过来的例子，见诸记载的大量归复，其实都只关乎该项制度的局部，而其各个局部，又可以兼采几种不同的制度。具体如《文献通考》卷一〇七《王礼二·朝仪》：

> 宋朝因唐与五代之制，文武官每日赴文明殿正衙常参，宰相一人押班。五日起居即崇德、长春二殿，中书门下为班首。³

从其具体内容可知，所谓"因唐与五代之制"，亦即宋代朝会之制乃兼取唐和五代以来的有关制度综合而成。又如前述乾德元年八月重定大驾卤簿之制，便取鉴了《开元礼》卷二《大驾卤簿》、后唐明宗天成年间的《南郊卤簿字图》，以及后周太祖显德元年正月郊天所用的卤簿之制。⁴其中参以己意归复的唐制片断如：当时虽归复了《开元礼》中导驾及押仗官衣服纹样"皆绣为袍文"之制，却加上

1　《大唐开元礼》，第452—454页。《长编》卷三三淳化三年正月丙申朔亦载其事："朝元殿受朝毕，改服通天冠，绛纱袍，复升坐，受群臣上寿，酒三行，用雅乐，宫悬、登歌。罢大明殿上寿之礼。"（第733页）其所以不云"复旧制"，或正因此。

2　宋真宗以后仍多有归复唐制之事，如《宋史》卷一〇九《礼志十二》群臣家庙："唐原周制，崇尚私庙，五季之乱，礼文大坏，士大夫无复袭爵，故不建庙，而四时寓祭室屋。庆历元年南郊赦书，应中外文武官并许依旧式立家庙。已而宋庠又以为言，乃下两制、礼官详定其制度。"（第2632页）其下载其制度与唐大为不同，是其"依"实为"约"而已。

3　《文献通考》，考九六九。

4　《太常因革礼》卷二八《总例·卤簿下》载此甚详可参，第173—174页。

了六军衣服"以孔雀为文"的内容；虽然归复了《卤簿令》中关于"大驾车辂"的规制，然其"大辇"之制仍率意而定，其他诸车辂饰具及名目亦多改动之处；虽然以《兵部式》甲骑具装之制取代了原来仗中所用的"常铠甲"，然其旗帜等制却已与唐大异。[1]这里兼取《开元礼》及有关《令》《式》之文的做法，似仍含有其本来相辅为用的遗意，但其所复皆为片断而已，实际上已经失去了唐代大驾卤簿之制局部与整体的关系。

非但如此，既然是着眼于实际而兼采，也就不会只限于唐制，而是必然要采及前代仪注及诸文献所载的相关举措和本朝故事。如《太常因革礼》卷一七《总例·乐一》载真宗大中祥符七年诏定玉清昭应宫及景灵宫所用宫悬之制，礼院所采鉴的，便包括了《大唐郊祀录》《乐令》《唐六典》《通典》及初唐乃至于魏晋以来的有关做法。[2]又《辑稿·礼》一九之一九载"雍熙四年九月二十七日，诏来年正月亲耕。二十八日，命宋白、贾黄中等定仪注"。其下文载此制大体约唐《开元礼》及太祖所定《开宝通礼》的有关内容而成[3]，但亦采取了南北朝的某些做法。像当时所定先农坛制，其高九尺取北齐，周围四十步及其所处方位取唐制，坛东观耕台之筑则取宋、齐

1　《辑稿·舆服》一之一六，第1749页；参《文献通考》卷一一七《王礼十二·乘舆车旗卤簿》，考一〇五四。关于宋初以来大驾卤簿之制的总体状况，《宋史》卷一四五《仪卫志三》载元丰元年详定礼文所言："大驾舆辇，仗卫仪物，兼取历代所用，其间情文讹舛甚众。或规摹苟简而因循已久，或事出一时而不足为法。"神宗遂"诏令更定"（第3404页）。

2　《太常因革礼》，第99—100页。

3　《辑稿》，第762页。其定制过程参《宋史》卷一〇二《礼志五》籍田之礼，第2489—2490页；《文献通考》卷八七《郊社二十·籍田祭先农》，考七九〇至七九一。

之制。此外，《文献通考》卷八七《郊社二十·亲蚕祭先蚕》载宋真宗景德三年诏复先蚕之礼，然其制未取《开元礼》皇后亲桑的规定，亦未按《开宝通礼》由宫官、女祝摄行其事，而是据《唐会要》所载永徽三年三月七日"皇帝遣有司享先蚕如先农"之制[1]，确定此礼只遣有司摄祭，其实是约取了《开元礼》卷四七《孟春吉亥享先农于籍田有司摄事》的有关内容。[2]但其先蚕坛制却并不依唐筑于北苑，而是依《汉书》筑于东郊，坛高五尺周围二十五步则取北齐之制[3]，其坛一壝又依本朝太宗淳化四年所定"中祠"之制。[4]

显然，约取而"归复"，其实正是裁剪而改造，是在制定赵宋自己的制度。而经过多重约取和兼采之后，无论是归复晚唐以来或废或弛的礼制，还是修正五代以来历经变通的礼制，或者再窜入宋初考虑的其他礼制样板，各种可能的制度因子已被应时制宜地捏合为

---

1 《文献通考》，考七九四。今通行本《唐会要》卷七至十乃后人所补，其卷十下《皇后亲蚕》引《通典》："永徽三年三月七日，制以先蚕为中祀，后不祭，则皇帝遣有司享之如先农。"其下注曰："《通考》：有司言，案《周官》宗伯，后不祭，则摄而荐豆笾彻，明王后之事而宗伯摄之。伏以农桑乃衣食万民，不宜独阙，先蚕之祀，无已，皇帝遣有司享之如先农。"（第260页）案今《通考》载此文有小异，"皇帝遣有司"作"皇后遣有司"。这段"有司言"应当就是《唐会要》卷十下《皇后亲蚕》的佚文。

2 《大唐开元礼》，第270—273页。其定制过程参《宋史》卷一〇二《礼志五》先蚕之礼及《长编》景德三年二月丙申条。

3 《大唐郊祀录》卷十《飨礼二·飨先蚕》载隋、唐俱筑先蚕坛于宫北，坛高四尺，周围三十步（北京：民族出版社，2000年，第799页）。

4 《文献通考》此处述"其坛酌中，用北齐之制，设一壝二十五步，如淳化四年中祠礼例"（第2681页）。《辑稿·礼》一四之八载此为淳化四年四月十七日，"令礼官遍视四郊坛位，详定大小祠神坛设壝步数以闻。太常寺上言：'……今详圜丘、方丘已有制度，及先农坛近准敕设两壝外，其余祠坛礼文并无壝制步数。请大祠各设二壝，中、小祠一壝，每壝二十五步，各于壝内安坛。'并从之。"（第590页）

一个新的整体，浑融成了一项新的制度。

第四，归复伴随着对唐代礼制的反省。

宋初三朝的礼制整顿过程，总体上确实笼罩于唐制的强烈影响下，但上述事实也表明，当时对唐制虽存敬意而并不迷信，其归复也就同时表现为局部的约取和兼采。与之相伴的思想动态和线索，则是宋初以来对唐代礼制的反省和臧否。

评骘和反省唐制之风，在太祖朝虽亦有迹有寻，但其趋于明显化，似乎是太宗朝方轨已同，治平局面初步形成以后的事情。《辑稿·礼》一四之六：

> 太宗端拱元年八月二十三日，秘书监李至言："著作局撰告飨宗庙及诸祠祭祝文，称尊号，唐室以来惟《开元礼》有之，稽古者以为非礼。会昌中从礼官议，但称嗣皇帝臣某。则是祝文久不称尊号明矣。且尊号起于近代，请举旧典，告飨宗庙称嗣皇帝臣某，诸祠称皇帝，斯为得礼。"从之。淳化二年七月三十日，秘书监李至上新撰《正辞录》三卷，凡百九十三首，八十四新制，余仍旧辞。诏永为定式。[1]

李至既亦以《开元礼》祭祝文称尊号为"非礼"，结果便不只是把有关祠祭祝文中的尊号改称为"嗣皇帝"或"皇帝"了事，而

---

1 《辑稿》，第589页。《宋史》卷九八《礼志一》载宋初告享祭祝文循唐会昌以来之制称嗣皇帝，至端拱元年著作局撰辞依《开元礼》称尊号，李至遂奏请"改从旧制"（第2427页）。又《长编》卷二九端拱元年九月丁未、卷三二淳化二年七月末亦载此二事（第657、718页）。

是进一步有了淳化二年全面清理告享祭祝之文的措施。在当时新定《正辞录》三卷中，被重新撰写的已达八十四首之多。非但如此，淳化初年李至还建议，摒弃宋初以来所行由唐玄宗删定，李林甫作注的《月令》，而改行郑注本《月令》。当时太宗"诏两制、三馆、秘阁集议。史馆修撰韩丕、张佖、胡旦条陈唐本之失，请如至奏，余皆请且如旧，以便宣读时令"。[1]《礼记·月令》乃朝廷据以定礼的基础性经典之一，"改黜旧文，附益时事"的唐本《月令》，自开元末年以来，一直被各项祀典和礼事安排奉为圭臬[2]，故李至此奏对唐代礼制潜在的颠覆性，实在是非同小可。而当时虽仍沿用了唐本《月令》，却也部分修正了其内容。从韩、张、胡诸人"条陈唐本之失，请如至奏"来看，这次集议，不失为对唐代礼制的一次大规模讨论和反省。

在这样的基础上，亟欲在意识形态和礼制领域有所作为的真宗朝，一方面别出心裁地依仿唐制而神道设教，东封西祀，另一方面也对唐制有了更为自信和严厉的批评。《长编》卷六一载景德二

---

1 《文献通考》卷一八一《经籍八》经部礼类"《唐月令》一卷"条引《三朝国史·艺文志》文，考一五五九。《通考》此处又引"晁氏曰：唐明皇删定，李林甫等注，《序》谓《吕氏》定以孟春日在营室，不知气逐闰移，节随斗建，于是重有删定，俾林甫同陈希烈等八人为之解。国朝景祐初改从旧文，由是别行"。

2 《唐会要》卷二六《读时令》载："开元二十六年四月一日，命太常卿韦绦每月进《月令》一篇。"（第491页）《长编》卷三载建隆三年十一月辛酉及甲子皆"大阅于西郊"，上谓群臣为"顺时令而讲武艺。"（第74页）《文献通考》卷一一○《王礼五·田猎》载宋太宗"雍熙二年十一月诏曰：'三田之制，其一曰干豆，谓腊之以供祀也。近以率遵时令，薄狩郊畿，既亲射以获禽，宜奉先而登俎。其以畋猎亲获兽付所司。荐享太庙。仍著于令。'"（考九九八）《辑稿·礼》二九之一四至一五载吕端所撰太宗《哀册文》颂扬其功德有"九服归仁，百灵助圣，雨需皇恩，风宣时令"之语（第1070—1071页）。是宋初仍以"顺时令"为要务。

年（1005）九月丁未，王钦若奉敕重定郊丘神位神板，杜镐、陈彭年等引唐贞元二年（786）故事，以为仍当依《开元礼》为定。钦若则引《周礼》《晋书》之文驳之云："岂可信贞观（劲案："观"当作"元"）之末学轻谈，略经史之群儒谠论？"[1]《长编》卷八五又载大中祥符八年（1015）九月己未，废唐《御删月令》的建议被再次提出：

> 龙图阁待制孙奭上言："伏以《礼记》旧《月令》一篇，后汉司农郑康成、卢、马之徒本而为注，又作《周官》及《仪礼》注，并列学官，故三《礼》俱以郑为主。而《月令》一篇卷第五、篇第六，汉魏而下，传授不绝。唐陆德明撰《释文》，孔颖达撰《正义》，篇卷次第，皆仍旧贯。洎唐李林甫作相，乃抉摘微瑕，蔑弃先典。明皇因附益时事，改易旧文，谓之《御删定月令》，林甫等为注解，仍升其篇卷，冠于《礼记》，诚非古也。当今大兴儒业，博考前经，宜复旧规，式昭前训。臣谨缮写郑注《月令》一本，伏望付国子监雕印颁行。"诏礼仪院与两制详定以闻。既而翰林学士晁迥等言："若废林甫之新文，用康成之旧注，

---

1 《长编》，第1363页。此贞元二年故事，即《大唐郊祀录》卷四《冬至祀昊天上帝》述郊坛第二等神位所引贞元二年十一月十一日事（第758页）。是彭年等并《开元礼》及《郊祀录》而蔑视之。又《辑稿·礼》三六之一〇载仁宗景祐二年议郭稹为出嫁母行服之事，宋祁以为依《开元礼》不当行服，而刘夔奏以为"方今圣哲熙朝，文物大盛，自我作古，谁曰不可！何必遵李唐之常议，略先王之经制，守为后之末节，绝母子之要道哉！"（第1313页）另《文献通考》卷七四《郊社七·明堂》载英宗治平元年十月钱公辅等奏请以仁宗配侑明堂，其语有曰："使宗周之典礼不明于圣代，而有唐之曲学流弊于后人。"（考六七五至六七六）这里所透露的自信及批评唐制的严厉，正与上举孙何、王钦若、孙奭的言论一脉相承。

则国家四时祭祀,并须更改。详究事理,故难轻议。伏请依旧用李林甫所注《月令》。"从之。[1]

以惮于改作为理由而未准孙奭此奏,说明长期以来被视为丰碑的煌煌开、天之制,其观念上的权威实际已在轰然倒下,这就为仁宗景祐年间终于不惮"国家四时祭祀并须更改"而用郑注《月令》[2],做好了准备。

从李至奏《开元礼》有关内容"稽古者以为非礼",到"废林甫之新文,用康成之旧注",都说明当时对唐制的反省,除考虑现实需要外,凭恃的还是儒经古制。因而其反省过程的深入和展开,同时也可说是越过唐制进一步回归和重新诠释经学及礼学的过程。如《辑稿·礼》二八之六六载真宗景德三年十二月十四日:

崇文院检讨龙图阁待制陈彭年言:"伏睹画日,来年正月三日上辛,祈谷于昊天上帝,至十日始立春。缅寻历代,虽或相遵;博考《礼经》,实非旧典……斯是袭王俭之末议,违《左氏》之

---

1 《长编》,第1950页。《涑水纪闻》卷四"孙奭"条载"奭举动方重,议论有根柢,不肯诡随雷同。真宗已封禅,符瑞屡降,群臣皆歌诵盛德,独奭正言谏争,毅然有古人风采。精力于学,同定《论语》《尔雅》《孝经》正义,请以孟轲书镂板,复郑氏所注《月令》。司马光撰,邓广铭、张希清点校:《涑水纪闻》,北京:中华书局,1989年,第76页。
2 《辑稿·仪制》一之二九原注:"《艺文志》:景祐三年诏贾昌朝与丁度、李淑采国朝律历、典礼、日度、昏晓、中星、祠祀、配侑岁时施行者,约唐《月令》定为《时令》一卷,以备宣读,而淑定《入阁仪》异于《通礼》,明年,诏因入阁读《时令》,寻停。"(第1855页)参《玉海》卷七〇《礼仪·朝仪》"祥符入阁条"条末引《国史·艺文志》及"景祐定入阁仪注"条,第1386—1387页。

明文，理有未安，事当复古。况陛下式严祀典，以迓神休，岂可舍周孔之格言，用齐晋之曲说？伏望宪章三古，取则六经，常以正月立春之后，上辛行祈谷之祀，诞告礼官，著为甲令。"诏太常礼院详定以闻。礼院言："……本院今详《礼》《传》正文，既言建寅之月，启蛰而郊，则合在正月立春之后。所用上辛，不拘立春先后，则后代相承。今据《礼》《传》明文，请依彭年所奏，常于立春之后正月辛日祈谷，祀昊天上帝。颁下所司，永为定式。"从之。[1]

　　正月上辛祈谷而不拘立春之先后，大体上是西晋、南朝至唐代和宋初的常态，故彭年要强调其必须在立春后的辛日举行，便只好据《礼记·月令》及《左传》正文来圆成其说。考虑到唐代礼制大多源出两晋南北朝的事实，在别无批判的武器时，反省唐制的过程，显然终将导致从儒经原典和汉代注疏出发来重新申说圣贤旨归的趋势。[2]因而彭年此时打出"宪章三古，取则六经"的旗帜，不仅指导了景德三年十二月至四年四月"详定诸祠祭事"的过程[3]，

1　《辑稿》，第1052页。《长编》卷六四景德三年十二月壬午（第1436页）、《文献通考》卷七一《郊社四·郊》（考六四四）、《宋史》卷一〇〇《礼志三》（第2456—2457页）皆载其事而文简。

2　李至之反省唐制而推重儒经自非偶然。《宋史》卷二六六《李至传》载其淳化五年为秘书监兼判国子监，上言"五经书疏已板行，惟二传、二礼、《孝经》、《论语》、《尔雅》七经疏未备……望亲重加仇校，以备刊刻"，从之；又载"至尝师徐铉，手写铉及其弟锴集，置于几案"（第9176—9178页）。徐铉固为当时深谙汉学的代表人物之一，此中消息固可注意焉。

3　《辑稿·礼》二八之六七又载景德四年四月二十六日，太常礼院"准诏与崇文院检讨同详定诸祠祭事"，亦据经、传注疏及史文而奏请"今后零祀并于（转下页）

　　　　　　　　中古政治与思想文化史论

对宋初以来超越唐制和回归经学的过程来说，亦具有某种里程碑意义。[1]

可以看出，对唐制的反省和批判，在宋初三朝正从涓涓细流渐而汇聚成河，其不仅为当时归复唐制的种种取舍和抉择提供了重要的思想背景，实际上也参与开启了一个回归和重新诠释儒经礼典的过程，并与仁宗朝正统史观的崛起关联而产生了重大影响。正是反省唐制之风的渐长，首先在制度层面上开辟了突破唐人成说的通道，遂在庙堂之上催生了回归儒经礼典来重新申说圣贤原旨的势头，这便是扎根于《春秋》之学又针对着庙堂问题的正统史观兴起的重要土壤。而汉、唐、我宋正统相继之论出，一方面自须强调"国初因唐"，另一方面也势将强化国朝与汉、唐并驾齐驱的自信，从而进一步推动批判地继承、发展和超越唐制的过程[2]；且其以道义功德为本位又高踞于当时思想界上游的状态，自亦不能不影响到人们重诠圣贤原旨的焦点和方向。在宋初以来精神领域多条线索齐头并进的壮阔波澜中，超越唐制、回归经学和强调正统，庙堂之上的这些围绕

（接上页）立夏后卜日，如立夏在三月，则待改朔后卜日。庶节气协于纯阳，典礼符于旧史"；又请季秋大享"自今并过寒露，然后卜日；或寒露在八月末，则待至九月乃卜，仍在上丁之后，庶符《月令》之文。自余诸祠祭，皆叶礼令，无所改易"，诏从之（第1052—1053页）。是景德三年十二月陈彭年奏称"陛下式严祀典"而"伏望宪章三古，以则六经"，正欲为真宗时将"详定诸祠祭事"定一基调。

1　文献所载宋初以来议礼定礼从鲜引到多引经传注疏的分界点，大体正在真宗景德、大中祥符之际，此亦可注意之一端焉。

2　如前引《宋史》卷一〇七《礼志十》载嘉祐四年十月礼官张洞、韩维言宋别庙后主合食太庙之制乃依《续曲台礼》，当时欧阳修议之为"非惟于古无文，于今又四不可"（第2580页），便是持正统论者批判唐制之证。

着建制活动而展开的过程，共同谱出了一个足与江湖之儒究心的天地性命之学相呼应的重要篇章[1]，并且构成了后来被称为"宋学兴起"的运动初期的中心舞台。

1　其实濂洛、关辅诸儒殆无不对礼乐甚为注意，如周敦颐《通书》之论乐，程颐之论庙制，张载《经学理窟》之论宗法等，而其天地性命之学也无不着眼于中古礼乐秩序业已崩坏的现实而发。《宋史》卷一三一《乐志六》述宋之乐议自元丰至元祐难有定论，"是时，濂、洛、关辅诸儒继起，远溯圣传，义理精究"，以下分引周敦颐、程颐、张载论礼乐之文，以为"三臣之学，可谓穷本知变，达乐之要者矣"（第3056页）。

第三编　经子发覆

第九章　魏晋以来儒学的发展及相关问题

魏晋南北朝儒学态势的评估，切关乎中古思想文化及政治、经济、社会、制度的研究，牵动着中国思想史递嬗脉络的建构，乃至于整部中国古代史发展线索的探讨。因而目前仍在学界具有相当影响的魏晋以来儒学衰落说，也就成了中古时期诸多问题讨论首先需要面对的一种观点。以下即拟回顾此说的形成和问题，并从儒学常识化所代表的社会化或深入人心程度、古文经学兴盛所代表的经学发展、玄学所代表的儒学前沿讨论和对不同理论的兼容并蓄能力等趋势，考察魏晋南北朝儒学上承汉代形成的态势，发扬汉儒基于现实进取探索的传统，切实拓展儒学基础、主干、论域的状态，以明确魏晋以来儒学衰落说断然无法成立，对前贤所揭中国思想史阶段性递嬗和贯穿于中的基本脉络，亦有必要重新加以清理和深化认识。

一、重新审视魏晋以来"儒学衰落说"

魏晋以来儒学衰落，是中国现代史学兴起以后思想史领域的一大问题。1902年梁启超《论中国学术思想变迁之大势》一文，即以两汉为儒学之"极盛",至六朝隋唐而"最衰"。[1]1907年刊行的皮锡瑞《经学历史》一书,述经学自先秦"开辟"至汉"极盛",经魏晋"中衰"和南北朝"分立",至于隋唐归于"统一",宋以来则进入"变古""积衰"时代。[2]这都是着眼于汉学尤其是今文经学来断定魏晋以来儒学、经学衰落的。[3]刘师培持论即与之不同,1905年其撰《经学教科书》第一册,以十一至十五课分论两汉群经之传授,十六至二十二课分论三国南北朝隋唐经学之况。这是兼顾今、古文经学之况的内容安排,所呈现的是魏晋以来经学、儒学继续发展的场景。[4]但迭经革命大潮及新文化运动荡涤以后,晚清一度活跃的今、古文经学因其保守、保皇属性非被唾弃即被辨伪正谬[5],唯有从汉学到宋学再到汉学复兴为清代朴学之类的概括,仍深切影响着人们对古代思想、学术递嬗脉络的认识。[6]结果竟是持"汉学衰即经学

1 梁启超:《饮冰室合集》第三册,北京:中华书局,2015年,第629—638页。其所说"儒学"即以经学为主干,包括各种阐发孔子及其后学思想的学说。本文亦在此通行义上使用"儒学"一词。

2 皮锡瑞著、周予同注释:《经学历史》,北京:中华书局,1959年,目次第1—2页。

3 关于经学与儒学的关系,参朱维铮《中国经学与中国文化》之《经学、儒学与孔学》及《儒术与经学》两节,见所著《中国经学史十讲》,上海:复旦大学出版社,2002年,第8—13页。需要说明的是,朱先生甚强调经学作为"统治学说"的性质,本文对之的定性则是"关于儒经之学"和"儒学的重要组成部分"。

4 《刘申叔遗书》下册《经学教科书》第一册,南京:江苏古籍出版社,1997年,第2074—2082页。

5 参朱维铮:《中国经学史十讲·晚清的经今文学》,第165—189页;列文森:《儒教中国及其现代命运》第六章《反动与革命:近代古文经学》,郑大华等译,北京:中国社会科学出版社,2000年,第72—80页。

6 如梁启超《清代学术概论》述清代学术总的是对宋明理学的反动,而以复古为其特点(第6页)。钱穆《中国近三百年学术史》第一章《引论》(转下页)

衰"逻辑的魏晋儒学衰落说占了上风[1]，各种哲学史、思想史的魏晋南北朝隋唐部分，几无不略于儒学而突出玄学及佛、道等动态[2]；至于魏晋以来玄学兴起、子学流播、文学发展以及教育、科技等方面的专题研究，亦多以儒学衰落为其因缘。尽管也有持论相对中允的讨论，但整个二十世纪学界对魏晋至隋唐经学、儒学演变大势的勾勒，仍可说是以衰落说为基调润色而成的。

中国思想史界受特定框架、脉络说影响，又尤其关注各时期的新说异见与思潮变迁，所论魏晋南北朝思想状态略于儒学而详于玄学、佛、道，自有其裁剪取舍之理，但也未尝不是以为此期儒学乏善可陈，失去了思想或理论上的引领作用。可是这明显不符当时儒学的发展实际，遮却了其仍在继续活跃并在政治、社会、思想文化等领域进一步发挥的重大作用，学界对之已续有反思。[3]随着讨论深

（接上页）述治近代学术必自宋学始，然后可以"平汉、宋之是非"（北京：商务印书馆，1997年，第1页）。陈寅恪《冯友兰中国哲学史下册审查报告》则称秦以后思想之演变历程，"要之只为一大事因缘，即新儒学之产生，及其传衍而已"。陈寅恪：《金明馆丛稿二编》，上海：上海古籍出版社，1980年，第250页。

1　如1927年出版的日本学者本田成之《中国经学史论》，其第五章《三国六朝的经学》首节开头即述"儒学的衰颓"。本田成之：《中国经学史》，孙俍工译，上海：上海书店出版社，2001年，第168页。张岂之：《中国儒学思想史》第七章《魏晋南北朝时期儒学的变化》第一节《儒家经学的沉沦与玄学的兴起》，则把汉魏间的经学演变概括为一种"沉沦"（西安：陕西人民出版社，1990年，第262页）。

2　如初版于1934年的冯友兰《中国哲学史（下）》论魏晋南北朝唯有玄学三章、佛学及相关论争一章。冯友兰：《三松堂全集》第三卷，郑州：河南人民出版社，2001年，第93—174页；侯外庐主编《中国思想通史》第三卷《魏晋南北朝思想》大多论玄学清谈之思想及儒释道关系，唯有一节论"何晏、王弼的经学形式及其对汉儒经训的玄学改造"（第95—105页）。

3　如王晓毅：《魏晋玄学当代研究略论》一文即指出："终魏晋之世，儒家的官方哲学主导地位一直没有根本动摇。"（《东岳论丛》，1992年第3期）刘泽华（转下页）

第三编　经子发覆　　　　　　　　　　　　　　　　　　　　　375

入，魏晋以来儒学发展的更多侧面得到揭示，衰落说从立论到证据的问题亦已空前明朗了起来。

即从其经常引用的史料看，《三国志》裴注引《魏略·儒宗传序》述汉末"纲纪既衰，儒道尤甚"，魏文帝登位后在灰炭中重建洛阳太学，至于明帝以来仍颓而不振：

太学诸生有千数，而诸博士率皆粗疏，无以教弟子。弟子本亦避役，竟无能习学，冬来春去，岁岁如是……正始中，有诏议圜丘，普延学士。是时郎官及司徒领吏二万余人，虽复分布，见在京师者尚且万人，而应书与议者略无几人。又是时朝堂公卿以下四百余人，其能操笔者未有十人，多皆相从饱食而退。嗟夫！学业沉陨，乃至于此。是以私心常区区贵乎数公者，各处荒乱之际，而能守志弥敦者也。[1]

<hr />

（接上页）主编《中国政治思想史（秦汉魏晋南北朝卷）》第十一章《两晋南北朝时期政治思想的多元发展》第一节《两晋及南朝儒家政治思想的承传与发展》指出，汉末三国以降政治思想领域儒、玄、释、道诸般学说相争而并存，"在这一思想文化多元发展的表象背后，也存在着另一种倾向，从西晋至南朝宋、齐、梁、陈，汉代儒学的政治价值主体和若干政治原则仍然承传下来，与两汉政治思想的发展保持着深层次的同质性"，并认为这是"为隋唐之世儒学振兴及三教合一提供了必要的前提或保障"；本章第二节《北魏统治集团治国思想的儒家化》又强调了北魏汉化或封建化的同时，"也完成了统治思想的儒学化"（杭州：浙江人民出版社，1996年，第511、535页）。姜广辉主编《中国经学思想史》第二卷《汉唐经学》，则从"解决制度焦虑或'外王'问题"出发，对魏晋南北朝经学做了较多讨论（北京：中国社会科学出版社，2003年，第18页）。另参严耀中：《魏晋经学主导说——对玄学盛行于魏晋问题的辨正》，《学习与探索》，2006年第5期；郝虹：《魏晋儒学盛衰之辩：以王肃之学为讨论的中心》，《中国史研究》，2011年第3期。

1 《三国志》卷一三《魏书·王朗传》附《王肃传》裴注引，第420—421页。

这段记载的主要问题，是为衬托荒乱之际数公"守志弥敦"之可贵，夸大了曹魏儒学的凋零景象。[1]其中合乎史实的部分，无非是大乱历劫之余重建太学之不易，朝廷用人亦不重醇儒。从魏末数千太学生徒抗议嵇康之狱一事来看，其学规模实已可观，风气则与东汉略同。当时朝士干济而通经如王朗、华歆、卫觊、刘邵、傅嘏、崔林、高柔、钟会者不在少数，学养深厚如高堂隆、王肃、郑冲、荀顗等亦不乏人[2]，故正始议圜丘之应者寥寥，显非人罕通礼，而必别有其因。[3]若再考虑曹魏始崇古文经学而今文渐衰，汉末学术重心又下移士族世家，其势自魏晋以来持续发展，影响至为深远。[4]这类转折过程首先冲击的自是官学或庙堂之儒，但其至晋复兴之势极为明显，至于诸私家之学的绵延与后劲亦史所公认。[5]凡此诸端，均表

---

1 《三国志》卷二《魏书·文帝纪》载黄初二年正月诏以孔羡为宗圣侯，称时遭天下大乱，"阙里不闻讲颂之声，四时不睹蒸尝之位"（第77页）。同书卷三《明帝纪》太和四年二月诏郎吏通经者擢用，称"兵乱以来，经学废绝，后生进趣，不由典谟"（第97页）。两处渲染儒学不振是要为其崇儒之举张本，这类表述显然不得以为儒学衰落之证，明帝诏郎吏试经更是庙堂之儒趋于复兴的标志性事件。

2 《三国志》卷二五《魏书·高堂隆传》载明帝景初中，下诏选郎吏高才解经义者三十人，从光禄勋高堂隆、散骑常侍苏林、博士秦静"分受四经三礼"，数年后以三师去世而废（第717—718页）。即此可见《魏略·儒宗传序》所述"其能操笔者未有十人"，并不等于其时鲜有"高才解经义者"。

3 《宋书》卷一六《礼志三》述魏明帝景初圜丘号"皇皇帝天"，以始祖帝舜配；天郊所祭为"皇天之神"，以太祖武皇帝配。"自正始以后，终魏世，不复郊祀"（第420页）。正始议圜丘必为改此新制，其应者甚少而竟"不复郊祀"，盖因高平陵之变前后政局诡谲，曹氏及司马氏集团皆难其事，依违其间者亦无从定论之故。

4 参陈寅恪：《隋唐制度渊源略论稿》二《礼仪》，第17页；朱大渭：《魏晋南北朝文化的基本特征》，《文史哲》，1993年第3期。

5 《宋书》卷一四《礼志一》载晋武帝泰始八年有司奏"太学生七千余人"，又载东晋初太常荀崧上疏，述晋武帝禅位而"置博士十九人"（第356、360页）。陈寅恪曾强调"西晋政权是儒家豪族的政权"，故其"标榜儒家名教"。万绳楠（转下页）

明历经汉末劫难的儒学，至曹魏黄初以后，明帝以来，已在迅速恢复之中。故若据上引文一类概括之语而论曹魏之儒学衰落，正所谓一叶障目而失全体。

又如《晋书》卷九一《儒林传序》：

> 有晋始自中朝，迄于江左，莫不崇饰华竞，祖述虚玄，摈阙里之典经，习正始之余论，指礼法为流俗，目纵诞以清高。遂使宪章弛废，名教颓毁，五胡乘间而竞逐，二京继踵以沦胥。运极道消，可为长叹息者矣。[1]

其文指斥西晋玄学清谈之盛及其流弊，相关观点约自两晋之际形成某种雏形，大略仅以为河洛倾覆之一端[2]，至唐初史官则更放大玄学与儒学的对立，将之归为晋亡根源。[3]但玄学清谈要在"名教"本原及名理之讲求，如果一定要找思想根源的话，导致西晋灭亡中原沉沦，以及江东政权最终弱于北方的，并不是名教、儒学不够兴盛，而正是其被玄学砭责的失本异化而说教流行，积弊丛生，实在

（接上页）整理：《陈寅恪魏晋南北朝史讲演录》，合肥，黄山书社，1987年，第22页。这都反映了曹魏至晋官方儒学逐渐恢复臻盛之况。

1 《晋书》，第2346页。

2 《文选》卷四九《史论上》干宝《晋纪总论》遍举西晋灭亡诸因，其中一端指斥其风俗之坏，有"学者以庄老为宗而黜六经，谈者以虚荡为辨而贱名检"等语（第687—694页）。

3 唐初虽袭东晋关于南学简要而北学繁芜之说，但总体仍因其立场而尚北朝的雄强质朴实用，诋南方的奢丽纤巧玄虚，以至把两晋南朝灭亡归因于玄学。章太炎《五朝学》即斥其"不务终始，苟以玄学为诟"。《章太炎全集》册八《太炎文录初编》卷一，上海：上海人民出版社，2018年，第66—71页。

不应归于玄学对之纠偏还欠切实有效并流衍出新的问题。况且玄学与儒学也不是那种相峙对冲、此消彼长的关系，魏末至西晋玄风愈盛，司马氏则以家世诸生较之曹魏尤重经学[1]，史载则有当时"九州之中，师徒相传，学士如林"等概括[2]，后来拯晋国祚的王导、谢安等人，亦皆为兼好玄学的儒生。则所谓两晋"莫不"弃儒崇玄并非实情，若进而再以不足取信的"玄学祸国论"证明其时儒学衰落，恐不免误上加误。

再如《梁书》卷四八《儒林传序》：

> 魏正始以后，仍尚玄虚之学，为儒者盖寡。时苟颛、挚虞之徒，虽删定新礼，改官职，未能易俗移风。自是中原横溃，衣冠殄尽，江左草创，日不暇给，以迄于宋、齐，国学时或开置，而劝课未博，建之不及十年，盖取文具，废之多历世祀，其弃也忽诸。乡里莫或开馆，公卿罕通经术，朝廷大儒，独学而弗肯养众，后生孤陋，拥经而无所讲习，三德六艺，其废久矣。[3]

所述正始以后人尚玄虚，为儒盖寡，与《晋书·儒林传序》的渲染相类，可见其确为唐初总结魏晋思想学术的官方口径。至于其概括的东晋、宋、齐之况，明显是要烘托下文所述的梁武帝时文教

---

1 《晋书》卷一《宣帝纪》载正始二年七月司马懿因南征之勋增封，子弟封侯，恒戒子弟曰："盛满者，道家之所忌。"（第14页）是其崇儒而亦好道家，两者并不矛盾。

2 《晋书》卷七五《苟崧传》，第1977页。

3 《梁书》卷四八《儒林传》，第661页。

之盛，与沈约《宋书》述魏晋"儒教尽矣"而元嘉兴学则"有前王之遗典"[1]，萧子显《南齐书》称晋、宋儒风不振而齐初复兴[2]，俱为褒扬当今刻意贬抑前代。其所述唯国学之况尚可参考一二，至于"乡里莫或开馆，公卿罕通经术"至"三德六艺，其废久矣"数语，则全然不符梁以前儒学之况[3]，又岂能据此而断其衰颓？

上举记载，或以一时之况概括全体，或因既定口径扭曲史实，或为扬此抑彼有违中允，然其论者无不钟情儒学，所发皆为有其诉求的痛切之论，而非真以儒学为穷途末路衰朽不堪。但至二十世纪沿此而说魏晋以来儒学衰落者，则在完全不同的背景、立场、感情和诉求下偏取其说，通盘接过了其所论失实的症结。这也可见有关研究亟待基于史实破除成见，深入总结以往思想史研究的得失，尤其是要重新梳理大量具体记载所示现象的内在联系，方能准确评估魏晋以来儒学演化的态势及其在中古思想史上的作用和地位。以下即拟在前人所论基础上，集中观察魏晋以来儒学在一些基本方面的主导地位和发展进程，以廓清相关史实与问题，有助于这个重要时期思想、学术与文化史脉络的建构。

1　《宋书》卷五五《臧焘徐广傅隆传》末史臣曰，第1552—1553页。

2　《南齐书》卷三九《刘瓛陆澄传》末史臣曰，第686—687页。

3　如《宋书》卷六四《何承天传》载其"儒史百家莫不该览"，宋文帝时领国子博士，又删集礼论，主持四学之"史学"（第1701—1711页）。《南史》卷二二《王昙首传》附《王俭传》载其一时儒宗为世所尚，"儒教于是大兴"（北京：中华书局，1975年，第590—596页）。宋齐时公卿百官通经著述之例甚多，不赘举，至于当时私学之盛，参楼劲《魏晋南北朝隋唐时期的知识阶层》关于此期乡校家馆、名师学馆及自学、游学与家传世授的部分（兰州：兰州大学出版社，2017年，第170—255页）。

二、"儒学常识化"趋势及相关现象

自汉武帝独尊儒术，王霸杂治，到东汉儒学在统治指导思想中的地位趋于巩固，与之相伴的过程，则是儒学深入影响社会各领域，其基本理念、准则和有关知识开始被社会主流广泛认同，从而使之从原来的诸子显学之一，逐渐转化为社会生活尤其是公共领域普遍适用的一种基本知识。所谓"儒学常识化"，即指其从特定学说不断社会化为公共知识的重要组成部分，从而普及成为常识的进程，这是魏晋以来儒学发展最为基本和影响深远的趋势。

儒学走向普及的突出表现是经学成为学童课程，其始正在东汉以来。《齐民要术》引崔寔《四民月令》述正月之事（小字为原注，后之引文皆然）：

农事未起，命成童以上，入太学，学五经谓十五以上至二十也。砚冰释，命幼童入小学，学篇章谓九岁以上，十四以下。篇章，谓六甲、九九、急就、三仓之属。[1]

又《北堂书钞·艺文部》引《四民月令》云："十月，砚水冻，

---

[1] 贾思勰著、缪启愉校释：《齐民要术》（以下简称《齐民要术》）卷三《杂说》引，北京：农业出版社，1982年，第163页。此处"太学"是用古义，指供小学结业者深造之大学。石声汉《四民月令校注》即作"大学"（北京：中华书局，1965年，第9页）"三仓"即秦以来流行的字书《苍颉篇》《爰历篇》《博学篇》。

令幼童学《孝经》《论语》。"[1]崔氏此书所述大体为东汉乡村之况而有一定的理想成分[2]，这两条佚文是说有条件的幼童一般须入小学习书、数[3]，同时诵习《孝经》《论语》以为儒学初阶，成童得入大学深造者则习五经[4]。这是西汉以来"遗子黄金满籯，不如一经"之谚开始深入人心的体现[5]，其实际状态在东汉多有其证。王充《论衡·自纪》曰：

> 六岁教书……八岁出于书馆。书馆小僮百人以上，皆以过失袒谪，或以书丑得鞭。充书日进，又无过失，手书既成，辞师受《论语》《尚书》，日讽千字。[6]

这所书馆有小童百人以上，其况表明东汉初年浙东一带，书、数之学仍是学童的先修之课。而王充六岁入馆习书、数，进而再习《论语》《尚书》的年龄仅为八岁，可见其确在幼童时已诵习儒经。

1　《北堂书钞》卷一〇四《艺文部十·砚四十七》引《四民月令》，第465页。《艺文类聚》卷五八《杂文部四·砚》《太平御览》卷六〇五《文部二一·砚》亦引此而文字略有出入。分见《艺文类聚》，第1056页；《太平御览》，第2723页。

2　《礼记·王制》："乐正崇四术，立四教……春秋教以礼乐，冬夏教以诗书。"也是这类理想的体现。《礼记集解》，第364页。

3　张政烺《六书古义》一文指出，识写"六甲"之类以习书、数及相关常识，早自殷周即为学童课程，周秦以来又增"九九"歌及《苍颉篇》《急就篇》等为其教材。《张政烺文史论集》，北京：中华书局，2004年，第215—237页。

4　如西汉元帝时史游所编的《急就篇》："官学讽《诗》《孝经》《论》，《春秋》《尚书》、律令文。"此处"官学"指郡县学及国学，也就是大学。黎庶昌辑：《古逸丛书》下册《仿唐石经体写本急就篇》，第161页。

5　《汉书》卷七三《韦贤传》，第3107页。

6　《论衡校释》，第1188页。

从桓、灵时期北海邴原的学历来看，原十一岁丧父，邻近书舍之师怜其家贫早孤，免费收之入学，"一冬之间，诵《孝经》《论语》"[1]。是东汉后期确有诵习《孝经》《论语》的乡村小学，所体现的正是一段时期以来习经年龄段下降的态势。

王充八岁所习包括了《尚书》，可见继《孝经》《论语》成为幼童教材后，五经在东汉也已开始为幼童所习。在古今中外的知识系统中，某种学问从进修深造之科变为学童课程，均是其从专精之学普及化、社会化为公共基础知识的关键一步。汉魏以来经学进入学童课程的情况虽错杂不一[2]，但士人在幼童阶段已通《诗》《书》等经，其例确在明显增多[3]，这是士人引领社会风气和儒学常识化势头强劲的反映。其典型如曹魏钟会曾为母作传，自述幼少之课业曰：

四岁授《孝经》，七岁诵《论语》，八岁诵《诗》，十岁诵《尚

<hr>

1　《三国志》卷一一《魏书·邴原传》裴注引《原别传》，第351页。
2　《汉书》卷三六《楚元王传》附《刘歆传》载其子骏，"少以通《诗》《书》，能属文召"，成帝命其待诏宦者署，为黄门郎（第1967页）。其时少通《诗》《书》显然仍不多见。《三国志》卷二九《魏书·方技管辂传》裴注引《辂别传》载其十五岁方至即丘县学，"始读《诗》《论语》及《易》本"（第812页）。郡县学性质相当于古之大学，可见小学读经汉末尚未普遍化。
3　《后汉书》卷二四《马援传》载马援同郡朱勃，"年十二，能诵《诗》《书》"（第850页）。《三国志》卷一〇《魏书·荀彧传》载荀彧为颍川人，叔父荀爽，裴注引张璠《汉纪》述爽"年十二，通《春秋》《论语》"（第307页）。同书卷五七《吴书·陆绩传》载陆绩自述"幼敦《诗》《书》，长玩《礼》《易》"（第1329页）。《晋书》卷九一《儒林孔衍传》载孔衍为孔子二十二世孙，"年十二，能通《诗》《书》"；同卷《范宣传》载范宣为陈留人，"年十岁，能诵《诗》《书》"（第2359—2360页）。这些例子表明汉魏以来学童聪颖者始习《诗》《书》大略在八岁后，上举王充之例亦然。

书》，十一诵《易》，十二诵《春秋左氏传》《国语》，十三诵《周礼》《礼记》，十四诵成侯《易记》，十五使入太学，问四方奇文异训。[1]

钟会为名公之子，学历之系统堪称典范[2]，其进阶大略仍循《四民月令》所说十四岁前在小学，十五入大学进修深造，不过其小学所习已以五经为主，而书、数训练当在其八岁前诵《孝经》《论语》时同步进行。故钟会的学习经历，总的仍合乎当时五经正从原大学课业向学童教材过渡的共同趋势。到《颜氏家训·勉学》述近世"士大夫子弟，数岁以上，莫不被教，多者或至《礼》《传》，少者不失《诗》《论》"[3]，是以南北朝士人幼习五经已趋普遍。[4]

在士人自幼一般已通《诗》《论》的风气影响下，南北朝时一般乡村小学也已教授五经。如宋齐时吴郡盐官人顾欢：

---

1 《三国志》卷二八《钟会传》裴注引钟会母传，第785页。

2 参周一良《魏晋南北朝史札记·〈三国志〉札记》"诵《孝经》"条，其中指出魏晋以来凡幼年失学，长乃读书者，"亦仍从《孝经》《论语》入手"（北京：中华书局，1985年，第41—43页）。

3 王利器：《颜氏家训集解》（以下简称《颜氏家训集解》）卷三《勉学》，上海：上海古籍出版社，1980年，第141页。

4 具体如《梁书》卷八《昭明太子传》载萧统生而聪睿，"三岁受《孝经》《论语》，五岁遍读五经，悉能讽诵"（第165页）。《陈书》卷三四《文学杜之伟传》载杜之伟家世儒学，"七岁受《尚书》，稍习《诗》《礼》，略通大义。十五，遍观文史及《仪礼》故事，时辈称其早成"（第454页）《魏书》卷八二《祖莹传》载祖莹范阳遒人，父祖仕道武帝，"莹年八岁，能诵《诗》《书》，十二为中书学生，好学耽书"（第1798页）。《魏书》卷八四《儒林孙惠蔚传》述孙惠蔚武邑武遂人，"世以儒学相传，惠蔚年十三，粗通《诗》《书》及《孝经》《论语》，十八师董道季讲《易》，十九师程玄，读《礼经》及《春秋》三传，周流儒肆，有名于冀方"（第1852页）。

年六七岁，书甲子，有简三篇，欢析计，遂知六甲……乡中有学舍，欢贫无以受业，于舍壁后倚听，无遗忘者。八岁，诵《孝经》《诗》《论》。[1]

可见南朝幼童仍先学"六甲"习书、数，乡间小学除习《孝》《论》外，也已把《诗经》等列为课程。又如北魏后期武邑人刘兰：

年三十余，始入小学，书《急就篇》。家人觉其聪敏，遂令从师，受《春秋》《诗》《礼》于中山王保安。家贫无以自资，且耕且学。三年之后，便白其兄："兰欲讲书。"其兄笑而听之，为立黉舍，聚徒二百。兰读《左氏》，五日一遍，兼通五经。[2]

刘兰入学虽晚，但亦可见北朝乡村小学仍习"篇章"，而儒学气息较浓的《急就篇》重要性似已过于属于史书学吏传统的"三仓"。三年后其所立"黉舍"，自是简陋的村学，所教大抵应随常例[3]，刘兰粗通的《诗》《礼》《春秋》恐必在其教授之列。

也正是这种从士人到庶民，自《孝》《论》至五经，由大学课程下移为普通乡村小学教材的普及过程，代表了魏晋南北朝儒学常识化进程的基本趋势。至于其发展到唐、五代时期的状态，则可从敦

---

1 《南齐书》卷五四《顾欢传》，第928页。
2 《魏书》卷八四《儒林刘兰传》，第1851页。
3 《齐民要术·杂说》述十一月之事："砚冰冻，命幼童读《孝经》《论语》、篇章，入小学。可酿醴，籴秔稻、粟、豆、麻子。"缪启愉校释本误删其"入"字（第167页）。诸家《四民月令》辑本辑入此条，然原文既不出书名，盖节取《四民月令》窜以其他文字而述北朝流行之况，刘兰所入及所办小学当不例外。

煌文书所示西陲偏地流行的有关读本见其大概。

一是从儒经文本来看，学者曾统计敦煌吐鲁番及黑水城文书中共有儒经文本近四十种，其中居于前三位的，最多的《孝经》文本十种，其次为《毛诗》六种，《论语》五种。[1]结合前文所述学童读经之况考虑，这恐怕正是由于其长期作为小学教材，普及程度相对较高的缘故。尤其值得注意的是，在总数二百件上下的敦煌儒经残卷中，有近10%为六朝写本。其中如敦研0366号为和平二年十一月六日唐丰国所写的白文《孝经》残卷，这是北魏前期《孝经》写本直至唐以来仍被传习的证据。P. 2570号《毛诗》残卷正文为六朝书风，上有约九世纪前期吐蕃"寅年净土寺学士赵令全读为记"的题记，似为当时沙州一带寺学所用的六朝旧本。[2]这些状况说明儒学常识化早已抵达偏远地区基层，即吐蕃治下的沙州寺学亦然。[3]

二是魏晋以来新编的蒙学教材无不渗透了儒家思想。[4]这些教材从多个方面体现、阐扬了儒经观念，其大量涌现实为魏晋南北朝文化史的重要现象，也是秦汉流行的书学教材大都在隋唐前失传的主

1　王素：《敦煌儒典与隋唐主流文化——兼谈隋唐主流文化的"南朝化"问题》，《故宫博物院院刊》，2005年第1期。以下儒经残卷总数及六朝旧本数亦据此文。

2　王素、李方：《魏晋南北朝敦煌文献编年》，台北：新文丰出版公司，1997年，第274—280页。另参王素：《唐写本〈论语郑氏注〉校读札记》，收入其编著的《唐写本〈论语郑氏注〉及其研究》，北京：文物出版社，1991年，第244—249页；李方：《唐写本〈论语皇疏〉的性质及其相关问题》，《文物》，1988年第2期。

3　约西晋时，儒家典籍如《论语》已传入日本，一般以为这是儒学开始在日本流播的开端。参韩昇：《东亚世界形成史论》，上海：复旦大学出版社，2009年，第55—57页。

4　敦煌文书P. 2515《辩才家教》有曰："家教看时真似浅，款曲寻思始知深。"即说明了家教常以浅俗方式讲述深入道理的性质。

要背景。敦煌文书所见识字书中数量最大的《千字文》和《开蒙要训》亦此期所出[1]，前者学界熟知，后者以霍山为南岳，似应编写于隋开皇九年改以衡山为南岳前，内容更多地面向庶俗，其首句"乾坤覆载"显然与《千字文》首句"天地玄黄"同本于《易》传，其他内容亦多贯穿着儒经中的相关观念。[2]又如敦煌文书中数量最多的家训类蒙书是唐人所撰的《太公家教》[3]，P. 2564存其序文，明确交代此书宗旨为"讨论坟典，简择诗书，依经傍史，约礼时宜，为书一卷，助诱童儿，流传万代"。这类教材在敦煌一带的流行，可说是儒学常识化至唐已完全巩固下来的标志。

三是女性教育及其读本也渗透了儒家崇尚的伦理准则和女德观念。魏晋至唐《列女传》及《女诫》《女孝经》《女论语》等书不断涌现[4]，皆为三从四德等观念影响士女及于庶民的反映。[5]敦煌文书

---

1 郑阿财：《〈开蒙要训〉的语文教育与知识积累》述敦煌文书中的《千字文》残卷超过一百五十件，《开蒙要训》残卷七十九件（《浙江师范大学学报（社科版）》，2020年第1期）。

2 如《开蒙要训》关于君王统治部分说"君王有道，恩惠弘廓。万国归投，兆民欢跃"。将此比较《急就篇》说"万方来朝，臣妾使令；边境无事，中国安宁"。《千字文》述"坐朝问道，垂拱平章；爱育黎首，臣伏戎羌；遐迩一体，率宾归王；鸣凤在竹，白驹食场；化被草木，赖及万方"。可以看出《急就篇》所说也受儒学影响，却不像《千字文》所述自《尧典》化出，《开蒙要训》显然承此简化之。

3 高国藩：《敦煌写本〈太公家教〉初探》统计有三十六个残卷，《敦煌学辑刊》1984年第1期；其后张新朋又从俄藏敦煌文书等处先后发现十六个残卷。见所著《敦煌写本〈太公家教〉残片拾遗补》，《敦煌学辑刊》2012年第3期。以下所引《太公家教》录文据高国藩此文。

4 《隋书·经籍志》史部杂传类著录刘向以来诸家列女传赞十部，另有《女记》《妒记》之类；子部儒家类著录曹大家《女诫》等女性鉴诫书六部（第978、999页）。《新唐书·艺文志》史部杂传类著录《女训》等书三十部（第1486—1487页）。

5 参高世瑜：《宋氏姐妹与〈女论语〉论析——兼及古代女教的平民化（转下页）

P. 2598《新集文词九经抄》残卷引有《妇诫》一则，是这类读本内容在敦煌一带亦有流行。另有 P. 2633 等三件《崔氏夫人训女文》钞本残卷[1]，为七言嫁女训语，其开头铺叙嫁事后即曰"教汝前头行妇礼，但依言语莫相违"，以下内容包括守分、慎言、谦恭、别内外、尊舅姑、睦宗亲、敬夫婿各节，也就是所谓"妇礼"之要节。这是借高门训女之名而流传至广的读本，其中的具体言行要求皆符《太公家教》等处所述的女性范则[2]，也切合当时敦煌地区关于女德的观念形态。[3]考虑到女性所具知识、观念对于家庭、社会教育特有的影响，敦煌文书所示西陲女性教育和读本之况，自是儒学常识化深入人心的体现。

这些状态透露的儒学常识化之要，是儒经及其所重理念和相关知识成为启蒙教育及小学所习的基干内容，故读书人自幼例须诵

（接上页）趋势》，收入邓小南主编：《唐宋女性与社会》，上海：上海辞书出版社，2003年，第127—157页；杨欣：《女孝经作者及产生时代考》，《中国俗文化研究》第六辑，2010年。

1　P. 2633原题"崔氏夫人要女文"，S. 4129原题"崔氏夫人女文训"，S. 5643原题"女文"。三残卷中，以P.2633相对完整，文后附有"白侍郎赞"语述"崔氏训女，万古传名，细而察之，实亦周备"云云，末有题记"上都李家印崔氏夫人壹本"十一字，是其甚受当时推重，且自长安印本传抄而来。今题及录文俱据郑阿财、朱凤玉：《敦煌蒙书研究》，兰州：甘肃教育出版社，2002年，第413—414页。

2　如崔夫人说"路上逢人须敛手，尊卑回避莫汤前"；《太公家教》则述妇人须"所有言语，下气低声"。前者述夫婿醉酒须含笑服侍，后者则说"新妇侍君，同于侍父"。

3　P. 3556录有三篇比丘尼的邈真赞，三人皆张义潮、曹议金之裔，邈真赞述其出家前资性，或言"间生灵德，神授柔和"；或称"雍雍守道"，"穆穆柔仪"；以及"自生神授于坤仪，立性天资于妇道"。这类套语多见于魏晋以来女性墓志，为士庶女德规范已被儒学观念格式化之体现。见郑炳林：《敦煌碑铭赞辑释》，兰州：甘肃教育出版社，1992年，第387、396、398页。

经，非读书人也多少都熟悉、认同其中的普适部分，其他如天地人间等各种知识也都被程度不同地溯源和筑基于此，从而使儒学成了解释其他知识的一种知识，也就罔论其无所不在的指导作用和影响了。从上举诸例多为民间自发现象也可看出，儒学常识化进程不仅是当局立之于官学，诱之以利禄的产物，而是朝野持续互动，整套华夏秩序与特定意识形态交相推进、演化的结果，故其对全社会均有错综深远的影响。而这当然也及于儒学自身的生态，包括其作为常识化了的意识形态特有的资源优势和同化作用，尤其发展形态与以往作为特定学说之时已相当不同，也包括其思想前沿发生的较多异端、官学读经的颓势难振而私家之学的更趋活跃。其中一些即被以往思想史界看作儒学衰落之征，但从常识化来看却无非是儒学获得巨大发展和空前广阔的社会基础的题中之义。

三、古文经学的兴起、发展与成就

如果说常识化是儒学渗入全社会并构成其重要底色的过程，那么经学尤其是古文经学的迅猛发展及其新说纷涌，就集中代表了儒学仍有其巨大的学术、理论活力和影响。儒学基本理念和一般知识既然成为常识，其发展形态自亦不同往常，不同于并未常识化的各种学问了。以往围绕师说家法或争立官学的大量争论或被消解或改变了方式，其主体部分的讨论也就少了一些扣人心弦和跌宕起伏的事件，却在其前沿多了各种沉潜研究和新的争执。作为指导统治的理论依据，儒经大义及其待发之覆与形势递变和学术、思想领域的事态相互激荡，使魏晋以来的经学全无衰落的灰败而是精彩纷呈。

《宋书》卷一四《礼志一》载东晋初太常荀崧上疏请增经学博士之员有曰：

> 世祖武皇帝圣德钦明，应运登禅，受终于魏。崇儒兴学……先儒典训，贾、马、郑、杜、服、孔、王、何、颜、尹之徒，章句传注众家之学，置博士十九人。[1]

晋武帝所立五经博士十九人，学界公认其多承曹魏而来，荀崧列举的各家，除何休《春秋公羊传解诂》、尹更始《春秋穀梁传章句》属今文家外，其余皆古文家。可见曹丕代汉重建国学至三少帝时，古文经学已确立了官方优势地位，这是经学发展史上具有里程碑意义的大事，以至王国维考此而称"学术变迁之在上者，莫剧于三国之际"。[2]两晋以来今文各家大多凋零失传，古文学优势进一步巩固，其诸多注解义疏实为当时经学发展及其深切影响社会各领域的集中代表，历南北朝隋唐而莫不皆然。况今、古文经学消长自王莽至东汉已甚明显，至贾逵、马融、服虔尤其是郑玄以来，虽还抑在民间而已风靡天下，其学"左今右古"而多兼取其长，总体特点

---

[1] 《宋书》，第360—362页。

[2] 王国维：《观堂集林》卷四《汉魏博士考》，第188—191页。王葆玹《今古文经学新论》之《引论》指出经学发展有一个"从宗教到哲学"的过程，认为西汉今文经学诉之于信仰，近似于宗教神学，至曹魏古文经学立于官学占据优势，"玄学化的经学出现"，其哲学色彩明显趋浓（第23页）。并参同书第九章《经学思想"从宗教到哲学"的演变历程》、第十章《今古文经学的形上学化》，第426—532页。

和风格无疑仍属汉学。[1]故今文经学渐趋凋零本不能等同于经学衰落，甚至也不能说是汉学衰落，导致这种错觉并延续至今的症结，除自承汉学正宗的今文家或朴学立场影响外[2]，恐怕还是因为视经学为无用而有害的诸多近现代学者，对古文经学所以兴起并代表汉魏以来经学发展主流的问题兴趣泛泛之故。

古文经学在两汉之际的兴起，既有孔壁古经已甚流行等经学自身文本、义理讨论的内在原因，更与西汉后期今文经学已臻极盛而统治危机一再重现的局面密切相关。哀帝的再受命至王莽摄政谋位，均接续了此前部分今文经师代表的汉家运终之说，但真要以易代来消解统治危机，却受到了处于一尊地位的今文经学所尚纲常秩序、君臣大义的强烈制约。《汉书》卷七七《盖宽饶传》载其宣帝时上封事：

> 又引《韩氏易传》言：五帝官天下，三王家天下，家以传子，官以传贤，若四时之运，功成者去，不得其人则不居其位。书奏，上以宽饶怨谤终不改，下其书中二千石。时执金吾议，以为宽饶指意欲求禅，大逆不道……遂下宽饶吏，宽饶引佩刀自刭北阙下，众莫不怜之。[3]

1　汉末古文经学大行其道是与郑学的流行联系在一起的，也就是与今、古文经学的沟通融会联系在一起的，其中已包括了汉代经学发展的主要成果。参周予同：《经今古文学》四《经今古文的混淆》，朱维铮编：《周予同经学论著选集（增订本）》，第15—17页。王葆玹：《今古文经学新论》第三章《古文经学及其流派》八《郑玄对古文经学的总结》，第164—168页。

2　参江藩：《汉学师承记》之阮元《序》及书末汪喜孙、伍崇曜二《跋》，上海：商务印书馆，1934年，第1、149—152页。

3　《汉书》，第3247—3248页。

其时儒生真可谓忠于真理而生机蓬勃，锐气逼人。《韩氏易传》及董仲舒等人的类此论述，是汉初革命以来儒学自由发展之时的经师之说。到儒学获得独尊地位，成为官方学术后，其说仍为后学相承讨论[1]；但此时儒学发展、发挥最多的自然不是这类言论，而是极尽强调纲常秩序，将之体系化而归为天道的内容，两者是内在冲突的。盖宽饶引前儒所说论政言禅被视为"大逆不道"，实际就是今文家原心定罪的套路[2]，是一段时期以来格外强调纲常的结果[3]。武帝以后"意欲求禅"者络绎，多以有违君臣大义被诛，却广受同情[4]，说

1　西汉后期的"求禅"之说，与当时"经学在政治层面伸展的历程"直接相关。徐复观《中国经学史的基础·西汉经学史》即认为汉中期以后的经学思想主要表现于儒生奏议，其中部分仍能"秉持经义礼意，不惜直接与皇帝、皇室相对立"。《徐复观论经学史二种》，上海：上海书店出版社，2005年，第153—165页。

2　其在当时《春秋》学中的依据，如《春秋公羊传》庄公二十二年："公子牙今将尔，辞曷为与亲弑者同？君亲无将，将而诛焉。"又昭公元年："今将尔，词曷为与亲弑者同？君亲无将，将而必诛焉。"陈立：《公羊义疏》，北京：中华书局，2017年，第977、2329页。《史记》卷一一八《淮南衡山列传》："《春秋》曰：臣无将，将而诛。"（第3094页）则是以《公羊传》释义同于《春秋》本经。

3　《二年律令·贼律》："谋反者，皆要斩，其父母妻子同产无少长皆弃市。"朱红林：《张家山汉简〈二年律令〉集释》，北京：社会科学文献出版社，2005年，第3页。《汉书》卷五《景帝纪》三年十二月诏赦纪嘉而诛其子恢说及妻子，称"襄平侯嘉子恢说不孝，谋反，欲以杀嘉，大逆无道"，如淳注："律：大逆不道，父母妻子同产皆弃市，其赦其余子不与恢说谋者，复其故爵。"（第142页）是汉初"谋反"罪到景帝时又称"大逆无道"，至东汉律"大逆不道"已涵盖了谋反罪。其中所寓君臣大义自景帝以来有一个逐渐强化的过程。至于言禅代而被视为形同谋反大逆不道，则始自昭帝时霍光诛眭弘。参沈家本：《沈寄簃先生遗书》上册《汉律摭遗》卷三"大逆无道"条，北京：中国书店，1990年，第594—600页。

4　昭帝尤其是元帝以来言灾异而说更受命或禅代者，有眭弘、翼奉、京房、李寻、甘忠可、夏贺良、谷永等多人，眭弘、京房、甘忠可、夏贺良皆下狱死，李寻流敦煌，翼奉、谷永因持论和缓而仅得全。见《汉书》卷七五《眭两夏侯（转下页）

　　　　　　　　　　　　中古政治与思想文化史论

明其事已难袭用作茧自缚的今文经学，但也不能完全离开经学来另立理据。流传于民间的古文经学遂因其不那么讲政治，较重诂训、学理以明圣人制作和王道内涵而令当朝注目。但古文经学仍缺少对圣人出世天命转移的系统阐述，遂又须借助于依傍儒经、神化圣王而多谶言的纬书。因而古文经学与纬书在成、哀以来一并崛起流行绝非偶然[1]，实因当时政局与政治思想的禅代主题催化而来。

有必要强调这是大一统王朝力图解决有序易代问题的真正起点。自秦始皇综采各家学说，也包括三皇五帝之说及某些儒家理想而重建王朝体制[2]，欲传之无穷，及其身死不久而竟崩解覆灭。至汉朝承其框架调整国策，又独尊儒术，完善秩序，儒生以其核心可与天道同存，然亦叠遇统治危机而有易代之虞。作为华夏政治文明长期演化发育的结晶，秦汉建立的王朝体制确有其不可及处，但在有序易代的问题上暂时还是一片空白，其家天下体制特质又注定有些统治危机非易代即难消解，若以暴力进行势必血流漂杵，遂须寻求和平过渡之方，使皇家易姓而基本体制和秩序仍得存续发展。这一问题的解决过程，正是从西汉今文经师接续战国以来禅让之说的"求禅"探讨始，经王莽兼用古文经学和纬书内容证成禅代建立新朝，然仅十余年即崩解灭亡，可谓成败参半的首次实践。到崛起于义军的刘秀承用"汉家尧后""赤帝九世"说称帝复

（接上页）京翼李传）、卷八五《谷永传》，第3153—3195、3443—3473页。参蒙文通：《孔子和今文学》，《蒙文通全集》册一，第315—329、358—363页。

1　参楼劲：《西汉时期"革命论"之退化与政治思想之转折变迁》，《中国社会科学院历史研究所学刊》第七集。

2　陈寅恪：《冯友兰中国哲学史下册审查报告》，《金明馆丛稿二编》，第251页。

汉，虽痛诋王莽篡位而成、哀复古之制多得保留，古文经学与纬书流行的大势已成。[1]再到曹魏、西晋相继禅代堪称成功，遂为南北朝隋唐历次禅代沿用之"故事"。所有这些政治实践和探讨的理论基础，则无例外是与纬书相连为说的古文经学。[2]正是这一过程，使王朝体制具备了通过有序易代消解统治危机的途径、机制，由此极大地影响了整套制度和社会各领域的发展进程，而这数百年中接踵相继的禅代探索和实践，也构成了此期古文经学长盛不衰的一大动力。

当然驱动魏晋以来古文经学不断发展的因素远不止此。禅让、易代也无非是政治、社会、学术、思想等方面事态的集中体现，围绕这些方面的经义阐释问题本就丛生迭出；各地的割据和南北对峙争统，以及学术重心常在士族世家而呈区域化特色，自亦增加了经解义说的头绪和支派；加之古文经学成为官方学术后，已不能不是所有需要回到儒经原典及其义解来讨论的问题焦点之所聚，就更催发了各家经传注疏的大量涌现。《隋书》卷三二《经籍志一》经部后

1　"汉家尧后"说较早见于《汉书》卷七五《眭弘传》（第3154页），得古文经《左传》及纬书支持，自承舜后的王莽以此为禅代理据，被东汉承用而得强化，后又成为曹魏禅汉以土代火的基础。"赤帝九世"说见《续汉书·祭祀志上》引《河图会昌符》等纬书，《后汉书》，第3163—3166页。"赤帝"从汉家尧后说而来，刘秀为刘邦九世孙，为其复汉称帝的重要理据。参陈苏镇：《〈春秋〉与"汉道"——两汉政治与政治文化研究》，第429—436页。参杨权：《新五德理论与两汉政治——"尧后火德"说考论》，第84—89、249—257、313—315页。
2　东汉以来惯以纬书及相关内容为"内学"，与五经构成内外辅成关系，以古兼今而影响最大的郑玄常以纬书注经，亦曾遍注纬书。至魏晋以来纬书遭禁而部分亡佚，然其佚文仍多见于郑玄等各家注疏。参杨天宇：《郑玄三礼注研究》，北京：中国社会科学出版社，2008年，第17—18、176—178页。

叙述其著录之书：

> 凡六艺经纬六百二十七部，五千三百七十一卷。通计亡书，合
> 九百五十部，七千二百九十卷。[1]

以其"通计亡书"之数，较之《汉书》卷三〇《艺文志》著录
的六艺略"一百三家，三千一百二十三篇"[2]，共增加了八百四十七
部、四千一百六十七卷，其中大部分皆古文经学之流。这些数字虽
有统计误差及分类、著录等问题，其部帙篇卷之况又受到简帛转为
纸本的多重影响，却仍可反映魏晋至隋经学著述量远过两汉。[3]再就
其质而言，仅魏晋时期即有《易》之王弼注阐明义理，自标新学，
一改以往《易》学的象数传统；《论语》何晏集解裁择今、古各家所
释，断以己意，以绍述圣贤，存其精义；《左传》杜预注以经、传合
一，明其义例，综取各家以为诠解，不仅集成《左氏》之学，亦开
《春秋》研究新风；东晋初梅赜奏上的《尚书》孔传虽被后世斥
为伪，却全面总结了汉以来《尚书》学成就，并以篇章完整，训注

---

1 《隋书》，第947页。

2 《汉书》，第1723页。

3 姚振宗《隋书经籍志考证》卷一〇《经部十》校其各类之数曰："实在著录
六百四十五部，附著亡书三百四十三部，通计九百八十八部。"《二十五史补编》册
四，北京：中华书局，1955年，第5228页。另如《隋志》经部著录纬书及识字、
音韵等书，乐类则多琴谱、乐律之书，共计约一百五十余部、六百余卷而无妨经部
大数；又魏晋以来大量经学著述并不单行成书而入文集，亦属分类问题。此外，姚
振宗、丁国钧、张鹏一等所补《三国志》《晋书》《隋书》之《艺文（经籍）志》著
录者数量不少。至于实有其书而刊落不录者，参佘嘉锡：《古书通例》卷一《诸史
经籍志皆有不著录之书》，北京：中华书局，2007年，第193—195页。

明晰，弘扬圣道尤为系统，终至独自流传而诸家皆亡[1]。其余如礼学自魏晋以来极为朝野所重，几已成为六艺之首[2]，除郑玄三《礼》注常为正宗外，王肃三《礼》解及各家《丧服传》等又标新立异与之争锋，尤其结合实际阐其幽微的各种礼论已蔚为大观[3]。凡此皆移一时风气，示来者轨辙，历数百年而愈受推重，为经学史上不容略过的大节，又尤足见其时经学谈不上衰落而是成就甚巨。

魏晋以来经传注疏的长足发展，还表现为古文经学并不墨守师说家法，好兼综诸经等风气的流行[4]，以及井田、乡党、庠序、昊天、禘祫、六宗、明堂、声律等一系列问题在汉代基础上的进一步讨论。对这些问题，清儒多有梳理[5]，近年学界更着力还原其中部分在魏晋以来的历史背景和内在脉络，可见其往往始于某一经文的阐解而遍

1　参刘起釪：《尚书学史》，北京：中华书局，1989年，第195—199页。

2　战国以来六艺之首首或为《易》，或为《诗》，或为《礼》，两汉多以《易》，魏晋以来则因特定时势而有"礼为六经之本"说，参楼劲：《周礼与北魏开国建制》，《唐研究》第十三卷，北京：北京大学出版社，2007年。

3　《宋书》卷五五《傅隆传》载其订补文帝时所撰《礼论》，上表称魏晋以来礼学虽章句训诂不及曩时，"而问难星繁，充斥兼两，摛文列锦，焕烂可观"（第1551—1552页）。同书卷六四《何承天传》载何承天晋末与傅隆共撰朝仪，元嘉二十四年卒。"先是，《礼论》有八百卷，承天删减并合，以类相从，凡为三百卷"（第1711页）。此八百卷《礼论》内容显然多形成于魏晋，礼论为衔接礼经与五礼的关键，为后者之理论基础。

4　参廖平《今古学考》卷上《今古学宗旨不同表》，李耀仙主编：《廖平学术论著选集（一）》，成都：巴蜀书社，1989年，第44—45页。

5　阮元编纂的《清经解》和王先谦编纂的《清经解续编》所录如江永《乡党图考》、王鸣盛《周礼军赋说》、惠栋《明堂大道录》等专题考证多涉此类。见《清经解　清经解续编》册一《皇清经解总目》，南京：凤凰出版社，2005年，第13—16页；册九《皇清经解续编总目》，第9—35页。皮锡瑞《经学通论》所列亦多五经公案（目录第1—15页）。

涉五经相关内容，及于前贤之释和史、子所说，从而形成郑、王等不同学派、倾向和立场之争，其中既有结合实际、利害切身的部分，也有相对纯粹的学理探讨，又不时交织以致风起云涌[1]。即便是一些具体的文义解释，本来只在经师案头加以考究，但也会因时势触动而迭起变化。

如《论语·尧曰》述尧舜禅让有"允执其中，四海困穷，天禄永终"等语，而《尚书》古文二十五篇即今所谓"伪孔传"《大禹谟》载舜禹禅让也间隔着有此数语，"困穷""永终"在其上下文中是表示运终数绝的凶辞[2]。但何晏等所撰《论语集解》释《尧曰》此数语却并不取《书》，而是据东汉《张侯论》传人包咸的《章句》，解作祝福勉励的吉辞。[3]二义在汉魏和魏晋禅代时分别为旧主禅位和新帝登基的诏策之语所采[4]，到南北朝禅代时，同类诏策无论旧主、新帝已皆如《书》以"困穷""永终"为凶辞[5]。清人

1　如宁镇疆：《郑玄、王肃郊祀立说再审视》，《历史研究》，2014年第5期；华喆：《高贵乡公太学问〈尚书〉事探微——兼论"天命"理想在魏晋的终结》，《中国史研究》，2018年第2期。

2　《十三经注疏》上册《尚书正义》卷四《大禹谟》，第136页。本文不涉入《尧曰》及《大禹谟》真伪之争，况《尚书》孔安国传在汉魏及魏晋禅让时尚存，其时旧主禅位策文以"天禄永终"为凶语，应即据此。

3　黎庶昌辑：《古逸丛书》上册《覆正平本论语集解》，第100页。

4　见《三国志》卷二《魏书·文帝纪》延康元年十一月汉献帝禅位曹丕策，其后文裴注引《献帝传》载曹丕登坛受禅的告祭文（第62、75页）。《三国志》卷四《三少帝纪》元帝咸熙二年十二月壬戌，"天禄永终，历数在晋"，遂诏群臣设坛禅位（第154页）。《晋书》卷三《武帝纪》咸熙二年十一月魏元帝曹奂禅位策（第50页）。

5　参程树德撰，程俊英、蒋见元点校：《论语集释》（以下简称《论语集释》）卷三九《尧曰》，北京：中华书局，1990年，第1345—1350页；刘宝楠：《论语正义》卷二三《尧曰》，石家庄：河北人民出版社，1988年，第411—412页。

毛奇龄《论语稽求篇》考当时皆"以'天禄永终'继'困穷'之后，为却位绝天之辞。而于是策书改，即《论语》亦俱改矣。此实经籍文体升降前后一大关节"。[1] 不过当时据改《尧曰》释义的恐怕只有部分经师，因为从萧梁皇侃《论语义疏》到唐宋官本《论语注疏》，仍皆取本《集解》作释。[2] 可见魏晋以来历次禅代虽牵动了相关经文的诠释态势而生纷歧，然以晋唐《论语》学本身而言，何晏等所释显然仍因其合乎学理多得认同，即便其被南北儒生订补充实[3]，亦属其影响甚大得以汇聚诸家之说而不断发展的体现。

像这样经文义解既有自身学脉、诠释疑难，又与现实不时关联而得多重推动的状态，直接说明了魏晋南北朝《论语》各家训解今仍可考者多达50余种[4]，以及五经各家注疏所以大量涌现的背景。至于此期经学发展的成就，在唐初撰定《五经正义》及高宗以来续定的四经注疏中更有集中体现。现据各书序文述其取本及疏解采择之

1　《论语集释》引，第1347页。

2　皇侃：《论语集解义疏》卷一〇《尧曰》，钟谦钧辑：《古经解汇函》贰，扬州：广陵书社，2012年，第1414页。《十三经注疏》下册《论语注疏》卷首疏序及卷二〇《尧曰》，第2454、2535页。

3　《隋书》卷三二《经籍志一》述北朝《论语》先用郑注，至隋亦已"何、郑并行"（第939页）。

4　《经典释文序录疏证》吴承仕考皇侃《论语义疏序》列江熙所集晋人训解十三家，加皇疏所引及不见其引的梁以前注疏，删除重复后共计四十五家（第133页）。除去其中汉之马融、郑玄、包咸及不知时期之周氏得四十一家。其所不含而《隋志》及张鹏一《隋书经籍志补》著录的，包括北朝、隋人所著、不知名氏所撰和梁末亡佚的《论语》训解之作，又有十余家。《隋书》，第936—937页，《二十五史补编》册四，第4933页。

况表列如下[1]：

书名	周易正义	尚书正义	毛诗正义	礼记正义	春秋正义	周礼注疏	仪礼注疏	穀梁传注疏	公羊传注疏
取本	王弼韩康伯注本	孔传（伪孔传）本	毛传郑笺本	小戴记郑注本	左氏杜注本	郑注本陆氏音义	郑注本陆氏音义	范甯集解	何休解诂
疏解	综取往说	刘焯刘炫	刘焯刘炫	皇侃熊安生	刘炫沈文阿	综取往说	黄庆李孟悊	徐邈等	北朝经师[2]

由此即可直观地看出《五经正义》和后续四经注疏之所承。首先，除何休《公羊传解诂》属今文经学，范甯《穀梁传集解》可算今、古参半外，其余各经从经本到疏解皆属古文学系统，是为魏晋以来经学发展以此为主流的写照。其次，除何休《解诂》、郑玄《毛诗笺》和三礼注为东汉所撰外，其余经本皆来自魏晋，疏解则全为魏晋南北朝及隋代经师之作，列表中的"综取往说"，也不外乎是参考此期各家之说再自出机杼。这当然是魏晋以来经学与时俱进不

1　自《周易正义》至《春秋穀梁传注疏》的原序或疏序，分见《十三经注疏》，第6、110、261、1223—1226、1698—1699、633—636、945、2358页。各书"疏解采择"栏仅举其要。

2　《春秋公羊传疏》只存何休序，其疏作者徐彦生平及其时代为经学史上一大公案。清阮元、王鸣盛至近人潘重规等考证其为北朝儒者，虽不必为定论，其疏解内容多采北朝当可无疑。参潘重规：《春秋公羊疏作者考》，《学术季刊》四卷一期，台北：1955年9月；重泽俊郎：《公羊传疏作者时代考》，潘重规译，《学术季刊》四卷二期，1955年12月。

断发展，极大地充实、更新了汉儒所释的体现。第三，经本所取侧重于南，即除何休《解诂》，郑玄笺注南北通行外，王弼、韩康伯《易》注、《尚书》孔传、《左传》杜预注、《穀梁传》范甯集解本，为东晋南朝所持续流行。但疏解除东晋徐邈、梁朝皇侃和陈朝沈文阿外，其余皆为北朝至隋经师。这也透露《五经正义》和四经注疏取择南北经学成果时，总体上还是做了平衡。当然北齐的熊安生、黄庆尤其是隋代刘焯、刘炫、李孟悊各自所治，多已兼采南朝经说，故其疏解述义特为孔颖达等重视，除反映了唐初继隋进一步统一南北经学的用意外，也是北朝经学在南北交流和兼容并蓄中不断发展、繁荣的例证。

据上所述，足见魏晋以来经学发展动力强劲，成果繁富，与现实政治与社会的关系密切，且因古文经学成其主流而今文未绝，南北各家所承各异又交光互摄等事态，而格外显得绚烂多彩、特色鲜明，胜义创见层出不穷。唐初以来修定《五经正义》和四经注疏的取本采择之况，正突出体现了魏晋南北朝经学对于汉代经学的继承和发展，而其所以多取魏晋经本和南北朝各家疏解，也正是其聚集了前人卓见，又随时代递迁而特有所重所长，成就已得举世公认的结果。这也证明魏晋以来并未出现经学中衰跌落的鸿沟，而是展示了一代代儒生继续汉儒未竟之业，不断开拓经学前沿的壮阔场景。

四、玄学之旨归及其对儒学的拓展

魏晋以来思想界的一个至为夺目的现象，也是评估当时儒学态势必须面对的问题，是玄学的兴起及与之相伴多种思想、学术碰撞

　　　　　　　　　　　中古政治与思想文化史论

交流的潮流。在如何看待此期的儒学、玄学和儒、释、道关系等问题上，《隋书》卷三二《经籍志一》经部后叙述经学末流之弊有曰：

先王设教，以防人欲，必本于人事，折之中道。上天之命，略而罕言，方外之理，固所未说。至后汉好图谶，晋世重玄言，穿凿妄作，日以滋生。先王正典，杂之以妖妄，大雅之论，汩之以放诞。陵夷至于近代，去正转疏，无复师资之法。学不心解，专以浮华相尚。豫造杂难，拟为雠对，遂有芰角、反对、互从等诸翻竞之说。驰骋烦言，以紊彝叙，谩谩成俗，而不知变，此学者之蔽也。[1]

《隋志》承《七略》而述各类学术之得失，这里所称经学自后汉杂图谶，晋世重玄言，多杂"方外之理"，确为实情。但将此斥为"妖妄放诞"，以相应的学风之变为"去正转疏"，把染有名辨玄谈之风的"豫造杂难，拟为雠对"等讨论方式一竿子打翻[2]，就颇具原教旨色彩了。直到清代的部分学者，更以为"两汉经学所以当尊行者，为其去圣贤最近，而二氏之说尚未起也"[3]。此虽着眼于章句训诂而言，其态度亦较长短并说的《隋志》偏激。这些都是现代学者断然不能接受的看法，孔子及七十子之学，又何尝不是像其他诸子那

1 《隋书》，第947—948页。
2 "豫造杂难"云云即虚拟命题问难答疑；芰角或作"芰角"，指攻其一端不及其余；"反对"相当于以子之矛攻子之盾；"互从"是以类比互明其义。此皆原出名辨术而流行于清谈，后佛学经疏论辨多借用之。
3 江藩：《汉学师承记》之阮元《序》，第1页。

样在争相立说的竞争和杂取各家成分中形成？包括儒学在内的所有思想、学术，凡能开放包容、广采博收则发展壮大，凡自闭墨守必僵化死亡，故若以玄学、释、道渗乎其间而即以为儒学失色，无异于持僵死之道而诋生长之蓬勃。

当然现代学者也有自己的执着和问题。经几代学者反复切割界定的玄学研究，在揭示其哲学突破和思想解放的内涵上精彩纷呈，但在玄学究竟为什么兴起及其对汉儒的继承与发展上，却往往仅就儒道兼综等玄学派生问题理其渊源，而放过了人们何以要关注老、庄，何以要开掘多种思想资源来追寻解决的根本问题，也就多少有些游离了历史实际。[1]不少学者迄今仍以玄学相较于以往的本体论、方法论变革，而以经学的日薄西山或僵化不堪来解释其兴起，就像另一些学者常把魏晋以来文学自觉、史学发达、子学流播等事态归因于儒学的衰落一样。本文前面所述，应可表明其说碍难成立[2]，即就儒学常识化趋势而言，在学界所揭玄学兴起的诸多背景和原因中[3]，这实际上是一个总的背景，起着不可忽略的作用和影响。像钟会这样

1　参瓦格纳《王弼〈老子注〉研究》对汤用彤《魏晋玄学论稿》关于汉代思想与魏晋玄学存在根本差异的论断，及其玄学分析架构的批判（杨立华译，南京：江苏人民出版社，2009年，第794—799页）。另参张海燕：《魏晋玄学与儒学》，《河北学刊》，1993年第3期；严耀中：《关于魏晋玄学属性的再辨析》，《中华文史论丛》，2017年第4期。

2　另参胡宝国：《汉唐间史学的发展》之《经史之学》一文（北京：商务印书馆，2003年，第30—49页）；楼劲：《魏晋以来子学的传播与流行及相关问题》，《中国社会科学院历史研究所学刊》第八集，北京：商务印书馆，2013年。

3　参汤用彤：《魏晋玄学论稿》附录《魏晋思想的发展》，北京：中华书局，1962年，第120—127页。余敦康：《魏晋玄学史（第二版）》第一章《魏晋玄学的产生》，北京：北京大学出版社，2016年，第3—57页。

家世教养出类拔萃的士人，少已熟诵五经，晓其训解，继再研习深造而"问四方奇文异训"，故其后来亦好老庄、玄谈，可以说自然而然。即出身一般，凡好学深思者多年沉浸于儒经，学问成后无论厌爱，均不愿陈陈相因而欲进而开拓，难道不是古今皆然之理？

《颜氏家训·勉学》述其时学尚有别于两汉之专经曰：

> 士大夫子弟皆以博涉为贵，不肯专儒，梁朝皇孙以下，总丱之年，必先入学，观其志尚，出身已后，便从文史，略无卒业者。冠冕为此者，则有何胤、刘瓛、明山宾、周捨、朱异、周弘正、贺琛、贺革、萧子政、刘绍等，兼通文史，不徒讲说也。洛阳亦闻崔浩、张伟、刘芳，邺下又见邢子才，此四儒者，虽好经术，亦以才博擅名。如此诸贤，故为上品。[1]

其下文即以为士人所以不肯专儒，兼通文史，是因其既"明练经文，粗通注义"，已足立身处世，遂可兼求旁通而何必专攻经解徒耗光阴[2]。颜氏所述实为儒学常识化对南北朝学贵博涉之风的影响，但亦可见魏晋玄学援引老、庄而另辟蹊径的缘由[3]。刘勰《文心

---

1 《颜氏家训集解》，第170页。
2 包弼德《斯文：唐代思想的转型》第一章《导言》论汉唐间文儒兼综之风，即以为汉以后因多重社会和思想背景，占主导地位的已不是旧式儒生，所谓"儒学"勿宁说是"士学"（刘宁译，南京：江苏人民出版社，2001年，第16—30页）。
3 阮籍《大人先生传》述先生"极意乎异方奇域，游鉴观乐非世所见，徘徊无所终极"。张溥辑：《汉魏六朝百三家集》卷三四《魏阮籍集》，《景印文渊阁四库全书》第1413册，第23页。《南齐书》卷三三《王僧虔传》载其宋世作诫子书，述"谈何容易"有曰："专一书，转诵数十家注，自少至老，手不释卷，尚未敢轻言。"（第598页）可见玄谈例须博涉，再返朴归真更求其极。

雕龙·序志》自述所以论文，是因"敷赞圣旨，莫若注经；而马、郑诸儒，弘之已精；就有深解，未足立家。唯文章之用，实经典枝条；五礼资之以成，六典因之致用；君臣所以炳焕，军国所以昭明……于是搦笔和墨，乃始论文"[1]。亦抒此理。

这绝不是要弃儒从文。《文心雕龙》首列"原道""征圣""宗经"篇，似亦受到玄学影响，然其阐天下文章原出"玄圣创典，素王述训"，各种文体本乎五经，实为经学主导并渗透于文学理论的典型。上引《颜氏家训》则明言所举诸人"好经术""不徒讲说"，是其亦讲经疏解，正如公认的玄学宗师王弼、何晏、向秀、郭象等各有经注之作一样。因此，倘以为魏晋士人纷纷弃儒转从老、庄，那根本就不是事实。按之史传，谈玄诸人大体仍是儒生本色，他们在文史子学上所获成就总的仍与刘勰相类，不仅皆在所涉领域发挥、发展了儒学理念，而且常在以往未及的前沿提出和解决问题。质言之，玄学兴起也与同期开启的文学自觉和史学发达相类，既不是也无须以儒学衰落为其前提，而恰恰是儒学常识化导致儒学自身及相关学术、理论发展的一系列新生态、新趋势之一，无妨视为普及与创新提高常相关联的例证。如果说玄学尤为令人激赏的话，那也是其关注的儒学与现实问题至为重要，好以"四方奇文异训"阐释《易》及老、庄的形上之道，又甚讲求名理，思辨更为发达且又情感饱满之故。

关于魏晋时人谈玄论道的出发点，王弼《老子指略》有曰：

1　刘勰著、黄叔琳注、李详补注、杨明照校注拾遗：《文心雕龙校注》（以下简称《文心雕龙校注》)，北京：中华书局，1961年，第317页。

夫道也者，取乎万物之所由也；玄也者，取乎幽冥之所出
也；深也者，取乎探赜而不可究也；大也者，取乎弥纶而不可极
也；远也者，取乎绵邈而不可及也；微也者，取乎幽微而不可睹
也。然则道、玄、深、大、微、远之言，各有其义，未尽其极者
也。然弥纶无极，不可名细；微妙无形，不可名大。是以篇云：
"字之曰道"，"谓之曰玄"，而不名也。[1]

所说"道、玄、深、大、微、远之言"，即魏晋以来人称的"玄
言"，而所以概之为"玄言"，是因"道"既冥默超绝难以言说，无
以名之而姑"谓之曰玄"，其言自必抽象深微，"玄之又玄"。因此，
"玄"缘"道"来，当时这批学术精英不是为谈玄而论道，而是因论
道而谈玄，也正是由于谈玄论道既有《易传》"形而上者谓之道"、
《论语》君子"志于道"等儒经观点可凭，又须汲援特擅于此的道
家、名家等学说，才出现了儒、道关系和有无、名实、言意等一系列
问题。这种不能倒错的顺序，正说明儒、道关系及有无之类的辨析讨
论均为派生问题，而玄学的首要问题和出发点在"道"，在"道"所
蕴含的人间至理、万物本原的讨论。那么，时人为什么要把有关讨论
聚焦于"道"，即便其玄之又玄也不得不说呢？答曰：这是因为汉儒
已把人间至理和万物本原归为天道，其说已随儒学常识化进程盛行于
世，却又面临了一系列问题和挑战，遂须在其前沿拓展探索。

由于学界论之已多，在此毋庸赘述董仲舒等经师续加阐释的理

1　王弼撰、楼宇烈校释：《王弼集校释》（以下简称《王弼集校释》），北京：中华
书局，1980年，第196页。

论体系，是要落实、巩固儒家倡导的统治理念和伦理准则，遂着力以天道为其所以系统有序并合乎宇宙至理的本原[1]；也不必再说扬雄《太玄》综合儒道讨论玄理以来，不少儒生已本着"子不语怪力乱神"、罕言"性与天道"，有惑于流行天道观中的天人感应、灾异谶纬等神学色彩，兼以玄虚之道济其不及。[2]有必要强调的是，在代表东汉官方立场的《白虎通》中，几乎所有王者为治的设施名物，从爵谥名号、祭祀礼乐到设官分职、政教征诛、三纲六纪等，均被定论为出于圣人而归原天道[3]。这不仅集中体现了独尊儒术的政治、社会整合成果，也直接构成了东汉以来"名教"体系的基本内容[4]。魏

1　参李泽厚：《中国古代思想史论·秦汉思想简议》，第135—176页。

2　参汤用彤：《魏晋玄学论稿》之《魏晋玄学流别略论》，第48页。又上博简多有儒家文献，然亦有《亘先》《彭祖》等道家文献，其中《亘先》探讨万物之最先，见马承源主编：《上海博物馆藏战国楚竹书（三）》，上海：上海古籍出版社，2003年，第285—299页。《逸周书·命训解》："正人莫如有极，道天莫如无极。道天有极则不威，不威则不昭；正人无极则不信，不信则不行。"《逸周书汇校集注》，第27—28页。其语亦见于清华简《命训》，见清华大学出土文献研究与保护中心编、李学勤主编：《清华大学藏战国竹简（伍）》，上海：中西书局，2015年，第125页。这又可见魏晋玄学归天道之终极本原于无，并讨论有、无及名教与自然之关系，其源可上溯战国。

3　如其《爵·论天子为爵称》"天子者，爵称也。爵所以称天子何？王者父天母地，为天之子也"；《乡射·论养老之义》"王者父事三老，兄事五更……不但言老言三何？欲其明于天地人之道而老也；五更者，欲其明于五行之道而更事也"；《三正·论改正右行》"天道左旋，改正者右行，何也？改正者，非改天道也，但改日月耳。日月右行，故改正亦右行也"，所称"天""道""天道"，内涵略同。《白虎通疏证》，第1—2、248—250、364页。

4　名教之"教"指政教礼乐当无问题，"名"应从春秋战国以来流行的圣人制事立名之说得义，以董仲舒《春秋繁露·深察名号》述治天下首须深察名号，"事各顺于名，名各顺于天"释之。《春秋繁露义证》，第288页。故魏晋时人所说的"名教"，即出于圣人而归原天道的政教礼乐及其设施、名物，是在《白虎通》——为之定论的基础上发展而来的。

　　　　　　　　　　　中古政治与思想文化史论

晋谈玄各家所以聚焦于"道"，核心就是要重新讨论这套名教体系背后的圣人之义和天道本原，并因他们都借《易》理和老、庄学说修正了盛行于世有类神学的天道观，以抽象形上、以无涵有的自然之道来诠释圣人所说名教的终极本原[1]，于是也就有了"名教与自然"这个公认的玄学根本问题。

这种对名教背后圣人之义和天道本原的辨析追寻，在汉魏以来的思想图谱中，无疑属于典型的经学前沿问题讨论，同时也与先秦以来道家认为王者制作乃"失道而后德"之类的立论合拍。[2]因而魏晋玄学回到儒经原典又综合老庄等学说，追寻作为名教本原的天道由来及其意涵，正上接扬雄以来儒生的疑惑和所论；而其进一步以契合天地万物本性的自然形上之道为天道背后的终极本原，基此阐发名教所蕴的圣人本意或名教体系的合理状态，实际上也与董仲舒当年以笼罩宇宙的天道来统一人间秩序一样重要而迫切。[3]王弼注《易·乾卦》文言有曰："不为乾元，何能通物之始？不性其情，何能久行其正？"即强调了本原问题贯于万物而通其本性之切要。[4]弼注

1　《老子》第二十五章："人法地，地法天，天法道，道法自然。"王弼注："自然者，无称之言，穷极之辞也。用智不及无知，而形魄不及精象，精象不及无形，有仪不及无仪，故转相法也。"楼宇烈：《老子道德经注校释》，北京：中华书局，2008年，第64页。

2　王晓毅《魏晋玄学当代研究略论》一文即指出：魏晋玄学是"以本时代的需要改造先秦儒、道著作，更多的却是对汉儒的批判继承"。

3　参金春峰：《汉代思想史（增补第三版）》之《修订增补第三版序——汉代经学哲学的产生与特点》，第1—8页。

4　《王弼集校释》，第216—217页。此"性"即万物本性，王弼注《易·无妄》象辞"先王以茂，对时育万物"曰："物皆不敢妄，然后万物乃得各全其性，对时育物，莫盛于斯也。"（同书，第343页）

《老子》第三十八章则曰：

> 仁德之厚，非用仁之所能也；行义之正，非用义之所成也；礼敬之清，非用礼之所济也。载之以道，统之以母，故显之而无所尚，彰之而无所竞。用夫无名，故名以笃焉；用夫无形，故形以成焉。守母以存其子，崇本以举其末，则形名俱有而邪不生，大美配天而华不作。[1]

意即圣人所崇仁德礼义的淳厚清正，是以无形无名的自然之道为本才达到的，若舍此本原，徒按一般说教或人格化天道意志为之，则必好恶争竞而邪乱丛生。[2]这也可见谈玄诸家的那些玄之又玄的讨论，无非是在问题最终归结到万事万物背后的形上之道时不得不然，但其包裹的问题本身仍来自脚踏实地的人间秩序，来自其是否合乎圣人本意的疑问。

纵观古今中外，任何一种核心价值的流行均会自然而然与功名利禄相伴，又不能不因此而丛生诸如说教、僵化、矫揉、伪滥之弊。魏晋以来继汉发展的很大一部分政治、社会和理论问题均与此密切相关，因而对名教本原及其失本异化之弊的讨论，不仅王弼、何晏多有所说[3]，在其他各家阐述中也比比皆是。嵇康《释私论》开头

---

1 楼宇烈：《老子道德经注校释》，第95页。

2 王弼《老子指略》："望誉冀利以勤其行，名弥美而诚愈外，利弥重而心愈竞……患俗薄而兴名行、崇仁义，愈致斯伪，况术之贱此者乎？"所论尤切。《王弼集校释》，第199页。

3 《列子·天瑞篇》张湛注引何晏《道论》："夫道之而无语，名之而无名，视之而无形，听之而无声，则道之全焉。故能昭音响而出气物，包形神而（转下页）

　　　　　　　　　　　中古政治与思想文化史论

即曰：

夫称君子者，心无措乎是非而行不违乎道者也。何以言之？
夫气静神虚者，心不存于矜尚；体亮心达者，情不系于所欲。
矜尚不存乎心，故能越名教而任自然；情不系于所欲，故能审
贵贱而通物性。物情顺通，故大道无违；越名任心，故是非无
措也。[1]

此即"越名教而任自然"这一激进观点之所出，其针对的也是
有违大道、背离人及万物本性的矜尚多欲和是非纷乱。[2] 又郭象《庄
子注》释《骈拇篇》"天下莫不奔命于仁义"曰：

夫与物无伤者，非为仁也，而仁迹行焉；令万理皆当者，非
为义也，而义功见焉；故当而无伤者，非仁义之招也。然而天下
奔驰，弃我徇彼，以失其常然。故乱心不由于丑而恒在美色，挠
世不由于恶而恒由仁义，则仁义者，挠天下之具也。[3]

（接上页）章光影。"杨伯峻：《列子集释》，北京：中华书局，1979年，第10页。亦
同于上引王弼所述本乎无名无形之道而名笃形成之义。
1 《嵇康集校注》卷六《释私论》，第402页。
2 阮籍《达庄论》："夫山静而谷深者，自然之道也，得之道而正者，君子之实也。
是以作造智巧者害于物，明著是非者危其身，修饰以显洁者惑于生，畏死而荣生者
失其真。"亦然。《汉魏六朝百三家集》卷三四《魏阮籍集》，《景印文渊阁四库全
书》第1413册，第21页。
3 郭庆藩集释、王孝鱼点校：《庄子集释》（以下简称《庄子集释》），北京：中华
书局，1961年，第323—324页。

相传郭象注多袭向秀之说，此条所述背离物性奔驰于仁义而必挠世乱常，寓义与上引王弼说仁德礼义相类。另如其《天运篇》注"名，公器也，不可多取"曰："夫名者，天下之所共用。矫饰过实，多取者也，多取而天下乱也。"《外物篇》注小儒"以诗礼而发冢"曰："诗礼者，先王之陈迹也，苟非其人，道不虚行。故夫儒者乃有用之为奸，则迹不足恃也。"[1] 显然也是借老庄所说，以阐名教失本适足以为矫伪饰恶之具。[2]

凡此足见王、何、嵇、阮、向、郭诸人，类皆有鉴当世的名教失本之弊，力欲使之真正合乎圣人本意和万物至理。这就继承和发展了汉儒亟言圣人所阐本乎天道可为永则，以改变"上亡以持一统"而"下不知所守"局面的论旨。[3] 而诸玄学代表人物所以其语玄远而所说痛切，也无非是独尊儒术至于东汉以来，前贤不懈建立和神圣化的名教和天道均已凸显了严重的问题。尤其是经汉末党锢之祸，人心思变，黄巾军倡言"苍天当死，黄天当立"以来的一系列变乱和魏晋禅代的波谲云诡，名教经常沦为矫饰伪善的教条，以谶纬、灾异、星占体现其意志的天道则被百般操弄，多少罪恶借此以行。当此之时，人们力欲正本清源，为澄清名教的合理内涵而深

1　《庄子集释》，第517—519、927—928页。

2　郭象《庄子注》释《天运篇》孔子陈蔡之厄曰："夫先王典礼，所以适时用也。时过而不弃，即为民妖，所以兴矫效之端也。"《庄子集释》，第512—513页。这与嵇康的"非周孔而薄汤武"如出一辙，连同以上所引，足见郭象的思想中仍有激切的一面。

3　《汉书》卷五六《董仲舒传》载董仲舒天人三策之结语，第2523页。又《后汉书》卷三五《郑玄传》载郑玄七十诫子，自道夙志，"但念先圣之玄意，思整百家之不齐"（第1209页），为新形势下的同一用意。

究圣人本意[1]，为明其"崇本息末""内圣外王"之义而援老、庄所说[2]，遂以合乎人性、法乎自然的形上之道为天地万物的终极本原，使合理的名教秩序得其根源知其所归而通其滞碍，亦以消除人格化天道意志易被曲解的理论缺口。其说既起，因其理论与现实的冲击力不容忽视，各派人士遂纷陈其说，各抒己见，此即所谓魏晋玄学风起云涌的历史画卷[3]。非此即难以说明玄学诸代表人物皆为儒生且多经学建树的事实，亦无从解释东晋南朝玄学为何是以名教与自然同一为其总体方向。

魏晋以来玄学各家虽立场、观点、方法多端，妙旨奥义各有不同，讨论重心之递嬗或阶段性表现常你中有我，其况复杂。但就基本共性而言，玄学归根到底仍是一批学术精英对两汉定型并趋于常

1　《世说新语·文学》述王弼曰："圣人体无，无又不可以训，故言必及有；老、庄未免于有，恒训其所不足。"《世说新语笺疏》上册，第235页。上博简《民之父母》述孔子以"无声之乐，无体之礼，无服之丧"为君子德被天下所行，可与《礼记·孔子闲居》《孔子家语·论礼》所载相证。见马承源主编：《上海博物馆藏战国楚竹书（二）》，上海：上海古籍出版社，2002年，第154—175页。是王弼等人所说的圣人体无之义亦非无据，其进而发挥则如王弼《论语释疑》解《述而》君子"志于道"曰："道者，无之称也。无不通也，无不由也。况之曰道，寂然无体，不可为象。是道不可体，故但志慕而已。"《王弼集校释》下册，第624页。郭象注《庄子》"圣人无名"曰："圣人者，物得性之名耳，未足以名其所以得也。"《庄子集释》，第22页。这类发挥多少也改造了"圣人"。

2　王弼《老子指略》曰："《老子》之书，其几乎可一言而蔽之。噫，崇本息末而已矣。"《王弼集校释》，第198页。郭象《庄子序》曰："夫庄子者，可谓知本矣……通天地之统，序万物之性，达死生之变，而明内圣外王之道，上知造物无物，下知有物之自造也。"《庄子集释》卷首，第3页。

3　参陈寅恪：《陶渊明之思想与清谈之关系》，《金明馆丛稿初编》，第180—205页；唐长孺：《魏晋玄学之形成及其发展》，《唐长孺文集·魏晋南北朝史论丛》，北京：生活·读书·新知三联书店，1955年，第311—350页。

识化的儒学体系，尤其是对据此建构的名教秩序所蕴问题的探讨，其首要问题是要深究名教背后的圣人真义和终极本原，旨归在于批判、纠正名教秩序的失本异化之弊，由此兼采道家、名家等说重新阐解儒经之义，扩展至天地万物之理及其应如何认识等种种问题。正其如此，玄学对现行儒学体系和名教秩序的质疑、修正，其代表人物离汉儒所阐经解，叛汉儒所演天道的众多理论建树，正所以维护、发展而不是要打倒名教及其所基的经学，故其不仅不是儒学僵化、衰落的反映，而恰恰是其富于活力兼容并蓄的体现。当然在玄学不断展开的过程中，脱离主题的比重确在增加，尤其外围所及，论题枝蔓，究心于老庄、名理及诸局部问题往而不返者所在多有，至于形形色色的任性放达又当别论。这也是思想、学术史上的常见现象，前沿的探索总是会出现异端，更何况是在已成圭臬而被神化的经学前沿。因此，尽管玄学从出发点到根本问题确应归属儒学，却也不必把玄学流衍的各种观点一并包括在内。无论如何，玄学确实丰富、拓展了儒经义解，修正和强化了儒学关于名教体系及其本原的理论，同时也发挥、发展了老庄、名理乃至于佛学等说[1]，使之汇聚交融于对现行秩序体用本末的认识[2]。可以认为，玄学兴起和发

1　关于玄学与佛学的关系，参汤用彤：《魏晋玄学论稿》，第42—47、50—61、129—131页。

2　袁宏《后汉纪·孝献皇帝纪卷第二十六》载初平二年蔡邕上庙制议，论曰："末学庸浅，不达名教之本，牵于事用，以惑自然之性……岂不哀哉！"可见魏晋时人言名教失本之弊亦上承东汉。《两汉纪》，第509页。《晋书》卷九四《隐逸戴逵传》载戴逵隐于剡县，著论述儒失本则"末伪"，道失本则行薄，"贻笑千载，可不慎欤！"（第2458页）《宋书》卷五五《傅隆传》载傅隆元嘉时议狱有曰："原夫礼律之兴，盖本之自然，求之情理，非从天堕，非从地出也。"（第1550页）这都是玄学影响东晋以来相关观点的例证。

展过程的这种各家之说在异同离合中彼此碰撞、激发，最终俱得相应发展而非对冲零和关系的状态，也为如何看待思想、学术史层面上的儒、释、道关系提供了明鉴。

五、魏晋以来儒学发展的几点认识

魏晋以来儒学发展的场景广阔，层面多端，各阶段和区域情形复杂，又切关乎秦汉和隋唐儒学及统治指导思想的认识，牵涉到整部中古史及中国思想史、哲学史研究的诸多公案，可谓问题重大、头绪繁纷而研究至为不易。以作者所学和区区此文，实无力对之全面讨论、一一勾勒，只能就其中要者，也是学界以往讨论尚可加强的上述方面，对其基本史实略做清理，以此提请思想史界省思魏晋以来儒学衰落说的问题，推进相关讨论的进一步深入。综合前文所述，魏晋以来儒学及有关理念、知识逐渐成为常识，经学发展则动力强劲而著述繁盛，儒学前沿问题的讨论也极为活跃，且能兼综各家之说，形成"玄学"这样在理论和方法上俱多创辟的学风流派，这些重要的方面均直承汉代的相关态势而来，又切实拓展了儒学的基础、主干和论域。对于历史上出现过的各种思想、学术来说，具有这些面貌皆可在任何意义上断为继往开来之发展，若反而以之为衰落者，恐怕都是因先入为主的立场、观点偏离了事实，扭曲了认识所致。

从以上讨论也可看出，作为官方推崇的思想、学术和意识形态，魏晋以来的儒学固然存在着神圣化、教条化和利禄所归鱼龙混杂的大量问题，却也始终保持着与现实生活息息相关的鲜活一面。如前已讨论的，蒙学教材代表的儒学常识化，意味着其对天地万物、人间现象的诠释力世所公认，足以指导各个层面的社会活动，遂得成为公共知识的重要组成部分。古文经学代表的经学发展，从儒经内在学理的探讨到外在形势的理论需要各有旨趣，相互激发，是为其著述如此繁富的动力所在，其中大量都应归为结合实际的学术前沿讨论和总结。玄学深究名教秩序和儒学体系背后的圣人真义、终极本原，正代表了最为尖端的儒学前沿探索，又是脚踏实地直指人心而融贯老庄等学说的典型。这些蔚为风气影响深远的事态，都不能简单视为某个集团或朝廷百般推广灌输所致，而是深深扎根于社会基础涵泳浸润的结果。

至于本文限于篇幅未及详论的，如儒、释、道关系的展开，所呈现的是道教转型和佛教中国化进程不断兼容儒学、靠拢名教的大势，以至三家主流终视彼此为殊途同归，这当然也是儒学因应宗教挑战和社会秩序整合问题的发展过程。有必要在此指出的是，在汉武帝以来儒学作用和地位逐渐确立的历史过程中，魏晋南北朝又是儒学所尚政治与制度理念得到贯彻落实的高峰期。近年学界对陈寅恪先生提出，瞿同祖先生精加论证的"法律儒家化"命题多有新论，但对魏晋以来律令体制及其贯彻儒学理念的状态达到了新的水平却并无疑问。[1]由于律令在法律上明确了基本国策和各项制度，因而陈、瞿二先生所论魏晋以来以律令为主体的法律儒家化进程，实际也就是政治和制度各方面继汉之势的进一步儒家化，从而全面推进

1　参杨一凡：《质疑成说，重述法史——四种法史成说修正及法史理论创新之我见》，《西北大学学报（哲社版）》，2019年第6期。

了儒学向整套王朝体制的渗透。[1]其进程至北魏孝文帝和南朝梁武帝以来明显加速而相互影响，并为隋唐的统治框架和各项制度奠定了基础，则为公认的事实。这个南北各有其问题和线索，总的却仍可以儒家化概之而逐浪高涨的进程，不仅构成了魏晋以来儒学衰落说的又一反证，同时也是儒学所蕴统治模式和理念既适应形势持续贯彻、落实，又面对现实加以调整、丰富的集中体现。

也正是因为保持和发扬了战国秦汉儒生基于现实进取探索的传统，魏晋南北朝战乱血火间特有的胡汉关系、南北对峙、士庶互动、礼法建置等严峻复杂的事态，反倒成了向以家国命运为怀、素擅政教治理之术的儒学发其忧思宏论的辽阔纵深。纵观此期精神气质和思想倾向各有不同的卓杰群体，为人乐道的多为风流蕴藉之士，以及那些勇猛精进、舍生忘死的高僧和创辟教门、穷究道法的名道，这些自然都是值得推崇的一时之英，但同时也应看到大量为保种留命、襄成王道、传续学脉而不懈努力的寻常文儒，其弘毅坚韧、忍辱负重而树义立说、拯世济民的德业品行，比之前者又何尝稍逊？其虽为数甚众，难以留名青史，却无疑构成了当时思想学术和相关群体之所以壮丽多姿、光华灿烂的厚实基础。从人能弘道的角度，这应当说是处于艰难时世的魏晋南北朝儒学所以仍能获得巨大成就、相关经解著述所以繁盛的基本原因。

本文以上所述，当然不可能遍及儒学发展的各种表现，更无意全面讨论儒、玄关系和今人就此提出的诸多命题，而主要是想梳理

1　参楼劲：《魏晋南北朝隋唐立法与法律体系：敕例、法典与唐法系源流》，第674—717页。

和明确史界习见的事实，尝试在前人的基础上论定魏晋以来儒学仍在继续发展，衰落说无论从何种角度均难成立。其内含的指向，则势必要否定儒学衰落而玄学随之而兴之类的观点，进而质疑以往关于两汉经学、魏晋玄学、隋唐佛学、宋明理学和清代朴学的阶段性概括。对于兼具哲学和史学属性的思想史研究来说，关注、抉发各种思想变化，尤其是那些富于时代特色的新思潮，不仅理所当然，更有重大的价值。但变化自有基底，思潮必多依傍，任何时代的新说新见无不有其特定继承和发展关系。当魏晋以来儒学逐渐普及成为整个知识体系的基底和解释其他知识的知识以后，各时期思想现象的相互关系尤其是思想主流和贯通其间的脉络，实际上已再也不能离开儒学来另行梳理或建构了。显然，问题不在于对各时期思想观念和学说、理论的采英撷华，而在于上列概括透过了普遍现象而精辟独到，却也不免因为求其俊逸而不辨牝牡。迨至其形成定式流衍至今，大量学者现成借用其说以为预设再论其他，几乎放弃了对各阶段思想现象所以相互关联而非断裂破碎的机理思考，忘记了这些富于时代特色的思想现象本来皆与儒学密切相关的事实，整部思想史遂在这样的研究中显得支离愈甚。因此，进一步清理、深化前贤所揭中国思想史阶段递嬗和贯穿脉络的认识[1]，无疑已是学界面临的共同课题。

---

[1] 如徐复观指出："一般人视为与汉学相对立的宋明理学，也承继了汉儒所完成的阴阳五行的宇宙观、人生观；而对天人性命的追求，实亦顺承汉儒所追求的方向。"见所著《两汉思想史自序》，第1页。当然宋明理学并非悬承汉儒，而是在魏晋南北朝隋唐继承和发展汉儒的基础上"顺承"其学的。

第十章　魏晋时期子学的流播及相关问题

　　子学在魏晋时期的传播和发展[1]，可以说是当时学术和思想界最为重要的现象。对此现象，宋以前的学者基本上还是清楚的，此后则逐渐模糊[2]。直至现代，虽有不少学者注意到汉魏以来子学的流行，也得到了一些重要的认识[3]，但在此期子学发展的方方面面，包括其

1　《隋书》卷三二《经籍志一·总叙》述魏晋继《七略·诸子略》后，在《中经》及其《新簿》中确立了书籍的四部分类法，其中乙部"有古诸子家，近世子家"；南朝王俭撰《四部目录》，又别撰《七志》，"二曰《诸子志》，纪今、古诸子"（第906页）。据此可以划出魏晋"子学"的明确范围，本文所述的"子学"，即指周秦诸子及于汉魏以来新出子论而言，取《文心雕龙·诸子》"诸子者，入道见志之书"之义。《文心雕龙校注》卷四《诸子》，第121—123页。

2　如《文心雕龙·诸子》述《七略》著录诸子百八十余家，"迄至魏晋，作者间出，澜言兼存，琐语必录，类聚而求，亦充箱照轸矣"（《文心雕龙校注》，第122页）。唐代马总《意林》前附贞元二年抚州刺史戴叔伦所撰《序》，谓汉代以来，"至如曾、孔、荀、孟之述，其盖数百千家，皆发挥隐微，羽翼风教，祖儒尊道，持法正名，纵横立权，变通其要"。说的就是萧梁庾仲容编《诸子抄》以前子学流行之况。王天海、王韧撰：《意林校释》，《原序二首》之一，北京：中华书局，2014年，第1页。而宋代晁公武《郡斋读书志》卷十《子类总论》曰："自汉以后，九流寝微，隋唐之间，又尚辞章，不复问义理之实，虽以儒自名者，亦不知何等为儒术矣，况其次者哉！"这种汉以后"九流寝微"至隋唐而愈衰的看法，在宋代以来是有其普遍性的。晁公武撰、孙猛校证：《郡斋读书志校证》，上海：上海古籍出版社，1990年，第409页。

3　如王夫之《读通鉴论》多处涉及了魏晋以来子学与政治的关系问题，（转下页）

由来、态势、地位评估，及其与诸社会存在和历史过程的关系等问题上，看法往往限于一隅而很不一致[1]。共识的难以形成，看来是受到了对当时子学总体估价不足的制约，尤其是在思想史界久已构筑的汉代以来儒家独尊和魏晋时期玄学崛起的脉络框架下，子学常被归入百家凋零的绝学坠绪，或视为玄学搅动的流风余韵，极易给人

（接上页）其《晋论五》述"曹孟德惩汉末之缓弛，而以申、韩为法，臣民皆重足以立；司马氏乘之以宽惠，收人心，君弑国亡，无有起卫之者"，即把曹操好尚法术与时政要求相连考虑（北京：中华书局，1975年，第350页）。现代学者如胡适《中国哲学史大纲》卷上第一篇《导言》把汉晋哲学列为"中世第一时期"，"这一时期的学派，无论如何不同，都还是以古代诸子的哲学作起点的"，认为此期各学派的发展均可概括为周秦子学的某种流变（上海：上海古籍出版社，1997年，第5页）。唐长孺《魏晋玄学之形成及其发展》一文指出："魏晋时期有不少人从事于先秦诸子的研究，也有人企图推翻汉代的经学，重新在原始的儒家经典中作新的发掘，也有人想综合各家，别创新说。他们的态度是积极的，因为他们所想解决的问题是有关统治阶级利益的问题。"这是把魏晋子学放在解决现实问题和反思东汉名教之治的背景下来考察。《唐长孺文集·魏晋南北朝史论丛》，第301页。

1 如对魏晋子学活跃由来的认识，罗焌著、罗书慎点校《诸子学述》上编《总论》第八章《历代之诸子学》述"汉魏之间，学者皆师商、韩而上法术，竞以儒家为迂阔不周世用……至于正始，老、庄之术复昌，至于西晋，说者益众"，突出了儒家影响减弱与法家、道家"复昌"的关系（上海：华东师范大学出版社，2008年，第82页）。贺昌群《魏晋清谈思想初论》上篇《汉魏间学术思想之流变》二《诸子之学重光》指出，"汉晋间诸子学之重光，正所以促进其时代思想之解放也。其风约自安帝之世马融始"，认为子学是从东汉后期以来重新活跃起来的。收入《贺昌群文集》第二卷，北京：商务印书馆，2003年，第8页。杨明照撰《抱朴子外篇校笺》的《前言》，则述"子论从汉到晋特别兴盛，这一方面是子部演为集部过程中的必然现象，同时也是子书逐渐式微，文集日益发达的显著标志"（上册，第1页）。这是说子学自汉至晋皆颇兴盛，与子论子书编辑著录之况密切相关。田文棠《魏晋三大思潮论稿》第一章《魏晋清谈和魏晋三大思潮的形成和发展》把子学中的名理学和佛学、玄学并视为魏晋兴起的三大思潮，认为"清谈促进了三大思潮的形成发展"，所突出的是"清谈"促成三大思潮形成的地位（西安：陕西人民出版社，1988年，第1—22页）。

　　　　　　　　　　　　　　　中古政治与思想文化史论

以其处于边角、无关紧要或倏忽再现旋即又衰的错觉。魏晋史料存世者多经官方整理摘编，正史系统对形态庞杂的子学着笔不多，着笔的领域很不均衡。但尽管如此，现存文献中也还有大量线索和证据，程度不同地反映着子学依然预于魏晋学术和思想潮流，不仅与社会现实交相呼应，与儒、佛、道、玄及术数、方技积极互动，且从内在学脉和理路上，直接构成了此期学术与思想活跃奔放、丰富多彩的基础，并对后世产生了深远影响。

由此看来，在前贤基础上继续梳理魏晋子学的相关现象和问题，特别是明确其仍在广泛流播、发展变迁而影响诸历史过程的事实，对于深入认识当时学术、思想界的活跃态势和肌理脉络，重新思考汉代以来儒学独尊和魏晋时期玄学崛起的具体生态和内涵，准确揭示此期政治、社会各领域儒家化进程的历史前提，都是有其必要的。

一、子学流行承汉而来

魏晋子学流行的程度，要比学界目前认识到的更为广泛和深入。此期不少风云人物，尤其是开创三国鼎立局面的曹操、刘备、孙权等人，都博览广涉而好尚子学。这当然是学界熟知的史实，但其背后所蕴还值得继续开挖，这里要强调的则是以下三端：

一是其好尚子学的背景，固然与现实政治需要，与社会变动催成的思潮激荡相关，同时也是因为子学在当时本来就很流行，博通百家甚受世人褒扬追捧。《三国志》卷一《魏书·武帝纪》末裴注引《魏书》极述曹操之好学：

御军三十余年，手不舍书，昼则讲武策，夜则思经传。[1]

这里没有提到子书，但《曹操集》诸作品引述诸子者不少，其中如《重功德令》辨明事功、德行之要，随文以孔子"可与适道"，管仲"贤者食于能，斗士食于功"之旨为说，就可以看出他熟诵经、子的造诣。[2]更值注意的是曹操本人对博览经史百家之学的态度，曹丕《典论·自叙》记操教子语曰：

人少好学则思专，长则善忘，长大而能勤学者，唯吾与袁伯业耳。[3]

袁伯业即袁绍从兄袁遗，世人盛称其才德，誉其"忠允亮直，固天所纵；若乃包罗载籍，管综百氏，登高能赋，睹物知名，求之今古，邈焉靡俦"[4]。曹操自以学比袁遗，语中的自矜之意，说明"包罗载籍，管综百氏"，早是世所趋尚的境界。又曹操诸子亦常以博学相炫，魏文帝曹丕即"穷览洽闻，自呼于物无所不经"[5]。《与吴质书》述其为世子时，与诸同好常作胜游，弹棋博弈，高谈娱心，"妙

1　《三国志》，第54页。

2　《魏武帝集·重功德令》，《汉魏六朝百三家集》卷二三，《景印文渊阁四库全书》第1412册，第549—550页。二语典出《论语·子罕》《管子·法法》。分见刘宝楠：《论语正义》，第193页；《管子校注》，第279页。

3　《三国志》卷二《魏书·文帝纪》末裴注引，第90页。

4　《三国志》卷一《魏书·武帝纪》载初平元年正月袁术等起兵，内有山阳太守袁遗（字伯业）。裴注引《张超集》，第7页。

5　葛洪：《抱朴子内篇·论仙》，王明：《抱朴子内篇校释（增订本）》，北京：中华书局，1985年，第15页。

　　　　　　　　中古政治与思想文化史论

思六经，逍遥百氏"[1]。其《典论·自叙》述己"少诵《诗》《论》，及长而备历五经、四部，《史》《汉》、诸子百家之言，靡不毕览"[2]。《典论·论文》又称道王粲等七子为当世文人之首，誉其"于学无所遗，于辞无所假"，也是在赞美他们泛览百家求新求异[3]。这些都说明"博览经史诸子百家之书"是当时极为褒扬之语，且足据以自矜，自然也就说明了子学的流行。

此况不止许下洛上为然。刘备在荆州时，欲遣外甥周不疑就学于零陵才士刘巴，巴拒以学寡少能，自称"内无杨朱守静之术，外无墨翟务时之风"，是其必熟谙诸子，而刘备想让周不疑学习的，恐怕也远不只是经学。[4]《诸葛亮集》载刘备遗诏敕后主：

> 可读《汉书》《礼记》，闲暇历观诸子及《六韬》《商君书》，益人意智。闻丞相为写《申》《韩》《管子》《六韬》一通已毕，未送，道亡，可自更求闻达。[5]

刘备和诸葛亮都要求刘禅留意子学，所谓"益人意智"，说明此期统治阶层以之督课子弟学业非仅出于一时实用；"可自更求闻达"，又说明当时蜀地通晓子学及于《申》《韩》《管子》《六韬》者，多为士林胜流。可以佐证这一点的，如《三国志》卷四二《蜀书·李

1　《三国志》卷二一《魏书·王粲传》附《吴质传》附裴注引《魏略》引，第608页。

2　《三国志》卷二《魏书·文帝纪》末裴注引，第90页。

3　《文选》卷五二《论二》魏文帝《典论·论文》，第720页。

4　《三国志》卷三九《蜀书·刘巴传》裴注引《零陵先贤传》，第980页。

5　《三国志》卷三二《蜀书·先主传》裴注引，第891页。

譔传》：

> 字钦仲，梓潼涪人也。父仁，字德贤，与同县尹默俱游荆
> 州，从司马徽、宋忠等学。譔具传其业，又从默讲论义理，五
> 经、诸子无不该览。[1]

尹默、李仁是汉末荆襄之学在益部的重要传人，开扩了当地的
博学之风[2]，刘备领益州牧时，默任劝学从事主管学政，其与李譔又
都是后主师友，而于"五经、诸子，无不该览"。以后诸葛亮、蒋琬
相继领益州，皆以谯周为劝学或典学从事，其人"研精六经，尤善
书札……诸子文章非心所存，不悉遍视也"[3]。谯周显然也是留意子学
的，味其"非心所存，不悉遍视"之语，似乎不论好恶而"遍视诸
子文章"，才是当时的常见现象。

再看孙吴治下的情况，《江表传》载孙权曾劝吕蒙、蒋钦读书，
自述"孤少时历《诗》《书》《礼记》《左传》《国语》，唯不读《易》。
统事以来，省三史、诸家兵书，自以为大有所益"，认为"宜急读
《孙子》《六韬》《左传》《国语》'三史'"。[4]这确是学以致用、急用

---

1 《三国志》，第1206页。

2 参《三国志》卷四二《蜀书·尹默传》载汉末"益部多贵今文而不崇章句，默
知其不博，乃远游荆州，从司马德操、宋仲子等受古学。皆通诸经史，又专精于
《左氏春秋》，自刘歆条例，郑众、贾逵父子、陈元、服虔注说，咸略诵述，不复按
本。先主定益州，领牧，以为劝学从事。及立太子，以默为仆，以《左氏》传授后
主……子宗传其业，为博士"（第1026页）。

3 《三国志》卷四二《蜀书·谯周传》，第1027页。

4 《三国志》卷五四《吴书·吕蒙传》裴注引，第1274—1275页。

先学的论调，孙权可能是自"统事以来"方读《孙子》《六韬》等书。不过当时还有更多的人是自发习读诸子，如客居巴郡做了二十余年盗贼的南阳人甘宁，早在投吴前已"止不攻劫，颇读诸子"[1]；祖先避乱至于吴郡钱塘落籍的范平，在做官以前亦"研览坟素，遍该百氏，姚信、贺邵之徒皆从受业焉"[2]；好射雉游猎的吴主孙休"锐意于典籍，欲毕览百家之言"[3]。这些事例，显然都是子学本来就颇流行并为官场所重的反映。由此看来，统治者出于多种目的好尚子学并催驱其更加流行，只是魏晋学术、思想界的一个侧面；另一个侧面是统治者自身即处于子学流行的氛围之中，诸子本是其素习之学。在当时，无论统治还是被统治者，他们读子用子并不是在开发或复兴绝学，而是受包括子学在内的学术、思想体系影响，又参与和能动主导着这个体系的继续变迁发展，这样概括可能要更接近于事情的真相。

二是魏、晋间统治阶层的出身背景及其学术、思想取向有所变迁，但博学和好尚子学的风气仍极普遍，并未稍衰。病死于元康初年的夏侯湛曾撰《抵疑》一文，其中自述：

> 仆也承门户之业，受过庭之训，是以得接冠带之末，充乎士大夫之列，颇窥六经之文，览百家之学。

1　《三国志》卷五五《吴书·甘宁传》，第1292页。

2　《晋书》卷九一《儒林范平传》，第2346页。

3　《三国志》卷四八《吴书·嗣主孙休传》，第1159页。《世说新语·规箴》"孙休好射雉"条刘孝标注引环济《吴纪》作"锐意典籍，欲毕览百家之事"。《世说新语笺疏》，第651页。

其又作《昆弟诰》喻诸弟而盛誉父、祖：

自三坟、五典、八索、九丘，图纬六艺，及百家众流，罔不探赜索隐，钩深致远。[1]

湛祖父夏侯威，为夏侯渊第四子；父庄，曾任淮南太守；湛则以"文章宏富，善构新词"著称，世人以其才调与潘岳为"连璧"。其述父、祖学业似嫌夸张，然仍可见夏侯氏祖孙三代自魏至晋学脉相连皆好尚子学，且反映博通百家之学显然仍是当时士人引以为豪的门风。

魏晋之际，士人在政治立场和门第出身等方面分野愈显，但好尚博学和通览百家仍不失为其重要的共同点。[2]如荥阳开封人郑冲是魏末劝进司马氏的重要大臣[3]，史称其"起自寒微……耽玩经史，遂博究儒术及百家之言"[4]。安定皇甫谧出身巨族而少不好学，二十余始发愤，"遂博综典籍百家之言"；虽有大名而坚执不仕，屡拒司马氏

1　两处引文分见《晋书》卷五五《夏侯湛传》，第1492—1493、1496—1497页。
2　陈寅恪《书世说新语文学类钟会撰四本论始毕条后》一文，指出了当时才性离合异同论的特定政治、社会背景（氏著《金明馆丛稿初编》，第41—47页）；唐长孺《魏晋才性论的政治意义》一文对此续有阐发（氏著《唐长孺文集·魏晋南北朝史论丛》，第286—298页）。但即使在许多问题上持论不同，前述曹操与袁遗之例，仍足说明不同出身和政治立场与学术、思想趋向的关系绝非一一对应，按政治、社会分野来界分交错互渗的学术、思想的做法，稍一不慎即过犹不及。
3　参《阮籍集·为郑冲劝晋王笺》，《汉魏六朝百三家集》卷三四，《景印文渊阁四库全书》第1413册，第9—10页。参《世说新语·文学》"魏朝封晋文王为公"条，《世说新语笺疏》，第290页。
4　《晋书》卷三三《郑冲传》，第991—993页。

征辟。[1]这方面更为典型的是钟会和嵇康。康家世寒微，是当时不与司马氏合作的士人典型，史称其"学不师受，博览无不该通，长好老、庄"。今存其所撰《难自然好学论》述时世"六经纷错，百家繁炽，开荣利之涂，故奔骛而不觉"，亦足见其博览群书而又熟谙诸子。[2]钟会是司马氏的心腹谋臣，也是直接导致嵇康被诛之人，其既出身华贵，自幼受到极为系统的学术训练，十四岁以前五经成诵，十五岁以后广涉"四方奇闻异训"[3]。本传载钟会死后于其家"得书二十篇，名曰《道论》，而实刑名家也，其文似会"[4]，可知其学兼括诸子。就是说，嵇康、钟会虽出身不同，政治立场对立，学问各有根柢，但二人在兼综经史诸子和所遵学理范式上，显然有着共同的论域和取向。何劭《王弼传》载钟会曾申述何晏的"圣人无喜怒哀乐"论[5]，而嵇康亦撰有《声无哀乐论》讨论这一问题[6]；《世说新语·文学》"钟会撰《四本论》始毕"条则载钟会撰集《四本论》

1　《晋书》卷五一《皇甫谧传》，第1409—1417页。《世说新语·文学》"左太冲作《三都赋》"条刘孝标注引王隐《晋书》述劭汉太尉皇甫嵩之曾孙，"谧族从皆累世富贵"。《世说新语笺疏》，第292页。

2　《三国志》卷二一《魏书·王粲传》附《嵇康传》，第605—607页；《晋书》卷四九《嵇康传》，第1369—1374页；嵇康：《难自然好学论》，《嵇康集校注》卷七，第446—448页。

3　周一良《魏晋南北朝史札记·〈三国志〉札记》"诵《孝经》"条，认为钟会自幼所读可以看作当时士族教育的典型（第41—43页）。

4　《三国志》卷二八《魏书·钟会传》，第795页。传中载钟会"精练名理，以夜续昼"（第784页），此亦其精于名学之证。汤用彤《魏晋玄学论稿》之《读人物志》据《尹文子》等处所述，以"刑名"即"形名"，实即名家之学（第5—25页）。唐长孺《魏晋玄学之形成及其发展》所论亦然，《唐长孺文集·魏晋南北朝史论丛》，第302—303页。

5　《三国志》卷二八《魏书·钟会传》述钟会弱冠与王弼齐名，裴注引，第795页。

6　《嵇康集校注》卷五《声无哀乐论》，第345—359页。

毕，"甚欲使嵇公（嵇康）一见"[1]，都是这种政治上相峙而学术上同有所好的反映。当时对立双方包括入晋以后名教之士与"放达"之士在学术、思想上的众多交流和大量异中之同[2]，便是在此基础上发生的。

这种崇尚博学和子学流行的状况，在各地乃至于较为偏远的地区也不例外。《晋书》卷一〇一《刘元海载记》：

> 幼好学，师事上党崔游，习《毛诗》《京氏易》《马氏尚书》，尤好《春秋左氏传》《孙吴兵法》，略皆诵之，《史》、《汉》、诸子，无不综览。[3]

刘渊父祖世为南匈奴部帅，汉魏以来居于晋阳汾涧之滨，渊生于曹魏嘉平初，而自幼综览经、子、史书。又《晋书》卷九一《儒林杜夷传》载其：

> 少而恬泊，操尚贞素，居甚贫窭，不营产业，博览经籍百家

1　《世说新语笺疏》，第230页。

2　入晋以后与"放达"之士在学风和行为方式上对峙的名教卫道士，往往也是博通子学的。如《晋书》卷三五《裴秀传》附《裴頠传》载裴頠少即知名，"博学稽古"，及长"通博多闻，兼明医术"，又善清谈，"为言谈之林薮"，因深患时俗放荡，贵无尚玄之风而著《崇有论》，临终尚未卒篇的《辨才论》则"古今精义皆辨释焉"（第1041—1047页）。又《晋书》卷四七《傅玄传》载傅玄博学善文，晋初上疏力诋"虚无放诞之论盈于朝野"，却也著有《傅子》，"撰论经国九流及三史故事"以申其说（第1317—1318、1323页）。

3　《晋书》，第2645页。同书卷一〇二《刘聪载记》载刘聪为刘渊第四子，"年十四，究通经史，兼综百家之言，《孙吴兵法》，靡不诵之"（第2657页）。

之书，算历、图纬靡不毕究。[1]

杜夷为庐江灊人，家世儒学，为郡著姓，而亦博览百家之书。又《抱朴子外篇·自叙》：

年十六，始读《孝经》《论语》《诗》《易》，贫乏无以远寻师友……但贪广览，于众书乃无不暗诵精持，曾所披涉，自正经、诸史、百家之言，下至短杂文章，近万卷。[2]

葛洪为丹阳句容人，家世仕吴，父为道士，既述"贫乏无以远寻师友"，则其所读经、史、子书、短杂文章近万卷，盖出亲友及句容一带民间藏书。葛洪又称其友人玄泊先生，"齿在志学，固已穷览六《略》，旁综《河》《洛》……道靡远而不究，言无微而不测"[3]。这显然是一位隐士，其既"穷览六《略》"，当然包括诸子在内。东莞姑幕徐氏两晋间迁于丹阳，是一个尤长医术的博学世家，到徐广而学更精纯，"百家数术，无不研览"[4]。再如河西一脉西晋以来学术颇

---

1 《晋书》，第2353页。

2 《抱朴子外篇校笺》下册，第655页。《晋书》卷七二《葛洪传》述其"著述篇章富于班马，又精辩玄赜，析理入微"，除各体著述及医药书外，并"抄五经、史、汉、百家之言，方技杂事三百一十卷"（第1913页）。

3 《抱朴子外篇·重言》，《抱朴子外篇校笺》下册，第633页。

4 《晋书》卷八二《徐广传》，第2158页。《宋书》卷六四《何承天传》载何母徐氏，为徐广之姊，"聪明博学，故承天幼渐训义，儒史百家，莫不该览"（第1701页）。参周一良《魏晋南北朝史札记·〈北齐书〉札记》"徐之才传"条，第415—417页；罗新、叶炜：《魏晋南北朝新出墓志疏证（修订本）》一二八《徐之范墓志》，北京：中华书局，2005年，第335—337页。

盛，子学亦在其中占有重要地位。魏晋高僧竺法护是世居敦煌的月支人，八岁出家，"操行精苦，笃志好学，万里寻师，是以博览六经，涉猎百家之言"[1]。曾祖以来世仕张氏政权的敦煌宋繇，曾赴酒泉"追师就学，闭室诵书，昼夜不倦，博通经史，诸子群言，靡不览综"；阚骃亦出敦煌望族，"博通经传，聪敏过人，三史、群言，经目则诵"，沮渠蒙逊时曾"典校经籍，刊定诸子，三千余卷"。[2]

以上所举，无论是中朝胜流，还是边地异族人士，是儒学门第，还是技术世家和佛、道中人，也无论是势族还是寒微，是忠魏还是拥晋，其读书治学皆博涉泛览兼通子学。两晋间才士干宝撰《搜神记》三十卷，其《序》有曰：

群言百家不可胜览，耳目所受不可胜载，今粗取足以演八略之旨，成其微说而已。[3]

意谓时风皆好"群言百家"而篇帙甚多，故须节略其旨以便观览。干宝友人葛洪所撰《抱朴子》内、外篇，更加全面地反映了当时子学流行之况。如《抱朴子外篇·勖学》：

登阆风，扪晨极，然后知井谷之闇隘也；披七经，玩百氏，

1　《出三藏记集》卷一三《竺法护传》，据其前后文，所谓"万里寻师"当指其"追师至西域，游历诸国"之事。法护卒年七十八，值晋惠帝末年（第518页）。
2　《魏书》卷五二《宋繇传》《阚骃传》，第1152、1159页。
3　干宝撰、汪绍楹校注：《搜神记》，北京：中华书局，1979年，第2页。

然后觉面墙之至困也。[1]

《抱朴子外篇·尚博》述儒经与子书"虽津涂殊辟，而进德同归；虽离于举趾，而合于兴化。故通人总原本以括流末，操纲领而得一致焉"[2]。这反映了时人视经学与子学为殊途同归，必兼习而方为"通人"的看法。又《抱朴子外篇·百家》：

> 百家之言，虽不皆清翰锐藻，弘丽汪濊，然悉才士所寄心，一夫澄思也。[3]

《抱朴子内篇·遐览》则斥鄙儒"独知有五经三史百氏之言，及浮华之诗赋，无益之短文"[4]。这又提供了魏晋才士莫不寄心子学，儒者兼好经史子文的画面。可见就总体而言，子学在当时绝非整个学术、思想体系的边缘余绪，而是其极为重要的组成部分；也仍在人们的知识结构和趋尚中占有很大分量，且不因其门第出身和政治立场的分野为转移。遍读其书而绅绎其理、择行其说，方是此期各社会集团和学术、思想流派对待子学的共同取向。

三是子学流行不但不始于魏晋，也不始于东汉后期，汉、魏间子学的传播、发展和变迁并不存在中衰的低谷。

上面举到魏晋好尚子学之人，不少都在时代上兼跨汉、魏，足

1　《抱朴子外篇校笺》上册，第114页。
2　《抱朴子外篇校笺》下册，第98页。
3　《抱朴子外篇校笺》下册，第441页。
4　王明：《抱朴子内篇校释（增订本）》，第331页。

以表明子学的流行不始于魏晋，故许多学者便把子学之兴放到了东汉末年。往更早追溯的，如前引贺昌群《魏晋清谈思想初论》讨论汉魏间"诸子之学重光"，将之推到了安帝时马融"标举老、庄合一之义"[1]，这显然是着眼于玄学而做的观察。汤用彤则把玄学之源上溯至著《太玄经》讨论《易》《老》玄理的扬雄，又勾勒了此后冯衍、仲长统、傅毅等人皆"贵玄言，宗老氏"的线索[2]。这类讨论，实际已约略拉出了魏晋子学至少其中的老庄之学从西汉至东汉后期连续变迁发展的脉络。而"玄学"虽被众多现代学者反复界定而高度特殊，却毕竟是围绕《易》和《老》《庄》，概括其中所寓范畴和命题而展开的学问和思潮，故其自扬雄、马融以来的发生、发展，体现的正是两汉儒学与诸子学相互渗透和共同发展的关系态势，也就提示了子学在两汉仍以各种方式继续活跃于世的线索。

子学在两汉的流行原无问题。学界皆知汉武帝黜百家而尊儒术，大抵不过是国学只设儒经博士，而政治上仍行王霸杂治。故当时才士如严助、主父偃、终军、司马相如、东方朔诸人，仍皆有类战国时期的纵横家[3]，立于国学的各家博士也多承齐学博杂之风，董仲舒

1　贺先生后文讨论了马融注《易》而"颇生异说"、注《老子》而为后世清谈家所称等问题，指出"六朝时三玄注解如云蒸霞蔚，而其源实导自马融"。《贺昌群文集》第二卷，第8、16页。

2　汤用彤：《魏晋玄学论稿》之《魏晋玄学流别略论》，第48—61页。又姚振宗《后汉艺文志》卷三《子类》录东汉围绕《太玄》操作之书，有侯芭《太玄经注》，邹邠《玄思》、张衡《玄图》及《太玄经注》，另有崔瑗、宋衷、陆绩的《太玄经注》等书。《二十五史补编》册二，第2381—2382页。

3　参《汉书》卷六四《严朱吾丘主父徐严终王贾传》，第2775、2838页；《汉书》卷六五《东方朔传》，第2841、2873—2874页。又《汉书》卷三〇《艺文志》诸子略纵横家著录有"《主父偃》二十八篇""《徐乐》一篇""《庄安》一篇"，（转下页）

以来经师好说灾异者，更与阴阳五行之学脱不了干系[1]。石渠会议后鲁学得势，元帝以来儒生地位渐高，子学并未因此而消沉。如翟方进传《穀梁》而好《左传》，又"通文法吏事，以儒雅缘饰法律"；匡衡以善《诗》著称，而"朝廷有政议，傅经以对，言多法义"，二人均为著名经师而皆儒、法兼通，位至三公。又元帝为太子时，疏广、疏受叔侄二人俱为师傅，授《论语》《孝经》，而又深明《老子》"知足不辱，知止不殆"之道；元帝之弟淮阳王钦"好经书法律"，其舅张博曾为之从齐地寻访"善为《司马兵法》……蓄积道术，书无不有"的隐士驷先生，得钦所好书多种。[2]再如成帝时有诸侯王上疏"求诸子及《太史公书》"，大将军王凤以为不可许，理由是"诸子书或反经术，非圣人，或明鬼神，信物怪；《太史公书》有战国纵横权谲之谋……皆不宜在诸侯王"[3]。是当时朝廷虽限制诸侯王习读诸子，而王凤之类固甚熟子学。至于杜邺"慕仓唐、陆子之义"而说

（接上页）又有"《待诏金马聊苍》三篇"（原注其为"赵人，武帝时"）（第1739页）。"庄安"即"严安"，与"徐乐"并传于《汉书》卷六四；"聊苍"似即"胶仓"，其名亦见《汉书·主父偃传》。是武帝时待诏金马门诸侍臣不少皆属纵横家流。

1 《汉书》卷七五《眭两夏侯京翼李传》赞曰："汉兴推阴阳灾异者，孝武时有董仲舒、夏侯始昌，昭、宣则眭孟、夏侯胜，元、成则京房、翼奉、刘向、谷永，哀、平则李寻、田终术，此其纳说时君著明者也。"（第3194—3195页）又《汉书》卷二七《五行志》序："董仲舒治《公羊春秋》，始推阴阳，为儒者宗。宣、元之后，刘向治《穀梁春秋》，数其祸福，传以《洪范》，与仲舒错。"（第1317页）

2 分见《汉书》卷八四《翟方进传》，第3421页；卷八一《匡衡传》，第3341页；卷七一《疏广传》，第3039页；卷八〇《宣元六王传·淮阳宪王钦传》，第3311—3313页。

3 《汉书》卷八〇《宣元六王传·东平王宇传》，第3324—3325页。其前文载元帝敕刘宇傅相，"自今以来，非五经之正术，敢以游猎非礼道王者，辄以名闻"。是时诸侯王读书受到了限制，前述淮阳王钦访书齐地，大概也是这个原因。

王音[1]；班嗣"虽修儒学，然贵老、庄之术"[2]；更不必说刘向、歆父子的经学湛深又博通百家，凡此皆足见子学仍为士人所趋骛，并未随儒学地位的确立而急剧衰落。

至王莽时期及东汉光武帝继续提拉，儒学地位更趋崇高，也进一步向政治和社会各领域渗透，但博学之风同时更盛[3]，子学也还在广为传播和发展。如扬雄撰《太玄赋》，云"观《大易》之损益兮，览老氏之倚伏"[4]；其《法言·五百》则述"庄、杨荡而不法，墨、晏俭而废礼，申、韩险而无化，邹衍迂而不信"[5]。可见其通览诸子而独崇老氏。《汉书》卷八七《扬雄传》载其行迹并赞之：

少而好学，不为章句，训诂通而已，博览无所不见，为人简易佚荡，口吃，不能剧谈，默而好深湛之思……实好古而乐道，其意欲求文章成名于后世。以为经莫大于《易》，故作《太玄》；传莫大于《论语》，作《法言》；史篇莫善于《仓颉》，作《训纂》；箴莫善于《虞箴》，作《州箴》；赋莫深于《离骚》，反

---

1 《汉书》卷八五《杜邺传》，第3474页。仓唐为魏文侯太子击之臣，陆子即陆贾，为战国及汉之子家。

2 《汉书》卷一〇〇《叙传上》，第4205页。嗣为班彪从兄。

3 葛兆光《中国思想史》第一卷《七世纪前中国的知识、思想与信仰世界》第四编第一节《汉晋之间：固有思想与学术的演变》即说东汉有一种追求博学的"知识主义的风气"（上海：复旦大学出版社，1998年，第427—428页）。胡宝国《汉唐间史学的发展》七《州郡地志》认为东汉以来社会上弥漫一种"求异的风气"和"对异物的兴趣"（第167—170页）。其所指现象和风气大略与葛氏所说相类。

4 《汉魏六朝百三家集》卷八《扬雄集》，《景印文渊阁四库全书》第1412册，第191页。

5 《法言义疏》，第280页。

而广之；辞莫丽于相如，作四赋。皆斟酌其本，相与放依而驰骋云。[1]

是其立场属儒家，作派和作品都延续了周秦诸子的风貌。而扬雄正自比于孟子，世人因而称之为"扬子"[2]。东汉初年以来著书称子者不少，这当然不是子学衰落的气象[3]。如桓谭作《新论》十七卷，后称《桓子新论》[4]；邹邠撰有《玄思》《检论》，后世亦惯称其"邹子"[5]；

---

1 《汉书》，第3514、3583页。
2 《法言·吾子卷第二》："古者杨、墨塞路，孟子辞而辟之，廓如也。后之塞路者有矣，窃自比于孟子。"《法言义疏》，第81页。《汉书·扬雄传》末赞引桓谭语曰："今扬子之书，文义至深，而论不诡于圣人，若使遭遇时君，更阅贤知，为所称善，则必度越诸子矣！"（第3585页）
3 《后汉书》卷六四《延笃传》载延笃"从马融受业，博通经传及百家之言"，桓帝时作书与李文德自道起居："吾尝昧爽栉梳，坐于客堂，朝则诵羲、文之《易》、虞、夏、殷、周之《书》，历公旦之典礼，览仲尼之《春秋》；夕则消摇内阶，咏《诗》南轩，百家众氏，投闲而作。洋洋乎其盈耳也，涣烂兮其溢目也，纷纷欣欣兮，其独乐也！"（第2106页）是为东汉后期士人读子之况。
4 《后汉书》卷二八上《桓谭传》载其作《新论》（第961页）。《隋书》卷三四《经籍志三》子部儒家类著录为"《桓子新论》十七卷，后汉六安丞桓谭撰"（第998页）。今案《隋志》又载晋夏侯湛、华谭等皆撰有《新论》十卷。臆《桓子新论》乃晋以来人所称，以区别于夏侯氏、华氏之《新论》，而称其"桓子"当在此前。《汉书》卷一〇〇《叙传上》载桓谭曾向班嗣借《老》《庄》书，嗣拒以"今吾子已贯仁义之羁绊"云云（第4205—4206页），可见东汉初年子称之风仍盛。
5 邹邠字伯奇（奇或作岐），《论衡·案书》："观伯奇之《元思》，太伯之《易章句》……刘子政、扬子云不能过也。"《论衡校释》，第1173—1174页。《论衡·对作》："桓君山《新论》，邹伯奇《检论》，可谓论矣。"《论衡校释》，第1181页。马总《意林》卷五《子部杂家类》杂纂之属录有《邹子》一卷，摘其"欲知其人，视其朋友。蒹葭在田，良苗无所措其要，佞邪在朝，忠直无所容其身""寡门不入宿，临甑不取尘，避嫌也"之文。王天海、王韧撰：《意林校释》，第567—569页。又《艺文类聚》卷九三《兽部上·马》引《郫子》曰："董仲舒勤学三年不窥园，乘马不知牝牡。"亦当摘自邹伯奇书。《艺文类聚》，第1617页。

三辅大儒韦彪"著书十二篇，号曰《韦卿子》"[1]；牟融则经明才高，博学善议论，著《牟子》二卷[2]。当时最孚盛名的子书是王充所著的《论衡》，书中每引"世间传书、诸子之语"，驳其谬误，但也提出"知政失者在草野，知经误者在诸子"[3]。《后汉书》卷四九《王充传》：

> 受业太学，师事扶风班彪，好博览而不守章句。家贫无书，常游洛阳市肆，阅所卖书，一见辄能诵忆，遂博通众流百家之言。[4]

这又说明其时太学尚博览之风，书肆多九流之书，乃是当时子学为众所习的明证。以上特别值得注意的是扬雄与王充，二人既同为"结两汉思想之局，开魏晋思想之路"的代表人物[5]，又皆与此期其他学者一起继承和精研周秦诸子，同时拓展和丰富了近世子学[6]，

---

1 《后汉书》卷二六《韦彪传》，第920页。
2 《后汉书》卷二六《牟融传》，第915—916页；《隋书》卷三四《经籍志三》子部儒家类著录"《牟子》二卷（后汉太尉牟融撰）"（第998页）。关于此《牟子》与灵、献帝时《理惑论》是否同属一书，《理惑论》开篇自称"牟子"云云是牟融还是灵献帝时苍梧太守牟子博的问题，学界多有争论。参僧祐撰、李小荣校笺：《弘明集校笺》卷一"牟子理惑论"条，第6—8页。
3 《论衡·书解》，《论衡校释》，第1160页。
4 《后汉书》，第1629页。《艺文类聚》卷三五《人部十九·贫》、卷五五《杂文部一·读书》皆引谢承《后汉书》载王充游洛阳市肆阅所卖书之事（第627、990页）。
5 冯友兰《中国哲学史（下）》第二篇《经学时代》第四章《古文经学与扬雄、王充》，收入《三松堂全集》第三卷，第70—92页。
6 《文选》卷四五《设论》班孟坚《答宾戏》主人语曰："近者陆子优游，《新语》以兴；董生下帷，发藻儒林；刘向司籍，辨章旧闻；扬雄谭思，《法言》《太玄》。皆及时君之门闱，究先圣之壶奥，婆娑乎术艺之场，休息乎篇籍之囿，以全其质而发其文，用纳乎圣德，烈炳乎后人，斯非亚欤！"（第635页）即概括了陆贾、董仲舒至刘向、扬雄相承发展的西汉新子学之况。

也就典型地体现了子学自两汉至魏晋不断发展变迁，承旧而又趋新的基本态势。

二、子书著录与《隋志》的局限

面对这样的态势，问题显然不应是此期子学是否发生了中衰，倒应是人们为什么要说它中衰？

由于历年久远，资料稀缺，唐以前其他目录书均已逸佚，对于周秦至西汉时期的典籍包括子学各家的著述，今人不能不靠《汉书·艺文志》知其大要。下至东汉、魏晋以来这方面的状况，则又有赖《隋书·经籍志》来加以了解。而二《志》著录确有两大特点：一是经学和儒学著述比重较大，增幅更大，至《隋志》不仅经部著录卷帙繁多，加上子部儒家类所录，数量远超其他诸子各家。[1]二是其著录汉唐间新撰新注的各家子书，除儒家类外数量普遍较少，其中如墨家之书不增反减，阴阳家旧著至《隋志》已不存一书，故不再被列为一家。这两点恐怕正是不少学者认为汉以来子学衰落的主要根据。但略加分析不难得知，汉、隋二《志》著录对把握当时子学的总体状态虽极重要，却很难仅据其子部各家录书的多少，就得

---

[1] 《隋书》卷三二《经籍志一》经部著录六百二十七部，五千三百七十一卷（通计亡书合九千五十部七千二百九十卷）（第947页）；卷三四《经籍志三》子部儒家类著录六十二部五百三十卷（通计亡书为六十七部六百零九卷）（第999页）；两项合计通计亡书为一千零一十七部七千八百九十九卷。而《隋志三》著录子部书"合八百五十三部，六千四百三十七卷"（第1050页）。以此减去子部儒家类书数后，其余各家共为七百九十一部五千九百零七卷，其中道、法、名、墨、纵横、杂、农、小说、兵家九类书籍总和为三百五十三部四千零三十三卷。

出此期子学迅速衰落或凋零寂寥的结论，因为这两份皇家书目对子书的著录，与子学的实际传播和发展状况之间，还有着不小的距离，有必要结合其他记载对其著录之况加深理解，才能得出更符史实的结论。

一是皇家藏书也很难对天下书一网打尽，更不免因乱世灾厄而散佚，故其多有漏录、不录之书。如西汉元、成间蜀地隐士严君平，"博览亡不通，依老子、庄周之指，著书十余万言"[1]，而其书不录于《汉志》[2]。尤其是汉魏以来大量著作陆续问世又散佚不存，《隋志》对之既无从著录，仅仅据此实难准确估介此前的子书子学之况。如东汉天师张道陵所撰的《老子想尔注》二卷，《隋志》、两《唐志》均未著录，而今见于敦煌文书S.6825号残卷[3]；晋太学博士滕辅曾注《慎子》十卷，为《隋志》不录而两《唐志》录之，当时其书尚存七篇[4]；《晋书》卷九四《隐逸鲁胜传》载胜注《墨辨》四篇，且存其《序》，而《隋志》与两《唐志》俱无著录。这种史载某人撰书作注，或其书尚传于世而不见于二《志》著录者，为数不少。清代以来不

1　《汉书》卷七二《王贡两鲍传》序，第3056页。

2　《汉书》卷三〇《艺文志》序述"成帝时，以书颇散亡，使谒者陈农求遗书于天下"，命刘向等人校定（第1701页）。而严君平之书当时显未访得，故《汉志》未著录。《隋书·经籍志三》子部道家类著录"《老子指归》十一卷（严遵注）"（第1000页）。遵即君平之名，是其书唐初犹存于世。

3　饶宗颐：《老子想尔注校证》一《解题》，上海：上海古籍出版社，1991年，第1—5页。又《隋志》体例于佛、道书只记总数而很少录其名书，《想尔注》或被归为道教书而不录于子部道家类。另马融注《老子》，见于《后汉书》卷六〇《马融传》，第1972页。而其书亦不录于《隋志》，当因其久已散佚而不录。

4　马总《意林》卷二录有滕辅注《慎子》十二卷。王天海、王韧撰：《意林校释》，第196页。

少学者撰补和考订正史艺文（经籍）志，所增魏晋时期新撰子书的数量，均数倍于《隋志》著录，其中非儒家类子书的总数，也成倍地多于儒家类子书[1]。这不仅反映了此期典籍散佚数量之大，说明了初唐皇家藏书在反映两汉魏晋以来子书撰作之况时的严重局限，而且直接说明了此期子书子学仍颇发达的实情。

二是《隋志》的分类著录自有其特点，其中之一即其收录经学或儒学著作的尺度放得较宽，而对子书特别是非儒家类子书则较为严格，这多少也抑低了汉魏以来子学的发展态势。其中有的应入子部却被归于经部，如其经部乐类大半皆乐律曲谱演奏之书，可列子部技术类而被归入经部"以补乐章之阙"。[2]《尚书》类中有刘向的《尚书洪范五行传论》，其书名称虽与《尚书·洪范》相连，而实则

1　姚振宗《三国艺文志》卷据诸史所载补录三国时期所撰子书，共计儒家二十五家三十四部，道家十八家二十一部，法家七家七部，名家四家五部，兵家九家二十六部，杂家十七家十八部，小说家三家三部，除儒家外的其余各家总数为五十八家八十一部。《二十五史补编》册三，第3249—3266页。同书本册又收入了丁国钧、文廷式、秦荣光、吴士鉴、黄逢元五人分别撰著的《补晋书艺文经籍志》，其中如丁《丙部子录》辑录两晋新撰各家子书，儒家三十二家四十部，道家三十五家四十五部，法家四家四部，名家一家一部，墨家一家一部，纵横家一家一部，杂家二十五家三十二部，小说家十家（失名二家）十四部，兵家九家十部，除儒家外的其余各家总数为八十八家一百零八部（第3676—3681页）。可见三国和两晋儒家以外子书家数和部帙均在儒家类的一倍以上，且两晋道家类新撰书的家数和部帙都超过了儒家类。
2　《隋志》中可入其他部类之书而被归入经部者亦甚多。如经部《礼》类中不少"礼论"和"礼杂问答"书，入史部仅注类亦无不可；《春秋》类中的《国语》众书，虽被视为"春秋外传"而实为史部书；五经总义类中的《尔雅》《方言》《释名》以及谥法等书，亦可分入史部类书类和仪注类；至于纬书类可发明经义而究非儒经，小学类可助读经而大多与经无关，更不待详辨而可知。这就极大地扩充了经部书的种类和篇帙，在统计上尤易予人错觉。

阐论五行要义，归为子部五行类亦无不可。[1]《论语》类中的"《孔丛》七卷"，后世多称《孔丛子》而将之划入子部杂家类或儒家类。[2]有的则可入子部其他类而被归入了儒家类，如其子部儒家类所录，《晏子春秋》一书多存史事，间及墨家学说及事迹[3]，后世或归之入子部墨家类及史部传记类[4]；《鲁连子》不少篇章被采入《战国策》，其虽好说尧舜而"意在于势数"，实则纵横家流[5]；王符的《潜夫论》内容甚杂，后世或入之子部杂家类[6]。凡此均说明《隋志》著录经子史文之书，每逢其书性质两可之时，似更倾向于将之划入经部或子部儒家类[7]，故其著录这两种书往往收及其外延，隐隐以辅翼或服务于

---

1 《汉书》卷三六《楚元王传》附《刘向传》载其"集合上古以来，历春秋六国至秦汉符瑞灾异之记，推迹行事，连传祸福，著其占验，比类相从，各有条目，凡十一篇，号曰《洪范五行传论》，奏之"（第1950页）。其内容今犹可于《汉书》卷二七《五行志》见其仿佛，其更恰当的分类应是归入阴阳家。

2 《郡斋读书志》入之在子部杂家类，《直斋书录解题》及《四库全书总目》入之在子部儒家类。晁公武撰、孙猛校证：《郡斋读书志校证》卷一二《杂家类》，第512—513页；《直斋书录解题》卷九《儒家类》，第274—275页；《四库全书总目》卷九一《子部一·儒家类一》，北京：中华书局，1965年，第770页。

3 如郭沫若《十批判书·孔墨的批判》便认为"《晏子春秋》一书，很明显地是墨子学派的人所假托的"（北京：科学出版社，1956年，第65页）。吕思勉《经子解题》之《晏子春秋解题》则认为其义"多同儒家而与墨异"（上海：华东师范大学出版社，1995年，第136—137页）。

4 《郡斋读书志》入之在子部墨家类，晁公武撰、孙猛校证：《郡斋读书志校证》卷十一，第500—501页；《四库全书总目》卷五七《史部一三·传记类一》归之为圣贤传记，第514页。

5 马国翰：《玉函山房辑佚书》子编儒家类《鲁连子》辑本序，第2523页。又韩愈有《嘲鲁连子》诗，称"鲁连细而黠，有似黄鹞子……独称唐虞贤，顾未知之耳"。已揭此意。韩愈：《韩昌黎全集》卷五《古诗五》，第87—88页。

6 《直斋书录解题》卷十入之在子部杂家类（第303页）。

7 如《周易》既为经学要著，又与筮占密切相关，魏晋玄学又以之为"三玄"之一，因而《易》书性质复杂不一，而《隋书·经籍志》对此的（转下页）

经学为标准，而对非儒家类诸子作品则守其内涵而尺度甚严，尤其对法、名、墨、阴阳等家，基本上仍以其周秦旧著为范著录。这种做法当然体现了魏晋以来经学或儒学在学术、思想界越益巩固的统治地位，却也使《隋志》在反映此前子书子学的发展变迁时有所失真而难以尽据。

三是由于编辑方式变化，魏晋以来学人别集成为文章渊薮，七部或四部分类法中的子部已只能反映子学发展的某个局部。章学诚《文史通义·文集》以为两汉文章渐富，如贾生奏议、相如词赋，"皆成一家之言，与诸子未甚相远"；又以为东汉有文集之实而无其名，其名始于西晋，而"集部著录，实仿于萧梁。而古学源流，至此为一变，亦其时势为之也"，[1]就点出了文集兴起对诸文献著录及辨章学术的影响。[2]前引杨明照述汉晋间"子书式微而文集发达"，也是说学人著述的编辑方式发生了重要转折。高路明则指出：魏晋以来别集盛行后，学人所著"相当于先秦诸子学说性质的文章"，多被收入其文集而归入了集部，遂使此后类于周秦诸子之书"逐步淡

（接上页）著录大略有三种处理办法：像京房的《周易委化》《周易逆刺占灾异》等书，因其筮占性质明显而被《隋志》划入了子部五行类（第1033页）；而对干宝的《周易玄品》二卷（《隋志》不著撰人，《册府元龟》卷六〇五《学校部·注释一》明载其为干宝所撰），则依《汉志》互见之体而两存于经部《易》类和子部五行类（第1034、991页）；另有不少则归为经部《易》类（第909—912页）。

1　章学诚著、叶瑛校注：《文史通义校注》卷三《内篇三·文集》，北京：中华书局，2014年，第345—346页。

2　参罗焌著、罗书慎点校：《诸子学述》上编《总论》第十一章《子与集》，第97—99页。

出了历史舞台"¹。这就揭示了《隋志》所录子书何以明显减少的直接背景，又说明了子学在魏晋以来继续发展变迁的新样态、新趋势。就是说，魏晋以来学人以"论""书"及"诗""赋"等体裁阐发的个人见解，无论其所涉为经、史、子、文还是道、墨、名、法，虽少有以单行本传世，却存于其文集而流行，其实际已是保存和传播此期子学作品的主要载体。²如《阮籍集》中的《通易论》《达庄论》《通老论》及《咏怀八十二首》³，《嵇康集》中的《养生论》《释私论》等多篇论述⁴，《张华集》中的《鹪鹩赋》《励志诗》等篇⁵，下至《陶渊明集》中的《读山海经十三首》《读史述九章》，《谢灵运集》中的《山居赋》《辨宗论》等篇章⁶，都可以说是同期极为重要的子学著述。要之，魏晋以来子部各家单行本减少，是与学人文集盛行之风

1　高路明《汉代诸子学论略》一文指出："魏晋以后，由于文集的产生，诸子作为一种学术形态逐步淡出历史舞台，所谓诸子已成为历史的遗留。而后来涌现出的相当于先秦诸子学说性质的文章，作为文集，被归入四部分类法中的集部。"收入《北京大学中国古文献研究中心集刊》第四辑，北京：北京大学出版社，2004年，第141—152页。

2　《晋书》卷九四《隐逸鲁胜传》载鲁胜注《墨辩》，其序文称其"又采诸众杂集，为《刑名》二篇，略解指归，以俟君子"（第2433—2434页）。鲁胜杂采学人别集中的形名学论说，才撰成了《刑名》二篇，可见时人的著述，已很注意采摘文集中的众家之说。《宋书》卷九八《氐胡传》述沮渠蒙逊于元嘉三年遣使奉表，"请《周易》及子、集诸书，太祖并赐之，合四百七十五卷"（第2415页），是胡人亦深知集部与子部书皆富蕴各家文章学说之证。

3　《汉魏六朝百三家集》卷三四《阮籍集》，《景印文渊阁四库全书》第1413册，第15—23、30—41页。

4　《嵇康集校注》卷三《养生论》、卷六《释私论》，第252—255、402—406页。

5　《汉魏六朝百三家集》卷四十《张华集》，《景印文渊阁四库全书》第1413册，第191—192、207—208页。

6　曹明纲标点：《陶渊明全集》附《谢灵运集》，上海：上海古籍出版社，1998年，第27—28、36—37、43—56、72—78页。

联系在一起的，《隋志》所存别集多达四百三十七部四千三百八十一卷（通计亡书为八百八十六部八千一百二十六卷）的事实，说明了此前学术和思想界的著述甚盛和众说纷纭，如果仅据"诸子志""子兵录"或"子部"所录各家单行本而忽略了大量别集中的子学论述，就不可能客观地估介魏晋以来子学的发展变迁。

四是不仅著述的编辑方式，学人著书立说的方式也发生了重大变化，汉魏以来无论正统还是异端，众家杂说常借注经阐经之名而行，经部或儒家书已包含和反映了各家学说的互渗发展。《文心雕龙·诸子》曰："六国以前，去圣未远，故能越世高谈，自开户牖；两汉以后，体势漫弱，虽明乎坦途，而类多依采，此远近之渐变也。"[1]便揭示了两汉以来学人往往依傍儒学阐发其说的变化。冯友兰以西汉独尊儒术前为中国哲学史上的"子学时代"，而以此后至清末为"经学时代"，并指出经学时代中，"诸哲学家无论有无新见，皆须依傍古代即子学时代哲学家之名，大部分依傍经学之名，以发布其所见。其所见亦多以古代即子学时代之哲学中之术语表出之"。[2]郭沫若在讲到儒、墨合流时说："所有先秦以前的诸子百家，差不多全部都汇合到秦以后的所谓儒家里面去了。"[3]这些看法，都可以说是对刘勰之论的进一步发挥。《隋志》所录经部和儒家类书大大多于子部和非儒家类书，及其所以常把子部等其他书籍划入经部或儒家类，部分原因就在于学人往往依傍儒学来著书立说。这种倾向确是经学

1　《文心雕龙校注》卷四《诸子》，第123页。

2　冯友兰：《中国哲学史（下）》第二篇《经学时代》第一章《泛论经学时代》，《三松堂全集》第三卷，第7页。

3　郭沫若：《青铜时代·秦楚之际的儒者》，第295页。

或儒学主导地位的反映，也是经学或儒学内容不断汲取多种营养而发展的体现，但其是否即意味着子学著述的中衰，特别是由此所致经学或儒学作品的庞杂，是否一定会带来子学的凋零？从刘勰"虽明乎坦途"一语所蕴史实来看，相当时期内儒学与子学显然并不是这种反向相对、此长而必彼消的关系。

综此诸端可见，《隋志》子部道家至兵家九类之下，基本上只著录了范围已被明显收窄和以单行本存于初唐皇家书库的子书。这就决定了其在反映此前各种子学作品时的局限，使之难以反映并在一定程度上遮蔽了汉魏以来子学仍在发展变迁的全局。当然，在散佚漏录等方面情况对等的前提下，单行本的撰作流传之况，包括后世为周秦子书作注整理者的多少，也还是可以说明一定的问题。经学占据学术和思想界的统治地位，得到社会各界的更多关注，遂使经书、儒书注家甚多，依傍立说者更多，各种单行本传世亦众，这都是事实，也是西汉独尊儒术以来的大趋势。但问题在于，非儒家类子书单行本存世数量较少，尤其是到《隋志》法、名、墨、阴阳家书不增反减的事实，虽可以确凿地说明子学发展不如儒学的大势，却并不等于子学已是边缘化的学问和衰亡后的残余。说到底，从"不如儒学"到"凋零寥落"，之间存在着一个逐次下降的巨大区间，周秦子书的亡佚或子书单行本存世种类之少，与子学的衰落还不是一回事情，非深入研究分析即难把握其实际状况。

三、法、名、墨、阴阳学的著录与流播

由上可见，《隋书·经籍志》的著录由于体例和其他种种原因，

在反映汉魏以来子学传播发展之况时距离较大，局限很多，需要深入研究才能把握其所反映的学术、思想态势。以下请就《隋志》子部所录存世书最少的法、名、墨、阴阳学之况略加讨论，以见魏晋子学流播、影响于世及其发展变迁之要：

法家

《隋志》子部著录法家书六种七十二卷，内有先秦书四种，其余《正论》六卷为东汉崔寔撰，《世要论》十二卷为曹魏桓范撰；又注出曹魏刘邵《法论》十卷、刘廙《政论》五卷、阮武《阮子正论》五卷、孙吴陈融《陈子要言》十四卷、晋黄命《蔡司徒难论》五卷，自梁以来亡佚不存。姚振宗《三国艺文志》法家类在此基础上补充了孙吴丁季、黄复平《正春秋决事比》十卷[1]；丁国钧《补晋书艺文志》法家类补充了滕辅《慎子注》十卷、刘黄老《慎子注》、氾毓《肉刑论》[2]。据此，魏晋人所撰法家书现尚可知的共有十一种，较《隋志》录存的多出五种。

这样的数量比于同期所著儒家及道家书诚然较少，但法家学说在魏晋的影响却不容低估。三国时主多好法术前已述及，其所关注的主要是循名责实、督责考课、严明赏罚的政刑立制之要。受此驱动，学术和思想界论政议事，亦多取鉴法家学说，又往往以名理学

1　《二十五史补编》册三，第3257页。姚氏还补充了钟会《道论》二十篇，然《道论》内容关乎刑名，前已引汤用彤、唐长孺先生"刑名"即"形名"说，然则此书当属名家。

2　《二十五史补编》册三，第3678页。丁国均《晋书艺文志补遗》子部录殷康《明慎》一书，或亦法家书。《二十五史补编》册三，第3695页。又，《二十五史补编》第三册所收文廷式、秦荣光、吴士鉴、黄逢元《补晋书艺文（经籍）志》子部法家类所录与丁书略有出入，或可增出刘昞《韩子注》等一二种，此不备录。

方法而论治道。这都反映了当时法家学说发展变迁的方向。唐长孺先生即曾指出：当时政论"如徐幹《中论》，桓范《世要论》等，虽然没有公开标榜申、韩，但一般都受先秦法家的影响"[1]。《三国志》卷一六《魏书·杜畿传》附《杜恕传》载杜恕明帝时论考课用人之道有曰：

今之学者，师商、韩而上法术，竞以儒家为迂阔，不周世用。此最风俗之流弊，创业者之所致慎也。[2]

可见"师商、韩而上法术"之风，被认为足与儒学相抗。刘邵作《人物志》分人物为十二流，"法家"与"儒学"被作为两种可用之才并列其间。[3]可见传世或新撰法家书数量虽少而实际影响不小。此风至西晋稍变，而士人仍多晓法家之书，如《晋书》卷五〇《庚峻传》载庚峻晋初上疏请重礼让，斥秦政之薄：

虽有处士之名，而无爵列于朝者，商君谓之六蝎，韩非谓之五蠹，时不知德，惟爵是闻。[4]

1　唐长孺：《魏晋玄学之形成及其发展》，《唐长孺文集·魏晋南北朝史论丛》，第301页。
2　《三国志》，第502页。
3　刘邵著、刘昞注、程荣校《人物志·流业第三》："盖人流之业十有二焉，有清节家，有法家，有术家，有国体，有器能，有臧否，有伎俩，有智意，有文章，有儒学，有口辨，有雄杰。"《汉魏丛书》，第625页。
4　《晋书》，第1393页。

是其甚鄙法家之说而仍熟习其典故。《晋书》卷四七《傅玄传》附《傅咸传》载傅咸惠帝时谏汝南王亮有曰：

> 往从驾，殿下见语：“卿不识韩非逆鳞之言耶？而欲欻摩天子逆鳞！”[1]

是汝南王亮及傅咸所代表的群体中，罕有不读《韩非子》者。也正因为法家学说仍在广泛流播，其相关内容早已融入了人们的知识结构而影响仍大，故东晋初年法家学说再次被当成了救世济时的工具。史称元帝“用申、韩以救世”；又载帝“方任刑法，以《韩子》赐皇太子”。[2]著名文士曹毗曾任太学博士，因宦途坎坷而撰《对儒》一文，自明其进退之道和达观之志，其中讲到有人问其既精于经、史，晓谙老、庄，文章了得，又“何必以刑、礼为己任，申、韩为宏通”呢[3]？语气中反映了当时学人以兼通刑、礼为“己任”，而以习读申、韩为“宏通”的风气。其时滕辅、刘黄老之所以为《慎子》作注，即应是这一背景的产物。[4]凡此种种，都说明了魏晋法家之学的地位和影响，也交代了宋、齐以来法家学说继续流行

1　《晋书》，第1327页。

2　《晋书》卷四九《阮籍传》附《阮孚传》，第1364页；卷七三《庾亮传》，第1915页。

3　《晋书》卷九二《文苑曹毗传》，第2387页。

4　《晋书》卷六九《刘隗传》附《刘波传》载隗族孙刘黄老，“太元中为尚书郎，有义学，注《慎子》《老子》并传于世”（第1842页）。罗焌著、罗书慎点校：《诸子学述》上编《总论》第四章《诸子书之真伪及存佚》录滕辅《慎子注》，考其人其书（第36页），可参。

的重要背景。[1]

名家

《隋志》子部共著录名家之书四种七卷，其中《邓析子》和《尹文子》为先秦作品[2]，《士操》一卷为魏文帝曹丕撰，《人物志》三卷为曹魏刘邵撰；又注出不知名人撰《刑声论》一卷、姚信《士纬新书》十卷和《姚氏新书》二卷、曹魏卢毓《九州人士论》一卷及不知名人撰《通古人论》一卷，梁以来已亡佚不存。姚振宗《三国艺文志》对此未有增补，文廷式《补晋书艺文志》卷四子部名家类增张辅《名士优劣论》[3]，吴士鉴《补晋书经籍志》卷三子部名家类增刘昞《人物志注》三卷[4]。需要指出的是，姚书及丁国钧等人往往顾名思义地把"刑名"书划入法家类，而据前引汤用彤、唐长孺先生的研究，汉魏名家即形名家，其所谈论者为名理，时人所述"刑名"亦即"形名"[5]。因而像钟会《道论》二十篇

1　参阅步克：《南齐秀才策题中之法家论调考析》，《北京大学学报（哲社版）》，1997年第2期。

2　《世说新语·文学》载："司马太傅（道子）问谢车骑（玄）：'惠子其书五车，何以无一言入玄？'谢曰：'故当是其妙处不传。'"《世说新语笺疏》，第284页。味二人语意，似《汉志》诸子略名家类所录《惠子》一篇东晋犹存于世，而《隋志》未见其踪，姚、丁诸人均未有说。

3　《二十五史补编》册三，第3754页。

4　《二十五史补编》册三，第3882页。刘昞是十六国时期人，视十六国为闰位者以两晋为正朔，遂以其所著书入晋。又丁国钧、吴士鉴等人的《补晋书艺文（经籍）志》子部名家类皆增张湛《文子注》，当是误以《文子》为《尹文子》之故。或据《史记》卷七四《孟子荀卿列传》述墨子活动时期，《索隐》"按《别录》云'今按《墨子》书，有文子，文子即子夏之弟子，问于墨子'"，以《文子》为墨家别派的名家作品（第2350页）。但《文子》在《隋志》中既在子部道家类，张湛《文子注》亦应归入道家书。

5　谭戒甫《墨辩发微》第一编《名墨参同》述"墨有墨家之专学，名有名家之专学，形名有形名家之专学。"（北京：中华书局，1964年，第27页）（转下页）

述"刑名"之理，以及鲁胜《刑名》二篇等书，也应当增入魏晋人所撰的名家著作。[1]这样，魏晋所撰名家书今仍可知者共十一种，且除钟会《道论》、鲁胜《刑名》二种外，其余大都是人物品鉴之书，从而反映当时举凡名实鉴识、才性品评诸端皆可归为名家，名学内涵已被泛化，形态已较先秦名家之书明显发展和变迁。[2]

　　魏晋名家著述虽少，但名学的发展和影响都很引人注目。《晋书》卷四七《傅玄传》述其上疏论事，谓"近者魏武好法术，而天下贵刑名"云云[3]。贺昌群先生即以为此处"刑名"，即是形名、名理之学。[4]唐长孺先生也指出，"《文心雕龙·论说》篇称'魏之初霸，术兼名法'是一个正确的判断"，认为在当时名家与法家甚有关联。[5]即以东晋为例，《世说新语·文学》：

（接上页）谭先生在《公孙龙子形名发微·学征》列表区别名家与形名家，认为两者截然不同又易混目（北京：中华书局，1963年，第63—75页）。今案谭先生所论盖就战国时期而言，而《汉志》既将名家与形名家之书一概归入了诸子略的名家类，似当时两者已经合流。

1　此外，丁国钧《晋书艺文志补遗》子部有董勋《辨异苑》一书，或亦名家书。《二十五史补编》册三，第3695页。

2　如刘邵《人物志》隋唐人均列为名家，其缘由可参汤用彤：《魏晋玄学论稿·读〈人物志〉》，第5—25页；田文棠：《魏晋三大思潮论稿》第四章《魏晋名理学与刘邵的〈人物志〉》，第63—86页。然其毕竟已与古来名学形态有异，故《四库全书总目》将之归入子部杂家类，第1009页。

3　《晋书》，第1317页。

4　贺昌群：《魏晋清谈思想初论》上篇《汉魏间学术思想之流变》二《诸子之学重光》，《贺昌群文集》第二卷，第9页。

5　唐长孺：《魏晋玄学之形成及其发展》，《唐长孺文集·魏晋南北朝史论丛》，第301页。

王丞相过江左，止道《声无哀乐》《养生》《言尽意》三理而已，然宛转关生，无所不入。[1]

这个说法反映了王导所承学脉。嵇康的《声无哀乐论》辨析音声与情绪，《养生论》辨析修行与性命，欧阳建的《言尽意论》辨析物、名、理、言之关系，俱为魏晋名理学重要作品，王导则持此三理以清谈论理、应世处事，足见其颇切于用和涵盖之广。《晋书》卷九二《文苑李充传》载李充：

幼好刑名之学，深抑虚浮之士。[2]

又《晋书》卷七五《王湛传》附《王坦之传》：

坦之有风格，尤非时俗放荡不敦儒教，颇尚刑名学。[3]

李充曾任王导的记室参军，尝撰《学箴》，申儒、道互补之论。王坦之才华号称"江东独步"，著有《废庄论》，开篇即引《荀子》述庄子"蔽于天而不知人"。二人好尚名理学，都是因为嫉虚务实，说明当时推崇名理学的除清谈玄学之士外，也包括了循名责实之辈。又《世说新语·文学》述谢安少年时，曾听阮裕说"白马论"，

1　《世说新语笺疏》，第249页。

2　《晋书》，第2389页。

3　《晋书》，第1965页。

裕"为论以示谢,于时谢不即解,阮语重相咨尽"[1]。阮裕显然精通战国刑名家公孙龙子的"白马非马论",而少年谢安则为此论的爱好者。

不过这些例子还不足以说明名理学在魏晋声势之大。章太炎《五朝学》一文述五朝名士"其言循虚,其艺控实,故可贵也",并且指出:"凡为玄学,必要之以名,格之以分,而六艺、方技者,亦要之以名,格之以分。治算,审形,度声则然矣。服有衰次,刑有加减。《传》曰:刑名从商,文名从礼。故玄学常与礼律相扶。自唐以降,玄学绝,六艺、方技亦衰。"[2]其论的卓绝,在于洞见了玄学落脚处的笃实恳切。精辨名理既然是玄学和清谈的基本方法论,则玄学、清谈的兴盛,必然意味名理学的繁荣[3],况当时名理学亦贯注

1 《世说新语笺疏》,第255页。其后文载:"阮乃叹曰:'非但能言人不可得,正索解人亦不可得。'"学界或以此为名学凋零之证。其实"白马非马论"之精微,即战国时其"能言人"和"索解人"亦不可多得,况名学至魏晋早已随时代发展而变迁,仅据通白马论者多少而无视当时名理学的发达,是无法准确认识当时名学之况的。又《三国志》卷二八《魏书·邓艾传》述及爰邵之事,裴注引荀绰《冀州记》述其位至卫尉,其孙俞"清贞贵素,辩于论议,采公孙龙之辞以谈微理"。可证魏晋清谈与《公孙龙子》之关系。
2 《章太炎全集》册八《太炎文录初编》卷一,第69页。
3 《中论·贵言》:"君子将与人语大本之源,而谈性义之极者,必先度其心志,本其器量,视其锐气,察其堕衰,然后唱焉以观其和,导焉以观其随。随和之征发乎音声,形乎视听,著乎颜色,动乎身体,然后可以发迩而步远,功察而治微。"同书《覈辩》:"夫辩者,求服人心也,非屈人口也。故辩之为言别也,为其善分别事类而明处之也……言有拙而辩者焉,有巧而不辩者焉。君子之辩也,欲以明大道之中也,是岂取一坐之胜哉?"《中论解诂》,第98、134页。其篇名言讨论均与魏晋名辩思潮密切相关。当时清谈健者类多精研或晓谙名理,如嵇康、钟会、裴頠、王衍、裴遐、卫玠等,其例不胜枚举。参汤用彤:《魏晋玄学论稿》之《言意之辩》一文,第26—47页。

于佛、道、法、墨、阴阳、方技的讨论而不止限于玄学、清谈而已。是故魏晋名家书虽只区区数种，名理学之流衍发展已蔚为学术、思想潮流，却是一个显著的事实。[1]至于当时人物品鉴风气之盛，学界皆知其为中国史上之最，其间精彩纷呈的名实、才行、性情、形神之辨，其况自然也不能因为今知当时人物品鉴之书仅有七种而低估之。

墨家

《隋志》子部著录墨家书三种十七卷，又注出《田俅子》一卷至梁以来方始亡佚[2]。姚振宗《三国艺文志》对此无所增补，丁国钧等人的《补晋书艺文（经籍）志》增鲁胜《墨辩注》一种。以上墨家书共五种，与《汉志》诸子略所录墨家书六种八十六篇相比，亡失的有《尹佚》二篇和《我子》一篇，尚存的是《墨子》《胡非子》《田俅子》《随巢子》四书共十八卷，而魏晋新撰墨家书今知者仅有西晋鲁胜《墨辩注》一种。

魏晋以来传世的墨家书较之《汉志》所录不增反减，确是一个值得注意的现象。不少研究者都因史籍未见汉人撰有墨学著作，遂以为秦末汉初墨学已微，汉武以来竟成绝学[3]；进又认为鲁胜的《墨辩注》作为迅速亡佚的绝后孤响，不足以为墨学至魏晋仍在流行和

1　参田文棠：《魏晋三大思潮论稿》第三章《魏晋三大思潮的方法体系》，第44—62页。

2　《文选》卷三《赋乙·京都中》张衡《东京赋》"盖蓂荚为难莳也，故旷世而不睹"，李善注曰："《田俅子》曰：尧为天子，蓂荚生于庭，为帝成历。"（第65页）是唐初《田俅子》一书仍以某种形式存世。

3　如汪中《述学》之《内篇三·墨子序》谓墨学"至楚、汉之际而微，孝武之世犹有传者，见于司马谈所述，于后遂无闻焉"。汪中著、李金松校笺：《述学校笺》（以下简称《述学校笺》），北京：中华书局，2014年，第232页。

发展的依据[1]。不过清人如俞樾、孙诒让[2]，近代以来如梁启超、方授楚等，均曾注意到汉代墨学之况及其流变[3]，前引贺昌群之文，又梳理了魏晋以来墨学流行的不少史实。可以认为，过于强调汉代墨学衰微，认为其至魏晋已成绝学的看法，都不同程度地存在着疵漏，并不符合墨学在汉晋间仍在传播、发展和得到重视的大量史实。[4]即

1　如陈柱《墨学十论·历代墨学述评》述鲁胜注《墨辩》，"独能为之于举世不为之日，怀兴灭继绝之志……而其书亦已不传。岂非以世儒学重浮华，崇文而弃质故？故晋人所注之《老》《庄》至今完好，而《墨辩》之注阙焉"（上海：商务印书馆，1930年，第172—173页）。

2　《墨子间诂》卷首之《俞序》述"韩非以儒墨并为世之显学，至汉世犹以孔、墨并称"（第1页）。同书之末《墨子后语》卷下《墨子绪闻》摭"秦汉旧籍所纪墨子言论行事"，《墨学通论》又辑战国至汉"诸子之言涉墨氏者……至后世文士众讲学家之论，则不复甄录"（第671—698页）。观此二篇则汉代墨学未绝之况可以概知。

3　梁启超《墨子学案》第八章《结论》即论及了汉人有关墨家的论说，其中特别分析了王充《论衡》对墨学的批评（济南：山东文艺出版社，2018年，第96—101页）。方授楚《墨学源流》上卷第九章《墨学之衰微》则指出了"墨学之在西汉，其衰微乃渐而非顿"；认为"西汉武帝时，墨学之师承家法，犹未绝也"（北京：商务印书馆，2015年，第208—209页）。

4　如胡适《中国哲学史大纲》第八篇《别墨》第六章《墨学结论》说司马迁作《史记》时，"墨学早已消灭，所以《史记》中竟没有墨子的列传"（第180页）。然本篇第一章《墨辩与别墨》提到了鲁胜的《墨辩注》，又说汉代学者如刘向、班固等所称的"名家"皆属"别墨"即墨家的别派。其间即存在着矛盾（第134—136页）。又如栾调甫《墨学研究论文集·墨子科学》认为"张衡、马钧，机巧若神，然亦徒凭妙悟，不闻墨子之术。盖自汉初，墨家已绝"（北京：人民出版社，1957年，第69页）。然《后汉书》卷五九《张衡传》载张衡作《应闲》，内有"弦高以牛饩退敌，墨翟以萦带全城"之句（第1908页）。是张衡熟知《墨子·公输》"解带为城……守圉有余"之事。另如唐长孺《魏晋玄学之形成及其发展》一文特别指出："魏晋时虽然常常儒墨并称……似乎墨学又与儒道鼎立，实则此时儒墨一辞仅是沿袭《庄子》中与道家相对的联称。"《唐长孺文集·魏晋南北朝史论丛》，第304页。然其所举《三国志》卷一一《魏书·管宁传》载正始二年太仆陶丘一等四人联名上疏举存管宁，举其"娱心黄老，游志六艺……韬韫儒、墨，潜化傍流"云云，自是竭尽褒扬之语，并非泛述其学而已。其反映的仍是博通百家在当时为众趋骛和墨学地位并不甚低的史实。

以鲁胜之事来看，其注《墨辩》而同时又撰《形名》二篇[1]，正反映了当时墨学已随玄学、名理学兴盛而备受关注的发展态势。[2]《晋书》卷五五《夏侯湛传》载夏侯湛作《抵疑》述当时学界：

> 夫道学之贵游，闾邑之搢绅，皆高门之子，世臣之胤，弘风长誉，推成而进，悠悠者皆天下之彦也。讽诂训，传《诗》《书》，讲儒、墨，说玄虚，仆皆不如也。[3]

"讲儒、墨"与"说玄虚"之所以同为世人所尚，部分原因在于当时两者皆贯注了名理学。《晋书》卷三三《石苞传》附《石崇传》载晋武帝时崇兄石统因忤扶风王司马骏而得罪，崇上表有曰：

> 所愧不能承奉戚属，自陷于此，不媚于灶，实愧王孙。《随巢子》称："明君之德，察情为上，察事次之。"所怀具经圣听，伏待罪黜，无所多言。[4]

---

1 《晋书》卷九四《隐逸鲁胜传》载鲁胜《墨辩注》自序述其撰作此书的直接原因，在于名理学十分重要，但周秦名家著作时已"亡绝"，而《墨子》书中的名辩理论则系统精当，保存又相对完整，遂整理之"以俟君子"（第2433—2424页）。说"亡绝"显然不符史实，只能理解为鲁胜欲强调其兴灭继绝的个人看法。清代以来整理《墨子》者往往夸大其书传世的孤绝之态，多少也是出于这个原因。
2 这种连带关系的学理基础是周秦以来墨学与名学渊源极深而学缘甚密，参谭戒甫：《墨辩发微》第一编《名墨参同》，第27—34页；胡适：《中国哲学史大纲》第八篇《别墨》第三章《论辩》，第144—163页；郭沫若：《十批判书·名辩思潮的批判》七《墨家辩者》，第246—263页。
3 《晋书》，第1494页。
4 《晋书》，第1005页。

《随巢子》为墨子后学作品，石崇引其"察情""察事"之理为据，一方面说明此书所含辨名析理的内容广为人知，另一方面也说明当时墨学地位不低，足可引据。《抱朴子外篇·喻蔽》讲到葛洪曾与"同门鲁生"讨论王充《论衡》"乍出乍入，或儒或墨，属词比义，又不尽美"的问题。[1]"属词比义"正为当时名理学所关注，而"乍出乍入，或儒或墨"，则表明其讨论及于墨学，且非兼通儒、墨者不能有此看法。这里的"同门鲁生"是否就是注《墨辩》的隐逸鲁胜可以存疑，但葛洪及其师门确是经常与人讨论到墨子和墨学的，《抱朴子内篇》和《外篇》中相关议论实在不少。[2]即此已足说明鲁

1　《抱朴子外篇校笺》下册，第423页。其后文载葛洪之语有曰："夫发口为言，著纸为书。书者所以代言，言者所以书事……譬犹治病之方千百，而针灸之处无常；却寒以温，除热以冷，期于救死存身而已，岂可诣者逐一道，如齐楚异而不改路乎？"（第435页）《艺文类聚》卷一九《人部三·言语》引晋欧阳建《言尽意论》有曰："理得于心，非言不畅；物定于彼，非言不辩……原其所以，本其所由，非物有自然之名，理有必定之称也。"（第348页）两者言名理关系如出一辙。

2　如《抱朴子内篇·论仙》："俗人尚不信天下之有神鬼，况乎仙人居高处远，清浊异流，登遐遂往，不返于世，非得道者，安能见闻？而儒、墨之家知此不可以训，故终不言其有焉。俗人之不信，不亦宜乎！"王明：《抱朴子内篇校释（增订本）》，第20—21页。这里说主张"明鬼"的墨家于神鬼"终不言其有"，核之《墨子·明鬼下》唯以六国史书及周、商、夏书所载述鬼神之有，篇末结语则云："将欲求兴天下之利，除天下之害，当若鬼神之有也，将不可以不尊明也，圣王之道也。"《墨子间诂》，第226页。所称"若鬼神之有"，与孔子说"祭神如神在"义一，葛洪述其意准确无误，非精读《墨子》者不能有此概括。又其《抱朴子内篇·金丹》述"世人饱食终日，复未必能勤儒、墨之业，治进德之务，但共逍遥遨游，以尽年月"。王明：《抱朴子内篇校释（增订本）》，第73页。此以儒、墨入世与老、庄为对，亦深谙墨学之语。又《抱朴子外篇·吴失》载葛洪师为郑君，而郑君之师左先生有曰："孔、墨之道，昔曾不行；孟轲、扬雄，亦居困否；有德无时，有自来耳。"这又是葛洪师门论及墨学的例证。《抱朴子外篇校笺》下册，第166页。又《抱朴子外篇·勖学》："夫周公上圣，而日读百篇；仲尼天纵，而韦编三绝；墨翟大贤，载文盈车；仲舒命世，不窥园门。"《抱朴子外篇校笺》上册，第127页。（转下页）

胜注《墨辩》有其深厚背景、广泛基础而非绝学孤响。

更何况，汉魏以来学人晓谙和关注墨学本来就不限于名理学，其例比比皆是。如东汉光、明帝间冯衍宦不得志，自论有曰："杨子号乎衢路兮，墨子泣乎白丝。知渐染之易性兮，怨造作之弗思。"[1]其中"泣乎白丝"取诸《墨子·所染》[2]。和帝时期的宰相胡广曾作《百官箴》，其序讲到"墨子著书，称《夏箴》之辞"[3]，这说明胡广必通读过引有"夏书""夏箴"的《墨子·七患》《明鬼》等篇[4]。卒于灵帝末年的赵咨遗书薄葬，称"墨子勉以古道"，又述"王孙裸葬，墨夷露骸，皆达于性理，贵于速变"[5]。甚崇墨学的节葬观念。约略同时，何休与其师羊弼撰写了《公羊墨守》一书[6]。其坚持《公羊》家法而称"墨守"，即用世人熟知的《墨子·备城门》诸篇所述墨家城守之典。

（接上页）所谓"载文盈车"，本于《墨子·贵义》"子墨子南游使卫"而载书甚多之事。《墨子间诂》，第407页。

1　《后汉书》卷二八下《冯衍传下》，第994页。

2　《墨子·所染》载墨子见染丝者而叹"染不可不慎也"。《墨子间诂》，第10—11页。此篇内容又被秦国墨者撰入了《吕氏春秋·当染》。

3　《太平御览》卷五八八《文部四·箴》引胡广《百官箴叙》，第2650页。

4　《墨子·明鬼下》引《夏书·禹誓》等以证夏人明鬼，《墨子间诂》，第217页。同书《七患第五》引"《周书》曰：国无三年之食者，国非其国也；家无三年之食者，子非其子也"（第27页）。而《逸周书·文传解》引"《夏箴》曰：小人无兼年之食，遇天饥，妻子非其有也；大夫无兼年之食，遇天饥，臣妾舆马非其有也"。《逸周书汇校集注》，第259页。胡广意谓《墨子》所引《周书》义本乎《逸周书》所引的《夏箴》，故曰墨子"称《夏箴》之辞"。

5　《后汉书》卷三九《赵咨传》，李贤注："墨夷谓为墨子之学者名夷之，欲见孟子，孟子曰：'吾闻墨之治丧，以薄为其道也。盖上世尝有不葬其亲者，其亲死，则举而委之于壑。'见《孟子》。"（第1317—1318页）

6　《后汉书》卷七九下《儒林何休传》，第2583页。

也正是在这种墨学流传的态势下，曹操才会屡屡称述其兼爱、尚同之旨。《三国志》卷一一《魏书·田畴传》载畴违令吊祭袁尚，裴注引《魏略》载其时曹操下教为畴免罪开脱曰：

使天下悉如畴志，即墨翟兼爱尚同之事，而老聃使民结绳之道也。[1]

又《宋书》卷二一《乐志三》载曹操作《天地间》歌词有《度关山》一首：

侈恶之大，俭为恭德，许由推让，岂有讼曲，兼爱尚同，疏者为戚。[2]

由此也才会有邯郸淳《受命述》称颂曹氏：

治咏儒、墨，纳策公卿，昧旦孜孜，夕惕乾乾。[3]

可见墨学的不少重要观念，的确已贯注于曹氏施政，令人联想曹操的节葬观念亦应部分来自墨学。另如曹植《玄畅赋》序述"或有轻爵禄而重荣声者，或有受性命以殉功名者，是以孔、老

---

1 《三国志》，第344页。
2 《宋书》，第605页。
3 《艺文类聚》卷一〇《符命部·符命》引，第195页。

异旨，杨、墨殊义"[1]。可以看出其深谙墨家殉道之义及其与杨朱学说的对立。又阮籍《咏怀诗》述"杨朱泣歧路，墨子悲染丝"[2]；张华《轻薄篇》有句"墨翟且停车，展季犹咨嗟"[3]，皆表明时人熟知墨学典故与要义。又《抱朴子外篇·省烦》抨击时风礼事繁琐有曰：

> 此墨子所谓"累世不能尽其学，当年不能究其事"者也……至于墨子之论，不能非也。但其张刑网，开涂径，浃人事，备王道，不能曲述耳；至于讥葬厚，刺礼烦，未可弃也。自建安之后，魏之武、文，送终之制，务在俭薄。此则墨子之道，有可行矣。[4]

所引墨子语出于《墨子·非儒下》[5]；"张刑网"云云，则取《墨

1　《艺文类聚》卷二六《人部十·言志》引，第470页。

2　《阮籍集·咏怀八十二首》之二十，《汉魏六朝百三家集》卷三四，《景印文渊阁四库全书》第1413册，第33页。"杨朱泣歧路"即《荀子·王霸》述"杨朱哭衢途，曰：'此夫过举蹞步而觉跌千里者夫！'"《荀子集解》，第218页。"墨子悲染丝"出《墨子·所染》，《墨子间诂》，第10—18页。又《晋书》卷八三《袁瑰传》附《袁乔传》载袁乔与褚裒书有"染丝之变，墨翟致怀，歧路之感，杨朱兴叹"之句（第2168页），亦用此典。

3　郭茂倩《乐府诗集》卷六七《杂曲歌辞七》张华《轻薄篇》，第963页。"墨翟停车"典出《淮南子·说山》"墨子非乐，不入朝歌之邑"。《淮南鸿烈集解》，第542页。《汉书》卷五一《邹阳传》载其狱中上书有"邑号朝歌，墨子回车"之句（第2351页），师古即以《说山》此语注之。可见"墨子停车"之典，是与汉淮南、衡山王幕下"山东墨者"发挥的"非乐"思想联系在一起的。

4　《抱朴子外篇校笺》下册，第82—83页。

5　《墨子间诂》，第272页。

子·号令》及《尚贤》《节用》《节葬》等篇之义。

非但如此，汉魏以来《墨子》一书又日益与道教关联，墨子不仅继续以大贤、大侠、大匠等多种形象流传于世，且又以仙道身份著书立说而进入道教神仙谱系。[1]这些史实如果孤立开来看，也许可以认为是墨学"变质"而趋微的表现；但如此看问题，多少还是受到了《隋志》著录非儒家类子书往往以其周秦样态为标准而尺度较严的影响。从传播学角度来观察，墨学趋近于民间巫鬼之道而出现变种别体，只能说明其仍颇活跃和影响甚大，方得流衍分枝于俗间而为相关传说之所聚。再联系上举事例来考虑，其又明显与当时社会上层研习和熟悉墨学之况脱不了干系，并且与之一起构成了汉魏以来墨学传播和发展变迁大势中的重要一环。至于其流传和影响于民间的分枝终于压倒其本干，《墨子》及其他周秦墨学文本亦更为寥落而真成绝学，那恐怕是较晚的事情，而非魏晋以来的状态。

阴阳家

《汉志》诸子略著录战国至汉阴阳家书共二十一种三百六十九

1　《抱朴子内篇·遐览》述道书有《墨子枕中五行记》五卷，述"变化之术，大者唯有《墨子五行记》，本有五卷。昔刘君安未仙去时，钞取其要，以为一卷"。同书《金丹》又述有"墨子丹法"。王明：《抱朴子内篇校释（增订本）》，第337、81页。《隋书·经籍志三》子部医方类著录有《墨子枕内五行纪要》一卷，原注云："梁有《神枕方》一卷，疑此即是。"（第1043页）又葛洪《神仙传》卷四有《墨子传》，述其从赤松子游，入山逢神人而成仙，"乃撰集其要，以为《五行记》五卷"。同卷《刘政传》《孙博传》载二人俱治墨子术而获神通。葛洪撰、胡守为校释：《神仙传校释》（以下简称《神仙传校释》），北京：中华书局，2010年，第124、130、133页。另参栾调甫：《墨子研究论文集》之《旁行释惑·〈墨子〉书传本源流》，第50—51页。

篇，在《隋志》中无一留存，其子部亦已不列阴阳家。[1]姚、丁诸人循此，其书子部之下也无阴阳类。不过汉魏间如淳显然看过邹衍的《终始》《邹子》二书[2]，另外还有种种迹象，可以帮助推定魏晋时期《汉志》诸子略著录的不少阴阳家书应当还在流传。[3]更值注意的是，阴阳家本以五德终始说为核心内容[4]，而《汉志》至少是把阴阳家书分为三类来分别著录的，一类是诸子略的阴阳家，一类是兵书略的阴阳家，一类是数术略的五行家。这三类后叙的内容互为

1　参高路明：《汉代诸子学论略》，收入《北京大学中国古文献研究中心集刊》第四辑，第141—152页。又《盐铁论·论邹》为大夫与文学论邹衍大小九州说之是非，《盐铁论校注》，第551—552页。当时儒生虽批评"邹衍非圣人，作怪误，惑六国之君以纳其说"，然阴阳五行学与西汉经学关系密切，儒生对邹衍的批评并不等于对阴阳五行说的全盘否定。

2　《史记》卷二八《封禅书》述"自齐威、宣之时，邹子之徒论著终始五德之运"；又述"邹衍以阴阳主运显于诸侯"。《集解》于此二处引如淳注云："今其书有《五德终始》，五德各以所胜为行。""今其书有《主运》，五行相次转用事，随方面为服。"《索隐》案："《主运》是《邹子》书篇名也。"（第1368—1369页）

3　《隋志》总序述刘宋末王俭著《七志》，有《诸子志》《术艺志》，而"五曰《阴阳志》，纪阴阳图纬"（第906—907页），可证魏晋以来所存阴阳书必颇不少。又据马国翰辑《玉函山房辑佚书》子编阴阳类《宋司星子韦》《邹子》所辑各条及附录（第2922—2923、2925—2926页），南北朝时二书似尚存于世。又《旧唐书》卷一九一《方伎乙弗弘礼传》载乙弗弘礼善相，隋"炀帝即位，召天下道术人，置坊以居之，仍令弘礼统摄"（第5092页），是为隋末整理阴阳杂学之证。《新唐书》卷一〇七《吕才传》载吕才为博州清平人，贞观时为太常博士，"帝病阴阳家所传书多谬伪浅恶，世益拘畏，命才与宿学老师删落烦讹，掇可用者为五十三篇，合旧书四十七，凡百篇，诏颁天下"（第4062页）。这里所指"谬伪浅恶"而令人"拘畏"的"阴阳家所传书"，主要也是卜相葬法之类，而当其"旧书"尚存四十七篇。

4　如战国阴阳家代表人物邹衍即以五德终始说为基本思想，参杜国庠：《阴阳五行思想和〈易传〉思想》，收入《杜国庠文集》，北京：人民出版社，1962年，第244—256页。

补充和发明，合起来可称是《汉志》对阴阳家学说的一个综合说明[1]，故梁启超认为这三种书实属同类[2]。《汉志》对阴阳家书的三分著录法是否本自《七略》，现在不好断论[3]，但《隋志》显然已无法理解这种分法，其子部遂不列阴阳家而只留五行类，即应是在阴阳家说久经流播变迁而愈趋于拘泥细碎的前提下[4]，改以后者涵盖了

1　《汉书》卷三〇《艺文志》诸子略阴阳家后叙："阴阳家者流，盖出于羲和之官，敬顺昊天，历象日月星辰，敬授民时，此其所长也。及拘者为之，则牵于禁忌，泥于小数，舍人事而任鬼神。"其兵书略阴阳目又叙："阴阳者，顺时而发，推刑德，随斗击，因五胜，假鬼神而为助者也。"其数术略五行目又叙："五行者，五常之形气也……皆出于律历之数而分为一者也。其法亦起五德终始，推其极则无不至。而小数家因此以为吉凶，而行于世，寖以相乱。"（第1734—1735、1760、1769页）三说相参，其"律历""五胜""鬼神""禁忌""小数"等项均可互明，足见阴阳家即持阴阳五行学说上以解释宇宙，下以指导人事，末节流于吉凶避忌。《史记》卷一三〇《太史公自序》述太史公论六家要旨："尝窃观阴阳之术，大祥而众忌讳，使人拘而多所畏，然其序四时之大顺，不可失也……"（第3289页）大略亦然。

2　梁启超：《阴阳五行说之来历》，参吕思勉：《辨梁任公〈阴阳五行说之来历〉》，《古史辨》第五册（下），第343—362、363—378页。另参庞朴：《阴阳五行探源》，《中国社会科学》，1984年第3期；池田知久：《马王堆汉墓帛书五行研究》第二章《马王堆汉墓帛书五行的成书年代及其作者》关于中国古代思想史上"五行"思想与相关文本形成问题的讨论（王启发译，北京：中国社会科学出版社，2005年，第23—37页）。

3　《文选》卷六《赋丙·京都下》左思《魏都赋》"察五德之所莅"李善注引《七略》："邹子有《终始五德》，从所不胜，木德继之，金德次之，火德次之，水德次之。"（第104页）这说明《七略》十分清楚阴阳家与五行说不可分割的关系，如果其对阴阳家也是三分著录，那也许是由当时刘向校经传、诸子、诗赋，任宏校兵书，尹咸校数术的分工所导致的。

4　《隋书》卷七八《艺术传》序："夫阴阳所以正时日，顺气序者也……然昔之言阴阳者，则有箕子、神灶、梓慎、子韦……近古涉乎斯术者，鲜有存夫贞一，多肆其淫僻，厚诬天道。或变乱阴阳，曲成君欲；或假托神怪，荧惑民心。遂令时俗妖讹，不获返其真性，身罹灾毒，莫得寿终而死，艺成而下，意在兹乎？"（第1763—1764页）这段文字与《北史》卷八九《艺术传》序略同，所体现的是当时习惯把阴阳学归入方技和对先秦以来阴阳学流变的认识。

前者。[1]由此看来，《隋志》子部五行类著录本类之书二百七十二部一千零二十二卷，其中相当于《汉志》数术略中的"五行家"书不下一百九十三种[2]，很大程度上就是初唐人眼中的阴阳家书数量；而姚、丁诸人所补魏晋人新撰五行家书不下三十八种[3]，其实也就是当时阴阳家说正在发展变迁而新著迭出的反映。

但即便《汉志》诸子略阴阳家只针对某种形态特定的阴阳学书，即便《隋志》中这类书确已无一存留，要据此就说阴阳五行学

---

1 据《隋书·经籍志》总序，王俭《七志》单列《阴阳志》，当已把《汉志》分录各处的阴阳学书归并为一；至齐末秘阁焚于兵火，梁任昉等撰《四部目录》，"其术数之书，更为一部，使奉朝请祖暅撰其名"，遂有《五部目录》，这可能是阴阳学书统归于术数类之始（第906—907页）。至梁普通中阮孝绪撰《七录》，此类亦应归入了《技术录》。又，姚振宗《汉书艺文志条理》卷二之下阴阳家后叙的案语，说《汉志》"阴阳家与数术略之五行家相表里，故五行篇叙有云'其法亦起五德终始'。《隋志》五行篇亦云'天生五材，废一不可，是以圣人推其终始，以通神明之变'"，即指出了《隋志》子部五行类与《汉志》阴阳家的内在关系。《二十五史补编》册二，第1617页。姚振宗《隋书经籍志考证》卷三六子部五行类篇末案语，说《隋志》五行类所录包括了《汉志》数术略中的五行、蓍龟、杂占、形法四类书籍，而"究其本源，皆从《七录》以下陈隋间官私簿籍节节抄入"；至于其"末附一类似因算数而误会为数术，是则不明类例之故欤？"《二十五史补编》册四，第5632页。但与其说《隋志》"不明类例"，不如说《隋志》循《七录》分类法而均视之为五行家之流变来得恰当。
2 《汉志》数术略所列六家中，五行家书共三十一种六百五十二卷。姚振宗《隋书经籍志考证》卷三六子部五行类篇末案语，认为《隋志》子部五行类中相当于《汉志》数术略五行家之书，是从张衡《黄帝飞鸟占》至梁简文帝《光明符》，通计亡书不下一百九十三种。《二十五史补编》册四，第5632页。
3 姚振宗《三国艺文志》子部五行类辑录三国新撰五行书十五部，《二十五史补编》册三，第3271页。丁国钧《补晋书艺文志》子部五行类辑录两晋新撰书二十三部，其中部分尚存于《隋志》。《二十五史补编》册三，第3680页。另丁书"黜伪类"列五行书如郭璞《周易玄义经》、张华《三鉴灵书》等不下十五种，《二十五史补编》册三，第3699页。这类书不少都录于《宋志》，丁氏皆推定为后人托伪之作，恐不可一概而论。

已绝，那也是有违常识的。[1]从学术、思想发展大势而言，先秦的阴阳五行学正是经历了汉魏以来的发展变迁，才开始从燕齐方士的怪迁之谈演化为具有强大解释力的普适之说，从而不仅巩固地构成了自来整套知识系统的方法论基础，而且也化作"常识"而走向了大众[2]，其相关要点在各种哲学、思想史和科技史著作中均有所述，可说已是学界共识。[3]因而部分早期阴阳学著作的亡佚，根本不能视为其学衰亡灭绝的表现，而应视为阴阳五行学说在汉魏以来发展变迁十分迅速，其具体形态、载体和内容在复杂的社会淘洗中生生灭灭[4]，其神髓或内核又被各家纷纷汲取和发挥的结果。特别是魏晋以

1　《文苑英华》卷七五〇《论十二·时令》录牛希济《时论》："或曰治乱者，天之常也。是以十年一小变，三十年一大变，至于虫蝗疫疠、水旱兵革，皆时之数也……希济以为治乱无时，为人君所行，求治则治，忘理则乱。虽复求治积年，一日违之，祸不旋踵。国亦如之，皆非拘忌之家所能执，必矣！"（第3926—3927页）其所抨击的"拘忌之家"，显即《汉志》阴阳家后叙所谓"拘者为之，则牵于禁忌，泥于小数"的阴阳家，说明唐末以来阴阳学虽受质疑而仍颇流行。

2　李约瑟：《中国古代科学思想史》第六章《中国科学之基本观念》，陈立夫等译，南昌：江西人民出版社，1999年，第306—380页。

3　如冯友兰先生自二十世纪初期以来编撰的多部哲学史著作中，即有鉴于学界陆续揭示的相关史实，逐渐递加了其论述阴阳五行学作用和地位的分量，至《中国哲学史新编试稿》第一篇第十四章《阴阳五行家的哲学思想》第五节《阴阳五行家思想对于中国哲学和科学发展的影响》，认识已明确了下来。氏著《三松堂全集》第七卷，第441—443页。至《中国哲学史新编》第二册又把关于阴阳五行家的第二十章定名为《阴阳五行家的具有唯物主义因素的世界图式》，并在其中保留了讨论阴阳五行思想对中国哲学和科学发展影响的第五节，遂为定见。氏著《三松堂全集》第八卷，第521—543页。

4　关于阴阳五行学形态变迁的原因，儒学发展、玄学兴起、谶纬渐衰及阴阳学自身学理的常识化都有关系，在外部环境上，魏晋以来朝廷屡禁内学流传民间而多及于阴阳推步星占风角之书，然又禁而不止著述流传甚多，即充分反映了这种社会淘洗过程的复杂性。参钟肇鹏《谶纬说略》第一章《谶纬的起源和形成》二《谶纬的定型和兴衰》对汉末至唐相关法令的统计和讨论（沈阳：辽宁教育出版社，1991年，第32—33页）。

来阴阳五行学说渗入常识系统后，其早期部分作品的亡佚，更可解释为学术及其文本传播史上具有一定规律性的现象，所谓"黄钟消沉"而"瓦釜雷鸣"，换个角度来看又何尝不是病树前头，万木争春。

再以魏晋时期的史实而言，阴阳五行学在当时学术、思想界无疑甚受关注。《三国志》卷二八《魏书·钟会传》附《王弼传》裴注引孙盛评论王弼《易注》有曰：

> 叙浮义则丽辞溢目，造阴阳则妙赜无间，至于六爻变化，群象所效，日时岁月，五气相推，弼皆摈落，多所不关。虽有可观者焉，恐将泥夫大道。[1]

王弼的《易注》，代表了那种把《易》道与阴阳五行学剥离开来的新倾向，但孙盛等学者则守持两汉以来《易》学传统而不以为然。这种冲突之况，说明阴阳五行学在魏晋学术潮流中实际上具有首当其冲的地位。[2]

1　《三国志》，第796页。其时谈玄研《易》者往往同意王弼义，虽关注八卦、两仪之阴阳，而于传统阴阳五行学则缺乏兴趣。参《晋书》卷六八《纪瞻传》载其与顾荣论《易》道事，第1819—1820页。又《抱朴子外篇·疾谬》讥刺玄虚放达之士"诎周而疵孔，谓傲放为邈世……若问以坟索之微言，鬼神之情状，万物之变化，殊方之奇怪，朝廷宗庙之大礼，郊祀禘祫之仪品，三正四始之原本，阴阳律历之道度，军国社稷之典式，古今因革之异同，则恍悸自失，暗呜俯仰"。亦反映了两派对立之况。《抱朴子外篇校笺》上册，第629、635页。

2　汤用彤《魏晋玄学论稿·王弼大衍义略释》即举管辂鄙何晏、王济非议王弼《易注》及荀融难弼大衍义等例，指出了魏晋间这种旧、新《易》学一重象数阴阳而一重本体玄旨的冲突（第62—71页）。

尤其必须指出的是，王弼《易注》代表的经学祛魅或理性化势头，实际上并不排斥也无法取代阴阳五行学在各知识领域中的巩固地位。如少年管辂曾参加过琅邪太守单子春为之举办的一场谈会，辂与子春"论金木水火土鬼神之情"而"经于阴阳，文采葩流，枝叶横生，少引圣籍，多发天然"；一座名士百余人"论难锋起，而辂人人答对，言皆有余"。[1] 可见当时阴阳五行学远不是陈旧过时之学，而仍有其活泼的生机和广泛的基础。东吴的陈训亦"少好秘学，天文、算历、阴阳、占候无不毕综，尤善风角。孙皓以为奉禁都尉，使其占候"[2]。是为阴阳学在江东流播的例证。晋时的情况，如敦煌人索袭"游思于阴阳之术，著天文地理十余篇，多所启发"[3]。又《晋书》卷五一《皇甫谧传》载皇甫谧"博综典籍百家之言"，坚执不仕而作《释劝论》，其中谈到：

春以阳散，冬以阴凝，泰液含光，元气混蒸……是以寒暑相推，四宿代中，阴阳不治，运化无穷，自然分定，两克厥中。[4]

这完全是在阐述阴阳五行学旨。另如西晋末年名儒范隆"颇习秘历阴阳之学，知并州将有氛祲之祥，故弥不复出仕"；两晋间郭璞则通经博学，"妙于阴阳算历"；干宝亦"性好阴阳术数，留思京

1　《三国志》卷二九《魏书·方技管辂传》裴注引《辂别传》，第812页。

2　《晋书》卷九五《艺术陈训传》，第2468页。

3　《晋书》卷九四《隐逸索袭传》，第2448—2449页。

4　《晋书》，第1413页。

房、夏侯胜等《传》"。[1]后燕慕容德与其尚书鲁邃忆及战国齐鲁全盛之时,"接、慎、巴生、淳于、邹、田之徒,荫修檐,临清沼,驰朱轮,佩长剑,恣非马之雄辞,奋谈天之逸辩,指麾则红紫成章,俯仰则丘陵生韵"。[2]可见邹衍"谈天之逸辩"作为齐鲁学统的重要组成部分,西晋以来也还是脍炙人口的话题。又《晋书》卷六五《王导传》载王导过江后上疏劝立学校有曰:

> 殿下以命世之资,属阳九之运,礼乐征伐,翼成中兴。诚宜经纶稽古,建明学业,以训后生,渐之教义,使文武之道坠而复兴,俎豆之仪幽而更彰。[3]

《晋书》卷六九《戴若思传》附《戴邈传》载当时邈亦上疏请立学校,开篇即曰:

> 臣闻天道之所大,莫大乎阴阳;帝王之至务,莫重于礼学。[4]

王导所述"阳九之运"为汉以来阴阳学说的重要命题[5],而戴邈

---

1 分见《晋书》卷九一《儒林范隆传》、卷七二《郭璞传》、卷八二《干宝传》,第2352、1899、2150页。
2 《晋书》卷一二七《慕容德载记》,第3170页。"谈天衍"之典可参《史记》卷七四《孟子列传》附述齐三驺子之事(第2344—2346页)。
3 《晋书》,第1748页。
4 《晋书》,第1848页。
5 "阳九之运"指《易》理所示灾异循环之期,即按阴阳五行学推算的中衰厄会之运。《汉书》卷二一上《律历志上》述三统历数理论有曰:"《易》九厄曰:初入元,百六,阳九……凡四千六百一十七岁,与一元终。(转下页)

则认为天道莫大于阴阳，可谓深合阴阳学之旨。二人劝立学校而俱以阴阳学为据，表明了其在政治上影响之大，同时也是汉魏以来政教制度往往遵循天人合一和阴阳五行原理的反映。

这些事例既证明了阴阳五行学在魏晋时期的影响和地位，又尤其反映了当时其学正在玄学等多种因素的影响下继续分化变迁，其主流已更近于《汉志》所说"小数"的演化趋势。上举事例中，皇甫谧和郭璞皆可谓一代阴阳学巨擘，又都是贯彻其学于医术和卜占、形法的大师；其余各人对阴阳五行学的研习，也大都体现了将之与术数方技紧密结合的趋向。这种活跃于世而又越益融贯于各种实用技术的状况，体现了当时阴阳学发展变迁的特点，也说明了《隋志》子部五行类承《七录》而将阴阳书合三为一的基础所在。

在以上择述的魏晋时期四家学说流播态势中，法、名二家之况以往学界所涉相对较多，墨家和阴阳家则讨论仍不充分。综合考察四家书籍著录与其学流传的总体情况，便可发现其间相通处颇为不少，足以将之视为魏晋时期子学命运的一个缩影，有助于明确当时子学发展变迁以及相关研究方法和评估标准等一系列问题。现在看来，周秦诸子作品在魏晋时期的部分亡佚，不足以证其学的衰微；旧式学派的不存和新撰书籍的稀少，只能说明其学说演化发展的若干侧面，而不能据此就贸然定其衰亡殆绝。魏晋时期子学的流播和

（接上页）经岁四千五百六十，灾岁五十七。"（第984页）《汉书》卷七五《翼奉传》载翼奉"好历律阴阳之占"，元帝时上封事有曰："《易》有阴阳，《诗》有五际，《春秋》有灾异，皆列终始，推得失，考天心，以言王道之安危。"（第3172页）也是指百六阳九等灾厄之理。

地位固然不如儒学，其中法、名、墨、阴阳等家也不及道家突出，却仍预于当时的学术、思想潮流，并在政治和社会各领域起着重要作用，同时也在纷纷承旧而趋新，不断演化出新的趋势、新的形态和新的著述。

四、子学流播与儒术独尊

纵观魏晋学术、思想界，子学固在活跃流播和演变，儒学的情况又何尝不是如此？汉魏以来，儒学正统由今文学递变为古文学，经学重心则由《春秋》学转而为《易》《礼》学，传经各家又有服、郑、二王等义的争鸣纷纭，政治、社会各领域的儒家化进程更在迅速推进之中，诸如此类的势头表明此期的儒学，不仅同样处于迅速发展变迁的历史阶段，而且作为官方意识形态更为切实地主导了各种社会进程。这就在根本上推翻了那种把魏晋时期汉学衰等同于儒学衰，又把当时子学的活跃解释为儒学衰落产物的看法，从而展示了此期子学与儒学交相呼应而共同发展演变的场景。应当特别强调的是，这种场景并非魏晋新出，而是从两汉不断发展变化而来。就是说，儒学与子学之间长期以来并非那种你死我活、此消彼长的零和关系，而是保持着某种相互渗透、影响和一起演化递嬗的共生状态，从而不能不提出一个问题：汉武帝以来独尊儒术到底有哪些基本内涵，其与子学的流播究竟是一种什么样的关系呢？

这里不妨回顾一下汉武帝独尊儒术的缘起。自秦亡汉兴，文帝废挟书律，儒学复登堂入室进入朝廷，故文、景所设博士有治《诗》

《书》者。[1]至窦太后驾崩前后，建元元年（前140）和元光元年（前134）两度掀起了崇儒术而黜百家的讨论。[2]其间建元五年置五经博士，表明崇儒之势已成，且其过程相对顺利，关键在于是否要"黜百家"。[3]这个过程的思想史主题和政治史要害是：武帝亲政以后要改变国策，结束汉初以来的黄老政治，顺势也结束崇尚黄老的窦太后统治时期。就其所涉儒学与子学的关系而言，除遵循和有利于儒学的种种劝学兴礼之举外，元光元年以来在"黜百家"上采取的实质性措施，还是围绕国学只设儒经博士来展开的，而政治上则仍

---

1 《汉书》卷八八《儒林伏生传》载伏生秦时为博士，文帝时求能治《尚书》者，召伏生，老不能行，"于是诏太常，使掌故朝错往受之"；伏生又教济南张生及欧阳生，"张生为博士"；同卷《辕固生传》载辕固生"齐人也，以治《诗》，孝景帝时为博士"；《韩婴传》载韩婴"燕人也，孝文时为博士"（第3603、3612、3613页）。
2 据《汉书》卷六《武帝纪》，建元元年的讨论，以丞相卫绾请罢所举贤良"或治申、商、韩非、苏秦、张仪之言"奏可而揭幕（第155—156页）。《史记》卷一〇七《魏其武安侯列传》载窦婴免相，继其执政的外戚丞相窦婴、太尉田蚡俱好儒术，荐擢赵绾为御史大夫、王臧为郎中令，"隆推儒术，贬道家言"，赵、王二人更发端"以太后素好黄老术，非薄五经，故欲绝奏事太后。太后大怒"。结果是赵绾、王臧俱被下狱而自杀，窦婴、田蚡免职（第2843页）。至建元六年五月窦太后崩，六月田蚡为相，《汉书·武帝纪》载次年即元光元年五月武帝策问贤良方正"何行而可以章先帝之洪业休德，上参尧舜，下配三王？"于是董仲舒、公孙弘等出焉（第160—161页）。《汉书》卷五六《董仲舒传》载其时董仲舒对策，请"诸不在六艺之科、孔子之术者，皆绝其道，勿使并进"（第2523页）。于是武帝遂重用公孙弘等所说，劝学兴礼。参《史记》卷一二一《儒林列传》序，第3118—3120页；《汉书》卷五八《公孙弘传》，第2613—2618页。
3 《汉书》卷六《武帝纪》建元五年春，"置五经博士"（第159页）。同书卷一九《百官公卿表》："武帝建元五年初置五经博士，宣帝黄龙元年稍增员十二人。"（第726页）建元五年此举或得窦太后认可。据文帝已立儒经博士而景帝时辕固生、韩婴、董仲舒等皆为博士，以及建元元年卫绾罢相后外戚窦婴、田蚡仍行崇儒兴礼之事，是窦太后当可容忍崇儒而不能接受黜退黄老。参王国维：《观堂集林》卷四《汉魏博士考》，第174—217页。

推行王霸杂治。这就形成了官方确认的意识形态与根本国策之间不无矛盾的格局。尤其值得注意的是，史籍对武帝独尊儒术之举的记载，也因这种有所扞格的局面而出现了歧异。《汉书》卷八八《儒林传》序：

> 及窦太后崩，武安君田蚡为丞相，黜黄老、刑名、百家之言，延文学、儒者以百数，而公孙弘以治《春秋》为丞相封侯，天下学士靡然乡风矣。[1]

这类文字代表了儒生对汉武帝独尊儒术一事的渲染，其特点是在强调崇儒的同时，也强调当时"黜黄老、刑名、百家之言"。但揆诸史实，所谓"黜"，其实只是国学不再设立儒经以外的博士，如果超出这一范围，"黜黄老"尚可指黄老的官方地位已被儒学替代，黜"刑名"和其他"百家之言"则根本谈不上。又《汉书》卷二二《礼乐志》述建元元年至元光元年之事：

> 窦太后好黄老言，不说儒术，其事又废。后董仲舒对策言："……今临政而愿治七十余岁矣，不如退而更化，更化则可善治，而灾害日去，福禄日来矣。"是时，上方征讨四夷，锐志武功，不暇留意礼文之事。[2]

---

1 《汉书》，第3593页。
2 《汉书》，第1031—1032页。

这类记载体现了史家对建元至元光元年之事的冷静观察，董仲舒呼吁独尊儒术的要害，正是曾被窦太后剧烈反对的"更化"，而武帝也的确以崇儒劝学兴礼之举实现了"更化"。但其特别指出了严峻的现实：武帝并未按儒者念兹在兹的理想行事，锐志武功和王霸杂治之时，显然是谈不上黜退百家而纯用儒术的。又《史记》卷一一二《平津侯主父列传》末太史公称"公孙弘行义虽脩，然亦遇时"曰：

> 汉兴八十余年矣，上方乡文学，招俊义，以广儒、墨，弘为举首。[1]

这里透露的是太史公对汉武帝独尊儒术之举的深刻理解。把一系列崇儒的文教政策概括为"以广儒、墨"，一方面是因为儒、墨宗旨多有互渗相通处，乃是时人公认的圣贤之道，武帝尊儒最看重其"大一统"理论，便与墨家尚同说的"一同天下之义"异曲同工[2]；另一方面是因为进取有为的儒、墨又被公认为与道家黄老之说相对，太史公父子则甚推崇道家[3]，于当时黄老被黜尤其敏感。故其点出当

---

1 《史记》，第2963页。
2 《史记》卷一三〇《太史公自叙》："猎儒、墨之遗文，明礼、义之统纪，绝惠王利端，列往世兴衰，作《孟子荀卿列传》第十四。"（第3314页）是太史公以为孟、荀虽力诋墨学，而仍综取春秋以来儒、墨之旨。蒙文通《儒家政治思想之发展》一文认为汉以来儒家重明堂、重《孝经》及《礼运》大同之义，实皆本于墨学而申说之。《蒙文通全集》册一，第56—80页。
3 《史记》卷一三〇《太史公自叙》载太史公论六家要旨，述阴阳家拘而多畏，儒者博而寡要，墨者俭而难遵，法家严而少恩，而溢美道家"因阴阳之大顺，采儒墨之善，撮名法之要，与时迁移，因物变化，立俗施事，无所不宜，指约而易操，事少而功多"（第3289页）。又儒、墨在战国末年皆为显学，《庄子》一书常（转下页）

时"以广儒、墨"，既揭示了武帝崇儒并不一概摒弃子学的真相，又凸显了其实质无非是黄老地位的黜退。

以上考察表明独尊儒术从一开始，就自有特定目的和指向，呈现了特定样态和趋势。到建元五年朝廷立五经博士，次年窦太后逝世，黄老学说的官方地位已被黜退而代以儒学，武帝时代正式开始，建元元年以来围绕黜百家和尊儒术的纷争，其预期目标至此皆已达成，也就失去了武帝的策动而疲软下来。这些都决定了元光元年以来劝学兴礼之举虽络绎不绝，儒学的官方地位虽进一步确立，却无必要也未采取硬性措施来禁止子学作为一般学术、思想流行于世。[1]非但如此，太史公"以广儒、墨"的概括又提示，各种强聒而不舍的进取之学，实际上还因当时黄老被黜、举国有为而权谋盛行的新形势而活跃化了。从前举西汉后期以来子学流行的大量事例中不难体会，即便儒学的一尊地位日渐巩固，实际统治也终究不可能"纯任德教"，子学的流行和发展也就足以获得极大空间和可能。以下请就汉、晋间独尊儒

（接上页）并讥儒、墨。汉人亦然，如《淮南子·俶真》："周室衰而王道废，儒、墨乃始列道而议，分徒而讼。"《淮南鸿烈集解》，第66页。《盐铁论·毁学》大夫曰："儒、墨内贪外矜，往来游说，栖栖然亦未为得也。"《盐铁论校注》，第231页。

1 《史记》卷一〇一《晁错列传》末载成固人邓公说景帝，以诛晁错为失计，拜城阳中尉，武帝建元二年谢病免归，"其子章，以修黄老言，显于诸公间"（第2748页）。可见武帝独尊儒术以后，黄老学说仍自有其影响。又《汉书》卷七三《韦贤传》附《韦玄成传》载宣帝本始二年尊武帝为世宗；元帝永光五年议庙制时，廷尉尹忠"以为孝武皇帝改正朔、易服色、攘四夷，宜为世宗之庙"，至建昭五年得到确认；哀帝时光禄勋彭宣等五十三人议毁武帝庙，太仆王舜、中垒校尉刘歆则以为武帝功烈甚盛而庙不宜毁，二人列举的武帝功业亦首为安辑四夷，关于文教仍只述其"招集天下贤俊，与协心同谋，兴制度，改正朔，易服色，立天地之祠，建封禅，殊官号，存周后"等项（第3115—3130页）。这说明时人惯以改正朔、服色等劝学兴礼之举来概括武帝的文治成就，而并不突出其尊儒术而黜百家的重要性。

中古政治与思想文化史论

术的三大内涵略加考察，以见此期儒学与子学的特定共生关系：

一是独尊儒术首先是国学只立儒经博士，但国学的教学内容绝非只有经学，而是兼及了子学和其他各种杂学。如果再把视线从国学投向其他各种官学，在学童学吏和方技、术数、法律等部门之学中，其教学内容多是围绕实用知识或技能来展开的，经学并无重要地位。这是因为国家治理的需要和知识的内在联系，使官学的教学根本不可能限于经学而不及其他。即便仅就国学而言，汉代以来士人既尚博学而兼习百家，朝廷所立各家博士及其弟子也往往如此，教学主体在知识结构和兴趣上驳杂不一，更易使其实际教学内容超出经学范围。

如武帝时博士田王孙授《易》于施雠、孟喜、梁丘贺诸人，其中孟喜"好自称誉，得《易》家候阴阳灾变书"，诈称是田王孙临终所传，人多艳羡[1]。两汉今文经学好说阴阳灾异而讲究师说家法，此例不仅可证武帝以来国学博士所授《易》学与阴阳学密切相关，更说明其弟子研习亦可不守师法而广及于其他"阴阳灾变书"。元帝时息夫躬"为博士弟子，受《春秋》，通览记书"。所谓"记书"，即传记及百家之书，是国学弟子研习《春秋》而又通览杂史和子书。[2]当时又有"博士许商，治《尚书》，善为算，能度功用"，成帝时曾被

---

1 《汉书》卷八八《儒林传孟喜传》，第3599页。其中又提到孟喜的门人白光、翟牧，至宣、元时皆为博士而传其学，喜又有弟子赵宾，"好小数书"，以之"饰《易》文"而"持论巧慧"，也诈称是受自孟喜。据《汉志》诸子略阴阳家、兵书略阴阳目及数术略五行目后叙，"小数书"亦即阴阳灾变书流于运数拘忌等小术者。
2 《汉书》卷四五《息夫躬传》及师古注，第2179页。又《汉书》卷五八《公孙弘传》载公孙弘少为狱吏，四十余岁"乃学《春秋》杂说"，建元元年被举贤良而为博士（第2613页）。是学《春秋》者往往兼习众家杂说。另《后汉书》卷三〇上《苏竟传》载苏竟平帝时，"以明《易》，为博士讲书祭酒，善图纬，能通百家之言"（第1041页）。

朝廷遣至黄河鸣犊决口处筹划工程，又撰有《五行论历》，其受业弟子则效法孔子门下，分为德行、言语、政事、文学四科[1]，可见许氏之学的博杂及其教学内容的广泛。[2]东汉时期古文经学影响渐大，国学教学的博杂风气亦更高涨。如光武帝时王充就读太学，师事班彪，"好博览而不守章句……博通众流百家之言"；同期稍晚，崔骃亦在太学就读，与班固、傅毅齐名，人称其"博学有伟才，尽通古今训诂、百家之言"。[3]章帝时博士李育，少时亦为博士弟子，习《公羊春秋》，"沈思专精，博览书传，知名太学"；郑玄亦曾就业太学，"师事京兆第五元，先始通《京氏易》《公羊春秋》《三统历》《九章算术》"。[4]这些事例表明，武帝以来国学虽然只立五经博士，其实际教学内容却非只是经传，而是广泛地涉及了各种子书、杂学。

魏晋国学确立了古文经学的法定地位，其教学内容的博杂亦承东汉而发展变化，除玄学兴起而老、庄盛行外，其他学问也在其中占有重要位置。如曹魏复立太学以来，史称其教学活动处于放任状态，末流则竞逐"浮虚"不务实学[5]，反映了汉魏间学风转折之际太学的状况。不过其中也有认真讲经者，像黄初时期的博士乐详，"学既精悉，又善推步三五"，曾参与典定律历。其教学过程五经并授，

---

1 《汉书》卷二九《沟洫志》、卷八八《儒林周堪传》附许商事迹，第1690—1691、3604—3605页。

2 《后汉书》卷二五《卓茂传》载卓茂元帝时就学长安，"事博士江生，习《诗》《礼》及历算，究极师法，称为通儒"（第869页）。则江翁的教学内容包括了历算。

3 《后汉书》卷四九《王充传》、卷五二《崔骃传》，第1629、1708页。

4 《后汉书》卷七九下《儒林李育传》、卷三五《郑玄传》，第2582、1207页。

5 参《三国志》卷一三《魏书·王朗传》附《王肃传》裴注引《魏略·儒宗传》序，第420—422页。

弟子每有疑难，详常"以杖画地，牵譬引类"，反复解说而无愠色。[1]
学生平素自行研习，间以讲堂上师生间的质疑论难，可说是汉代以
来官、私教学的基本方式，而"牵譬引类"在自习和讲解时可谓势
所必然，其过程自然都会涉及儒经以外的其他学问。[2]又如管辂自
幼即好天文星相，精于阴阳五行，其父魏初任琅邪即丘县长，时辂
年十五，随入即丘县学读《诗》《论语》及《易》，曾与琅邪太守单
子春论阴阳变化之数，被誉为徐州神童，学中"诸生四百余人，皆
服其才也"，可见即丘县学诸生的知识趋尚远非只是经学。[3]西晋时，
敦煌人索紞"少游京师，受业太学，博综经籍，遂为通儒，明阴阳、
天文，善术数、占候"[4]。是其亦崇博尚通而遍涉阴阳等学。至于当时
地方官学之况，如鄱阳内史虞溥兴学崇儒，告诫生徒勤修学业，以
为养德通经，择官而仕，"不亦美乎！若乃含章舒藻，挥翰流离，称
述世务，探赜究奇，使杨、班韬笔，仲舒结舌，亦惟才所居，固无

1 《三国志》卷一六《魏书·杜畿传》附《杜恕传》裴注引《魏略·儒宗乐详传》
文，第507页。
2 《汉书》卷七五《夏侯胜传》载其昭帝时为博士"少孤好学……所问非一师也"，
精于《尚书》，善礼及阴阳灾异（第3155页）。胜侄夏侯建师事胜，"又从五经诸儒
问与《尚书》相出入者，牵引以次章句，具文饰说"，亦自成一家之学而为《尚书》
博士（第3159页）。夏侯建"牵引以次章句"，显然也是一种牵譬引类。
3 《三国志》卷二九《魏书·方技管辂传》裴注引《辂别传》，第812页。辂生于
建安十五年，其在即丘县学当为曹魏初年。《别传》提到管辂与单子春论学，以为
"始读《诗》《论》《易》本，学问微浅，未能上引圣人之道，陈秦汉之事，但欲论
金木水火土鬼神之情耳"。可见一学之士推服管辂的，非仅其读经之才。况《诗》
《论》为儒生学习的初阶，而《易》为深造之学，而汉来《易》学与阴阳五行不可
分割，辂精五行之术而被推重，亦理所必然。
4 《晋书》卷九五《艺术索紞传》，第2494页。

常人也"[1]。可见其学对生徒探究子、史、文学亦持鼓励态度。东晋初年的国子祭酒杜夷，家世儒学而"博览经史百家之书，算历图纬靡不毕究……所著《幽求子》二十篇行于世"[2]。成帝咸康三年再次议立国学，"征集生徒，而世尚庄、老，莫肯用心儒训"[3]。东晋后期豫章太守范甯大办学校时，周续之年方十二，入学受业，"居学数年，通五经并纬候，名冠同门，号曰'颜子'。既而闲居读《老》《易》，入庐山事沙门释慧远"[4]。这都表明东晋官学虽萎靡不振，但博学兼及诸子仍为风气所尚。

由上可见，汉代以来国学课程在制度上的经学独尊，并不妨碍其实际教学研修过程兼及子、史、文学及其他多种学问。汉晋之间学风虽有盛衰起伏，学术、思想也在发展推进，国学中经学独占法定地位的状况却牢不可破，子、史及其他杂学在其中兼容并蓄、游刃有余的状态也一直延续了下来。这样的史实反映了儒学中心和子学辅从的官方立场和实际态势，同时也证明了独尊儒术与子学流行相辅相成而共同递嬗演化的格局。

二是独尊儒术意味着儒学成为官方意识形态或政治指导思想，但子学仍在统治中发挥重要作用，政治领域实际形成的是儒学为主子学为辅，长期共存相互影响的格局。这是因为统治过程不能纯用儒术，官方意识形态也无法取代世上的各种学问，加之汉魏以来儒学正在各派冲突、互渗和汲取多种学术、思想的过程中转折变迁，

---

1 《晋书》卷八二《虞溥传》，第2140—2141页。

2 《晋书》卷九一《儒林杜夷传》，第2353—2354页。

3 《宋书》卷一四《礼志一》，第363页。

4 《宋书》卷九三《隐逸周续之传》，第2280页。

中古政治与思想文化史论

其与子学形成共生而互补的关系，实为必然之势。

　　前面已经举出了汉魏以来子学仍颇活跃的不少例证。从政治等领域的情况来看，此期虽崇礼劝学之举不断，政教制度的儒家化色彩日益加深，但法家学说仍在经常指导和影响统治方略，又是定律和执法过程的重要知识背景。名学的人物品评不仅直接影响着人事关系和集团分野，其辨名析理之法又贯注于政事和学理的各种阐述和讨论。阴阳五行学说已成朝政和各种仪制活动遵循的准则，又牵动着从刑狱赦宥到术数方技直至基层民众的思维空间。墨学则常与儒并称，同被公认为入世进取的圣贤之学，其尚贤、尚同、节用、节葬之旨亦常影响政治见诸行事。至于上面没有谈到的老、庄道家之学，则更盛极一时，催动玄学清谈而蔚为风气，以致西晋亡后有玄学祸国之论。其他如纵横等家的情形，大略亦与名、法等学相类。[1] 即此可见，儒学的官方意识形态地位，并不影响统治集团对子学的借重或利用，义旨与儒有同有异又各有一套的子学，仍可以在政治舞台上发挥重要作用。

　　略加回顾便可发现，汉武帝独尊儒术以来，朝廷对子学和其他

1　《三国志》卷一四《魏书·刘晔传》述刘晔少子陶"高才而薄行"。裴注引《王弼传》曰："淮南人刘陶，善论纵横，为当时所推。"（第448—449页）《三国志》卷三八《蜀书·秦宓传》载"先是，李权从宓借《战国策》，宓曰：'战国纵横，用之何为？'"（第973页）是当时纵横家学为世寓目。《晋书》卷四三《王戎传》附《王衍传》载："泰始八年，诏举奇才可以安边者，衍初好论纵横之术，故尚书卢钦举为辽东太守。不就，于是口不论世事，唯雅咏玄虚而已。"（第1236页）《晋书》卷六六《刘弘传》载西晋末年八王乱时，"天下大乱，弘专督江汉，威行南服。前广汉太守辛冉说弘以纵横之事"（第1766页）。《晋书》卷七五《王湛传》附《袁悦之传》："悦之能长短说，甚有精理。始为谢玄参军，为玄所遇，丁忧去职。服阕还都，止赍《战国策》，言天下要惟此书。"（第1975页）是当时仍有挟纵横术而说方镇者。

杂学的关注或兴趣，实际上从来都没有停歇过。即以文本整理而言，武帝悯典籍缺略，遂"建藏书之策，置写书之官，下及诸子、传说，皆充秘府"；成帝时以"书颇散亡"，又诏求天下遗书，分命群臣校理，其中刘向负责经传、诸子、诗赋，"每一书已，向辄条其篇目，撮其指意，录而奏之"；至哀帝时向子刘歆又续成父业，著为《七略》。[1] 王莽执政的平帝元始四年（4），曾"征天下通一艺、教授十一人以上，及有逸《礼》、古《书》《毛诗》《周官》《尔雅》、天文、图谶、钟律、月令、兵法、《史篇》文字，通知其意者，皆诣公车。网罗天下异能之士，至者前后千数，皆令记说廷中，将令正乖缪，壹异说"[2]。这个举措的要害是征集天下异能之士及"异说"，其中必有相当部分属于子学。又东汉和帝永元十三年（101）正月，"帝幸东观，览书林，阅篇籍，博选术艺之士以充其官"[3]。既然是"博选术艺之士"以充东观官员，可见其所览篇籍并非只涉六艺。安帝永初四年（110）二月，命刘珍、刘𬣙骍、马融及五经博士"校定五经、诸子、传记、百家艺术，整齐脱误，是正文字"[4]。顺帝永和元年，又诏伏无忌、黄景等人"校定中书五经、诸子百家、艺术"[5]。朝廷整理典籍经常特意指明包括子书，说明其不仅不在抑制之列，且

---

1 以上并见《汉书》卷三〇《艺文志》序，第1701页。
2 《汉书》卷九九《王莽传上》，《汉书》卷一二《平帝纪》元始五年亦载其事，可与参证（第4069、359页）。
3 《后汉书》卷四《和帝纪》，第188页。同书卷二三《窦融传》附《窦章传》载窦章安帝永初时入东观校书，"是时学者称东观为老氏藏室，道家蓬莱山"（第821—822页）。此用老子为周守藏室史之典，然亦反映东观藏书之博。
4 《后汉书》卷五《安帝纪》、卷八〇《文苑刘珍传》，第215、2617页。
5 《后汉书》卷二六《伏湛传》附伏湛玄孙伏无忌事迹，第898页。

被公认为学术、思想的重要组成部分，这也佐证了魏晋子学直承两汉流行变迁的背景。

从理论性格来说，儒学自身并不是那种具有强烈排他性的思想体系，"各得其所"而非你死我活，才是其根本性的秩序主张。更何况，汉代儒学常被泛称为"文学"，而可部分地涵盖子学[1]，《七略》又把六经以外的儒书归入"诸子略"[2]。这类现象本身就体现了西汉儒学本属诸子百家而枝杈繁多、你中有我，其间界线难以划清。汉武帝以来儒学各家竞以立于学官为贵，在官者自居正统，在野则类同诸子，相关各派纷进其说各有异同，争立于学官的冲突相当激烈，两汉经学史所有大事，几乎都与今文学内部及其与古文学各派的争斗和纷纭相关。[3]西汉哀帝时刘歆《移太常博士书》责让一班今文家抱残守缺，百般阻挠《左传》等古文经立于学官，"挟

1　《史记》卷一二一《儒林列传序》谓武帝诏可公孙弘补博士弟子奏，"自此以来，公卿大夫士吏斌斌多文学之士矣"（第3119—3120页）。这里的"文学之士"，以及当时各地设立的"文学"官，主要是指儒生，但又不止于此。正如《盐铁论》中的"文学"，本指察举的"贤良文学"之士，其中多为儒生又不限于儒生。另如《汉书》卷三六《楚元王传》附《刘歆传》载刘歆《移太常博士书》，其中即述《诗》家本来"皆诸子传说"；又斥其时今文家挟私害公为"文学错乱，学士若兹"（第1968—1971页）。王充《论衡》中所称的"儒书"，则可以兼指《山海经》《史记》《尸子》《淮南子》《周髀算经》等书。如其《谈天》："儒书言：共工与颛顼争为天子，不胜，怒而触不周之山，女娲销炼五色石以补苍天。"此非儒家之说而多见于《淮南子》《列子》等处。《论衡校释》，第469—470页。

2　《汉书》卷三〇《艺文志》诸子略以儒家为首，其中著录有《董仲舒》百二十三篇，当即《春秋繁露》。第1727页。《论衡·案书》："董仲舒著书不称子者，意殆自谓过诸子也。"《论衡校释》，第1170页。是其所著按汉人习惯亦应"称子"，《七略》鉴此而于诸子略首列儒家类。

3　参蒙文通：《经学抉原》，《蒙文通全集》册一，第234—275页；钱穆：《两汉经学今古文平议·两汉博士家法考》，第183—262页。

恐见破之私意，而无从善服义之公心，或怀妒嫉，不考情实，雷同相从，随声是非"[1]。东汉和帝永元十四年（102）徐防上疏，称当时每博士策试，"辄兴诤讼，论议纷错，互相是非……以遵师为非义，意说为得理，轻侮道术，浸以成俗"[2]。二人所论立场和出发点不同，却都反映两汉儒学实际上是在古今诸子的争鸣中发展的，其间自不能不广泛涉及和采鉴儒家及非儒家类子学[3]，也就很难说儒学和子学构成了两个界线分明的对立阵营。由此至于魏晋经学，其阶段性特征是今文学的衰落，而郑玄代表的古文学则终于取得官方地位而迎来了又一轮发展。当时所谓儒风不振、国学衰颓等现象，大都与这个旧衰而新盛的经学转折过程相关；而魏晋子学的活跃特别是老、庄的盛行和经学的掺染玄风[4]，也正说明这个继往开来的转折过渡期中，也还是继续保持了儒学和子学相互影响和共同发展演进的格局。

事情很清楚，汉晋间儒学与子学一主一辅共生互动的格局，既是儒学自身发展历程和需要之所致，同时也是统治过程还要依赖其

---

1 《汉书》卷三六《楚元王传》附《刘歆传》，第1970页。

2 《后汉书》卷四四《徐防传》，第1500—1501页。

3 一般认为大、小戴《礼记》乃删存"古文《记》二百十四篇"而来，今二书通行本有多篇采自《曾子》《子思子》《荀子》、贾谊《新书》以及《六韬》《吕氏春秋》的相关篇帙，或其内容重合，这显然是七十子后学的"古文记"与《曾子》等书各篇同源异流，曾按不同方式加以编辑的缘故。参汪中：《述学》之《补遗·荀卿子通论》，《述学校笺》，第451—454页；王国维：《观堂集林》卷七《汉时古文本诸经传考》，第320—327页；洪业：《礼记引得序》，收入《洪业论学集》，北京：中华书局，1981年，第197—220页。

4 参姜广辉主编：《中国经学思想史》第二卷《汉唐经学》第四十二章《正始时期经学的玄学化》，2003年，第670—699页。

他多种学术、思想资源的结果。说到底，汉代以来儒学地位的逐渐巩固，经学充当统治指导思想或知识轴心的作用越益突出，虽可以加大其对各种学术、思想的影响和整合步伐，强化儒学和子学的主从辅成之势，却没有取消或禁止子学的问题，也未在根本上改变两者的共生格局。

三是独尊儒术开辟了通经入仕之路，但其并不排斥子学和其他杂学之士的登进。这不仅是因为通经者往往兼习子学和其他多种知识或技能，更是因为统治过程和朝廷需要的首先是一支切合实用的官僚队伍，也就不可能只以经学来选拔官员，因而通经入仕的影响虽然巨大而深远，却还是只能在全部仕途中占据不大份额，其对儒学的鼓励并不是以对子学的抑制为前提的。

关于汉以来选官多途并行的格局及其递嬗演变的线索，学界已有丰富而详实的研究成果，足以帮助理解与各种仕途相连的特定知识背景。[1]要之，汉武帝以来纯以经学登进的途径，主要是国学及地方官学生徒完成规定学业和通过相应课试的"明经"入仕之法[2]，而其余各途则都程度不同地兼容了其他才士。即就武帝以来的察举制而言，其中不定期举行的特科如贤良方正，每年贡举的常科如孝

1　这方面较有代表性的成果，如安作璋：《汉代的选官制度》，《山东师范学院学报（哲社版）》，1981年第1、2期；黄留珠：《秦汉仕进制度》附录一《秦汉仕进大事表》，西安：西北大学出版社，1985年，第242—266页；阎步克：《察举制度变迁史稿》第十五章《结语》三《知识群体因素》，沈阳：辽宁大学出版社，1997年，第326—331页。

2　《汉书》卷八八《儒林传》序，第3593—3596页。见诸史载的汉隋间"明经"入仕之例，除"四科"中专门选拔国学教官的"经中博士"科外，大都是国学和地方官学生徒。

廉，确已与经学和儒生参政关系密切[1]；但与之齐头并进的，如特科中的明法、勇猛知兵法、明阴阳灾异等科目，则更多地容纳了修习子学之士[2]。尤其值得注意的，是武帝元光元年（前134）"初令郡国举孝廉各一人"，其举贡标准侧重于德行；元封五年（前106）又命州郡各举秀才异等、可为将相、可使绝域者，诏称"马或奔踶而致千里，士或有负俗之累而立功名"，其举贡标准侧重于才能[3]。至东汉光武帝将秀才科固定下来[4]，察举常科由此而形成了每年州举秀才而重能，郡举孝廉而重行的格局[5]。这正是朝廷虽尊儒术而不欲察举制纯取德行或儒生，在重视通经入仕的同时也要兼顾其他各种才士的明证。[6]

1　参阎步克：《察举制度变迁史稿》第一部分《两汉时期》第一章《儒生、文史与"四科"》，第3—45页。

2　参黄留珠：《秦汉仕进制度》下编《两汉仕进制度新探》第十二章《茂才与其它岁举科目》、第十三章《察举诸特科》，第158—178、179—199页。

3　《汉书》卷六《武帝纪》，第160、197页。同书卷六五《东方朔传》载武帝即位，"征天下举方正贤良文学材力之士，待以不次之位，四方士多上书言得失，自衒鬻者以千数"（第2841页）。这说明了当时求才不拘儒生之况。同书卷八六《何武传》载"宣帝循武帝故事，求通达茂异士"，而益州刺史王襄以"辩士"王褒应举，帝以为待诏（第3481页）。

4　《续汉书·百官志一》太尉掾史条刘昭补注引应劭《汉官仪》引世祖诏、《汉官目录》建武十二年八月乙未诏。《后汉书》，第3559页。

5　《周礼·地官司徒》乡大夫："三年则大比，考其德行道艺，而兴贤者、能者。"郑注："兴贤者，有德行者。能者，有道艺者……郑司农云：'兴贤，谓若今举孝廉；兴能者，谓若今举茂才。'"也认为孝廉、茂才分别侧重于德行和才能。见孙诒让撰，王文锦、陈玉霞点校《周礼正义》卷二一《地官·乡大夫》，第845—849页。

6　《周礼·天官冢宰》宰夫："正岁，则以法警戒群吏，令修宫中之职事，书其能者与其良者，而以告于上。"郑注："良犹善也……郑司农云：'若今时举孝廉、贤良方正、茂才异等。'"可见时人眼中察举制就是要兼取"能者"与"良者"。见孙诒让撰，王文锦、陈玉霞点校：《周礼正义》卷六《天官·宰夫》，第211—212页。

其实贤良和孝廉科也非只取通经之士。自文帝二年（前178）始举贤良方正能直言极谏，本意是举德才兼备者评论朝政得失[1]，要求其明于国体、人事和敢于直言[2]。武帝独尊儒术以来，所举贤良见于史载者固然多为通经之人[3]，但晓谕政理和博学恐怕是更为重要的条件[4]，而

1 《汉书》卷四《文帝纪》，第116页。

2 《汉书》卷四九《晁错传》载文帝十五年九月诏有司举贤良，称被举对策者合乎三道，"明于国家之大体，通于人事之终始，及能直言极谏者"。师古注引张晏曰："三道，国体、人事、直言也。"（第2290—2291页）

3 《汉书》卷六《武帝纪》建元元年制可丞相卫绾奏请："所举贤良，或治申、商、韩非、苏秦、张仪之言，乱国政，请皆罢。"（第155—156页）是此前被举贤良者多习子学，其事因窦太后反弹而并未落实，《汉书》卷六四上《严助传》载严助建元元年举贤良，然其出使诸越，往来郡国，捭阖折冲而迹近纵横家，即可为证（第2775—2790页）。故元光元年董仲舒应贤良对策，又请求"诸不在六艺之科、孔子之术者，皆绝其道"。从以后察举的制度安排和实际情况来看，董仲舒的这个建议亦未施行。又《汉书》载武帝以来诏举贤良共十三次，被举贤良有姓名行迹者共有邓先、冯唐、董仲舒、公孙弘、杜钦、严助、茂陵唐生、鲁国万生、中山刘子、九江祝生、疏受、王吉、贡禹、魏相、萧由、何武、黄霸、朱邑、周护、宋崇、班斿等二十一人，多皆直书其曾习某经，或载其曾为"卒史"或"文学"，亦为通经之人。这一事实可反映武帝以来确已强化了贤良科的经学背景，但当时每举贤良常达数十百人，仅仅据此仍难断定被举贤良者皆为经师儒生。

4 《汉书》卷五六《董仲舒传》载元光元年武帝策问贤良，策文述当时"郡国诸侯公选贤良修洁博习之士"（第2495页）。是贤良除志行"修洁"外，往往还以"博习"而著称。而所谓"博习"自必兼通诸子、杂学，此即当时董仲舒对策文请求摒诸"不在六艺之科、孔子之术"者的原因。又《盐铁论·利议》大夫责当时贤良多不称举，引"诏策曰：'朕嘉宇内之士，故详延四方豪俊文学博习之士，超迁官禄。'"其后文又载文学曰："……今举异才而使臧驺御之，是犹扼骥盐车而使责之使疾，此贤良、文学多不称举也。"《盐铁论校注》，第323—324页。是武帝以后贤良之举仍以博学多识为是否称举的标准，才能则为公称的"称举"条件。《论衡·别通》："自武帝以至今朝，数举贤良，令人射策甲乙之科，若董仲舒、唐子高、谷子云、丁伯玉，策既中实，文说美善，博览膏腴之所生也。使四者经徒所摘，笔徒能记，疏不见古今之书，安能建美善于圣王之庭乎？"也认为举贤良博习群书较经传摘记更为重要。《论衡校释》，第602—603页。

博学自必兼通子学[1]。且西汉宣帝以来特别是东汉时期，诏举贤良往往同时缀以"可亲民者"[2]，"有道术、明政术、达古今"[3]，"能探赜索隐"[4]，"幽逸修道之士"之类的名目[5]。这也说明贤良科并不是由儒生经师垄断的仕途，经学和其他多种学问在其中是兼容而非对立的。孝廉科则要求被举者"皆有孝悌、廉公之行"，这也不能说是儒生特有的品格。至于其更为具体的要求，一般都认为包括了四个大类，其中"德行高妙，志节清白"一类，重在素质；"学通行修，经中博士"直接要求被举者谙通经学；而"明达法令，足以决疑，能案章覆问，文中御史"和"刚毅多略，遭事不惑，明足以决，才任三辅

1　《后汉书》卷二九《申屠刚传》载申屠刚平帝时举贤良，对策有"损益之际，孔父攸叹；持满之戒，老氏所慎"之句（第1013页），典出《说苑》和《老子》。即为贤良兼通子学之证。同书卷三一《苏章传》载苏章"少博学，能属文，安帝时举贤良方正"（第1107页）。同书卷三五《郑玄传》载郑玄"博稽六艺，粗览传记，时睹秘书纬术之奥"，被党锢十四年而蒙赦，被举贤良（第1209页）。同书卷四八《李法传》载李法"博通群书，性刚而有节，和帝永元九年应贤良方正，对策，除博士"（第1601页）。凡此之类，皆反映了东汉贤良兼通子学之况。此外，《后汉书》卷三九《江革传》载江革建初时以纯孝被举贤良，此卷卷首又述光武帝时庐江毛义亦以纯孝举贤良（第1302、1294页）。是为纯以志行"修洁"被举贤良者。

2　《汉书》卷八《宣帝纪》载地节三年三月、神爵四年四月皆言"令内郡国举贤良方正可亲民者"（第249、264页）。

3　《后汉书》卷五《安帝纪》永初元年三月、五年闰三月举贤良诏，第206、217页。同书卷四《和帝纪》永元六年三月，"令三公、中二千石、二千石、内郡守、相举贤良方正能直言极谏之士各一人，昭岩穴、披幽隐，遣诣公车"（第178页），特意强调了是科兼举"岩穴幽隐之士"的特点。

4　《后汉书》卷六《顺帝纪》汉安元年二月举贤良诏，第272页。

5　《后汉书》卷六《冲帝纪》建康元年九月举贤良诏。黄留珠：《秦汉仕进制度》下编《两汉仕进制度新探》第十三章《察举诸特科》一《贤良方正》举此诸例，认为"举目名称的多样化，显然是贤良之举的一个特点"（第183页）。

令"，强调的都是明法善断的行政才能[1]。由此可见，孝廉科与儒生和经学的关系虽最为密切，却非经学取士的专途，至顺帝阳嘉元年诏定孝廉科取士"诸生通章句，文吏能笺奏，乃得应选"之制[2]，便贯彻了武帝以来此科并重儒生和文吏的法意。

魏晋选官的多途并行格局，基本上仍在两汉轨道上发展。从当时各种仕途的知识背景来看，自魏明帝明确"贡士以经学为先"的原则以来[3]，孝廉科虽仍兼取儒生和文吏，秀才科虽仍要求通达时政，其偏重通经之士的倾向已越益突出。与此同时，朝廷也还在继续按照行政系统自身的需要和规则，又用各种不定期举行的特科来兼容和选擢各种才学之士。[4]总体看来，用人不拘一格的曹氏父子，与以

1　《续汉书·百官志一》太尉掾史条刘昭补注引应劭《汉官仪》引世祖诏，《后汉书》，第3559页。阎步克《察举制度变迁史稿》第一章《儒生、文吏与"四科"》三《"四科"之考析》即认为，把"四科"作为汉代孝廉科以至整个察举的标准，"大致说来还是可以成立的"（第16页）。

2　《后汉书》卷六《顺帝纪》阳嘉元年十一月辛卯条，第261页。同书卷六一《左雄传》载其时左雄奏请"自今孝廉年不满四十，不得察举，皆先诣公府，诸生试家法，文吏课笺奏，副之端门，练其虚实，以观异能，以美风俗。有不承科令者，正其罪法，若有茂才异行，自可不拘年齿"，遂有此制（第2020页）。

3　《三国志》卷三《魏书·明帝纪》太和二年六月诏："尊儒贵学，王教之本也。自顷儒官或非其人，将何以宣明圣道？其高选博士，才任侍中、常侍者，申敕郡国，贡士以经学为先。"（第94页）这道诏令针对的显然是黄初以来官学儒风一度不振的局面，其要求的一是提高博士和侍中、常侍官的选格，二是"郡国贡士以经学为先"。对察举制来说，所谓"郡国贡士"主要指孝廉科，是故此诏并非要求察举各科皆以"经学为先"，而可视为魏晋选官进一步重视经学的一个步骤。

4　阎步克《察举制度变迁史稿》第五章《曹魏察举之变迁》、第七章《晋代察举之变迁》举曹魏有"隽德茂才、独行君子""良将""隐学之士能消灾复异""才智文章、谋虑渊深"等科；西晋有"学以为己""勇猛秀异之才""清能寒素"等科。其中并指出汉代甚盛的贤良科至魏晋已趋萎缩，而秀才科则迅速发展又确定了试策五道皆通入仕之制，其突出的仍是时务和文章的重要性（第95—96、130—134页）。

儒生自居的司马氏父子，在官僚选拔上都采取了岁举常科进一步偏向通经之士，而特科及行政系统内部的升擢则兼取各式才士的制度布局。这一事实足以说明此期通经入仕之途的主导地位虽有所强化，却仍特意兼容了不以经术登进的其他各种人士，其况与当时学术、思想界儒学和子学主辅共生、活跃互动的局面显然是相互呼应的。

综上可见，两汉至魏晋独尊儒术的三大内涵，从制度安排到实际操作都不是以排斥子学为标的，而是要强化经主子辅的格局，确立经学在政治领域和学术、思想界的主导地位。由此可以认为，所谓汉武帝以来罢黜百家独尊儒术，很大程度上是在历代儒者不断诉求和强调中凸显出来的一种不无夸张的表述；而所谓儒学尊而子学衰，也不外是对儒学越益占据轴心地位，而其他各种知识、技能和学术、思想则居于辅成地位的共生互动格局，做了一种成问题的概括。通过以上考察不难看出，汉武帝以来国学只立儒经博士、经学充当官方意识形态、通经成为重要的入仕登进条件，确应肯定其具有一定的唯一性、排他性。但在此同时也应肯定，这种唯一性和排他性的确切涵义和范围历代皆有变化，大体都是儒经以外的其他任何一种学术或思想不能在国学、入仕和官方意识形态中独自占据重要地位，却无妨其充当这些领域的补充或辅助部分，更无妨其作为一般学术、思想在社会上广泛流播，在各种交锋、互动和渗透中与儒学一起发展变迁，从而影响到相关的政治和思想过程，并在某些社会领域或历史阶段发挥特殊重要的作用。从发展的趋势来看，汉武帝以来独尊儒术的一系列措施，特别是经学与功名利禄的紧密结合，有效地催驱了人们争相趋骛于儒经的势头，也迅速地在部分社会成员中形成了"遗子黄金满籝，不如一经"的观念氛围。子学流

中古政治与思想文化史论

播的社会空间和群众基础，不免会被这样的势头和氛围压缩，但压缩并非没有止境，更非只能通向衰亡灭绝。事实是各种社会意识仍在随时开辟无穷的可能和前景，汉魏以来子学和儒学都是在生生灭灭中发展演变的，也还在不断以新的形态和方式构成适应时代需要的主辅共生关系；此期政治和社会各领域的儒家化过程，以及各种学术、思想和宗教流派绚烂缤纷的交融和整合，正是在这个超乎目前思想史界想象的复杂关系格局中推进和演出的。

综上所论魏晋时期子学流播之况及相关问题，从中可得的结论是：

一、魏晋时期子学的活跃，不仅与时势的激荡相关，而且是两汉好尚子学和通览百家之风的继续发展和演变。汉代以来子学的流行并未呈现中衰的低谷，其在魏晋的广泛传播和发展也非限于特定阶层、地域或政治立场；那种把魏晋子学看作衰亡之后的绝学坠绪，特别是将之视为因儒学衰落而复苏重光的思想潮流的看法，并不符合当时学术、思想界递嬗演变的历史实际。

二、子书著录与子学的实际传播和发展状况之间存在着距离，《汉志》和《隋志》的分类著录自有其特点，二《志》所示周秦部分子书的陆续亡佚，可以反映汉唐间子学在新旧交替中发展变迁的某些态势，却无法支持此期子学已总体地走向衰落凋零的结论。《隋志》子部各家所录基本上只说明了范围已经收窄和以单行本传世的子书种类多少，而难体现汉魏以来学人著述方式和著述编辑方式明显变迁以后的子学发展主流和全貌。

三、法、名、墨、阴阳学在魏晋时期虽旧书有减少之势，新著的侧重面不同，作用和地位并不平衡，传播和发展形态各异，却仍被统治者高度关注和学人广为研习，也还在政治和其他社会领域发挥重要作用和影响，更在随时代变迁和现实需要而不断发展演化。这样的史实典型地表明了子学虽地位逊于经学，却仍预于当时盛行的学术、思想潮流，也仍在继续与各种学派和思潮活跃互动。

四、汉武帝以来独尊儒术的主要内涵及相关措施，都是要树立和巩固经学作为官方意识形态的主导地位，而不是要取消子学，更无法取代其在各社会领域的作用；所谓"罢黜百家"，也只是就政治指导思想而言才有效，超过这一范围就谈不上儒术的唯一性和排他性。因而汉晋间独尊儒术的基本成果，是有效地巩固了学术和思想界的儒主子辅格局，从而制约了子学的发展空间和方向，确立了两者在此辅成关系下共生互动和不断变迁的格局。

据此四端可见，思想史界对魏晋子学及其作用和地位的常见概括，存在着若干严重的问题，如果我们继续低估魏晋子学的流播程度，陈陈相因地扭曲其发展演变和参与、影响各种历史过程的事实，那就不可能对当时学术、思想界和相关的社会有准确的认识，更不可能对中古社会的思想传统得出具有指导意义的切实结论。从方法论角度看，任何时期学术、思想发展的基本面貌和特点，都不能仅以环境形势等外在因素的刺激，或仅以各种学说自身的演进逻辑来单独解释。魏晋学术、思想界之所以精彩纷呈和波澜壮阔，乃是汉代以来学术、思想的内在脉络理路与特定时势需要交相激荡的产物，而子学正是在探讨这个进程时决不能缺席的一大关键和有机部分，其中所含中古思想史的"大事因缘"及其各重要侧面的关系格局和演进态势，绝非区区"魏晋玄学"所得涵盖和代表。

第十一章 《论语·尧曰》首章补疏

《论语·尧曰》篇：

尧曰："咨，尔舜！天之历数在尔躬，允执其中，四海困穷，天禄永终。"舜亦以命禹。曰："予小子履，敢用玄牡，敢昭告于皇皇后帝：有罪不敢赦。帝臣不蔽，简在帝心。朕躬有罪，无以万方；万方有罪，罪在朕躬。""周有大赉，善人是富。虽有周亲，不如仁人。百姓有过，在予一人。"谨权量，审法度，修废官，四方之政行焉。兴灭国，继绝世，举逸民，天下之民归心焉。所重：民、食、丧、祭。宽则得众，信则民任焉，敏则有功，公则说。

这是汉安昌侯张禹所传，经曹魏何晏等集解而流传至今的《论语·尧曰》的首章，其各本文字小有增减而主旨不异[1]，习惯上亦以

---

[1] 上引文据阮元校刻：《十三经注疏》之邢昺《论语注疏》卷二〇《尧曰》，第2535页。朱熹集注、简朝亮述疏《论语集注补正述疏》卷一〇《尧曰》与此相同（北京：北京图书馆出版社，2007年，第634页）。其中"信则民任焉"一句，马融《训说》、何晏《论语集解》和皇侃《论语集解义疏》无；"公则说"（转下页）

其开头二字称为"尧曰"章。南朝皇侃《义疏》述此章"并陈二帝三王之道",将之析为五节:第一节自篇首至"天禄永终",为尧命舜受禅之辞;第二节即"舜亦以命禹"一句,述舜命禹受禅与尧命舜同;第三节自"曰予小子履"至"罪在朕躬",为汤伐桀告天之语;第四节自"周有大赉"至"在予一人",为武王伐纣之辞;第五节自"谨权量"至章末,"明二帝三王虽有揖让与干戈之异,而安民取治之法则同也"。[1] 其说源远流长,可以代表汉以来经学主流对此章的看法。

应当看到,由于《论语》在孔门眼中地位特重,也因为其主体部分成书早在春秋末或战国初[2],故即便"尧曰"章内容定型可能晚于其他篇章,却仍不失为先秦尧舜禅让和汤武革命说流衍的关键一环,又是讨论唐、虞、三代圣王统绪的较早文本。随着儒家声势的上升和孔子的神圣化,以此章所述"二帝三王"作则相承之况为代表的政治思想潮流,不仅影响了战国走向秦汉王朝的历程,催成了华夏圣王谱系和王朝法统的建构,也深切影响了汉魏以来禅让、革命理论与实践之递嬗变迁。至于对之的讨论,则自战国争鸣、魏晋风议,到唐宋疑之为断简残编而众说纷纭,直至现代古史辨派踵此

（接上页）一句,何、皇本作"公则民悦"。分见马国翰:《玉函山房辑佚书》册叁,第1711页;《覆正平本论语集解·尧曰》,黎庶昌辑:《古逸丛书》上册,第100页;《论语集解义疏·尧曰》,钟谦钧辑:《古经解汇函》贰,第1414页。故同属《鲁论》系统的《张侯论》传本,何、皇本"尧曰"章共148字,至两宋邢、朱本共152字。

1 《论语集解义疏·尧曰》,钟谦钧辑:《古经解汇函》贰,第1414页。

2 参朱维铮:《〈论语〉结集脞说》,收入所著《中国经学史十讲》,第97—123页;唐明贵:《论语学蠡测》之《绪论》,北京:中国社会科学出版社,2019年,第1—9页。

而辨其真伪，以为打破上古乃"黄金世界"观念之一助。[1]其间可谓众说纷纭，迄今已有不少问题因时过境迁而有必要再加省视。以下谨在前贤疏解基础上，结合近年所出简牍文献及相关史事补充数端，以有助于对此章形成过程及其内涵和影响的进一步讨论，亦以彰显我国古代政治哲学所曾经历的突破与辉煌。

一、"二帝三王之道"及战国以来对之的质疑

何晏《集解》在"尧曰"章末引孔安国曰："凡此二帝三王所以治也，故传以示后世也。"[2]皇侃将此视为"尧曰"章主旨的概括，其同时也解释了此章何以不像《论语》他处作问答之体，而是直叙诸圣王之事，是因为孔子及其弟子皆以尧、舜、禹及汤、武所以受命建政之道极为重要，遂须"传以示后世"。由于传解《古论》的孔安国本就通谙《鲁论》[3]；张禹则先事《齐论》名家王吉，所传《张侯

1　顾颉刚《答刘、胡二先生书》即说尧舜禅让说非信史，并提出了"四个打破"的主张，即"打破民族出于一元的观念""打破地域向来一统的观念""打破古史人化的观念""打破古代为黄金世界的观念"，指出这是古史辨派"从杂乱的古史中分出信史与非信史的基本观念"。《古史辨》第一册，第96—102页。

2　《覆正平本论语集解·尧曰》首章末句引孔安国曰，先述"政教公平则民悦矣"，以释"公则民说"以前数句之义，继述"凡此"云云以概本章大旨。案何晏《论语集解叙》："今集诸家之善说，记其姓名，有不安者颇为改易，名曰《论语集解》。"故其引孔安国曰"凡此二帝三王所以治也"云云，即是以此为概括"尧曰"章主旨的"善说"。黎庶昌辑：《古逸丛书》上册，第9—10、100页。清人如陈鳣、沈涛、丁晏皆辨《论语》孔安国注为"伪"，然《集解》所引应属可信，至少也是何晏认同的前人训解。

3　《论衡·正说》述《古论》始末有曰："初，孔子孙孔安国以教鲁人扶卿，官至荆州刺史，始曰《论语》。"《论衡校释》卷二八《正说》，第1138页。（转下页）

论》虽为《鲁论》而兼取《齐论》之善[1]；后来郑玄为《鲁论》作注时，又糅有《齐论》《古论》之义[2]。这都表明《论语》齐、鲁、古三个系统虽章句、释义有所不同[3]，但至东汉已多相互影响而你中有我，三家"尧曰"章所示二帝三王为治之要应无大异[4]。正其如此，何晏

（接上页）所述"鲁人扶卿"，《汉书》卷三〇《艺文志》六艺略《论语》类后叙述"传《鲁论语》"的名家有"鲁扶卿"，即其人（第1717页）。

1 《汉书》卷八一《张禹传》载元帝立成帝为太子，禹授其《论语》，遂"为《论语章句》献之"。"始鲁扶卿及夏侯胜、王阳、萧望之、韦玄成皆说《论语》，篇第或异。禹先事王阳，后从庸生，采获所安，最后出而尊贵，诸儒为之语曰：'欲为《论》，念张文。'由是学者多从张氏，余家寖微。"（第3352页）禹先后所事琅邪"王阳"、胶东"庸生"，皆为上引《汉志》《论语》类后叙所述的《齐论》名家。

2 《隋书》卷三二《经籍志一》经部论语类后叙述张禹"除去《齐论·问王》《知道》二篇，从《鲁论》二十篇为定，号《张侯论》，当世重之……汉末，郑玄以《张侯论》为本，参考《齐论》《古论》而为之注。"（第939页）其述郑注所本，与何晏《论语集解叙》述其本于"鲁论"略有不同。参罗振玉：《论语郑注述而至乡党残卷跋》，王素编著：《唐写本〈论语郑氏注〉及其研究》，第153—156页。

3 何晏《论语集解叙》："《鲁论语》二十篇……《齐论语》二十二篇，其二十篇中章句颇多于《鲁论》……《齐论》有《问王》《知道》，多于《鲁论》二篇。《古论》亦无此二篇，分《尧曰》下章《子张问》以为一篇，有两《子张》，凡二十一篇，篇次不与《齐》《鲁论》同。"后文又述各家训解"所见不同互有得失"。钟谦钧辑：《古经解汇函》贰，第1269页。又桓谭著、白兆麟校注《桓谭新论校注·正经》述"古《论语》二十一卷，与齐、鲁文异六百四十余字"（合肥：黄山书社，2017年，第73页）。

4 何晏《集解》释"尧曰"章多采孔安国、包咸义，出于己意改易者仅释"天之历数在尔躬"一处。另一处释"帝臣不蔽，简在帝心"今本不出姓名，唐代韩愈和李翱《论语笔解》卷下《尧曰》明言此为包咸之说。钟谦钧辑：《古经解汇函》贰，第1437页。此句的汉儒训解今存佚文有二：一是董仲舒《春秋繁露·郊语》释之为"言察身以知天也"。《春秋繁露义证》，第399页。这应当可以代表"齐论"的观点，《玉函山房辑佚书》册叁即辑之为《齐论语》佚文（第1641页）。二是《尚书正义》卷四《大禹谟》"天之历数在汝躬"条孔疏："郑玄以历数在汝身，谓有图箓之名。"《十三经注疏》，第136页。这反映了郑氏喜以图纬说经的特点。两者均表明《齐论》和郑注在"尧曰"章大旨上并不与孔安国所说的二帝三王之道冲突。

方得"集诸家之善说"训释《张侯论》，且引孔安国《古论》训解以明其"尧曰"章之要义。

还有一层更为重要的原因，是汉以来对"尧曰"章所以传二帝三王之事的训解实渊源有自。《孟子·万章上》记孟子述帝王传贤传子皆须以天意人心为准，其末作结云：

孔子曰：唐、虞禅，夏后、殷、周继，其义一也。[1]

这一"孔子曰"不见于其他先秦文献，所述亦为唐、虞禅让和夏、商、周继及之事，又点明了二帝三王受命虽有禅让与世继之别，贯穿于中的大义仍相一致，似即与"尧曰"章主旨呼应或从中化出。[2]考虑到《论语》成书与曾子后学关系最密，而孟子受业于孔子之孙子思，为曾子的再传弟子，他把"尧曰"章所示二帝三王其道相承之旨述为孔子之语[3]，是值得重视的。由此再看南朝皇侃《义疏》

---

1 《孟子正义》，第652页。

2 顾炎武《日知录》"孟子引论语"条：《孟子》书引孔子之言凡二十有九，其载于《论语》者八，又多大同而小异。然则夫子之言，其不传于后者多矣。"顾炎武著，黄汝成集释、秦克诚点校：《日知录集释》（以下简称《日知录集释》），长沙：岳麓书社，1994年，第263页。

3 甘肃肩水金关遗址及近年江西海昏侯墓皆出土有"齐论"《知道》简牍，开头两句皆作"孔子知道之易也，易易云者三日"。见甘肃简牍保护研究中心等编：《肩水金关汉简（贰）》下册，上海：中西书局，2012年，第46页；杨军等：《西汉海昏侯刘贺墓出土〈论语·知道〉简初探》，《文物》，2016年第12期。以此对照《礼记·乡饮酒义》："孔子曰：吾观于乡，而知王道之易易也。"《礼记集解》卷五九《乡饮酒义》，第1424页。《乡饮酒义》此句似即从《齐论语·知道》首句化出，而将之转写为"孔子曰"云云，正犹《孟子》以"孔子曰"概括"尧曰"章所示二帝三王之道。

概括此章"明二帝三王虽有揖让与干戈之异，而安民取治之法则同也"；南宋朱熹《集注》引杨氏曰：此篇"具载尧舜咨命之言，汤武誓师之意，与夫施诸政事者，以明圣学之所传者，一于是而已"。[1]这类直至明清均被视为主流正宗的阐释不仅上承汉儒，亦皆取据于《孟子》所说而发挥之。

自春秋至于战国争鸣，尧舜禅让与汤武革命均为热点，儒、墨对此虽各有说而大体皆持推崇态度[2]，但当时也有立场、观点不同的其他尧舜禅让和汤武革命说文本。如《庄子·盗跖》述盗跖责孔子之语：

> 尧舜有天下，子孙无置锥之地；汤武立为天子，而后世绝灭，非以其利大故邪……黄帝不能致德，与蚩尤战于涿鹿之野，流血百里。尧舜作，立群臣，汤放其主，武王杀纣。自是之后，以强陵弱，以众暴寡。汤武以来，皆乱人之徒也。[3]

这段寓言同时涉及了当时流行的禅让与革命话题，从中可见道家对此的看法不同于儒家而别有所本[4]。又《韩非子·说疑》托乱主

1　朱熹集注、简朝亮述疏：《论语集注补正述疏》，第634页。
2　如《韩非子·显学》："孔子、墨子俱道尧、舜，而取舍不同，皆自谓真尧舜。尧舜不复生，将谁使定儒、墨之诚乎？"《韩非子集释》，第1080页。《墨子·非攻下》述墨子与人辩论"昔者禹征有苗，汤伐桀，武王伐纣，此皆立为圣王，是何故也"，以申非攻之义。《墨子间诂》，第134页。《孟子·尽心下》述"尽信《书》则不如无《书》"，亦就汤武革命发论而尊奉"尧曰"章所述。《孟子正义》，第959页。
3　《庄子集释》，第994—995页。
4　《庄子·让王》述汤伐桀克夏后，欲让位于瞀光："瞀光辞曰：'废上，非义也；杀民，非仁也；人犯其难，我享其利也，非廉也。吾闻之曰，非其义者（转下页）

奸臣之言有曰：

> 古之所谓圣君明王者，非长幼弱也及以次序也。以其构党
> 与，聚巷族，逼上弑君而求其利也。彼曰："何知其然也？"因
> 曰："舜逼尧，禹逼舜，汤放桀，武王伐纣，此四王者，人臣弑其
> 君者也，而天下誉之。察四王之情，贪得人之意也；度其行，暴
> 乱之兵也。然四王自广措也，而天下称大焉；自显名也，而天下
> 称明焉。则威足以临天下，利足以盖世，天下从之。"[1]

　　所述"舜逼尧"云云，说明儒、墨与道、法述尧舜汤武事迹及
评骘有较大反差[2]。当时《论语》地位未彰，争论各方自无必要针对
其文，不过既然质疑儒家所说的尧、舜禅让或汤、武革命之事，也
就不能不是对"尧曰"章所说的一种质疑。

　　战国以来儒、墨与道、法在尧舜、汤武之事及其评介上的分歧，
进入秦汉以后也仍存在。如《淮南子·泛论》述五帝三王未有能全

（接上页）不受其禄，无道之世不践其圭。况尊我乎！吾不忍久见也。'乃负石而
自沈于庐水。"这里瞀光反应激烈而"自沈"，是因道家以"利"解释禅让与放杀。
郭庆藩撰、王孝鱼点校：《庄子集释》，第985—986页。道家类此之说又如《鹖冠
子·备知》："尧传舜以天下，故好义者以为尧智，其好利者以为尧愚。汤、武放弑
利其子，好义者以为无道，而好利之人以为贤。为彼世不传贤，故有放君。君好偏
阿，故有弑主，夫放、弑之所加，亡国之所在，吾未见便乐而安处之者也。"黄怀
信撰：《鹖冠子校注》，北京：中华书局，2014年，第295—296页。
[1] 《韩非子集释》卷一七《说疑》，第925—926页。同书卷二〇《忠孝》力诋尧舜
禅让和汤武革命"反君臣之义，乱后世之教"（第1107页），大意亦然。
[2] 参蒙文通：《古史甄微》八《虞夏禅让》、十《殷之兴替》，《蒙文通全集》册三，
第73—80、94—104页。

其行者：

> 夫尧舜汤武，世主之隆者也；齐桓、晋文，五霸之豪英也。然尧有不慈之名，舜有卑父之谤，汤、武有放弑之事，五伯有暴乱之谋。是故君子不责备于一人，方正而不以割，廉直而不以切，博通而不以訾，文武而不以责。[1]

这表明以尧舜禅让与汤武革命为各有其玷的战国世俗之见，在汉代仍有相当影响。至于魏晋以来多行禅让革命之事，出于不同立场者自不免议论风生而观点错杂，其典型如魏末嵇康因厌恶司马氏篡弑而自比古圣王，遂"非汤武而薄周孔"[2]。又《史通·疑古》质疑《尚书·尧典》及《书序》所说尧舜禅让之事：

> 《汲冢琐语》云："舜放尧于平阳。"而《书》云某地有城，以"囚尧"为号。识者凭斯异说，颇以禅授为疑。然观此二书，已足为证者矣，而犹有所未睹也……观近古有奸雄奋发，自号勤王，或废父而立其子，或黜兄而奉其弟，始则示相推戴，终亦成

---

1 《淮南鸿烈集解》，第449页。此说承自《吕氏春秋·仲冬纪》之《当务》，《吕氏春秋集释》，第250—251页。另如屈原《九章·哀郢》："尧舜之抗行兮，瞭杳杳而薄天；众谗人之嫉妒兮，被以不慈之伪名。"见朱熹集注、李庆甲校点：《楚辞集注》，上海：上海古籍出版社，1979年，第83页。又《淮南子·泰族》述"纣有南面之名，而无一人之德，此失天下也。故桀、纣不为王，汤、武不为放"。《淮南鸿烈集解》，第687页。其说与孟子言武王伐纣为"诛独夫"同，而迥异于《韩非子》等处述汤武"放弑"者，是为淮南王麾下诸说争鸣之反映。
2 《嵇康集校注》卷二《与山巨源绝交书》，第198页。

其篡夺。求诸历代，往往而有。必以古方今，千载一揆。斯则尧之授舜，其事难明，谓之让国，徒虚语耳。[1]

《汲冢琐语》为西晋汲郡所出战国魏襄王墓竹书中的杂记，其述"舜放尧"说，可与不知名《书》载某地有"囚尧"城名相证。[2]而所谓"识者凭斯异说，颇以禅授为疑"，应主要指魏晋以来思想界的潜流涌动，刘知幾特以近古"奸雄"盛行禅代为背景来解释这一现象，并把矛头指向《尧典》及《书序》，这正说明战国秦汉以来对尧舜、汤武所行之事的质疑，势必要引向儒经内容是否真实的问题。

当此之时，以孔子的神圣与最早实录其说的《论语》之普及与崇高[3]，所有疑惑或非议尧舜禅让和汤武革命的疑古之见，自不能不首先面对"尧曰"章的凿凿之言[4]。于是到禅让近乎衰歇的唐宋，对此章是否圣人所说的怀疑已明确形诸文献。中唐柳宗元有《论语辨》上、下篇，其《下篇》有云：

1　《史通通释》卷一三《外篇·疑古》引，第357页。

2　《史记》卷一《五帝本纪》正义引《竹书》云："昔尧德衰，为舜所囚也。"（第31页）《史记》卷三四《燕昭公世家》载鹿毛寿说燕王哙让国子之，有议论说"天下谓禹名传天下于益，已而实令启自取之"（第1556页）。是西晋所出汲冢书述尧舜禅让和战国燕人述禹传位于益，与儒家说殊异。

3　东汉赵岐《孟子题辞》有云："《论语》者，五经之錧鎋，六艺之喉衿也。"《孟子正义》，第14页。其汉以来普及之况，参周一良：《魏晋南北朝史札记·〈三国志〉札记》之"诵《孝经》"条，第41—43页。

4　《史通通释》卷一三《外篇·疑古》述尧舜汤武之事，历来"拘于礼法，限以师训，虽口不能言，而心知其不可者，盖亦多矣"（第353页）。

或问之曰："《论语》，书记问对之辞尔，今卒篇之首章然有是，何也？"柳先生曰："《论语》之大，莫大乎是也，是乃孔子常常讽道之辞云尔……此圣人之大志也，无容问对于其间。弟子或知之，或疑之不能明，相与传之。故于其为书也，卒篇之首严而立之。"[1]

《论语》"卒篇之首"即"尧曰"章，对其不做"问对之辞"的怀疑，在何晏《集解》引孔安国"传以示后世"说前已隐隐存在，这里则明确提了出来。柳氏的解释是此章内容确为孔子所重且常讽道，以抒其直承圣王的"大志"，故"无容问对"。不过他也留下了两个很大的讨论缺口：一是说孔子弟子于此亦有"疑之不能明"者，二是说此章或在《论语》成书时方置于"卒篇之首"。其说应代表了一段时期以来对"尧曰"章的疑惑，故至北宋苏轼，又进而提出了"简编绝乱"说，朱熹《四书或问》引苏氏论"尧曰"章：

此章杂取《大禹谟》《汤诰》《泰誓》《武成》之文，而颠倒失次，不可复考。由此推之，《论语》盖孔子之遗书，简编绝乱，有不可知者。如"周八士""周公语鲁公""邦君夫人"之称，非独载孔子与弟子之言行也。[2]

1　《柳河东集》卷四《议辩·论语辩二篇》之《下篇》，69—70页。

2　朱熹著、黄坤点校：《四书或问》之《论语或问》卷第二十《尧曰》，朱杰人等主编：《朱子全书（修订本）》第6册，上海：上海古籍出版社/合肥：安徽教育出版社，2002年，第916页。

苏氏不再计较此章何以不做问对之体[1]，而是基于柳氏所疑的语义难解和《论语》成书过程，认为这是"杂取"相关文献而"简编绝乱""颠倒失次"之故，更提出了《论语》"非独载孔子与弟子之言行"的问题。

唐宋时人显然已在长期以来质疑尧舜、汤武之事的基础上，进而把目光投向了《论语》的编纂过程和"尧曰"章究竟是否孔子本人所说及其弟子所传的问题。其疑已在汉魏以来一般仅疑其事而不疑《论语》的状态上更进一步，无妨视之为"尧曰"章辨伪史的明确开端。后来如清人崔述以《尧曰》为《论语》的"后人续入"之篇，是因"断简无所属，附之于书末"[2]；清人翟灏以《尧曰》为全书"后序"，而"文今不全"[3]。如此等等，皆可归为柳氏、苏氏所疑之后续讨论，二十世纪初中国现代史学兴起以后对"尧曰"章的辨伪，也是由此出发立论展开的。

1　苏氏所说"如周八士……非独载孔子与弟子之言行也"两句，意即《论语·季氏》之末的"邦君之妻，君称之曰夫人"云云；《微子》之末"周公谓鲁公曰：君子不施其亲"云云与"周有八士：伯达、伯适、仲突、仲忽、叔夜、叔夏、季随、季骃"等处，皆非孔子与弟子问对之辞，"尧曰"章也是如此而不成其为问题。

2　崔述《洙泗考信录》卷四《遗型·备考》述《论语》末五篇皆后人续入："至《尧曰》篇，《古论语》本两篇，篇或一章，或二章，其文尤不类。盖皆断简无所属，附之于书末者。《鲁论语》以其少，故合之，而不学者遂附会之，以为终篇历叙尧、舜、禹、汤、武王之事而以孔子继之，谬矣。"崔述撰著、顾颉刚编订：《崔东壁遗书》上册，上海：上海古籍出版社，2013年，第321—322页。

3　翟灏《四书考异》卷二二《论语》有云："按《古论·尧曰》篇仅此一章，此盖是《论语》后序，故专为篇。而文今不全，故觉其难通解也。《周易·序卦》与《诗》《书》之序，旧俱列篇第数中而退居于笨尾，今《诗》《书》序分题于各篇章，传注家所移置耳……由是类观，则此章暨《孟子》'由尧舜'章之为一书后序，夫何疑耶！"《清经解》第五十六种翟灏《四书考异》，第3820页。

二、"尧曰"章之辨伪与出土楚简的若干新证

从唐宋柳氏、苏氏，到明清的崔氏、翟氏等人，不难看出对"尧曰"章的怀疑虽在加深，却都缺乏论证，而只是从此章位置、叙次及其文句似有脱夺等方面提出了若干猜想，其相同处是没有足以采信的证据。这种确凿之据寻而不得的苦衷，同样限制了现代中国史学兴起以后对"尧曰"章的讨论。

1927年，梁启超在燕京大学开讲《古书真伪与年代》，说"《尧曰》篇共三章，三百六十九字，尧训舜，舜训禹一章，占了一百五十二字，既不是孔子或孔门的话，又不和孔子或孔门有关系的事，记上去干吗?"梁氏疑此大抵与前人不异，有所推进的，是其以《论语》"'子张'为末篇"，又认为《论语》"凡篇末突兀记事皆后世窜人"，基此而以"尧曰"章为晚近儒生书于《子张》篇末的札记，后来遂窜为正文。这是承崔述所作的发挥，却同样属于证据不足的假设。[1]1936年，顾颉刚发表《禅让传说起于墨家考》，着力讨了"尧曰"章出于墨家的问题。其论大抵在前人怀疑的基础上，进一步提出了"历数"指五德历运而晚出，"允执其中"针对杨、墨二端而言等看法，又取赵贞信关于"尧曰"章多采墨家文献和主义的讨论，认为"这章文字早则出于战国之末，迟则当在秦汉之交"。[2]但"历数"本可释为"帝王位次"，唐代孔颖达即指出历运

1　梁启超：《古书真伪与年代》第六章《论语孝经尔雅孟子》，北京：中华书局，1955年，第139—146页。

2　顾颉刚：《禅让传说起于墨家考》八《论语尧曰章辨伪》，《古史辨》（转下页）

中古政治与思想文化史论

讖纬说晚出,郑玄等释"历数"为"图箓"不能成立。[1]"允执其中"
体现的理念则可上溯至《尚书·盘庚中》的"各设中于乃心",以及
《酒诰》的"克永观省,作稽中德"和《洛诰》的"自时中乂,万邦
咸休"[2],又何以非得是针对杨、墨而言? 直至1963年钱穆撰《论语新
解》,大致又沿翟灏以"尧曰"章为《论语》"后序"之说,断言此
章约在战国末年"出于编订者某一人或某几人之手,殆无可疑"。却
还是没有过硬的证据[3],其说较之前人并无多少进展可言。

　　正是因为质疑"尧曰"章为"伪"的所有判据无一过硬[4],故自

（接上页）第七册（下），第58—62页。文中提到友人赵贞信述"尧曰"章取据于
墨家文献和主义,赵氏有《论语辨》一书,1935年北平景山书社出版;后撰《〈论
语·尧曰章〉来源的推测》一文,辨析"尧曰"章形成过程与墨家之关联等种种问
题,然其题名已交代所说以猜想为主（《北京师范大学学报（社科版）》1962年第
3期）。

1　《十三经注疏》上册《尚书正义》卷四《大禹谟》"天之历数在汝躬"条孔疏,
第136页。顾氏以"历数"指晚出的五行运次说,然前引《春秋繁露》释"天之历
数在尔躬"为"察身以知天",何晏释"历数"为"历次",皇侃释为"天位列次",
朱熹释为"帝王相继之次第,犹岁时节气之先后",皆释之为天道不言图箓,而天
定诸事及君权天授观念早自商周已然。

2　《十三经注疏》,第171、206、216页。《礼记·中庸》:"中也者,天下之大本也;
和也者,天下之达道也。致中和,天地位焉,万物育焉。"后文又述"子曰:舜其
大知也与……执其两端,用其中于民,其斯以为舜乎"。《十三经注疏》,第1625—
1626页。

3　钱穆:《论语新解》下编《尧曰》,其篇末自述"采酌众说,详订之如此,然亦
不知其果然与否"（北京:生活·读书·新知三联书店,2005年,第506—508页）。
又刘宝楠《论语正义》卷二三《尧曰》释题即驳翟氏后序说:"《论语》之作,非出
一人,此序果谁所作? 且《泰伯》篇末尝论尧舜文武禹矣,亦将谓为后序耶? 必不
然矣。篇内文有脱误佚,自昔儒者曾言之。"（第411页）

4　其中有的且被晚近出土文献证明不能成立。如崔述曾指出《论语》后十篇包
括《尧曰》篇称"孔子""孔子曰",不像前十篇称"子""子曰",以此推其皆为
战国后人之文。1973年在河北定州西汉中山怀王刘脩墓中出土的《论语》（转下页）

二十世纪直至最近，一直都有不少学者弃之不顾，坚认此章为《论语》的原始内容。[1]这种各执一端是非难断的状态，也是古史研究及其史料考辨长期面临的共同困境。而其症结之一，仍是不同程度地忽略口传至书写的转折及写本流传过程的种种问题，迄未厘清诸传说或记载的形态流衍和文本关系，也就无从通过相关思潮观念和叙说形态的演变谱系来判断其说的形成过程和时期早晚。即就唐宋至现代对"尧曰"章的质疑而言，其针对的主要都是述尧舜禅让和汤武革命的部分，而对其后"谨权量"以下述王者政教的部分，则以文从句顺而无多少疑问。[2]但其前面述汤、武诰誓所示罪在一人等语

（接上页）简中，《季氏》至《尧曰》五篇亦多有称"子""子曰"者。河北省文物研究所定州汉墓竹简整理小组：《定州汉墓竹简论语》，北京：文物出版社，1997年，第77—98页。这就表明《论语》后五篇称"孔子""孔子曰"者，乃传抄过程常见的改窜，不能据以断其篇章大节形成之晚。

1　日本学者狩野直喜即以为《论语》首篇论学，"表明应从学问入手进入圣人之教"；末篇以《尧曰》作结，"昭示此为继承尧、舜、禹、汤、文、武之书"。并以为《孟子》《荀子》首、末篇安排与之相类，意即《尧曰》非后人之附篇。见所著《中国学文薮》，周先民译，北京：中华书局，2011年，第112页。承此观点的最新研究，参刘伟：《〈论语·尧曰〉结构与意蕴探微》，《山东社会科学》，2021年第2期。

2　这部分文句多可与《论语·学而》所述"敬事而信，节用而爱人，使民以时"、《阳货》"恭则不侮，宽则得众，信则人任焉，敏则有功，惠则足以使人"等处互证。《覆正平本论语集解》，黎庶昌辑：《古逸丛书》第11、60、88页。又上博简有《从政》甲乙篇，整理者张光裕以为其内容可与《论语》《礼记》等儒家典籍比观。其中提到三代明王"守之以信，教之以义，行之以礼"，即可与"尧曰"章"谨权量"以下所述的先王之政互证。马承源主编：《上海博物馆藏战国楚竹书（二）》，第213—217页。也有学者以《从政》为《子思子》之佚篇，其中提到的"四毋""五德"，与"尧曰"次章子张问政的"四恶""五美"相类。参杨朝明《上博竹书〈从政〉篇与〈子思子〉》，《孔子研究》，2005年第2期。

中古政治与思想文化史论

所示理念，大抵当出现于西周，与周人推翻殷商的自我辩护相关[1]，并可与《尚书》《逸周书》不少篇章及其他一些文献互证；尧舜禅让说则春秋以来渐盛，亦可与《尧典》等多篇文献相证[2]，为时人进一步追溯和构筑华夏法统的反映。二说流行于《论语》形成以前既无可疑，关于"尧曰"章晚出的质疑就多聚集于其所示二帝三王作则相承的问题上了。但也恰恰是在这个问题上，《论语》中屡有类似表述[3]，足见其绝非晚至秦汉而是春秋至战国诸家讨论的热点，更有不少出土文献说明尧舜禹汤武其道相承的讨论在战国中前期已有深厚土壤。

郭店楚简中的《唐虞之道》，学界多以为是讨论禅让问题的儒家文献，其释文有曰：

> 唐虞之道，禅而不传。尧舜之王，利天下而弗利也。禅而不

1　参王国维：《殷周制度论》，收入所著《观堂集林》册二，第451—480页；傅斯年：《性命古训辨证》中卷释义第二章《周初人之"天命无常"论》，欧阳哲生编：《傅斯年文集》第二卷，第612—622页；侯外庐等：《中国思想通史》第一卷第四章《西周城市国家的意识形态》，第71—99页；本杰明·史华兹：《古代中国的思想世界》第二章《周代早期的思想：延续与突破》，程钢译，南京：江苏人民出版社，2008年，第60—63页。

2　参杨希枚：《再论尧舜禅让传说》，收入所著《先秦文化史论集》，第784—853页；刘起釪：《我国古史传说时期综考》，收入所著《古史续辨》，北京：中国社会科学出版社，1991年，第1—73页；裘锡圭：《新出土先秦文献与古史传说》，收入所著《中国出土古文献十讲》，上海：复旦大学出版社，2004年，第18—45页。

3　如《论语·泰伯》开头即以泰伯三让天下为"至德"，后文又以三个"巍巍乎"称道尧舜禹，其下又比文、武以唐、虞，以为周有"至德"；《颜渊》述舜与汤有天下而选于众，"不仁者远矣"。《覆正平本论语集解》，黎庶昌辑：《古逸丛书》上册，第40—43、63页。

传，圣之盛也。利天下而弗利也，仁之至也。故昔贤仁圣者如此，身穷不均，殁而弗利，躬仁嘻。必正其身，然后正世，圣道备嘻。故唐虞之（道），（禅）也……治之至，养不肖。乱之至，灭贤。仁者为此进，（明）礼，畏守，乐逊，民教也。皋陶入用五刑，出弋兵革，罪轻法（也）。（虞）用威，夏用戈，征不服也。爱而正之，虞夏之治也。禅而不传，义恒（绝），（夏）治也。[1]

这里的"禅""传"，大抵即指禅让与传子，为公天下转为家天下时期的标志性现象。故《唐虞之道》是着眼于传而不禅的现实来看禅让的，所讨论的是唐虞何以"禅而不传"及其至于虞夏的变化。其述唐虞禅让"仁之至也"，至于乱不肖起而虞夏始用威刑干戈，实质也仍是"仁者为此进"的"爱而正之"，即传递了公天下虽向家天下过渡而仁心"圣道"一贯的理念。不能不说这与"尧曰"章主旨相当一致，因而其中如"利天下而弗利也，仁之至也"，"必正其身，然后正世，圣道备嘻"等句，似即"尧曰"章"朕躬有罪，无以万方"等语的正面表述；而"身穷不均，殁而弗利，躬仁嘻"之语，亦可与"周有大赉，善人是富。虽有周亲，不如仁人"互明其义。这些相通之处的背后，显然存在着某种共同的现实和语境。[2]

1　荆门市博物馆编：《郭店楚墓竹简·唐虞之道》，北京：文物出版社，2002年，第30—31页。括号内字据李零《郭店楚简校读记（增订本）》订补（北京：中国人民大学出版社，2007年，第123—125页）。又学界对《唐虞之道》各简编联与释文看法不同，但对上举大意影响不大。参陈伟：《郭店竹书〈唐虞之道〉校释》，《江汉考古》，2003年第2期；梁涛：《〈唐虞之道〉研读》，《国学学刊》，2014年第2期。
2　荆门市博物馆编：《郭店楚墓竹简·尊德义》篇："禹以人道治其民，桀以人道乱其民。桀不易禹民而后乱之，汤不易桀民而后治之。圣人之治民，（转下页）

作为1993年在湖北荆门郭店一号楚墓考古出土的文献,《唐虞之道》等篇与"尧曰"章主旨与观念的接近,令人相信来历不明的上博简、清华简一些篇章与"尧曰"章的相合之处,也是同期某些共同话题、传说和观念的体现。如上博简《鬼神之明》论鬼神之赏善,称"昔者尧舜禹汤,仁义圣智,天下法之",遂贵为天子而富有天下。[1]这是墨家明鬼之论,然亦以尧舜禹汤并举,意即躬行禅让的尧舜与过渡到家天下的夏禹,以及革命放杀的商汤其道相通皆为圣王。由于后文又以"桀纣幽厉"为鬼神罚暴的典型,故其虽未提到而实已涵盖了周武王,可见"尧曰"章所述二帝三王之道实为战国中期以前儒、墨共同关注的问题。[2]上博简《子羔》记孔子答子羔问尧、舜、禹和契、稷诸事,述尧舜"何故以得为帝",是因其处于"善与善相受"之世,以其"德贤,故让之";并据禹、契、稷诞降神话肯定其为上天之子,以此解释"三王之作"。尽管因篇末简残不知其是否续此申论[3],但《子羔》显然与"尧曰"章同以尧舜为"二

（接上页）民之道也。"（第40页）这是立足于西周文、武之道而上溯禹、汤,以其皆为圣人治民之道。参许景昭:《禅让、世袭与革命:战国诸子之古代帝王更替观——与出土文献综合比较述论》,《诸子学刊》,2009年第二辑。

1　马承源主编:《上海博物馆藏战国楚竹书（五）》,第310页。此篇整理者曹锦炎认其为《墨子》佚文。

2　孔子"祖述尧舜,宪章文武",人所皆知。《墨子·尚贤上》述墨子言"欲祖述尧舜禹汤之道,将不可以不尚贤";《节葬下》述世人"皆曰吾上祖述尧舜禹汤文武之道者也"。《墨子间诂》,第44、154页。

3　马承源主编:《上海博物馆藏战国楚竹书（二）》之《子羔》。此篇共长短十四简,无一完整。其中第13简之末"子羔曰:然则叁王者孰为"之后,简残;第14简上端亦残,唯留"叁天子事之"五字,这些残缺内容应是回答"三王孰为"云云的相关申述（第183—199页）。关于《子羔》诸简编连的分歧及释文,参廖名春:《上博简〈子羔〉篇释补》,《中州学刊》,2003年第6期。

帝”而以夏商周之祖为“三王”，也同样关心二帝三王之所以兴[1]，并像《唐虞之道》和《鬼神之明》一样涉及了禅让向传子的转折及贯穿于间的统绪问题。

上博简《容成氏》也是在公天下转为家天下的结构中叙说古圣王谱系的，整理者李零将之分为七个部分：第一部分首简已佚，大约是讲容成氏等古帝王二十一人；第二部分是讲帝尧以前的一位帝王，简残佚名；第三、四、五、六部分依次讲尧、舜、禹、商汤兼及夏桀；第七部分讲周文王和周武王兼及殷纣，其后仍有一、二脱简[2]。需要指出的是，《容成氏》现存第一简所述（尊）卢氏、赫胥氏、乔结氏、仓颉氏、轩辕氏、神农氏、韦□氏、壖遅氏八位古帝王中，仓颉氏在轩辕氏前，神农氏在轩辕氏后，所说与《庄子·胠箧》列举容成氏至神农氏十二王谱系不同[3]，两者虽皆迥异于《史记·五帝本纪》据诸儒家文献所说的上古帝王世系[4]，然于尧、舜、

---

1 上博简《从政》甲篇第一、二简述“闻之曰：昔三代之明王之有天下者，莫之馀也，而□取之，民皆以为义。夫是则守之以信，教/之以义，行之以礼也。其乱，王馀人邦家土地，而民或弗义□”。《从政》各章皆以“闻之曰”表达其关心而首为三王之所以作，以政教举措民以为义或不义为根本。马承源主编：《上海博物馆藏战国楚竹书（二）》，第215—216页。

2 马承源主编：《上海博物馆藏战国楚竹书（二）》之《容成氏》，第249页。此篇共完、残五十三简，其编联和释文有分歧，但对李零所分七部分并无异议。单育辰：《新出楚简〈容成氏〉研究》第一章第一节《〈容成氏〉简文排序情况概述》，北京：中华书局，2016年，第1—12页。

3 《庄子集释》卷四中《外篇·胠箧》述上古至德之世，称“昔者容成氏、大庭氏、伯皇氏、中央氏、栗陆氏、骊畜氏、轩辕氏、赫胥氏、尊卢氏、祝融氏、伏犠氏、神农氏”云云（第357页）。《庄子》各处述尧舜禹汤文武序列与《容成氏》类而语多讥刺，又《六韬》《史记·封禅书》引《管子》等处所述古帝王序列，自尧舜以下亦无不一致，文繁不赘。

4 《史记》卷一《五帝本纪》述黄帝为“少典之子”，又述“轩辕之时，（转下页）

禹、汤、文、武之序则相一致。又清华简《良臣》历述黄帝至楚共
王时良臣，先列"黄帝之师：女和、髀人、保侗"；次列"尧之相
舜，舜有禹，禹有伯夷，有益，有史皇，有咎囚"；次列"唐有伊
尹，有伊陟，有臣扈"；以下则为武丁及周文、武王之良臣。[1]所列
尧、舜、禹、汤、武丁、文、武序列亦与《容成氏》大同小异，凡
此均表明《容成氏》形成时期所流传的古帝王谱系中，尧以前的部
分尚多歧见，以下从公天下转为家天下的唐、虞、三代圣王，已是
其中具有相当共识的基干部分，"尧曰"章所述的"二帝三王"，恰
恰就是这个公认为对华夏法统建构来说至关重要的部分。[2]更何况，
《容成氏》述上古帝王下至尧舜禹皆行禅让，至于商汤及文、武转
为征诛，阐述其所以变迁之理，这不仅也是《唐虞之道》面对的话
题[3]，更与"尧曰"章等传世文献述二帝三王其道相承属同类倾向。

（接上页）神农氏世衰"，盖取鉴了《国语》《易传》等儒家文献的黄帝以前帝王之
说。其末太史公曰"百家言黄帝，其文不雅驯"，又明言《五帝本纪》据《五帝
德》《帝系姓》及《春秋》《国语》所述而成（第1—2、46页）。

1　清华大学出土文献研究与保护中心编、李学勤主编：《清华大学藏战国竹简
（叁）》之《良臣》，上海：中西书局，2012年，第156—162页。本篇共十二简，文
无缺失。其整理说明据其中述郑定公之良臣突出了子产，及于"子产之师"和"子
产之辅"，认为其作者"可能与郑有密切关系"。似当时关于尧以前和汤以后的帝王
谱系叙说，是因族群、家国、地域而各有考虑的。

2　周文王受命说先秦以来众说纷纭，有以为文王在位四十二年方受命称王，九年
而崩者；亦有以为周文王未为一统之主，不得称受命为王者。参刘恕：《资治通鉴
外纪》卷第二之下《夏商纪》商末"诸侯曰：西伯盖受命之君。自是西伯更称元
年"条原注及刘恕曰（上海：上海古籍出版社，1987年，第33—35页）。

3　如《容成氏》述尧时"赏不劝而民力，不型杀而无盗侧，甚缓而民服"。又述
舜时民"骄态始作，乃立皋陶以为李"而听讼狱，又立乐正定音律；至于禹而听
讼不辞寒暑，遂有启"攻益自取"之变。马承源主编：《上海博物馆藏战国楚竹
书（二）》，第254、275—276页。按陈剑的编联，第30简述舜立理官、（转下页）

以此观之，前引《孟子》述孔子曰"唐虞禅，夏后、殷、周继，其义一也"，除其他原因外，亦因相关问题的讨论由来已久，有必要也可以借孔子之口为之作结。

由此再看清华简《保训》，此篇内容为周文王临终对太子发即后来周武王的遗训，兹录其第4、5、6、7、8、9简释文如下：

……昔舜旧作小人，亲耕于历丘，恐求中，自稽厥志，不违于庶万姓之多欲。厥有施于上下远迩，乃易位设稽，测阴阳之物，咸顺不逆。舜既得中，言不易变名，身兹备，佳允翼翼不解，用作三降之德。帝尧嘉之，用授厥绪。呜呼，祗之哉！昔微假中于河，以复有易，有易服其罪。微无害，乃追于中河。微志弗忘，传贻子孙，至于成汤，祗服不解，用受大命。呜呼！发，敬哉！ [1]

其述"舜既得中"而"帝尧嘉之，用受厥绪"；至商之先公上甲微又假中于河伯以胜有易氏 [2]，遂"传贻子孙，至于成汤"；再由文王

（接上页）乐正听狱讼、定音律后，应下接第16简述定音律而去疠疫灾祸；按李零的编联，第32简述"德速衰"为夏禹之事。无论如何，其大意仍合前引《唐虞之道》述尧时"仁之至"，至于虞夏乱不肖起而转重刑法兵戈，禅让遂向传子过渡之说。参郭永秉：《帝系新研：楚地出土战国文献中的传说时代古帝王系统研究》关于《容成氏》编连问题的讨论（北京：北京大学出版社，2008年，第43—57页）。

[1] 清华大学出土文献研究与保护中心编、李学勤主编：《清华大学藏战国竹简（壹）》之《保训》释文，上海：中西书局，2010年，第143页。此篇共含十一简，唯第二简上半残失，其余均完整。

[2] 《庄子·秋水》篇述河伯自以为"天下之美尽在己"，至于北海而望洋兴叹："闻道百以为莫己若者，我之谓也。"其后文述北海言于河伯曰："昔者尧舜（转下页）

申诫而武王领受。[1]这一从尧舜跳到上甲微、成汤以及西周文、武、强调其中道相承的叙次，不仅合乎"尧曰"章述尧舜禹"允执其中"即跳叙汤诰、周誓，以明其正身执中而圣道王政相继如一的叙说结构[2]；且与《唐虞之道》述尧舜禹"必正其身，然后正世，圣道备矣"义旨相通，因为战国时人所谓"中"或"中道"，不外是指治事为政须"正身""正世"的"中正"之道，以及由此抽象的"过犹不及""天下之大本"等哲理。[3]因此，《保训》不仅在思想观念上与

（接上页）让而帝，之哙让而绝；汤武争而王，白公争而灭。由此观之，争让之礼，尧、桀之行，贵贱有时，未可以为常也……默默乎河伯！女恶知贵贱之门，大小之家！"《庄子集释》，第580页。今案《保训》述河伯得假中道俾王者相传，而庄子讥其不识尧舜汤武各有逆顺之理，似亦有《保训》之类的传说为其背景。

1 《逸周书·文传解》亦为文王临终对太子发的训辞，内容包括厚德广惠，忠信爱人之类，并引《夏箴》曰：中不容利，民乃外次。孔晁释此为"夏禹之箴戒书也，业舍次于田"。卢文弨据《玉海》校后句为"利福业次舍于田"；此"中"，潘振释作"郊门之内"，陈逢衡以为是"国中"。《逸周书汇校集注》，第250—265页。现在看来，此"中"或可参考"尧曰"章及《保训》篇，释为执中而不以利，民自从风而有福业。且甚合《唐虞之道》"利天下而弗利，仁之至矣"。

2 "尧曰"章何晏《集解》引包氏释"允执其中"为"为政信执其中"；皇侃《义疏》释之为"内执中正之道，则德教外被，四海一切服化，莫不极尽也"。钟谦钧辑：《古经解汇函》贰，第1414页。所说与《唐虞之道》述正身、正世而"圣道备矣"义近。又《孟子·离娄下》述禹汤文武周公事迹，言"汤执中，立贤无方"。《孟子正义》，第569页。《论衡·正说》述唐虞夏殷周名称"夏者'大'也，殷者'中'也，周者'至'也"。《论衡校释》，第1144页。两者皆以"中"与商、汤相连，当有所本。至于宋儒又以"允执其中"为"尧曰"章所述二帝三王之道的核心，如朱熹《中庸章句序》即以"尧曰"章"允执其中"为尧舜禹汤文武圣王道统之所系。朱杰人等主编：《朱子全书（修订本）》第6册，第29—30页。

3 学界释《保训》之"中"多据汉魏以来"尧曰"章、《大禹谟》《中庸》《洪范》的相关注疏，释为"中正""中道"，也有释为"和""中庸""皇极"者。也有不少是从"中"字指旗帜、圭尺等原义推究引申其义。笔者认为其既可从神灵处获得，就绝无可能是一种实物。参李学勤：《论清华简〈保训〉的几个问题》，《文物》，2009年第6期；廖名春：《清华简保训篇"中"字释义及其他》，《孔子研究》，2011年第2期。

《唐虞之道》《子羔》，以及"尧曰"章等文献对于"二帝三王"相通性的关注合拍，更明示了战国中前期确曾流行过尧舜至汤武再到西周文、武其道相承的若干寓言或传说。由此观之，"尧曰"章述舜禹受命"允执其中"后，所以陡然转叙汤、武诰誓，这种特定的叙次及其可能存在的脱文，恐怕也应以《保训》之类传说的流行来解释。

"尧曰"章与《唐虞之道》《保训》等出土楚简所述的诸多关联，学界以往鲜有讨论。今着眼于其所涉母题和叙次要节，结合先秦以来同类叙说，比勘其间旨趣大意，大略当可明确两个方面的问题：一是"尧曰"章所涉圣王谱系、圣王之道及尧舜禅让与汤武革命"其义一也"的意思，与上举出土战国文献所述多有相通之处，从而证明其至晚在战国中前期已是各界共同关注的问题，今人不能再以这类文字来质疑"尧曰"章内容形成晚至战国末以至秦汉。另一是在叙述形态和特点上，"尧曰"章所示"二帝三王之道"的叙述结构，包括从尧舜禹直接跳述汤武这样的叙次和"允执其中"等叙述要件，亦多可证于出土战国文献。这种隐于其义旨背后的叙述共性，绝非后世可得仿冒或窜入，应可帮助判断"尧曰"章内容的形成不晚于战国中前期。这两个方面，都不是可用个别词语、句式或有晚出之嫌来否定或视而不见的事实[1]，且为目前讨论"尧曰"章形成时期亟须补充认识的一个要点。

1　参姜广辉：《"清华简"鉴定可能要经历一个长期过程——再谈对〈保训〉篇的疑问》，《光明日报》2009年6月8日，第12版；王连龙：《清华简〈保训〉篇真伪讨论中的文献辨伪方法论问题——以姜广辉〈保训疑伪新证五则〉为例》，《古代文明》，2011年第2期；张翰墨：《新出文本与历史真实：王位继承语境下清华简〈保训〉篇解读及相关问题讨论》，《浙江大学学报（人文社会科学版）》，2019年第2期。

　　　　　　　　　　中古政治与思想文化史论

三、《大禹谟》《汤诰》等篇与"尧曰"章之重文

以下要考察的是"尧曰"章内容的另一特色和问题，即其与文献所载尧、舜典谟及汤、武诰誓多有重文。这也就是前引苏轼、朱熹所说"此章杂取《大禹谟》《汤诰》《泰誓》《武成》之文，而颠倒失次"的疑问[1]，至元明清及现代学界承之而论，相关问题已与"尧曰"章辨伪或形成时期的讨论夹杂缠绕，有必要在以上所论基础上再加分疏。

"尧曰"章开头的命舜之语，从"天之历数在尔躬"所示的禅位之意，到"允执其中"表达的王道传承内涵，以及作为戒勉之语的"四海困穷，天禄永终"，这些文句皆出现于《尚书》古文二十五篇（"晚书"）的《大禹谟》中，只是之间隔有其他语句，故苏氏以为是"尧曰"章"杂取"于《大禹谟》。案"尧曰"章述"咨尔舜"云云为尧命舜之辞，《大禹谟》则主要是舜命禹之文，以前者为"杂取"于后者，虽粗合"尧曰"章"舜亦以命禹"之义，却也寓有此章由后人拼凑而成的猜疑。苏、朱身当晚书盛行之世，其认"尧曰"章数语杂取于《大禹谟》乃时风使然。但晚书诸篇自宋以来疑伪，至清人阎若璩详考为伪孔传而几成定论[2]，然则就应是《大禹谟》"杂

---

[1] 朱熹《四书章句集注》对此做了更为具体的表述。朱杰人等主编：《朱子全书（修订本）》第6册，第239—240页。

[2] 阎若璩撰、黄怀信等校点：《尚书古文疏证》，上海：上海古籍出版社，2010年，第122—130页。其中有关《大禹谟》的考证包括第九"言《左传》'德乃降'之语今误入《大禹谟》"、第三十一"人心惟危道心惟微纯出《荀子》所引道经"、第三十二"古书如此类者颇多"、第五十七"言《大禹谟》让皋陶不合（转下页）

取"了"尧曰"章文句而非反之，而此章所述的"咨尔舜"云云，亦当别有所本。本文不拟涉入《大禹谟》等晚书诸篇是否伪作的公案，但也认为"尧曰"章命舜之辞连同其下汤、武诰誓之文的由来出处，确实是需要加以讨论的一个问题。

除"咨尔舜"三字合乎虞夏书中的帝命之式外，"尧曰"章命舜之辞的全文，在今存先秦文献中别无类似表述，若将其各部分拆解开来，则都像晚书《大禹谟》间隔着出现其文那样，各有其由来或出处。如前所述，"允执其中"所示的王道传承内涵，既有《尚书·盘庚》等文献关于帝王执守中道的记载在前，又有《保训》篇可证战国中期以前就已流行着尧舜至成汤文武中道相承的传说。"天之历数在尔躬"所寓观念亦非晚近之物，如《墨子·天志中》述天不仅能对天子赏善罚恶，更能明哲识人而予其天子之位：

> 子墨子曰：吾所以知天之贵且知于天子者有矣。曰：天子为善，天能赏之；天子为暴，天能罚之……不止此而已矣，又以先王之书《驯天明不解》之道也知之。曰："明哲维天，临君下出。"则此语天之贵且知于天子，不知亦有贵知夫天者乎？曰：天为贵，天为知而已矣。然则义果自天出矣。[1]

（接上页）《尧典》让稷契"等条，惜其卷三全阙，第三十三"《大禹谟》句句有本"等条皆佚。另参《清华大学藏战国竹简（壹）》之《尹诰》释文前整理者李学勤之"说明"，第132页；裘锡圭：《中国古典学重建中应该注意的问题》，《中国出土文献十讲》，第13页；刘光胜：《〈古文尚书〉真伪公案再议》，《历史研究》，2020年第4期。

[1] 《墨子间诂》，第180—181页。王引之据《诗》云"明明上天，照临下土"，以为"临君下出"之"出"当作"土"。案《墨子·天志上》述"昔三代（转下页）

这里强调的君权天授之义，也就是"天之历数在尔躬"所寓的意思。陈梦家先生以为"《墨子》所谓'先王之书'有传文在内"[1]，从墨子引《驯天明不解》证其所论和"尧曰"章之所述，可见儒、墨两家论君权天授，背后往往有"先王之书"及相关"传文"为据。[2]《诗·大雅·文王》咏文王受命作周，其末提到了殷鉴：

> 殷之未丧师，克配上帝。宜鉴于殷，骏命不易。命之不易，无遏尔躬。宣昭义问，有虞殷自天。上天之载，无声无臭。仪刑文王，万邦作孚。[3]

《雅》《颂》即是以歌舞对"先王之书"所述的传咏和发挥，这里的"命之不易，无遏尔躬"两句，郑玄笺解为"天之大命已不可改易矣，当使子孙长行之，无终女身"。这几乎就是"尧曰"章述"天之历数在尔躬"的另一表述，况其所寓君位天授之义，又可溯至《尚书·皋陶谟》"天叙有典"，"天秩有礼"，"天命有德"，"天讨有

（接上页）圣王禹汤文武，此顺天意而得赏也"（《墨子间诂》，第177页）。尚以圣王得位为赏，至《天志中》直叙君权天授，非止明察秋毫赏善罚恶而已。其"明哲维天"之哲，义同《皋陶谟》的"知人则哲，能官人"；"临君下出"义近"天之历数在尔躬"，"出"字不当改。

1　陈梦家：《尚书通论》，石家庄：河北教育出版社，2000年，第26页。

2　顾颉刚先生即以为"尧曰"章"咨尔舜，天之历数在尔躬"之文，当是尧禅舜之中心文辞，"必为另一《尧典》本"。顾颉刚、刘起釪：《尚书校释译论》，北京：中华书局：2005年，第387页。

3　引文及下引郑笺俱见《十三经注疏》，第505页。

罪"；《康诰》"天乃大命文王，殪戎殷，诞受厥命"等处所述。[1]足见其有典有据而所来有绪。

至于"尧曰"章命舜之辞最后的"四海困穷，天禄永终"二语，何晏《集解》引包氏释为"困，极也；永，长也。言为政信执其中，则能穷极四海，天禄所以长终也"，为祝福嘉勉之吉语；而晚书《大禹谟》舜命禹则云"钦哉！慎乃有位，敬修其可愿，四海困穷，天禄永终。唯口出好兴戎，朕言不再"，唐以前注家皆据其上下文释为诫饬禹失民心即失天禄而道消运终之凶辞。[2]今案"困穷"二字，先秦典籍皆作凶辞，并无一例可解作"穷极"。[3]"永终"则多为吉语，义与"不终"相反。如《尚书·金縢》述周公曰："予小子新命于三王，惟永终是图。"[4]《易·归妹》象辞："泽上有雷，归妹。君子以永终知敝。"[5]故阎若璩以为"四海困穷是儆辞，天禄永终是勉

1　《十三经注疏》，第139、203页。另如《逸周书·商誓解》为武王诫殷民之辞，其开头即称"予来致上帝之威命明罚"，后文又述"今纣弃成汤之典，肆上帝命我小国曰：革商国"。《逸周书汇校集注》，第480、490页。又《诗·大雅·皇矣》："皇矣上帝，临下有赫。监观四方，求民之莫。"《诗·周颂·执竞》："执竞武王，无竞维烈，不显成康，上帝是皇。"《十三经注疏》第519、589页。例多，不赘举。

2　《十三经注疏》，第136页。

3　如《易·需卦》象曰"需，须也，险在前也。刚健而不陷，其义不困穷矣"。《困卦》彖曰："困而不失其所亨，其唯君子乎。"《周易集解纂疏》，第113、421页。《管子·形势解》"臣下堕而不忠，则卑辱困穷"；《轻重甲》"困穷之民闻之而籴之"。《管子校注》，第1086、1314页。

4　《十三经注疏》，第196页。旧或疑《金縢》晚出，而清华简有原题为"周武王有疾周公所自以代王之志"之篇，整理者刘国忠认为其"当系《金縢》篇的战国写本"。可见其在战国前期已流传着文字大同小异的若干传本。清华大学出土文献研究与保护中心编、李学勤主编：《清华大学藏战国竹简（壹）》，第157—161页。

5　《周易集解纂疏》，第473—474页。

中古政治与思想文化史论

词"，应释作"四海当念其困穷，天禄当期其永终"。[1]然则"尧曰"章中的"困穷"一词，与晚书《大禹谟》中的"永终"一词，用法皆不合先秦常例，这大概也可表明其并未相互摘抄，尤其是不能凭此即断两者皆伪。在口传到书写的转折和写本流传过程中，当代惯用词和行文语气的窜入至为寻常，"尧曰"章自不例外。[2]古文献中远非每词每句均有所本或有同类语例可循，况其还要流传至今可凭考据，某些词义和行文今仍不得其解，可以继续讨论而不能凭此即断言其通篇为伪。

以下的"舜亦以命禹"一句，强调了尧舜之道相承。继而所述的"曰余小子履……朕躬有罪，无以万方；万方有罪，罪在朕躬"一段，文字与晚书《汤诰》交叠，但汉魏注家并未如此认为。何晏《集解》引孔安国曰："履，殷汤名也，此伐桀告天文也。"所说得

1　《论语集释》，第1346—1348页。顾颉刚《禅让传说起于墨家考》即循阎氏此释而发挥，解作"四海之内如能不困穷了，天禄就永远在你的名下了"。《古史辨》第七册（下），第60—61页。另参阎若璩撰、黄怀信等校点：《尚书古文疏证》第一百三"言《大禹谟》于'四海困穷'上插入他语，似舜误会尧之言"条，第545—551页。

2　另如"天之历数在尔躬"的"历数"一词，《庄子·寓言》述颜成子游谓东郭子綦以生死无常有曰："天有历数，地有人据，吾恶乎求之？"《庄子集释》，第958—959页。此"历数"即指星历度数。《艺文类聚》卷五《岁时下·历》引《尸子》曰："造历数者，羲和子也。"（第97页）其说本乎《尧典》所说的"乃命羲和，钦若昊天，历象日月星辰，敬授民时"，亦以星历授时为"历数"，后来如王弼《易注》即承此而释《革卦》象辞"君子以治历明时"，以为"历数时会，存乎变也"。《王弼集校释》，第465页。由此可推"尧曰"章以"历数"为王者位次，当与《尧典》反映的治历即定正朔而寓易代变革的观念有关，是其义相对晚出而仍由来有绪。

东汉御定之《白虎通》肯定[1]，皇侃以来注家多从之[2]。不过其下文又曰："《墨子》引《汤誓》，其辞若此也。"语颇微妙，因为今存《墨子·尚贤中》引有《汤誓》"聿求元圣，与之戮力同心，以治天下"数句，其文显非"尧曰"章所述[3]；倒是《墨子·兼爱下》所引《汤说》，出现了与"尧曰"章述汤曰极为相近的文字，却不是伐桀告天而是灭夏数年以后的祷雨之辞。[4]孔安国提到的"《墨子》引《汤誓》"，应当就是《墨子·兼爱下》所引的《汤说》，其注意到两者之

1　《覆正平本论语集解·尧曰》，黎庶昌辑：《古逸丛书》上册，第100页。《白虎通·三正》"改朔征伐先后"章："《论语》曰：予小子履敢用玄牡敢昭告于皇王后帝。此汤伐桀告天，以夏家之牲也。"《白虎通疏证》，第361页。

2　皇侃《论语集解义疏》与邢昺《注疏》皆以此为伐桀告天文，可见苏轼、朱熹以"予小子履"云云为取乎《汤诰》是存在问题的，因为晚书《汤诰》明言其克夏归亳"诞告四方"之文，其末虽有"尔有善，朕弗敢蔽；罪当朕躬，弗敢自赦，惟简在上帝之心。其尔万有罪，在予一人；予一人有罪，无以尔万方"之文，却与"伐桀告天文"无关。《十三经注疏》，第162页。况与前述《大禹谟》同理，若以之为伪孔传，则应是《汤诰》摘录了"尧曰"这段文字。

3　《墨子间诂》，第51—52页。孙诒让述"今《汤誓》无此文，伪古文撅此为《汤诰》"。案先秦文献而名为《汤誓》者约有三种：一是《尚书·汤誓》，为商汤伐桀战于鸣条的誓师之文，《孟子·梁惠王上》及《史记·殷本纪》皆引其文，但与"尧曰"及晚书《汤诰》所述完全不同。二是《墨子·尚贤中》引《汤誓》十四字和《国语·周语上》引《汤誓》十七字，这些文字皆不见于今本《尚书·汤誓》，也有可能是其佚文。三是《集解》引孔安国所说"《墨》子引《汤誓》"而实为《兼爱下》所引的《汤说》，似属先秦一文多名之例。本文主旨不在讨论《汤誓》，因其与"尧曰"章来源相关而附注其况于此。

4　《墨子·兼爱下》述圣王之兼爱无私有曰："虽汤说即亦犹是也。汤曰：'惟予小子履，敢用玄牡，告天上天后曰：今天下大旱，即当朕身履，未知得罪于上下，有善不敢蔽，有罪不敢赦，简在帝心。万方有罪，即当朕身，朕身有罪，无及万方。'即此言汤贵为天子，富有天下，然且不惮以身为牺牲，以祠说于上帝鬼神。"《墨子间诂》，第112—113页。关于《汤说》讨论的旧说，参蒋善国《尚书综述》第六章《逸书》对《兼爱下》引《汤说》的考辨（上海：上海古籍出版社，1988年，第398—400页）。

文大同小异而场合截然有别，遂特交代"尧曰"章这段文字别有一说。这是一种审慎的态度，但综考先秦相关表述，问题应该是出在《墨子》而不是"尧曰"章上。

以"尧曰"章述"小子履"云云为"伐桀告天文"，实与先秦文献关于帝王归罪己身的诸多记载合辙。现将其中要者列出于下：

《尚书·盘庚上》告诫其民"听予一人之作猷"有曰："无有远迩，用罪伐厥死，用德彰厥善。邦之臧，惟汝众；邦之不臧，惟予一人有佚罚。"[1]

《左传·襄公十三年》载晋诸大夫能让而政通人和，君子曰："……《书》曰：'一人有庆，兆民赖之，其宁惟永。'其是之谓乎！"[2]

《国语·周语上》记襄王时出使晋侯的内史过曰："在《汤誓》曰：余一人有罪，无以万夫；万夫有罪，在余一人。"[3]

《逸周书·商誓解》述武王诫殷民有曰："敬诸，昔在我西土，

---

1 《十三经注疏》，第170页。

2 《十三经注疏》，第1954页。所引《书》文见《尚书·吕刑》，记吕侯劝周穆王申明夏刑，因吕侯又作"甫侯"，亦称《甫刑》。《十三经注疏》，第247、249页。故《礼记·缁衣》引"《甫刑》曰：一人有庆，兆民赖之"。郭店楚简及上博简皆有《缁（紶）衣》篇，均引此两句而作《吕刑》。见荆门市博物馆编：《郭店楚墓竹简·缁衣》，第50页；马承源主编：《上海博物馆藏战国楚竹书（一）》，上海：上海古籍出版社，2001年，第182页。

3 《国语集解（修订本）》，第32页。韦昭注此曰："《汤誓》，《商书》伐桀之誓也。今《汤誓》无此言，则散亡矣。"是《国语》正文未明其语的场合而韦昭注定其为伐桀之誓，或是受《白虎通》及孔安国《论语》注之影响。

我其齐言,胥告商之百姓无罪,其维一夫。予既殛纣承天命,予亦来休命。"[1]

《孟子·梁惠王下》称周文、周武王一怒而安天下之民:"《书》曰:'天降下民,作之君,作之师,惟曰其助上帝宠之四方,有罪无罪惟我在,天下曷敢有越厥志。'"[2]

《礼记·坊记》引"《太誓》曰:予克纣,非予武,惟朕文考无罪;纣克予,非朕文考有罪,惟予小子无良。"[3]

以上诸例均为春秋以来儒、墨所重而出处可靠的"先王之书",其中有的句式与"尧曰"所述"罪在朕躬"相类,另亦意同或义通,所述之事虽有早晚之别,所昭示的都是王者归罪于己的人格担当,特别是其语皆用于征战罪罚场合而无关于祷雨。

也就是说,诸多"先王之书"所示王者征讨罚罪而归过于己之辞,一直要到《墨子·兼爱下》所引的《汤说》中,才突然变成了祷雨时的揽过自责之文。这种现象在传说流衍中经常可见,却适足以表明《汤说》之"说",不外乎是"祝祈"和"小说家"之说。作

---

1 《逸周书汇校集注》,第484页。
2 《孟子正义》,第115—116页。赵岐注曰:"《书》,《尚书》逸篇也。"晚书《泰誓上》为武王伐纣孟津誓师之辞,亦有"天佑下民,作之君,作之师,惟其克相上帝,宠绥四方。有罪无罪,予曷敢有越厥志"一段。又清华简《厚父》亦有"作之君,作之师,惟曰其助上帝乱(训作治)下民"之语而无"有罪无罪"云云数句。清华大学出土文献研究与保护中心编、李学勤主编:《清华大学藏战国竹简(伍)》,第110页。
3 《礼记集解》,第1287页。晚书之《泰誓下》亦有此一段,见《十三经注疏》,第182页。

中古政治与思想文化史论

为祝祈之说[1]，《兼爱下》所谓《汤说》就是指其下所述的汤祷文，而非一部名为《汤说》的典籍；若是小说家之说，《汤说》性质实即《汉书·艺文志》诸子略小说类著录的《黄帝说》《伊尹说》之类[2]。无论如何，这都是晚出的传说、寓言而非记实之作。相比之下，以"尧曰"章这段文字为伐桀告天之文，既符其前典籍的相关记载，尤合长期以来王者征伐归罪于己以示大义的传统，两者孰前孰后，孰信孰疑，在上举相关记载的谱系中不问可知。

接下来，"尧曰"章述武王伐纣之辞与晚书的重文问题，情况也与上述伐桀告天文相类。其先所述的"周有大赉，善人是富，虽有周亲，不如仁人"数语，固然可在晚书《武成》述武王伐殷归来的"大赉于四海，而万姓悦服"中找到影子[3]，更合其辙的却是《左传·僖公五年》述宫之奇引《周书》曰"皇天无亲，惟德是辅""黍稷非馨，明德惟馨""民不易物，惟德繄物"[4]。至于其后的"百姓有过，惟予一人"两句，虽亦见于晚书《泰誓中》述武王伐殷孟津誓师的"天视自我民视，天听自我民听。百姓有过，在予一人，今朕

1　上博简《鲁邦大旱》载孔子曰："庶民知敚之事，视也，不知刑与德。"此"敚"字，整理者马承源释为"从兑得声，通说"，为求雨的祭名。马承源主编《上海博物馆藏战国楚竹书（二）》，第205—206页。清华简有《敚命》上中下篇，所述为傅说相武丁之事，其说亦皆作"敚"。清华大学出土文献研究与保护中心编、李学勤主编：《清华大学藏战国竹简（叁）》，第121—131页。
2　关于《墨子·兼爱下》所引《汤说》性质及其在战国末年以来的衍生文本，参楼劲：《汤祷传说的文本系统》，《中国社会科学院历史研究所学刊》第六集，北京：商务印书馆，2010年，第29—56页。
3　《十三经注疏》，第185页。
4　《十三经注疏》，第1795页。此《周书》之文不见于今存《尚书》和《逸周书》，历来注家皆以此为逸《书》。

必往"这一段，但前引诸多类似语例，已足表明其同样可以诸多先王之书为其来源。况且《墨子·兼爱中》载昔武王将事泰山隧，传曰：

> 泰山，有道曾孙周王有事，大事既获，仁人尚作，以祇商夏，蛮夷丑貉。虽有周亲，不若仁人，万方有罪，惟予一人。[1]

其文兼含晚书《武成》的"虽有周亲，不若仁人"和《泰誓中》的"万方有罪，惟予一人"四句，却已将之合为武王将事泰山而称誉太公之辞。[2]这也可见先秦文献中某些典故或警句常可作为"套语"用于不同场合、不同叙事以证不同主旨[3]，同时亦表明"尧曰"章述武

---

1 《墨子间诂》，第103—104页。

2 魏徵等撰：《群书治要》卷三六引《尸子·绰子》："文王曰：苟有仁人，何必周亲。"（第628页）《说苑·贵德》载武王克殷，召太公、邵公、周公治理之方，"周公曰：'使各居其宅，田其男国，无变旧新，唯仁是亲。百姓有过，在予一人。'武王曰：'光大乎，平天下矣！'"《说苑校证》，第98—99页。两者与《兼爱中》等处所载为完全不同的场合之语。又如"尧曰"后半段的"兴灭国，继绝世，举逸民"，《韩诗外传》卷八及《礼记·中庸》皆从之述为先王之政，而《说苑·君道》《敬慎》俱述为殷高宗武丁之事，《尚书大传》则并存此二说。亦属此类。屈守元：《韩诗外传笺疏》，第707页；《说苑校证》，第22、248页；《清经解续编》卷六二陈寿祺《〈尚书大传〉辑校》，第1856页。

3 美国学者米尔曼·帕里和艾伯特·洛德注意到荷马史诗和二十世纪波斯尼亚、黑塞哥维那地区流行的口头史诗，均存在着重复地、循环地使用"常备的片语"（stock phrases）和"习用的场景"（conventional scenes）的现象，认为类似的叙事范式存在于世界各地的古典作品和传统论述，并提到了中国《诗经》与现代扬州平话在这方面的类似之处。见约翰·迈尔斯·弗里：《口头诗学：帕里—洛德理论》之"作者中译本前言"，朝戈金译，北京：社会科学文献出版社，2000年，第1—12页。阿尔伯特·贝茨·洛德：《故事的歌手》第一章《导论》、第三章《程式》，尹虎彬译，北京：中华书局，2004年，第3—16、40—95页。"尧曰"章（转下页）

　　　　　　　　　　　　　　中古政治与思想文化史论

王伐纣之文，大可与《武成》《泰誓》各有所本而非相互摘抄。[1]

因此，把"尧曰"章与《尚书》若干篇章的重文归结为相互摘抄，可谓局限明显而视野过窄，并未虑及先秦文献形成和流传的诸多面貌。近年以来越来越多的证据和研究，均表明战国各家之文非但多有同名异文或同文异名，而且往往多系各本并行流传，其间词语的出入和话题、句式交叠实属正常。"尧曰"章与尧舜、汤武典谟诰誓的若干重文，即应在中国古文献学的这种新进展、新认识基础上来看待。[2]从诸处所引先王之书与战国儒、墨等子家之作在相关话题和文句上的交叠互见，结合前述郭店楚简《唐虞之道》、上博简《容成氏》、清华简《保训》等篇与传世文献所载的相通，即可断定这类重文多半都属春秋以来世人的热门话题和流行句式，适可证明其取本儒、墨所重的先王之书而编成于孔子弟子、门人的可靠性，而难成为证其晚出或作伪的依据。

（接上页）与其他文献的重文及与《墨子》所述的出入，即为"常备的片语"和"习用的场景"被口传向书写过渡期中的先秦叙事反复构拟和运用的例证。

1　《白虎通·号》"王者接上下之称"章："称帝王者，有位号天下至尊之称，以号令臣下也。故《尚书》曰：'咨，四岳！''王曰：格汝众。'或称一人，王者自谓一人者，谦也。欲言己材能当一人耳。故《论语》曰：'百姓有过，在予一人。'"《白虎通疏证》，第47页。其前文引《尚书》而后面改引《论语》，显然不以《论语》"尧曰"章"百姓有过，在予一人"之文为摘自《尚书》，这一点亦可支持晚书为伪孔传说。

2　参李学勤：《对古书的反思》，收入所著《简帛佚籍与学术史》，南昌：江西教育出版社，2001年，第28—33页；裘锡圭：《中国古典学重建中应该注意的问题》，收入所著《中国出土古文献十讲》，第1—16页；李零：《简帛古书与学术源流》第六讲《简帛古书的体例与分类》，北京：生活·读书·新知三联书店，2004年，第193—211页；谢维扬、朱渊清主编：《新出土文献与古代文明研究》之谢维扬"序"，上海：上海大学出版社，2004年，第1页。

四、"尧曰"章述禅让、革命与现实政治之关联

　　"尧曰"章及其注疏自古属于经学，晚近学者虽服膺六经皆史，对之各有所揭，却很少正面论其历史背景和影响。1939年，吕思勉先生改定《唐虞夏史考》一文，在"尧曰"章所涉尧舜禅让说研究上提出了自己的看法，其述先秦禅让说儒家称美而法家诋斥，然"自周以前，能让国者，有伯夷、叔齐、吴泰伯、鲁隐公、宋宣公（《春秋》隐公三年）、曹公子喜时（成公十六年）、吴季札（襄公二十九年）、邾娄叔术（昭公三十一年）、楚公子启（哀公八年）之伦（又有越王子搜，见《庄子·让王》《吕览·贵生》，惟亦系借以明养生之义，其真相不可考）。既非若儒家之所云，亦非若法家之所斥，史事之真，固可据此窥测矣。然儒家所说，虽非史事之真，而禅继之义，则有可得而言者……当时虽莫能行，而国为民有之义，深入人心，卒成二千年后去客帝如振槁之局，儒者之绩亦伟矣"。[1]这里不仅指出了禅让说兴起有其史实背景，且以为现代推翻帝制也有儒家此说奠定的"国为民有"传统之功，其论发于疑古、厌儒蔚

1　吕思勉：《唐虞夏史考》一《禅让说平议》，其末批评"今之论者，举凡古人之说一切疑为有意造作，则非予之所敢知矣"。《古史辨》第七册（下），第267—270页。"客帝"本是清末革命党人对满族皇帝之称。参章太炎：《太炎文录补编上·客帝论》，《章太炎全集》册十，上海：上海人民出版社，2018年，第130—132页。然吕先生上引文既述"国为民有之义"，则是以各族之帝皆为客而非主也。又，《左传》僖公十八年冬："邢人、狄人伐卫，围菟圃，卫侯以国让父兄子弟及朝众曰：'苟能治之，毁请从焉。'众不可，而从师于訾娄。"《十三经注疏》，第1809页。像卫文公这类让国而未果之例，又不在吕先生所举之列。

为风气之时，足显史家之本色与责任。[1]笔者不敏，亦愿循吕先生所
辟理路，在此梳理西周至春秋以来有关禅让与革命的史实，以有助
于理解"尧曰"章关注尧舜、汤武及其王道理念的时代背景。

　　吕先生列举西周至春秋的诸多让国实例，已提示了"尧曰"章
述尧舜禅让与现实历史的关联。以下谨就本文主旨所及补充三端：

　　一是"吴泰伯"为带领周人徙岐的古公亶父长子，其与次子虞
仲皆自放于荆蛮而让国于少弟季历，即周文王姬昌之父[2]。其事表明
西周祖先传说自公刘以来虽皆传子，却也存在着让位崇贤传统，是
为其后出现诸多让国之例的背景之一，《论语·泰伯》以泰伯"三以
天下让"而誉为"至德"[3]。到战国时期，其著例有燕王子哙让位子之
而致国乱[4]，事在公元前316年[5]。在此之前的魏惠王，《吕氏春秋·审

―――――――――――
1　1940年钱穆改定《唐虞禅让说释疑》一文，以乌桓、鲜卑、契丹、蒙古早先之
王位推选，说"中国上世疑亦有此"，则从人类学角度肯定尧舜禅让说合乎"各民
族共循之轨辙"而寓有某种史实，其末亦批评"近人全认传说为伪造与说谎，此所
以治古史多所窒碍也"。《古史辨》第七册（下），第292—295页。这与吕先生从史
学出发的考虑殊途而同归。
2　《史记》卷四《周本纪》，第115页。同书卷三一《吴太伯世家》载为太伯、仲雍
兄弟奔荆蛮，至武王克殷求其后，得周章，"乃封周章弟虞仲于周之北故夏虚"。所
载"虞仲"为周章之弟（第1445—1446页）。
3　《覆正平本论语集解》，黎庶昌辑：《古逸丛书》上册，第40页。
4　《史记》卷三四《燕召公世家》，第1555—1556页。《战国策·魏策二》记犀首公孙
衍谓张仪曰："请令王让先生以国，王为尧舜矣；而先生弗受，亦许由也。衍因令王
致万户邑于先生。"所说与《史记》载鹿毛寿说燕王雷同。《战国策笺注》，第589页。
1977年出土于河北平山县战国晚期中山王墓葬的中山王𧊒鼎铭有曰："昔者，郾郡子
儈……迷惑于子之而亡其邦，为天下僇。"同时出土的䜌盉壶铭亦有"逢郾亡道炀上，
子之大辟不宜，返臣丌主"之语（《殷周金文集成（修订增补本）》，北京：中华书局，
2007年，册二02840，第1529页；册六09734，第5137页）。皆以燕王禅位子之为戒。
5　其时齐宣王伐燕"五旬而举之"，《孟子·梁惠王下》述孟子说齐宣王，认为
"今燕虐其民而王往而征之，民以为将拯己于水火之中也，箪食壶浆以（转下页）

应览》之《不屈》记其亦欲让位惠施：

> 魏惠王谓惠子曰："上世之有国，必贤者也。今寡人实不若先生，愿得传国。"惠子辞，王又固请曰："寡人莫有之国于此者也，而传之贤者，民之贪争之心止矣。欲先生之以此听寡人也。"惠子曰："若王之言，则施不可而听矣……"[1]

惠施以为若此则贪争之心将愈甚，故坚辞之。其事无从断其真否，但也可见燕王让位子之一事绝非偶然发生。而要寻究其因，在学界指出的尧舜禅让说流行和影响的背后，恐怕也须考虑西周以来诸多让国实例及誉之为德行高洁的舆论存在，加之春秋战国君位、国姓常因臣下"篡弑"而变动的残酷刺激[2]，方可理解时人所以关注尧舜禅让之道，以及"尧曰"章等处所以论及禅让的现实背景。

二是如《容成氏》等文献所示，战国中前期禅让说的重要发展趋势，是把让国之举向尧舜以前延伸，使之成为上古帝王传位的通

（接上页）迎王师"，故可"谋于燕众，置君而后去之"，则同汤、武之师。《孟子正义》，第154—156页。孟子以齐宣王出兵平燕国子之禅位之乱上比汤武，反映了儒生对此亟不认同的态度。

1　《吕氏春秋集释》，第494—495页。

2　《孟子·梁惠王上》述春秋以来臣弑君者"不为不多矣。苟为后义而先利，不夺不厌"。《孟子正义》，第36—43页。《韩非子·说疑》述《记》曰："'周宣王以来，亡国数十，其臣弑其君而取国者众矣。'然则难之从内起与从外作者相半也，能一尽其民力破国杀身者，尚皆贤主也；若夫转法易位，全众传国，最其病也。"陈奇猷校注《韩非子集释》引俞樾曰"全众传国"如"晋静公、齐康公之类"，是君不能死而反见屈于臣（第926、930页）。是法家以失国有破国杀身及全众传国两种模式，后者亦近乎让国而"最其病也"。

则。这显然不只是要延长尧舜所承的帝王谱系，而是要以这一谱系所弘"黄金世界"的光环来为尧舜禅让加冕，从而确立禅让所寓公天下诸原理的神圣性和对于后世的普适性。这一趋向在春秋以来传统与现实的激荡中尤其具有现实意义，《左传·昭公三十二年》载赵简子问史墨以季氏出鲁侯之事，史墨有曰：

鲁君世从其失，季氏世修其勤，民忘君矣。虽死于外，其谁矜之？社稷无常奉，君臣无常位，自古以然。故诗曰：高岸为谷，深谷为陵。三后之姓，于今为庶，王所知也。[1]

史墨既强调民心向背，则其所说的"社稷无常奉，君臣无常位"，自应从周初以来的"天命靡常""唯德是授"说得义[2]，而"自古以然"一语，即道出了诸子纷纷而述尧舜以前圣王禅让谱系的作用和影响。因此，正如郭店楚简《唐虞之道》开篇即述"禅而不传"所示，时人塑造上古帝王谱系，赞美尧舜禅让之合乎传统或天道人

---

1 《十三经注疏》，第2128页。

2 《诗·大雅·文王》语，郑笺："无常者善则就之，恶则去之。"《尚书·酒诰》说殷人无德，民怨闻于天，"故天降丧于殷，罔爱于殷，惟逸"。其中已含有"天命无常，唯德是授"理念。《左传·成公十六年》记鄢之战时范文子语："《周书》曰：惟命不于常。有德之谓。"此《周书》"惟命不于常"为《康诰》周成王诫康叔之语，范文子直接把天命与有德相联系。以上分见《十三经注疏》第505、207、1919页。《国语·晋语六》记其时范文子曰："吾闻之：天道无亲，唯德是授。吾庸知天之不授晋且以劝楚乎？"其义尤明。《国语集解（修订本）》，第396页。又前引《左传·僖公五年》宫之奇引《周书》"皇天无亲，惟德是辅"，而《老子》第七十九章："天道无亲，常与善人。"高明：《帛书老子校注》，北京：中华书局，1996年，第217页。老聃为周守藏史，史墨为晋国太史，故皆熟《周书》而所述相类。

心，完全是着眼于三代以来家天下时期而言的，所关心的是"传而不禅"的现实世界亦应本乎仁心奉行古圣王践履和确立的公平中正尚德崇贤等普适价值。

三是围绕禅让说的讨论至于战国末年并未衰歇[1]，而是在不断深入。《孟子·万章上》：

> 万章曰："尧以天下与舜，有诸？"孟子曰："否。天子不能以天下与人。""然则舜有天下也，孰与之？"曰："天与之。""天与之者，谆谆然命之乎？"曰："否。天不言，以行与事示之而已矣。"曰："以行与事示之者，如之何？"曰："天子能荐人于天，不能使天与之天下；诸侯能荐人于天子，不能使天子与之诸侯；大夫能荐人于诸侯，不能使诸侯与之大夫。昔者尧荐舜于天而天受之，暴之于民而民受之，故曰天不言，以行与事示之而已矣。"曰："敢问荐之于天而天受之，暴之于民而民受之，如何？"曰："使之主祭而百神享之，是天受之；使之主事而事治，百姓安之，是民受之也。天与之，人与之，故曰天子不能以天下与人。"[2]

上引对话往复递进，不难体会其时禅让说相关问题绝非已成定论，而是处处有疑亟待讨论明确。结合《庄子》《荀子》《韩非子》

---

1 参罗新慧：《〈容成氏〉〈唐虞之道〉与战国时期禅让学说》，《齐鲁学刊》，2003年第6期；彭裕商：《禅让说源流及学派兴衰——以竹书〈唐虞之道〉〈子羔〉〈容成氏〉为中心》；梁涛：《〈唐虞之道〉研读》。
2 《孟子正义》，第643—646页。

《吕氏春秋》等处的禅让之说[1]，可知其讨论焦点在于公天下时期之权力本原及其让渡程式是否适用于家天下时期，而孟子代表的亦即与《论语》成书关系最密的子思之儒的看法，则是要随时代递变弥合尧舜禅让旧说所寓的种种问题，使之得以承载家天下时期秩序建构和权力运作的准则，成为一个足供矫治现实之弊的新范式。

由此三端，足见"尧曰"章述尧舜禅让不仅有其现实背景，而且有其后续讨论和影响，因为其确实是礼崩乐坏亟欲重建秩序之时首当其冲的政治理念所关。也正是这样的形势和任务，又尤其凸显了"尧曰"章继尧舜禅让即述汤武革命理念的意义之所在。与尧舜禅让传说相比，汤武革命乃实际发生的历史事件且经周初定型[2]，自

1　如《庄子·秋水》："昔者尧舜让而帝，之哙让而绝；汤武争而王，白公争而灭。由此观之，争让之礼，尧桀之行，贵贱有时，未可以为常也。"《庄子集释》，第580页。《荀子·成相》篇："尧让贤，以为民，氾利兼爱德施均，辨治上下，贵贱有等明君臣。尧授能，舜遇时，尚贤推德天下治。虽有贤圣，适不遇世孰知之？"《荀子集解》，第462页。《吕氏春秋·季春纪》之《圜道》："尧舜，贤主也，皆以贤者为后，不肯与其子孙，犹若立官必使之方。今世之人主皆欲世勿失矣，而与其子孙，立官不能使之方，以私欲乱之也。"《吕氏春秋集释》，第81—82页。《韩非子》除多论尧舜禅让外，其《二柄》又论及子之之事："燕子哙好贤，故子之明不受国……子之托于贤以夺其君者也，竖刁、易牙因君之欲以侵其君者也，其卒子哙以乱死，桓公虫流出户而不葬。"《韩非子集释》，第112页。这类讨论俱寓特定义旨，例多不赘举。

2　《尚书·多士》记周公以王命诰，诫饬殷民，述武王"将天明威，致王罚，敕殷命终于帝"，且曰："我闻曰：'上帝引逸。'有夏不适逸，则惟帝降格，向于时夏。弗克庸帝，大淫泆有辞。惟时天罔念闻，厥惟废元命，降致罚，乃命尔先祖成汤革夏，俊民甸四方。"后文又说"惟殷先人有册有典，殷革夏命"。这是以周革殷命上比"殷革夏命"，武王伐纣类于典册所载的成汤伐桀。《尚书·立政》记周公诫勉成王亦引殷之鉴而提到了商汤灭夏和武王灭殷之事。分见《十三经注疏》，第219—220、230—232页。《逸周书·芮良夫解》载芮良夫诫厉王及执政者之语："德则民戴，否则民仇，兹言允效于前不远，商纣不道夏桀之虐，肆我有家。"亦然。《逸周书汇校集注》，第1068页。

来其至为鲜明的内涵即是举义抗暴，后来遂被儒家提炼为"天地革而四时成，汤武革命，顺乎天而应乎人"[1]。但这并非没有不同声音，即便是孔子也曾抒发过虽"尽美矣，未尽善也"的遗憾[2]。"尧曰"章述汤武诰誓突出其敬天保民的仁心担当，以及前举诸多传世与出土文献的类此记载和讨论，多少均是对此的回应。其所传递的是对政权基础及其更替问题的关注，也是对西周、春秋以来诸多争攘放杀现实的思考。

自周初汤武革命说形成以来，为人熟知的后续事件是厉王、幽王被相继放杀。《史记·周本纪》载厉王好利而亲荣夷公，所为不道，"防民之口"，国人"道路以目"，召公屡谏不听。三年而国人"相与畔，袭厉王，厉王出奔于彘"。于是而有公元前841年的"共和行政"，约十四年后太子静立，即宣王。至宣王之子幽王登位后，亦因乱政而"国人皆怨"，遂有申侯联结西夷攻杀幽王，共立太子宜臼，即迁都雒邑揭开东周时期的平王。[3]这两起诸侯与国人放杀暴君的事例，既与周初以来的政治结构有关，也可视为汤武放杀传统的

1　《易·革卦》彖辞，《周易集解纂疏》，第436—438页。此外，《史记》卷三《殷本纪》载有伊尹放太甲三年迎归之事，晚书《伊训》《太甲》《咸有一德》篇皆与之相关。《史记》，第97—99页。

2　《论语·八佾》，《集解》引孔安国曰："《韶》，舜乐名也，谓以圣德受禅，故曰尽善也；《武》，武王乐也，以征伐取天下，故曰未尽善也。"《覆正平本论语集解》，黎庶昌辑：《古逸丛书》上册，第21页。又，伯夷、叔齐除作为孤竹国王子的让位事迹外，更有针对武王伐纣"不食周粟"而求仁得仁之高义。《史记》卷六一《伯夷列传》列为为臣者第一传（第2121—2127页），其义大可吟味。

3　《史记》，第142—149页。清华简《系年》记事自周初到楚悼王时，整理者李学勤等将其内容划为二十三章，其中第一章和第二章分别记及厉王和幽王乱政而被放杀之事，为流传于楚地之史书甚重相关教训的体现。清华大学出土文献研究与保护中心编、李学勤主编：《清华大学藏战国竹简（贰）》，第136—138页。

影响所致。[1]需要注意的是其在春秋仍有流绪,《左传·襄公十四年》记师旷论卫人出君之事:

> 师旷侍于晋侯,晋侯曰:"卫人出其君,不亦甚乎!"对曰:"或者其君实甚。良君将赏善而刑淫,养民如子,盖之如天,容之如地,民奉其君,爱之如父母,仰之如日月,敬之如神明,畏之如雷霆,其可出乎? 夫君,神之主也,民之望也。若困民之主,匮神乏祀,百姓绝望,社稷无主,将安用之,弗去何为?"[2]

师旷强调卫君"匮神乏祀,百姓绝望",已令天怒人怨,为卫人出君之举做了有力辩护。前引《左传·昭公三十二年》载史墨对赵简子之语,也是从为君之道和民本角度说鲁国"季氏出其君,而民服焉,诸侯与之,君死于外,而莫之或罪焉"。[3]这类事件及其所寓

---

1 1978年出土于陕西扶风齐村,现藏宝鸡青铜器博物馆的㝬簋,铭文为厉王祭祀先王的祝辞,内有厉王十二年纪年,其中自称"亡康昼夜,经拥先王,用配皇天。簧蒿朕心,坠于四方。肆余以䣔士献民,称盩先王宗室"云云。罗西章:《陕西扶风发现西周厉王㝬簋》,《文物》,1979年第4期。从铭文述其尽心于先王事业,尊崇上帝与先祖,勤于理政,可以推知厉、幽王形象的定型也有一个排除杂音的过程。参张政烺:《周厉王胡簋释文》,《古文字研究》第3辑,北京:中华书局,1980年;张亚初:《周厉王所作祭器㝬簋考——兼论与之相关的几个问题》,《古文字研究》第5辑,北京:中华书局,1981年。
2 《十三经注疏》,第1958页。
3 《十三经注疏》,第2128页。《说苑·君道》述陈灵公被杀,是其因其"行僻而言失"而又拒谏,泄冶谓其"不亡必弑"。同篇又述齐庄公被弑为"纵一人之欲,以虐万夫之性,非所以立君也。其身死,自取之也"。然又称"其臣已无道矣,其君亦不足惜也"。《说苑校证》,第3—4、30—31页。《说苑》虽仍为放杀辩护而称其为"弑"及"无道",足见其观念已渗透了纲常伦理。

权力来源问题和被统治者的权利意识，亦可置于汤、武以来放杀桀、纣、厉、幽的传统下来看待，更是春秋以来社会和政治秩序交相变动的产物。战国时人承此的思考则已不限于放杀而更为深入，如郭店楚简《成之闻之》有曰：

> 古之用民者，求之于己为恒。行不信则命不从，信不著则言不乐。民不从上之命，不信其言，而能含德者，未之有也……上不以其道，民之从之也难。是以民可敬导也，而不可掩也；可御也，而不可牵也。故君子不贵庶物，而贵与民有同也。[1]

这就不限于一时一事，而是正面表述和肯定了统治若"不以其道"，被统治者即可反抗"不从"的原理，类此之论似已成为当时士人之公论。[2]而更为激烈也具理论彻底性的观点，如《孟子·尽心下》所述：

> 孟子曰："民为贵，社稷次之，君为轻。是故得乎丘民而为天子，得乎天子为诸侯，得乎诸侯为大夫。诸侯危社稷，则变

---

1 荆门市博物馆编：《郭店楚墓竹简·成之闻之》，第41—42页。李零《郭店楚简校读记》名此篇为《教》，编连也有异于此，如上引文省略号前后两段，李零以后者在前，然其释文相同（第157—159页）。

2 如《郭店楚墓竹简·尊德义》："下之事上也，不从其所命，而从其所行。"（第42页）荆门市博物馆编：《郭店楚墓竹简·鲁穆公问子思》述子思以"亟言其君之恶"为忠臣，成孙弋释之为重大义而远禄爵（第24页）。这些议论均以春秋以来大量以下犯上以至于放杀的事件为其背景，与传世文献所载一起体现了时人对统治与被统治者关系所蕴"大义"的思考。

置。牺牲既成，粢盛既洁，祭祀以时，然而旱干水溢，则变置社稷。"[1]

　　孟子直截了当地提出了"得乎丘民而为天子"，"诸侯危社稷，则变置"的原理，如果政教无异、祭祀不失而有大灾大异，则社稷之神也可以逐出改易。由此看来，正是由于春秋战国形形色色犯上作乱以至易姓灭国的现象，正是因为现实中的政权更替、霸权转移和邦国兼并几无不通过征战放杀来完成，令当时一批志士仁人不能不深思放杀征伐的前提及拨乱反正之道[2]，才格外显出了汤武革命举义抗暴巨大而深沉的价值。

　　春秋战国时人因现实触动而深思革命放杀的合理性问题，不仅体现在对商汤灭夏和武王克殷的诸多讨论上，也在他们经常把厉王、幽王与桀、纣并列和将之符号化的做法中反映了出来。如《墨子·法仪》记墨子有曰：

1　《孟子正义》，第973—974页。

2　《淮南子·主术》称颂孔子有曰："《春秋》二百四十二年，亡国五十二，弑君三十六，采善鉏丑，以成王道，论亦博矣。"《淮南鸿烈集解》，第313页。《史记·太史公自序》："拨乱世反之正，莫近于《春秋》……《春秋》之中，弑君三十六，亡国五十二，诸侯奔走不得保其社稷者不可胜数。察其所以，皆失其本已！"（第3297—3298页）这都是说孔子编《春秋》强调道义以拨乱反正，其说与《孟子·滕文公下》述"孔子成《春秋》而乱臣贼子惧"相仿。《孟子正义》，第459页。又《尚书》及《诗经》之《雅》《颂》均有多篇涉及殷周革命，似亦表明孔子整理《诗》《书》，于此亦甚留意。《逸周书序》述其开头诸篇多关乎文武王德业及殷周革命，其后篇目亦多此类。这样的构成亦为其成书过程甚重殷周革命的体现。《逸周书汇校集注》，第1195—1219页。

昔之圣王禹汤文武，兼爱天下之百姓，率以尊天事鬼，其利人多，故天福之，使立为天子，天下诸侯皆宾事之。暴王桀纣幽厉，兼恶天下之百姓，率以诟天侮鬼，其贼人多，故天祸之，使遂失其国家，身死为僇于天下，后世子孙毁之，至今不息。故为不善以得祸者，桀纣幽厉是也，爱人利人以得福者，禹汤文武是也。[1]

像墨子这样把禹汤文武与桀纣幽厉对举，以之为夏商周三代圣王与暴君的代表，反映的是时人对三代家天下时期治乱兴衰的思考。自周初汤、武地位定型至春秋以来对之的讨论、强调，汤、武革命所完成的三代更替，无疑已是家天下争攘纷乱时期政权易姓的典范，也就尤其需要渲染桀、纣的暴虐无道。[2]至于幽、厉与之并举，则既是周人关注自身历史和揭示治乱之理的必要，亦因其传递了放杀暴君之义可供时人鉴戒。清华简《子犯子余》述公子重耳流亡在秦时，蹇叔对秦穆公之问，论及成汤之德与纣王之虐，又对重耳之问：

公子重耳问于蹇叔曰："亡□不逊，敢大胆问：天下之君子，

---

1 《墨子间诂》，第20—21页。

2 《论语·子张》："子贡曰：纣之不善也，不如是之甚也。是以君子恶居下流，天下之恶皆归焉。"《覆正平本论语集解》，黎庶昌辑：《古逸丛书》上册，第98页。《孟子·梁惠王下》述齐宣王问汤放桀，武王伐纣为臣弑其君，孟子曰："闻诛一夫纣矣，未闻弑君也。"同书《尽心下》质疑武王伐纣血流飘杵，说"尽信《书》则不如无《书》"。即为天下之善归于尧舜汤武而天下之恶归于桀纣厉幽的典型体现。《孟子正义》，第145、959页。《淮南子·缪称》曰："三代之善，千岁之积誉也；桀、纣之谤，千岁之积毁也。"所谓"千年"盖举其大数，指周初尤其是厉、幽以来。

欲起邦奚以？欲亡邦奚以？"蹇叔答曰："女欲起邦，则大甲与盘庚、文王、武王，如欲亡邦，则桀及纣、厉、幽王，亦备在公子之心已，奚劳问焉。"[1]

其所述亦为三代治乱兴衰，而以太甲、盘庚、文、武与桀、纣、厉、幽为对。这种圣王与暴君、光明与黑暗的强烈对比，本来就为瞽史乐工之所习诵，到春秋以来更因现实触动而成诸子争说的话题。[2]其大略可以说明当时关于政权基础问题的思考有两点已趋于巩固：一是厉、幽之败虽非易代仍被上比桀、纣，所突出的是放杀暴君合乎大义，彰显的是被统治者在高压之下并非无所作为的反抗和权利意识。二是将桀、纣、厉、幽与汤、武及太甲、盘庚上至尧舜禹等古圣王对举，则表明人们已大致认可了禅让与革命放杀存在着某种通行的准则，家天下与公天下之间存在着普适的价值与道义。[3]

1　清华大学出土文献研究与保护中心编、李学勤主编：《清华大学藏战国竹简（柒）》，上海：中西书局，2017年，第91—93页。其整理说明以《子犯子余》为记晋国史事的文献，性质有类《国语》。

2　如前引上博简《鬼神之明》，即以尧舜禹汤与桀纣幽厉对举，《墨子·所染》则以舜禹汤武与桀纣幽厉对举。《墨子·天志上》："昔三代圣王禹汤文武，此顺天意而得赏也；昔三代之暴王桀纣幽厉，此反天意而得罚者也。"《墨子间诂》，第11—12、177页。又《管子·形势解》："古者三王五伯，皆人主之利天下者也，故身贵显而子孙被其泽。桀纣幽厉，皆人主之害天下者也，故身困伤而子孙蒙其祸……汤、武征伐无道，诛杀暴乱，以致民利。故明主之动作虽异，其利民同也。"这是以三王五伯与桀纣幽厉对举。《管子校注》，第1103—1104页。

3　《管子·法法》"七言一"："世无公国之君，则无直进之士；无论能之主，则无成功之臣。昔者三代之相授也，安得二天下而杀之？"《管子校注》，第295页。这是说三代之天下即今之天下，其理一贯。至汉董仲舒所说更为明晰，《汉书》卷五六《董仲舒传》载其天人三策述唐虞三代其道相承，且曰："夫古之天下亦今之天下，今之天下亦古之天下……以古准今，壹何不相逮之远也？"（转下页）

要之，"尧曰"章所以关注汤、武举义的立心之正，着意以汤、武上接尧、舜而显其道之一贯，正是因为春秋以来不义战乱成为常态这个最大的政治现象和问题之所致，其核心则是要把汤武革命与尧舜禅让所寓之义通约为普适的准则，从而明确权力运作和让渡必须遵守的公理，由此体现并引领了在此动荡变革时代呼唤新秩序的思想潮流。而孟子借孔子之口将之概括为"唐、虞禅，夏后、殷、周继，其义一也"，以及汉以来经师承此而以"二帝三王之道"抒其精要，也均从不同角度代表了其所处时代对此潮流的继承和发展。

五、结语：二帝三王之道与政治哲学的突破

由于古人"述而不作"的传统，对唐虞三代尤其是尧舜禅让和汤武革命的历史叙说，实为中国古代王朝体制和王朝谱系的理论根基所系，华夏大地上蕴酿发展而凝聚升华的政治哲学和社会理想多在其中。[1]"尧曰"章所述尧舜、汤武之事及王道、王政之要，即是

（接上页）（第2517—2520页）《盐铁论·遵道》文学曰："师旷之调五音，不失宫商；圣王之治世，不离仁义。故有改制之名，无变道之实。上自黄帝，下及三王，莫不明德教，谨庠序，崇仁义，立教化，此百世不易之道也。"《盐铁论校注》，第568页。《白虎通·三正》"论百王不易之道"："王者受命而起，或有所不改者何也？王者有改道之文，无改道之实。如君南面，臣北面，皮弁素积，声味不可变，哀戚不可改，百王不易之道也。"《白虎通疏证》，第365页。

[1] 吴锐《由思想回溯历史的方法和局限——以"二帝三王之心"为例》一文，针对近年部分学者过度以考古发现附会上古传说的倾向，讨论了二帝三王之说所寓思想的价值及其并非真实历史的性质，并提请学界注意：以春秋战国时期的这类思想创造为线索来回溯上古历史，须慎之又慎（《中国哲学》第二十六辑，北京：中国社会科学出版社，2013年）。

奠定这一理论根基，刻画和塑造相关政治哲学和社会理想的重要篇章。关于此章的形成时期，前已论其无论是所示思想观念还是叙说结构和特点，是所本传说、记载的形态流变还是具体词语字句的出处来历，是传世文献所示二帝三王之说的流行时期还是出土楚简提供的证据，均表明其内容的形成不晚于战国中前期。由于学界公认《论语》基本部分大致形成于孔子身后的春秋末、战国初，自来又经七十子后学数次结集定本，故一旦明确"尧曰"章形成的这一时间下限，也就说明了其与《论语》各章内容的逐次定型约略同步而无真伪问题之可言。至于其间的文句脱讹或个别词语存在问题，考虑到口传至写本时代文献形成和流传的特点，似皆不足以为判断此章总体晚出的证据。

在此认识的基础上，对"尧曰"章所示"二帝三王之道"这个汉魏以来注疏确认的主旨，当可抉出以下几层意思：

一是"尧曰"章所述"二帝三王"之序，确为春秋以来各家所说华夏上古帝王谱系中具有相当共识的基干部分。尧、舜、禹、汤、武作为典型时期的典型人物在众多古帝王传说中脱颖而出，既有族群古国分合兴衰等方面的背景，更是由于唐、虞、三代实为公天下向家天下转折的关键时期，尧舜禅让和汤武革命又集中代表了这一转折时期政权更替的两大模式，也就理所当然地成了春秋以来各家清理和总结历史，各抒其所崇政治哲学和社会理想的枢轴，从而奠定了华夏法统建构的基础。如果说二十世纪古史辨派的主要成就是揭示了古史体系定型于战国以来这个在当时堪称石破天惊的事实，那么这一定型过程历经波澜而确认的辉煌时代和伟大人物即非所谓"信史"，却毫无疑问是华夏法统及其政治哲学、社会理想的真实建构和发展史。

二是"尧曰"章述二帝三王之事，要在贯注于其间的理念和准则。这正是春秋以来诸子围绕唐、虞、三代各抒其见的共性所在，到战国时期《唐虞之道》概括的"仁爱"，《鬼神之明》归结的"仁义圣智"，《子羔》解释的时风世情及生而神异，《容成氏》强调的德行功业，《保训》所说的"中道"相承，以及道家主张的顺时适性、大势转移和法家基此强调的谋虑威利，均体现了对古帝王谱系背后法则的寻求。也正是在尧舜和汤武被不断符号化，以证自身立场、观点和方法亘古正确的讨论争鸣中，逐渐滋长了一种认为公天下与家天下有其共性，尧舜时代的某些理念因合乎天道而普适于汤武时代的思想共识。这就从相对朴素的祖先溯源进至祖先精神脉绪的探寻总结，更从不同角度打通了公天下与家天下、禅位让国与革命放杀之间的界隔，从而构成了华夏法统建构的关键所在。

三是"尧曰"章述二帝三王所寓的基本理念和准则，从执中守正、仁心担当，到谨审修废、宽信敏公，基调无疑是儒家推崇的"王道"和王政之要。其说大抵是据典册及瞽史乐工口传之作提炼加工，并有商周以来相承不绝的禅让、放杀实例和范式可凭取鉴，更受到了春秋战国社会大变动和形形色色权力失范乱象的触动。故其展示的二帝三王之道尤其述尧舜禅让和汤武革命所寓的政治哲学和社会理想，实可代表孔门后学深痛于乱世的秩序追求，寄托和凝聚了他们对政权基础、权力更替、统治合法性和华夏法统问题的深邃思考。也正是儒家对唐、虞、三代圣王事迹的这类叙说，与道、墨、名、法等各有立场和旨趣的叙说交光互摄，主导并一起勾勒了承续华夏法统的王朝体制的基本轮廓，对秦汉以来历史产生了不可估量的影响。

"尧曰"章所述"二帝三王之道"的内涵，战国末年以来仍在孔门后学与其他各家的讨论争鸣中继续完善和丰富。如《荀子·正论》有曰：

> 世俗之为说者曰："桀、纣有天下，汤、武篡而夺之。"是不然……汤武非取天下也，修其道，行其义，兴天下之同利，除天下之同害，而天下归之也。桀纣非去天下也，反禹汤之德，乱礼义之分，禽兽之行，积其凶，全其恶，而天下去之也。天下归之之谓王，天下去之之谓亡。故桀、纣无天下，而汤武不弑君，由此效之也……天下者，至重也，非至强莫之能任；至大也，非至辨莫之能分；至众也，非至明莫之能和。此三至者，非圣人莫之能尽，故非圣人莫之能王……
>
> 世俗之为说者曰："尧、舜擅让。"是不然。天子者，执位至尊，无敌于天下，夫有谁与让矣？道德纯备，智惠甚明，南面而听天下，生民之属莫不振动从服以化顺之，天下无隐士，无遗善，同焉者是也，异焉者非也，夫有恶擅天下矣……故曰：诸侯有老，天子无老，有擅国，无擅天下，古今一也。[1]

其说上承《孟子·梁惠王下》《万章上》关于汤武革命和尧舜禅

1　《荀子集解》，第322—326、331—336页。

让之义的论辩[1]，下启董仲舒对此的继续讨论[2]，所针对的"世俗之为说者"，指的即是前引《庄子》《韩非子》所引的弑逼、专擅之类。[3]其核心观点是天下乃公器，非圣人莫之能王，强调尧舜、汤武为天命人心所归，以此防范擅让妄杀和私相授受，同时也开释了时人的若干反证。其论体现了孙卿之儒尤重礼法纲纪的特色，也反映了儒家相关理论到战国末年的发展。

可注意的是上引文述"天下归之之谓王"的利害与同说，与天下公器理念密切相关而所来有自，《管子·版法解》：

> 凡人者，莫不欲利而恶害。是故与天下同利者，天下持之；擅天下之利者，天下谋之。天下所谋，虽立必隳；天下所持，虽高不危。[4]

同属形成于战国时期，思想上与《管子》特有关联的《六韬》

1　《孟子正义》，第145—146、643—646页。

2　参《春秋繁露·尧舜不擅移汤武不专杀》，其要是说尧舜受天命而王天下，"不私传天下而擅移位"；汤武伐桀纣，乃"有道伐无道"而不为弑。《春秋繁露义证》，第219—221页。苏氏义证以为此篇"非董子文"，疑此为"辕固生与黄生争论语"。所说难以置信，笔者别有考，在此不赘。

3　关于尧舜与汤武之弑逼之说，前引《庄子》与《韩非子》已述之。尧舜擅让之说，如《韩非子·外储说右上》："尧欲传天下于舜，鲧谏曰：'不祥哉！孰以天下而传之于匹夫乎？'尧不听，举兵而诛，杀鲧于羽山之郊。共工又谏曰：'孰以天下而传之于匹夫乎？'尧不听，又举兵而诛共工于幽州之都。于是天下莫敢言无传天下于舜。仲尼闻之曰：'尧之知，舜之贤，非其难者也，夫至乎诛谏者必传之舜，乃其难也。'一曰：'不以其所疑败其所察，则难也。'"《韩非子集释》，第741页。

4　《管子校注》，第1126页。

论此尤详[1]，如其《武韬·顺启》：

文王问太公曰："何如而可以为天下？"太公曰："大盖天下然后能容天下，信盖天下然后能约天下，仁盖天下然后能怀天下，恩盖天下然后能保天下，权盖天下然后能不失天下。事而不疑则天运不能移，时变不能迁，此六者备然后可以为天下政。故利天下者天下启之，害天下者天下闭之，生天下者天下德之，杀天下者天下贼之，彻天下者天下通之，穷天下者天下仇之，安天下者天下恃之，危天下者天下灾之。天下者非一人之天下，唯有道者处之。"[2]

这都表明《荀子》为汤武辩护的"兴天下之同利，除天下之同害"说，乃是同期流行天下公器说的常见论调，可见儒、法等诸子之论在战国末年呼唤、建构新秩序时多有融汇共鸣。[3]尤其上引文所

---

1 《六韬》一书旧时多以为是托名太公望撰之伪书，余嘉锡《四库提要辨证》认为是《汉书·艺文志》诸子略道家类"《太公》二百三十七篇"中的一部分，乃战国相传的太公望书而窜有西汉之文（北京：中华书局，1980年，第587—592页）。1972年山东临沂银雀山1号汉墓出土约武帝前期以前所抄《六韬》简，大略可证余先生所考之是。参吴九龙：《银雀山汉简释文》之《叙论》，北京：文物出版社，1985年，第1—18页。
2 陈曦译注：《六韬》，北京：中华书局，2016年，第119—120页。唐初魏徵等编纂的《群书治要》卷三一摘《六韬》亦包括了上引诸文，其中"唯有道者处之"作"唯有道者得天下也"（第520页）。贾谊《新书·修政语下》亦述师尚父曰："天下者，非一家之有也，有道者之有也。故夫天下者，唯有道者理之，唯有道者纪之，唯有道者使之，唯有道者宜处而久之。"存《六韬》此说。贾谊撰，阎振益、钟夏校注：《新书校注》（以下简称《新书校注》），北京：中华书局，2000年，第371页。
3 《逸周书·殷祝解》述汤放桀，民皆归汤，桀再三请汤为王，汤皆拒之，（转下页）

说的"天下者非一人之天下，唯有道者处之"[1]，更对尧舜禅让说所寓
公天下让贤理念，做了与家天下时期汤武革命之义相通，又切合兼
并战争趋势的发挥和提炼。

荀子为韩非子、李斯之师，《管子》中多法家之论，《六韬》述
立国及战争法则，其说对秦国均有相当影响，其"天下公器"理念
在《吕氏春秋·孟春纪》之《贵公》中也有表述：

> 昔先圣王之治天下也，必先公，公则天下平矣……天下非一
> 人之天下也，天下之天下也。阴阳之和，不长一类；甘露时雨，
> 不私一物；万民之主，不阿一人。[2]

博采诸家之说而内容精审的《吕氏春秋》对秦兼六国和秦政的
影响亦大，上引文表明其同样强调了尧舜禅让说所寓的公天下理
念，所谓"公则天下平矣"，也明确以之为家天下时期必须遵行的
准则。非但如此，《吕氏春秋·孟秋纪》诸篇多述攻无道、伐不义之

（接上页）其意亦与《孟子·万章上》述"天子不能以天下与人"，尧舜禅让为"天
与之"相仿。尤其下文述三千诸侯大会即位之前，汤曰："此天子之位，有道者
可以处之。天子非一家之有也，有道者之有也。故天下者唯有道者理之，唯有
道者纪之，唯有道者宜久处之。"《逸周书汇校集注》，第1111—1117页。这种
对天下为公，唯有道者治之理念的透彻表述，也可表明《殷祝解》为战国晚期
作品。

1　《六韬》中的这类讨论还有《文韬·文师》："文王曰：'树敛何若而天下归之？'
太公曰：'天下非一人之天下，乃天下之天下也。同天下之利者则得天下，擅天下之
利者则失天下。'"《武韬·发启》："利天下者天下启之，害天下者天下闭之。天下者
非一人之天下，乃天下之天下也。"（第12、87页）

2　《吕氏春秋集释》，第24—25页。

理[1]，特别是其《怀宠》述征伐暴虐奸诈侵夺之国必"先发声出号"，以示顺天而应人：

> 今兵之来也，将以诛不当为君者也，以除民之仇而顺天之道也……故克其国不及其民，独诛所诛而已矣。举其秀士而封侯之，选其贤良而尊显之，求其孤寡而振恤之，见其长老而敬礼之……故义兵至，则邻国之民归之若流水，诛国之民望之若父母。[2]

这几乎是周人美化武王伐纣的翻版，又可视为秦灭六国的某种理论准备。可见统一六国前夕的秦国，除甚重耕战、法令和上首功外，也兼容并蓄了儒、墨各家的相关学说[3]，接受了尧舜禅让和汤武革命说所寓义理。

凡此均反映"尧曰"章述尧舜、汤武"其致一也"的理念，在战国末年已得进一步阐论、发展。也正是这类阐论，既凸显了尧舜

1　如其《荡兵》强调"古圣王有义兵而无有偃兵"；《振乱》述"攻无道而伐不义，则福莫大焉，黔首利莫厚焉"；《禁塞》述"兵苟义，攻伐亦可，救守亦可"，又以桀、纣、夫差、智伯瑶、晋厉、陈灵、宋康公"七君者，大为无道不义"，故皆被杀。《吕氏春秋集释》，第157、164、168—170页。又《韩非子·解老》述万物各有其理，皆循其道："道与尧舜俱智，与接舆俱狂，与桀纣俱灭，与汤武俱昌。"同书《难四》："天子失道，诸侯伐之，故有汤武。诸侯失道，大夫伐之，故有齐晋。臣而伐君者必亡，则是汤武不王，晋齐不立也。"这是以得道失道来总结汤武之王和春秋之霸，所论与《吕氏春秋》上文相近。《韩非子集释》，第365、870页。
2　《吕氏春秋集释》，第172—174页。
3　《吕氏春秋·孟春纪》之《去私》述秦惠王时墨家巨子腹䵍居秦。《吕氏春秋集释》，第31—32页。是战国中晚期墨者曾聚集于秦以践行其理念。故《吕氏春秋》之《去私》《当染》《节丧》《应同》等篇多有墨家思想。

禅让说所寓"天下乃天下之天下"和"唯有德者居之"的理念，又肯定了汤武革命说所寓被统治者"举义抗暴"的权利，并按"天意自我民意"的逻辑使三者围绕"顺天应人"而相辅相成，从而构成了家天下时期权力基础、权力运作和更替的三大政治公理。这是春秋战国作为中国"轴心时代"最具代表性的政治哲学突破，其中蕴含了人类历史上破天荒把权力来源、运作和让渡立基于民意的首套规则，更对华夏大一统王朝和多民族帝国体制的设计构筑产生了重大影响。[1]足为中国政治文明史和人类政治学说史上的灿烂篇章，值得今人竭诚习其大义并思其所以方死方生而承续开新之道。

总之，以"尧曰"章及同期的相关讨论为代表，春秋以来关于唐、虞、三代的历史叙说和华夏法统的建构，实与王朝谱系和王朝体制的形成过程相为表里，至于战国末年已在呼唤一个承续二帝三王而包举天下四海的新时代和新王朝。[2]其间要素除牵动兼并战争最

1　如汉人常引"天下乃天下之天下"而论体制或制度、政策问题，《汉书》卷八五《谷永传》载谷永对成帝之问："臣闻天生蒸民，不能相治，为立王者以统理之，方制海内非为天子，列土封疆非为诸侯，皆以为民也。垂三统，列三正，去无道，开有德，不私一姓，明天下乃天下之天下，非一人之天下也。"（第3466—3467页）同书卷七二《鲍宣传》载鲍宣哀帝时上谏："天下乃皇天之天下也……治天下者当用天下之心为心，不得自专快意而已也。"（第3089—3090页）《白虎通·三正》"论存二王之后"："王者所以存二王之后何也？所以尊先王，通天下之三统也。明天下非一家之有，谨敬谦让之至也。"《白虎通疏证》，第366页。袁宏《后汉纪》卷一八《孝顺皇帝纪上》载阳嘉二年京师地震，太史张衡对策："《易》'不远复'，《论》'不惮改'，朋友交接且不宿过，况于帝王承天理物，以天下为公者乎。"《两汉纪》，第356—357页。《续汉书·五行志三》光和元年蝗灾对策，刘昭补注引蔡邕请损私府别藏以赡国用，其结语曰："《易》曰'得臣无家'。言有天下者，何私家之有？"《后汉书》，第3320页。
2　参尤锐：《展望永恒帝国：战国时代的中国政治思想》第十章《战国时代的思想遗产》，孙英刚译、王宇校，上海：上海古籍出版社，2018年，第280—2284页。

后阶段的态势外，直至秦汉也仍在继续与现实历史发生多重积极的互动，在此谨举二例以结束本文：

《说苑·至公》述秦始皇亦曾受禅让说影响：

> 秦始皇帝既吞天下，乃召群臣而议曰："古者五帝禅贤，三王世继，孰是？将为之。"博士七十人未对。鲍白令之对曰："天下官，则禅贤是也；天下家，则世继是也。故五帝以天下为官，三王以天下为家。"秦始皇帝仰天而叹曰："吾德出自五帝，吾将官天下，谁可使代我后者？"鲍白令之对曰："陛下行桀、纣之道，欲为五帝之禅，非陛下所能行也。"……始皇闻然无以应之，面有惭色，久之，曰："令之之言，乃令众丑我。"遂罢谋，无禅意也。[1]

《说苑》为刘向整理中秘旧藏《说苑杂事》而成，其中自多小说家言。所述秦始皇兼并六国后考虑身后之事，曾以"吾德出自五帝"，欲择贤而未果。其事真实与否已不可知，然"五帝官天下，三王家天下"之说，汉初《韩氏易传》仍承此发挥[2]，盖承战国以来公

----

1 《说苑校证》，第347—348页。关于《说苑》一书由来、编纂及其性质，参《说苑校证》前附之向宗鲁《叙例》、曾巩《说苑序》及刘向《说苑序奏》。
2 《汉书》卷七七《盖宽饶传》述盖宽饶宣帝时上封事抨击时政，"引《韩氏易传》，言'五帝官天下，三王家天下，家以传子，官以传贤，若四时之运，功成者去，不得其人则不居其位'。"（第3247页）结果被认为是"意欲求禅，大逆不道"而下狱自杀。《韩氏易传》是说公天下和家天下均应遵循"不得其人则不居其位"的准则，鲍白令之则以始皇"行桀纣之道，欲为五帝之禅"而反对之，意即其行圣王之道方可为五帝之禅，两者均肯定了家天下时代不同于公天下，却都认为其仍可遵行公天下时代的某些理念和准则。

天下与家天下之论而来。鲍白令之其人，蒙文通先生认为即是《史记》所传的"浮丘伯"、《盐铁论·毁学》中的"包丘子"，曾与李斯并事荀子[1]。汉人述其行迹及秦始皇时儒生极谏之事不一[2]，似其事非尽虚构而有其史影，况秦制如"书同文，车同轨，行同伦"之类，也确实深染儒家"大同"及墨家尚同学说之影响[3]。这都表明无论秦始皇究竟是否欲择贤嗣位，上承二帝三王而来的五帝三王之道也包括禅让、革命之义，在其创建史无前例的一统王朝之时，无疑也深度介入了现实政治并产生了影响。

与贵族嬴政欲仿尧舜而行禅让不同的是，举义于秦末的丰沛布衣刘邦入关不久，被霸王项羽抑为汉王，萧何劝其取仿汤武以建上流之势，以与崛起于各地力谋复国的六国贵族相抗而图天下。[4]贾谊《新书·立后义》论世人对高帝之评价有曰：

1　蒙文通：《浮丘伯传》，《蒙文通全集》册一，第85—86页。

2　扬雄《法言·重黎》："或问淳于越，曰：'伎曲'。请问，曰：'始皇方虎挒而枭磔，噬士犹腊肉也。越与亢眉，终无挠辞，可谓伎矣。仕无妄之国，食无妄之粟，分无妄之挠，自令之间而不违，可谓曲矣。'"晚清汪荣宝《义疏》疑"令之"即秦始皇时博士鲍白令之，释"自令之"云云一句义"谓令之以直谏见代，而越犹不去也"。然则鲍白令之谏始皇之事西汉时多有知者。《法言义疏》，第369—371页。又《说苑·正谏》载齐客焦茅谏始皇，亦以其杀弟囚母拒谏上比桀纣。《法言·重黎》篇亦述其事。见《说苑校证》，第215—216页；《法言义疏》，第372—374页。

3　陈寅恪《冯友兰中国哲学史下册审查报告》即点出了秦制深染儒家影响之况："李斯受荀卿之学，佐成秦治，秦之法实儒家一派学说之所附系。《中庸》之'车同轨，书同文，行同伦'（即太史公所谓'至始皇乃能并冠带之伦'之'伦'）。为儒家理想之制度，而于秦始皇之身，而得以实现之也。"《金明馆丛稿二编》，第251页。

4　《汉书》卷三九《萧何传》载项羽立沛公为汉王，何说高帝有曰："夫能诎于一人之下而信于万乘之上者，汤、武是也。臣愿大王王汉中，养其民以致贤人，收用巴蜀，还定三秦，天下可图也。"（第2006页）

殷汤放桀，武王伐纣，此天下之所同闻也。为人臣而放其君，为人下而弑其上，天下之至逆也，而所以有天下者，以为天下开利除害，以义继之也。故声名称于天下而传于后世，隐其恶而扬其德美，立其功烈而传之于久远，故天下皆称圣帝至治……高皇帝起于布衣而兼有天下，臣万方诸侯，为天下辟，兴利除害，寝天下之兵，天下之至德也。而天下莫能明高皇帝之德美，定功烈而施之于后世也，故天下犹行弊世德与其功烈风俗也。[1]

贾谊感慨高帝举义抗暴而平定天下，事同汤武却德美不显，说明汉朝自立国以来，即面临着如何为高帝推翻秦朝辩护又维护君臣秩序的问题。[2] 后来景帝时的辕固生与黄生围绕汤武争论"高帝代秦即天子位"之是非，也是在该背景下发生的插曲。[3]

上举秦始皇和汉初之例，适表明"尧曰"章所示二帝三王尤其

---

1 《新书校注》，第409页。又《论衡·恢国》述"高祖不为秦臣，光武不仕王莽，诛恶伐无道，无伯夷之讥，可谓顺于周矣"。这说明直至东汉，仍有质疑汤武革命以及高祖、光武举义之声存在。《论衡校释》，第825—826页。《论衡》的《宣汉》《恢国》《验符》《须颂》等篇俱以宣扬汉德为旨，关于高帝和光武革命顺逆问题的讨论即其背景之一。

2 《史记》卷九七《陆贾列传》载陆贾说高帝须效"汤武逆取而以顺守之"（第2699页），亦寓此义。

3 参《史记》卷一二一《儒林辕固生传》，第3122—3124页。又《淮南子·道应》："武王问太公曰：'寡人伐纣天下，是臣杀其主而下伐其上也。吾恐后世之用兵不休，斗争不已，为之奈何？'太公曰：'甚善，王之问也！夫未得兽者，唯恐其创之小也；已得之，唯恐伤肉之多也。王若欲久持之，则塞民于兑。道全为无用之事，烦扰之教。彼皆乐其业，供其情……以此移风，可以持天下弗失。'"《淮南鸿烈集解》，第418—420页。所述武王担心其取天下之途影响其守天下，太公喻以猎兽唯恐创小和伤大之理，也说出了统治集团对于汤武革命的微妙态度，又反映了汉初所以奉行黄老无为政策的部分原因。

是尧舜禅让和汤武革命之道，经战国以来续加讨论明其时义，直至秦汉仍常论常新而具重大现实意义。尤其是在战国儒家强调汤武革命与尧舜禅让"其致一也"的思想传统下，这种结合实际对尧舜禅让和汤武革命义理的讨论，势不能不引向政权巩固和统治合法性问题而相互缠绕，催生出切关乎政权更替过渡方式的复杂动向和思潮。由此再据两汉之兴分由高帝革命和光武革命所致，而两汉之亡又分别以王莽、曹氏禅位为标志的事实，即可断言其时借汤武而说高帝、光武革命以明本朝王业之基、治乱之要，借尧舜而说汉家运终以阐天下为公应禅让政权的讨论[1]，实构成了贯穿于两汉而影响其政策、制度的一大思想线索，又集中体现了"尧曰"章以来逐渐形成的前述三大政治公理对秦汉历史和华夏政治文化的深切影响。

1　如《文选》卷四八《符命》扬雄《剧秦美新论》仿司马相如《封禅文》而赞美王莽之新朝，以大新受命为"胤殷周之失业，绍唐虞之绝风"。同书卷五二《论二》班彪《王命论》则警示隗嚣，赞美高帝，以示光武为天命所归。其开头即引"尧曰"章之文而述尧舜禅让与汤武革命，"虽其遭遇异时，禅代不同，至于应天顺人，其揆一焉"。《文选》，第680、717页。

第十二章　魏晋墨学之传播与流绪

　　《隋书》卷三四《经籍志三》子部著录墨家书三种十七卷，又注出《田俅子》一卷至梁以来方始亡佚。[1]《二十五史补编》收录的姚振宗《三国艺文志》对此无所增补，丁国钧等人的《补晋书艺文（经籍）志》增晋有鲁胜《墨辩注》一种。[2]据此，魏晋所存墨家书今可知者共五种，与《汉书》卷三〇《艺文志》诸子略所录墨家书六种八十六篇相比[3]，亡失的有《尹佚》二篇和《我子》一篇，尚存的是《田俅子》《随巢子》《胡非子》和《墨子》四种共十八卷，而汉晋间新撰墨家书，可考者仅有西晋鲁胜《墨辩注》一种。

　　魏晋以来传世墨家书较之《汉志》所录不增反减，确实是一个值得注意的现象。不少研究者都因史籍未见汉人撰有墨学著作，遂

1　《隋书》，第1005页。《文选》卷三张衡《东京赋》"盖蓂荚为难莳也，故旷世而不睹"。注引《田俅子》曰：'尧为天子，蓂荚生于庭，为帝成历。'"（第65页）是唐初《田俅子》一书仍以某种形式存世。

2　丁国钧：《补晋书艺文志》子部墨家类、文廷式：《补晋书艺文志》子部墨家类、吴士鉴：《补晋书经籍志》子部墨家类、黄逢元：《补晋书艺文志》子部墨家类。又，秦荣光：《补晋书艺文志》列《墨辩注》于子部儒家类。《二十五史补编》册三，第3678、3753、3882、3937、3825页。

3　《汉书》，第1737—1738页。

以为秦末汉初墨学已微，汉武以来竟成绝学[1]；进又认为鲁胜的《墨辩注》作为迅速亡佚的绝后孤响，不足以为墨学至魏晋仍在流行和发展的依据。[2]不过清人如俞樾、孙诒让[3]，近代以来如梁启超、方授楚等先生均曾注意到汉代墨学之况及其流变[4]，贺昌群先生更梳理了魏晋以来墨学流行的不少史实[5]。可以认为，过于强调汉代墨学衰微，认其至魏晋已成绝学的看法，在观察和分析相关问题时，都程度不同地存在着疵漏[6]，并不符合墨学在汉晋间传播、发展和得到人们尊

1　如汪中：《述学》之《内篇三·墨子序》谓墨学"至楚、汉之际而微，孝武之世犹有传者，见于司马谈所述，于后遂无闻焉"。《述学校笺》，第232页。栾调甫：《墨学研究论文集》之《旁行释惑》一《墨子书传本源流》述"汉秘所藏《墨子》七十一篇当是人间孤本"。参同书所收《墨子要略》之《传本源流》，第50、93—103页。

2　如陈柱《墨学十论·历代墨学述评》述鲁胜注《墨辩》，"独能为之于举世不为之日，怀兴灭继绝之志……而其书亦已不传。岂非以世儒学重浮华，崇文而弃质故耶？故晋人所注之《老》《庄》至今完好，而《墨辩》之注阙焉"（第172—173页）。

3　《墨子间诂》书前之《俞序》述"韩非以儒、墨并为世之显学，至汉世犹以孔、墨并称"（第1页）。《墨子间诂》后附之《墨子后语》卷下《墨子绪闻》撷录"秦汉旧籍所纪墨子言论行事"，第673—681页；《墨学通论》又辑战国至汉"诸子之言涉墨氏者……至后世文士众讲学家之论，则不复甄录"（第682—699页）。观此二篇则汉代墨学未绝之况可以概知。

4　参本书第十章第二节。

5　贺昌群：《魏晋清谈思想初论》上篇《汉魏间学术思想之流变》二《诸子之学重光》。《贺昌群文集》第二卷，第8、18—19页。

6　如胡适《中国哲学史大纲》第八篇《别墨》第六章《墨学结论》说司马迁作《史记》时，"墨学早已消灭，所以《史记》中竟没有墨子的列传；然本篇第一章《墨辩与别墨》提到了鲁胜的《墨辩注》，又说汉代学者如刘向、班固等所称的"名家"，"当日都是墨家的别派"（第180、133—136页）。其间即存在着矛盾。又栾调甫《墨学研究论文集·墨子科学》述"张衡、马钧，机巧若神，然亦徒凭妙悟，不闻墨子之术。盖自汉初，墨家已绝"（第69页）。然《后汉书》卷五九《张衡传》载张衡作《应闲》有"弦高以牛饩退敌，墨翟以綦带全城"之句（第1908页）。是张衡熟知《墨子·公输》"子墨子解带为城，以牒为械……守圉有余"之事。《墨子间诂》，第447—448页。

重的大量史实。以下试从四个方面加以申说，以明其要。

一、墨学与魏晋名理学及谈玄之关联

《晋书》卷四七《傅玄传》述傅玄上疏论事，谓"近者魏武好法术，而天下贵刑名"。[1]贺昌群先生上引文即以为此处"刑名"即"形名"，指名理之学，认为名、法两家夙有关连，三国初年法家学说的兴盛，也推进了名理学的发展。[2]汤用彤先生则详析《人物志》等魏晋间所撰名家新著之学理，指出"汉魏名家亦曰形名家，其所谈论者为名理"，着力勾勒了魏晋名理学与玄学清谈的关系，及其贯注于当时儒、法、道、玄各家学说之态。[3]从这些讨论中不难体会，在魏晋时期清谈盛行、玄学勃兴、思想活跃和学术发展的潮流中，名理学洵为其基本方法论，已是当时学术、思想界共所关注的显学。

魏晋玄学以"名教与自然"关系为中心命题[4]，旨在讨论名教本原及其失本异化之弊，故与名理学关系甚密。王弼《老子指略》有曰：

1　《晋书》，第1317页。

2　唐长孺《魏晋玄学之形成及其发展》一文也指出："《文心雕龙·论说》篇称'魏之初霸，术兼名法'，是一个正确的判断。"《唐长孺文集·魏晋南北朝史论丛》，第301页。

3　汤用彤：《魏晋玄学论稿·读〈人物志〉》、附录《魏晋思想的发展》，第5—25、120—131页。

4　参余敦康：《魏晋玄学史（第二版）》代序《魏晋玄学与儒道会通》，第1—15页。

言之者失其常，名之者离其真，为之者则败其性，执之者则失其原矣。是以圣人不以言为主，则不违其常；不以名为常，则不离其真；不以为为事，则不败其性；不以执为制，则不失其原矣。然则《老子》之文，欲辩而诘者，则失其旨也；欲名而责者，则违其义也。故其大归也，论太始之原以明自然之性，演幽冥之极以定惑罔之迷。[1]

所述相当透彻地说明了玄学与名辩的理论关联。《世说新语·文学》：

何晏为吏部尚书，有位望，时谈客盈坐，王弼未弱冠往见之。晏闻弼名，因条向者胜理语弼曰："此理仆以为极，可得复难不？"弼便作难，一坐人便以为屈，于是弼自为客主数番，皆一坐所不及。[2]

这是典型的清谈论玄场景，名理辩论之学则为其基本功夫[3]，也就势将随正始之风而炽盛起来。《三国志》卷二八《钟会传》载钟会少敏惠，"及壮，有才数技艺而博学，精练名理"。又载其"尝论《易》无互体、才性同异。及会死后，于会家得书二十篇，名曰

1　《王弼集校释》，第196页。
2　《世说新语笺疏》，第231页。
3　《世说新语·文学》"傅嘏善言虚胜，荀粲谈尚玄远"条刘孝标注引《粲别传》曰："粲太和初到京邑，与傅嘏谈，嘏善名理，而尚玄远，宗致虽同，仓卒时或格而不相得意。裴徽通彼我之怀，为二家释。顷之，粲与嘏善。"是玄学与名理学虽有不同而宗致相通。《世说新语笺疏》，第236页。

《道论》，而实刑名家也"。[1]钟会精于"名理"，亦好玄谈，其家所藏《道论》为刑名家书，"刑名"即形名，汤用彤先生上引文论之为名理学别称。

鲁胜注《墨辩》，正须在此背景下来理解。《晋书》卷九四《隐逸鲁胜传》载其著述为世所称，遭乱遗失，惟注《墨辩》，存其叙曰：

> 名者所以别同异，明是非，道义之门，政化之准绳也……同异生是非，是非生吉凶，取辩于一物而原极天下之污隆，名之至也。自邓析至秦时名家者，世有篇籍，率颇难知，后学莫复传习，于今五百余岁，遂亡绝。《墨辩》有上下《经》，《经》各有《说》，凡四篇，与其书众篇连第，故独存。今引《说》就《经》，各附其章，疑者阙之；又采诸众杂集为《刑名》二篇，略解指归，以俟君子。其或兴微继绝者，亦有乐乎此也！[2]

据此，鲁胜之所以要注《墨辩》，直接原因在于时人公认辩名析理对明确同、异、是、非及道义、政化都十分重要，但早期名学著作存世很少[3]，而《墨子》书中的名辩理论则自成系统，保存相当完整，遂注释整理之"以俟君子"。栾调甫先生说汉末以来，"子

---

1 《三国志》，第784、795页。
2 《晋书》，第2433—2434页。
3 上引文述周秦名家著作时已"亡绝"。这当然不符《汉志》和《隋志》著录的名家书之况，而只能理解为鲁胜自承兴灭继绝之任的个人看法。清代以来整理《墨子》者往往夸大其书传世的孤绝之态，不少恐怕也是出于这个原因。

学流行，《墨子》固赖以保存，清谈所被，墨辩亦借以显闻"[1]。亦正有鉴于此而指出了墨学预于当时学术、思想潮流的情状，因为辨名析理在魏晋既已蔚成学界风气，为一时方法论之大宗，而周秦以来墨学与名学又渊源特深，学缘甚密[2]，也就理所当然地与名家著作一起受到了重视。因而鲁胜在注《墨辩》四篇的同时，又"采诸众杂集"而撰《刑（形）名》二篇，适足以说明墨学与名学已成相连传播和发展之势，都在魏晋学术、思想的主潮中活跃了起来。

也正是在这样的背景下，当时关注名学名理固已蔚成风气，留意墨学的也绝非只有鲁胜。如夏侯湛作《抵疑》，述当时贵游、缙绅、天下之彦，"讽诂训，传《诗》《书》，讲儒、墨，说玄虚，仆皆不如也"[3]。魏晋间"讲儒、墨"与"说玄虚"同为时人所尚，就是因为其中往往都贯注了名理学。晋武帝时石统因忤扶风王司马骏而得罪，其弟石崇上表有曰："所愧不能承奉戚属，自陷于此，不媚于灶，实愧王孙。《随巢子》称：'明君之德，察情为上，察事次之。'所怀具经圣听，伏待罪黜，无所多言。"[4]《随巢子》为墨子

1 见栾调甫：《墨子研究论文集》之《旁行释惑·〈墨子〉书传本源流》，第50页。

2 谭戒甫《墨辩发微》第一编《别墨衡异》区别名家与形名家，认为两者不同而易混目；同编《名墨参同》又指出墨家、名家、形名家各有"专学"，其间虽颇有"间杂"而仍应分为三家（第25、27页）。谭先生在《公孙龙子形名发微·学征》中又列表以示名家与形名家之学的异同（第63—75页）。其论盖就战国时期而言，而《汉志》既将名家与形名家之书一概归入诸子略的名家类，足证当时两者已经合流。另参胡适：《中国哲学史大纲》第八篇《别墨》，第132—182页；郭沫若：《十批判书·名辩思潮的批判》七《墨家辩者》，第246—263页。

3 《晋书》卷五五《夏侯湛传》，第1494页。

4 《晋书》卷三三《石苞传》附《石崇传》，第1005页。

中古政治与思想文化史论

后学作品，石崇引其"察情""察事"之理为据，一方面说明此书所含辨名析理的内容广为人知，另一方面也说明当时墨学地位不低足可引据。《抱朴子外篇·喻蔽》讲到葛洪曾与"同门鲁生"讨论王充《论衡》"乍出乍入，或儒或墨，属词比义，又不尽美"的问题。"属词比义"正为当时名理学所关注，而"乍出乍入，或儒或墨"，则表明其讨论及于墨学，且非兼通儒、墨者不能有此看法。[1]这里葛洪的"同门鲁生"是否就是注《墨辩》的隐逸鲁胜可以存疑，但葛洪及其师门确是经常与人讨论到墨子和墨学的，《抱朴子内篇》和《外篇》中相关议论比比皆是。[2]这些事例不仅说明鲁胜注《墨辩》有其深厚背景、广泛基础而决非绝学孤响，也直接反映了墨学在魏晋名理学盛行的潮流中颇为活跃、甚受重视的状态。

---

1 《抱朴子外篇校笺》下册，第423页。其后文载葛洪答鲁生"乍人乍出，或儒或墨"之语曰："夫发口为言，著纸为书。书者所以代言，言者所以书事……譬犹治病之方千百，而针灸之处无常；却寒以温，除热以冷，期于救死存身而已，岂可诣者逐一道，如齐楚而不改路乎？"（第435页）《艺文类聚》卷一九《人部三·言语》引晋欧阳建《言尽意论》有曰："理得于心，非言不畅；物定于彼，非言不辩……原其所以，本其所由，非物有自然之名，理有必定之称也。"（第348页）两者言名理关系如出一辙。

2 如《抱朴子内篇·金丹》："世人饱食终日，复未必能勤儒、墨之业，治进德之务，但共逍遥遨游，以尽年月。"王明：《抱朴子内篇校释（增订本）》，第73页。此以儒、墨入世与老、庄为对，语非泛泛。《抱朴子外篇·吴失》载葛洪师郑君，而郑君之师左先生有曰："孔、墨之道，昔曾不行；孟轲、扬雄，亦居困否；有德无时，有自来耳。"《抱朴子外篇校笺》下册，第166页。这又是葛洪师门论及墨学的例证。参汤用彤：《魏晋玄学论稿》之《言意之辨》，第26—47页；瓦格纳：《王弼〈老子注〉研究》第三编《语言哲学、本体论和政治哲学》第一章《识别"所以"：〈老子〉和〈论语〉的语言·曹魏时期关于语言与圣人之意的讨论》，杨立华译，第759—770页。

二、两汉魏晋学人对墨学的晓谙和关注

魏晋时期墨学的活跃固然与名理学盛行相关，更与长期以来墨学流衍传播的脉络相续，名理学盛行只是墨学受人关注的放大器而非前提条件，因为汉魏以来学人晓谙和关注墨学本不限于名理学，其例比比皆是。

《汉书·艺文志》诸子略儒家类著录"《董子》一篇"，原注："名无心，难墨子。"[1]是书乃战国儒生质疑墨家之作，西汉以来仍在流传。可注意的是董无心之言行亦见于战国墨家《缠子》一书，其书两汉至唐宋流行于世而不录于《汉志》及《隋志》[2]。这说明二志著录有其缺陷，且反映汉以来墨学流播之况要比学界目前所知更为广泛。

1　《汉书》，第1726页。

2　《论衡·福虚》："儒家之徒董无心，墨家之役缠子相见讲道。缠子称墨家右鬼神，是引秦穆公有明德，上帝赐之十九年。董子难以尧舜不赐年，桀纣不夭死。"《论衡校释》，第268—269页。《文选》卷一七《论文》陆士衡《文赋》"练世情之常尤，识前修之所淑"，李善注："《缠子》：董无心曰：罕得事君子，不识世情，尤非也。"同书卷三〇《杂诗下》陶渊明《杂诗二首》之二"泛此忘忧物，远我遗世情"，李善注："《缠子》：董无心曰：无心，鄙人也，不识世情。"同书卷四五《设论》，班固《答宾戏》"离娄眇目于毫分"，李善注："《缠子》：董无心曰：离数之目，察秋毫之末于百步之外，可谓明矣。"《文选》，第243、425、636页。唐代马总《意林》一七《缠子》存其文两条，其一："缠子修墨氏之业，以教于世。儒有董无心者，其言修而谬，其行笃而庸，言谬则难通，行庸则无主。欲事缠子，缠子曰：'文言华世，不中利民，倾危缴绕之辞地得，并不为墨子所修；劝善兼爱，则墨子重之。'"其二："董子曰：'子信鬼神，何异以踵解结？终无益也。'缠子不能应。"王天海、王韧撰：《意林校释》，第106—107页。关于《缠子》一书流传之况，另参：孙猛《日本国见在书目录详考》考证篇廿八墨家"0717《缠子》一卷"条，第1083—1084页。

中古政治与思想文化史论

《淮南子·氾论》：

> 今儒、墨者称三代、文武而弗行，是言其所不行也；非今时之世而弗改，是行其所非也。称其所是，行其所非，是以尽日极虑而无益于治，劳形竭智而无补于主也……夫弦歌鼓舞以为乐，盘旋揖让以修礼，厚葬久丧以送死，孔子之所立也，而墨子非之。兼爱尚贤，右鬼非命，墨子之所立也，而杨子非之。[1]

这是道家讥刺儒、墨之论[2]，不过《淮南子》中述墨扬墨之文也颇不少[3]，《盐铁论·晁错》记大夫曰："日者淮南、衡山修文学，招四方游士，山东儒、墨咸聚于江淮之间，讲议集论，著书数十篇。"[4]是汉初以来墨家人士颇为活跃，其讲论著书的主要作品即为《淮南子》，说明自来墨学仍在传播与发展。

汉武帝独尊儒术以来的墨学之况，如王充《论衡·案书》有曰：

> 儒家之宗，孔子也；墨家之祖，墨翟也。且案儒道传而墨法

1　《淮南鸿烈集解》，第432—436页。
2　《淮南子》中此类甚多，如《修务》讥儒家三年之丧强人所不及，墨家三月之服则过于迫切而绝人哀思，曰"儒墨不原人情之终始，而务以行相反之制"。《淮南鸿烈集解》，第356页。
3　如《道应》述惠孟对宋康王称孔、墨之贤曰："孔丘、墨翟，无地而为君，无官而为长，天下丈夫女子莫不延颈举踵而愿安利之者。"《修务》："圣人之从事也，殊体而合于理，其所由异路而同归，其存危定倾若一，志不忘于欲利人也。"下文即举墨子救宋，"自鲁趋而十日十夜，足重茧而不休息，裂衣裳裹足，至于郢，见楚王"，与公输般斗法之事为证。《淮南鸿烈集解》，第386、635页。
4　《盐铁论校注》，第113页。

废者，儒之道义可为，而墨之法议难从也。何以验之？墨家薄葬、右鬼，道乖相反违其实，宜以难从也。乖违如何？使鬼非死人之精也，右之未可知。今墨家谓鬼死人之精也，厚其精而薄其尸，此于其神厚而于其体薄也……以一况百，而墨家为法，皆若此类也，废而不传，盖有以也。[1]

王充显然很熟悉墨家薄葬、明鬼等说，且以"今墨家"云云称近世墨家之论，故其虽谓"儒道传而墨法废"，其实是就儒学独尊之势立论，而非墨学真成绝学遗响。又如光武、明帝间冯衍宦不得志，自论有曰"杨子号乎衢路兮，墨子泣乎白丝。知渐染之易性兮，怨造作之弗思"[2]，其"泣乎白丝"取诸《墨子·所染》[3]。卒于灵帝末年的赵咨遗书薄葬，称"墨子勉以古道"，又述"王孙裸葬，墨夷露骸，皆达于性理，贵于速变"[4]，甚崇墨学的节葬观念。约略同时，何休与其师羊弼撰写了《公羊墨守》一书[5]，其坚持《公羊》家法而称"墨

1 《论衡校释》，第1161页。

2 《后汉书》卷二八下《冯衍传下》，第994页。《淮南子·说林》："杨子见逵路而哭之，为其可以南可以北；墨子见练丝而泣之，为其可以黄可以黑。"其义相同。《淮南鸿烈集解》，第583页。

3 《墨子·所染》载墨子见染丝者而叹"染不可不慎也"。《墨子间诂》，第10—11页。《吕氏春秋·仲春纪》之《当染》将《墨子·所染》大部分内容收入，唯其末所论有异，应是秦国墨者所为。《吕氏春秋集释》，第47—53页。

4 《后汉书》卷三九《赵咨传》，又李贤注"墨夷"曰："墨夷谓为墨子之学者名夷之，欲见孟子，孟子曰：'吾闻墨之治丧，以薄为其道。盖上世尝有不葬其亲者，其亲死，则举而委之于壑。'见《孟子》。"（第1315、1317—1318页）

5 《后汉书》卷七九下《儒林何休传》，李贤注"公羊墨守"曰："言《公羊》之义不可攻，如墨翟之守城也。"（第2583页）

守",借用了《墨子·备城门》以下诸篇所示墨家固守之典[1]。又汉末应劭《风俗通义·十反》有曰:

> 《易》记出处默语,《书》美"九德咸事"。同归殊途,一致百虑,不期相反,各有云尚而已。是故伯夷让国以采薇,展禽不去于所生,孔丘周流以应聘,长沮隐居而耦耕,墨翟摩顶以放踵,杨朱一毛而不为……孟献高宇以美室,原宪蓬门而株楹。[2]

这里把墨翟与杨朱作为相反的典型,承袭了孟子之说[3],然亦说明杨、墨为己、无我之说并非世人生僻之事,而是学者熟知的典故。且其既以杨、墨与孔、长并为"十反"之一,以证天下一致百虑,人心不同,则其虽承孟子所说,但也还是对之有所发挥的。正是这类事例,说明《淮南子》所部分代表的"山东墨者"的影响,并未随汉武以来独尊儒术的过程而迅速衰竭,也把汉代与魏晋时期墨学的流播串联到了一起。

《宋书》卷二一《乐志三》载曹操作《天地间》歌词有《度关山》一首,其中有句:

> 侈恶之大,俭为恭德。许由推让,岂有讼曲。兼爱尚同,疏

---

1 《墨子·备城门》至《杂守》十一篇皆为守御之术,见《墨子间诂》,第450—587页。
2 应劭撰、王利器校注:《风俗通义校注》,北京:中华书局,1981年,第208页。
3 《孟子·尽心上》:"孟子曰:'杨子取为我,拔一毛而利天下,不为也。墨子兼爱,摩顶放踵利天下,为之。'"《孟子正义》,第915—916页。

者为戚。[1]

《三国志》卷一一《魏书·田畴传》载畴违令吊祭袁尚，曹操不问其罪。裴注引《魏略》载其时曹操下教为畴开脱有曰：

> 使天下悉如畴志，即墨翟兼爱、尚同之事，而老聃使民结绳之道也。[2]

曹操屡屡称述墨家的兼爱、尚同、节用等旨，既说明其晓谙墨学，也令人联想其节葬观念和骤然推行的相关措施，同样受到了墨学的深切影响，这就继承和发扬了东汉以来墨学流播的势头。由此可知，魏初邯郸淳作《受命述》，歌颂曹氏"屡省万机，访谋老成；治咏儒、墨，纳策公卿；昧旦孜孜，夕惕乾乾，务在谐万国，叙彝伦"[3]只能是确有所指的治道概括，说明的是当时统治者对墨学要义的关注。

另如曹植《玄畅赋》序，述"或有轻爵禄而重荣声者，或有受性命以殉功名者，是以孔、老异旨，杨、墨殊义"[4]。可以看出其深谙墨家殉道之义及其与杨朱学说的对立。张华《轻薄篇》有句"墨翟且停车，展季犹咨嗟"，亦可见时人熟知墨学典故与要义。[5]刘

1　《宋书》，第605页。

2　《三国志》，第344页。

3　《艺文类聚》卷一〇《符命部·符命》引，第195页。

4　《艺文类聚》卷二六《人部十·言志》引，第470页。

5　郭茂倩：《乐府诗集》卷六七《杂曲歌辞七》张华《轻薄篇》，第963页。"墨翟停车"典出《淮南子·说山》"墨子非乐，不入朝歌之邑"。《淮南鸿烈（转下页）

徽注《九章算术·衰分》"列置爵数，各自为衰"曰："《墨子·号令》篇'以爵级为赐'。然则战国之初有此名也。"[1]是其必甚熟《墨子》各篇。《晋书》卷九四《隐逸郭瑀传》载郭瑀为敦煌人，"作《春秋墨说》《孝经错纬》"[2]，其《春秋墨说》书名似亦有鉴于何休的《公羊墨守》。又葛洪《抱朴子外篇·省烦》抨击世俗礼事繁琐有曰：

此墨子所谓"累世不能尽其学，当年不能究其事"者也……至于墨子之论，不能非也。但其张刑网，开涂径，浃人事，备王道，不能曲述耳。至于讥葬厚，刺礼烦，未可弃也。自建安之后，魏之武、文，送终之制，务在俭薄。此则墨子之道，有可行矣。[3]

所引墨子语，出于《墨子·非儒下》[4]，"张刑网"云云，则概括了《墨子·号令》《尚贤》《节用》《节葬》等篇之义。其《抱朴子外篇·勖学》则述："夫周公上圣，而日读百篇；仲尼天纵，而韦编三绝；墨翟大贤，载文盈车；仲舒命世，不窥园门。"[5]所谓"载

（接上页）集解》，第542页。《汉书》卷五一《邹阳传》载邹阳狱中上书有"邑号朝歌，墨子回车"之句，师古即以《说山训》此语注之（第2351页）。可见"墨子停车"之典，是与汉淮南、衡山王幕下"山东墨者"发挥的"非乐"思想联系在一起的。

1　刘徽、李淳风注释之《九章算术》卷三《衰分》，收入钱宝琮点校：《算经十书》，北京：中华书局，2021年，第132页。

2　《晋书》，第2454页。

3　《抱朴子外篇校笺》下册，第82—83页。

4　《墨子间诂》，第272页。

5　《抱朴子外篇校笺》上册，第127页。

文盈车"，本于《墨子·贵义》"子墨子南游使卫，关中载书甚多"之事。[1]

从这些事例可以断定，墨学要义和相关典故仍是魏晋学人知识结构的重要组成部分，也仍在其学术讨论和思想表述中起着重要作用。并非庙堂之士的刘徽、葛洪精读《墨子》各篇，又引据其文的事实，更足表明汉代以来《墨子》一书绝不会是深藏中秘的"海内孤本"，而必存在着相当广泛的传承扩散脉络。[2]

三、"儒、墨连称"之例与墨学的影响

魏晋人往往以"儒、墨"连称，这类事例许多都不是泛泛以此与老庄对举[3]，而是汉代以来人们公认儒、墨学说渊源极深和相

1 《墨子间诂》，第407页。
2 如王充《论衡》多处谈及《墨子》与墨学，《后汉书》卷四九《王充传》载王充曾"受业太学，师事扶风班彪，好博览而不守章句。家贫无书，常游洛阳市肆，阅所卖书，一见辄能诵忆，遂博通众流百家之言"（第1629页）。可见王充"博通众流百家之言"乃来自洛阳市肆所卖书，其中应当也包括了墨家书。葛洪亦熟知墨学，其《抱朴子外篇·自叙》述其知识来源："年十六，始读《孝经》《论语》《诗》《易》，贫乏无以远寻师友，孤陋寡闻，明浅思短，大义多所不通。但贪广览，于众书乃无不暗诵精持。曾所披涉，自正经、诸史、百家之言，下至短杂文章，近万卷。"洪既"贫乏无以远寻师友"，是其所读"近万卷"包括《墨子》等书，当为句容一带地方所流传者。《抱朴子外篇校笺》下册，第655页。
3 唐长孺：《魏晋玄学之形成及其发展》一文指出："魏晋时虽然常常儒、墨并称……似乎墨家又与儒、道鼎立，实则此时儒墨一辞仅是沿袭《庄子》中与道家相对的联称。"《唐长孺文集·魏晋南北朝史论丛》，第304页。当时经学与诸子并称之例甚多，儒、墨连称现象即从属于此，许多都不是与道家相对而言；但即便是那些与道家相对而连称"儒、墨"之例，仍然可以反映墨学与儒学颇有共性，且其当时地位并不甚低的事实。

互渗透的证明，也是时人习知儒、墨皆崇尧舜汤武而入世进取的反映，至少也是孟子式尊儒抑墨主张在很长时期内并不得势的体现。

儒、墨或孔、墨连称的习惯来自汉及战国，根基是由于两家学说渊源有自、异中有同，其差异被凸显放大而泾渭分明则为时甚晚。[1] 故汉魏以来儒生虽有抨击墨学者[2]，但世人在习惯上仍常视儒、墨为一体。如汉武帝时赵人徐乐上书论政，其中谈到秦末土崩瓦解之事，述陈胜"身非王公大人名族之后，无乡曲之誉，非有孔、墨、曾子之贤，陶朱、猗顿之富也"[3]。这是以孔、墨并为大贤。《盐铁论·毁学》大夫曰："儒、墨内贪外矜，往来游说，栖栖然亦未为得

---

1 《宋书》卷一一《志序》："刘向《鸿范》，始自《春秋》，刘歆《七略》，儒、墨异部。"（第203页）是儒、墨两家著述被视为泾渭分明而"异部"著录，《七略》是一个标志。《史记》卷二三《礼书》论礼有曰："故圣人一之于礼义，则得得之矣；一之于情性，则两失之矣。故儒者将使人两得之者也，墨者将使人两失之者也。是儒、墨之分。"（第1163页）其论有取于《荀子·礼论》，这自然是对儒、墨之分的深刻认识，却并不是当时的普遍看法。如《史记》卷一一二《平津侯主父列传》太史公曰："公孙弘行义虽修，然亦遇时。汉兴八十余年矣，上方乡文学，招俊乂，以广儒、墨，弘为举首。"（第2963页）是汉武帝独尊儒术之举，人们尚视之为"以广儒、墨"。

2 如扬雄自比孟子，其《法言·吾子》曰："古者杨、墨塞路，孟子辞而辟之，廓如也。后之塞路者有矣，窃自比于孟子。"同书《五百》则述："庄、杨荡而不法，墨、晏俭而废礼，申、韩险而无化，邹衍迂而不信。"《法言义疏》，第81、280页。《晋书》卷四七《傅玄传》载傅玄作《傅子》内篇成，"子咸以示司空王沈，沈与玄曰：'省足下所著书，言当理济，经纶政体，存重儒教，足以塞杨、墨之流通，齐孙、孟于往代。每开卷，未尝不叹息也。不见贾生，自以过之，乃今不及。信矣！'"（第1323页）

3 《史记》卷一一二《主父偃传》，第2956页。《汉书》卷六四《徐乐传》述之为"孔、曾、墨子之贤"（第2804页）。其语盖袭贾谊《过秦论》而来。

也。"¹这是以儒、墨为同类而语含讥刺。班固《答宾戏》讲到"圣哲之治，栖栖遑遑，孔席不暖，墨突不黔"²。其虽用"栖栖"之典，却是以孔、墨并为圣哲。《隶续》卷一《司徒掾梁休碑》则赞休"素精孔、墨"。³这些例子表明汉人连称儒、墨，乃基于战国以来儒、墨并为当世显学的背景，也基于时人对两家学说及其相互关系的了解和把握，决非人云亦云泛泛而言。具体如《潜夫论·浮侈》抨击其时葬俗奢靡有曰：

> 子曰："古之葬者，厚衣之以薪，葬之中野，不封不树，丧期无时。后世圣人易之以棺椁。"桐木为棺，葛采为缄，下不及泉，上不泄臭。后世以楸梓槐柏杶樟，各取方土所出，胶漆所致，钉细要，削除铲靡，不见际会，其坚足恃，其用足任，如此可矣。其后京师贵戚，必欲江南檽梓，豫章梗楠，边远下土，亦竞相仿效……万里之中，相竞用之，此之费功伤农，可为痛心。⁴

---

1 《盐铁论校注》，第231页。又《盐铁论·论诽》文学抨击"昔秦以武力吞天下，而斯、高以妖孽累其祸，废古术，隳旧礼，专任刑法而儒、墨既丧焉"。《盐铁论校注》，第299页。

2 《文选》卷四五《设论》班孟坚《答宾戏》，第633页。又《后汉书》卷三〇上《苏竟传》载苏竟建武初与刘歆兄子龚书，晓以大义，内有"仲尼栖栖，墨子遑遑"之句（第1046页），亦用此典。

3 洪适：《隶续》，北京：中华书局，1985年，第297页。

4 王符著、汪继培笺、彭铎校正：《潜夫论校正》，北京：中华书局，1985年，第134页。《后汉书》卷四九《王符传》亦载《浮侈》节要，文小有异，如上引文后一"后世"作"中世以后转用楸梓槐柏杶樗之属"（第1636页）。

所引"子曰"为《易·系辞下》传文[1]，"桐木为棺"以下四句出自《墨子》[2]。而这当然不是泛泛并举孔、墨，而是汉人熟诵其典，通谙其理的例证。[3]魏晋时期儒、墨连称的大量语例，正是承此传统而来，具体则可分为下列三种情况：

一是体现了人们对儒、墨两家学说要义的深刻理解。如魏晋间刘寔作《崇让论》有曰："孔、墨不能免世之谤己，况不及孔、墨者乎？"[4]汉代以来人们经常感慨孔、墨当年不遭世运，刘寔所述亦然。《抱朴子内篇·明本》："黄老执其本，儒、墨治其末耳……疾疫起而巫医贵矣，道德丧而儒、墨重矣。"[5]这是以儒、墨同为入世进取之

1　《周易集解纂疏》，第631页。

2　《墨子·节葬下》："故古圣王制为埋葬之法曰，棺三寸，足以朽体；衣衾三领，足以覆恶。以及其葬也，下毋及泉，上毋通臭。"其后文载禹葬会稽，"衣衾三领，桐棺三寸，葛以缄之，绞之不合，通之不埳，土地之深，下毋及泉，上毋通臭"。《墨子间诂》，第164、167—168页。又上引文述"费功伤农"等语，亦与墨家节用、节葬之旨相合。如《墨子·节用中》："今天下为政者，其所以寡人之道多，其使民劳，其籍敛厚，民财不足，冻饿死者不可胜数也。"同书《节葬下》论厚葬之俗，"此为辍民之事，靡民之财，不可胜计也，其为毋用若此矣"。《墨子间诂》，第148、169页。

3　《庄子·天下》："墨子生不歌，死不服，桐棺三寸而无椁，以为法式。"《庄子集释》，第1074页。《韩非子·显学》："墨者之葬也，冬日冬服，夏日夏服，桐棺三寸，服丧三月。"《韩非子集释》，第1085页。这类有关节葬及古圣王薄葬的表述，大抵皆原出墨家。

4　《晋书》卷四一《刘寔传》，第1192页。《抱朴子外篇·审举》述汉来选举素浊，"于是曾、闵获商臣之谤，孔、墨蒙盗跖之垢"。亦然。《抱朴子外篇校笺》上册，第399页。这类言论实承自汉人，如《史记》卷八三《邹阳传》载邹阳狱中上书有曰："昔者，鲁听季孙之说而逐孔子，宋信子罕之计而囚墨翟。夫以孔、墨之辩，不能自免于谗谀而二国以危。"（第2473页）刘向《新序·杂事》亦述邹阳此书，而语作"夫以孔、墨之辩而不能自免，何则？众口铄金，积毁销骨"。《新序校释》，第412—416页。可见这类话题汉代甚众。

5　王明：《抱朴子内篇校释（增订本）》，第1185—1186页。

学。特别值得一提的是《抱朴子内篇·论仙》：

> 俗人尚不信天下之有神鬼，况乎仙人居高处远，清浊异流，登遐遂往，不返于世，非得道者，安能见闻？而儒、墨之家知此不可以训，故终不言其有焉。俗人之不信，不亦宜乎！[1]

世人皆知孔子敬鬼神而远之，"祭如在，祭神如神在"。葛洪这里则说主张"明鬼"的墨家于神鬼也"终不言其有"，再次表明其必精读《墨子》深晓其义，方能有此概括。[2]

二是说明当时学人往往以儒、墨同为入世进取之学。《弘明集》卷一牟融《理惑论》载牟子有曰：

> 观三代之遗风，览乎儒、墨之道术，诵《诗》《书》，修礼节，崇仁义，视清洁，乡人传业，名誉洋溢。此中士所施行，恬恢者所不恤。[3]

这里不仅指出了儒、墨在诗书礼义上的相通处，而且把"览乎儒、墨之道术"概括为汉末以来"中士"之常态。前面引到西晋夏侯湛《抵疑》，说时风"讲儒、墨，说玄虚"，正可与之相证。又

1　王明：《抱朴子内篇校释（增订本）》，第20页。
2　《墨子·明鬼》今唯存下篇，其结语云："将欲求兴天下之利，除天下之害，当若鬼神之有也，将不可不尊明也，圣王之道也。"《墨子间诂》，第226页。这里"若鬼神之有"与孔子的"祭如在"不异，可见葛洪《论仙》的概括准确无误。
3　僧祐撰、李小荣校笺：《弘明集校笺》，第23页。

《晋书》卷四九《向秀传》载向秀注《庄子》，至"惠帝之世，郭象又述而广之。儒、墨之迹见鄙，道家之言遂盛焉"[1]，点出了儒、墨在此前后的影响和声势。张敏《头责子羽文》自嘲有曰："今子上不希道德，中不效儒、墨，块然穷贱，守此愚惑。察子之情，观子之志，退不能为处士，进无望乎三事，而徒玩日劳形，习为常人之所喜。"[2]所谓"中不效儒、墨"，也说明了儒、墨入世进取之道在当时一般名士眼中的位置。[3]

三是反映当时墨学与儒学地位相近而甚受重视。如《三国志》卷一一《魏书·管宁传》载正始二年太仆陶丘一等四人联名上疏举荐管宁，誉其"娱心黄老，游志六艺……韬韫儒、墨，潜化傍流"云云。所述"韬韫儒、墨"意在说明举荐管宁的依据，自非泛泛称述而已。西晋张协作《洛禊赋》述时人洛滨修禊而"主希孔、墨，

---

1 《晋书》，第1374页。又《抱朴子内篇·金丹》述"世人饱食终日，复未必能勤儒、墨之业，治进德之务，但共逍遥遨游，以尽年月"。王明：《抱朴子内篇校释（增订本）》，第73页。其语亦以儒、墨为进取而以老庄为逍遥，同时其义似扬儒墨，实抑之而崇老庄。

2 《艺文类聚》卷一七《人部一·头》引，第313页。

3 《晋书》卷七五《范汪传》附《范甯传》载东晋简文帝前后，"时以虚浮相扇，儒雅日替，甯以为其源始于王弼、何晏，二人之罪，深于桀纣，乃著论曰：'或曰：黄唐缅邈，至道沦翳，濠濮辍咏，风流靡托，争夺兆于仁义，是非成于儒、墨。平叔神怀超绝，辅嗣妙思通微。'"（第1984页）所述"是非成于儒、墨"，肯定了战国以来两家学说作为显学对于思想界的重大影响。又章太炎《訄书（初刻本）》之《儒墨》指出：儒墨相通处多，孟子诋墨家兼爱而谓之无父，"顾非其本也"，"夫墨家宗祀严父，以孝视天下，孰曰无父？"《章太炎全集》册三，上海：上海人民出版社，2018年，第7—8页。蒙文通：《墨学之流变及其原始》一文指出："《墨子》书赞仁义，法先王，尚文学，明《诗》《书》，与儒家同……凡道、法诸家之与儒异，皆即墨者之与儒同。"所论至为透彻。《蒙文通全集》册二，第77页。

宾慕颜、柳"[1]。则典型地体现了孔、墨在人们心中的地位，其时孔子尚未尊至极致，墨子亦非如后世之绝难比肩孔子。《华阳国志》卷一一《后贤志》传文立、柳隐以下二十人事迹，其末譔曰：

> 若斯诸子，或挺珪璋之质，或苞瑚琏之器，或耽儒、墨之业，或韬王佐之略。潜则泥蟠，跃则龙飞，挥翮扬芳，流光遐纪，实西土之珍彦，圣晋之多士也。[2]

这里"或耽儒、墨之业"，义与上举《理惑论》述儒、墨之道"中士所施行"，《头责子羽文》"中不效儒、墨"等例相通，然其语气极尽褒奖，足证墨学在时人眼中并非地位不堪，而是仍可与儒并论。

儒、墨连称既是一种用语习惯，自必有其社会认识和思考背景。如果孤立地看其字面辞义，就会轻易放过这一习惯背后的种种社会内容；而若联系前面所说魏晋墨学流行和影响颇大的史实，这种用语习惯的流行，显然还反映了当时大部分学人仍视儒、墨为同类的风气，也确凿无疑地包含着墨学地位仍与儒学相近的学术和思想背景。

四、墨子的多重形象及其为道教所托附

魏晋时期，墨子仍以多重形象为世所称，又日益为道教所关注和附会，这类现象从另一个侧面表明了墨子事迹和墨学主张对于世

1　《艺文类聚》卷四《岁时部中·三月三日》引，第69页。
2　《华阳国志校补图注》，第665页。又"譔曰"之"譔"，任乃强先生校注："元丰、《函海》本作讚。"

人的感染力，且其显然不能视为墨家的"堕落"，而是墨子和墨学影响及于社会基层的体现。

方授楚先生曾着眼于墨家对各家学说的影响而论"墨学非真能亡"，并指出："其直接影响而发为行动者，有许行及任侠一派；而其尚同重功利，见取于法家；节用平等，见取于道家；儒家受其影响则尤深。"[1]学术、思想层面的这种影响反映到社会上，便是墨子一身而兼具多重形象。从上面举到的例证中，可以看出墨子在魏晋仍以大贤著称，且常与孔子并举，这可以说是墨学与儒学相互渗透和影响的结果之一。除此之外，当时脍炙人口的墨子行迹中，比较突出的还有大侠和大匠两种形象。

如《晋书》卷七一《孙惠传》载孙惠八王乱时诡称南岳逸士秦秘之，以书干东海王越曰：

> 秘之不天，值此衰运，窃慕墨翟、申包之诚，跋涉荆棘，重茧而至，栉风沐雨，来承祸难。[2]

《晋书》卷九四《隐逸郭瑀传》载张天锡遣使备礼征瑀，其征书

---

1 方授楚：《墨学源流》上卷第九章《墨学之衰微》，第216—217页。蒙文通《儒家政治思想之发展》则据《汉书·艺文志》述墨者流而发挥之，认为汉儒重明堂、重《孝经》及《礼运》篇之义，实皆本于墨学而申说之。《蒙文通全集》册一，第77页。
2 《晋书》，第1883页。此"重茧"指《战国策·宋策》等处述墨子救宋，"百舍重茧"，自鲁赴楚见公输般之事。《战国策笺注》，第851页。《淮南子·修务》亦述墨子是时"十日十夜，足重茧而不休息，裂衣裳裹足，至于郢"。《淮南鸿烈集解》，第635页。

有曰：

昔傅说龙翔殷朝，尚父鹰扬周室，孔圣车不停轨，墨子驾不俟旦，皆以黔首之祸不可以不救，君不独立，道由人弘故也。[1]

《抱朴子外篇·博喻》：

出处有冰炭之殊，躁静有飞沈之异。是以墨翟以重茧怡颜，箕叟以遗世得意……宋墨、楚申，以载驰存国；干木、胡明，以无为折冲。[2]

这些议论中的墨子，都是急难好义，为国为民不惜身殉的侠之大者，这当然也是墨家在周秦之际屡屡践行其义、悲壮殉道而感动世人的结果，足见墨子事迹的传诵与墨学要义的传播本难截然分开。至于墨子的大匠形象，见于魏晋人议论的，如《三国志》卷二九《魏书·方技杜夔传》裴注述"时有扶风马钧，巧思绝世"，傅玄序之有曰：

马先生之巧，虽古公输般、墨翟、王尔，近汉世张平子，不

1　《晋书》，第2454页。
2　《抱朴子外篇校笺》下册，第250、302页。又《淮南子·修务》述申包胥赴秦请救，"于是乃赢粮跣足，跋涉谷行，上峭山，赴深溪，游川水，犯津关，蹶蒙笼，蹠沙石，跖达膝曾茧重胝，七日七夜，至于秦庭"。《淮南鸿烈集解》，第651—652页。这种竭尽渲染其艰难困苦一往无前以烘托墨子和申包胥之义举的状态，即是其后来被神化的基础。

能过也。公输般、墨翟皆见用于时，乃有益于世。平子虽为侍中，马先生虽给事省中，俱不典工官，巧无益于世。[1]

《抱朴子外篇·名实》：

嗟乎！旷棘矢而望高手于渠、广，策疲驽而求继轨于周穆，放斧斤而欲双巧于班、墨，忽良才而欲彝伦之攸叙，不亦难乎？[2]

这也是以鲁班、墨翟并举，以之为大匠工巧之极致。又《抱朴子外篇·应嘲》：

墨子刻木鸡以厉天，不如三寸之车辖。[3]

墨子的巧思精构和擅于制作，其事广见于《韩非子》《列子》《淮南子》《论衡》等诸多文献[4]，而墨家学派本具手工业者背

---

1 《三国志》，第808页。

2 《抱朴子外篇校笺》上册，第506—507页。

3 《抱朴子外篇校笺》下册，第419页。抱朴子此处所说，典出《韩非子·外储说左上》："墨子为木鸢，三年而成，蜚一日而败。弟子曰：'先生之巧，至能使木鸢飞。'墨子曰：'吾不如为车辕者巧也，用咫尺之木，不费一朝之事，而引三十石之任致远，力多，久于岁数。今我为鸢，三年成，蜚一日而败。'惠子闻之曰：'墨子大巧，巧为辕，拙为鸢。'"《韩非子集释》，第625页。

4 如《列子·汤问》："班输之云梯，墨翟之飞鸢，自谓能之极也。"杨伯峻撰：《列子集释》，第181页。《淮南子·齐俗》："鲁般、墨子以木为鸢而飞之，三日不集，而不可使为工也。故高不可及者，不可以为人量，行不可逮者，不可以为国俗。"《淮南鸿烈集解》，第369页。

景，墨子之道深思而尤重践履，力行而讲求工具，墨家弟子必亦以诸巧思精构而拒强敌，益民生，践道义，这既是墨子形象熠熠生辉的又一背景，也是墨学在社会下层易得呼应流衍的重要原因。

正因为这多重形象的流传于世和深入人心，汉魏以来墨子又日益与神仙家及道教关联，并开始以仙道身份著书立说，现其神迹，拯救世人而进入道教神仙谱系。[1]如《抱朴子内篇·遐览》述道书有《墨子枕中五行记》五卷，又记其师郑君之语：

变化之术，大者唯有《墨子五行记》，本有五卷。昔刘君安未仙去时，钞取其要，以为一卷。其法用药用符，乃能令人飞行上下，隐沦无方，含笑即为妇人，蹙面即为老翁，踞地即为小儿，执杖即成林木，种物即生瓜果可食，画地为河，撮壤成山，坐致行厨，兴云起火，无所不作也。[2]

同书《金丹》又载有"墨子丹法"：

用汞及五石液于铜器中，火熬之，以铁匕挠之，十日，还为

---

1 栾调甫《墨子研究论文集》所收《旁行释惑·〈墨子〉书传本源流》一文指出："李少君乃假《墨子》致物之术，淮南亦钞《墨子变化》为枕中鸿宝。迨后道流方士，造作并出，由变化而服食，墨子遂列《神仙传》而入于道家。"（第50—51页）据此所论，墨子与神仙家或方士的因缘，似亦隐隐与淮南、衡山王治下的"山东墨者"相关。
2 王明：《抱朴子内篇校释（增订本）》，第337页。

丹。服之一刀圭，万病去身，长服不死。[1]

　　葛洪又撰有《神仙传》，其书卷四有《墨子传》，述其从赤松子游，入山逢神人而成仙，"乃撰集其要，以为《五行记》五卷"[2]。同卷《刘政传》《孙博传》则载二人俱治墨子术而获神通[3]。这些都说明墨子与道教的关联，到魏晋已骤然强烈起来了。[4]

　　墨子被道教所托附的这类现象，曾被有些学者认为是墨学"变质"而趋微的标志；但从传播学角度观察，在世间流传其多重形象的前提下，墨子与墨学趋近于民间巫鬼之道而出现变种别体，只能说明其影响甚大和活跃于世，方得流衍分枝于俗间而成相关传说的"箭垛"。若再联系墨学传播的种种史实，其又明显与当时社会上层研习和熟悉墨学之况脱不了干系，并且与之一起构成了汉魏以来墨学传播和发展变迁态势中的重要一环。至于其流传和影响于民间的

1　王明：《抱朴子内篇校释（增订本）》，第81页。又《隋书·经籍志三》子部医方类著录有《墨子枕内五行纪要》一卷，原注云："梁有《神枕方》一卷，疑此即是。"（第1043页）

2　《神仙传校释》，第123—124页。案托名刘向所撰的今通行本《列仙传》中不传墨子，似墨子成为神仙人物是东汉以降之事。

3　《神仙传校释》，第130、133页。

4　北宋张君房编纂的《云笈七签》卷五九《诸家气法》有"墨子闭气行气法"，然其内容则据"老子曰"为说。张君房编、李永晟点校：《云笈七签》，北京：中华书局，2003年，第1305—1306页。又《正统道藏》中收录有《枕中经》，即尤袤《遂初堂书目》著录的《老子枕中经》，是其与唐以前流传的《墨子枕中记》无关；《正统道藏》又收录有《墨子》一书，为清人校理《墨子》的重要版本来源。任继愈主编：《道藏提要》第1410、1166号，北京：中国社会科学出版社，1991年，第1127、930页。除此之外，《正统道藏》中已无其他冠名墨子之书。这说明旧时托名墨子之道经皆已亡佚，且可见唐宋以来道教虽仍以墨子为道教人物，但再也不像魏晋那样有托名墨子之新道经出现。

分枝终于压倒其本干,《墨子》及其他周秦墨学文本也更为寥落而真成绝学,那恐怕是较晚的事情,而非魏晋时期的状态。

综上所述,大略可得四点结论:

其一,魏晋时期的墨学固然不如儒学、玄学之盛,却仍预于学术、思想界主流而流传甚广,影响甚大。

其二,魏晋时期墨学流传之况乃直承汉代而来,鲁胜注《墨辩》也绝不是墨学的绝后孤响,而自有其久远学脉、深厚背景和广泛基础。

其三,魏晋时期墨学的影响并不限于学人书斋,而是兼及于庙堂之上的现实政治和社会下层的生活空间,故其流衍变化自应存在多个分支。

其四,周秦墨家著述在魏晋时期的部分亡佚,不足以证墨学的衰微;旧式学派的不存和新撰书籍的稀少,与其学说演化发展的实际情况之间存在着一定的距离,不可贸然定其衰亡殆绝。

应当指出,魏晋墨学流播之况,既与名辩学或刑名学密切相关,也就提示了当时清谈盛行和玄学兴起的部分学术、思想背景,提示了汉武帝以来独尊儒学与子学继续流播之间的某种共生关系。事实上,魏晋以后墨学仍颇受关注而未迅速消沉。如《高僧传》卷八《义解五·齐上定林寺释僧远传》载刘宋孝武帝大明六年(462)九月,有司奏准沙门觐见之礼有曰:

臣闻邃拱凝居,非期宏峻,拳跪槃伏,岂止敬恭?将欲昭张四维,缔制八寓,故虽儒、法枝派,名、墨条流,至于崇亲严上,厥繇靡爽。唯浮图为教,遏自龙裔……臣等参议,以为沙门接见，皆当尽虔礼敬之容；则朝徽有序，乘方兼远矣。[1]

此处有司奏谓"儒、法枝派，名、墨条流"，表明时人仍惯以诸子为说，且深知名家与墨家的密切关系。此书同卷《梁剡法华台释昙斐传》述昙斐会稽剡人，出家受业于慧基法师，"方等深经，皆所综达，《老》《庄》、儒、墨，颇亦披览"[2]，是为沙门读《墨》之证。又陶渊明诗文往往涉及墨学，论者以为其有"墨派倾向"[3]。梁元帝萧绎的《金楼子·说蕃》述周公"旦则读书一百篇，夕则见士七十人也"[4]。此其所据为《墨子·贵义》[5]，是萧绎必亦熟读《墨子》。《陈书》卷三四《文学陆琰传》附《陆瑜传》载宣帝太建时，"皇太子好学，欲博览群书，以子、集繁多，命瑜抄撰，未就而卒"。太子与詹事江总作书悼之，誉其"博综子、史，谙究儒、墨，经耳无遗，触目成诵，一褒一贬，一激一扬，语玄析理，披文摘句，未尝不闻者心伏，听者解颐"。[6]又《魏书》卷八四《儒林刘献之传》述刘献之"曾受业于勃海程玄，后遂博观众籍。见名法之言，掩卷而笑曰：'若使

---

1 释慧皎撰、汤用彤校注、汤一玄整理：《高僧传》，北京：中华书局，1992年，第318页。

2 释慧皎撰、汤用彤校注、汤一玄整理：《高僧传》，第341—342页。

3 参景蜀慧：《读〈山海经〉十三首与陶渊明思想中的墨派倾向》，《中国史研究》，1999年第1期。

4 萧绎著、熊清元、陈志平译注：《金楼子译注》，上海：上海古籍出版社，2018年，第192页。

5 《墨子·贵义》篇："子墨子曰：昔者，周公旦朝读书百篇，夕见漆十士。"《墨子间诂》，第407—408页。此典时所常引，故《艺文类聚》卷五五《杂文部一·读书》首列"《墨子》云：周公朝读百篇，夕见七十士"（第990页）。

6 《陈书》，第463—464页。

杨墨之流不为此书，千载谁知其小也！'"[1] 是其颇知"名法"与"杨墨"之内在关联，其所读群籍中必有名、墨之书。《隋书》卷四二《李德林传》载李德林北齐时与魏收论《齐书》起元之事，其论有曰："史者，编年也，故鲁号《纪年》。《墨子》又云：吾见百国《春秋》……"[2] 是其亦读《墨子》而用于行事。至于《史》《汉》、范书唐以前各家注文所引《墨子》及墨家书籍之文，更是不胜枚举。

与之相应，各种非儒家类子学也还在活跃流播和影响于世，《文心雕龙·诸子》述《七略》著录诸子百八十余家，"迄至魏晋，作者间出，谰言兼存，琐语必录，类聚而求，亦充箱照轸矣"，其后文又提到"墨翟、随巢，意显而语质"。[3] 即可视为对此前子论蜂起而子学甚盛之况的概括。中唐马总编纂的《意林》，其前附有德宗贞元二年（786）抚州刺史戴叔伦所撰之《序》，谓汉代以来，"至如曾、孔、荀、孟之述，其盖数百千家，皆发挥隐微，羽翼风教，祖儒尊道，持法正名，纵横立权，变通其要，崇俭而有别，即农而得序，傍行而不流小说，去泥而篇简繁夥，罕备于士大夫之家。有梁颍川庾仲容略其要，会为《子书抄》三十卷"。[4] 说的就是萧梁庾仲容编《诸子抄》以前，子学述作甚多，士人家中亦难齐备之况。至

1　《魏书》，第1849页。

2　《隋书》，第1197页。

3　《文心雕龙校注》，第122—123页。

4　王天海、王韧撰：《意林校释》，第1页。《意林》共摘抄晋以前子书一百一十一家，其前之戴叔伦《序》述"大理评事扶风马总会元，家有子史，幼而集录，探其旨趣，意必有归，遂增损庾书，详择前体，裁成三轴，目曰《意林》。上以防守教之失，中以补比事之阙，下以佐属文之绪"。柳伯存《序》则述其取鉴萧梁庾仲容《诸子钞》、隋代李文博《治道集》、唐虞世南《帝王略论》、朱翼祖《十代兴亡论》，录子史大略而盖四人之意。王天海、王韧撰：《意林校释》，第1、4页。

于隋代，又有博陵李文博"撰掇诸子，编成《理道集》十卷"[1]。其后则有唐太宗命魏徵等编撰《群书治要》五十卷，其中二十卷摘抄周秦和汉魏以来子书达四十七种，其序亦认为其有助治道，"足以鉴览前古，传之来叶"[2]。鲜明地表达了标榜王道的贞观君臣对于子学的态度。由此联系相关的种种史实，不能不引人深思魏晋以降子学的作用、地位和影响；更为深入地考虑其存在的生态、发展演化之况及其著述和著录形式的种种变化；特别是反省那种把汉魏以来儒学与子学对立起来，又把玄学从子学中割离出来的研究框架，从而把子学重新纳入当时学术、思想界发展演变的全景画卷中来加以认识。

1　《意林》前附之贞元三年柳伯存《序》。王天海、王韧撰：《意林校释》，第3页。唐人避李治讳，改《治道集》为《理道集》。
2　魏徵等撰：《群书治要》，第1页。

第十三章　汤祷传说的文本系统

先秦以来流行的商汤祷雨传说，《史记》卷三《殷本纪》未予载录，东汉王充曾在《论衡·感虚》《明雩》《感类》三篇中加以辨析，大意谓汤祷或实，雨因祷而至为虚[1]。迨至清代崔述著《商考信录》，又引宋、明认该传说为"野史谬谈"之论并加以考证，结论是"汤之大旱且未必其有无，况以身为牺，乃不在情理之尤者乎？故今并不录"。[2]但在今人看来，王仲任的辨析固然显得幼稚，崔东壁的考订似亦不足采据，因为"汤之大旱"既"未必其有无"，以人为牺

1　《论衡·感虚》："传书言：'汤遭七年旱，以身祷于桑林，自责以六过，天乃雨。'或言：'五年。祷辞曰："余一人有罪，无及万夫；万夫有罪，在余一人。无以一人之不敏，使上帝鬼神伤民之命。"于是剪其发，丽其手，自以为牲，用祈福于上帝，上帝甚说，时雨乃至。'言汤以身祷于桑林自责，若言剪发丽手，自以为牲，用祈福于帝者，实也。言雨至为汤自责以身祷之故，殆虚言也。"《论衡校释》，第245—247页。同书《明雩》："世又称汤以五过祷于桑林，时立得雨。夫言运气，则桑林之说绌；称桑林，则运气之论消。世之说称者，竟当何由？救水旱之术，审当何用？"（第670—671页）同书《感类》："汤遭旱七年，以五过自责，谓何时也？夫遭旱一时，辄自责乎？旱至七年，乃自责也？谓一时辄自责，七年乃雨，天之应诚，何其留也？如谓七年乃自责，忧念百姓，何其迟也？不合雩祭之法，不厌忧民之义，《书》之言，未可信也。"（第786—787页）

2　崔述撰著、顾颉刚编订：《崔东壁遗书》之《商考信录》卷之一《成汤下》，第138—139页。

574　　　　　　　　　　　　　　　　　　　　　　中古政治与思想文化史论

牲或焚巫求雨，又多可于文献、卜辞、考古及民族志材料得其佐证。故自二十世纪三十年代郑振铎先生撰《汤祷篇》[1]，继以陈梦家、李宗侗、丁山、张光直、裘锡圭诸先生的有关研究[2]，都从神话学、人类学和考古学等视角出发，肯定了汤祷传说所存的有关古史内涵，也开启了该传说研究的新生面。

但这些研究也都呈现了两个有所关联的局限：一是因倾力于汤祷传说叙事的真伪问题而限制了研究的纵深。二十世纪初以来高举辨伪旗帜的古史重建和史料考辨运动中，考察古代传说叙事的真伪，自有其重大意义和迫切的需要；但辨别传说叙事的真中之伪或伪中之真，不仅不能涵盖传说包括的各种重要问题，而且也不能说是传说研究的首要问题。更何况，真伪问题显然是基于王充、崔述等视为当然前提的"传说即史"这个成问题的假设而发生的。在此前提下，所有新旧研究手段或成果的运用，其实都被简化为替既定的诠释框架提供证据，又难免因传说尤其是早期传说无从实证的特点而

1　《东方杂志》第30期，1933年。同期又载曹松叶《读〈汤祷篇〉》文赞同郑文观点。后来又有杨向奎《评郑振铎汤祷篇》一文略同其说，《史学论丛》，1934年第1期。

2　陈梦家：《商代的神话与巫术》，《燕京学报》第20期，1936年；李宗侗：《中国古代社会史》第五章《政权的逐渐集中》第二节《君及官吏皆自出巫》、第三节《政权集中的几个阶段》，台北：中国文化大学出版部，1987年，第119—131页；丁山：《商周史料考证》6《传说时代的王号与传统》，北京：中华书局，1988年，第42—47页；张光直《中国青铜时代（二集）》3《商代的巫与巫术》，北京：生活·读书·新知三联书店，1990年，第39—66页；裘锡圭：《说卜辞的焚巫尪与作土龙》，载胡厚宣主编：《甲骨文与殷商史》，上海：上海古籍出版社，1983年，第21—35页。又艾兰在《龟之谜：商代神话、祭祀、艺术和宇宙观研究（增订版）》第二章《商代神话和图腾体系的重建》7《"商"与"桑"》中，亦基本上肯定了汤祷传说在"许多地方都使人联想到商代祭祀的实际情况"（汪涛译，北京：商务印书馆，2010年，第44—47页）。

失却其预期意义，从而使研究徘徊不前。二是基本上没有对汤祷传说的各种文本做较为全面的梳理和研究。而对任何传说的研究，都必须首先收集其文本，研究这个传说各种文本的时间顺序、内涵差异、所涉母题、叙说方式和相互关系，才有可能揭示该传说的演化流变，也为对之认识奠定基础。也许正是因为真伪问题的反复纠缠，上列先生的研究虽都涉及了有关文本，其倾力注意的却仍是该传说的若干字词、情节，而并未对其各种文本所示时间、内涵、母题及叙说方式等项做正面探讨，这又反过来制约了研究的水平。

以下即拟承前人所论，集中讨论先秦至两汉汤祷传说的文本系统及其来源、流变和背景等问题，以有助于对之的进一步讨论，同时亦可由此观察战国以来儒、墨二家思想的消长之况，及其直至汉魏以来影响汤祷传说变迁的相关问题，并在近年古文献大量出土和古史之"疑""信"再起纷纭的背景下，提请注意这方面的视角和方法。

一、墨家一系汤祷文本与《汤说》性质

先秦以来流传的汤祷传说，出现时间较早的是出于《墨子》的文本系统，现将其汉以前流传的主要文本列出：

1.《墨子·兼爱下》载子墨子引《汤说》：

汤曰："惟予小子履，敢用玄牡，告于上天后曰：今天下大旱，即当朕身。履未知得罪于上下，有善不敢蔽，有罪不敢赦，简在帝心。万方有罪，即当朕身，朕身有罪，无及万方。"即此言汤贵

为天子，富有天下，然且不惮以身为牺牲，以祠说于上帝鬼神。[1]

2.《初学记》卷九《帝王部·总叙帝王》"汤布衣"条引《尸子》[2]：

汤之救旱也，素车白马布衣，身婴白茅，以身为牲。当此时，弦歌舞者禁之。[3]

3.《吕氏春秋·季秋纪》之《顺民》：

汤克夏而正天下，天大旱，五年不收。汤乃以身祷于桑林，

1　《墨子间诂》，第112—114页。
2　《尸子》一书虽托名商鞅之客尸佼而实集众手而成，尸佼有鲁人、晋人二说，又有《尸子》书作于蜀或作于楚二说。刘向《孙卿书录》称"楚有尸子、长庐子、芋子，皆著书，然非先王之法也，皆不循孔氏之术"。《全上古三代秦汉三国六朝文》，第333页。而《后汉书》卷七八《宦者吕强传》载吕强上疏引及《尸子》，李贤注："尸子，晋人也，名佼，秦相卫鞅客也。鞅谋计，未尝不与佼规也。商君被刑，恐并诛，乃亡逃入蜀，作书二十篇，十九篇陈道德仁义之纪，一篇言九州险阻，水泉所起也。"（第2530页）刘向与李贤所说不无矛盾，这恐怕也是《尸子》集众手而成又来源含糊的反映。学界多以为《尸子》成书当在战国末年，其内容偏儒而兼总各家，故亦有墨家成分。参张西堂：《〈尸子〉考证》，《古史辨》第四册，第646—653页；吕思勉：《经子解题·尸子》，第194—196页。
3　《初学记》，第208页。与之相类之佚文，如《艺文类聚》卷八二《草部下·茅》引《尸子》："殷汤救旱，素车白马，身婴白茅，以身为牲。"（第1412页）《太平御览》卷三五《时序部二〇·旱》引《尸子》与之略同，唯"以身为牲"作"为牲祷于桑麻之野"（第167页）。湖海楼刊汪继培辑《尸子》卷下《散见诸书文汇辑》则据《初学记》《太平御览》等辑有此条。尸佼著、汪继培辑：《尸子》，上海：上海古籍出版社，1989年，第21页。

曰："余一人有罪，无及万夫，万夫有罪，在余一人。无以一人之不敏，使上帝鬼神伤民之命。"于是翦其发，郦其手，以身为牺牲，用祈福于上帝。民乃甚悦，雨乃大至。[1]

4.《春秋左传正义》襄公十年"请以桑林"条《孔疏》引《尚书大传》：

汤伐桀之后，大旱七年。史卜曰："当以人为祷。"汤乃剪发断爪，自以为牲，而祷于桑林之社，而雨大至，方数千里。[2]

5.《文选》卷一五《志中》张衡《思玄赋》"汤蠲体以祷祈兮"李善注引《淮南子》：

汤时大旱七年，卜用人祀天。汤曰："我本卜祭为民，岂乎自当之。"乃使人积薪，翦发及爪，自洁，居柴上，将自焚以祭天。火将然，即降大雨。[3]

---

1 《吕氏春秋集释》，第200—201页。《三国志》卷四二《蜀书·郤正传》载郤正作《释讥》有句"桑林祷而甘泽滋"，裴注引《吕氏春秋》曰："昔殷汤克夏桀而天下大旱，三年不收，汤乃以身祷于桑林曰：'余一人有罪，无及万方，万方有罪，在余一人，无以一人之不敏，使上帝毁伤民之大命。'汤于是剪其发，攦其爪，自以为牺牲，用祈福于上帝。民乃甚悦，雨乃大至。"（第1038页）其文与《吕氏春秋·顺民》大同小异。
2 《十三经注疏》，第1947页。陈寿祺辑《尚书大传》卷一《殷传》收入此条。钟谦钧辑：《古经解汇函》壹，第440页。
3 《文选》，第218页。今本《淮南子》无此条而有其说，如其《主术》："汤之时，七年旱，以身祷于桑林之际，而四海之云凑，千里之雨至。"《修务》：（转下页）

中古政治与思想文化史论

以上五个文本的共同点是汤祷以身为牲，时期最早的为《墨子·兼爱下》所述[1]，而《兼爱下》明言其述汤祷之事是据《汤说》[2]。关于《汤说》的性质，刘起釪先生《尚书学史》以之为逸《书》之篇，具体是指因旱祷雨的《汤誓》[3]。但其说仍有问题：

第一，《墨子·尚贤中》已引有内容与之迥异的求贤《汤誓》文[4]，而《兼爱下》所引既称《汤说》，可见墨家并不以之为《汤誓》之文。

（接上页）"禹之为水，以身解于阳盱之河；汤旱，以身祷于桑山之林。圣人忧民，如此其明也。"《淮南鸿烈集解》，第276、632页。

1　《太平御览》卷九九六《百卉部三·菅》引"尹子曰：汤祷旱，素车白马，布衣，身婴白茅，以身为牲"（第4409页）。案《汉书》卷三〇《艺文志》诸子略墨家类著录《尹佚》二篇，原注述尹佚"周臣，在成康时也"（第1737页）。此"尹子"，有可能是被魏晋以来类书等文献摘录的《尹佚》佚文。另一种可能是此"尹子"指《尹文子》，不过今本《尹文子》中并无此条。尹文为稷下学士，《庄子·天下》篇述有宋钘、尹文之学的梗概，大抵属道家而兼有名法、墨家成分。《尹文子》成书当在战国后期，其原书已佚，或以今本为后人伪托，然仍公认其主要内容出于尹文。参唐钺《尹文和〈尹文子〉》及罗根泽《〈尹文子〉探源》，二文俱载《古史辨》第六册，第220—257页。

2　《墨子·兼爱下》此处先举《泰誓》以论兼爱之理；继述"且不唯《泰誓》为然，虽《禹誓》即亦犹是也"，下录禹征有苗之辞；进而又述"且不唯《禹誓》为然，虽《汤说》即亦犹是也"，以下即记"汤曰"云云。《墨子间诂》，第111—112页。

3　刘起釪：《尚书学史（订补本）》第二章《尚书在先秦时的流传情况》第四节《上列三种以外见于先秦的逸书》，第33—34页。参陈梦家：《尚书通论》第三部《尚书讲义》第二篇《汤誓》，第207—215页。此外，孙星衍又以《国语·周语》《墨子·兼爱》《论语·尧曰》《吕氏春秋·顺民》等处所述汤辞为《尚书·夏社》逸文。《论衡校释》卷五《感虚》篇引，第247页。

4　《墨子·尚贤中》："《汤誓》曰：聿求元圣，与之戮力同心，以治天下。"其文不见于记汤伐桀誓师之辞的《尚书·汤誓》，"聿求元圣，与之戮力"八字则见于古文二十五篇即今所谓"伪孔传"中汤灭夏归亳后昭告天下的《汤诰》。《十三经注疏》，第162页。

第二，《论语·尧曰》载"曰予小子履"云云，除无"今天下大旱"数语外，其余各句与《汤说》中的"汤曰"之文大同小异，孔安国注曰："此伐桀告天之文……《墨子》引《汤誓》，其辞若此。"[1]但孔氏既以《尧曰》篇所载为汤伐桀告天之辞，而《墨子·兼爱下》引《汤说》则可肯定其为祷雨而祈告上天，是孔氏亦未必以《汤说》即《汤誓》，而只是说《墨子》中引用了伐桀告天的《汤誓》文。

第三，《汤说》述"朕身有罪，无及万方"之语，与《国语·周语上》载襄王时内史过引《汤誓》的"余一人有罪，无以万夫"云云极为相类[2]，似《汤说》乃是《汤誓》之异名。这固然合乎先秦文

---

[1] 《论语·尧曰》："曰：予小子履，敢用玄牡，敢昭告于皇皇后帝，有罪不敢赦，帝臣不蔽，简在帝心。朕躬有罪，无以万方，万方有罪罪在朕躬。"何晏等《论语集解》引孔安国曰："履，殷汤名也，此伐桀告天文。殷家尚白，未变夏礼，故用玄牡也。皇，大也；后，君也；大大君帝，谓天帝也。墨子引《汤誓》，其辞若此也。"《覆正平本论语集解》，黎庶昌辑：《古逸丛书》上册，第100页。本文不拟涉入《论语集解》引孔安国注的真伪公案，然须指出何晏所引孔注既不晚于曹魏，自应是汉人所撰；又敦煌文书P. 2628录有何晏《论语集解》中的《尧曰》残文，所引孔注亦与覆正平本略同。

[2] 《国语·周语上》载内史过言于周襄王曰："在《汤誓》曰：'余一人有罪，无以万夫，万夫有罪，在余一人。'"韦昭注："《汤誓》，《商书》伐桀之誓也。今《汤誓》无此言，则散亡矣。"是韦氏以此为伐桀《汤誓》散亡之逸文。《国语集解（修订本）》，第32页。又魏徵等撰《群书治要》卷三六《尸子·绰子》："舜曰：'南风之薰兮，可以解吾民之愠兮。'舜不歌禽兽而歌民。汤曰：'朕身有罪，无及万方；万方有罪，朕身受之。'汤不私其身而私万方。文王曰：'苟有仁人，何必亲亲。'不私其亲而私万国。"（第628页）这里同样出现了类同《周语上》的汤曰，但看不出其是否用于祷雨。湖海楼刊汪继培辑《尸子》卷上《绰子》从《文选》注及《长短经·大私》辑得此条，并以《墨子·兼爱》《吕氏春秋·顺民》汤祷之文出注（第13页）。

献多有异文同名或同文异名之例[1]，但内史过引《汤誓》唯此数语而场合不明，韦昭注又断其为伐桀《汤誓》之佚文，这种文句相同而场合不同的矛盾，应当就是孔安国先肯定《尧曰》记汤曰为伐桀告天之辞，再审慎地补述其辞与《墨子》引《汤誓》类同的原因，也就绝对不能简单地把两者等同起来。

第四，《论衡·感类》："《书》曰：'汤自责，天应以雨。'汤本无过，以五过自责，天何故雨？"[2]据此则当时另有一篇述汤为祷雨而自责的《书》，但王充既概约其中所述自责的内容包括了"五过"，此《书》自然也就不应是今人所知无此"五过自责"内容的《汤说》或《汤誓》，而有可能是战国至汉陆续出现而文本、内容错杂多端之《书》。[3]故《论衡·感类》所述不仅不足以证《汤说》即是《汤誓》，其所引之《书》究竟是否史官代相传承的《尚书》亦有问题。

由此四端，恐很难将《墨子·兼爱下》所述《汤说》视为《尚书》佚篇。况《尚书》凡记王言之篇，其名常作"典""谟""训""诰""誓""命"之类，记事者则以帝号人名，或概其事为篇

1　如刘起釪《尚书学史（订补本）》第二章《尚书在先秦时的流传情况》则以《墨子·尚贤中》所引为"求贤治天下的《汤誓》"，又以《墨子·兼爱下》引《汤说》述汤祷雨辞为"因旱祷雨的《汤誓》"，且称此二篇及今文《尚书·汤誓》为"不同的三篇而用同一《汤誓》篇名"（第33—34页）。

2　《论衡校释》，第786页。

3　傅斯年《中国古代文学史讲义·论伏生所传书二十八篇之成分》指出："《书》之篇章各时代不同，且恐春秋战国时各国中所流传之《书》亦皆不同。《左传》之引《书》已证明如此，《吕氏春秋》之引《书》亦证明如此。"欧阳哲生编：《傅斯年文集》第二卷中编上，第57页。战国诸家所引之《书》文本不一内容错杂，墨家引《书》即多与儒者相异，盖因时世相传之《书》面目多端之故。至今更有大批出土文献有力地证明了先秦文献各系多本并行于世的事实，参李学勤：《对古书的反思》；李零：《简帛古书与学术源流》第六讲《简帛古书的体例与分类》，第193—211页。

名[1]；《墨子》引《书》篇名如《汤誓》、"先王之书《汤之官刑》"等也是如此，则《汤说》以"说"为名，似不符《书》篇命名之例。考虑到《七略》以"小说"为战国百家之一，则所谓"说"，也可以指小说、传说之类。像《韩非子》有《说林》篇，又储诸说为内、外、左、右、上、下篇，刘向编《说苑》，皆编集有关传说或话题以抒其理或为谈资。由此相推，释《墨子·兼爱下》所引《汤说》为"有关成汤的传说"，或流传于小说家之间的"汤言行集"，亦即《汉书》卷三〇《艺文志》诸子略小说类所录《黄帝说》《伊尹说》及《天乙》之类，当无不可[2]。又上博简《鲁邦大旱》载孔子曰："庶民知敚之事，视也，不知刑与德。"此"敚"字，整理者马承源释为"从兑得声，通说"，为求雨的祭名。[3]故《汤说》之"说"亦可作"敚"，

1　《史通》内篇卷一《六家》："《书》之所主，本于号令，所以宣王道之正义，发话言于臣下，故其所载，皆典、谟、训、诰、誓、命之文。至于尧、舜二《典》，直序人事，《禹贡》一篇，惟言地理，《洪范》总述灾祥，《顾命》都陈丧礼，兹亦为例不纯者也。"《史通通释》，第2页。

2　《汉书·艺文志》诸子略著录小说十五家千三百八十篇，内有《伊尹说》二十七篇，"其语浅薄，似依托也"；《鬻子说》十九篇，"后世所加"；又有《天乙》三篇，"天乙谓汤，其言非殷时，皆依托也"；《黄帝说》四十篇，"迂诞依托"（第1744页）。《天乙》三篇说明先秦以来关于成汤的传说为数实颇不少。

3　马承源主编：《上海博物馆藏战国楚竹书（二）》，第205—206页。又清华简有《敚命》上中下篇，述傅说相武丁之事，"说"皆作"敚"。清华大学出土文献研究与保护中心编、李学勤主编：《清华大学藏战国竹简（叁）》，第121—131页。案《周礼·春官·大祝》职文："掌六祈，以同鬼神示，一曰类，二曰造，三曰禬，四曰禜，五曰攻，六曰说。"郑注引郑司农曰六者"皆祭名也"，玄以为"攻说，则以辞责之"。清人孙诒让引《淮南子·泰族》云：'雩兑而请雨。'宋本许注注云：'兑，说也。'则请雨亦有说矣"。孙氏又引钱大昕以为《墨子·兼爱下》引汤说，可证"说之礼殷人已有之矣"，即郑注所谓"攻说"之说。见孙诒让撰，王文锦、陈玉霞点校：《周礼正义》，第1986—1992页。故"敚"有"祈""说"二解，然则《墨子》引"汤说"亦可解作"汤敚"，既可释为祈祝，亦可释为传说。

有祈祝、传说二义，可释为成汤祷雨祈祝之辞及关于成汤祷雨的传说，而非必是《尚书》或逸《书》的一篇。

如果《国语·周语上》载内史过对襄王引述的《汤誓》即是成汤的祷雨辞，那么《墨子·兼爱下》所据《汤说》出现的时期，就至少应上溯至周襄王（前651—前619在位）以前。但据上所述，这种可能性实在很小。而若《汤说》只是小说家言，《兼爱下》又述其为墨子所引，则其出现的时期，或以墨子生平大体不出周定王至安王之世（约前468—前376），或就《墨子·兼爱》上、中、下篇分别成于战国中期以来诸墨学支派的时期来推[1]，则应在公元前五世纪，或公元前三世纪中叶前后。无论如何，《汤说》皆不失为今见汤祷传说较早的一个文本，其内容主要包括了一份自省为政而严于责己的祷辞和一个以身为牲的情节。此后，从《尹子》《尸子》《吕氏春秋》到汉初以来《尚书大传》至《淮南子》中的汤祷传说，一方面都出现了不见于《墨子·兼爱下》引《汤说》的若干祷雨情节，说明它们采据的是内容更为完整的《汤说》或另一个内容有所滋蔓衍生的汤祷文本。另一方面，其所记汤祷揽过自责和以身为牲诸端，又都具有墨家崇尚圣王和以身殉道的特征，故可推断这些文本有可能就

---

1 学界多以《墨子·尚贤》至《非乐》上、中、下篇为墨家支派对墨学要旨的分别传述，则《兼爱下》述子墨子引《汤说》，亦应是时期较晚的墨家后学附会墨子之语，就像七十子后学引述的"子曰"未必真是孔子之语一样。至于《兼爱下》形成的时期，要当在《庄子·天下》述"相里勤之弟子五侯之徒，南方之墨者苦获、已齿、邓陵子之属，俱诵《墨经》，而倍谲不同，相谓别墨。以坚白同异之辩相訾，以觭偶不仵之辞相应，以巨子为圣人，皆愿为之尸，冀得为其后世，至今不决"前后。《庄子集释》，第1079页。庄子卒年一般认为在公元前295至前275年间，《天下》则出于其后。

是原出《墨子》所引《汤说》或由之流衍的其他文本，乃是打有墨家印记的一个文本系统。

就这一系文本的变化来看，《墨子》引《汤说》叙述了一份较为完整的祷辞，关于祷雨术则唯侧面提到汤"不惮以身为牺牲，以祠说于上帝鬼神"，可以说是一个详其祈告之辞而略其祷雨情节的文本。稍后的《尹子》和《尸子》增益了"素车白马"等事，《吕氏春秋》则补充了"大旱五年""祷于桑林""剪发酈手"等情节，却删略了《墨子》所载祈告之辞前半述承秉天命赏善罚恶的部分。此后，《尚书大传》和《淮南子》中的汤祷以身为牲传说，又在《吕氏春秋》基础上进一步删却了祷辞后半揽过自责的部分，从而呈现了详其祷雨情节而略其祈告之辞的样态。引人注目的是，较晚文本对祷雨情节的加详，还可以其为正面阐述，而《墨子》并未完整征引《汤说》来解释；但对原来字句甚多的祈祝之辞的删略，如果不是反映了战国晚期对《汤说》所载祷雨辞部分的某种怀疑，那至少是用相继去除赏善罚恶和"万方有罪，即当朕身"之语的方式，愈加凸显了严于责己、不惜殉身的圣王之道。因此，从《墨子》引《汤说》的详其祈告之辞，到《尹子》（《尹文子》）、《尸子》和《吕氏春秋》以来详其祷雨情节，不失为战国晚期至秦汉墨家一系汤祷传说文本传播过程一个值得注意的演变。

二、圣王陈辞之"套语"与汤祷文本之变

这一演变的发生，似与《墨子》引《汤说》所述汤祷雨辞结构和内容的问题相关。案《汤说》开头的"惟予小子履，敢用玄

牡，告于上天后"，实乃先秦以来相传告天之文的一般格式[1]；而汤名"履"，牲用"玄牡"，称天帝为"后"，自称"惟予小子"等，亦皆当时流传的殷周掌故。[2]"今天下大旱，即当朕身"两句，则交代了因旱祷雨而揽过于己的大旨。但到"朕未知得罪于上下，有善不敢蔽，有罪不敢赦，简在帝心。万方有罪，即当朕身；朕身有罪，无及万方"这一段，问题就出来了。如前所述，《墨子》引汤祷雨辞的这个部分，与《论语·尧曰》载汤伐桀告天"曰予小子履"云云之文基本相同。如果撂下"汤曰"究属伐桀告天，还是祷雨或其他陈辞的问题，当时流传着一篇与伐桀相关的商汤之辞且其语句与汤祷雨辞雷同应是事实，因为在现存先秦文献中，类似的陈辞还可检出不少。现举其中要者略释之如下：

1　如前引《论语·尧曰》："予小子履，敢用玄牡，敢昭告于皇皇后帝。"《尚书·大诰》为周公东征代成王昭告天下之辞，其中有"予惟小子，不敢替上帝命，天休于宁王"云云；《康王之诰》为周康王昭告诸侯之事，其中记太保与芮伯相揖再拜稽首曰："敢敬告天子，皇天改大邦殷之命，惟周文武诞受羑若，克恤西土"云云。《十三经注疏》，第199、244页。两者虽是昭告天下和上告天子之文，仍可与《尧曰》所述参证。此外《仪礼·士昏礼》述新妇赴庙祭告已亡之舅姑，其祝姑辞曰"某氏来妇，敢告于皇姑某氏"云云；同书《士虞礼》述始虞用柔日，曰"哀子某，哀显相，夙夜夜处不宁。敢用洁牲刚鬣、香合、嘉荐、普淖、明齐、溲酒，哀荐袷事，适尔皇祖某甫……"。朱熹著、黄榦编：《仪礼经传通解正续编》，北京：北京大学出版社，2012年，第70、1192—1193页。《大戴礼记·诸侯迁庙》述其祝辞开头亦为"孝嗣侯某，敢用币告于皇考某侯"云云。王聘珍撰：《大戴礼记解诂》，北京：中华书局，1983年，第201页。这些例子虽对象、主体不同，然皆可与汤祷文式相证。
2　此数名物之解，参《墨子间诂》卷四《兼爱下》释诂，第112—114页；《论语集释》卷三九《尧曰》篇所引对"曰予小子履"云云之训解，第1350—1357页。又丁山《中国古代宗教与神话考》之"后稷与神农·后"条曾详考"后"义，认为卜辞只以"后"称先王中时代较晚之王，文献如《尚书·盘庚》等处称先王及天帝为"后"，实为"后儒润饰之辞"。上海：上海文艺出版社，1988年，第13—18页。

1. 《论语·尧曰》述周武王曰：

周有大赍，善人是富；虽有周亲，不如仁人；百姓有过，在予一人。[1]

《尧曰》或编简错脱[2]，上引文未明其陈辞者为谁，但其紧接汤曰"予小子履"云云而叙，合乎《尧曰》此章顺次而述尧舜禹及汤武之道的大旨，历来注家皆以此为武王伐纣之辞[3]，所说应可采信。

2. 《墨子·兼爱中》：

昔者武王将事泰山隧，《传》曰："泰山，有道曾孙周王有事，大事既获，仁人尚作，以祗商夏，蛮夷丑貉。虽有周亲，不若仁人，万方有罪，维予一人。"[4]

这是周武王祀泰山之辞，其中"虽有周亲"以下四句与《论语·尧曰》武王伐纣辞类同。

3. 《逸周书·商誓解》述武王克殷而告诫殷人耆德曰：

---

1 《覆正平本论语集解》，黎庶昌辑：《古逸丛书》上册，第100页。

2 朱熹《四书或问》引苏轼论"尧曰"章有曰："《论语》盖孔子之遗书，编简绝乱，有不可知者。"朱熹著、黄坤点校：《四书或问》之《论语或问》卷第二十《尧曰》。朱杰人等主编：《朱子全书（修订本）》第6册，第914—916页。

3 何晏撰、皇侃义疏：《论语集解义疏·尧曰》，钟谦钧辑：《古经解汇函》贰，第1414—1415页。《论语集释》，第1357—1361页。

4 《墨子间诂》，第103—104页。

昔在我西土，我其齐言，胥告商之百姓无罪，其维一夫。予既殛纣承天命，予亦来休命。[1]

据此，"百姓无罪，其惟一夫"之说，乃是伐纣克殷的舆论准备[2]；而"万方有罪，惟予一人"，则是周革殷命成功之后承续其说的必然逻辑，殷周之际有关观念的发展脉络于此隐隐可见。

4.《尚书》古文二十五篇之《泰誓中》述周武王伐殷誓师有曰：

虽有周亲，不如仁人，天视自我民视，天听自我民听。百姓有过，在予一人。[3]

《泰誓》为周武王十三年孟津誓师之辞，其文包括"天视自我民视"二句，多为先秦两汉人所引。[4]上引文的首句与末句，皆与《论语·尧曰》《墨子·兼爱中》所述武王之辞类同，只是其场合完全

1　《逸周书汇校集注》，第484页。
2　此"一夫"亦即"一人"，即是《孟子·梁惠王下》所述"残贼之人，谓之一夫。闻诛一夫纣矣，未闻弑君也"的根据。《孟子正义》，第145页。
3　《十三经注疏》，第181页。
4　如《左传》襄公三十一年鲁穆叔曰："《太誓》云：民之所欲，天必从之。"《十三经注疏》，第2014页。《孟子·万章上》："《太誓》曰：天视自我民视，天听自我民听。"《孟子正义》，第646页。又《尚书》古文二十五篇之《汤诰》是汤克夏归亳以后昭告万方之辞，其语有曰："尔有善，朕弗敢蔽；罪当朕躬，弗敢自赦，惟简在上帝之心。其尔万方有罪，在予一人，予一人有罪，无以尔万方。"《十三经注疏》，第162页。其文与《墨子·兼爱下》引《汤说》及《论语·尧曰》引"曰小子履"云云重复，却不是祷雨辞或伐桀文。

不同。[1]

5.《群书治要》卷三六《尸子·绰子》：

> 文王曰："苟有仁人，何必周亲？"文王不私其亲而私万国。[2]

《绰子》此处节引文王之语，是与前文引大禹、商汤之语呼应的，观其文意，"何必周亲"之下似还应有"万方有罪，惟予一人"之类的语句，其语实与上举周武王誓师及祀泰山文略同，然其陈辞者却变成了周文王。[3]

6.《说苑·贵德》述武王克殷后，问周公以安置殷民之方：

> 周公曰："使各宅其宅，田其田，无变旧新，惟仁是亲，百姓有过，在予一人。"武王曰："广大乎！平天下矣！"[4]

---

1 《说苑·君道》述禹见罪人下车而泣，末引《书》曰：'百姓有罪，在予一人。'《说苑校证》，第8页。《列女传》卷六《辨通传·楚江乙母传》："昔者周武王有言曰：'百姓有过，在予一人。'"刘向撰、王照圆补注、虞思徵点校：《列女传补注》，上海：华东师范大学出版社，2012年，第233页。两处所引皆为《书》，应是《泰誓》之类。《汉书》卷九《元帝纪》建昭五年诏曰："……《传》不云乎？百姓有过，在予一人。"师古注："《论语》载殷汤伐桀告天下之文也。言君天下者，当任其忧责。"（第296页）是颜师古以此"传"为《论语》。

2 魏徵等撰：《群书治要》，第628页。

3 《长短经·大私》引"尸子曰"亦作"文王曰：'苟有仁人，何必周亲。'文王不私其亲而私万国"。赵蕤撰、梁运华整理：《长短经》，北京：中华书局，2017年，第454页。

4 《说苑校证》，第98—99页。

　　　　　　　　　　　　　　　中古政治与思想文化史论

《韩诗外传》《尚书大传》等处亦载此事而详略不同[1]，故可断其必为战国以来的传说。这些语句与上面所举周文王和武王之辞有所雷同，在这一传说中却是武王忧治问计，周公对之所陈之辞。

据上可以明确两点：一是《墨子》引《汤说》述汤祷雨辞的不少文句，尤其是"万方有罪，在余一人"等显示圣王担当与责任的文句，在春秋战国时期的文献或传说中，乃可适用于不同主体在不同场合下所作陈辞。而其共同点是先述赏善罚恶为政之要，继之以"万方有罪，惟予一人"云云，看来这是当时流传商周王者陈辞用以彰显王道圣政的常用套语。[2]第二，就现存文献提供的事例来看，这

---

1 《韩诗外传》卷三"武王伐纣"章记其事："周公趋而进曰：'不然。使各度其宅而佃其田，无获旧新，百姓有过，在予一人。'"《韩诗外传集释》，第95页。陈寿祺辑《尚书大传》卷二《周传》亦记武王伐纣后，周公对武王说："臣闻之也，各安其宅，各田其田，毋故旧私，惟仁之亲。"钟谦钧辑：《古经解汇函》壹，第445页。《淮南子·主术》述武王克殷，"使各处其宅，田其田，无故无新，惟贤是亲。"《淮南鸿烈集解》，第312页。这些记载详略不一而大旨略同，皆当出于先秦以来的同一传说。

2 吕振羽《殷周时代的中国社会》之《殷代奴隶制社会》一《史料的选择》述今本《尚书》之《汤誓》一篇，其构意与所谓夏书之《甘誓》似为同一公式"，也看到了这类问题（北京：生活·读书·新知三联书店，1962年，第5页）。这种"套语"在人类学调查中并不鲜见。如弗朗兹·博厄斯《原始艺术》第七章《原始文学、音乐和舞蹈》指出原始散文中往往有一些程式化的段落，"这些段落大多是人物之间的对话，在创作时这些部分是不允许脱离固定程式的。有时这些段落是有韵律的，因而必须看作是诗歌，而不再是散文了……少数作品中几乎通篇都是程式化的写法，当中没有连接的段落。加利福尼亚韦拉基（Wailaki）人的作品就是如此"（金辉译，贵阳：贵州人民出版社，2004年，第214页）。这类程式化段落在世界史上相当普遍，在中国藏族《格萨尔王传》、彝族《西南彝志》等韵文中也时常可见。又，保尔·汤普逊《过去的声音——口述史》第二章《历史学家与口述史》中谈到许多非洲宫廷中有专门官员来记忆和口述不同的历史事项。（转下页）

种先言赏善罚恶，继则揽过于己的套语，大都较为贴切地用于与圣王吊民伐罪传说相关的陈辞。就连《墨子·兼爱中》述武王有事泰山之辞也将之与"大事既获"的相关征战相联系，只有其《兼爱下》所引《汤说》才突兀地用之于祷雨辞。质言之，即便这种套语可能适用和来自殷周时期的多种场合，其较早场合似亦不是祷雨，而应是征伐、训诫、昭告之类的活动及其仪式。

进一步考察不难发现，"万方有罪，即当朕身"这种揽过于己的文式，尚可证于《尚书·盘庚上》的"邦之臧，惟汝众；邦之不臧，惟予一人有佚罚"；《秦誓》的"邦之杌陧，曰由一人，邦之荣怀，亦尚一人之庆"；以及《诗·大雅·云汉》述周天子祷雨的"何求为我，以戾庶正"等处。[1] 同样，"有善不敢蔽，有罪不敢赦"数语，把赏善罚恶政教之况与灾异关联到一起的倾向，亦可证于《尚书·盘庚中》述政有所失而"失于政，陈于兹，高后丕乃崇降罪疾"，"故有爽德，自上其罚汝，汝罔能迪"；《尚书·西伯戡黎》述祖伊对殷纣王说"非先王不相我后人，惟王淫戏用自绝。故

（接上页）如卢旺达："家谱官，阿巴库拉布温吉（abacurabwenge），必须记住国王和母后们的名单；记忆官，阿巴提克里兹（abateekerezi），记忆各个统治时期的最重要事件；赞颂官，阿巴西兹（abasizi），保存对国王们的颂辞；而秘书官，阿比鲁（abiiru），则保存王朝的秘密。"（覃方明、渠东、张旅平译，沈阳：辽宁教育出版社／伦敦：牛津大学出版社，2000年，第26—27页）可与参证的如《左传》襄公十四年师旷引《夏书》曰："遒人以木铎徇于路，官师相规，工执艺事以谏。"《十三经注疏》，第1958页。《国语·周语上》记邵公谏厉王曰："故天子听政，使公卿至于列士献诗，瞽献曲，史献书，师箴，瞍赋，矇诵，百工谏，庶人传语，近臣尽规，亲戚补察，瞽史教诲，耆艾修之，而后王斟酌焉，是以事行而不悖。"《国语集解（修订本）》，第11—12页。在此体制背景下，诸如"万方有罪，在余一人"等凸显圣王担当品格的套语，自然会被史官强化记录。

1　分见《十三经注疏》，第170、256、563页。

天弃我，不有康食。不虞天性，不迪率典，今我民罔弗欲丧"。[1]《左传》僖公十九年所载卫国大旱，"宁庄子曰：'昔周饥，克殷而年丰。今邢方无道，诸侯无伯，天其或者欲使卫讨邢乎！'从之，师兴而雨"。[2]

　　显然，无论是圣王严于责己的文式，还是有灾须自省赏善罚恶等为政之况，都渊源有自，并有当时通行的相应祷祝文式可据[3]，这很可能就是《墨子》引《汤说》所述汤祷辞包括了这些内容的原因。但问题的关键在于，当这两种语式合成为同一份祷雨辞以后，就势必与时人熟知商周时期王者在其他各种场合的陈辞套路发生雷同，尤其是把《墨子》引《汤说》中的汤祷雨辞与《论语·尧曰》所述而世人公认的汤伐桀告天之辞比较，其中除多了"今天下大旱"五字外，其相同处实已到了令人无法置信的程度。由此看来，墨家一系汤祷文本自《吕氏春秋》即去掉了《墨子》引《汤说》所述祷辞的赏善罚恶等语句，其后的《尚书大传》《淮南子》述汤祷又删却了揽过于己之文，皆可视为对此雷同现象的一种反应，结果则是使这

1　分见《十三经注疏》，第171、177页。

2　《十三经注疏》，第1810页。《国语·楚语上》记白公子张述殷商武丁使傅说朝夕规谏，曰："若金，用女作砺；若津水，用女作舟；若天旱，用女作霖雨。"《国语集解（修订本）》，第502—503页。又《韩诗外传》卷三"传曰"章："除疾之道无他焉，用贤而已矣。"《韩诗外传集释》，第93页。

3　清华大学出土文献研究与保护中心编、李学勤主编《清华大学藏战国竹简（叁）》有《祝辞》，汇录了若干通行的巫祝之辞（第164页）；清华大学出土文献研究与保护中心编、黄德宽主编《清华大学藏战国竹简（玖）》有《祷辞》，汇录了若干通行的祷告之辞（上海：中西书局，2019年，第182—183页）。其中虽未包括天子攘灾祈祷而揽过于己的文式，但也可见战国中晚期有关祝祷之辞确有某种定式，可用于各种相应场合。另参徐中舒：《金文嘏辞释例》，《徐中舒史学论文选辑》，北京：中华书局，1998年，第502—564页。

一系汤祷传说文本从最早《汤说》代表的详其祈告之辞而略其祷雨情节的样态，变成了详其以身为牺等祷雨情节而略其祈告之辞的样态。因而合理的推论是：墨家一系汤祷传说中的祷辞部分，似应嫁接移用自圣王征伐、训诫、昭告天下的有关陈辞，其移用前提则是王者祷雨例须反省自责，也就可把赏善罚恶等为政之要与水旱灾异联系起来。同时，这份祷辞极有可能在《吕氏春秋》以前，就因其与商周王者其他陈辞套语的雷同而遭质疑。

三、以身为牲和桑林祷雨透露的消息

祷雨祈告之辞的这种移用、演变、删略之况，令人不能不继续考虑这一系文本述汤以身为牲、祷雨于桑林等事的来源或其所处时代与社会。

即就汤祷以身为牲这个基本情节来说，与之相关的人祭之俗及焚巫求雨之术，确乎都有其悠久源头，并且可证于卜辞所示殷商的祷雨史实，对此前人早已指出。[1]但在考虑汤以身为牲说的来源早晚问题时，仅有这些人祭或焚巫的证据就远远不够了。人祭或焚巫求

---

1 章太炎《检论》卷二《辨乐》即说："《吕氏》称汤祷旱于桑林，翦发磨手，以身为牺牲。中古虽鬼魅，未若是甚也。"即以此为上古之俗。《章太炎全集》册三，第410页。至二十世纪二十年代江绍原著《发须爪》一书，其中亦论及汤祷以身为牲剪发断爪实为巫术。江绍原：《发须爪：关于它们的风俗》丁《发须爪被用为全身的替代品》，上海：上海文艺出版社，1987年，第88—92页。又前引裘锡圭《说卜辞的焚巫尪与作土龙》一文引于省吾、陈梦家、姚孝遂、胡厚宣诸说，认为卜辞焚人求雨之例中，所焚之人大体有巫亦有奴。然则殷商的焚人求雨并不都是焚巫，其中也有人为祭牲的做法。

雨之术既然行用于殷商前后至春秋以来的很长时期[1]，现存汤祷传说的最早文本，则充其量只能追溯至春秋，那又何以见得汤祷以身为牲之说一定来自殷周时期，而不是习见其事的春秋以来呢？更何况，墨家一系汤祷传说述汤为祷雨自充牺牲，毕竟是一种相当特殊的人祭或焚巫求雨，我国上古部落首领尤其殷商王者究竟是否发生过这类事情虽然还有待讨论，但春秋战国时期却不仅有着王者罪己禳灾而不惜己身的思想背景和观念氛围，也的确存在着国君祷雨欲自以为牲或暴身于野的传说或实例：

如《艺文类聚》卷六六《产业部下·田猎》引《庄子》述御者公孙龙谏魏君：

昔宋景公时大旱，卜之，必以人祠乃雨。景公下堂，顿首曰：“吾所以求雨，为民也。今必使吾以人祠乃雨，将自当之。”言未卒而大雨。[2]

此条不见于今通行本《庄子》，相传为西汉刘向所撰的《列女

1　参郭宝钧：《记殷周殉人之史实》，《光明日报》1950年3月19日《学术》副刊；郭沫若：《奴隶制时代》之《申述一下关于殷代殉人的问题》，北京：人民出版社，1973年，第89—97页，胡厚宣：《中国奴隶社会的人殉和人祭》上、下，《文物》，1974年第7、第8期。

2　《艺文类聚》，第1172页。同书卷一〇〇《灾异部·旱》亦引《庄子》载公孙龙谏魏君而所述不同，作“昔先公时，大旱三年，卜之，以人祠乃雨。公下堂顿首曰：吾欲所以求雨，以为民也”云云（第1722页）《太平御览》卷一〇《天部一〇·雨上》亦引《庄子》曰宋景公时求雨而愿以身当之之事，然其文与《艺文类聚》上引文多有不同（第51页）。唐宋类书引用《庄子》的这些异文，说明了其传本的复杂。

传》卷六《齐伤槐女传》亦述此事[1]。此事基本情节与前引《淮南子》所示汤祷文本相似，其流传的时期自应在《庄子》书出现以前，且与宋国关系密切[2]。又《晏子春秋》内篇《谏上》述有齐景公祷雨之事：

> 齐大旱逾时，景公召群臣问曰："天不雨久矣，民且有饥色，吾使人卜，云祟在高山广水，寡人欲少赋敛以祠灵山，可乎？"群臣莫对，晏子进曰："不可，祠此无益也……"景公曰："今为之奈何？"晏子曰："君诚避宫殿，暴露，与灵山、河伯共忧，其幸而雨乎！"于是景公出野居，暴露三日，天果大雨，民尽得种。[3]

这里景公为祷雨而暴露野居，似亦含有古时焚人求雨术之

1　刘向著、王照圆补注、虞思徵点校：《列女传补注》，第239—240页。刘向《新序·杂事第二》"梁君出猎"章载之为齐景公事；同书《杂事》"宋景公时"章则记"荧惑在心"，景公愿以己身当之而非移罚宰相、民众。《新序校释》，第221—222、625—632页。《史记》卷一四《十二诸侯年表》及卷三八《宋微子世家》皆载景公三十七年荧惑守心而宋景公欲以己身当罚之事（第680、1631页）。
2　《左传》庄公十一年："秋，宋大水，公使吊焉。曰：'天作淫雨，害于粢盛，若之何不吊？'对曰：'孤实不敬，天降之灾，又以为君忧，拜命之辱。'臧文仲曰：'宋其兴乎！禹、汤罪己，其兴也悖焉；桀、纣罪人，其亡也忽焉。'"《十三经注疏》，第1770页。可见春秋时期宋、鲁等国确已流行着禹汤罪己之说，且有可能与水旱灾害之禳解有关，这也提供了汤祷传说原型的某种踪迹。
3　吴则虞编著：《晏子春秋集释》，北京：中华书局，1962年，第55页。《说苑·辨物》亦载其事。《说苑校证》，第452页。又，上博简《鲁邦大旱》述记哀公十五年大旱，哀公问策孔子，孔子答以大旱是因刑、德有失，当以改善刑德为先，并与子贡讨论了相关问题。其中部分文句与《晏子春秋》此条大同小异，然无劝君野居暴露之说。马承源主编：《上海博物馆藏战国楚竹书（二）》，第204—210页。

遗意，其义则与汤以身为牲之说相通，因为以牲祭天一般都须燔烧[1]，焚人求雨之术则从春秋以来渐从"焚"趋于较为温和的"曝"[2]。齐景公此事应在战国中晚期《晏子春秋》成书前已流传于世。[3]

　　以上宋、齐二君之事倘属实，其上限当在公元前六世纪末至五

1　《墨子》一系文本皆述汤祷以身为牲，而其祷雨对象为上天。案《仪礼·觐礼》："祭天，燔柴；祭山、丘陵，升；祭川，沉；祭地，瘗。"《尔雅·释天》："祭天曰燔柴，祭地曰瘗薶，祭山曰庪县，祭川曰浮沉。"所谓祭天燔柴，《礼记·祭法》"燔柴于泰坛，祭天也；瘗埋于泰折，祭地也，用骍犊。"孔疏释燔柴曰："谓积薪于坛者，而取玉及牲置柴上燔之，使气达于天也。"分见《十三经注疏》，第1094、2609、1588页。是西周以来祭天之牲，例皆燔之。殷商情况皆不详，然卜辞凡祀上帝、先王、日月星辰及岳、河、门、土等神每亦用燎祭。则汤向天祷雨以身为牲，亦即焚身燎祭。前举《文选》注引《淮南子》述汤"将自焚以祭天"，已寓此意。又爱德华·泰勒《原始文化》第十八章《仪式和仪典》专门谈到有"借助于火的奉献"，"在低级万物有灵观里，精灵按其挥发性的本质来说是被看作为某种类似烟或蒸汽的东西的，所以，成为这种状态的供品能够被转交并被灵物所使用，这些供品以蒸汽的形式升到灵物那里"，并且列举了中国古代祀日月星辰的例子（连树声等译，桂林：广西师范大学出版社，2005年，第705—708页）。

2　《左传》僖公二十一年载"夏，大旱，公欲焚巫尫"，为臧文仲谏止。《礼记·檀弓下》载战国鲁穆公"召县子而问然：'天久不雨，吾欲暴尫而奚若？'曰：'天久不雨，而暴人之疾子，虐，毋乃不可与！'"以下又问"暴巫"，亦答不可，问"徙市"而答"不亦可乎"。《十三经注疏》，第1811、1317页。至《春秋繁露·求雨》则述四季求雨皆用巫祝，秋季求雨则须"暴巫尫至九日"。《春秋繁露义证》，第434页。《汉旧仪补遗》卷下载武帝时，"……施行董仲舒请雨事，始令丞相以下求雨雪，曝城南，舞女童祷天神"。孙星衍等辑、周天游点校：《汉官六种》，北京：中华书局，1990年，第103页。可见春秋至秦汉求雨之术已渐从焚到曝，战国以来"曝巫"已非常例。

3　《晏子春秋》一书旧说真伪纷纭，然其内容多可与战国子书互证，至1972年山东省博物馆和临沂县文物组发掘银雀山1、2号汉墓，出土的大批汉简中有《晏子》节本十六章，其为先秦古籍殆无疑问。参吴九龙释：《银雀山汉简释文》二《银雀山汉简的内容及其形制》，第9—21页。

世纪初[1]。若其只是含有某种史影的寓言或传说，宋景公及齐景公都还算不上是传说易于汇聚的箭垛式人物，两人死后很久再出现其传说的可能性实在不大，其下限恐亦不至晚于公元前五世纪中叶。此时墨子年青，《汤说》是否出现不得而知，故《墨子·兼爱下》引《汤说》述汤祷以身为牲，其说取材或化生于宋景公及齐景公祷雨之事或其他类此故事的可能，显然不宜截然排除。[2]尤其春秋末至战国中期，实为华夏圣王谱系开始定型的关键时期，先是儒、墨，继而道、法诸家，均在围绕尧、舜、禹、汤、文、武之道树义立说[3]，这也正是深受圣王之道影响的宋景公祷雨欲自为牲和齐景公祷雨暴露野居等事脍炙人口的时期，同时又是集中代表墨家圣王理想和墨者精神的汤祷以身为牲说的发轫期，同类祷雨话题的流播，在当时确实有其合适的土壤和深厚背景。因此，即便汤祷以身为牲之说早于

---

1 据《史记》卷一四《十二诸侯年表》所载，齐景公在位在前547—前490年，宋景公在位在前516—前451年（第642—673、659—697页）。《左传》哀公二十六年（前469）载宋景公是年卒。《十三经注疏》，第2182页。

2 《太平御览》卷八三《皇王部八·殷帝成汤》引西晋皇甫谧《帝王世纪》讲述了一个兼取不同文本系统内容的汤祷说杂烩，其中一段述汤伐桀后大旱七年，"殷史卜曰：当以人祷，汤曰：吾所为请雨者，民也；若必以人祷，吾请自当。遂斋戒剪发断爪，以己为牲，祷于桑林之社"（第388页）。然其显然晚出，应是魏晋人把前述《庄子》《新序》《列女传》等处所载宋景公或齐景公祷雨事迹移到圣王成汤身上的结果。

3 春秋晚期以来儒家、墨家均崇尚尧舜禹汤文武，《论语》《墨子》中其例不胜枚举。至战国中前期，尧舜禹汤文武序列已得诸子公认，其间分歧在于对此的认识评价和尧舜以前的帝王谱系。如上博简《容成氏》述尧舜以前约二十二王，与《庄子·胠箧》所列容成氏至神农氏十二王，以及《大戴礼·帝系》等处述黄帝至尧以前诸帝，在构成和顺序上相当不同，但其述尧舜禹汤文武序列，则与儒、墨、道、法各家文献所相一致。马承源主编：《上海博物馆藏战国楚竹书（二）》，第249—293页；《庄子集释》，第357页；王聘珍撰：《大戴礼记解诂》，第126—130页。

宋景公及齐景公祷雨之事出现，从三者共同崇扬圣王之道的时代特色及国君可为社稷献身的观念形态[1]，连同前述祷辞的相关问题来看，其形成恐亦不会太早，尤难设想其为殷商流传下来的东西。

关于这一点，还可以从汤祷以身为牲所涉的祷雨对象和处所得其佐证。《墨子·兼爱下》引《汤说》述汤"告于上天后"；《吕氏春秋·顺民》述汤祷"祈福于上帝"；《淮南子》佚文述汤"自焚以祭天"。可见这一系汤祷文本的祷雨对象都是天或上帝。至于祷雨处所，《墨子》引《汤说》并未述及，《吕氏春秋》则明确了汤祷雨于"桑林"，或可视为本乎《汤说》。至于"桑林"之所指，《尚书大传》述为"桑林之社"，其书虽晚，然《尸子》佚文述汤祷于"桑林之野"，其实亦当指社。《周礼·地官·大司徒》职文："设其社稷之壝而树之田主。各以其野之所宜木，遂以名其社与其野。"郑玄注："所宜木，谓若松、柏、栗也。若以松为社者，则名松社之野，以别方面。"[2]可见"桑林之野"实即"桑林之社"的别称[3]。只是，若"桑林"指山林[4]，在古人视为具有某种"通天梯"功用的山林向天求雨，

---

1 如《礼记·曲礼下》："国君死社稷，大夫死众，士死制。"郑玄注国君死社稷曰："死其所受于天子也，谓见侵伐也。《春秋传》曰：国灭，君死之，正也。"《十三经注疏》，第1259—1260页。又《庄子·骈拇》篇："自三代以下者，天下莫不以物易其性矣。小人则以身殉利，士则以身殉名，大夫则以身殉家，圣人则以身殉天下。故此数子者，事业不同，名声异号，其于伤性以身为殉，一也。"《庄子集释》，第323页。

2 孙诒让撰，王文锦、陈玉霞整理：《周礼正义》，第692—699页。

3 《墨子·明鬼下》述虞夏三代圣王建国营都，"必择国之正坛，置以为宗庙；必择木之修茂者，立以为菆位"。孙诒让释"菆位"为"丛社"。《墨子间诂》，第213页。另参杨树达：《积微居金文说（增订本）》卷一《散氏盘跋》释社木封树之文（北京：中华书局，1997年，第17—18页）。

4 前引《淮南子·主术》述汤祷于"桑林之际"，《修务》述汤以身祷于（转下页）

这自然也说得通[1]；但"桑林"既已指社，在一般并不充当祭天之所的社中向天而不是向社神祈雨，就显得不太寻常了。甲骨卜辞中，祈雨于社，亦即以社神为祈求的对象[2]，西周雩祭祈天于郊之制[3]，又表明西周天子祷雨亦应像一般祭天之典那样举行于郊丘，而不是在通常与地母、后土、田祖或聚落神相连的社中[4]。要之，在社中向天祷雨，并不符合殷周以来祷雨术的一般状况。既然如此，《尸子》等

_____

（接上页）"桑山之林"。高诱注《吕氏春秋·顺民》《淮南子·修务》《本经》皆以"桑林"为"桑山之林，能兴云致雨"。《淮南鸿烈集解》，第632—633页。高诱述桑山之林"能兴云致雨"，则桑山之林不仅是祷雨之所，亦是祈祷对象，其所据盖即《左传》昭公十六年载郑国祷雨于桑山。《十三经注疏》，第2080页。不过这与《淮南子·修务训》述汤于桑山之林祭天祷雨之意完全不同，可见汉代释"桑林"已多歧义。

1　参《太炎文录初编》卷一《官制索隐·神权时代天子居山说》，《章太炎全集》册八，第82—86页。徐旭生：《中国古史的传说时代》第二章《我国古代部族三集团考》五《帝颛顼》，桂林：广西师范大学出版社，2003年，第94—95页。

2　赵林《论商代的社祭》述卜辞有求雨、止雨、宁风、求年、祭岁于社等例百余条，亦有焚人求雨于社者，皆祈求于社神。戴建业主编：《华中学术》第4辑，武汉：华中师范大学出版社，2016年，第45—71页。参雷汉卿：《说文"示"中字与神灵祭祀考》九《"社"类考》，成都：巴蜀书社，2000年，第260—301页。

3　参钱玄：《三礼通论》制度编《郊社及群祀》三《风师、雨师、雩》，南京：南京师范大学出版社，1996年，第494—498页。

4　《周礼·春官·小宗伯》职文："掌建国之神位，右社稷，左宗庙，兆五帝于四郊。"《礼记·祭法》："燔柴于泰坛，祭天也。瘗埋于泰折，祭地也……王为群姓立社，曰大社；王自为立社，曰王社。"是周制祭天及社祀各有其所。《十三经注疏》，第766、1588页。《逸周书·世俘解》述武王克殷"告于周庙曰：'古朕闻文考修商人典，以斩纣身告于天、于稷；用小牲羊、犬、豕于百神水土、于誓社。'"下文则述当时"用牛于天，于稷五百有四，用小牲羊、豕于百神水土、社二千七百有一"。《逸周书汇校集注》，第469—470页。这里"稷"当即周之先祖后稷，告稷亦即告祖。《诗·大雅·云汉》述"上下奠瘞，靡神不宗，后稷不克，上帝不临"。《十三经注疏》，第561页。两者所说正可相证，而若周武王此举确属效法文王"修商人典"，那么西周告天、祖与告社、百神水土在处所和仪制上的明显区别，亦应上溯至殷商时期。参李学勤：《世俘篇研究》，载《史学月刊》，1988年第2期。

中古政治与思想文化史论

处又凭什么说汤在桑林之社向天祷雨呢？证诸史乘，这似乎与宋这个殷人后裔之国的传统相关。

宋承殷祀而有"桑林之社"，春秋以来人多言之。《吕氏春秋·季冬纪》之《诚廉》述周武王使保召公与微子启盟曰："世为长侯，守殷常祀，相奉桑林，宜私孟诸。"同书《慎大览》亦述武王克殷，"立成汤之后于宋，以奉桑林"。[1]可见宋之"桑林"，其实就是《周礼》《礼记》等处提到的"胜国之社"[2]。《左传》襄公十年记宋公请以《桑林》之乐享晋侯：

> 荀罃辞，荀偃、士匄曰："诸侯宋、鲁，于是观礼。鲁有禘乐，宾祭用之；宋以《桑林》享君，不亦可乎。"[3]

这首《桑林》，杜注为"殷天子之乐名"[4]。宋既"守殷常祀"而承此乐，除用以享宾外，自必演奏于"桑林"祭祀之时；而晋人荀

1　《吕氏春秋集释》，第267—268、357页。
2　《周礼·地官·媒氏》及《秋官·士师》职文皆述有"胜国之社"。《礼记·郊特牲》："丧国之社屋之，不受天阳也。薄社北牖，使阴明也。""薄"通亳，亳社即殷社。《春秋公羊传》哀公四年："蒲社者何？亡国之社也。"其"蒲社"亦即"薄社"、亳社。又《左传》襄公三十年："或叫于宋大庙"，同时又有"鸟鸣于亳社"，不久而"宋大灾"。宋之太庙必祀微子启以下宋国祖宗，其亳社当祀殷商先王，或即"桑林之社"。以上分见《十三经注疏》，第733、875、1449、2347、2012页。
3　《十三经注疏》，第1947页。
4　以杜预此说与《吕氏春秋》述宋"相奉桑林"之语相参，似殷本有"桑林"为祭祖之所，《桑林》之乐或原出于此。丁山《商周史料考证》6《传说时代的王号与传统·武汤》述"桑林之舞，传至春秋时代犹行于宋国"，并认为卜辞中虽无桑林之乐，然有"濩"可与《墨子·三辨》载汤作"濩乐"相证，殆即桑林之乐（第46—47页）。

偃、士匃既然将之与鲁国之禘乐并论，说明其也是禘祭始祖之乐[1]。此亦可证宋"桑林之社"的功能之一是要承祀殷人的先王[2]。又《左传》襄公九年述宋有火灾，乐喜为司城，采取了一系列措施：

> 使伯氏司里，火所未至，彻小屋，涂大屋，陈畚挶，备水器，蓄水潦，积土涂，巡丈城，缮守备，表火道……祝宗用马于四墉，祀盘庚于西门之外。[3]

所谓"祀盘庚于西门之外"，亦即在都城商丘西郊的桑林之社祈止火灾[4]。然则宋人遇旱而祷雨于桑林亦颇可

1　禘祭之义，礼书及注疏家所说颇为纷歧，然其大体为始祖之祭并无问题。参钱玄：《三礼通论》制度编《宗庙祭祀》三《郑玄〈鲁礼禘祫志〉辨》，第470—485页。
2　《国语·鲁语上》载展禽即柳下季论祀事曰："夏后氏禘黄帝而祖颛顼，郊鲧而宗禹；商人禘舜而祖契，郊冥而宗汤。"《国语集解（修订本）》，第159—160页。《礼记·祭法》所述略同，《礼运》则述孔子语"鲁之郊禘，非礼也，周公其衰矣。杞之郊也，禹也；宋之郊也，契也；是天子之事守也"。可与相证。《十三经注疏》，第1587、1417页。宋有太庙祀微子启，其"郊契"自应举行于西郊之"桑林"。
3　《十三经注疏》，第1940—1941页。
4　《左传》昭公二十一年记宋国内乱，华氏据卢门，以南里叛，"宋城旧鄘及桑林之门而守之"。杜注："卢门为宋东城南门……桑林为城门名。"《十三经注疏》，第2097—2098页。所谓"桑林之门"是因近于"桑林之社"而得名，而华氏既叛城东，"桑林之门"自应位于城西。又《墨子·明鬼下》："燕之有祖，当齐之社稷，宋之有桑林，楚之有云梦也。此男女之所属而观也。"《墨子间诂》，第207页。燕之祖、楚之云梦皆在城外，至于齐之社稷，如《左传》庄公二十三年记"公如齐观社，非礼也"，曹刿谏之；襄公二十四年记齐侯于"齐社蒐军实"，使楚使检阅。《十三经注疏》，第1778、1980页。似亦在城外之地。此外，闻一多《高唐神女传说之分析》八《云梦与桑林》以为《墨子》此处所云数地皆为"高禖"之地，其义亦由社日男女交往频繁而来。《闻一多全集》卷一，上海：上海书店出版社，2020年，第115—118页。

中古政治与思想文化史论

能[1]，因为殷人的传统中，天神与祖先神往往是重合的，祀祖而禳灾，一般都是让祖先神转告天帝解除灾害[2]，故宋人既在承祀先王的西门外桑林之社禳止火灾，那也势必会在此祈雨驱旱[3]。由此可见，在社中向天祷雨虽不符殷周祭天祷雨的一般做法，却在宋国存留"桑林之社"，续祀殷人先王这个特例中合理地存在了下来[4]。因此，汤在桑林之社向天祷雨之说，很有可能便是从西周以来宋国的有关传统中派生出来的。

由上可见，《墨子》一系汤祷传说中的祷雨术两项要节的构成，实与其祷辞部分移用其他故事而改动变迁的状况相当类似，尽管某些成分可证于殷商乃至于更早的原始巫术，但其传说本身却显然不

1 《左传》昭公十八年述五月，宋、卫、陈、郑皆火灾，郑国使"郊人助祝史除于国北，禳火于玄冥、回禄，祈于四鄘……七月，郑子产为火故，大为社，祓禳于四方，振除火灾"。杜注其所以"除于国北"，是要"就太阴禳火"；所以"祈于四鄘"，是因为"城积土，阴气所聚，故祈祭之"。《十三经注疏》，第2085—2086页。而太阴及土气其实皆与社神相关，故子产后来又专门治社祓禳。可见在社中禳火灾或祷甘雨，其理是相通的。《礼记·祭法》述"雩宗，祭水，旱也"。亦表明求雨止雨往往同坛而行。《十三经注疏》，第1588页。

2 参郭沫若：《青铜时代》之《先秦天道观之进展》，第1—64页；陈梦家：《殷墟卜辞综述》第十七章《宗教》第四节《帝之一些问题》，北京：科学出版社，1988年，第577—582页；胡厚宣：《殷卜辞中的上帝和王帝》上、下，分载《历史研究》1959年第9、10期。

3 《左传》成公十二年述宋华元合晋楚之成而"盟于宋西门之外"。《十三经注疏》，第1910页。所以要盟于宋西门之外，是因其地有桑林之社，可由宋之祖先神灵见证。《左传》昭公十一年述泉丘女"盟于清丘之社"，定公六年载阳虎"盟公及三桓于周社，盟国人于亳社"。《十三经注疏》，第2060、2141页。《墨子·明鬼下》述齐庄君命好讼之二人"盟齐之神社"。《墨子间诂》，第210页。是社固可为盟誓之所。

4 《春秋公羊传》僖公二十一年述楚人执宋襄公而伐宋要挟之，宋人应之曰："吾赖社稷之神灵，吾国已有君矣。"《十三经注疏》，第2257页。此处的"社稷之神灵"，自是桑林之社供奉的祖神。

会早于西周，并且打上了春秋晚期以来思想潮流的强烈印记。总的看来，如果把这一系汤祷传说设想为成汤有关传说发展至某个阶段的产物[1]，那么其中的祷辞部分，恐怕只能是春秋战国时期堆砌上去的；其祷雨桑林之说，也只能出于西周以来宋国的祷雨实际或掌故；至于其以身为牲之事，则当在成汤有关传说的基础上，取鉴春秋晚期以来相传的同类故事而成。总之，尽管现有材料不足以判断更早时期有无成汤传说，但像《墨子》引《汤说》这样包括了一套祷祝之辞和以身为牲等祷雨情节的汤祷传说，只能是春秋晚期以来续经润饰的产物，而绝无可能来自殷商。

讨论至此，关于上述这一系汤祷传说文本的墨家背景或色彩，已可明确以下三点：

一是这一系汤祷文本甚合墨家宗旨与墨者的精神。战国时人公认墨家最具殉道或自我牺牲精神，如孟子述墨家"摩顶放踵以利天下"[2]。《庄子·天下》述墨子欲"使后世之墨者，多以裘褐为衣，以跂蹻为服，日夜不休，以自苦为极。曰：不能如此，非禹

---

1 《左传》庄公十一年载宋有大水而闵公归咎为"孤实不敬，天降之灾"，臧文仲闻之曰："宋其兴乎！禹汤罪己，其兴也勃焉；桀纣罪人，其亡也忽焉。"可见当时已有成汤罪己之说。《国语·周语上》内史过引《汤誓》的"余一人有罪，无以万夫"云云，亦即此类。另《墨子·七患》引《殷书》曰："汤五年旱。"是当时又存在着一篇述汤时大旱的《殷书》。此类材料皆有可能构成汤祷传说的雏形。另艾兰《龟之谜：商代神话、祭祀、艺术和宇宙观研究（增订版）》第二章《商代神话和图腾体系的重建》7《"商"与"桑"》以为所有汤祷传说的"有关记载都是一个来源，即《尚书·汤诰》的原本"（第45页）。这当然只是臆测而已。

2 《孟子·尽心上》："孟子曰：杨子取为我，拔一毛而利天下，不为也。墨子兼爱，摩顶放踵利天下，为之。"《孟子正义》，第915—916页。参郭沫若：《奴隶制时代》之《墨家节葬不非殉》，第135—141页。

之道也，不足谓墨。"[1]《吕氏春秋·离俗览》之《上德》述墨家巨子孟胜率弟子八十余人以死殉义，尤足证此。[2]因而《墨子·兼爱下》采《汤说》以证兼爱之利，强调汤为祷雨"不惮以身为牺牲"，且述"子墨子之所谓兼者，于汤取法焉"[3]。这本身就很值得吟味。

　　二是这一系汤祷文本的内容，与西周以来宋国的桑林祈祝传统及宋、齐景公祷雨之事，也与墨家有着特定关联。殷商贵族赖以存续的宋国，自应是其先王传说的渊薮，多处提到成汤的《诗·商颂》，便是通过宋人的整理而流传下来的[4]，故若汤祷传说的雏形源出于宋，并不令人意外。而墨家与宋渊源极深，墨子或即宋人，且曾仕宋为大夫，又曾遣禽滑厘以下弟子三百人助宋御楚，宋人田襄子则为承继孟胜的墨家巨子，则墨家人士之晓谙宋国掌故及先王传说自不待言。同时，齐地亦为墨家活动的中心地区，墨子晚年曾赴齐说教，且与齐将项子牛关系甚密，墨子弟子中，齐人亦不在少数。[5]尤可注意的是，《晏子春秋》包括了若干墨家的内容，以至于唐宋有人将之列于墨家。[6]其妥否不论，此书形成过程曾与墨家相关是可以

1　《庄子集释》，第1077页。

2　《吕氏春秋集释》，第521—523页。

3　《墨子间诂》，第114页。

4　参俞平伯：《论商颂的年代》，《古史辨》第三册，第505—510页。

5　参《墨子间诂》附录《墨子后语》上《墨子传略》及《墨学传授考》，第629—640、655—671页。

6　参吕思勉：《经子解题·晏子春秋》，第136—137页。又，郭沫若《十批判书》之《孔墨的批判》述"《晏子春秋》一书，很明显地是墨子学派的人所假托的"（第65页）。

肯定的，然则齐景公祷雨而暴露野居之说亦必为墨家所知[1]。因而无论是宋国的有关掌故和殷先王传说，还是汤祷以身为牲之说和宋景公及齐景公的类似故事，这种种头绪不但都可与墨家联系起来，也的确都有条件成为墨家申论其说的素材，在考虑《汤说》之文所以仅见于《墨子》，以及汤祷以身为牲传说的发展和传播过程时，这样的事实自然是须深切注意的。

三是记载这一系汤祷文本的文献皆与墨家相关。《尸子》《吕氏春秋》与《淮南子》均被《汉志》归入"兼儒墨，合名法"的杂家者流，《尚书大传》则"为六艺之支流"而多采杂说[2]，故此四书有些内容采择于战国以来作为"显学"的墨家之说，自属正常之事。具体到其编撰过程，《尸子》虽托名商鞅之客尸佼，实集众手而成，内有不少崇墨或与《墨子》所述相同的内容，此类自当出于墨家后学。[3]《吕氏春秋》为秦相吕不韦门客所作，而当时的秦国实为墨家活动的重镇，故其内容多有墨者撰录者。[4]《淮南子》则因淮南王、衡山王

1　《墨子·明鬼下》述齐有王里国、中里徼相讼三年，齐庄君命其"明齐之神社"，其事"著在齐之《春秋》"。《墨子间诂》，第210—211页。是墨家对齐国文献颇为熟悉。

2　参余嘉锡《四库提要辨证》卷一《经部一·书类二》对《尚书大传》的考证，第28—30页。

3　如湖海楼刊汪继培辑本《尸子》卷上《广泽》篇述"墨子贵兼，孔子贵公"云云，列墨子在孔子前（第12页）。同书卷下《散见诸书文汇辑》述大禹治水，"为丧法……桐棺三寸，制丧三日"；又述"义必利，虽桀杀关龙逄，纣杀王子比干，犹谓义之必利也"（第20、27页）。前者义旨与《墨子·节葬》相合，后者则与《墨子·经上》述"义，利也"，《经说上》述"义，志以天下为芬，而能能利之，不必用"相类。《墨子间诂》，第281、303页。

4　《吕氏春秋》的编撰多有墨者参加，具体如《墨子》有《所染》而《吕氏春秋》采其内容为《仲春纪》之《当染》；又如《吕氏春秋·恃君览》有《观表》，述"先知必审征表，无征表而欲先知，尧舜与众人同等"。《吕氏春秋集释》，（转下页）

"修文学，招四方游士，山东儒墨咸聚于江淮之间，讲议集论，著书数十篇"而成[1]，很明确地有墨家人士参与了编写。至于《太平御览》所引《尹子》汤祷传说之文，前已述其有可能是《尹佚》幸存的佚文或《尹文子》一书的省称，则其要么就是墨家之书，要么是与墨家关系密切的名家之作。[2]然则以上诸书之所以叙述汤祷传说，确似蕴含着墨子后学的活动背景和墨学传播并与其他各家交流互渗的内涵。

四、《荀子》以来的另一系汤祷文本

前已指出，墨家一系汤祷传说文本自《吕氏春秋》以来详其祷

（接上页）第577页。所发挥的是《墨子》"三表法"之理；又《吕氏春秋·孟春纪》之《去私》记秦惠王时，墨家巨子腹䵍甚受器重，其独子杀人，王欲宥之而腹䵍"忍所私以行大义"。《吕氏春秋集释》，第31—32页。凡此足见战国末年秦地墨家聚集之况。郭沫若《青铜时代》之《墨子的思想》考田鸠即田系亦即田襄子，入秦又终老于秦，传巨子于腹䵍，故田鸠的入秦，"实即墨学的中心移到了秦国"（第177—178页）。同书《秦楚之际的儒者》一文亦述墨与秦政权关系甚密，认为墨家衰落与秦亡相关（第294—295页）。

1　《盐铁论·晁错》，《盐铁论校注》，第113页。又《淮南子》多处称颂墨子，是为墨子后来入于葛洪《神仙传》，《墨子》则终于进入《道藏》的一重因缘。另秦汉文献载墨家后学事迹，最集中的莫过于《吕氏春秋》和《淮南子》，为二书与墨家后学关系密切之显证。

2　《尹文子·大道上》述"名有三科"，即"命物之名""毁誉之名"和"况谓之名"。厉时熙注：《尹文子简注》，上海：上海人民出版社，1977年，第5页。这也是对《墨子·经上》述名有达名、类名、私名之说的修正和发挥。《墨子间诂》，第285页。又郭沫若《十批判书》之《稷下黄老学派的批判》论证过宋钘、尹文学派"调和儒、墨"的性质，故其主张有不少墨家成分（第143—144页）。白奚《稷下学研究——中国古代的思想自由与百家争鸣》第八章《"宋尹学派"与稷下学》则肯定了宋钘之学与墨学关系特深和尹文之学汲儒、墨之长的事实（北京：生活·读书·新知三联书店，1998年，第187—214页）。

雨情节而略其祈告之辞，可以视为战国晚期疑虑《墨子》引《汤说》有关内容的一种反应。大抵与之同期，另一个汤祷传说的文本系统也已出现，由于其内容已无《尸子》《吕氏春秋》等书着力渲染的以身为牲情节，汤祷传说在这里便完全变了模样，无妨将之理解为《汤说》内容在备受质疑中转折变迁的结果。以下便是战国末年以来引述这一新的汤祷传说文本的几个例子：

1.《荀子·大略》：

汤旱而祷曰："政不节与？使民疾与？何以不雨至斯极也？宫室荣与？妇谒盛与？何以不雨至斯极也？苞苴行与？谗夫兴与？何以不雨至斯极也？"[1]

2.《说苑·君道》：

汤之时，大旱七年，雒坼川竭，煎沙烂石。于是使人持三足鼎，祝山川。教之祝曰："政不节耶？使人疾耶？苞苴行耶？谗夫昌耶？宫室营耶？女谒盛耶？何不雨之极也？"盖言未已而天大雨。[2]

3.《论衡·感类》：

---

1 《荀子集解》，第504页。
2 《说苑校证》，第20页。《太平御览》卷三五《时序部二○·旱》引《世说》亦载汤祷此事，唯文字小异（第167页）。此《世说》实为《说苑》之别称，见《说苑校证》向宗鲁先生之《叙例》，第1页。

中古政治与思想文化史论

然如《书》曰："汤自责，天应以雨。"……汤遭旱七年，以五过自责，谓何时也？[1]

　　这一系汤祷传说，以汤自责六（五）过为基本特征，在今存文献中，其较为完整的最早文本只能追溯到战国末年的《荀子》。约略同期或稍早相关文本的踪迹，有《吕氏春秋》提到"汤时大旱七年，煎沙烂石"[2]；其后则有汉文帝时博士韩婴所撰《韩诗传》述"汤时大旱，使人祷于山川"[3]。二书的这些佚文与上引《说苑》条开头所述内容相合，且较《荀子》所述多出了旱况渲染和使人祷于山川等事。这不能不令人联想，吕不韦门客兼综各家和《韩诗传》广"采杂说"之时[4]，也像刘向整理中秘旧藏周秦以来杂事而编定《说苑》那

1　《论衡校释》，第786页。此《书》，黄晖以为"盖出《商书》"；在《感虚》中又以为此《书》具体应指《书序》提到的《夏社》。但《夏社》早佚，这一猜想缺乏证据，今案《论衡》三处提到汤祷自责六（五）过，一处引《书》，一处引"传书"，一处称"世又称"而内容略同，可断此《书》必不指《尚书》或逸《书》。观这三处所引的"传书"《书》与"世又称"汤祷之事大同小异，应是同类作品。

2　《文选》卷四二应璩《与广川长岑文瑜书》顷者炎旱"沙砾消铄"注引"《吕氏春秋》曰"；卷五四刘孝标《辩命论》"天乙之时，焦金流石"注引"《吕氏春秋》曰"（第598、748页）。

3　《春秋公羊传注疏》僖公三十一年"河海润于千里"条何休注引"《韩诗传》曰：汤时大旱，使人祷于山川。是也"。《十三经注疏》，第2263页。

4　许维遹《吕氏春秋集释自序》述其"总晚周诸子之精英，荟先秦百家之眇义"。《吕氏春秋集释》，第7页。《汉书》卷八八《儒林韩婴传》载韩婴文帝时为博士，"推诗人之意，而作《内外传》数万言，其语颇与齐、鲁间殊，然归一也"（第3613页）。同书卷三〇《艺文志》六艺略《诗》类后叙："汉兴，鲁申公为《诗》训故，而齐辕固、燕韩生皆为之传，或取《春秋》，采杂说，咸非其本义。"（第1708页）

样[1]，都看到了一个内容为自责六（五）过的汤祷传说，从而表明其确实流行于战国晚期以来，而非《荀子》的创作[2]。要之，上列这些文本在语句上小有不同，但大节相当一致，较之墨家一系文本，其最为明显的变化是扬弃了汤祷以身为牲的情节。

从《荀子》述汤不知所措地祷问"何以不雨至斯极也"，可见其仍然继承了《墨子》引《汤说》表达的惶恐畏惧自责之意，而发展之处，则是其只提自责六过，不提或回避了祷雨情节及成汤是否以身为牲的问题。这应当是《荀子》所据汤祷传说本来就不含殉身内容的缘故，因为《说苑》述自责六过明确交代了汤未自祷，而是"使人祷于山川"，且"言未已而天大雨"，这就把以身为牲这个极富象征意义的情节彻底排除在汤祷传说之外了。从汤以身为牲到仅自责六过，汤祷传说文本的这种变迁显然有其特定背景，同时也未一蹴而就。《论衡·感虚》：

> 传书言："汤遭七年旱，以身祷于桑林，自责以六过，天乃雨。"[3]

1　刘向《说苑叙录》述"所校中书《说苑杂事》及臣向书民间书诬校雠，其事类众多，章句相溷，或上下谬乱，难分别次序"云云。此即其整理之所本。《全上古三代秦汉三国六朝文》，第334页。

2　刘起釪《尚书学史》第二章《尚书在先秦时的流传情况》述《荀子·大略》述汤旱而祷数句为《墨子》所引《汤说》"旱祷之词异文，可能荀卿据原文发挥写成"（第34页），可备一说。

3　《论衡校释》，第245—246页。其前文有言"传书之家，载以为是；世俗观见，信以为然。原省其实，殆虚言也"（第242页）。同书《书虚》："夫世间传书诸子之语，多欲立奇造异，作惊目之论，以骇世俗之人；为谲诡之书，以著殊异之名。"（第167页）是《论衡》所引"传书"，大抵是指解说经史的各家文献及传说寓言之类。

这反映东汉初年流传着一份述汤祷既以身为牲，又自责六过的文献，可以视为汤祷传说从《墨子》以来的旧说转向《荀子》代表的新本的混杂样态。又《论衡·明雩》：

世又称汤以五过祷于桑林，时立得雨。[1]

是当时世间流传之说中，汤仍"祷于桑林"，却不"以身"，且其祷自责五过而"立得雨"，与《说苑》所述文本基本一致，为旧说向新本过渡已近完成的反映。自此以来，《后汉书》卷四一《钟离意传》载钟离意明帝永平三年（60）因旱上疏论政，援引"昔成汤遭旱，以六事自责曰：政不节邪？使人疾邪？宫室荣邪？女谒盛邪？苞苴行邪？谗夫昌邪？"据此谏停北宫修建之役以获澍雨。[2]《续汉书·五行志一》刘昭补注引《孔丛子》述章帝建初元年（76）侍御史孔子丰因旱上疏，述"成汤遭旱，因自责，省畋散积，减御损食，而大有年。意者陛下未为成汤之事焉"[3]。《艺文类聚》卷一〇〇《灾异部·旱》引《会稽典录》载东汉恒帝时，夏香因郡旱上谏曰"昔殷汤遭旱，以六事自责，而雨泽应澍"[4]。这都是以汤祷传说的新本为政务之据，可见其影响已远较《墨子》一系文本为大。

就其思想背景而言，这一系文本述汤自责六（五）过而"时立

1　《论衡校释》，第670页。

2　《后汉书》，第1408页。

3　《后汉书》，第3278页。其下文载"天子纳其言而从之，三日雨即降"。

4　《艺文类聚》，第1724页。

得雨"，应是儒家修德禳灾思想在祷雨术上的体现[1]。前引《礼记·檀弓下》载战国鲁穆公欲"暴尪""暴巫"以求雨，县子皆以为不可，公欲"徙市"则以为可，反映了善政可以祈雨的观念仍在与巫术相进退。上博简《鲁邦大旱》第1、2简：

> 鲁邦大旱，哀公谓孔子："子不为我图之？"孔子答曰："邦大旱，毋乃失诸刑与德乎？""唯之何在？"孔子曰："庶民知说之事，视也，不知刑与德，如毋薆珪璧币帛于山川，政刑与……"[2]

这里孔子说庶民知道祀祝鬼神，而不知刑、德之况与旱灾相关[3]，这表明时人熟知的祷雨之习，本来只与鬼神有关而不联系刑德政教来看，将为政之况作为祈雨禳灾的关键举措，乃是春秋以来儒

---

1 《尚书·高宗肜日》述肜祭高宗武丁时，有飞雉升鼎耳而雊，"祖己曰：'惟先格王，正厥事。'乃训于王"。《十三经注疏》，第176页。这似乎是修政德以禳灾异观念的雏形，但殷墟卜辞包括大量年求雨之辞皆求神问鬼而笃信之，这类观念恐要到周初强调"天命靡常，惟德是亲""民之所欲，天必从之"观念以后，才开始壮大起来。

2 马承源主编：《上海博物馆藏战国楚竹书（二）》，第204—205页。其后文述子贡与孔子论大旱使石焦木死，水涸鱼死，山川之欲雨尤甚于我，故无须过度祭祀山川，前已指出其文《晏子春秋》记晏子说齐景公之语相类，故论者以为两者形成应在同期。参曹峰：《〈鲁邦大旱〉初探》，收入《上博馆藏战国楚竹书研究（续编）》，上海：上海书店出版社，2004年，第121—138页。

3 《艺文类聚》卷一〇〇《灾异部·旱》引《孔子家语》："孔子在齐，齐大旱，春饥。哀公问于孔子曰：'旱如之何？'孔子曰：'凶年则乘驽马，力役不兴，驰道不修，祈以敝泾，祭事不悬，祀以下牲。此则贤君自贬以救民之礼也。'"（第1722页）《太平御览》卷八七九《咎征部六·旱》引《孔子家语》无"孔子在齐，齐大旱，春饥"三句（第3905页），其余略同。其所寓观念与《鲁邦大旱》亦为同类。

家着力阐扬的思想观念[1]。又上博简《柬大王泊旱》篇述楚简王（前431—前408在位）时大旱，王自临卜，不顾身患疥疾，以身向日曝晒。有司谏"不敢以君王之身，变乱鬼神之常"，并说"以君王之身杀祭未尝有"。所说为简王所纳，遂率百僚修政安民，谨祭祀，远小人，行郊野，三日而天大雨，四疆皆熟。[2]这就表明曝巫求雨之术虽有余绪，然君王以身为之，已被归为自古未有的不当之举，且其既与《鲁邦大旱》一样把旱灾视为政治的结果，说明祈雨须修政进德而展某种省思的观念同时也在滋长起来。

像这样不仅一般地把灾异与政治相关联，而且直接把政治好坏与旱灾连接起来的观念，实为战国以来阴阳五行家构筑其说的重要材料，春秋时期不少旱灾记录都由此而被解释为德、政有缺以致"亢阳"的结果[3]，并且以其应经合义、体系宏大、学理周延而愈具影

1　参李学勤《上博楚简〈鲁邦大旱〉解义》、廖名春《试论楚简〈鲁邦大旱〉的内容与思想》、林志鹏《〈鲁邦大旱〉诠解》，俱收入《上博馆藏战国楚竹书研究（续编）》，第97—101、102—114、147—162页。

2　并见马承源主编：《上海博物馆藏战国楚竹书（四）》，上海古籍出版社，2004年，第195—209页。

3　如《太平御览》卷八七九《咎征部六·旱》引"《洪范五行传》曰：鲁桓公五年，大雩，旱也……桓上得天子之意，下得大国之心，则有亢阳之意以御臣下，兴邢丘之役以劳百姓，则臣下离心而不从，故应是而秋大旱。又曰：鲁宣公十年，秋大旱。是时公与齐伐莱，夫代国亢阳，节也师旅，百姓所不欲也，故应是而大旱也。"（第3905页）这里后一条《汉书》卷二七《五行志中之上》载为宣公七年而文简（第1386页）。《洪范五行传》或以为刘向所编，或以为夏侯始昌所撰，或以为即汉初伏生《尚书大传》的组成部分。据《汉书·五行志上》述景、武帝时董仲舒始推阴阳，而后刘向、刘歆相继"言《五行传》，又颇不同"；《五行志中之上》述武帝时，夏侯始昌"善推五行传"（第1317、1353页）。《宋书》卷三〇《五行志序》则述"伏生创纪《大传》，五行之体始详；刘向广演《洪范》，休咎之文益备"（第879页）。是此书形成或在汉初，其中的春秋战国故事当属先秦阴阳五行家（转下页）

响。正是在这样的氛围之中，国君反省自责的重要性也就超越巫术成了禳旱祈雨的要务。《春秋公羊传注疏》桓公五年"大雩者何，旱祭也"条何休注引《韩诗传》：

> ……君亲至南郊，以六事谢过自责曰："政不一与？民失职与？宫室荣与？妇谒盛与？苞苴行与？谗夫倡与？"使童男女各八人，舞而呼雩。[1]

从经传及何休注上下文，结合上面所注《洪范五行传》述鲁桓公五年之事来看，这条《韩诗传》佚文所称之"君"，应是指鲁桓公[2]，而其祈雨亦自责六过。又《春秋穀梁传注疏》定公元年"必亲之者也，是以重之"条杨士勋疏：

（接上页）整理过的传说或寓言，后又续经董仲舒、刘向、刘歆等经师之手，结集了汉儒阴阳灾异和天人感应说成分，即今存于《汉书·五行志》者。参赵翼：《廿二史劄记》卷二"汉儒言灾异"条，第24页；徐兴无：《经典阐发与政治术数——洪范五行传考论》，《古典文献研究》第十五辑，2012年。

1　《十三经注疏》，第2216页。此条徐彦疏："注'君亲至责曰'，解云：皆《韩诗传》文。"

2　清人陈乔枞：《三家诗遗说考·韩诗遗说考》卷四《大雅·云汉》案曰："何邵公注于桓五年，不言是《韩诗传》，而疏云'皆《韩诗传》之文'，据僖三十一年传注引《韩诗传》，则此亦同可知也。"《清经解续编》卷一五九，第5749页。即以为此条当上接《春秋公羊传注疏》僖公三十一年"何海润于千里"条何休注引"《韩诗传》曰：汤时大旱，使人祷于山川"。《十三经注疏》，第2263页。也就是以"君亲至南郊"云云为汤祷之事。但其说勉强：一是两条虽同属《韩诗传》，却未必皆述汤祷；二是前条称使人祷于山川，后条云"君亲至南郊"，语次有碍；三是桓公五年条本述鲁事，后面的"童男女各八人舞而呼雩"非《韩诗传》文，亦与汤祷传说扞格。故此条《韩诗传》更有可能是说鲁事。

《考异邮》曰："僖公三时不雨，祷于山川，以六过自责。"又曰："方今大旱，野无生稼。"[1]

《春秋考异邮》虽为纬书而晚出[2]，然其既论物象变化与人事政教感应以释《春秋》，自须搜罗有关记载或传说以为例证，故其述鲁僖公祷雨之事当有所据[3]。也就是说，正如墨家一系汤祷文本另有宋景公、齐景公祷雨之说与之相伴那样，《荀子》所述自责六过而排除了以身为牲情节的汤祷新本，也同样有鲁桓公、鲁僖公祷雨而以六过自责的传说与之并行。无论是汤祷传说新本取材于鲁君的祷雨故事还是反之，这显然都是战国以来政治与灾异关联的思想潮流和修德祈雨说盛行的结果。考虑到墨家一系汤祷文本流传一段时期以后，以自责六过为特征的汤祷新本忽与鲁君祷雨故事一起出现于战国晚期，其晚出应是不言而喻的。

五、汤祷新本的时代气息和儒家印记

《荀子》以来的汤祷传说新本，汉人即知其未必实事而属传说[4]，

1　《十三经注疏》，第2443页。安居香山、中村璋八《纬书集成》之《春秋考异邮》辑得《礼记·月令》疏、《后汉书·黄琼传》注均引《考异邮》述汤祷以六过自责。另有《后汉书·郎颐传》注等多处引《考异邮》述僖公祷雨或禳灾之事（第782—783页）。
2　参蒋清翊：《纬学原流兴废考》卷中《师承》，收入姜忠奎著，黄曙辉、印晓峰点校：《纬史论微》，第420—454页。
3　参钟肇鹏：《谶纬论略》第二章《谶纬篇目及纬书解题》，第57页；赵在翰辑，钟肇鹏、萧文郁点校：《七纬（附论语谶）》之《前言》对《春秋考异邮》的解题，北京：中华书局，2012年，第20页。
4　《论衡·感类》："贤圣感类，慊惧自思，灾变恶征，何为至乎？引过（转下页）

却不能不打有其形成时代的烙印，承载了特定思想观念。试举三事以见其况：

一是自责六过中的"妇谒盛与"一项，不仅不合卜辞及殷墟考古所示贵族妇女在国政中地位甚高的状况[1]，而且不符战国晚期至汉阴阳五行家述旱因阳亢，求雨要当抑阳而助阴的"大体"[2]。因而祷雨而自责"妇谒盛与"绝非殷商可有，其出现的时间范围似可定在周人"牝鸡司晨，惟家之索"的观念流行之后[3]，战国晚期至汉阴阳五行学理论指导下的祷雨术盛行之前。由此联系鲁国自桓公三年（前709）迎娶姜氏，直至庄、闵、僖公之立皆"女祸"不绝之事[4]，可推汤祷新本与《韩诗传》等处的鲁君祷雨自责六过之说，固有可能取鉴于西周以来尤其是鲁国的历史教训。另值一提的是鲁地与殷商特有渊源，相传其不仅是盘庚迁殷以前的商奄故地[5]，且自西周以来仍

（接上页）自责，恐有罪，畏慎恐惧之意，未必有其实事也。何以明之？以汤遭旱自责以五过也。"《论衡校释》，第786页。是王充即以为汤历数已过之辞，盖以示"畏慎恐惧之意"而"未必有其实事也"。

1　参李学勤：《论妇好墓的年代及有关问题》，《文物》，1977年第11期；郑慧生：《卜辞中贵妇的社会地位考述》，《历史研究》，1981年第6期。

2　《春秋繁露·求雨》："凡求雨之大体，丈夫欲藏匿，女子欲和而乐。"同书《止雨》："凡止雨之大体，女子欲其藏而匿也，丈夫欲其和而乐也。开阳而闭阴，阖水而开火。"《春秋繁露义证》，第437、438页。

3　《尚书·牧誓》："王曰：古人有言曰：牝鸡无晨，牝鸡之晨，惟家之索。今商王受，惟妇言是用。"《十三经注疏》，第183页。可见这种深恶妇人干政的倾向是周人而非殷人的传统。

4　顾栋高辑，吴树平、李解民点校《春秋大事表》卷五〇《春秋列女表》叙："逮春秋之世，四百余年，礼教陵夷，卫兴《新台》之刺，齐有《南山》之行，鲁以秉礼之国，再世女祸，文、武之家法尽矣。"（北京：中华书局，1993年，第2627页）

5　《左传》定公四年记子鱼说周初分鲁以"殷民六族：条氏、徐氏、萧氏、索氏、长勺氏、尾勺氏，使帅共其宗氏，辑其分族，将其类丑，以法则（转下页）

立"亳社"[1]，实为宋国以外另一个殷人后裔相对集中，殷先王传说较为丰富和流行的区域。前引《左传》庄公十一年臧文仲论"宋其兴乎"曰"禹汤罪己，其兴也悖焉"之语，正表明当时鲁、宋二国存在着禹、汤因禳灾而罪己的传说。因此，有关成汤的传说与鲁君祷雨掌故在此两相交融而出现汤祷及鲁君的自责六过说，是具备基础条件的。

二是汤祷传说新本的"汤旱七年"说为时甚晚。如前所述，《墨子·兼爱下》所引《汤说》及《吕氏春秋·顺民》都持汤旱五年说，但汉初以来编纂的《尚书大传》和《淮南子》述汤祷传说虽基本情节与之相同，汤旱年数却变成了七年。《荀子》一系文本如《说苑》亦述汤旱七年。案之史乘，汤旱五年说显然早出[2]，而七年说则是战国末以来的流行说法。试观以下诸例：

《墨子·七患》：

《夏书》曰"禹七年水"，《殷书》曰"汤五年旱"，此其离凶

（接上页）周公，用即命于周……因商奄之民，命以伯禽，而封于少皞之墟。"是鲁多殷民之证。《十三经注疏》，第2134页。《史记》卷三《殷本纪》正义引《竹书纪年》："盘庚自奄迁于北蒙，曰殷。"（第91页）

1　参丁山：《中国古代宗教与神话考》之"后土为社·亳社与周社"条，第43—46页。
2　汤时大旱说在先秦以来文献中大抵只出现于三种场合：一是出现于汤祷传说。二是与禹时洪水说相连而出现，主要是述禹、汤因善于积蓄而减轻了水旱灾患。这两种情况本文都已举出。三是在汤及其贤臣伊尹事迹中出现，如《吕氏春秋·慎大》："商涸旱，汤犹发师，以信伊尹之盟。"《吕氏春秋集释》，第356页。《齐民要术·种谷》引《氾胜之书》："汤有旱灾，伊尹作为区田，教民粪种，负水浇稼。"（第49页）故汤时大旱说基本上只是一个与圣王御灾或德政传说相连的母题，这与早期洪水说具有极多变种的形态是相当不同的。

饿甚矣，然而民不冻饿者，何也？其生财密而用之节也。[1]

《管子·山权数》载桓公问管子以权数：

管子对曰："汤七年旱，禹五年水，民之无糧卖子者；汤以庄山之金铸币，而赎民之无糧卖子者；禹以历山之金铸币，而赎民之无糧卖子者。"[2]

《庄子·秋水》述东海之鳖言海之大有曰：

禹之时十年九潦，而水弗为之加益；汤之时八年七旱，而崖不为加损。[3]

《荀子·富国》：

禹十年水，汤七年旱，而天下无菜色者，十年之后，年谷复孰而陈积有余。[4]

---

1 《墨子间诂》，第25页。

2 《管子校注》，第1216页。可与相证的如《国语·周语下》载单穆公谏周景王铸大钱曰："古者天灾降戾，于是乎量资币，权轻重，以振救民。"《国语集解（修订本）》，第105页。

3 《庄子集释》，第598页。

4 《荀子集解》，第195页。此后的类此之说，如《新书·忧民》："禹水九年，汤旱七年，甚也野无青草，而民无饥色。"《新书校注》，第124页。同书《无蓄》："禹有十年之蓄，故免九年之水；汤有十年之积，故胜七年之旱。"（第163页）《汉书》卷二四《食货志》载晁错《论积贮疏》："尧、禹有九年之水，汤有七年之旱，而国亡捐瘠者，以畜积多而备先具也。"（第1130页）

由上可知，汤旱五年说最早见于《墨子·七患》篇所引《殷书》，此"《书》"是否史官代相传承之《书》容可讨论[1]，然其必在《墨子》《管子》之前，代表了关于汤旱年数的早期说法。此其一。汤旱五年说本与禹时洪水说无关而独立存在，而汤旱七年说则常与禹时洪水九（十）年说相连，充当了禹、汤之时国有积贮灾患不甚传说的构件。[2]而将蓄积之要与禹、汤联系到一起的说法，当属战国以来之事。[3]此其二。汤旱五年说自《吕氏春秋》后渐已湮没无闻，而七年说则自战国中晚期出现，至汉而尤为盛行。此其三。"五"为常数以概其多，所出甚早。"七"为常数较"五"为晚，且

1　《墨子·明鬼下》驳无鬼说而援引"《周书》大雅"云云，即《诗·大雅·文王》之文。《墨子间诂》，第215页。是《墨子》引殷或周《书》，常可概指有关殷或周事的文献。清人翟灏《四书考异》卷二二《论语》在考释《尧曰》篇时有曰：《墨子》引《汤誓》《禹誓》等篇"错杂不伦，名目迥异者更十余条，愚疑墨者所称《诗》《书》俱有别本私授，与吾夫子所删定不同，说者不得以墨之法责儒家之经也"。《清经解》第五十六种翟灏《四书考异》，第3821页。

2　《今本竹书纪年》载汤十八年癸亥即位居亳，十九年至二十四年皆书"大旱"，二十四年且书"王祷于桑林，雨"。是其亦为汤七年说，是今本晚出之证。王国维疏证以为《吕氏春秋·顺民》述汤时大旱五年不收"亦本此"，误。王国维：《今本竹书纪年疏证》卷上，沈阳：辽宁教育出版社，1997年，第62—63页。

3　《墨子·七患》："《周书》曰：国无三年之食者，国非其国也；家无三年之食者，子非其子也。"孙诒让《墨子间诂》据《太平御览》卷五八八引东汉胡广《百官箴序》云"墨子著书，称《夏箴》之辞"，以为《七患》所引《周书》文，取乎《逸周书》引《夏箴》（第27页）。《逸周书·文传解》："《夏箴》曰：小人无兼年之食，遇天饥，妻子非其有也；大夫无兼年之食，遇天饥，臣妾舆马非其有也。"《逸周书汇校集注》，第259页。《逸周书》各篇形成年代不一，《文传解》为周文王临终训辞，与清华简《保训》属同一母题而内容有别，其形成应约略同期。清华大学出土文献研究与保护中心编、李学勤主编：《清华大学藏战国竹简（壹）》之《保训》释文，第143页。战国末以来的禹、汤国有积蓄之说即当由之化生而出。

其在阴阳五行学说中为"火数",是由"土数五"推算而来。[1]时期较早的汤旱五年说盖言其旱情之严重,当时尚与土数无关,而汤旱七年则增旱年合于火数,以照应于"商主大火"之说而含鉴诫之意。[2]此其四。据此则汤旱五年说必早于七年说,则《荀子》一系汤祷传说的来源当亦晚于《墨子》一系,至于《尚书大传》和《淮南子》所以取汤旱七年说,当是其时汤旱七年说盛行于世的缘故。

三是汤祷使人持三足鼎祝于山川亦为晚出之说。祷雨于山川之习极为古老,殷墟卜辞中也有燎祭山川求雨之例[3],然其是否用鼎今已不得而知[4]。就战国以来的祷雨而言,夏商所为渺不可晓,甚具影响的自然还是西周以来的祷雨传说和事例。如《诗·大雅·云汉》相传为周宣王求雨未果的写照,而喟然长叹"靡神不举,靡爱斯牲,

---

1 《汉书》卷二七上《五行志上》述《洪范》"五行,一曰水,二曰火,三曰木,四曰金,五曰土"(第1318页)。是五为土数,加一为六亦水数,加二为七亦火数。《礼记·王制》述"国无九年之蓄曰不足"一段,其义同于上述国有积蓄以御灾害诸说,此条孔疏据《汉书·律历志》所推阴阳水旱之大数,"以水数六,火数七,木数八,金数九,故以此交互相乘也,以七、八、九、六阴阳之数自然,故有九年、七年、五年、三年之灾,须三年、六年、九年之蓄也"。《十三经注疏》,第1324页。

2 《左传》襄公九年述士弱曰:"陶唐氏之火正阏伯居商丘,祀大火而火纪时焉。相土因之,故商主大火。商人阅其祸败之衅,必始于火,是以知其有天道也。"《十三经注疏》,第1941—1942页。此处"大火"指心宿二,然亦与"火正"及水旱之"火"相关联,汤灭夏而大旱之说因此而增其诫慎之义。

3 参陈梦家:《殷墟卜辞综述》第十七章《宗教》第六节《山川诸示》、第七节《求雨之祭》,第594—599、599—603页。

4 李学勤《谈长江流域的商代青铜文化》一文提出了湖南、湖北有不少商代青铜器出于土坑而"性质不明"的问题。收入所著《比较考古学随笔》,桂林:广西师范大学出版社,1997年,第78—186页。这是否可以视为商代以青铜器祭祀山川诸神的遗存,尚有待讨论。

圭璧既卒，宁莫我听”[1]，一幅为求雨遍告众神，不惜圭璧的画面。鼎是商、周统治者“子子孙孙永宝用”的独占性资源和手段[2]，说汤使人“持三足鼎祝于山川”而祷雨，既是要烘托旱情之重和汤求雨之亟，也是要渲染其不惜宝货重器以纾民困国难的可贵。但这实际上是春秋以来的风气[3]，如《左传》定公六年述卫侯忿晋、鲁侵郑而擅过其境，公叔文子谏曰：

　　昭公之难，君将以文之舒鼎、成之昭兆、定之鞶鉴，苟可以纳之，择用一焉。公子与二三臣之子，诸侯苟忧之，将以为质。此群臣之所闻也。今将以小忿蒙旧德，无乃不可乎！[4]

　　与之相类的是《国语·鲁语上》载臧文仲请以重器籴于齐以纾饥荒，曰：“铸名器，藏宝财，固民之疹病是待。”[5]且合前面所述上博

1　《十三经注疏》，第561页。
2　参容庚、张维持：《殷周青铜器通论》第一章《中国青铜器的制作及其时代》二《彝器的制造及其意义》，北京：文物出版社，1983年，第3—4页；张光直：《美术、神话与祭祀》第六章《对手段的独占》，沈阳：辽宁教育出版社，1988年，第79—91页。
3　“使人持三足鼎祝山川”，即祝官持鼎为代汤祷雨的信物，亦即以鼎为贽。贽通质，《国语·楚语下》载观射父语少昊之衰，“家为巫史，无有要质”。是早期与神相通无须用贽。《国语集解（修订本）》，第515页。西周礼制中的贽有雁、羔、玉、帛、金、贝之类，更无以鼎为贽之例。参杨宽：《古史新探·贽见礼新探》，上海：上海人民出版社，2016年，第343—375页。用贽趋于贵重，应是春秋以来之事，如《国语·晋语四》载公子重耳誓与其舅同心，“沉璧为质”。《国语集解（修订本）》，第343页。《左传》襄公二十五年述郑伐陈破城，“陈侯使司马桓子赂以宗器”。《十三经注疏》，第1984页。
4　《十三经注疏》，第2140页。
5　《国语集解（修订本）》，第148页。

简《鲁邦大旱》述祷雨而"毋薆珪璧币帛于山川"之说。汤祷新本的持鼎祝山川说，即匹配和呼应了这些事例。

此外，商周以来鼎之形制本多三足[1]，《说苑》述汤祷之事刻意指出其所持为"三足鼎"，自应有其理由。《汉书》卷二五上《郊祀志上》载武帝时汾阴得鼎，有司皆言：

> 闻昔泰帝兴神鼎一，一者一统，天地万物所系象也。黄帝作宝鼎三，象天、地、人。禹收九牧之金，铸九鼎，象九州。皆尝鬺享上帝鬼神。其空足曰鬲，以象三德，飨承天祜。[2]

可见汉代多以古圣王所铸为形制如鬲的三足鼎，其三足亦有神性而"象三德"。[3]"三德"乃《洪范》九畴之一，亦当是战国以来《尚书》此篇流行以后的共识[4]，同时又与成汤的有关传说隐隐

1　郭宝钧《商周铜器群综合研究》第六章《商周铜器群总结》第三节《商周铜器群器物形制的演变》指出："鼎在此千余年间形虽稍变，而两耳三足中腹腔的基本形制并未改变。"（北京：文物出版社，1981年，第128—129页）

2　此段如淳注"三德"乃因三足而来。师古注其典出《尚书·洪范》，具体指"正直""刚克""柔克"三端。《汉书》，第1225—1226页。

3　夏铸九鼎而殷周承之以为神器的传说，今存文献最早当为《左传》宣公三年王孙满对楚王问鼎，曰"昔夏之方有德也，远方图物，贡金九牧，铸鼎象物"。《十三经注疏》，第1868页。然其未明鼎三足或四足。《墨子·耕柱》述夏后开铸鼎而卜曰："鼎成三足而方，不炊而自烹，不举而自臧，不迁而自行，以祭于昆吾之虚，上飨。"《墨子间诂》，第385—389页。则三足鼎而颇具神性之说正流行于战国以来。

4　《洪范》是否真是箕子对周武王之语今虽难断，但其主要内容流行于战国时期则无问题。参刘起釪：《古史续辨》之《〈洪范〉这篇统治大法的形成过程》，第303—330页。

　　　　　　　　　　　　　　中古政治与思想文化史论

相连。¹这应当就是《说苑》刻意述汤使人持"三足鼎"的理由，其同样透露了这一汤祷传说新本形成不早于战国晚期的时代背景。

综此数端，可见《荀子》所代表的汤祷传说新文本，基本上可以视为墨家一系文本流衍至战国以来的一个变种。具体即基此而发挥了商汤求雨惶恐自责之旨，而摒弃了其以身为牲之说。其自责六过的主体部分，很可能是春秋以来鲁君祷雨掌故与鲁地流传的殷先王传说的交融；其祝于山川虽体现了古老的祷雨术传统，"持鼎"之说却反映了春秋以来的时代氛围；强调鼎之三足更明显掺入了战国以来的思想背景。

与《墨子》引《汤说》以来的汤祷文本带有墨家印记的状况相对，《荀子》以来汤祷传说新本的出现和流播实与儒家密切相关。

首先，这一系文本述汤罪己祷雨而历数己过，少了墨家述汤剪发曆手以身为牲等事所寓的神巫气息或极端意味，而多了几分中正冲和的风格。这当然甚符儒家崇尚的"君道"或儒家心目中

---

1 《尚书·洪范》："六，三德：一曰正直，二曰刚克，三曰柔克。平康正直，强弗友刚克，燮友柔克；沉潜刚克，高明柔克。"有此美德者，如《诗·大雅·崧高》述"申伯之德，柔惠且直"；《诗·大雅·烝民》述"唯仲山甫，柔亦不茹，刚亦不吐，不侮矜寡，不畏强御"。分见《十三经注疏》，第190、567、569页。又《逸周王·谥法解》有"刚克为发，柔克为懿"之说。《逸周书汇校集注》，第752页。至于"三德"说与殷人的联系，如《左传》文公五年引《商书》有"沈渐刚克，高明柔克"之语。《诗·商颂·长发》述"汤降不迟，圣敬日跻……不竞不絿，不刚不柔，敷政优优，百禄是道"。《十三经注疏》，第1843、626页。是殷士的不刚不柔，乃被认为是由成汤开启的传统。又《韩诗外传》卷八"汤作《护》"章："汤作《护》，闻其宫声，使人温良而宽大。闻其商声，使人方廉而好义……《诗》曰：'汤降不迟，圣敬日跻。'"《韩诗外传集释》，第301页。其述汤作乐而化人以美德，实亦平康正直高明柔克之类。总之，鼎之三足象征《洪范》三德，而相传殷人又承汤而具此美德，此即《说苑》述汤祷特别指出"三足鼎"之寓意。

的圣王成汤形象，亦合乎儒家教化或谏诤于当世君王的一贯原则，要求君王以身为牲毕竟不合常情且有悖纲纪。《韩非子·显学》所谓"孔子、墨子俱道尧、舜，而取舍不同，皆自谓真尧、舜"[1]。此亦其例。

其次，这一系汤祷文本自责六过的主要内容，不仅与鲁桓公和僖公祷雨传说雷同，且与《鲁邦大旱》所载孔子的祷雨观念相合，从而透露了这个文本系统与邹鲁儒学渊源匪浅。尤其战国中晚期儒、墨后学的关系已趋于紧张，如儒家孟子一派直斥墨家兼爱、节葬为有同禽兽[2]，荀子一派最强调明同异、别嫌疑的礼，自然也与主张尚同兼爱的墨子大异其趣[3]。而《墨子》书中则有《非儒》专诋儒家及孔子[4]，其节葬、明鬼、非乐等义亦多与儒家主张不合。同时，儒、墨两家既皆崇尚成汤，又皆赞赏君主罪己禳灾，则邹鲁儒生因不满于墨家汤祷以身为牲之说，遂取其惶恐自责之旨而另出汤祷自责六过之说，亦属事理之常。

第三，这一系汤祷文本的文献载体，《荀子》固是"孙卿之儒"的代表之作，《韩诗传》要为阐释《诗》义，为儒家经典的注训解

---

1 《韩非子集释》，第1080页。

2 《孟子·滕文公上》述孟子与墨者夷子争论，诋墨家薄葬及兼爱之不近人情，有违大道，同于狐狸蝇蚋。认为"天之生物也，使之一本，而夷子二本故也"。《孟子正义》，第402—405页。

3 如《荀子·富国》以为"兼足天下之道在明分"，继而曰："我以墨子之非乐也，则使天下乱；墨子之节用也，则使天下贫。非将堕之也，说不免焉。"《荀子集解》，第185页。

4 《墨子·非儒》有上下两篇，上篇已佚，今唯余《非儒下》，一一驳斥儒家"亲亲有术，尊贤有等"伦理准则，末诋孔子及其弟子品行。《墨子间诂》，第260—278页。

说，《吕氏春秋》虽为杂家而有大量儒家成分[1]，《说苑》《论衡》通体已染武帝以来独尊儒术之风。故这些文献记述不含以身为牺牲情节而以修德禳灾为旨的汤祷传说，均有儒家作为战国末年显学和汉以来官学的背景和儒生传播其说的内涵。

第四，荀子师承与传学多与邹鲁儒生结缘[2]，《荀子》述汤祷自责六过，当不仅因其儒家立场与墨家不同，亦因其学受授之渊源有自。而《说苑》编者刘向不仅是传世本《荀子》的编定者，其曾祖楚元王刘交又是荀子的再传弟子，家学尤其承秉了荀子一脉[3]。故《说苑》多存杂说，然于汤祷传说却不取《墨子》而取乎《荀子》。又《说苑》载汤祷之事，末云："……盖言未已而天大雨。故天之应人，如影之随形，响之效声者也。《诗》云：'上下奠瘗，靡神不宗。'言疾旱也。"这显然是《诗》传笔法，或出于刘向家学之《鲁诗传》，甚至是楚元王交所传的《元王诗》。再联系前引《韩诗传》所载汤祷及鲁

---

1 东汉高诱《吕氏春秋序》述其书乃吕不韦使门客"集儒书，使著其所闻……备天地万物古今之事"。《吕氏春秋集释》，第2—3页。是高诱以为其基调是儒家，此说不必然，然其书多儒家之论亦为事实。

2 汪中《荀卿子通论》述"荀卿之学，出于孔氏，而尤有功于诸经"。下论传《毛诗》的大毛公曾受学荀子，传《鲁诗》和《穀梁传》的鲁申公为荀子的再传弟子，《左传》是由荀子传阳武张苍，《韩诗外传》引《荀子》说诗达四十四条，大、小戴《礼》亦有取于《荀子》诸篇。后文又述"荀卿之学，实出于子夏、仲弓也。《宥坐》《子道》《法行》《哀公》《尧问》五篇，杂记孔子及诸弟子言行，盖据其平日之闻于师友者，亦由渊源所渐，习传有素而然也"。《述学校笺》，第451—454页。

3 《汉书》卷三六《楚元王传》载刘交"少时尝与鲁穆生、白生、申公俱受《诗》于浮丘伯。伯者，孙卿门人也……元王既至楚，以穆生、白生、申公为中大夫。高后时，浮丘伯在长安，元王遣子郢客与申公俱卒业。文帝时，闻申公为《诗》最精，以为博士。元王好《诗》，诸子皆读《诗》，申公始为《诗传》，号《鲁诗》。元王亦次之《诗》传，号曰《元王诗》，世或有之"（第1921—1922页）。

君祈雨之说，以及汉代毛、鲁、韩《诗》多受荀子影响的事实，足见这个以自责六过为特征的汤祷传说的传播过程，实与儒家学说尤其是《诗》学的传承有着极大关系。也正因为这一系文本具有明显的儒学内涵和背景，其自西汉独尊儒术以来影响超过《墨子》一系汤祷传说，并且屡被官方人士论政谏事征引取据，自亦不足为奇了。

六、汉代以来汤祷传说的继续流变

先秦以来汤祷传说的墨家和儒家两个文本系统及其来源、流变和思想观念背景已如上述。汉代以来汤祷传说的流变即是在此基础上继续展开的，以下请勾勒其大致方向及相关问题。

汉代以来儒家一系汤祷传说文本的影响超过了墨家一系，自然是合乎当时儒长而墨消的大趋势的。但西汉至两汉之交，战国百家逞说的局面仍存余绪，这就为各种传说、寓言的继续发生、发展提供了土壤和条件。而儒、墨两系汤祷传说文本的并存，同一个成汤而竟有两种殊为不同的祷雨传说，对已经开始习惯视成汤为圣王和视传说为史实的时人来说，其间自会存在有待解说的种种疑问。由此出发，汉代以来汤祷传说的流变方向大抵有二：一是把两个文本系统的汤祷传说皆视为史实而肯定下来，具体即在惶恐自责这个大旨下，将之视为同一个祷雨过程相互衔接的不同环节，其结果是出现了一种兼容两系汤祷传说主要情节和内容的综合性文本。二是索性置两大系统的汤祷传说于不顾，而另外出现了形态与之完全不同的新文本。

前一个方向的文本状态，如前述《论衡·感虚》即为兼含了汤"身祷于桑林"和"自责以六过"情节的一个混杂文本，这里要说明的是其下文仍保留了墨家一系汤祷文本的概要，以下所引即其全文：

传书言："汤遭七年旱，以身祷于桑林，自责以六过，天乃雨。"或言："五年。祷辞曰：'余一人有罪，无及万夫；万夫有罪，在余一人。无以一人之不敏，使上帝鬼神伤民之命。'于是翦其发，丽其手，自以为牲，用祈福于上帝。上帝甚悦，时雨乃至。"言汤以身祷于桑林自责，若言剪发丽手自以为牲，用祈福于帝者，实也。言雨至为汤自责以身祷之故，殆虚言也。[1]

"或言"以下所述，显然来自《墨子》和《吕氏春秋》代表的汤祷传说文本。[2]而所以要以汤祷自责六过说为"正说"，而以旧本所述为"或言"，则是因为王充认其大半属"实"，同时也是因为当时自责六过的文本来得更为流行。这种承认、肯定新本又以旧说为应予保留的看法，恐怕可以代表东汉以来相当一部分士人对汤祷传说不同文本的态度，于是又产生了兼容两系文本而内容庞杂的汤祷传说新文本。《太平御览》卷八三《皇王部八·殷帝成汤》引《帝王世纪》曰：

1　《论衡校释》，第245—247页。
2　此处王充显然是以"传书言"为正说，而以"或言"为或曰。黄晖《论衡校释》释此处"传书曰"云云，"盖据《尚书大传》《荀子》《说苑》等书"，"或言"云云，"盖据《商书》及《吕氏春秋》等书也"。刘盼遂《论衡集解》述"或言五年"乃"仲任自注"。《论衡校释》，第246页。

汤自伐桀后，大旱七年，洛川竭，使人持三足鼎祝于山川，曰："欲不节耶？使民疾耶？苞苴行耶？谗夫昌耶？宫室营耶？女谒行耶？何不雨之极也！"殷史卜曰："当以人祷。"汤曰："吾所为请雨者，民也。若必以人祷，吾请自当。"遂斋戒，剪发断爪，以己为牲，祷于桑林之社，曰："唯予小子履，敢用玄牲，告于上天后土曰：万方有罪，罪在朕躬，朕躬有罪，无及万方。无以一人之不敏，使上帝鬼神伤民之命。"言未已而大雨至，方数千里。[1]

　　西晋皇甫谧所撰《帝王世纪》，为魏晋以来古史复兴运动的代表作之一，其中综合了长期陆续积累和流传于世的诸多古史传说。上面所引汤祷故事，已重新编排组合了从《墨子》《吕氏春秋》到《说苑》《论衡》等不同系统、不同形态汤祷传说的诸多情节和祷辞，这种把儒、墨两系各本之况杂烩合并的样态，当然不是那种实际流传于世以为口实谈资的传说，而只是文人案头思其旨趣、求其完备的

---

[1] 《太平御览》，第388页。又宋翔凤、钱保塘辑，刘晓东校点《帝王世纪》第四《殷商》所辑即上引文，其末有宋、钱按语曰："此采《墨子》及《吕氏春秋》，而不用东晋古文《汤诰》，知士安所未见也。"（沈阳：辽宁教育出版社，1997年，第25页）《后汉书》卷四一《钟离意传》载其援引汤祷以六过自责，李贤注引《帝王纪》曰："成汤大旱七年，斋戒翦发断爪，以己为牺牲，祷于桑林之社，以六事自责。"（第1408页）此《帝王纪》也综合了以身为牲和六事自责，未知是来奥的《帝王本纪》还是皇甫谧的《帝王世纪》。又《艺文类聚》卷一二《帝王部二·殷成汤》引《帝王世纪》："汤自伐桀后，大旱七年，殷史卜曰：'当以人祷。'汤曰：'吾所为请雨者，民也。若必以人祷，吾请自当。'遂斋戒，剪发断爪，以己为牲，祷于桑林之社。言未已而大雨，方数千里。"（第222页）其文较《太平御览》所引为简，从其"言未已而大雨"而前无其言看，这应当是欧阳询等摘引节文所致。

加工之作。

体现后一方向的新文本，如东汉后期出现的成汤迁社求雨文本。《尚书·夏社》等篇之序云："汤既胜夏，欲迁其社，不可。作《夏社》《疑至》《臣扈》。"由于这三篇《商书》早佚，故其述汤胜夏迁社之事不知究竟。《尚书正义》卷八此条孔颖达疏引《左传》昭公二十九年述"共工氏有子曰句龙，为后土，后土为社。有烈山氏之子曰柱，为稷，自夏已上祀之。周弃亦为稷，自商已来祀之"。又引《礼记·祭法》云："厉山氏之有天下也，其子曰农，能殖百谷。夏之衰也，周弃继之，故祀以为稷。共工氏之霸九州也，其子曰后土，能平九州，故祀以为社。"这说明《书序》所述商汤胜夏迁社之事，亦见于《左传》和《礼记》[1]，具体是指废止夏人所祀句龙和柱，改祀周弃为社稷神。接下来，孔疏在解释当时为什么要迁社时，就引出了汤时大旱祷雨之事：

> 《孟子》曰："牺牲既成，粢盛既洁，祭祀以时，然而旱干水益，则变置社稷。"郑玄曰："此乃云汤伐桀之时，大旱，既置其礼，祀明德以祭荐，而犹旱至七年，故更致社稷。"[2]

孔疏所引《孟子》为《尽心下》之文，是指一般情况而非汤

1　孔疏所引《左传》昭公二十九年记事，为蔡墨对魏献子问"社稷五祀"之节文；所引《礼记·祭法》"厉山氏"云云则照录之。见《十三经注疏》，第2124、1590页。

2　此处至前引《书序》及孔疏文，俱见《十三经注疏》，第160页。

伐桀以后之事[1]；所引"郑玄曰"，亦见于《周礼·春官·宗伯》贾公彦疏所引[2]，从而把商汤灭夏迁社与当时大旱七年祭祀求雨未果，遂改社稷以求神灵致雨之事联系了起来。郑玄所说已在前面所论春秋以来修政祈雨的观念之上，增加了孟子所说神灵不能佑民则须担责而被逐出改易的内涵，但将之与《左传》《礼记》所载汤迁夏社之事相联系，必是较晚的东汉后期之事。这是因为《汉书·郊祀志上》亦据上引《书序》文而述汤伐桀，欲迁夏社而不可，"乃迁烈山子柱，而以周弃代为稷祠"，但班固述此尚未与汤时大旱欲雨相联系，到汉魏间应劭注《汉书》解释此句，所述已较郑玄更为明确：

（汤）遭大旱七年，明德以荐，而旱不止，故迁社，以弃代为稷。欲迁句龙，德莫能继，故作《夏社》，说不可迁之义也。[3]

显然，郑玄到应劭都看到了一个汤时祭祀求雨未果，于是改易社稷神灵而求降雨的新文本，其基础仍是汤灭夏后大旱七年祈雨说，也兼容、承认了自责六过说所寓修德改政可以祈雨的逻辑，但具体

---

1 《孟子·尽心下》："孟子曰：民为贵，社稷次之，君为轻。是故得乎丘民而为天子，得乎天子为诸侯，得乎诸侯为大夫，诸侯危社稷，则变置。牺牲既成，粢盛既洁，祭祀以时，然而旱干水溢，则变置社稷。"《孟子正义》，第973—974页。

2 《周礼正义》卷一八《春官大宗伯》"以血祭祭社稷五祀"云云，贾公彦疏引书序郑注："当汤代桀之时，旱致灾，明法以荐，而犹旱至七年。故汤迁社，而以周弃代之。欲迁句龙，以无可继之者，于是故止。"《十三经注疏》，第758页。其文与《书序》孔疏所引小异。

3 《汉书》卷二五上《郊祀志上》师古注引，第1192页。

内容却已与其前两个系统的汤祷文本完全不同，又贯注了从天子到神灵各须为国为民担责的新观念。

此外，约略与之同期的还有一个汤作土龙祈雨的文本。《淮南子·墬形》"土龙致雨"条高诱注：

> 汤遭旱，作土龙以象龙。云从龙，故致雨也。[1]

高诱此注，与《初学记》卷一、《白氏六帖》卷二、《太平御览》卷十一等处所引许慎注《淮南子》此条曰"汤遭旱，作土龙，以象云从龙也"略同，刘文典疑之为"许说羼入高注本"。由于高诱注《吕氏春秋》及《淮南子》屡引桑林汤祷之典，故此处注汤作土龙以象龙，亦必与许慎同样有其文本依据，惜乎今已不得而知。今案董仲舒《春秋繁露·求雨》述四时求雨之术，各须作大青、黄、白、黑龙置中央，另作同色小龙若干舞之。[2]可见作龙求雨乃汉代习见之术。参以《山海经·大荒东经》："应龙处南极，杀蚩尤与夸父，不得复上，故下数旱。旱而为应龙之状，乃得大雨。"同书《大荒北经》又载"蚩尤作兵，伐黄帝，黄帝乃令应龙攻之冀州之野，应龙蓄水，蚩尤请风伯雨师，纵大风雨。黄帝乃下天女曰魃，雨止，遂杀蚩尤"。两处旱因之说大为不同，当非一时一地一族的传说，然其应龙皆与雨水相关。[3]由此再看殷墟妇好墓所出圆雕玉龙，身、尾刻

1　《淮南鸿烈集解》，第141页。
2　《春秋繁露义证》，第426—437页。
3　袁珂：《山海经校注》，成都：巴蜀书社，1993年，第413、490—491页。

有菱形及三角形鳞纹[1]；《左传》襄公二十一年载叔向之母曰"深山大泽，实生龙蛇"；昭公十九年载"郑大水，龙斗于时门之外洧渊"；二十九年载蔡墨对魏献子曰"龙，水物也"；《考工记》画缋之事"土以黄……火以圜，山以章，水以龙"。[2]可见殷周以来已常把龙看作是"水物"，以此求雨应是极为古老的习俗，为模拟巫术的一种。[3]而高诱、许慎注所述特点，则是将之与汤时因旱祈雨之事联系，述汤作土龙以兴云致雨，从而构成了汤祷传说的又一晚出文本。由此似亦可推，这种施展巫术的汤祷过程虽亦应有仪式祷辞之类，却不会含有"以身为牲""自责六过"或"万方有罪，唯余一人"等归罪

---

1 中国社会科学院考古研究所、广东省博物馆：《妇好墓玉器》，广州：岭南美术出版社，2016年，第337页。需要指出的是，龙在早期传说亦可不与水相联，而只是一种灵物。如楚辞《天问》及《山海经·大荒北经》述有烛照九阴的"烛龙"。袁珂：《山海经校注》，第499页。《左传》昭公二十九年载魏献子曰："虫莫知于龙，以其不生得也。"《十三经注疏》，第2122页。皆看不出龙与水有特别的关系。考古材料如孙守道《三星他拉红山文化玉龙考》述红山文化的龙形玉饰无鳞，盖自猪形演化而来（《文物》1984年第6期）。殷墟大司空遗址303号墓出土有玉夔龙，亦无鳞。中国社会科学院考古研究所安阳工作队：《殷墟大司空M303发掘报告》，《考古学报》，2008年第3期。张光直《濮阳三蹻与中国古代美术史上的人兽母题》则以濮阳西水坡新石器遗址的蚌塑龙、虎及虎上有鹿之形象，应是助巫师通灵而"上天入地的三蹻的形象"。收入所著《中国青铜时代（二集）》，第95—96页。

2 《十三经注疏》，第1971、2088、2123、918页。

3 《吕氏春秋·有始览》之《应同》："以龙致雨，以形逐影。"《吕氏春秋集释》，第286页。《春秋繁露·同类相动》："物故以类相招也，故以龙致雨，以扇逐暑。"《春秋繁露义证》，第359页。《论衡·寒温》："同气共类，动相招致。故曰：以形逐影，以龙致雨。雨应而来，影应形而去，生地之性，自然之道也。"《论衡校释》，第627页。皆可证此。另参詹姆斯·乔治·弗雷泽：《金枝：巫术与宗教之研究》第三章《交感巫术》第二节《顺势或模拟巫术》、第三节《接触巫术》，第五章《巫术控制天气》第二节《巫术控制雨水》，徐育新等译，北京：大众文艺出版社，1998年，第21—69、95—118页。

于己的内容，因而同样是一个完全不同于儒、墨两系汤祷传说的新文本。

有必要说明的是，上引《山海经》所述，已可表明作龙求雨术之悠久和大有来历。丁山先生认为蚩尤妨碍降雨的观念已见于卜辞[1]，徐中舒先生则以卜辞说明武丁时已有献祭于龙祠之事[2]，裘锡圭先生又以卜辞证殷商求雨确曾作龙[3]，这都表明此术之行，至少可上溯至殷商时期。但这里的问题也与儒、墨两系汤祷传说的来源相似，成分的古老，并不等于传说古老。作为殷商至汉代以来皆在行用的法术，作龙求雨术本身是无法说明汤作土龙兴云致雨之说究竟形成于其间何时的；就像焚巫求雨或祷雨于山川虽来源古老，却不能说明汤以身为牲或使人祷雨于山川二说是否原出殷商一样。从今存文献所示汤祷传说的出现和流变过程来看，与其过分地设想这个汤旱作龙求雨的文本不绝若缕地从很早的时期延续了下来，远不如释许慎、高诱所据乃是一个晚出的汤祷文本来得合理。事实上，《淮南子·说山》及《说林》俱提到了作龙求雨为"圣人"所为[4]，其所称"圣人"，无非泛指循乎自然之道的古人，而并不专指尧、舜、禹、汤等儒墨中人习称的"圣王"，这似乎已经表明《淮南子》撰作的时代尚无成汤作龙致雨的传说。而高诱、许慎注既不在《说山》和

1　丁山：《中国古代宗教与神话考》之《炎帝与蚩尤·释蚩尤与相繇》，第400—402页。

2　徐中舒：《论甲骨文中所见的儒》，《四川大学学报》，1975年第4期。

3　裘锡圭：《说卜辞的焚巫尪与作土龙》。

4　《淮南子·说山》："圣人用物，若用朱丝约刍狗，若为土龙以求雨。"《说林》："圣人者，随时而举事，因资而立功，潦则具擢对，旱则修土龙。"《淮南鸿烈集解》，第539、583页。两相参照，知作龙求雨术虽早有之而其"圣人"必不专指成汤。

《说林》注此作龙致雨的"圣人"为成汤，也不在此注出汤遭旱而作龙求雨之事，而是将此另注于《墜形》的"土龙致雨"条下，这恐怕也是因为这个成汤作龙求雨的文本晚出而可疑的缘故，盖聊备一说以供参证而已。因而高诱、许慎注所反映的这个汤祷传说新文本，很有可能基于西汉以来阴阳五行家及道家人士述圣人法乎自然而作龙致雨，后人因当时习以尧舜禹汤为圣，又有鉴于儒、墨两系汤祷传说内容之扞格可疑，遂将圣人作龙之事附会于汤再加润饰而成，其时期或亦在东汉初年以来。

就这样，东汉以来的汤祷文本已多达五种：其中最为流行的，仍应是《荀子》以来汤祷自责六（五）过的文本；《论衡·感虚》引"传书言"所示以身为牲和自责六过的混杂文本亦行于世，汉魏以来又出现了《帝王世纪》所述包括了儒、墨两系各本情节的综合性文本；但最早的墨家一系汤祷以身为牲的文本也未遭遗忘[1]；另又有许慎、高诱注《淮南子》所说汤作土龙，以及郑玄、应劭提到的汤迁夏社这两个最新文本并存于世。就其未来趋势而言，东汉后期出现的两个新本中，汤遭旱作龙致雨的文本，似因其过于平淡无奇而渐湮没无闻；汤因大旱迁社之说，似仅停留于经史训解之中。墨家一系文本则随墨学衰微和以身为牲说过于骇人，仅存于文人著述和记忆；儒家一系文本亦随儒学地位确立，官方祈雨之制并不容纳君王

---

1 《艺文类聚》卷一二《帝王部二·殷成汤》引曹植《汤祷桑林赞》曰："惟殷之世，炎旱七年，汤祷桑林，祈福于天。剪发离爪，自以为牲，皇灵感应，时雨以零。"（第222页）这基本上仍是墨家一系文本的模样，只是"炎旱七年"说带有晚近色彩。

痛省自责的内容[1]，其传播和影响力日益减弱；至于兼含以身为牲和自责六过等各系各本相关情节的综合性文本，其实不过是寻章摘句之作，而非传闻异辞的产物。由此看来，东汉以后汤祷传说的各种文本，都已先后祛魅脱俗而局限于案头笔下，恐怕都已是无与于口耳之间传诵，罕与现实社会和政治发生关系的"死传说"。

七、结论和余论

综上所述，大略可得以下结论：

首先，先秦至两汉汤祷传说的文本传承与流变，大体可划作三个阶段：一是《墨子·兼爱下》引《汤说》所述，表明此前业已流行着汤祷以身为牲的传说，因而约自战国中晚期向前推溯至该传说的最初出现，都可以归为汤祷传说形成和发展的早期。此期该传说完成了从某种雏形到包括了一份完整祷辞和围绕以身为牲等种种祷雨情节的形态演变，并且与墨家结缘。二是如《吕氏春秋·顺民》

1　《汉旧仪补遗》卷下："求雨，太常祷天地、宗庙、社稷、山川，以赛，各如其常牢，礼也。四月立秋旱，乃求雨祷雨而已；后旱，复重祷而已；讫立秋，虽旱不得祷求雨也。"孙星衍等辑、周天游点校：《汉官六种》，第103页。《续汉书·五行志一》载灵帝熹平五年夏旱，刘昭补注引蔡邕《伯夷叔齐碑》曰："熹平五年，天下大旱，祷请名山，求获答应……天子开三府请雨使者，与郡县户曹掾吏登山升祠。手书要曰：'君况我圣主以洪泽之福。'天寻兴云，即降甘雨。"《后汉书》，第3280页。《水经注》卷一五《洛水》引《长沙耆旧传》载东汉祝良为洛阳令，"岁时亢旱，天子祈雨不得，良乃曝身阶庭，告诚引罪，自晨至午，紫云沓起，甘雨登降。人为歌曰：'天久不雨，烝人失所，天王自出，祝令特苦。精符感应，滂沱雨下。'"郦道元著、陈桥驿校证：《水经注校证》，北京：中华书局，2007年，第370页。可见东汉虽如前引《孔丛子》载有章帝祈雨自责之例，然非常例。

和《荀子·大略》所示，战国晚期以来，一方面是墨家后学所述汤祷传说出现了详其以身为牲的祷雨情节而略其祈告之辞的微妙变化，另一方面是儒家后学已在传颂着一个大旨仍承墨家自责之义，主要内容却已完全不同的汤祷自责六过说。由此直至西汉，汤祷传说大体上都是按儒、墨两个文本系统传播和流变的，故此期可称是该传说的分化期。三是《论衡·感虚》引"传书言"汤以身祷于桑林，自责以六过，反映了一段时期以来汤祷传说两大文本系统内容的混杂，终至产生了皇甫谧《帝王世纪》所述综合文本。而许慎、高诱注《淮南子》述汤遭旱作龙致雨，郑玄、应劭释《书序》汤胜夏后因旱迁社之说，又反映了两个完全不同于此前汤祷传说的新文本的出现。在一定程度上可以认为，它们实际上都是在构画一种更为"可信"或合乎"史实"的汤祷传说。故自两汉之际及于东汉以来，可称是汤祷传说进一步蜕却其传说或寓言气息的"祛魅"期。由此可见，汤祷传说的流变，是围绕儒、墨两系各本的分化组合，以文本的陆续衍生，基本内容和思想观念的不断变化为标志而展开的。

其次，汤祷传说两系文本的形成和发展，从基本内容的递嬗到文本传承关系，都或明或暗地体现了儒、墨学派活动的痕迹和对之的影响，这是理解汤祷传说演化流变过程的基本背景。从战国时期的各种传说来看，有些传说如尧舜禅让之类，已被诸子百家普遍承认而各抒其见，故虽学派有别，传说的基本内容仍大抵一致，此类传说或来源较古，在百家争鸣前就已大致定型。而有的像汤祷传说，则因学派不同而内容殊异，墨、儒所述互不信从，也就不能不处于复杂的演变之中。也就是说，不管《墨子·兼爱下》所引《汤说》形成于何时，其述汤祷严于责己以身为牲，既然在战国中期以来仍未得到广泛认同，则其前是不是一种趋于定型的传说，也势必存在疑问。同理，《荀子》所反映的汤祷自责六过的文本，既然在战国末年至汉初仍未被普遍认同，也就很难设想其在此前已经历了悠久而广泛的传播。这似乎已经表明汤祷传说不太可能是一个早自殷周时期流传下来的古老传说，也解释了何以汉代以来汤祷传说仍新本迭出的现象。

其三，不同样式的汤祷传说，在春秋以来的祷雨实际或传说中，大都分别存在着主体有异而形态类同的版本。宋景公及齐景公祷雨之事与汤祷以身为牺之说，鲁君祷雨之事与汤祷自责六过之说，《淮南子》述圣人作龙致雨与许慎、高诱注《淮南子》提到的汤旱作龙求雨说，《孟子》述神灵须为国为民担责与郑玄、应劭释《书序》谈到的汤因祷雨未果遂迁夏社之说，不仅基本理念和情节类同，出现的时期很可能也都在同类汤祷传说流行之前。非但如此，除许慎、高诱注和郑玄、应劭说限于注体，文字简略而未详其况外，儒、墨两系汤祷传说中的祷辞和关于汤时大旱年数的说法、墨家一系文本述汤在桑林之社向天祷雨、儒家一系文本述"女谒盛与"及持三足鼎祝山川等事，不仅都绝难置信其从殷商流传下来，且都明显带有西周或春秋战国以来历史发展的痕迹。有鉴于与之相关的一系列问题，尽管成汤是否祷雨及其以何种方式祷雨今人已难细究无法证实，但在传说流播的意义上，似仍可断墨家一系汤祷传说原出于春秋以来的可能，要远大于其来源于春秋之前的可能；至于儒家一系及后来衍生的各种汤祷文本，它们在墨家一系传说之后相继出现和不断演变的可能，也要远大于其各有春秋以前古老文本为据的可能。

最后，汤祷传说诸文本所含祷雨术的种种片断，无论其祷雨对象是天还是山川或者社神，其方式是以人为牲还是作土龙、迁社或一般的祭祀祝祷，其主体是国君亲自祈祷还是使人代祝，其处所是在山林、社中还是在别处，几乎皆可于先秦以来祷雨术一一证之，而其渊源则多可上溯至殷商或更早的原始时期。但在看到这些片断极为古老的同时，也有两个问题需要专门提出来给予注意：

一是能不能以这些片断的古老来说明汤祷传说的古老？前已指出，成分的古老显然不等于传说本身的古老，因为即便是现代传奇，也完全可以包含极其古老的成分。判别传说古老的关键，不在于其有关成分与某个古老时期的史实相符，而在于这些成分是否为该时期所独有，或存在着有关传说承自该时期的连续轨迹。以此相衡，现存汤祷传说从最早到较晚的文本，实际上都谈不上有殷商以来的传承关系；而其具体成分凡可与殷商有关史实相证者，又都可见于上古至战国以来各种祷雨术的通行内容。故在现有材料的基础上，仅以焚巫、人殉、曝尪等祷雨术成分与卜辞所示殷商有关史事的相符，实不足以证汤祷传说的古老，而只是先秦以来诸祷雨术仍存原始时期的余绪而已，绝不能凭此界定汤祷传说形成时期。换言之，汤祷传说诸文本提到的祷雨术片断，大可以既来自当时流行的各种祷雨实践或同类话题，同时仍带有若干古祷雨术的痕迹，正如不少现代仪式和活动仍可带有某些原始时期的因子一样。

二是能不能以这些古老的祷雨术片断来证明成汤时期可能存在的史实？在传说很可能晚出的前提下，这种证明的适用范围自应有其限度。汤祷传说在战国以来的流行，表明当时人们关注其述成汤为祷雨所做举措及所寓观念，这与汤究竟是否祷雨是两回事。拿以身为牲这个墨家一系汤祷传说的基本情节来说，人们认同汤祷以身为牲的背后，似正有以人为牲或焚人求雨术的长期流行为其依托，却不一定要以王者自以为牲的传统为其基础；因为春秋以来国君为民不惜己身的观念或事例，实际上已足够为人们的这种认同提供支持了，况且我国古代是否存在着王者自以为牲的现象也在未定之数。因此，如果一般地以汤祷传说所涉祷雨术片断，来证明春秋以前焚人求雨等术的流行，这自然是可以的；但要以该传说来证明我国三代时期存在着王者自殉的传统，或由于汤祷以身为牲之事与古焚巫求雨之术有近似之处，而推汤欲自焚亦即焚巫，且进一步证明成汤即巫，那就超出了汤祷传说本身所能说明的问题的极限。

第四编　文化掇遗

第十四章 《玉海》所存沈约《谥例序》文笺解

《玉海》卷五四《艺文部》"七家谥法"条[1]：

沈约《谥例》 序云[2]：《周书·谥法一第五十六》《谥法二第五十七》。今汲冢书止一篇，第五十四。《书目》一卷（原注：惟《崇文目》有之，学者就汲冢书采出）[3]。《春秋谥法》一卷（原注：学者就杜预《释例·谥法》篇采出）。沈约案：《谥法》上篇卷前云《礼大戴记》，后云《周书·谥法第四十二》，又云凡有一百四十五谥。案《大戴礼》及《世本》旧并有《谥法》，今检十许本皆无。《周书·谥法一第五十六》《谥法二第五十七》，上篇有十余谥，下篇惟有篇目，无谥名，与前所云"第四十二"又不同矣。今《谥法》二篇，有一百四十八名。卷后又云：靖按谥有一百九十四。又云：高、光、明、章、和、顺、冲七谥，《谥

---

1 元刻合璧本《玉海》，第1082—1083页。笔者已将上引文与国家图书馆藏至元六年庆元路儒学刻本及此后的数种元明递修本、清乾隆三年本互校，其文大抵略同，凡有值得注意的异处则随文出校。此外，《玉海》卷五四《艺文部》"梁谥法"条述《中兴馆阁书目》著录沈约《谥法》十卷，以下引有"约序《大戴礼》及《世本》旧并有谥法"等《谥例序》节文与概括（第1074—1075页），亦可与上引文参校。

2 庆元路儒学刻本"序云"前有"有"字，无空格。

3 括号内为王应麟原注，其字体在各本中皆小于正文，下同。

法》无也，而汉家用之。约又检二篇，唯无光耳，其余并有而又多不同。约又案：靖应是张靖，晋江左人也。刘熙注《谥法》，唯有七十六名，所阙甚多，或有异名殊号，近世所不用耶？又有《广谥》一篇，七十八谥，与旧文多同，时有异耳。约以为同是一谥，而互出诸篇，不相比次，难为寻览。刘熙既有注解[1]，时或有所发明，今以熙所撰为本。又旧文二篇，《广谥》一卷，悉少拔次第，令名相随，各以其下注本文所出。又自周氏以来，迄于宋末，帝王名凡有谥者，并列其人名号于所谥之左方。吴兴人乘奥撰《帝王世纪》，其一篇是《谥法》，今採其异者[2]。

　　沈约《谥例序》文赵宋以后亡佚，存于《玉海》的这段佚文，提供了沈约以前诸谥法书的状况，长期以来有关文著在说明汉魏以来谥法文献之况时，几无不征引之，其对研究当时谥学及相关问题的价值由此可见。但细核之，上引文首先可区分为王应麟《玉海》插注文和沈约《谥例序》文两类，其中的沈约《谥例序》文又包括了两种不同的文字：一是沈约所见某本《谥法》上篇卷前、卷后的批语，二是沈约对这些批语的案释之语，及其交代《谥例》一书取材体例的有关文字。由于《谥例序》文至宋已有所舛佚，《玉海》摘引的这些文字又与其他文字夹杂着出现，加之《玉海》传刻过程在格式行文上或不免于淆乱错脱，便为释读带来了困难，极易导致歧见和误解。是故区分其文，疏通其义，便成了正确理解这段《谥例

1　庆元路儒学刻本"注解"作"批注"。
2　"今採其异者"，乾隆三年本"採"作"代"。

序》佚文内容，一定程度上也是准确认识汉末魏晋谥学的前提。

以下试辨别其间性质不同之文，依次笺解作释，以说明汉魏以来诸谥法书流传之况，以及沈约《谥例》一书的体例。不妥之处，还请读者教正。

一、混入《谥例序》正文的王应麟注文

"今汲冢书止一篇，第五十四。《书目》一卷。"这一段连同下接的"惟《崇文目》有之"云云，皆应是王应麟之注文。

理由一，"汲冢书"乃唐宋以来对《周书》的习称[1]，《玉海》本条首述："谥起于今文《周书·谥法》篇（原注：汲冢），有《周公谥法》（原注：《书目》一卷，即《汲冢周书·谥法》篇也）"云云。是沈约并不以"汲冢书"称《周书》，而王应麟所处时代则常称《周书》为"汲冢书"，方须一一注出。由此可推"沈约《谥例序》云《周书·谥法一第五十六》《谥法二第五十七》"，为《玉海》转述沈约《谥例序》文，而接下来的"今汲冢书止一篇"云云，就其前例及此处文义而言，正应是王应麟的注文。

理由二，所谓"止一篇，第五十四"，正是今仍通行的孔注本

---

1 明嘉靖间杨慎《逸周书序》述"汉以来原有此书，不因发冢始得也"，故唐以前《逸周书》不称"汲冢书"，"惟宋太宗时，修《太平御览》，首卷引目始有《汲冢周书》之名"。见《逸周书汇校集注》附录二《序跋》，第1281页。其实称《周书》为"汲冢书"的时期当更早一些，《四库全书总目》史部别史类《逸周书》提要以为称《周书》为"汲冢书"，始自《隋书·经籍志》误采梁任昉、刘显之说以《周书》为得自汲冢（第445—446页），持论较妥。又《周书》东汉以来或称《逸周书》，本文皆依沈约述为《周书》。

《逸周书·谥法》的第目，当自宋以来即然。且其云"今汲冢书止一篇"，与后沈约案语云"今《谥法》二篇有一百四十八名"相参，知"今汲冢书"必为王应麟之"今"。

理由三，"《书目》一卷"四字，意谓"学者就汲冢书采出"的《谥法第五十四》一篇业已别本单行，在《中兴馆阁书目》中被著录为"《周公谥法》一卷"；而王应麟对之的注文，又述其前唯北宋仁宗朝编成的"《崇文（总）目》有之"，可知其必宋人之语。况此处所云"今汲冢书止一篇，第五十四，《书目》一卷"，实与前文注《周公谥法》云"《书目》一卷，即《汲冢周书·谥法》篇也"语意相合，《玉海》艺文部称某书《书目》多少卷之例比比皆是，皆属王应麟之注文。

"《春秋谥法》一卷"六字，恐亦非沈约《谥例序》文。因为沈约时期，杜预《春秋释例》的《谥法》（或简称"书谥例"）似尚未采出单行，而《春秋谥法》显然是这个单行本流行以后的名称，又尤其为北宋编《六家谥法》以来的习称[1]。又"《春秋谥法》一卷"后，"沈约案上篇卷前"云云，亦不可能是沈约对《春秋释例·谥法》篇的案语。理由是：《春秋谥法》只有一卷，而沈约案述的《谥法》则分上、下两篇，依汉来书篇书卷之惯例，当为两卷。即使《春秋释例·谥法》可能照录了两篇本的《周书·谥法》[2]，但《玉海》

---

[1] 《文献通考》卷一八八《经籍十五·经部》谥法类著录《六家谥法》，引雁湖李氏《跋〈六家谥法〉二十卷》云："某尝考之，名'周公'者即汲冢《周书·谥法》篇，名'春秋'者即杜预《释例·谥法》篇。唐及国史《艺文志》皆不载，近世学者就二书中采出。"（考一六〇三）

[2] 晁公武撰、孙猛校证：《郡斋读书志校证》卷二《经部·礼类》著录"《春秋谥法》一卷"，称其"与《周公谥法》相类而小有异同"（第88页）。罗泌（转下页）

引沈约《谥例序》文及宋人诸目录书述及其书取材及其体例由来，皆不言其取鉴于《春秋谥法》；苏洵《（谥法）总论》且曰："约徒得刘熙、乘奥之所增广，与《广谥》以为据依，不闻有所谓《周公》《春秋》者也。"[1]沈约是否"不闻"杜预的《春秋释例》另当别论，其《谥例》既未采杜预《春秋释例·谥法》的有关内容，又怎么会在《谥例序》文中对《春秋释例·谥法例》加以案释呢？也就是说，《玉海》此处"《春秋谥法》一卷"六字确甚突兀。

今核《玉海》此条先述"谥起于今文《周书·谥法》篇（原注：汲冢），有《周公谥法》（原注：《书目》一卷，即《汲冢周书·谥法》篇也）、《春秋谥法》《广谥》、沈约、贺琛、扈蒙六家之书"云云；其下除至元六年庆元路儒学本外，其余各本皆提行书"沈约《谥例》"四字后空一格，再述"序云《周书·谥法一第五十六》"等文字，是"沈约《谥例》"四字当属《玉海》所列的"七家谥法"书名之一。由之似可推"《春秋谥法》一卷"六字，也有可能是《玉海》所列的谥法书名而窜至此处。然则其"《春秋谥法》一卷"后注云："学者就杜预《释例·谥法》篇采出"，便应是对此书名的批注。当然还有一种可能要来得更大，即"《春秋谥法》一卷"六字亦为王应麟的注文，其意盖上接《周书·谥法》之注，谓《春秋谥法》从杜预《春秋释例》中摘出别行，其况与《周书谥法》从《周书》中

（接上页）《路史·发挥》卷五《论谥法》："《周书》有《谥法》一篇，颇为简要，至杜预取而纳之《释例》，而世遂重出之，谓《春秋谥法》。"（《四部备要》本，上海：中华书局，1936年，第282页）

1　《玉海》卷五四《艺文部·嘉祐编定谥法》"七家谥法"条引苏洵《谥法总论》，第1083页。

摘出别行相类。

看来，元朝以来各本《玉海》，在以大号和小号字区别正文与注文、用提行或空格标明目次时，皆已有所窜乱，其文字在传刻过程中亦有脱漏倒错，才出现了上述《玉海》正文和注文，及其与沈约《谥例序》文的混淆不清。清人钱东垣所辑《崇文总目》卷一《经部·礼类》录沈约《谥例》十卷，述其"以《周公谥法》为本"，钱氏按曰："《玉海》引作：沈约《谥法》云《书目》一卷，惟《崇文目》有之，学者就汲冢书采出；《春秋谥法》一卷，学者就杜预《释例·谥法》篇采出。"[1]其语次亦表明王应麟的这段插注文，确易被人误解为沈约的《谥例序》文。因此，今天的研究者对之先要加以辨识，才能避免不必要的误解。

二、沈约所见《周书·谥法》上篇之批语

"《春秋谥法》一卷"六字，既为王应麟《玉海》所列书目或注文，则其下"沈约案"云云，自应上接"沈约《谥例序》云《周书·谥法一第五十六》《谥法二第五十七》"之文，属于沈约对《周书·谥法》这个本子的案语。所述"《谥法》上篇卷前云《礼大戴记》，后云《周书·谥法第四十二》，又云凡有一百四十五谥……卷后又云靖按谥有一百九十四，又云高、光、明、章、和、顺、冲七谥，《谥法》无也，而汉家用之"一段文字，其"卷前""卷后"所

---

1 王尧臣等编次、钱东垣辑释：《崇文总目》，台北：商务印书馆，1978年，第13页。

中古政治与思想文化史论

云文意呼应，中间夹以沈约案"《大戴礼》及《世本》旧并有《谥法》"云云，旨在解释《礼大戴记》及《周书·谥法第四十二》两条批语提到的情况。这样的行文似已表明："卷前云"到"卷后云"的文字，都是沈约转述前人在古两篇本《周书·谥法》上篇所作的批语。

此外，所以说它们是古两篇本《周书·谥法》篇上的批语而非正文的理由：

一是《周书·谥法》篇的成书时期，肯定要早于"礼大戴记"这个名称的出现，其正文中根本不可能出现此称。事实上，大、小戴《礼》各篇内容虽有形成甚早者，然两书之名均不录于《汉书·艺文志》。无论是"大戴礼""礼大戴记"还是"大戴记"，这类名称都要到东汉才出现，郑玄以来方始流行，从而透露了这些批语的时间上限。

二是其中提到的《周书·谥法第四十二》显然只有一篇，也就绝不可能是上、下两篇本《周书·谥法》的正文，而只能是见过《周书·谥法第四十二》篇本的某个读者的批语[1]。

三是《周书·谥法》乃结集了相当长时期中所曾行用的谥名，

---

1 刘师培：《刘申叔先生遗书》上册《周书补正》卷四《谥法解第五十四》："《玉海》又云沈约案《谥法》上篇卷前云《礼大戴记》，后云《周书·谥法第四十二》，又云谥凡有一百七十五谥。王氏所引，盖亦《谥例序》文。据彼说，是《周书·谥法》别有单行本，与《大戴·谥法》为一编，所载之谥计百余，惟所标第次复迥不同。"（第756页）刘氏显然未能辨别沈约此处所案，乃是某本《周书·谥法》上篇卷前的批语。其实《周书·谥法一第五十六》《谥法二第五十七》或《周书·谥法第四十二》的篇名，已表明其当时并未单行而仍只是《周书》中的一篇，故刘氏据此而说"《周书谥法》别有单行本"已有问题，所谓《周书·谥法》"与《大戴·谥法》为一编"，就更无从谈起了。

其中大量都出现于春秋以来，而其开篇语既将谥法之始托于周公，自不可能在卷前先述"凡有一百四十五谥"。至于其汉以来流传各本又陆续结集诸谥，有所增益，甚至把原本所无而汉家用之的谥名也收入其中，就更无必要先述其数了。因而"凡有一百四十五谥"，无论是指《周书·谥法一第五十六》和《谥法二第五十七》原有谥名之数，还是指《周书·谥法第四十二》所含谥名之数，都只能是后人的统计而非其原文。

四是沈约的案语，说其所见《周书·谥法》上篇有十余谥，下篇惟有第目无谥名，"与前所云第四十二又不同矣"。这个"前"正表明沈约这里的案语是一段插话，也连接了其前和其后的批语，从而使这些案语一气贯通。又，据沈约的案语，可知这些批语都写在《谥法》上篇"的卷前和卷后，这又符合了沈约所述"《周书·谥法一第五十六》《谥法二第五十七》，上篇有十余谥，下篇惟有第目无谥名"的情况。正因为上篇尚存有十余谥，故可得见若干批语，而下篇"惟有第目无谥名"，也就未留批语。

五是"卷后又云'靖按谥有一百九十四'"的"靖"，沈约已按其为张靖，然其以靖为"江左人"恐有讹误。今案张靖《晋书》无传，然《唐六典》卷一四《太常寺》、《通典》卷一〇四《礼六四·单复谥议》原注，及《旧唐书·职官志三》"太常博士"条，俱载晋张靖撰《谥法》两卷[1]；又《晋书》卷二〇《礼志中》载泰始十年，武元杨皇后崩，"尚书祠部奏从博士张靖议，皇太子亦从制

1　《唐六典》，第396页；《通典》，典五五一；《旧唐书》卷四四《职官志三》，第1873页。

俱释服"，且载咸宁二年靖为太常博士，述礼事与孙毓、宋昌意见相左。考虑到议谥正是太常博士的本职，撰《谥法》二卷的张靖，极有可能是此泰始、咸宁之际的太常博士张靖，他在沈约所见上卷多阙，下卷惟余篇第的《周书·谥法》本子上留有按语，亦甚符情理。[1]无论如何，"靖案谥有一百九十四"乃张靖的案语而非《周书·谥法》的本文，这是毫无疑问的。

六是"高、光、明、章、和、顺、冲七谥，《谥法》无也，而汉家用之"，从汉魏以来每言"谥法"一般都指《周书·谥法》的习惯来看[2]，既云"《谥法》无也"，已明其非《周书·谥法》的本文；而"汉家用之"，又尤其说明其只能是后人的批语，且有可能也是张靖的案语。

以上所辨若不误，则王应麟的插注文固与沈约无关，这些批语亦非沈约所书，约无非转述之而已。至于留下了这些批语的本子，根据上面的辨析，应当就是沈约《谥例序》文所述当时已上缺下亡的《周书·谥法一第五十六》《谥法二第五十七》。《玉海》本条引北

---

1 黄逢元：《补晋书艺文志》史部仪注类张靖《谥法》二卷条案曰："《隋志》经部有靖注《榖梁传》十卷，注云靖堂邑太守。"《二十五史补编》第三册，第3923页。案《隋书》卷三二《经籍志一》经部春秋类著录"《春秋榖梁废疾》三卷（何休撰，郑玄释，张靖笺）"（第932页）。两处张靖当为一人，依《隋志》著录诸书的时间排序判断，张靖似为东晋人，然则沈约《谥例序》所案"江左"之"左"实不诬，然则张靖先任太常博士后转堂邑太守，其活动时期长达五十余年而及于江左。
2 这一点不仅在前四史所载及其批注所述"谥法"内容与《周书·谥法》相合上体现了出来，且在下列两条材料中得到了证明：《史记》卷六《秦始皇本纪》述始皇帝"除谥法"而以己为始皇帝，后世以计数。《集解》："《谥法》，周公所作。"（第236—237页）《后汉书》卷二〇《祭遵传》载祭遵建武九年卒，博士范升疏请案《谥法》而追尊之。李贤注曰："《谥法》，《周书》之篇，周公制焉。"（第741—743页）

宋苏洵《谥法总论》云"今文《周书·谥法》之篇……以鄙野不传，其谥法之上篇独存，又简略不备"[1]，指的也是沈约《谥例序》文提到的这个本子。而沈约所见有关批语，既然都留在其《谥法》上篇的卷前和卷后，说明《周书》的这个本子，很可能在张靖时便已有所缺佚，然仍为此前及后来学者批校整理或曾经参考。且以张靖和沈约的身份而先后关注此残缺不完之本，又可推其魏晋以来即非中秘所藏，亦当为官方如主管议谥的太常寺所有，在此期各本《周书》中必有相当特殊的地位。

至于这些批语的作者，沈约的转述只提到了张靖，从其提到《礼大戴记》及其语次来推断，沈约所引"上篇卷前"批语的作者，大抵当是汉末以来，张靖之前，又曾见过或整理过单篇本《周书·谥法第四十二》者。循此线索，汉末注《谥法》一卷的刘熙[2]，

1　《刘申叔先生遗书》上册《周书略说》述苏洵"《谥法总论》"云谥者起于今文《周书》"云云，原注："苏义盖以《班志》所录为今文《周书》，汲冢所得为古文《周书》，既以孔（晁注）本出汲冢，彼本《谥法》仅一篇，故以《谥法》分篇之本之今文。"（第787页）是。但刘先生进而又据苏洵之论，以为"《谥法》析分二篇之本北宋犹存"，则明显是把苏洵追溯古谥法书源流之语，当成了其叙北宋谥法书传本之语。

2　《隋书》卷三二《经籍志一》经部论语类著录"《谥法》三卷（刘熙撰）"（第938页），又两《唐志》经部经解类（旧志为经杂解类）俱录"《谥法》三卷，荀颛演，刘熙注"。《旧唐书》卷四六《经籍志上》，第1983页；《新唐书》卷五七《艺文志一》，第1446页。丁国钧《补晋书艺文志》经部论语类、黄逢元《补晋书艺文志》史部仪注类皆以两《唐志》为是，所据即《唐六典》卷一四《太常寺》太常博士条原注云刘熙"撰谥法一卷"，以及《玉海》引沈约《谥例序》述"刘熙注《谥法》惟有七十六名"之语。《二十五史补编》第三册，第3661、3923页。吴士鉴《补晋书经籍志》经部经解类则不录刘熙《谥法》而录"荀颛《谥法》三卷"，所据除两《唐志》述"荀颛演"外，又据《晋书·礼志》载"太尉荀颛上《谥法》"，故以为"《隋志》作刘熙撰误"。《二十五史补编》第三册，第3858页。综合这些讨论，《隋志》著录的刘熙《谥法》三卷之中，熙注恐仅一卷，另两卷乃晋初荀颛推演所增。

晋初推演刘熙《谥法注》增其篇帙的荀颢[1]，晋初曾注《周书》各篇，包括《谥法第五十四》在内的孔晁[2]，以及曾取本乎《周书·谥法》而撰《春秋释例·谥法》的杜预，似皆应在写下这些批语的可能作者之列。

这些批语提到了三个问题：一是提到了"礼大戴记"。沈约的转述虽仅四字，但从约案"《礼大戴记》及《世本》旧并有谥法"判断，这条批语说的当是《大戴礼·谥法》的有关问题，因而也是足以判断有关批语书于汉末以来的重要证据，然其详今已不得而知。需要指出的是，清代以来，不少学者都把这条批语当成了古本《周书·谥法》的原文，据此做了《周书·谥法》曾与《大戴礼·谥法》合帙的推断。如清乾隆间钦定《续通志》卷一一九《谥略上》在谈到《周书·谥法解》时说："臣等谨按《周公谥法》一书，其始见于《大戴记》者，今本已逸。"[3]刘师培《周书补正》卷四与《周书略说》

---

1 《隋志》著录刘熙《谥法》三卷，两《唐志》著录为"刘熙注（荀颢演）"《谥法》三卷，皆当指刘、荀二人《谥法》注的合帙，犹南宋人把沈约、贺琛所作合为《沈贺谥法》然。钱东垣辑《崇文总目》经部礼类录贺琛《谥法》四卷，引严昉云："《读书志》作'《沈贺谥法》'，云：'沈约撰，贺玚增。'"（第14页）"贺玚"当作"贺琛"。《郡斋读书志校证》经部礼类著录"《沈贺谥法》四卷"云："右梁沈约撰，凡七百九十四条。贺琛又加妇人谥二百三十八条。"（第88页）又荀颢《晋书》卷三九有传，为荀彧第六子，博学洽闻，理思周密，明《三礼》，知朝廷大仪，晋初为司空，迁司徒、太尉，俱加侍中，泰始十年卒（第1150—1152页）。同书卷一九《礼志上》载其晋初主持《五礼》修撰，卷二〇《礼志中》载"太尉荀颢上《谥法》云：'若赐谥而道远不及葬者，皆封策下属，遣所承长吏奉策即家祭赐谥'"（第581、645页）。

2 《刘申叔先生遗书》上册《周书略说》考孔晁乃晋初老儒，曾为五经博士（第787页）。又《玉海》本条所云"今汲冢书止一篇，第五十四"，盖即历代相沿孔注本之篇序。

3 《续通志》，杭州：浙江古籍出版社，2000年，志三九七一。

皆据沈约《谥例序》，以为"《周书·谥法》别有单行本，与《大戴·谥法》为一编"。[1]二说虽略有异，而未能辨别《玉海》所引沈约《谥例序》文"礼大戴记"四字乃是转述前人的批语则一。这样的推断从依据上就错了，又足以在《周书·谥法》和《大戴礼·谥法》的关系等问题上导致更多的误解[2]，应予纠正。

二是提到了《周书·谥法第四十二》这个本子。从《玉海》此处引沈约《谥例序》的上下文意来看，其后"凡有一百四十五谥"的批语，或正指这个本子所含的谥名数。这个本子中的《谥法》与历代相沿的孔注本同为单篇，然其第目不同，王应麟插注文述"今汲冢书止一篇，第五十四"，已显示了这一点。同时这个本子也与沈约所见上缺下亡的"两篇古残本"，以及包括了一百四十八名的"今《谥法》二篇"本殊异。由此可以归结，沈约以前至少存在过单篇本和二篇本两个系统的四种《周书·谥法》。其中，沈约所见两篇古残本上缺下亡，却有若干学者留下了批语，上已述其是汉魏以来一个相当重要的本子。沈约所称"今《谥法》二篇"，显然是南梁流行的两篇本，或即自汉魏两篇本转辗递嬗而来。又，提到《周书·谥法第四十二》之人，据上述，应为晋初张靖以前的谥法学者，而沈约对《周书·谥法第四十二》的内容似已不甚了了，则此本在南朝时实已罕见，当属晋初以前所传《周书》的一个较早的本子。由之再考虑孔晁注本《谥法解第五十四》之序

1　《刘申叔先生遗书》上册《周书补正》《周书略说》，第756、787页。

2　如于鬯《香草校书》卷一〇《周书二·谥法》以为北宋所编《六家谥法》中之《周公谥法》，恐本《大戴》，不本《周书》"(北京：中华书局，1984年，第193页)。其误正与《续通志·谥略上》述《周公谥法》一书其始见于《大戴记》类同。

亦必所来有自[1]，可推汉魏以来这两个单篇本，很可能是同时流传于世的，至晋初孔注本出，《周书·谥法第四十二》篇本方趋式微。今仍可见的《周书》孔晁注文，在《大武解第八》"三哀：一要不赢，二丧人，三摈厥亲"注曰："要，当为'恶'。摈，一作'损'。"又其注《克殷解第三十六》"百夫荷素质之旗于王前"注曰："素质，白旗。前，为王导也。一作'以前于王也'。"[2]两处的"一作"，或即当时传世而包括了《谥法第四十二》的别本《周书》之文。

　　三是沈约标明为张靖的批语提到了"谥有一百九十四"，其中包括了"《谥法》无也而汉家用之"的高、光、明、章、和、顺、冲七谥。所谓"谥有一百九十四"，显然并非《周书·谥法》的谥名数。据前所述，张靖乃晋初太常博士，撰有《谥法》二卷，故"一百九十四"，有可能是靖撰《谥法》二卷所包含的谥名数，亦有可能是靖综"互出诸篇"的谥名而言。有意思的是，沈约对此的案语，说"今《谥法》二篇有一百四十八名"，其中张靖时尚未收入的汉帝诸谥"惟无光耳，其余并有而又多不同"；说明自先秦历魏晋而至南梁，《周书·谥法》不仅传本有异，其所含谥名亦在不断传抄和整理中陆续有所增益和出入。[3]

1　《蔡邕集·明堂月令论》提到"《周书》七十二篇，而《月令第五十三》"。《汉魏六朝百三家集》卷一八，《景印文渊阁四库全书》第1412册，第431页。而孔注本《谥法解第五十四》之次序，正上接《月令解第五十三》。

2　《逸周书汇校集注》，第124、369页。

3　关于晋时流传《谥法》诸本之异，如《晋书》卷五〇《秦秀传》载秦秀咸宁中为博士，"何曾卒，下礼官议谥，秀议曰：'……谨按《谥法》：名与实爽曰缪，怙乱肆行曰丑。'曾之行己，皆与此同，宜谥缪丑公。时虽不同秀议，而闻者（转下页）

这种状况亦可证于其他记载。如《经典释文》卷三《尚书音义上·汤誓》引马融注："俗儒以汤为谥，或为号，号者似非其意，言谥近之。然不在《谥法》，故无间焉。及禹，俗儒以为名。《帝系》：禹，名文命。《王侯世本》：汤，名天乙。推此言之，禹岂复非谥乎？亦不在《谥法》，故疑焉。"[1]由于两汉官府议谥或学者论谥凡引"谥法"者，每指《周书·谥法》，[2]故马融注云"不在《谥法》"，可证汉代《周书·谥法》中尚无汤、禹之谥。由此再观《史记》卷三

（接上页）惧焉。"（第1405页）案今通行的孔晁注本《周书·谥法解第五十四》有"怙威肆行曰丑"，孔注："肆意好威。"《逸周书汇校集注》，第742页。是孔注本与秦秀所用本稍异之证。又，今孔晁注本《周书·谥法解第五十四》亦有"名与实爽曰谬"。《逸周书汇校集注》，第750页。梁顾野王编撰《原本玉篇残卷》言部"谬"字引《谥法》亦有"名与实爽曰谬"，又引刘熙曰："谬，差也，名清而实浊也。"（北京：中华书局，1985年，第22页）又《史记》卷一七《汉兴以来诸侯王年表》建元五年广川缪王条《索隐》引《谥法》此条作"名与实乖曰缪"（第856页）。李石著、陈逢衡疏证、唐子恒点校《续博物志疏证》卷三载谥名四十二个，陈逢衡认其为"钞撮之辞"，其中即有"名实过爽曰谬"（南京：凤凰出版社，2017年，第85页）。又《晋书·秦秀传》后文载秀议贾充之谥有曰："……《谥法》'昏乱纪度曰荒'，请谥荒公。"不从（第1406页）。又《南史》卷五二《梁宗室传下·始兴忠武王憺传》附《萧晔传》载萧晔"寝疾历年，官曹壅滞"卒后"有司案《谥法》：'言行相违曰替。'乃谥替侯"（第1304页）。两处"昏乱纪度曰荒""言行相违曰替"皆不见于今孔注本《周书·谥法解第五十四》。此又秦秀所本《谥法》不同于他本之证。
1 陆德明撰、黄焯断句：《经典释文》，北京：中华书局，1983年，第41页。
2 《汉书》卷五三《景十三王传·河间献王德传》载刘德薨于武帝元光六年（前129），大行令奏拟其谥曰："《谥法》曰：'聪明睿知曰献。'宜谥曰献王。"同书六三《武五子传·戾太子传》载宣帝登位，诏议其谥，有司奏案《谥法》曰：'谥者，行之迹'"云云（第2411、2748页）。《史记》卷一一一《卫将军骠骑列传》述霍去病元狩六年（前117）卒，"谥之，并武与广地曰景桓侯"，《集解》引苏林曰："景，武谥也；桓，广地谥也。"又引张晏曰："《谥法》：布义行刚曰景，辟土服远曰桓。"（第2939—2940页）这三个汉代议谥实例所引据的四条《谥法》，皆见于今孔注本《周书·谥法第五十四》。

《殷本纪》集解引《谥法》"除虐去残曰汤","残义损善曰纣"[1]，则裴骃所处的刘宋时期，"汤""纣"等名业已进入了《谥法》；另唐初流行的《周书·谥法》中，亦收入了"禹""汤"之谥。[2] 谥名的续有增补，大体是因为《周书·谥法》在两汉魏晋常为官府议谥或学者论谥所依准，对之的注释、推演、订补窜入和重新定本在所难免的缘故，这当然也构成了此期诸本《周书·谥法》之异的一个重要原因。

三、沈约对两篇古残本所留批语的案释

除上面两种文字外，其余皆为沈约本人的文字。总的看来，《玉海》这里所引沈约《谥例序》文，可以"刘熙注《谥法》"云云为界，分为前后两个部分。此前的案语，皆针对两篇古残本所留批语而发，借此交代了《周书》《大戴礼》《世本》三书《谥法》在南梁的流传情况；自"刘熙注《谥法》"一句起，则开始撇开两篇古残本所留批语涉及的问题，转而提到了汉末以来几种新出谥法著述的内容和作者，间以对《谥例》一书取材、体例的正面叙述。为便于行文，这里先来考察前一部分即沈约案语蕴含的有关问题。

这个部分包括了对两篇古残本所留批语的三条案释：一是"《大戴礼》及《世本》旧并有《谥法》，今检十许本皆无"。此乃

1　《史记》，第93页。

2　《尚书正义》二《尧典》孔疏引《谥法》云："渊源流通曰禹。"《十三经注疏》，第118页。中华书局点校本《史记》末附张守节《史记正义》所录古本《周书·谥法》又有"除残去虐曰汤"之文（附录第24页）。

沈约对有关批语提到"《礼大戴记》"的案识。二是"《周书·谥法一第五十六》《谥法二第五十七》，上篇有十余谥，下篇惟有第目，无谥名，与前所云'第四十二'又不同矣。今《谥法》二篇有一百四十八名"。这段案语针对的是批语中的"《周书·谥法第四十二》""凡有一百四十五谥"二语。三是"约又检二篇，惟无光耳，其余并有而又多不同。约又案，靖应是张靖，晋江左人也"。其所案释的，显然是"靖按谥有一百九十四，又云高、光、明、章、和、顺、冲七谥，《谥法》无也，而汉家用之"这段批语。这三条案语说明的是三种谥法著述流传至沈约时期的状况，沈约大概是要通过此交代其《谥例》一书的取材背景。其中后两条案语，主要是说各本《周书·谥法》之况，上已述其要点；前一条案语则关乎《世本》和《大戴礼》二书《谥法》之况及其亡佚时期，而须着重笺解。

所谓"今检十许本皆无"，意谓沈约所见《世本》和《大戴礼》的各个传本中，都已不含《谥法》。早在《玉海》之前，北宋苏洵作《谥法总论》，述谥法"最旧者见于《世本》《大戴礼》，而约之时已不见其书"。语义与《玉海》上引文相近，其依据的显然也是沈约《谥例序》文。可见"今检十许本皆无"，乃《谥例序》原文如此。严格地据此文义，当然就不能排除沈约所未见的二书或其中一书传本仍存有《谥法》的可能。但《玉海》卷五四《艺文部·梁谥法》"历代谥法"条引"《书目》"[1]云："沈约《谥法》十卷，案'约

1　此《书目》亦为南宋编撰的《中兴馆阁书目》，元刻合璧本、至元六年庆元路儒学刻本及原出此本的明刊本《玉海》，此处"书目"二字皆加黑框。

序'，《大戴礼》及《世本》旧并有《谥法》，而二书传至约时已亡其篇……"[1]将之与前引文相校，此处"已亡其篇"四字，显然是对"今检十许本皆无"七字的概括，却很不准确。但近世不少学者，却偏偏都采用了这个不准确的概括[2]，而未理会南北朝乃至唐宋学者所引《世本》和《大戴礼》的有关佚文，这就使二书《谥法》亡于何时构成了一个问题。

　　至于情况究竟如何，可从清代学者的有关辑佚成果出发来加以探讨。

　　在清代学者对《世本》的七个较常见的辑本中[3]，秦嘉谟、张澍、雷学淇、茆泮林辑本都列出了《谥法》。不过张氏仅列其篇名而无佚文，雷氏辑有数条《大戴礼·谥法》之谥名佚文[4]。秦氏以《毛诗正义》等处所引《世本》佚文数条入注，以为"或即《世本·谥法》之遗文"，然其正文所收却是《史记正义》引据的古本《周书·谥

1　元刻合璧本《玉海》，第1074页。

2　如章宗源《隋书经籍志考证》史部谱系类述《世本》名可考者有《谥法》，张澍、雷学淇辑《世本》述其《谥法》之况，刘师培《周书补正》述六朝《大戴礼·谥法》之况，皆采此说。见《二十五史补编》第四册，第4998页；《世本八种》之张澍粹集补注《世本》卷五《谥法篇》、雷学淇校辑《世本·谥法》，上海：商务印书馆，1957年，第146、67页。

3　见《世本八种》。其中王梓材《世本集览》实非辑本，而为综收先秦王侯公卿大夫世系氏姓之作。

4　《世本八种》之雷学淇校辑《世本·谥法》，第67页。所辑包括"德象天地称帝，仁义所生称王；翼善传圣曰尧，仁圣盛明曰舜；慈惠爱民曰文，强理劲直曰武"。原注述其出自《白虎通》之《号篇》《谥篇》引《礼记·谥法》及《太平御览》卷五六二载《白虎通》引《礼·谥法》。将之辑入《世本》的理由是"《尚书正义》云《大戴礼》出于《世本》。然则《戴记》之谥法即《世本》之谥法矣"。

法》内容[1]。荪氏收《世本》佚文两条、宋衷《世本注》有关给谥的佚文三条，以为《谥法》正文。[2]总之，数人所辑《世本》及其宋衷注关于谥号的佚文各有三条，然列之为《世本·谥法》正文的惟有荪氏一家，其余秦氏引以为注，张、雷等人则别录于《帝系》及《王侯大夫谱》中。就是说，这些佚文是否原属《谥法》，意见很不一致而多以为不是。

诸家辑《世本》关于给谥的三条佚文中，秦辑本卷十《谥法》述惠栋《左传补注》引《世本》曰"荀骓谥文子"一条[3]，难以坐实是《世本》之文[4]。其余常被引用的两条：

一是《毛诗正义·鲁颂·駉》"季孙行父请命于周，而史克作是颂"。孔颖达疏曰："行父是季友之孙，故以季孙为氏，死谥曰文子。《左传》《世本》皆有其事。文十八年《左传》称季文子使太史克对宣公。知史克，鲁史也。"[5]今案《春秋》文公十六年春述"季孙行父会齐侯于阳谷"，《左传》则云："公有疾，使季文子会齐侯于阳谷，

---

1 《世本八种》之秦嘉谟辑补《世本》卷一〇，第365页。其所以将《史记正义》所存古本《周书·谥法》各条辑入《世本》，理由是《世本·谥法篇》与《大戴礼·谥法》俱"采自《周书》"之《谥法》。

2 《世本八种》之荪泮林辑《世本·谥法篇》，第123页。

3 惠栋《春秋左传补注》卷三成公三年"荀骓"条："案《世本》骓谥文子。"惠徵君栋：《春秋左传补注》，《清经解》第四十六种，第2763页。

4 《世本八种》之秦嘉谟《世本辑补》卷六"荀氏"条原注："荀骓韦注作荀骊，盖传写之讹脱耳。《索隐》云荀骓谥文子，疑亦据《世本》而言。惠氏《左传补注》则竟以为《世本》，未知别有见否？"（第169—170页）今案《史记》卷三九《晋世家》载晋景公十二年冬始作六军之事，《索隐》注"荀骓"云："音隹，谥文子。"（第1678—1679页）其是否依据《世本》今已不得而知，惠氏"案《世本》"云云盖出于此，故秦氏疑之。

5 《十三经注疏》，第609页。

中古政治与思想文化史论

请盟。"[1] 又检《左传》述及季文子各条皆无"谥曰文子"之语，则孔疏述《左传》《世本》皆载季孙行父"谥曰文子"，先不见于《左传》，有可能出自《世本》而在疑似之间。

二是《史记》卷三五《管蔡世家》附曹世家云："声公五年，平公弟通弑声公，代立，是为隐公。隐公四年，声公弟露弑隐公，代立，是为靖公。"《索隐》曰："谯周云：《春秋》无其事。今检《系本》及《春秋》，悼伯卒，弟露立，谥靖公。实无声公、隐公，盖是彼文自疏也。"[2] 案《春秋》定公八年三月书"曹伯露卒"，七月书"葬曹靖公"[3]。虽书谥号而语不及谥，则太史公此段文字，或正据《世本》而书，而《索隐》述曹伯露"谥靖公"，恐亦出于《世本》。

由此可见，这两条《世本》佚文是否出自《谥法》尚有问题，连同"荀雅谥文子"之条，它们的共同点是只记具体人物的谥号，而不及其所以定谥的法度义例，且似以"某某谥某某"为基本句式。

再看诸家辑《世本》宋衷注的三条佚文：一是《史记》卷一《五帝本纪》："帝颛顼生子曰穷蝉。"《索隐》："《系本》作穷系。宋衷云：一云穷系，谥也。"[4] 二是《史记》卷四《周本纪》："周君王赧卒。"《集解》引宋衷曰："谥曰西周武公。"[5] 三是《史记》卷一五《六

1 《春秋左传正义》卷二〇《文公十六年》，《十三经注疏》，第1858页。

2 《史记》，第1573页。

3 《春秋公羊传注疏》卷二六《定公八年》七月"葬曹靖公"。《校勘记》此条云："唐石经诸本同，《释文》作曹靖，云才井反，本亦作靖。按段校本作靖。"《十三经注疏》，第2340、2344页。

4 《史记》，第13页。

5 《史记》，第169页。此条《索隐》曰："非也。徐以西周武公是惠公之长子，此周君，即是西周武公也。盖此时武公与王赧皆卒，故连言也。"

国年表》"周赧王元年"条，《索隐》引宋衷曰："赧，谥也。"[1] 这三条佚文或皆出于宋衷的《世本注》，却绝不可能是宋衷注引《世本·谥法》的正文，因为既然是《谥法》，至少总要提到谥号，宋衷再注"某某谥也"或"谥曰某某"，便成了赘语。甚至这三条佚文究竟是否出自宋衷的《世本注》，目前也很难做出判断。[2] 就其内容来看，后两条以"穷系"及"赧"为谥，皆《周书·谥法》所无[3]；前一条述"谥曰西周武公"，句式与上引三条《世本》佚文基本相同。总之，倘若这三条注文确实出于《世本注》，那也只能说明《世本》收罗了若干《周书·谥法》所无的谥号，同时它们也都只涉谥号而不及谥义。

关于《世本》所记惟有谥号而无谥义的状况，东汉蔡邕有一段议论似可佐证。《后汉书》卷四三《朱晖传》附《朱穆传》载："初，穆父卒，穆与诸儒考依古义，谥曰贞宣先生。及穆卒，蔡邕复

1 《史记》，第732—733页。

2 《史记索隐》所引多条"宋衷曰"，未必皆出《世本注》。《隋书·经籍志》史部谱牒类录宋衷撰《世本》四卷，子部儒家类又录宋衷注《扬子法言》十三卷，宋衷注《扬子太玄经》九卷，陆绩、宋衷注《扬子太玄经》十卷（第988、998页）。《旧唐书·经籍志》经部易类录宋衷注《周易》十卷（第1967页）。是《史记索隐》等处所引的宋衷曰，亦有可能取自宋衷的《扬子法言注》之类。

3 《史记》卷四《周本纪》"慎靓王立六年崩，子赧王延立"。《索隐》："皇甫谧云名诞，赧非谥，《谥法》无赧。"（第160页）汪受宽《谥法研究》第九章《谥法的经典性文献——〈逸周书·谥法解〉》据《周书·谥法》篇不收周显王、赧王之谥，以之为其篇撰于周显王之前的证据（上海：上海古籍出版社，1995年，第227页）。然则宋衷注"赧"为谥倘据《世本》，《世本》有关谥法的撰述当在《周书·谥法》后。又陈梦家《六国纪年》所附《世本考略》一文，以《世本》称赵王迁为"今王迁"，推其为赵人所著，成书在赵王迁未卒之前，约当秦王政十三至十九年间（前234—前228）（上海：学习生活出版社，1955年，第138—139页）。

与门人共述其体行，谥为文忠先生。"[1]《蔡邕集·朱公叔谥议》载其议曰："昔鲁季孙行父卒，宰庀家器，无衣帛之妾，无食粟之马。君子曰：相三君矣而无私积，可不谓忠乎！而谥曰文子。《春秋外传》曰：忠，文之实也。然则文，忠之彰也，忠以为实，文以彰之，事通议合，两名一致……"[2]此处蔡邕等人私谥朱穆为文忠先生，其依据一是出于《左传》[3]，二是出于《春秋外传》（亦即《国语》）[4]。如上引《毛诗正义》所示，《世本》中是有季孙行父谥曰文子的记载的，但孔颖达疏《毛诗》引《世本》却不涉谥义；蔡邕既作《独断》有《帝谥》，亦必熟知《世本》有关给谥的内容，然其释季文子之谥却只引《左传》《国语》而不及《世本》。这种蔡邕述谥义而不引《世本》，孔颖达引《世本》而不述谥义的现象，亦似表明《世本》记谥本不释义，而只记其号。

以上唐人所引《世本》之文、汉魏间宋衷《世本注》文，以及

1　《后汉书》，第1473页。

2　《汉魏六朝百三家集》卷一八，《景印文渊阁四库全书》第1412册，第440页。《后汉书·朱穆传》李贤注："袁山松书曰：蔡邕议曰：'鲁季文子，君子以为忠，而谥曰文子。又《传》曰：忠，文之实也。忠以为实，文以彰之。'遂共谥穆。苟爽闻而非之。"（第1473—1474页）所引袁氏《后汉书》文盖节略蔡氏此议而成。

3　《春秋左传正义》卷三〇《襄公五年》十二月，《经》曰"辛未，季孙行父卒"。《传》云："季文子卒，大夫入敛。公在位，宰庀家器为葬备，无衣帛之妾，无食粟之马，无藏金玉，无重器备。君子以是知季文子之忠于公室也。相三君矣，而无私积，可不谓忠乎？"《十三经注疏》，第1936—1937页。

4　《国语·周语下》载单襄公语有曰："忠，文之实也。"《国语集解（修订本）》，第88页。又东汉以来往往以《左传》为春秋内传，以《国语》为春秋外传，故左氏大家贾逵亦为《国语》章句，而魏晋以来书录常题《国语》为"春秋外传国语"。如《史通》卷一《内篇·六家》述"《国语》"家即以《左传》为《春秋内传》，《国语》为《春秋外传》。《史通通释》，第13页。《隋书·经籍志一》经部春秋类著录有贾、虞、王、韦、孔、唐六家《春秋外传国语》或《春秋外传章句》（第932页）。

东汉桓帝时蔡邕的议论，似说明汉末以来《世本》中已无谥义的诠释，而只有具体历史人物的谥号，其文则直到唐代以来仍以某种形式留存了下来。由此推论：一种可能是《世本·谥法》或自东汉桓帝以来业已亡佚，故蔡、宋固无从引之，唐人所引亦非此篇之文。[1]据《史记》卷三四《燕召公世家》缪侯十八年卒，"子宣侯立"。《索隐》："谯周曰：'《系本》谓燕自宣侯已上皆父子相传无及，故系家桓侯已下并不言属，以其难明故也。'按：今《系本》无燕代系，宋忠依《太史公书》以补其阙，寻徐广作音，尚引《系本》，盖近代始散佚耳。"[2]是《世本》的若干篇章，在宋衷注《世本》前已开始"散逸"，则其《谥法》亡于东汉后期实颇可能。然则沈约《谥例序》述"《大戴礼》及《世本》旧并有《谥法》，今检十许本皆无"，对《世本》来说，指的便是此书《谥法》久已亡佚的事实[3]。另一种可能，是《世本·谥法》自汉末至唐代以来仍有流传，然其内容体例实与《周书·谥法》以及受其影响的各家谥法迥然有别，故现存《世本》有关给谥的佚文，都只有具体人物的谥号而不释其义。在这种情况

1 中华书局点校本《史记》后附之《史记集解序》述班固言司马迁"据《左氏》《国语》，采《世本》《战国策》"云云，《索隐》引刘向云："《世本》，古史官明于古事者之所记也。录黄帝以来帝王诸侯及卿大夫系谥名号，凡十五篇也。"（第1—2页）此必《别录》之文，由此可推《世本》所录帝王诸侯及卿大夫之谥亦可能记于《王侯大夫谱》等篇，而未必皆集中在《谥法》中。
2 《史记》，第1551页。宋忠即宋衷，《世本八种》王谟辑本有按语曰："宋忠、宋衷、宋仲子祇一人也。诸引《世本注》，或称宋忠，或称宋衷，或称宋仲子，名字不一，各从所见书之。"（第3页）
3 罗泌《路史·发挥》卷五《论谥法》："古论谥为法最简，故贾山云：古圣作谥，不过三四十世（劲案："世"当作"谥"），而蔡邕之书才四十六。然犹不见《世本》《大戴》之所载者。"（第282页）是罗泌以为蔡邕《独断》的《帝谥》所以只有四十六谥，乃因邕未见《世本》和《大戴礼》的《谥法》之故。

下，沈约《谥例序》谓"检十许本皆无"，正应以"沈约未见"为其确诂。[1]至于究竟如何，在另有证据前自不宜辄断其亡。

关于《大戴礼》的《谥法》[2]，清代丁晏、顾观光等人，皆曾加以辑考，然其出处大皆止于汉魏文献而有欠完备[3]。可为补充者，如刘宋裴骃《史记集解》引汉魏间张晏曰[4]，北齐正光年间袁翻议司徒甄琛之

---

1 倘《世本·谥法》以"某某谥某某"为基本句式，则其所述实为具体人物的谥号，而不及其所以定谥的法度义例。这与《周书·谥法》以谥字释义为主旨，以"某某某某曰某"为基本句式的状况完全不同，且不符《谥法》之所以为"法"的性质。又《唐六典》卷一四《太常寺》太常博士条原注："旧有《周书·谥法》《大戴礼·谥法》；又汉刘熙注《谥法》一卷；晋张靖撰《谥法》二卷，又有《广谥》一卷；至梁，沈约总集谥法，凡有一百六十五称。"（第396页）这段文字也有可能是据沈约《谥例序》文而来，其中不提《世本》，似亦体现了唐人对《世本·谥法》另眼相看的态度。

2 应劭撰、王利器校注《风俗通义校注》卷一《皇霸》"三王"条："《礼·号谥记》说夏禹、殷汤、周武王，是三王也。"（第13页）朱彝尊《经义考》卷二六二《逸经下·礼逸篇》据此以为《大戴礼》篇名（台北：中华书局，1979年，卷二六二第3页）。陈寿祺：《左海经辨》卷一"大小戴《礼记》并在记百三十一篇中"条，亦以《白虎通》引《礼·谥法》《风俗通义》引《号谥记》等"皆《大戴》逸篇"。《清经解》第一百四十八种，第9732页。丁晏《佚礼扶微》卷二《佚记》亦以《号谥记》为《大戴礼》有关谥法部分的篇名，然其下小注又称《谥法记》。收入王先谦、缪荃孙编：《南菁书院丛书》第6册，扬州：广陵书社，2018年，第27—29页。

3 其中所辑相对较全的是丁晏《佚礼扶微》二《佚记》，然亦仅从《白虎通》及应劭《风俗通》和《汉书注》中辑得五条；同书卷三《佚文》又从何休《春秋公羊传解诂》桓公十八年、庄公元年注中辑得关于善行得善谥的《礼》文两条。王先谦、缪荃孙编：《南菁书院丛书》第6册，第29、99页。另现代学者阮廷卓撰有《礼大戴记佚篇佚文考略》，载《大陆杂志》24卷3期；《礼大戴记佚文考略》，载《大陆杂志》29卷1期；其中所辑较丁晏增加了《原本玉篇残卷》等处引用的《大戴礼·谥法》篇文数条。这说明与沈约大体同时的顾野王仍得见《大戴礼·谥法》之内容，然阮氏所考体例甚紊，至以刘熙《谥法注》文为《大戴礼》文，恐亦深受刘师培以熙所注为《大戴礼·谥法》的影响。

4 《史记》卷八《高祖纪》首载"高祖沛丰邑中阳里人"，《集解》引张晏曰："《礼·谥法》无'高'。以为功最高而为汉帝之太祖，故特起名焉。"（第341页）

谥[1]，以及隋唐之际《北堂书钞》、唐杜佑《通典》、北宋初《太平御览》五六二《礼仪部·谥》等处[2]，皆曾征引《礼·谥法》《大戴礼》或关于谥法的《礼》文。这样的事实，显然已经表明汉魏以来，尤其是在学术形态相对保守的民间或北朝，《大戴礼·谥法》仍以各种可能的形式不绝若缕地存在着，因而沈约《谥例序》云"《大戴礼》及《世本》旧并有《谥法》，今检十许本皆无"，对《大戴礼》来说，显然只适用于南朝齐、梁的特定时段或场合。就是说，沈约所得而见的南朝官方藏书或通行本《大戴礼》中，虽皆已不见《谥法》，但这绝不意味着此篇"至约时已亡"，而应是官方亡而民间不亡，或南朝亡而北朝不亡。[3]

再从其内容来看，这些佚文大都与《周书·谥法》有关文句略同。至于其异，除具体遣字运句不同外，值得注意者有二：一是《太平御览》卷五六二《礼仪部四十一·谥》引《大戴礼》曰："周公旦为太师，相嗣王，作谥法者，行之迹也；号者，功之状也；服者，位之章也。是以大行受大名，细行受小名，行出于己，名出于人。谥，慎也，以人行之，始终悉慎，录之以为名也。"[4]这段文字

1　《魏书》卷五六《甄琛传》载甄琛正光五年（524）冬卒，太常议谥文穆。吏部郎袁翻奏其宜谥孝穆，奏文首称"案《礼》：谥者，行之迹也"云云（第1515—1516页）。

2　以上分见《北堂书钞》卷九四《礼仪部十五·谥三十九》引《大戴礼》，第421页；《通典》卷一〇四《礼六四·帝王谥号议》引《大戴礼》，典五四九；《太平御览》卷五六二《礼仪部四十一·谥》引《大戴礼》，第2540页。又《太平御览》此目前文引有"《礼》曰"多条皆关谥法，第2538页。

3　《后汉书》李贤注引"谥法"不下二十三条，皆出《周书·谥法》篇名而全无引《礼谥法》者。似南朝梁以来官方所藏《大戴礼》中确已不见《谥法》。

4　《太平御览》，第2540页。又，《北堂书钞》卷九四《礼仪部十五·谥三十九》"大行受大名，细行受细名"条原注引《大戴礼》，亦有"谥，慎也"云云数句，然其前文无"周公旦"等数语（第421页）。

从"谥，慎也"以下，乃为《周书·谥法》所无，似《大戴礼·谥法》所含谥名虽少于《周书·谥法》[1]，在谥法理论上却要讲得稍多一些。二是尧、舜之类的古帝名号，今本《周书·谥法》不列为谥，而汉唐间人所引《大戴礼·谥法》篇文或以为谥。但如前所述，古来《周书·谥法》传本既有不同，谥名复有增损，汉唐间人引古本《周书·谥法》仍有以尧、舜等名为谥者[2]，故其亦有可能是传本而非原本之异。总的说来，《大戴礼·谥法》和《周书·谥法》的这种同异，体现的倒不一定是两书《谥法》孰先孰后、谁抄了谁的问题，而很可能反映了两者内容曾经互相影响和渗透的某种历史关系。

　　这里所以要提到《大戴礼·谥法》与《周书·谥法》的内容异同和相互关系问题，是因为清代以来有不少学者认为《大戴礼·谥法》抄自《周书》，并且以此为《大戴礼·谥法》亡佚的基本原因。

1　《白虎通·号》"论帝王之号"云："《礼记·谥法》曰：'德象天地称帝，仁义所生称王。'"《白虎通疏证》，第43页。此条陈立疏证，以《礼记·谥法》为"古逸礼篇名"（第44页）。又《白虎通·谥》"论帝王制谥之义"云："所以谥之之为尧何？为谥有七十二品。《礼·谥法记》曰：'翼善传圣谥曰尧，仁圣盛明谥曰舜，慈惠爱民谥曰文，刚强理直谥曰武。'"此条陈立疏证据《玉海》载沈约《谥法序》文，以《礼·谥法记》"当是《大戴礼》文"（第71页）。刘师培《周书补正》卷四又进一步认为，《白虎通》所述"谥有七十二品"，便是《大戴礼·谥法》所包括的谥名数目。《刘申叔先生遗书》上册，第756页。今案黄怀信等撰《逸周书汇校集注》卷六《谥法解》引清人陈逢衡《逸周书补注》，述汉代以来《周书·谥法》谥义常在一百八十到一百九十余条，谥名约近百个（第665页），然则《大戴礼·谥法》所包括的谥名显然要少于《周书·谥法》。

2　《尚书正义》卷二《尧典》孔疏："《周书·谥法》周公所作，而得有尧、舜、禹、汤者，以周法死后乃追，故谓之为谥。谥者，累也，累其行而号也，随其行以名之，则死谥犹生号。因上世之生号，陈之为死谥，明上代生死同称。上世质，非至善至恶无号，故与周异。以此尧、舜或云号，或云谥也。"《十三经注疏》，第118页。

如秦嘉谟《世本辑补》卷十原注曰:"《玉海》五十八引沈约《谥法序》曰:《大戴礼》及《世本》旧并有《谥法》。苏洵《老泉集·谥法总论》曰:古之谥法,约言之详矣。其最旧者,见于《世本》《大戴礼》。是《世本》有《谥法》也。惟约云:二书《谥法》,至约时已亡。今惟《周书·谥法解》文尚在,盖二书亦采自《周书》,学者以其重见杂出,遂不复加著录欤?"[1]其"盖""欤"二字语作或然,可见秦氏对《世本》和《大戴礼》之《谥法》是否采自《周书》,对二书《谥法》是否因与《周书》内容雷同而致亡佚,其实皆无把握。据前面的考证,《世本·谥法》要么是东汉后期已亡,要么是内容体例与《周书·谥法》完全不同,秦氏关于其何以亡佚的推测并不正确。至于《大戴礼·谥法》是否"采自《周书》"的问题,从上举两者内容的异同来看,恐怕也是一种成问题的概括。

四、沈约《谥例》取材的几部谥法书

至此已可看出,《玉海》所引沈约的《谥例序》文虽属摘要,然其原文次第,盖不外乎先因两篇古残本《周书·谥法》上篇所留的批语起意,阐述汉以来《周书》《大戴礼》和《世本》三书《谥法》的流传情况,借以表明《谥例》一书的取材背景。继而自"刘熙注《谥法》"以下,则谈到了汉末以来的几种谥法文献,通过此又对其《谥例》一书的取材和体例做了说明。

《谥例序》中谈到的这几种谥法文献,既有补于对魏晋时期几部

---

1 《世本八种》,第365页。

重要谥法文献的认识，更直接关系到对《谥例》一书取材体例的理解，故有必要略做解释。

关于刘熙的《谥法注》

沈约《谥例序》述："刘熙注《谥法》，惟有七十六名，所阙甚多，或有异名殊号，近世所不用耶？"后文又述："刘熙既有注解，时或有所发明，今以熙所撰为本。"前一段说的是刘熙所注底本甚古，沈约时已不知其详，后一段则充分肯定了刘熙《谥法注》的地位和价值。据《隋志》和两《唐志》著录谥法书之况，从早期《周书》《大戴礼》等书的《谥法》，到晋以来各种专门谥法著述的出现，刘熙的《谥法注》，实具有某种继往开来的地位，《谥例序》所述正反映了这一点。

刘熙乃汉末知名学者，而正史无传。姚振宗《隋书经籍志考证》卷四《经部四·礼类》"梁有《谥法》三卷，后汉安南太守刘熙注，亡"条，引明代区大任《百越先贤志》："刘熙字成国，交州人，先北海人也，博识多览，名重一时，荐辟不就，避地交州，人谓之征士。往来苍梧、南海，客授生徒数百人。著《谥法》三卷行于世，建安末年卒于交州。"[1]据《隋书·经籍志》、两《唐志》及《三国志》等处所载，熙曾撰《释名》八卷[2]，注《孟子》[3]，作"周官明堂图"[4]，博

1　《二十五史补编》第四册，第5105页。
2　《隋书》卷三二《经籍志一》经部论语类著录"《释名》八卷，刘熙撰"（第937页）。
3　《旧唐书》卷四七《经籍志下》子部儒家类著录《孟子》"七卷，刘熙注"（第2024页）。又《新唐书》卷五八《艺文志二》史部正史类著录"刘熙注范晔《后汉书》一百二十二卷"，史部杂传记类著录"刘熙《列女传》八卷"（第1455、1486页）。所载注范晔书之刘熙自当别为一人，撰《列女传》载是否撰《释名》者，亦未可必。
4　《隋书》卷六八《宇文恺传》载宇文恺炀帝时奏《明堂议表》有曰："自古明堂图惟有二本，一是宗周，刘熙、阮谌、刘昌宗等作，三图略同；一是后汉建武三十年作，礼图有本，不详撰人。"（第1593页）

通经史地理[1]。是故刘熙《谥法注》所以能"有所发明",在魏晋以来甚有影响,乃是与其学养与学术地位得到当时公认的事实联系在一起的。

关于刘熙所注《谥法》的底本,《玉海》引沈约《谥例序》文既述刘熙的《谥法注》,相对于《周书·谥法》"所阙甚多",则刘熙所注,应当就是《周书·谥法》。由于此篇从西汉到魏晋一直都为官方议谥所取准,为诸谥法书之大宗,其作为刘熙《谥法注》的底本可谓理所当然。接下来,沈约推测刘熙《谥法注》"惟有七十六名所阙甚多"的原因:"或有异名殊号近世所不用耶?"这对判断刘熙所注究竟以《周书·谥法》的哪个本子为底本来说甚为重要。沈约此问,显然并不是对其所见今《周书·谥法》"两篇一百四十八名"本提出来的,而是基于其所知不详的"两篇古残本"或"第四十二篇本"《周书·谥法》而做的发问。这是因为对"两篇一百四十八名"的今本来说,沈约根本不用猜,只要看其中所列的一百四十八名是否"异名殊号近世所不用"就行了[2]。同时其《谥例序》文也已指出,"两篇一百四十八名本"中,包括了不少汉家所用的谥名,显见"异名殊号近世所不用"的帽子戴不到这个本子的头上。事情很

---

1 《史记集解》引"刘熙曰"多条可证。又《三国志》卷四二《蜀书·许慈传》载许慈为南阳人,曾"师事刘熙,善郑氏学,治《易》《尚书》《三礼》《毛诗》《论语》"。建安中,与许靖等俱自交州入蜀"(第1022—1023页)。又《三国志》卷五三《吴书·程秉传》载程秉为汝南南顿人,"逮事郑玄,后避乱交州,与刘熙考论大义,遂博通五经";同卷《薛宗传》载薛宗为沛郡竹邑人,"少依族人避地交州,从刘熙学"(第1248、1250页)。
2 故沈约此序云今本《周书·谥法》二篇"惟无'光'耳,其余并有而又多不同"。意即其所见的"今本"中包括了高、明、章、和、顺、冲诸谥,而其具体谥义与汉家所用多有不同。

清楚：只有对残存了十余谥的"两篇古残本"和根本不知其具体内容的《谥法第四十二》篇本，沈约才会怀疑其中是否有异名殊号近世所不用者。这就再次表明了沈约以前《周书·谥法》的不同传本，其面目必有相当的差异。更为重要的是，其中也透露了刘熙注《周书·谥法》的底本，并不是沈约所见"今《谥法》两篇一百四十八名"本，而可能是沈约不知其详的"两篇古残本"，或者是《谥法第四十二》篇本。由此再观两篇古残本上的批语云《周书·谥法第四十二》"凡有一百四十五谥"，而沈约则说"刘熙注《谥法》惟有七十六名"，似可推断刘熙注《周书·谥法》的底本乃两篇古残本。因为对"异名殊号"的解释，正是注家的责任，《周书·谥法第四十二》倘真含一百四十五谥，刘熙的注自不能"惟有七十六名"；其所以惟有七十六名，当是刘熙的底本为两篇古残本，而此本在汉末已非完帙的缘故。进而言之，倘据此而推刘熙为留于沈约所见两篇古残本《周书·谥法》上篇卷前批语的作者，此两篇古残本经刘熙批注而后入藏中秘[1]，在此过程中其篇帙内容又有所亡而唯余十余谥，或非甚谬。

另有一说，以为刘熙所注应当是《大戴礼》的《谥法》。刘师培《周书补正》卷四："《隋书·经籍志》'《大戴礼记》十卷'自注云：'梁有《谥法》三卷，后汉安南太守刘熙注，亡。'刘熙之书，即系《大戴·谥法》之注。又据《玉海》五十四引沈约云：刘熙注《谥法》惟有七十六名，与《通义·谥篇》七十二品数亦略合，彼据

---

1 《南齐书》卷四〇《武十七王传·晋安王子懋传》载萧子懋曾撰《春秋例苑》三十卷，又启求所好书，齐武帝"赐子懋杜预手所定《左传》及《古今善言》"（第710页）。是南朝中秘藏有前贤手定善本之证。

《大戴》言（原注：盖《大戴》所列之谥弗及今本《周书》之众），亦刘书援据《大戴》之征。"[1]这里的后一条证据并不能说明问题，刘熙《谥法注》惟有七十六名，毕竟仍与《白虎通》谥篇《论帝王制谥之义》述"谥有七十二品"不同。至于《隋志》经部礼类著录《大戴礼记》十卷，下注"梁有《谥法》三卷，后汉安南太守刘熙注，亡"。姚振宗《隋书经籍志考证》卷八《经部八》论语类述："既云亡矣，而此类复著于录，盖前注因《七录》所有此，又据隋代书目所载，前后不复对勘也。"[2]就是说，有可能是南梁阮孝绪《七录》的分类，把刘熙注而荀颛增演的《谥法》三卷放到了经典录的礼类之中，《隋志》的这条注文乃是史臣"不复对勘"的残留，并不能说明刘熙《谥法注》的底本是《大戴礼》的《谥法》。

其实《周书补正》中，已经征引了可以证明刘熙所注乃是《周书·谥法》的一条最重要的材料，即《玉海》卷六七《诏令部·刑制》"周九典"条，不仅引用了《周书·谥法》的开篇语"惟三月既生魄，周公旦、太公望相嗣王发，既赋宪受胪于牧野，将葬，乃制作谥。谥者，行之迹也；号者，功之表也；车服者位之章也"，而且引用了刘熙对此的注："宪，法也。赋，治国之法于诸侯而受其贡养也。"[3]尤其值得注意的是，《玉海》此处所引《周书·谥法》文中

---

1 《刘申叔先生遗书》上册，第787页。

2 《二十五史补编》第四册，第5190页。前已指出刘熙注《谥法》实仅一卷，隋唐时人著录其为三卷者，有两卷应是荀颛所增，故清代吴士鉴《补晋书经籍志》经部经解类不录刘熙《谥法》而录"荀颛《谥法》三卷"。

3 《刘申叔先生遗书》上册，第757—758页。参元刻合璧本《玉海》卷六七"周九典"条，第1327页；王应麟著、翁元圻辑注、孙通海点校《困学纪闻》卷二《书》"周公旦太师望制谥说"条所引《周书·谥法》文（北京：中华书局，2016年，第311页）。

的"赋宪受胪"云云，非但不见于今本《周书·谥法》[1]，亦为《太平御览》《路史》引《大戴礼·谥法》述周公旦、太公望作谥法的有关佚文所无，却可与刘勰《文心雕龙·哀吊》首述"赋宪之谥"之语相印证[2]。是故刘熙既注"赋""宪"二字，说明其所注底本正是古本《周书·谥法》。对于这条材料，刘先生因未能辨别《玉海》引沈约《谥例序》文述"《谥法》上篇卷前云'《礼大戴记》'"数句实为后人批语，遂据以为《周书谥法》与《大戴礼·谥法》同在一编，而认定刘熙所注为《大戴礼》的《谥法》。惜夫！

刘熙《谥法注》的流传亦可一提。从《隋志》、两《唐志》的著录看，此书晋以来或与荀顗推演的《谥法》合帙而流传于世。至南梁时，沈约、贺琛等人所撰谥法著述更切于近用，刘、荀《谥法》当渐衰微而一度罕见，前举《隋志》引阮孝绪《七录》述刘熙注《谥法》三卷已亡，即可为证。然隋唐至宋此书仍在流传，故常被著录于诸目录书。《续通志》卷一二〇《谥略中》"宋苏洵嘉祐谥法增多谥"条云："臣等谨按谥法之书自《周书》《独断》而后，见于隋、唐、宋《志》及晁公武《郡斋读书志》者，有刘熙《谥法》三卷，沈约《谥法》十卷，贺琛《谥法》五卷，王彦威《续古今谥法》十四卷，李涪《谥法》三卷，范正、周沆编《六家谥法》二十卷，苏洵《嘉祐谥法》三卷、《皇祐谥法》二十卷。刘熙之书久佚，

---

1 《史记正义·谥法解》及晁公武《郡斋读书志》经部礼类录《周书·谥法》一卷引其序文，皆无"赋宪受胪"之语，是孔注本《周书·谥法》原与古本有异。

2 《文心雕龙校注》，第89页。《太平御览》卷五六二《礼仪部四十一·谥》述"《大戴礼》曰：周公旦太师望，相嗣王，作谥法"云云（第2540页）。《路史·发挥》卷五《论谥法》引"大戴氏曰：昔周公旦、太公望相嗣王，以制谥法"（第282页）。

今不可考……"[1] 案以释玄应《一切经音义》卷一三、释慧琳《音义》卷五七及八九皆引有刘熙注《谥法》"贼人多累曰舛"文一条,慧琳《音义》卷七及《原本玉篇残卷》言部等处,皆引有刘熙注《谥法》"名与实爽曰谬"文一条,慧琳《音义》卷五七又引刘熙注《谥法》"贱而得爱曰嬖"文一条。另苏洵《谥法》本注引刘熙《谥法注》文二十余条,《永乐大典》卷一三三四五至一三三六六皆为"谥"字韵"谥法"至"历代群臣谥"等事目,其中摘录了元《经世大典》所存刘熙《谥法注》文多条,今仅存的《大典》卷一三三四五"谥"字韵"谥法一"事目,汪受宽先生统计其中包括了《经世大典》所存刘熙《谥法注》文达六十八条[2]。这些佚文皆说明刘熙《谥法注》直至元代仍存于世,明清或亡而其佚文仍可见于多种文献,则《续通志》云"今不可考",盖未通检诸书之过。

关于《广谥》

沈约《谥例序》述"《广谥》一篇七十八谥,与'旧文'多同,时有异耳";后文又述"'旧文'二篇、《广谥》一卷"云云。这两处"旧文",指的都应是《谥例序》开头谈到的两篇古残本《周书·谥法》,然则《广谥》的内容,乃与汉末以来"两篇古残本"《周书·谥法》多同而少异。

《史记》卷五九《五宗世家》"胶西于王端"条,《索隐》引

---

1 《续通志》,志三九七九。案"范正"即"范镇"。见陈垣:《史讳举例》第八十二《清讳例》,北京:科学出版社,1958年,第169页。
2 解缙等纂:《永乐大典》第六册,北京:中华书局,1986年,第5739—5750页。参汪受宽:《谥法研究》第九章《谥法的经典性文献》四《谥法解的注释》,第239页。

"《广周书谥法》云：能优其德曰于"。[1]此《广周书谥法》，或即《广谥》一书之全称；"于"之为谥，不见于今本《周书·谥法》，或即《广谥》所"广"之一。此书大旨，似在增广《周书·谥法》的谥名、谥义。不过从沈约说其"与'旧文'多同，时有异耳"来衡量，其增广幅度显然有限，故北宋苏洵《谥法总论》云"《广谥》疏略而不尽"[2]。但若考虑谥名和谥义皆须有典有据，汉以来新出谥名除复谥外并不很多，据《谥例序》引张靖语唯有七处，《广谥》虽或所收"不尽"，却也不可能增加很多新谥新义，苏洵"疏略"之语似非的评。另北宋仁宗嘉祐年间编定的《六家谥法》中，《广谥》与沈、贺书各为一家，亦足见其乃是魏晋以来太常议谥所依的一部重要谥法文献[3]，而其亡佚，则当在宋代以后。

又《广谥》的作者亦有可说。《文献通考》卷一八八《经籍十五》经部谥法类著录"《谥法》四卷"引《崇文总目》云："贺琛撰，初约本周公之谥法，至琛又分君臣、美恶、妇人之谥，各以其类标其目。曰'旧谥'者，周公之《谥法》；曰'广谥'者，约所撰也；曰'新谥'者，琛所增也。"[4]据此似沈约撰《谥例》前曾撰

1　《史记》，第2097页。

2　《玉海》卷五四《艺文部·嘉祐编定谥法》"七家谥法"条引，第1083页。

3　王圻《续文献通考》卷一三四《谥法考·历代谥法释义》述北魏至隋唐人引用的若干谥名和谥义"古不载"而"恐必有据"，其中包括：北魏元修引"除伪宁真曰武"以谥于忠，隋文帝以"闇"谥斛斯徵，唐代张星引"好功自是曰专"以谥宋庆礼，唐代张瑰引"贪而败官曰墨"以谥钱惟演。《元明史料丛编》本，台北：文海出版社，1988年，第8197—8198页。今案王圻述"古不载"，主要应指《周公谥法》和《春秋谥法》不载，以宋编《六家谥法》的事实判断，这些谥名和谥义即有可能出于《广谥》或沈、贺书。

4　《文献通考》，考一六〇三。

《广谥》。但《文献通考》同卷著录"《六家谥法》",下引陈氏曰："《广谥》,不著名氏。"[1]是宋人所见《广谥》已不署作者名氏;所谓《六家谥法》则以《广谥》与沈约、贺琛书并列,苏洵《谥法总论》又说贺氏之书"好加以己意"[2]。这都表明《崇文总目》述贺琛书中所称的"曰广谥者",绝不是沈约撰《谥例》所取材的"《广谥》一卷",而只能是贺氏"加以己意",给其书所引沈约《谥例》有关内容(其中不少当取自张靖《广谥》)安上的一种标目,遂可说这些标以"广谥"之目的内容为"约所撰也"。[3]

另有一条《广谥》作者的线索或可注意。《唐六典》卷一四《太常寺》太常博士条原注:"旧有《周书·谥法》,《大戴礼·谥法》;又汉刘熙注《谥法》一卷;晋张靖撰《谥法》二卷,又有《广谥》一卷。至梁,沈约总集谥法,凡有一百六十五称。"[4]观其述"旧有"云云,可与《玉海》引沈约《谥例序》文"《大戴礼》及《世本》旧并

---

1 《文献通考》,考一六〇三。
2 《玉海》卷五四《艺文部·嘉祐编定谥法》"七家谥法"条引,第1083页。
3 《辑稿·礼》五八之一载"太宗太平兴国八年八月二十八日,诏增《周公谥法》五十五字,美谥七十一字为一百字,平谥七字为二十字,恶谥十七字为三十字。仍令翰林学士承旨扈蒙、中书舍人王佑详定。蒙等奏议曰:'上所增五十五字,皆可用,其沈约、贺琛续广谥请停废。'从之。"(第1612页)观此可知沈、贺书在宋代有"续广谥"之称,或者是因为二书内容皆有所取本乎《广谥》而又有发展之故。罗泌《路史·发挥》卷五《论谥法》:"异时有《广谥》者,沈约、贺琛皆尝本之。"(第282页)似乎也视沈、贺书内容为"续广谥"。推其之所以如此,恐亦与贺书标其所引沈书内容为"广谥"相关。
4 《唐六典》,第396页。前引《通典·礼六四》单复谥议条原注、《旧唐书·职官志三》太常博士条原注所述略同,两处或据《唐六典》,或亦据沈约《谥例序》文而来。另《玉海》卷五四《艺文部》"嘉祐编定谥法"条亦引用了这条《唐六典》的原注(第1082页),文小有异。

有《谥法》相证；述"又有《广谥》一卷"，亦与《玉海》引《谥例序》述"又有《广谥》一篇七十八谥"类同；其追溯汉以来谥法书则止于沈约《谥例》，而不及贺琛之书[1]；所述"张靖撰《谥法》两卷"，又不录于《隋书·经籍志》及《旧唐书·经籍志》所载开元盛时编成的《古今书录》，而必另有所据。凡此种种，均表明《唐六典》的这段原注，或即采据沈约《谥例序》文而改写之。则其述"晋张靖撰《谥法》两卷，又有《广谥》一卷"，或系《谥例序》原文有此。而《唐六典》这条原注的语次：先述"旧有"的两种谥法，以下依次述"汉刘熙""晋张靖""梁沈约"所撰谥法书，似《广谥》亦为张靖所撰。当然，倘以为《唐六典》的这段注文仍不足以说明《广谥》作者就是张靖，至少也可据以明确此书为晋时的作品。[2]

关于"乘奥撰《帝王世纪》"

《隋书·经籍志》及两《唐志》的史部杂史类皆录"《帝王本纪》十卷，来奥撰"。章宗源《隋书经籍志考证》卷三录"《帝王本纪》十卷，来奥撰"。下有按语："《玉海》引沈约《谥例序》曰：'吴兴人乘奥撰《帝王世纪》，其一篇是《谥法》，今代所异者。'又曰：'采乘奥《帝王世纪·谥法篇》之异者，以为书。'隋、唐《志》皆作来奥《本纪》，未识孰是（原注：奥书有《谥法篇》，则亦分类为篇

1　贺琛书地位仍然重要，《梁书》卷三八《贺琛传》载高祖普通中"诏琛撰《新谥法》，至今施用"（第541页）。案《梁书》此卷乃姚思廉取其父陈吏部尚书姚察所撰旧稿而成，则所谓"至今施用"，可理解为梁陈至隋唐施用之。这似乎也说明《唐六典》这条注文所以不及贺琛书，是因其所采为沈约《谥例序》之故。
2　顾炎武著、黄汝成集释、秦克诚点校《日知录集释》卷一四《谥法》雷学淇曰："汤与桀、纣三谥，乃《广谥》所增，不见于《戴记》，故马融《尚书注》斥曰'俗儒'（第517页）。雷氏以《广谥》作者在马融注《尚书》前，恐误。

也）。"[1]姚振宗《隋书经籍志考证》卷一三《史部杂史类》"《帝王本纪》十卷，来奥撰"条，称"来奥始末未详"，而两《唐志》俱作来奥，下引章宗源上文而案曰："按本志传记篇别有《访来传》十卷，来奥撰。则确为来氏，非乘氏。沈隐侯引其书，则晋宋时人。"[2]刘师培《周书补正》卷四，亦以为《玉海》引《谥例序》文中的"乘奥"当是来奥，《帝王世纪》当为《帝王本纪》。[3]汉魏以来古史复兴，自西晋受汲冢竹书出土的刺激和影响，又尤多通记古今帝王世系行事号谥之作，来奥撰《帝王本纪》，当与汉末韦昭《洞纪》、西晋皇甫谧《帝王世纪》等书为同类，其大体盖皆"系日月以成岁时，书君上以显国统"[4]。沈约撰《谥例》既要把西周至刘宋谥号相同的帝王名号，列于"文""武"等谥条之下；而来奥书的特异处，则是专设《谥法》以记古今帝王谥号，所记又有与他书相异者；遂为沈约所取材及参考。

关于"旧文"之所指

从沈约《谥例序》两处提到"旧文"的语意，可断"旧文"所指，必是时期早于《广谥》而篇帙有二的一部谥法书。此外，《玉海》卷五四《艺文部》"梁谥法"条引《中兴馆阁书目》据沈约《谥例序》，述其书"唯取《周书》及刘熙《谥法》《广谥》旧文"云云，后又述《谥例》"首列《周书》二篇，而专以熙为本叙次'旧文'、

1　《二十五史补编》第四册，第4968页。章氏引沈约《谥例序》的"又曰"云云之文，见《玉海》卷五四《艺文部》"梁谥法"条，第1074—1075页。

2　《二十五史补编》第四册，第5283页。

3　《刘申叔先生遗书》上册，第756页。

4　《史通通释》卷二《内篇·本纪第四》，第34页。

中古政治与思想文化史论

《广谥》及乘奥《谥法》"云云。[1]这里也出现了两处"旧文",其前一"旧文"似仅泛泛而言,指的是《周书·谥法》、刘熙《谥法注》和《广谥》之文,显属《中兴馆阁书目》撰者之语。[2]后一"旧文"则非泛言而为特指,其所指似也是《广谥》以前的某部谥法书,与《玉海》所引《谥例序》文提到"旧文"相同。《中兴馆阁书目》既明言其述沈约《谥例》一书体例是"案约《序》",可证《谥例序》原文确以"旧文"特指某部谥法书。

至于其所以仅称"旧文"而不出书名,想必此书在《谥例序》前面的行文中业已提到,只是由于《谥例序》原来的上下文关系,在《玉海》的摘引或传刻中已非甚明,这才使"旧文"所指显得迷离难辨了。今案《中兴馆阁书目》引据《谥例序》,述其书"首列《周书》二篇,而专以熙为本,叙次旧文"的语意,似已说明"旧文"当指《周书·谥法》。[3]又其所引《谥例序》中提到的两处"旧文",皆与《广谥》并举;而《广谥》全称既是《广周书谥法》,亦表明"旧文"确当指两篇本《周书·谥法》。由此再看《谥例序》前

---

1 《玉海》,第1074—1075页。元刻合璧本阙"而专"二字,据至元六年庆元路儒学刻本补。

2 《日知录集释》卷一四《谥法》雷学淇曰:"沈约《谥例序》谓:《大戴礼》及《世本》谥法,约时已亡其篇,唯取《周书》及刘熙《谥法》《广谥》旧文,以乘奥《世纪》之异者为书。是隐侯所采者止及五家。"(第516页)所述沈约《谥例》采及来奥《世纪》之异者,甚是。然其仍取《中兴馆阁书目》文义而未辨《谥例序》"旧文"之所指。

3 《文献通考》卷一八八《经籍十五》经部谥法类录"《谥法》四卷",下引"《崇文总目》:梁贺琛撰……分君臣、美恶、妇人之谥,各以其类标其目。曰旧谥者周公之《谥法》;曰广谥者,约所撰也;曰新谥者,琛所增也"(考一六〇三)。贺琛在沈约《谥例》基础上增益,而亦称《周书·谥法》为"旧谥"。

文所述《周书·谥法》传本,《周书·谥法第四十二》仅有一篇,且沈约似未见此本,也就谈不上与《广谥》的比较。而沈约所称的二篇一百四十八谥本《周书·谥法》,显然是南梁流行的"今本",实无从与《广谥》并举而称"旧文"。这样排除的结果,"旧文"所指,盖非两篇古残本《周书·谥法》莫属。且沈约《谥例序》文先已云"《周书·谥法一第五十六》《谥法二第五十七》",并云此二篇残缺已甚,其本甚古,直到"刘熙注《谥法》"云云以前,其实都是"沈约案"两篇古残本《周书·谥法》之语,也都没有离开过"两篇古残本"的话题。同时,即便是"刘熙注《谥法》"一段,其语次也还是在说刘熙注《周书·谥法》的状况;况且刘熙注的底本,前已述其很可能就是汉末的"两篇古残本"。由此看来,《谥例序》继而述"又有《广谥》一篇与'旧文'多同"云云,正上接"两篇古残本"的话题而来。这样的语次文义,也表明了"旧文"指的是"两篇古残本"《周书·谥法》。

五、沈约《谥例》的体例

沈约所撰《谥例》十卷,在魏晋南北朝新出诸谥法书中地位甚高,影响亦大。由于《谥例》及其序文流传至宋已有舛佚,《玉海》等书对《谥例序》文的摘引和概括亦多问题,故此书体例究竟如何,今人理解起来已不无难明之处。

《玉海》所引《谥例序》文,在正面交代《谥例》一书体例时先说:"刘熙注《谥法》惟有七十六名,所阙甚多,或有异名殊号,近世所不用耶? 又有《广谥》一篇七十八谥,与'旧文'多同,时有异耳。约以为同是一谥而互出诸篇，不相比次，难为寻览。"这段文字说的是沈约对其书体例的基本考虑，其大意盖接前文所述《周书·谥法》传本状况，谓刘熙《谥法注》和《广谥》述谥名谥义所出不一，这种"同是一谥而互出诸篇"，又"不相比次"的状况，只能使议谥研谥者"难为寻览"。有鉴于这样的状况，沈约撰《谥例》一书，便要用适当的方式把本来"同是一谥而互出诸篇"的谥法义例"比次"到一起，以便于"寻览"。《谥例序》下文便交代了沈约所采用的方式："刘熙既有批注，时或有所发明，今以熙所撰为本。又'旧文'二篇，《广谥》一卷，悉少拔次第令名相随，各以其下注本文所出。又自周代以来，迄于宋末，帝王名凡有谥者，并列其人名号于所谥之左方。吴兴人乘奥撰《帝王世纪》，其一篇是《谥法》，今采其异者。"这一段问题不少，而仍应参以《中兴馆阁书目》关于《谥例》一书的提要加以释读。

《玉海》卷五四《艺文部》"梁谥法"条引《中兴馆阁书目》："《沈约谥法》十卷。案约序，《大戴礼》及《世本》旧并有《谥法》，而二书传至约时已亡其篇。唯取《周书》及刘熙《谥法》《广谥》旧文，仍采乘奥《帝王世纪·谥法》篇之异者，以为此书。首列《周书》二篇[1]，而专以熙为本叙次旧文[2]、《广谥》及乘奥《谥法》，各于

1　乾隆三年本此句后附注："阙。"此注或指句有阙文，倘其为王应麟原注，则王氏盖误以为沈约《谥例》首列的，乃是《谥例序》文一开头所云的"两篇古残本"《周书·谥法》。

2　元刻合璧本"以熙"之前文阙，至元六年庆元路儒学刻本"以熙"前为"而专"，乾隆三年本此句无"而专"二字，文渊阁四库本"而专"作"后即"。今案《玉海》卷五四《艺文部》"七家谥法"条引《谥例序》述"今以熙所撰为本"，"专"似为"今"之讹。

其下注本文所出¹。自周迄宋帝王名臣凡有谥者，并列其人名号于左方。今本卷数、存文多舛。"²这些文字显然摘自《中兴馆阁书目》对沈约《谥例》一书的提要，而既云"案约序"，说明其无非是对沈约《谥例序》文的概括。

先应指出的是，《中兴馆阁书目》末云《谥例》"今本卷数、存文多舛"，说明最晚在南宋孝宗乾道年间编此书目时，《谥例》及其序文已皆有所舛佚。由于《中兴馆阁书目》各书提要常袭仁宗景祐至庆历年间编撰的《崇文总目》³，因而也不能排除《谥例》及其序文早在北宋已多舛佚的可能。这或者就是宋人述《谥例》一书取材体例多不一致的原因，也解释了《玉海》引《谥例序》文语次常断续难解、"旧文"又指代不明等问题的部分缘由。⁴

比如，《中兴馆阁书目》说沈约《谥例》"唯取"《周书·谥

1　乾隆三年本此句无"下注"二字。

2　《玉海》，第1074—1075页。

3　如前所辨王应麟之注文曰："今汲冢书止一篇，第五十四。《书目》一卷（原注：惟《崇文目》有之，学者就汲冢书采出）。"此《书目》即《中兴馆阁书目》，所谓"《书目》一卷"而注曰"惟《崇文目》有之"，意即《中兴馆阁书目》著录为一卷的"汲冢书《谥法》一篇第五十四"，乃从《崇文总目》那里因袭而来。

4　《辑稿·礼》五八之四《谥》载仁宗嘉祐六年（1061）十月范镇、姚辟、苏洵奏上《六家谥法》时云："谨按世之以谥著书，而可以名家者，止于六家……六家之中，其名《周公》者最无条贯，同谥异条，或分见数处，纷纭杂乱，难以省览。其余《春秋》《广谥》、沈约、贺琛、扈蒙，虽纲目具存，而脱谬已甚，或当时之妄误，或传写之讹失，有司行用，实难依据。臣等今已讲求别本，证之史传，别其同异，去其重复，刊缪补缺，务令完正。其有讹谬已久，世俗承用不复疑，如以壮为庄，以僭为替，如是者亦不敢辄改。皆随件加注，凡注数十百条，号曰《六家谥法》二十卷，八年上之。"（第1613页）则沈约《谥例》至北宋嘉祐时正恐多有"脱谬""妄误""讹失"之处。

中古政治与思想文化史论

法》、刘熙《谥法》《广谥》和来奥的《帝王本纪·谥法》；而《玉海》摘引的《谥例序》文，至少没有明确提到《周书·谥法》。非但如此，《崇文总目》对沈约《谥例》一书提要的佚文，如《文献通考·经籍十五》两处所引，皆说《谥例》"以周公之《谥法》为本"[1]。但就在仁宗庆历元年（1041）《崇文总目》编成后不久，苏洵《谥法总论》在论及《谥例》取材时却说："约徒得刘熙、乘奥之所增广，与《广谥》以为据依，不闻有所谓《周公》《春秋》者也。"[2]到南宋，罗泌《路史》论谥法时，述"异时有《广谥》者，沈约、贺琛皆尝本之"；然其又指斥苏洵《谥法总论》之谬，称苏洵"未尝见"《周书·谥法》、单行本《周公谥法》和《春秋谥法》三书[3]。这与洵谓沈约不闻有《周公》《春秋》谥法同属过分之论，同时也说明罗泌对沈约《谥例》究竟是否本乎《周书·谥法》亦未尝清楚。凡此种种，似乎都与《谥例》及其序文传至宋代"卷数、存文多舛"相关。

现在再以《玉海》卷五四《艺文部》"七家谥法"条引沈约《谥例序》文、"梁谥法"条引《中兴馆阁书目》对《谥例序》的转述、

---

1 《文献通考》卷一八八《经籍十五》经部谥法类录"《谥别（劲案：'别'为'例'之讹）》十卷"，下引"《崇文总目》：宋沈约撰，上采周秦，下至晋宋君臣谥号，而以《周公谥法》为本云。以下录《谥法》四卷，下引"《崇文总目》：梁贺琛撰。初，约本周公之《谥法》。至琛又分君臣、美恶、妇人之谥，各以其类标其目"（考一六〇三）。前条末"云"字，以示马端临对《谥例》本于《周书·谥法》之说介于信疑之间。

2 《玉海》卷五四《艺文部》"七家谥法"条，第1083页。

3 罗泌《路史·发挥》卷五《论谥法》："今洵反谓'《周公》'者为最繁杂，而'《春秋》'者为简而不乱，又谓《周书·谥法》以鄙野而不传。则知三书洵亦未尝见也。"（第282页）

概括之文相校：

"七家谥法"条引《谥例序》述其书体例，"自周氏以来，迄于宋末，帝王名凡有谥者，并列其人名号于所谥之左方"。《中兴馆阁书目》转述这几句文小有异而其义相同。在这几句之前，"七家谥法"条引《谥例序》曰："今以熙所撰为本，又旧文二篇，《广谥》一卷，悉少拔次第，令名相随，各以其下注本文所出。"《中兴馆阁书目》则概括为："首列《周书》二篇，而专以熙为本叙次旧文、《广谥》及乘奥《谥法》，各于其下注本文所出。"尽管比之前者少了"悉少拔次第，令名相随"九字，这九字所表达的大抵也就是"叙次"的意思。这些都没有什么问题，问题在于"七家谥法"条引《谥例序》文述其书"以熙所撰为本"，《中兴馆阁书目》则述其书"首列《周书》二篇，而专以熙为本"，而上引《崇文总目》的《谥例》提要佚文则述此书"以周公之《谥法》为本"。三者所述，显然是理解《谥例》一书体例的关键，却皆有所出入。那么到底《谥例》所叙以何者为"本"呢？

今案《崇文总目》和《中兴馆阁书目》的编撰者，皆得见《谥例》十卷，故前者述此书"以周公之《谥法》为本"，与后者述其"首列《周书》二篇"，倒未必是《谥例序》原文有此，而是兼据《谥例》内容及其序文而提其要，两者的意思还是一致的，且要比"七家谥法"条节引《谥例序》的断续难明之文说得更为准确。由此看来，《谥例》一书体例，正有可能是以《周书·谥法》两篇为全书之本干，再采其他各书有关内容为其枝叶。况《周书·谥法》在汉魏以来议谥论谥时，本就具有其他各书难以比拟的地位；沈约《谥例序》的前文，又特别介绍了当时《周书·谥法》的传本情况；再考虑沈约此书辑集历代帝王凡有谥号者，已定下了"自周氏以来"这个时间上限。则《谥例》一书，不仅必当取材、恐亦不能不取本乎《周书·谥法》。对此，似乎不能因宋人据已有舛佚的《谥例》及其《序》文，甚或未读《谥例》仅据其《序》而导致的意见不一，而徒生怀疑。

接下来，《谥例》所列的又是哪一个两篇本《周书·谥法》呢？在《谥例序》前文提到的《周书》传本中，"两篇古残本"《周书·谥法》已只有上篇十余谥和下篇的第目，这个本子篇虽存二而其内容实仅剩一，"首列《周书》二篇"断不会指它。故《谥例》可列以为本的，就只有其序文谈到的"今《谥法》二篇一百四十八名"本了。沈约撰书既是要总结以往的谥法，更欲便今后所用，就不能一味向古，故其取当今流行又完整无缺的两篇本《周书·谥法》列于《谥例》书前，以为全书的纲领，再在其各条内容之下系以古本和前人的有关义例，正是一种兼综今古而着眼于实用的做法。若其一方面在《谥例序》中提到了今流行本的情况，却弃之不顾，而竟以仅剩十余谥的两篇古残本《周书·谥法》列于书前，那就尤悖于情理了。

明确了《谥例》首列"今两篇本"《周书·谥法》以为全书大纲后，《中兴馆阁书目》概括《谥例》一书"而专以熙为本叙次'旧文'、《广谥》及乘奥《谥法》，各于其下注本文所出"，意思就十分清楚了。所谓"以熙为本"，指的是《谥例》在南梁流行的两篇本《周书·谥法》各条之下，再分别系以刘熙《谥法注》及"旧文两篇（两篇古残本《周书·谥法》)"、《广谥》一卷和来奥《帝王本纪·谥法》的有关内容时，又是以刘熙《谥法注》的各条批注为本的[1]。由此再看《谥例序》曰："刘熙既有批注，时或有所发明，今以熙所撰为本，又'旧文'二篇、《广谥》一卷，悉少拔次第，令名相随……"其谓"今以熙所撰为本"，当然不能指并非刘熙所撰的《周书·谥法》之文，而只能指刘熙对之"有所发明"的批注；但批注显然是无法替代正文，首列于《谥例》以为全书纲领的，而只可在系于正文之下的有关内容中充当其"本"。又所谓"悉少拔次第以名相随"的"悉"，亦透露《谥例》一书中，刘熙所撰及"旧文"、《广谥》等书的有关内容，皆"以名相随"，已被系于南梁流行的"《周书》二篇"各条谥名之下，也就不能不服从于此"少拔次第"，适当变动其原有的行文次第。至于"七家谥法"条引《谥例序》文所以未述"首列《周书》二篇"，且其"今以熙所撰为本，又'旧文'二篇，《广谥》一卷"云云，语次亦有滞碍难明之处，则恐与《玉海》摘引及传刻的问题有关，又尤其是宋代《谥例序》文已有舛误所致。

总之，对《谥例》一书体例，比较"七家谥法"条引《谥例序》及《中兴馆阁书目》所述，后者似要更为准确。而两处的"以熙所撰为本"，其实都是说刘熙的《谥法注》文，在《谥例》一书中相当于汉魏以来儒经注疏的"注"；而沈约所采其他谥法书的有关内容，包括其所辑西周至刘宋帝王凡有谥者的名号，则被视之为"疏"；注为本，疏为枝，疏不破注，故云"以熙所撰为本"。刘熙注七十八谥底本最古，批注又多发明，以之为"注"，可谓得当；而注、疏

---

1 如前所述，刘熙的《谥法注》仅有一卷，其底本很可能是汉末的"两篇古残本"，晋以来刘注本已与荀顗的增演合为三卷而流传，《隋志》亦称之为刘熙《谥法》三卷。以此考虑沈约《谥例序》云"刘熙注《谥法》惟有七十六名，所阙甚多"，似其《谥例》采以为本的，除刘注外亦当及于荀顗的推演。

皆须服从于"经"，对《谥例》来说，这自然就是《周书·谥法》之文。即此已可明确《谥例》一书体例，盖以南梁流行的两篇本《周书·谥法》为纲，在其开篇语及一百四十八谥各条之下，皆分别先出刘熙对之的批注，顺便带出南梁尚存的"两篇古残本"之文，再附入《广谥》的有关内容，最后附以沈约所辑历代帝王曾用此谥者的名号，兼采来奥《帝王本纪·谥法》之异者。因而沈约《谥例》一书体例，既仿汉来儒经注疏之体，又采佛家合本子注之法，而兼有批注辞义、校订文本、增广异文、补充故实等项功用。宜乎郑樵称其"博采古今，诠次有纪"[1]，可谓整理《周书·谥法》之功臣，集汉末至刘宋谥学之大成矣。

———————
1　郑樵编撰：《通志》卷四六《谥略一·序论第五》，北京：中华书局，1987年，志六〇四。

第十五章　释唐令"女医"条

天一阁藏明抄《天圣令》残本所存《医疾令》之末，附有宋已"不行"的唐《医疾令》佚文，其中第九条为：

> 诸女医，取官户婢年二十以上、三十以下，无夫及无男女、性识慧了者五十人，别所安置，内给事四人，并监门守当。医博士教以安胎产难及疮肿、伤折、针灸之法，皆按文口授。每季，女医之内业成者，试之；年终，医监、正试。限五年成。[1]

此为唐太医署"女医"之制，由于令文例须简洁，且与其他令条互文见义，其内涵的丰富实远远超出了字面。鉴于其提供了前所未见的新资料、新线索，对于中古医疗史及妇女史研究均甚重要，以下即拟在前人讨论唐代女医问题及《天圣令·医疾令》整理者对"女医"条梳理、考释的基础上[2]，联系《医疾令》等唐令规定，参以

1　录文据《天一阁藏明钞本天圣令校证（附唐令复原研究）》下册《校录本·医疾令（假宁令附）》，第319页。以下凡录《天圣令》及其所存唐令之文皆出此本。
2　明钞本《天圣令》发现以前的女医研究，有代表性的可举出李贞德：《唐代的性别与医疗》，收入邓小南主编：《唐宋女性与社会》，第415—446页。文中（转下页）

其他资料释其尚可发覆再论之处，亦以揭示其中所示的社会性别状态，期能有助于相关研究的深入。

一、"官户婢"与太医署女医来源

"官户婢"一词罕见于文献[1]，整理本的标点可再议。"官户"在唐代法律中有其特定含义，大略是指不系贯于州县，隶籍朝廷诸司轮番为之执役服事的人户，其身份地位仅次于奴婢，低于"杂户"和平民编户[2]。据此，所谓"官户婢"或可勉强释为官户之女，因其仍属贱籍而称"婢"。但若考虑"婢"在唐代法律中或与"奴"连

（接上页）引据日本令文中的女医规定，讨论了唐代女医之况。《天圣令·医疾令》整理者为程锦，其另有《唐代女医制度考释——以唐〈医疾令〉"女医"条为中心》一文，载于《唐研究》第12卷，北京：北京大学出版社，2006年。

1　日本《令义解》卷八《医疾令》"女医"条："女医，取官户婢年十五以上，廿五以下，性识慧了者卅人。"此为成书于平安朝时期的《政事要略》卷九五《至要杂事五下·学校事下》所引《养老令》文，亦作"官户婢"（东京：吉川弘文馆，1973年，第283页）。以下所引《令义解》"女医"条之文皆出此。

2　《唐律疏议》卷三《名例篇》"免所居官"条，关于"奸监临内杂户、官户、部曲妻及婢者，免所居官"的《疏议》："杂户者，谓前代以来，配隶诸司职掌，课役不同百姓，依《令》'老免，进丁，受田，依百姓例'，各于本司上下。官户者，亦谓前代以来，配隶相生，或有今朝配没，州县无贯，唯属本司。"（第57页）即杂户、官户皆配隶诸司职掌，前者已系贯州县，享有编户的部分权利，而后者完全隶籍诸司。《唐会要》卷八六《奴婢》述唐制官奴婢"一免为番户，再免为杂户，三免为良人。皆因赦宥所及，则免之"。原注："凡免，皆因恩言之，得降一等、二等，或直入良人。诸律、令、格、式有言官户者，是番户之总号，非谓别有一色。"（第1569页）可见唐代法律所称"官户"即为隶籍诸司轮番执役服事的"番户"总称，其身份低于"杂户"。参李林甫等撰、陈仲夫点校：《唐六典》卷六《刑部》"都官郎中　员外郎"条，第193—194页；《天一阁藏明钞本天圣令校证（附唐令复原研究）》下册《天圣杂令复原清本》第53、55、58条，第752—753页。

称，或单称，均指女奴[1]，若释"官户婢"为官户之女，也就混淆了官户与奴婢的差别，并与其他律令条文义相扞格，显然不妥。

唐有"户婢"之称，《资治通鉴》卷二〇五《唐纪二十一》长寿元年七月记武后滥杀之事：

> 太后自垂拱以来，任用酷吏，先诛唐宗室、贵戚数百人，次及大臣数百家，其刺史、郎将以下不可胜数。每除一官，户婢窃相谓曰："鬼朴又来矣。"不旬月，辄遭掩捕族诛。[2]

此处"户婢"似可兼指私家之婢。然则"女医"条中的"官户婢"应点开，作"官、户婢"，为官婢与私婢的合称。但唐律既规定私奴婢类同主家资产[3]，太医署女医取此于理不通，况且唐代的"户婢"更多是指官婢。《天圣令·营缮令》末所存唐令第2条：

> 诸营造杂作，应须女功者，皆令诸司户婢等造。其应供奉之物，即送掖庭局供。[4]

1　如上引《唐律疏议》"奸监临内杂户、官户、部曲妻及婢者，免所居官"的规定，其中"婢"与"杂户、官户、部曲妻"并列，即为官、私奴婢之"婢"。类此之例在《唐律疏议》中不胜枚举。
2　《资治通鉴》，第1381页。此条胡三省注"户婢"为"官婢之直宫中门户者"。
3　参《唐律疏议》卷二〇《贼盗篇》"诸以私财物、奴婢、畜产之类贸易官物"条，第367—368页。
4　《天一阁藏明钞本天圣令校证（附唐令复原研究）》下册《校录本·营缮令》，第349页。

《营缮令》此条所述的"户婢"，出于犯罪配没的官奴婢之家，而其制见于《唐六典》卷六《刑部》"都官郎中　员外郎"条：

　　　　凡反逆相坐，没其家为官奴婢……凡初配没，有伎艺者，从其能而配诸司；妇人工巧者，入于掖庭；其余无能，咸隶司农。凡诸行宫与监、牧及诸王、公主应给者，则割司农之户以配。[1]

　　据此，"户婢"当因其合户配没，身为女性得名[2]，又因其有一定伎艺分隶诸司服事，故称"诸司户婢"。由此对照上引《营缮令》文：诸营造杂作所需女功由"诸司户婢等造"，亦即由"初配没，有伎艺者，从其能而配诸司"的官奴婢营作；应供奉之物"送掖庭局供"，则是由配没之家的"妇人工巧者入于掖庭"者营作。两相参照，合若符契，"户婢"一词在唐令、式文中常指合户配没的官婢应无可疑。然则"女医"条令文中的"官户婢"，也就不能标点为

---

[1] 《唐六典》，第193页。《新唐书》卷四七《百官志二》内侍省掖庭局载"妇人以罪配没，工缝巧者隶之，无技能者隶司农。诸司营作须女功者，取于户婢"（第1222页），可与参证。

[2] 《唐六典》卷六《刑部》"都官郎中　员外郎"条有一条原注："诸官奴婢赐给人者，夫妻男女不得分张；三岁已下听随母，不充数。"（第193页）此即《天一阁藏明钞本天圣令校证（附唐令复原研究）》下册《校录本·杂令》所存唐令第20条（第378页）。是合户配没的官奴婢赐给官贵人家，却仍得在一定程度上保留其家庭形态，幼年男女尤其如此。其适可为唐令"户婢"一词作注。《旧唐书》卷五一《后妃传上·睿宗昭成皇后窦氏传》载窦氏被立为德妃后，"长寿二年为户婢团儿诬谮"（第2176页）。《新唐书》卷四六《百官志一》载工部所属虞部郎中、员外郎之职，"每岁春，以户小儿、户婢仗内莳种溉灌，冬则谨其蒙覆"（第1202页）。其"户婢"皆指配没入宫或隶诸司的官婢，"户小儿"则由"三岁已下听随母"的规定而来。

"官、户婢"了。

明确唐制所称"官户"和"户婢"之义后，即可断定"女医"条令文所述"官户婢"实非官户之女，因为其不能称"婢"；同时其也并非合指官、私之婢，因为女医取自私婢于法不合，"户婢"在令式中本指合户配没入官的女奴，也无庸再冠"官"字。故合理的解释和做法，是将之标点为"官户、婢"，也就是指官户和官婢，女医即从这两类女性中选取。[1]

事实上，从官奴婢和官户中选取并教习官府所需的技艺者，乃是唐代的通例。上引《唐六典》文所述即为官奴婢"从其能而配诸司"的制度，这类人员即便已有技艺在身，配入诸司或掖庭后也仍需要再加教习，以适应官府及宫廷的特定需要[2]。取官户子女加以教习更有定制，《天圣令·杂令》末所存唐令第19条：

> 诸官户皆在本司分番上下，每十月，都官案比。男年十三以上，在外州者十五以上，各取容貌端正者，送太乐（原注：其不堪送太乐者，自十五以下皆免入役）；十六以上，送鼓吹及少府监教习，使有官能。官奴婢亦准官户例分番（原注：下番日则不给粮），愿长上者，听。其父兄先有技业堪传习者，不在简例。

---

1 "女医"条令文"诸女医取官户、婢年二十以上"云云，已明其只取女性，故无须赘述为"官户之女若官婢"。上引程锦《唐代女医制度考释——以唐〈医疾令〉"女医"条为中心》一文已推测女医有可能从官户和官婢中选取，只是其整理《医疾令》文时应仍有惑，故未将之如此点开。
2 《新唐书》卷四七《百官志二》载内侍省置"宫教博士二人，从九品下，掌教习宫人书、算、众艺"（第1222页）。则诸杂伎艺亦当各有教习之法。

杂户亦任本司分番上下。[1]

选送至太常寺所属太乐、鼓吹署教习的，乃是从事歌舞器乐的人员，而送少府监教习的，则多工巧人员。[2]所谓"男年十三以上"云云，并非其不取女子，而只是明确了选取男子的年限，因为唐时官户之女服事、习业于诸司者显然不少。[3]上引《唐六典》载"妇人工巧者入于掖庭"者所事性质不一，唐时诸司及各地官府更有大量官妓，而此类凡经赦免皆为官户、杂户，其子女继续执事服役于诸司及各地，及其被选取教习有关技艺实属必然，其中女子则以教坊歌舞乐妓见诸记载者最多。由此看来，唐令规定每年十月都官案比官户，虽称"男"年十三、十五、十六岁以上送太乐、鼓吹及少府监教习，但就官户和官奴婢子女皆须世世从事官府所需技艺的整套制度而言，其况显然并非都是只选其子，官奴婢及官户之女被选从

---

1 《天一阁藏明钞本天圣令校证（附唐令复原研究）》下册《校录本·杂令》，第378页。

2 《唐律疏议》卷三《名例篇》"诸工乐杂户及太常音声人犯流"条《疏议》曰："工、乐者，工属少府，乐属太常，并不贯州县……工、乐及太常音声人，皆取在本司习业，依法各有程试。所习之业已成，又能专执其事……犯流罪，并不远配，各加杖二百。"（第74—75页）此处隶籍少府、太常的工、乐者，即为官户，太常音声人则为杂户，皆可经选取习业于本司，业成则专执其事，因而犯流可加杖而不远配。

3 《唐六典》卷六《刑部》"都官郎中　员外郎"条载此制亦作"男年十三已上，在外州者十五已上"云云。据其前文载官奴婢配没之制，"男年十四以下者，配司农；十五以上者，以其年长，命远京邑，配岭南为城奴"，这显然也不能解释为女子不配，而同样只是明确了被配男子的年龄。其后文又载官奴婢"凡配官曹，长输其作。番户、杂户则分为番。男子入于蔬圃，女子入厨膳，乃甄为三等之差，以给其衣粮也"（俱见第193页）。是女子同样被配，所述入蔬圃、厨膳者，当指官奴婢身无技能而配隶司农者，但其服事时亦须进行某种教习。

事官府所需技艺并加以教习，应是相当普遍的事实。

总之，唐代本来就有从官户子女和官奴婢中选取、教习宫廷和官府所需技术人员的制度，各技术主管部门对之且有经常化的课试及限期业成之制，《医疾令》中的"女医"选取教习之法，即可归为这套体制的组成部分。

二、诸司方术生身份与女医之特殊

唐代诸技术事务的主管部门各有其所需技艺者的教习体制，可以视之为一种特殊的职业知识技术学校，据其所学约可分为方术、乐舞和工巧之学三类。[1] 从前引《唐律疏议》"诸工乐杂户及太常音声人犯流"条可知，其中后两类教习的大都是官户、杂户子女[2]，而方术之学包括太史局、太卜署等处教习的天文、卜筮等生，也包括在太医署习业医药的生徒在内，一般都取自平民。《天圣令·杂令》末所存唐令第1条：

> 太史局历生，取中男年十八以上，解算数者为之，习业限六年成；天文生、卜筮生并取中男年十六以上，性识聪敏者，习业限八年成，业成日，申补观生、卜师（原注：其天文生、卜筮生

1　参楼劲：《魏晋至隋唐的官府部门之学》，载《隋唐辽宋金元史论丛》第七辑，上海：上海古籍出版社，2017年。

2　崔令钦撰、罗济平校点《教坊记》载唐亦有"平人女以容色选入内者，教习琵琶、五弦、箜篌、筝等者，谓之搊弹家"。此"平人女"即平民女子，则搊弹家性质当与诸司所雇明资匠相类（沈阳：辽宁教育出版社，1998年，第1页）。

初入学，所行束修一同按摩、咒禁生例）。[1]

"中男"为编户成员承担课役的丁中制专名，在唐代的大部分时期都指其中的十六至二十岁男子，是历生、天文生、卜筮生等皆取平民男子年十八或十六以上。[2] 又《天圣令·医疾令》整理者复原的唐令第一条：

> 诸医生、针生、按摩生、咒禁生，先取家传其业，次取庶人攻习其术者为之。[3]

"庶人"即平民白身，可见这四类生徒皆先取医家子弟，次取非医家出身的平民习医者。[4] 上引《杂令》原注述天文生、卜筮生与

---

1 《天一阁藏明钞本天圣令校证（附唐令复原研究）》下册《校录本·杂令》，第374页。

2 《唐六典》卷一〇《秘书省》太史局载挈壶正、司辰之下有漏刻博士九人，教"漏刻生三百六十人（原注：隋置，掌习漏刻之节，以时唱漏。皇朝因之，皆以中、小男为之，转补为典钟、典鼓）"（第305页）。所谓"中、小男"，亦指当时编户丁中制分为"黄、小、中、丁、老"的中、小两个年龄段的男子。《天一阁藏明钞本天圣令校证（附唐令复原研究）》下册《校录本·杂令》所存唐令第1条："其漏刻生、漏童，取十三、十四者充。"第2条："典钟、典鼓，先取旧漏刻生成丁者为之。"（第374页）

3 《天一阁藏明钞本天圣令校证（附唐令复原研究）》下册《唐医疾令复原清本》，第577页。

4 此条以"家传其业"与"庶人攻习其术者"对举，似因家传其业者包括医官和犯罪配没的医家子弟之故。整理者复原唐令此句是据《天圣令·医疾令》首条："诸医，大小方脉……伤折科，选补医学，先取家传其业，次取庶人攻习其术者为之。"然日本《令义解》所录养老令此条作："凡医生、按摩生、咒禁生、药园生，先取药部及世习，次取庶人年十三已上，十六已下。"（转下页）

按摩生、咒禁生初入学所行束修同例，亦说明其在学身份略同。[1]但《医疾令》却特别规定"女医"取自"官户、婢"，因而是一个专门针对服事于官府的女性方术者的选用办法。[2]

从平民中选取官府所需技术人员，原则上只能以自愿为前提[3]；而官奴婢、官户、杂户皆身受强制，无法规避官府从中取送习业者。官府方术之学多从平民中选取生徒，又说明其地位高于从贱户中选取习业者的乐舞、工巧之学。这都表明唐代的知识系统中，方术与乐舞、工巧虽同属技艺，但其社会生态仍有优劣之别，习业者身份

（接上页）其注释"药部及世习"曰："药部者，姓称药师者，即蜂田药师、奈良药师类也。世习者，三世习医业，相承为名家者也。"其注释"次取庶人年十三已上"一句，则引《学令》说明了官宦和医家子弟年龄可放宽（第279页）。故其以"药部及世习"与"庶人"对举，是因两者年龄规定不同，恐唐令亦然，而宋令此条不定年龄，盖亦因另有规定之故。然则复原唐令此条删去庶人年龄，亦须再酌。

1 《文苑英华》卷五一二《判十·书数师学射投壶围棋门二十七道》"观生束修判"，谓有天文观生所学未就，其师按算学生徒之例向其征收束修，此生遂上诉云"伎术不可为例"。以下录选的五道判词，一道各责其过，两道以为其师有理，另两道则以此生所诉为是（第2621—2622页）。可见束修之例与所习之学性质及其生徒身份相连，非例即易致聚讼，这当然是合乎束修作为礼物的原义的。

2 《唐六典》卷一四《太常寺》太医署："药园以时种莳，收采诸药（原注：京师置药园一所，择良田三顷，取庶人十六已上，二十已下充药园生。业成，补药园师)。"（第409页）同书卷一七《太仆寺》："凡补兽医生，皆以庶人之子，考试其业，成者补为兽医，业优长者，进为博士。"（第480页）是药园生及兽医生亦从庶人之子选补。《天一阁藏明钞本天圣令校证（附唐令复原研究）》下册《校录本·医疾令》所存唐令第12条（第319页），即为药园建制及药园生之选充教学等规定。同书下册《校录本·厩牧令》所存唐令第3条关于兽医的规定，内有"其牧户、奴中男，亦令于牧所分番教习，并使能解"之文（第294页）。

3 《文苑英华》卷五一二《判十·书数师学射投壶围棋门二十七道》"习卜算判"，谓赵氏兄年十八，补卜筮生；弟年十六，补历生。上诉请改补兄为只要习业六年的历生，弟补习业八年的卜筮生，"所司不许，苦诉不服"（第2621页）像这样，已被选取为方术者可屡上诉申请改补，正是自愿原则的体现。

亦有高下之分，官府各技术部门表现尤甚。因此，上面所述唐代官府技术人员来源和教习对象的身份差异，说明的是当时平民进入官府习业并从事方术，仍不失为其可选的职业出路，而若进入官府充乐舞、工巧，则多所不愿，非另立强制选充之法，即难满足官府所需。同理，女医从官户、婢中选取的规定，亦表明进入官府从医多非平民女子所愿，为确保女医来源，也就只能像太常、少府等处所属乐舞和工巧人员那样，从官奴婢和官、杂户中选取。

至于为何平民男子尚愿进入官府方术之学习业，而女子则须强制为之呢？其部分原因，当是男子入此习业不仅可免远较女子为重的课役负担，且有上升登进的法定通道。《唐六典》卷一〇《秘书省》太史局载其教习诸生：

历生三十六人（原注：隋时置，掌习历。皇朝因之，同流外，八考入流），装书历生五人（原注：皇朝置，同历生）……天文观生九十人（原注：隋氏置，掌昼夜在灵台伺候天文气色。皇朝所置，从天文生转补，八考入流也）……天文生六十人（原注：隋氏置，皇朝因之，年深者转补天文观生）。

可见此类一旦入学即为免除课役的流外或无品职吏[1]，并可在本

---

1 《天圣令·赋役令》末所存唐令第15条，规定了免除课役的流外及无品职吏范围，其中即包括国学诸生和"天文、医、卜、按摩、咒禁、药园等生"。至于身为杂户的"太常音声人"亦在其列，这是因其分番服事诸司同课役之故，性质与平民免课者殊异。同处所存唐令第18条，则规定漏刻生、漏童、药童、兽医生可免杂徭。《天一阁藏明钞本天圣令校证（附唐令复原研究）》下册《校录本·赋役令》，第272—273页。《通典》卷四〇《职官二十二·大唐官品》载太史监历生、（转下页）

部门因其技艺、业绩，经八考登进为流内伎术官。又《天圣令·医疾令》末所存唐令第2条：

> 诸医、针生，博士一月一试，太医令、丞一季一试，太常卿、丞年终总试（原注：其考试法式，一准国子监学生例）。若业术灼然，过于见任官者，即听补替。[1]

是医生、针生课试业成者，可如国子监生申送尚书省复试，合格者升补从九品上的医助教和从九品下的医正、针助教[2]；其业术"过于见任官者即听补替"，则是其中绩效突出的甚至可取代太医署现任官，成为从七品下的太医令、正八品上的医博士、从八品上的太医丞和针博士、从八品下的医监[3]。不难看出，太医署所属生

（接上页）天文观生为流外七品（典二三○）。《新唐书》卷五五《食货志五》载高宗时定"行署"的流外官月给俸钱一百四十、食料钱三十，月共一百七十钱（第1395—1396页）。故方术生为流外官者，除给廪外例有月俸。

1　《天一阁藏明钞本天圣令校证（附唐令复原研究）》下册《校录本·医疾令》，第317页。

2　《天圣令·医疾令》末所存唐令第7条，规定医、针生业成申送尚书，覆试医经得第者，"医生从九品上叙，针生降一等。不第者，退还本学。经虽不第，而明于诸方，量堪疗疾者，仍听于医师、针师内比校，优者为师，次者为工"。《天一阁藏明钞本天圣令校证（附唐令复原研究）》下册《校录本·医疾令》，第318—319页。是师、工皆可由诸生业成而尚书省覆试不第者充。《唐六典》卷一四《太常寺》太医署条述太医令、丞、医监、医正各有品阶，其下有无品医师二十人，医工一百人，医生四十人，典学二人（第409页）。据《通典》卷四○《职官二十二·大唐官品》，太医署医、针师为流外勋品、按摩、咒禁师和医、针工为流外三品，按摩、咒禁工为流外四品（典二二九至二三○）。

3　《天圣令·医疾令》末所存唐令第8条，规定按摩生、咒禁生业成者，"并申补本色师、工"。《天一阁藏明钞本天圣令校证（附唐令复原研究）》下册（转下页）

　　　　　中古政治与思想文化史论

徒身份亦为流外或无品职吏，且其从流外上升为流内伎术官的途径，要比天文诸生更加强调技艺绩效也更为畅达。[1]与之相比，进入官府乐舞、工巧之学的生徒多出于贱户，且无"八考入流"的规定，故其虽亦可经赦并因技艺、绩效在本部门逐渐升至流外和流内伎术官，其登进之路无疑要远为狭窄和艰难。[2]这一点当可大略解释何以平民愿入官府方术部门而多不愿入乐舞、工巧部门，以及官府乐舞、工巧部门何以多从身受强制的官奴婢和官户中选取技艺者的原因。

唐代的流外官和流内"伎术官"，虽上升登进有重重障碍[3]，却毕竟仍有规定待遇和特权，入流后，其免赋、荫子、犯罪官当等项

（接上页）《校录本·医疾令》，第319页。《唐六典》卷一四《太常寺》太医署条述"太医令掌诸医疗之法，丞为之贰。其属有四，曰医师、针师、按摩师、咒禁师，皆有博士以教之，其考试、登用如国子监之法"（第409页）。是按摩生和咒禁生可因业成分别升补按摩师、工及咒禁师、工，再经课试亦可申送尚书省覆试后，补从九品下的按摩、咒禁博士及其他医官。

1 据《天圣令·医疾令》末所存唐第2、8两条，医生、针生按其不同分科，限七年、五年、四年、三年业成，九年不成者"退从本色"；按摩生限三年、咒禁生限二年业成。《天一阁藏明钞本天圣令校证（附唐令复原研究）》下册《校录本·医疾令》，第317、319页。由于这些都是最长时限，与天文诸生"八考入流"的规定相比，医学诸生业成申补为流内官的通道显然要快捷得多。参张耐冬：《唐代太医署学生选取标准》、程锦：《唐代医官选任制度探微》，皆载于《唐研究》第14卷，北京：北京大学出版社，2008年。

2 《新唐书》卷四八《百官志三》太常寺太乐署条："凡习乐，立师以教，而岁考其师之课业为三等……十五年有五上考、七中考者，授散官，直本司，年满考少者不叙。"又载其徒习业成而行修谨者，"为助教，博士缺，以次补之……其内教博士及弟子长教者，给资钱而留之"（第1243页）。从生徒业成者中递补的乐署博士，地位当与内教博士略同，其报酬既称"资钱"，说明其身份有类无品职吏和长上匠，而须十五考七中、五上者，方得授散官而仍直本司。

3 见《唐会要》卷六七《伎术官》，第1183页。

权利更与其他官员相同，故其即便甚受士人歧视，较之一般庶民境遇仍颇优越。因此，是否可循例成为有俸而不课的流外官，并有较为顺畅地升至流内官的登进通道，便成了影响平民愿否进入官府方术和乐舞、工巧部门服事习业的要素。而问题恰恰在于，所有这些只对男性适用，女性则充其量至本部门无品教职而止[1]。这就集中体现了当时社会赋予女性的特定角色和限制，也反映了女性方术、乐舞、工巧者在职场中总体附属于男性的地位，而众所趋骛的官场更是男性的一统天下，从而不能不使平民人家女子甚畏于此，多所不愿。要之，女医从"官户、婢"中选取，实际上是其身份相对于官府其他方术生卑微，在整个官方医事体系中处于附属地位的写照，而这不仅关系到官府所属技艺者选取、培养和升进的整套制度，更关系到唐代社会等级和社会性别的特定状态，以及当时各种知识技艺的社会属性和生态有别的一系列事实。

三、"无夫无男女"及"别所安置"

女医"取官户、婢"以下的另外几项规定："二十以上，三十以

---

[1] 除嫔妃宫女所任"内官"及封赠外，唐代官府方术、乐舞、工巧部门中技艺高超的女性从业者，仍可在教习活动中发挥一定作用。如段安节撰、罗济平校点《乐府杂录》"歌"条载内教坊善歌者，代宗时有张红红，号"记曲娘子"；德宗时有田顺郎，"曾为宫中御史娘子"。二人必当从事歌曲教习（沈阳：辽宁教育出版社，1998年，第6—7页）。《新唐书》卷四八《百官志三》太常寺太乐署末载教坊有诸博士教授乐舞，为无品教职（第1244页）。教坊女子善歌舞、器乐者从事教学当不过此。

中古政治与思想文化史论

下"，为自古公认女性身心成熟的盛年[1]，按当时习俗和婚龄，该年龄段的应多已婚女子[2]，对自身性别特点的体会要更全面，更便于教习妇科之术。"性识慧了"既是对生徒的常见要求，也与世间公认医者特须"巧慧智思"有关[3]，"五十人"之额与同署男医员额相比也不算少[4]，不过内涵更为丰富也更值得注意的，是"无夫及无男女"的规定。

"无夫及无男女"，从字面解释即未婚女子及无子女之寡妇，这项要求在入宫服事的官婢中也可看到。《唐六典》卷六《刑部》"都官郎中　员外郎"条原注述配没官奴婢赐人者不得拆散其夫妻男女，其下有云：

> 若应简进内者，取无夫无男女也。[5]

1　《黄帝内经·素问》"上古天真论"称女子以七为数，"二七天癸至，任脉通，太冲脉盛，月事以时下，故有子；三七肾气平均，故真牙生而长极；四七筋骨坚，发长极，身体盛壮；五七阳明脉衰，面始焦，发始堕"。郭霭春主编：《黄帝内经素问校注》卷一《上古天真论》，北京：人民卫生出版社，2013年，第7页。

2　李贞德《汉唐之间医书中的生产之道》一文"前言"，述其研究汉魏六朝妇女的婚年多在十四至十八岁，女性死亡年龄段的高峰则在二十至三十岁，当与生育相关。收入《台湾学者中国史研究论丛》李建民主编之《生命与医疗》卷，北京：中国大百科全书出版社，2005年，第57页。

3　唐释慧琳《一切经音义》卷六〇《根本说一切有部毗奈耶律》第十三卷首列"女医"条，并释"医"之音义："医，意也，以巧慧智思，使药消病也。"是佛经中有"女医"名目，且医者尤须"巧慧智思"。《中华大藏经》第58册，北京：中华书局，1993年，第666页。

4　《唐六典》卷一四《太常寺》太医署只载按摩生十五人，不及其余诸生员额（第410—411页）。《新唐书》卷四八《百官志三》载太医署有医生四十人、针生二十人、按摩生十五人、咒禁生十人（第1245页）。《旧唐书》卷四四《职官志三》略同（第1876页）。

5　《唐六典》，第193页。

"简进内者"，即其前文所述配没而"入于掖庭"的妇人工巧之类，"无夫无男女"则是针对其中多有已婚女子的规定。这大概是要取其较少俗间是非和牵绊，对于服事内廷者来说是不难理解的。[1]非但如此，当时还确认女性天然易受外界干扰，孙思邈《备急千金要方》卷二《妇人方上·求子》论"妇人之病，比之男子十倍难疗"有曰：

> 女人嗜欲多于丈夫，感病倍于男子，加以慈恋爱憎、嫉妒忧恚，染著坚牢，情不自抑，所以为病根深，疗之难瘥。[2]

女人"感病倍于男子"或然，却绝非因其"嗜欲多于丈夫"，故此论虽体现了传统医学兼重心理的长处，但也更多当时流行的社会性别观成分。即世人公认女性本易陷入各种是非牵绊，困于情绪而

---

[1] 《汉书》卷九七上《外戚孝宣许皇后传》载有霍氏所爱女医淳于衍入宫侍许后疾，因其夫请衍向霍光夫人求官，遂以毒药害许后。这正是服于内廷和显要贵妇的女医因其夫请托而酿成祸乱的鉴戒。

[2] 孙思邈著、李景荣等校释：《备急千金要方校释》，北京：人民卫生出版社，2014年，第33—34页。《备急千金要方》述妇人之病十倍难治一段，抄自相传为东汉张仲景所撰、西晋王叔和整理定本的《金匮玉函经》卷一《证治总例》。见张仲景撰、陈萌点校：《金匮玉函经》，北京：北京科学技术出版社，2016年，第3页。南宋张杲《医说》卷九《妇人》引"葛仙公云：凡妇人诸病，兼治忧恚，令宽其思虑，则疾无不愈。"张杲著，曹瑛、杨健校注：《医说》，北京：中医古籍出版社，2013年，第344页。此葛仙翁不知是葛玄还是其孙葛洪，所论亦如《金匮玉函经》之兼重女性生理与心理。至《备急千金要方》上引文所着力发挥的，则纯为汉晋医家述妇人"百想经心"以致多病之说，且被唐时王焘《外台秘要》卷三三《妇人上·求子法及方一十二首》全文抄录。张登本主编：《王焘医学全书》收录之《外台秘要方》，北京：中国中医药出版社，2006年，第817—818页。从汉晋医家兼重女性生理和心理，到唐宋医家更加强调女性先天存在的心理问题，这正是汉以来社会性别观不断流衍的体现。

难自拔，并已将之上升为合乎天道的医理。这一点似可表明，规定"无夫无男女"的出发点，不仅是要一般地减少其社会关系的外在干扰，而且也是在尽可能排除女性特多"慈恋爱憎、嫉妒忧患"的外因，从内在心理上有助于其专志服事。

当然在此背后，可能还存在着女性从业本不如男，若多牵绊又困于情则尤不可为之类的成见，同时也不排除有更为重要的社会性别观念在起作用。相传为西汉刘向所撰、后人续有所补的《列女传》卷四《贞顺传·齐杞梁妻传》载杞梁妻葬夫恸哭，城为之崩：

　　既葬，曰："吾何归矣？夫妇人必有所倚者也，父在则倚父，夫在则倚夫，子在则倚子。今吾上则无父，中则无夫，下则无子。内无所依，以见吾诚；外无所依，以立吾节。吾岂能更二哉！亦死而已。"遂赴淄水而死。君子谓：杞梁之妻，贞而知礼。[1]

杞梁妻投水赴死，固属非常之举，堪值注意的是其申说的"内无所依，以见吾诚，外无所依，以见吾节"。[2]此语表明，在"三从"

---

[1]　刘向撰、王照圆补注、虞思徵点校：《列女传补注》，第159页。

[2]　相传为蔡邕所撰的《琴操》卷下《河间杂歌·芑梁妻歌》亦载其事："妻叹曰：'上则无父，中则无夫，下则无子。外无所依，内无所倚，将何以立吾节？岂能更二哉，亦死而已矣！'于是乃援琴而鼓之曰：'乐莫乐兮新相知，悲莫悲兮生别离。'哀感皇天，城为之堕。曲终，遂自投淄水而死。"（《丛书集成初编》本，上海：商务印书馆，1936年，第17页）其所记杞梁妻语与上引《古列女传》有别，但其强调的重点已全是杞梁妻以死殉夫的节烈。

成为女子的最高道德律后，"无夫无男女"洇为出嫁女子自明"诚节"和世间认其贞静可靠的要件。也就是说，之所以要对入宫官婢做"无夫无男女"的限制，除取其少所牵绊、职志易固外，还有更高一层的"女德"观念为其标的，故其又可与汉魏以来《列女传》和《女诫》类作品的流行联系在一起加以考虑。[1]

看来，唐代女医之所以须"无夫无男女"，实际上是比照服事于内廷的官婢，以诚节贞静、较少是非牵绊和易于专心致志为其选取条件的。由此不难推想太医署培养女医的目的，主要也是为内廷的大批嫔妃宫女兼为宫外贵妇提供医疗服务。与之相应，"女医"条下文的"别所安置"等规定，一方面继续体现了当时社会性别观对女医习业的影响，另一方面似亦有类服事于内廷的女伎安置教习之法。

"别所安置"即太医署选取的女医，不与其他医、针等生一体习业，而是另有专门院舍供其起居教习。如此安排，一种考虑是因为官府需要培养女医，名教又甚重男女之防，遂不得与男性生徒混同教学。可与参证的，如道经《洞玄灵宝道学科仪》卷上《讲习品》所述女道士外出就师受道的规范[2]：

> 凡是道学，当知听习回向，须得明师……若女冠众，性理怯懦，本位无人可习者，当三人、五人乃至多人，清净三业，贲其

1　刘向《列女传》后世累有续作，班昭撰《女诫》以来则多《典式》《女训》等书，皆崇三从四德而褒贬分明。《隋书》卷三三《经籍志二》史部传记类著录刘向《列女传》以下类似之作十二种，卷三四《经籍志三》子部儒家类著录班昭《女诫》等作品六种（第978、999页）。
2　任继愈主编、钟肇鹏副主编《道藏提要》1117述此经"盖刘宋灵宝派道士编撰"，述道士生活及行道之律仪轨则三十五品（第874页）。

道具，听受法本。亲近大师，一日二至，退著本位。若近本师住处法门，无女冠住处法门，应近本师住处左右，投精专奉道之家居止。[1]

道法授受既须明师，但教门仪轨亦重男女之防[2]，故若女道士别就他观听受法本，不仅须结伴就师，其居所亦有限制。从中可见道观若有常居女冠，也要为之设立专舍。有意思的是上引文提到女冠"性理怯懦"，则其结伴出行专舍聚居，也是针对世所公认的女性特点采取的保护措施，这对出身贱户易受欺凌的女医来说显然尤为必要。

女医别所设立"内给事四人，并监门守当"，除与女道士外出就师相类的防范、保护寓意外，所透露的是另一层更为重要的信息。"给事"而称"内"，在唐一般是指宦官之职，女医起居教习的别所竟由宦官监门守当，可见其性质当与教授和供奉内廷乐舞的内教坊尤其是太常别教院入宫女妓所居的宜春院相类。《新唐书》卷四八《百官志三》太常寺太乐署载内教坊故事：

武德后，置内教坊于禁中。武后如意元年，改曰云韶府，以中官为使。开元二年，又置内教坊于蓬莱宫侧，有音声博士、第一曹博士、第二曹博士。京都置左右教坊，掌俳优杂技，自是不

1　张继禹主编：《中华道藏》第四十二册，北京：华夏出版社，2004年，第43页。
2　韩愈《韩昌黎全集》卷六《古诗六》"华山女"诗讽喻唐后期女冠讲经长安道观及出入六宫之事，讥其乃"以色传道"（第101—102页）。此类道、佛皆时而有之，严格说来却皆是有违教中仪规之事。

隶太常，以中官为教坊使。[1]

是唐初以来设内教坊于禁中，教习供奉内廷的伎乐，武后以来以中官为使统之。至玄宗时扩充外教坊，分为左右，与内教坊并由宦官教坊使统领。[2]《旧唐书》卷二八《音乐志一》又载玄宗故事：

> 玄宗又于听政之暇，教太常乐工子弟三百人为丝竹之戏……号为皇帝弟子。又云梨园弟子，以置院近于禁苑之梨园。太常又有别教院，教供奉新曲……别教院廪食常千人，宫中居宜春院。[3]

玄宗教梨园弟子的别院，或即上引新《志》所载置于蓬莱宫侧的内教坊[4]，可见此院由宦官监门守当实属理所当然。而所

---

1 《新唐书》，第1244页。

2 《教坊记》载"西京右教坊为光宅坊，左教坊为延政坊。右多善歌，左多工舞，盖相因成习。东京两教坊俱在明义坊，而右在南，左在北也，坊南西门外即苑之东"（第1页）。其述洛阳左、右教坊西邻禁苑。据徐松撰、张穆校补、方严点校《唐两京城坊考》卷三《西京·外郭城》所考，长安光宅坊西邻东宫，北为大明宫，其按语以为"自大明宫观之，则光宅在右，延政在左也"（北京：中华书局，1985年，第50、70页）。延政坊由原长乐坊改名，北接禁苑。

3 《旧唐书》，第1051—1052页。《新唐书》卷二二《礼乐志十二》亦载玄宗选坐部伎子弟三百教于梨园，号皇帝梨园弟子，"宫女数百，亦为梨园弟子，居宜春北院"者（第476页）。又《资治通鉴》卷二一一《唐纪二十七》开元二年正月己卯载玄宗置左右教坊以教俗乐，"又选伎女置宜春院"，胡注："宜春院当在西内宜春门内，近射殿。"（第1426页）

4 《唐两京城坊考》卷一《西京·三苑》述"梨园在光化门北"，注曰："……至明皇置梨园弟子，乃在蓬莱宫侧，非此梨园。"（第32页）

中古政治与思想文化史论

谓"太常别教院"，则因乐舞之事本属太常寺太乐、鼓吹二署，但供奉内廷新曲者性质特殊，故须立院别教，其在体制上当属外教坊，规模常有千人，其中入宫供奉的女伎则居于宜春院服事教习。[1]

以上所以要费辞说明内教坊及别教院之制，不仅因其别在宫中教习，且由宦官掌之，事与女医"别所安置"并以"内给事"监门守当性质相近；更是因为安置女医的"别所"，很可能就像宜春院那样位于宫中。日本《令义解》卷八《医疾令》所引《养老令》"女医"条亦有"别所安置"之文，其注解曰："谓内药司侧，造别院安置也。"[2]可见日本仿唐所定之制，是将女医安置在宫中"内药司"侧的别院。王昶《金石萃编》卷六二收录的《梁师亮墓志铭》载志主为安定乌氏人：

> 大父殊，隋任右监门录事；显考金柱，唐奉义郎；并行高州壤，道蔑王侯。杨雄非圣之书，我家时习；方朔易农之仕，吾人所尚。君……起家任唐朝左春坊别教医生，抠衣鹤禁，函丈龙楼，究农皇之草经，研葛洪之药录。术兼元化，可以涤疲疴；学

---

1 《教坊记》："妓女入宜春院，谓之'内人'，亦曰'前头人'，常在上前头也。其家得在教坊，谓之'内人家'，四季给米……宜春院人少，即以云韶添之，云韶谓之'宫人'，盖贱隶也。"（第1页）是入宫居于宜春院的皆是女伎，不足则添以云韶宫人，此类皆与配没官婢"有工巧者入掖庭"者相类，后虽经赦成为官户以至平民，仍长在教坊服事。其"四季给米"亦可证于《天圣令·杂令》所存唐令第23条"诸官奴婢及杂户、官户给粮充役者，本司明立功课案记，不得虚费公粮"的规定。《天一阁藏明钞本天圣令校证（附唐令复原研究）》下册《校录本·杂令》，第379页。
2 《令义解》，第283页。

该仲景，因而升上第。[1]

　　梁氏所任"左春坊别教医生"不见于史载，王昶引钱大昕《潜研堂金石文跋尾》有曰："考《百官志》左春坊药藏局有郎、丞、侍医、典药、药童，无云别教医生者。唯太医署有医博士及助教，掌教授诸生。然则师亮殆以医助教入侍宫坊者欤？"认为梁氏是在左春坊受教医术，"业成而升上第"。今案左春坊药藏局既设侍医、典药，此类除从医外自可教习药童，梁氏为太医署助教充宫坊教习是讲不通的[2]，即便其有可能临时入侍宫坊，显亦不得称"起家"。但王昶以为梁氏受教左春坊也有问题，若其本为药藏局药童之类，则不得称"别教"；若其为太医署生徒，则断无就学左春坊之理。今案志铭述其家非儒生，又慕尚东方朔以所学博杂登进[3]，梁氏或系医家

1　王昶：《金石萃编》，上海：扫叶山房，1921年，第二函册一卷六二第2—3页。志铭接上引文述师亮后因助军转输之勤获赐上柱国，垂拱二年（686）"以乾陵当作功别敕放选，释褐补隐陵署丞"，转珍州荣德县丞，任满解职，万岁通天元年（696）归途中死于益州蜀县。故志文称"唐朝"是因时值武周，且其任左春坊别教医生当属流外而未释褐，其后来亦依《医疾令》规定随出师建陵之军众为医而获勋。

2　《唐六典》卷一四《太常寺》载太医署唯医、针博士有助教，阶从九品（第408—411页）。两《唐志》所载亦然。据志铭梁氏当时既未释褐，故其即便入侍宫坊也不可能是"医助教"。

3　《汉书》卷八七《扬雄传》载扬雄著《太玄》《法言》，"诸儒或讥以为雄非圣人而作经"（第3585页）《史记》卷一二六《滑稽东方朔传》载东方朔"好古传书，爱经术，多所博观外家之语"，自称"避世于朝廷间者"（第3205页）。此即志铭所述扬雄、东方朔之事的出典。又志铭述梁氏父祖"道蔑王侯"语非寻常，似为称誉医者功德的套话；其父为散阶从六品上之"奉义郎"而不及职事，亦合北朝以来医官志铭讳言其为医之习。参罗新、叶炜《新出魏晋南北朝墓志疏证（修订本）》一二八《徐之范墓志》，第335—341页。

子弟选入太医署为医生者，盖因其由此跻身流外官而夸称"起家"，被遣至左春坊充任教习故称"别教"，又因唐制教职考课皆以生徒课试成绩及业成的多少迟速分等而"升上第"。[1]这就不能不引人联想梁氏赴左春坊所教，很可能就是由太医署教习而须"别所安置"的女医。

据唐长安宫城布局，女伎入宫所居的宜春院，当在东宫北部中轴线东的宜春宫附近，宫南即为典膳厨，隶属于左春坊的典膳、药藏局应在典膳厨附近。[2]以太常别教院女伎入宫安置于宜春院之例推想，太常寺太医署别教女医于东宫药藏局所辟院舍确有可能，因其既便于利用药藏局的医药资源，又有就近服务于内廷嫔妃、宫女之便，且宫禁本严，尤合"别所安置"之义，还因其地不免仍有东宫官吏往来，正须有"内给事四人，并监门守当"。由此推想梁氏所任的"左春坊别教医生"，或者就是辅助博士"别教"安置于左春坊管

---

1 《唐六典》卷二《吏部》"考功郎中 员外郎"条载唐考课"二十七最"标准中，"训导有方，生徒充业，为学官之最……占候医卜，效验居多，为方术之最"（第42—43页）。同书卷二一《国子监》国子祭酒、司业"每岁终，考其学官训导功业之多少，而为之殿最"（第558页）。同书卷一四《太常寺》太乐署："凡习乐，立师以教，每岁考其师之课业，为上中下三等，申礼部……"（第406页）足见前引唐《医疾令》规定的生徒习业内容及业成年限，即为其教官的考课标准。

2 《唐两京城坊考》卷一《西京·宫城》述东宫北部居中为承恩殿，其左右为宜春、宜秋宫，"宜春之北为北苑，其南，道东为典膳厨，道西为命妇院"（第7—8页）。《新唐书》卷四九上《百官志四上》载左春坊所属典膳局官须"每夕更直于厨"（第1295页）。则其必靠近典膳厨，药藏局因提供药膳材料亦应在此附近，与宜春院及命妇院为近邻。唐制"命妇"内指皇帝、太子嫔妃，外指公主及官贵母妻，此类尤其是外命妇若需女医提供服务或即须由命妇院联系。

内院舍的女医[1]。不过退一步讲，无论梁氏所任何职，所教何生，唐《医疾令》"女医"条既规定其与入宫官婢同须"无夫无男女"，又"别所安置"并特设"内给事"四人监门守当，则其安置之所当位于宫中，起居教习有类太常别教院入居宜春院的女伎，比照入宫服事的女婢来管理，业成常以内廷嫔妃宫女为服务对象，这恐怕都不会有什么问题。

四、女医所习课程及"按文口授"

女医习业的不少方面应与太医署诸生相类，学界对诸生教习课试的要节已做讨论[2]，这里可不赘说。但女医的教学显然也有其特点，集中表现在所习课程及其教学"皆按文口授"等方面，对此仍有必要略做诠释。

令文述"医博士教以安胎产难及疮肿、伤折、针灸之法"云云，明确了女医所习范围及其课试之法。《唐六典》卷一四《太常寺》太医署：

> 医博士掌以医术教授诸生，习《本草》《甲乙》《脉经》，分而为业。一曰体疗，二曰疮肿，三曰少小，四曰耳目口齿，五曰

---

[1] 《唐六典》卷一四《太常寺》太医署载医、针博士皆有助教，为从九品流内伎术官（第410页）。不载按摩、咒禁博士有助教，但其显然亦当有人辅助其教，唯无品阶故不载录，而女医所习"伤折"科实为按摩博士的教习内容。

[2] 参冯卓慧、王霖冬：《从唐开元〈医疾令〉看唐代的医疗法》，《西安财经学院学报》，2013年第1期；彭炳金：《〈医疾令〉所见唐代医学教学及考试制度》，《天津师范大学学报（社科版）》，2014年第1期。

角法。[1]

　其后文载"针生习业者，教之如医生之法"；又载按摩、咒禁博士教习各自生徒亦有科目，如按摩生即须习"损伤折跌"之法。从男性生徒习业的这些科目，可获印象是女医所习只限当时医疗分科的一小部分，却兼括了医生、针生和按摩生所习之科，故令文"女医"条所述执教的"医博士"，当是泛指太医署诸医、针、按摩博士而言。[2]

　女医的这种课程安排，首先也还是反映了其在医疗活动中的附属地位。如令文定其必须在五年内兼习数科而非专于一科，即与男性生徒习业之况迥异。[3]《天圣令·医疾令》末所存唐令第1条即明确了诸医生"分业教习""各专其业"的原则，第3条则规定了医生所习科目的业成年限：

　　诸学体疗者，限七年成；学少小及疮肿者，各五年成；学耳目口齿者，四年成；学角法者，三年成。针生七年成。[4]

<hr>

1　《唐六典》，第410页。《天一阁藏明钞本天圣令校证（附唐令复原研究）》下册《校录本·医疾令》所存唐令第1、7条述此甚详（第317—319页），可参。
2　日本《令义解》卷八《医疾令》"女医"条注释其教习之况："案唐令：博士教之。今于此令，虽文不言，而博士教授，但按摩、针灸等，其业各异，须当博士各教授。即试升，令当色试。"（第263页）是其各科皆由"当色博士各教授"，女医业成亦各由当色博士试其所习各科熟练与否。
3　日本《令义解》卷八《医疾令》"女医"条规定其习业限七年成（第283页），已较唐令的五年延长。
4　《天一阁藏明钞本天圣令校证（附唐令复原研究）》下册《校录本·医疾令》，第317—318页。同处所存唐令第8条："诸按摩生学按摩，诵伤折经方及刺缚之法，限三年成；咒禁生学咒禁、解忤、持禁之法，限二年成。"（第319页）

各科的业成年限，直接关系到教官的考课和生徒的升进或黜退[1]，其为时长短盖据一般情况下各科习业的经验所定。准此，男性生徒专习体疗或针灸、疮肿、伤折等科，每科长则克期七年，短如咒禁生亦须二年；而女医须习安胎产难及疮肿、伤折、针灸，却总共克期五年。[2]故其要求的是女医须兼有令文所列数科的必要知识技能，却无须像男医那样既要熟习面上的知识，更须精于一科。[3]由于医学理论和实践长期以来都甚重医者精于某科有其专长[4]，太医署女

1　《天圣令·医疾令》末存唐令第2条规定医、针生"在学九年业无成者，退从本色"。《天一阁藏明钞本天圣令校证（附唐令复原研究）》下册《校录本·医疾令》，第317页。是诸生在限内业无成者，可延期习业课试，但不得超过九年。据《唐律疏议》卷三《名例篇》"诸工乐杂户及太常音声人犯流"条对"犯徒者，准无兼丁例加杖，还依本色"的解释："还依本色者，工、乐还掌本业，杂户、太常音声人还上本司，习天文生还归本局，给使、散使各送本所。"（第75页）则《医疾令》所谓"退从本色"，应是指来自庶人的医、针等生业习九年无成者，须退为平民白丁。故女医若五年延期业仍无成，即非退为官户、官婢，亦应有其他惩罚。

2　令文对此的表述是清晰的，如上引文规定"诸医生"的课程，习"少小及疮肿"者"各五年成"，女医习"安胎产难及疮肿、伤折、针灸之法……限五年成"而无"各"字，已明其兼习此数科共限五年。又上引《天圣令·医疾令》末存唐令第1条强调医、针生"分业教习"，而"女医"条则无此规定，这也表明女医非分科习业，而是兼习所列诸科。况且上引文规定针生习业限"七年成"，若部分女医单习"针灸"只限五年，或女医亦按一定比例分别习业各科而一律五年成，皆有违情理。

3　《天圣令·医疾令》末存唐令第1条："诸医生既读诸经，乃分业教习。率二十人，以十一人学体疗，三人学疮肿，三人学少小，二人学耳目口齿，一人学角法，各专其业。"《天一阁藏明钞本天圣令校证（附唐令复原研究）》下册《校录本·医疾令》，第317页。这里规定的是医生分习诸科的比例，而非各科医生的员额，这样的比例当亦反映了由此登进为医官者的分科状态。

4　《史记》卷一〇五《扁鹊列传》述扁鹊"名闻天下。过邯郸，闻贵妇人，即为带下医；过雒阳，闻周人爱老人，即为耳目痹医；来入咸阳，闻秦人爱小儿，即为小儿医；随俗为变"（第2794页）。这反映了先秦以来医者分科之况。孙思邈《千金翼方》卷二六《针灸上·取孔穴法》："且夫当今医者，各承一业，未能综练众方，所以救疾多不全济。何哉？或有偏功针刺，或有偏解灸方，或有惟行药饵，（转下页）

医的这种仅须泛习而无须专精的课程规定，已在专业起点上注定了其比于必须精博兼备的男性生徒的弱势，说明了其培养目标主要是充当医官的辅助人员。

太医署女医所习的安胎产难及疮肿、伤折、针灸科目，无妨看作制度设定的女医治疗范围，却不能理解为这些疾患包括孕妇的妊娠分娩多由女医负责，因为医、针生必亦教习"安胎产难"等知识技能，史籍中更多男医治疗皇后嫔妃等贵妇的实例。[1]至于女医所习之所以不是别的而是这几个科目，应当也是其主要为嫔妃宫女服务

（接上页）或有专于禁咒，故以纲罗诸疾，有愈于是。"孙思邈著、李景荣等校释：《千金翼方校释》，北京：人民卫生出版社，2014年，第646页。这是述分科末流有偏窄之弊，但亦可见长期以来医患甚重专长之风。参于赓哲：《〈天圣令〉复原唐〈医疾令〉所见官民医学之分野》，《历史研究》，2011年第1期。

1 《天圣令·医疾令》第1条述宋仁宗时"诸医"分科包括大小方脉、针科、灸科、眼科、风科、疮肿科、咽喉科、口齿科、产科、书禁科、金镞科、伤折科。将之与其未所存唐令条文提到的科目对比，所谓"体疗"当包括了宋时的"大小方脉"等科，其中已含妇产科等知识技能。《天一阁藏明钞本天圣令校证（附唐令复原研究）》下册《校录本·医疾令》，第315、317—319页。又医、针生各科皆须习读的医经内容亦皆涵盖了妇产科，其研习的医经如张仲景《伤寒杂病论》自序，谓其所采及于《胎胪药录》，收入刘渡舟主编：《伤寒杂病论校注》之《伤寒卒病论集》，北京：人民卫生出版社，2013年，第24页。北宋王洙整理《伤寒论》论杂病部分编定的《金匮要略》，其卷下即有《妇人妊娠病脉证并治》《妇人产后病脉证治》《妇人杂病脉证并治》三篇。何任主编：《金匮要略校注》，北京：人民卫生出版社，2013年，第169、175、181页。晋王叔和《脉经》卷九前三篇皆为安胎产难诸证，其余六篇亦皆妇科儿科诸证。沈炎南主编：《脉经校注》，北京：人民卫生出版社，2013年，第276—302页。隋太医博士巢元方《诸病源候论》卷四〇为《妇人杂病诸候》，卷四一至四二为《妇人妊娠病诸候》，卷四三至四四为《妇人产后病诸候》，卷四五至五〇为《小儿杂病诸候》。丁光迪主编：《诸病源候论校注》，北京：人民卫生出版社，2013年，第765—783、784—815、816—834、835—847、848—943页。这都表明医、针生所习包括了安胎产难等术，更何况，诸处所载华佗、徐文伯、王显、姚僧垣等诸多医例，皆表明汉唐间男医治疗妇产科疾病一直都是主流。

的缘故。她们不仅都不便出宫或由男医入内医治，尤其是安胎产难和疮肿、伤折、针灸施治，每须切近接触其身体，即便特许御医为之诊疗，也须由女医充其助手，承担男医不宜的各种贴身服务。[1]由此再看女医所习包括了"安胎产难"，却未包括必然与之相连而医生所须习业的"少小"等科，恐怕也还是由于宫中怀胎者及所产无不身份贵重，自有专精其业的高手御医费心诊治，此时女医固须在保育其妊娠分娩时充当配角，却无庸参与其新生儿疾患的治疗。由此可见，唐令规定的女医课程，实从另一侧面证明了前面所述太医署女医的角色定位和服务对象，反映了当时社会性别观对女性习医和就医活动的深刻影响，尤其所蕴尽可能勿使其他男性切近接触女性身体的考量，则不仅是身为皇帝禁脔的嫔妃宫女如此，也同样适用于被公认为身体专属其夫所有的外命妇乃至于一般妇女，此即朝廷太医署需要专门培养女医，及其所习限此数科的基本原因。

女医教学"皆按文口授"，这也明显不同于太医署其他生徒皆须诵读并精熟医经的规定。《天圣令·医疾令》末所存唐令第1条，开头即称"诸医生既读诸经，乃分业教习"[2]，可见熟读规定医书乃是女

1　具体如《千金方》卷三《妇人方中·杂治》有治产后藏中风及阴肿痛的"当归洗汤"，即须熬药水每日三次"洗阴"；同处还有另一种"治产后阴肿痛方"，则须熟捣桃仁每日敷阴三次。《备急千金要方校释》，第103页。此类显然与女医所习"安胎产难"及"疮肿"科相关，其操作在当时显非男医所宜。
2　《天圣令·医疾令》第4条："诸医、针学，先读《本草》《脉诀》《明堂》……次读《素问》《黄帝针经》《甲乙》《脉经》，皆使精熟。其兼习之业，各令明达。"第5条："诸医、针学，各从所习，钞古方诵之。"整理组即据此参以日本《养老令》复原了唐令第4、5条，其间异文惟改"学"为"生"之类而其义略同，可见诸医、针生诵读医经之况。《天一阁藏明钞本天圣令校证（附唐令复原研究）》下册《校录本·医疾令》《唐医疾令复原清本》，第315、578页。

医以外诸医生习业的初阶[1]。同处所存唐令第7条规定医、针生业成送尚书省的试策之法：

> 医生试《甲乙》四条，《本草》《脉经》各三条。针生试《素问》四条、《黄帝针经》《明堂》《脉诀》各二条。其兼习之业，医、针各三条。问答法式及考等高下，并准试国子监学生例。[2]

可见医、针生试策，约相当于国学生徒的"帖经""墨义"之类，皆以熟诵经文为前提。而女医"皆按文口授"，则是一律由教官据医经口授文义。对男、女生徒教学方式的这种不同，有研究者认为令文不要求女医熟诵经方，应是其本出贱户，欠缺文化知识之故。但若考虑女医既经选取，罪犯配没者及官户中又不乏断文识字者，这样解释显有未惬，而应结合上面所述其课程之况，将之释为预设的女医角色定位和服务对象使然。即其作为男医的助手配角，又全无上升为医官充当治疗主角的可能[3]，故在课程安排上先已唯求其泛

---

1 《天圣令·医疾令》末所存唐令第8条载"诸按摩生学按摩，诵伤折经方及刺缚之法"。是按摩生所诵为经方及刺缚之法，由此推知咒禁生亦当熟诵咒禁、解忤、持禁之法。《天一阁藏明钞本天圣令校证（附唐令复原研究）》下册《校录本·医疾令》，第319页。

2 《天一阁藏明钞本天圣令校证（附唐令复原研究）》下册《校录本·医疾令》，第318—319页。

3 《天圣令·医疾令》末所存唐令第2条："诸医、针生，博士一月一试，太医令、丞一季一试，太常卿、丞年终总试。"《天一阁藏明钞本天圣令校证（附唐令复原研究）》下册《校录本·医疾令》，第317页。而"女医"条只规定了博士季试，年终则由品阶较低的医监正试，可见女医在当时官方医疗体系中的角色定位和（转下页）

涉数科而无须精博，其要在于亲手操作而非医理经方，口授及示范也就成了其最切实用的教学培养方式。[1]

当然令文只能就一般情况做出规定，好学业精的女医自会更受欢迎，"按文口授"更是极具弹性的教学方式。《天圣令·医疾令》末所存唐令第5条规定：

> 诸教习《素问》《黄帝针经》《甲乙》，博士皆案文讲说，如讲五经之法。私有精达此三部者，皆送尚书省，于流内比校。[2]

据上引策试医经的规定，这显然是医、针生教习之法，其"案文讲说"与女医的"按文口授"实无多少不同，讲授的含量应当也像国子监博士讲解五经那样，与教官的水平、好恶和师徒互动之况相关，女医若能"私有精达"经方者，虽无申送尚书省进身为官的可能，得到某种奖励亦属事理之常，区别只在女医皆口授而男医先须熟诵指定经方而已。因此，令文规定的女医教学，虽因特定培养目的和社会性别观呈现了种种特点，但也还是合乎通行的教学方式的，长期以来尤其盛行于方技习业的言传身教，在太医署男、女生徒的教学中显然均有突出地位。

（接上页）不能升为医官的附属性、卑微性，也已体现于其课试规定之中。日本《令义解》卷八《医疾令》"女医"条规定其由博士月试，岁终内药司试，限七年业成（第283页）。则反映了日本仿唐所立女医的重要性要稍高一些。

1　日本《令义解》卷八《医疾令》"女医"条注"案文口授"曰："谓女医不读方经，唯习手治，故博士于其所习，安方经以口授也。"（第283页）所释足以参考。

2　《天一阁藏明钞本天圣令校证（附唐令复原研究）》下册《校录本·医疾令》，第318页。

五、结语：唐"女医"之制溯源

在"女医"条这些蕴义特定的文字俱已释迄后，大致可对唐女医之制下两点结论：一是太医署教习的女医多为医官助手，主要是为嫔妃宫女提供贴身的医疗服务。故其各项规定一方面从属于官府各技术部门尤其是太医署选取和培养其所需技术人员的整套制度；另一方面又对其选取条件、安置处所、课程安排、教习方式等项做了诸多调整，以适应培养目标的需要。二是女医之制通体处于特定社会性别观的笼罩之下，并从一个独特角度反映了当时医疗领域的社会性别状态。这不仅集中体现于女医在整套官方医事体系中的卑微身份和附属地位，处处渗透于其习业、执业的全过程，而且也典型地透露了当时在女性身心和智力、女医与男医之别、女性疾患就医等方面的一系列共识或偏见。合此两点而言，即可认为唐令"女医"条的资料价值主要不在医学本身，而在于其中所示医疗社会学范畴的各种状态，包括其具象化为相应的职业规范、习惯和官方制度的态势，尤其是特定政治体制、知识系统和社会性别观对于医疗史和妇女史的深切影响。

最后还须注意的是"女医"条在《医疾令》中的位置。此令先列太医署诸医生选取、教习、课试之法，其末即为"女医"条，后面再继以其他医药行政条文，这样排序既是女医在太医署教习体制中仅处附属地位的反映，又提供了女医之制有可能晚出，是在太医署其他生徒管理条文之后方被附入《医疾令》的线索。由于《医疾令》源头在西晋《泰始令》，其中并有医署设官教习生徒之条[1];《天圣令》所存唐令则出于开元二十五年令[2]，但据前面对武周《梁师亮墓志铭》载其"起家任唐朝左春坊别教医生"的分析，女医之制的定型入令恐当不晚于唐初。故若推溯此制之源，其时间范围暂且可框在西晋至唐初之间。

再从西晋往下梳理，《唐六典》卷一四《太常寺》医博士、助教条原注述晋太医署设助教教习医家子弟，继曰：

> 宋元嘉二十年，太医令秦承祖奏置医学，以广教授。至三十年省。后魏有太医博士、助教。隋太医有博士二人，掌医。皇朝武德中，博士一人，助教二人；贞观中，减置一人，又置医师、医工佐之，掌教医生。[3]

据此，无论西晋医署教习是否包括了女医，东晋以来其实际已处于停废状态，至刘宋文帝时一度恢复，十年后罢撤。《宋书》卷八二《周朗传》载周朗在孝武帝登位后上疏论政，其中一条论巫风

1　《唐六典》卷六《刑部》"刑部郎中　员外郎"条原注载晋令有《医药疾病》（第184页）。此即后世《医疾令》立篇之源。《唐六典》卷一四《太常寺》太医署医博士条原注："晋代以上手医子弟代习者，令助教部教之。"（第410页）这应当出于当时犹存的《晋令》，其内容仍可与唐宋《医疾令》助教辅助博士教习，生徒先取医家子弟的规定相证。又《天圣令·医疾令》第5条："诸医、针生各从所习，钞古方诵之。其上手医，有疗疾之处，令其随从，习合和、针灸之法。"《天一阁藏明钞本天圣令校证（附唐令复原研究）》下册《校录本·医疾令》，第315页。所述"上手医"指医中高手，晋令已有此称而唐、宋令循称，似亦反映了晋、唐《医疾令》有关生徒教习条文存在的沿革关系。
2　参戴建国：《天圣令所附唐令为开元二十五年令考》、坂上康俊：《天圣令蓝本唐令的年代推定》，俱载《唐研究》第14卷，北京：北京大学出版社，2008年。
3　《唐六典》，第410页。

及医事有云：

　针药之术，世寡复修，诊脉之伎，人鲜能达。民因是益征于鬼，遂弃于医，重令耗惑不反，死夭复半。今太医宜男、女习教，在所应遣吏受业。如此，故当愈于媚神之愚，惩艾膢理之敝矣。[1]

　其下文载朗"书奏忤旨，自解去职"，此建议落空。不过周朗请由东晋以来归属门下省的太医教习男、女医生[2]，仍可说明当时宫廷和官府既缺男医也需要女医，但医署却无教习之法，民间则巫风盛行而尤其缺乏系统接受过医经、医术训练的男、女医[3]。至于《唐六典》上引文述西晋以来医学沿革一提刘宋即述后魏，则显然是以此为隋唐医学教习之法的正源，其原因除有鉴于北朝之况外，更是由于南朝医署迄无博士、助教之官[4]，也就再未恢复医徒教习之制。在

1　《宋书》，第2100页。
2　《唐六典》卷一四《太常寺》太医署述其秦汉属少府，西晋属宗正，东晋省宗正，"太医以给门下省"（第408—409页）。《宋书》卷四〇《百官志下》载太医令、丞属门下省，分别为第六品、第九品（第1244、1263、1265页）。
3　《晋书》卷九五《艺术韩友传》载韩友善卜相宅，能行厌胜之术，"龙舒长邓林妇病积年，垂死，医巫皆息意。友为筮之，使画作野猪著卧处屏风上，一宿觉佳，于是遂差"（第2476页）。《南齐书》卷五五《孝义韩灵敏传》附"诸暨东洿里屠氏女"事迹，述其甚有孝行，得神护佑"遂以巫道为人治疾，无不愈，家产日益"（第960页）。《南史》卷七〇《循吏郭祖深传》载郭祖深梁武帝时上封事论国政有曰："臣见疾者诣道士则劝奏章，僧尼则令斋讲，俗师则鬼祸须解，医诊则汤熨散丸，皆先自为也。"（第1720—1721页）此皆可见南朝民间以巫治病的流行，屠氏女更是女巫治病甚有市场的实例。
4　《南齐书》卷一六《百官志》载太常所属太庙令、丞等官，称"置令、（转下页）

此前提下，梁陈定令虽有《医药疾病》，其中自然不会有生徒教习之制，就更罔论有选取女医习业之法了。

北朝的情况与之相当不同，《魏书》卷一一三《官氏志》载太和中所定官品，太史、太卜、太医博士皆从七品下，太医、太史助教皆第九品中[1]，这类设置本身就表明北朝甚重方术的传统也已体现于其教学活动[2]。又《魏书》卷八《世宗纪》载永平三年十月辛卯下诏立馆治疗京畿内外疾病者，"严敕医署，分师疗治，考其能否，而行赏罚"，其后文又载延昌元年四月癸未，因肆州地震死伤甚多，诏"生病之徒宜加疗救，可遣太医折伤医，并给须之药，就治之"。[3]故北魏后期

（接上页）丞以下皆有职吏"，又载太医令、丞属尚书起部。则其下亦仅有职吏而无教官（第316、322页）。《隋书》卷二六《百官志上》载梁陈百官班位品阶，皆无医博士、助教，梁太医令为流内一班，丞为三品蕴位，陈官品中太庙、明堂等署令为第五品，未知有无太医令、丞（第733、735、743页）。孙思邈《千金翼方》序称"晋宋方技，既其无继，齐梁医术，曾何足云"，当亦有感于南朝医学之不振。《千金翼方校释》，第22页。

1 《魏书》，第2991、2992页。同处所载太和中官品另有第六品中阶的"太史博士"，当因两者属不同系统所致，犹其时尚书算生从八品中，而诸寺算生则为从八品下。又《魏书》卷二《太祖纪》末载"帝服寒食散，自太医令阴羌死后，药数动发，至此愈甚"（第44页）。是道武帝时已有医署。《魏书》卷六《显祖纪》皇兴四年三月丙戌，诏曰："朕思百姓病苦，民多非命，明发不寐，疚心疾首。是以广集良医，远采名药，欲以救护万民。可宣告天下，民有病者，所在官司遣医就家诊视，所须药物，任医量给之。"（第130页）此诏体现了太和以前医政之况。

2 《宋书》卷九五《索虏传》载北魏道武帝拓跋珪"颇有学问，晓天文"（第2322页）。故其开国建制所重晁崇通天文术数，董谧献服食仙经。《魏书》卷一一四《释老志》则载道武帝"置仙人博士，立仙坊，煮炼百药"，太武帝亦好方术，曾问隐士韦文秀以"方士金丹事"（第3049、3054页）。故太武帝所重崔浩、高允等亦皆精于天文术数，其后如毛脩之以善烹调渐居高位，蒋少游以制作巧思而获重用，皆与北族尤重方技术数的倾向有关。又《周书》卷四七《艺术传》序称宇文泰时"曲艺末技，咸见引纳"（第837页），亦体现了这种传统。

3 《魏书》，第210、212页。

医署教习之况虽史载不详[1]，但宣武帝诏文所述"分师疗治"及"折伤医"名称，却仍透露了唐《医疾令》中诸医生、医官分科的来源[2]。再看《唐六典》卷一四《太常寺》太医署原注述其北魏以后沿革之要：

> 北齐太常寺统太医令、丞。后周有大医下大夫、小医上士。隋太常寺统太医署令、丞，有主药、医师、药园师、按摩、咒禁博士……后周医正有医生三百人，隋太医有生一百二十人，皇朝置四十人。[3]

据此，无论北齐有无医署教习之制[4]，但其到周隋实甚兴旺，唐《医疾令》中有关太医署生徒选取、教习各条，即应承此发展而来。

经上梳理可见，若女医之制出现于唐代以前令文的话，那应该不会是在南朝，而是在北魏以来，又以周、隋的可能为大。尽管其事仍因记载阙如而难断定，但北朝既然更重方技，其社会性别状态

---

1 《魏书》卷一一三《官氏志》载太和二十三年修订，至宣武帝登位后颁行的官品中，除经学博士和律博士外，已无诸技术学博士（第2993—3003页）。尤其是到孝文帝迁都洛阳全面推行汉化改革后，诸技术学有所萎缩，其教官或已被摒至流外。

2 《水经注》卷一三《㶟水》述如浑水"又南迳藉田及药圃西，明堂东"云云。《水经注校证》，第315页。是北魏平城南郊有药圃，为隋唐所设药园及药园先之渊源。

3 《唐六典》，第409页。

4 《隋书》卷二七《百官志中》载北齐太常寺有太医署令、丞"掌医药等事"（第755页）其后文载诸署令有从八品上或从九品上之别，又载"尚书、门下、中书等省医师"为从九品下（第769、770页）。是北齐诸省皆有医师，其制多头不一。

也因北族的冲击而多元不一[1]，女性习业方术的可能自亦较大。即就官方教习而言，《晋书》卷一〇六《石季龙载记上》载石虎居摄赵天王后：

内置女官十有八等，教宫人星占及马步射，置女太史于灵台，仰观灾祥，以考外太史之虚实。又置女鼓吹羽仪，杂伎工巧，皆与外侔。[2]

这种在宫廷广设诸女伎术官的做法固然可视为一个特例，但北朝民间女医并不像南朝周朗上疏所称的寡鲜，却可证于敦煌莫高窟几幅涉医壁画中的女医图像，这多少也为女医之制的发轫提供了某种佐证。现将有关图像描述于下：

一、时属北周的296窟：其覆斗顶北披东端绘有主题为"施医

1　如《魏书》卷一八《太武五王列传·临淮王潭传》附《元孝友传》载元孝友孝静帝时上疏："将相多尚公主，王侯亦娶后族，故无妾媵，习以为常。妇人多幸，生逢今世，举朝略是无妾，天下殆皆一妻。设令人强志广娶，则家道离索，身事迍邅，内外亲知，共相嗤怀。"（第423页）《颜氏家训》卷一《治家》则述："邺下风俗，专以妇持门户，争讼曲直，造请逢迎，车乘填街衢，绮罗盈府寺，代子求官，为夫诉屈。此乃恒、代之遗风乎？"《颜氏家训集解》，第60页。

2　《晋书》，第2765页。后文载其又"增置女官二十四等"（第2777页）。《唐六典》卷一二《宫官》原注引《晋令》述晋宫官有二千石的银章艾绶、千石的铜印墨绶和千石以下的碧纶绶三等，包括大监、食监、都监、上监以及女史、贤人、恭人、中使、大使等不等级别的职务（第348页）。魏晋女史大抵掌宫中书记规谏等事，故顾恺之《女史箴图》绘女史执笔记事。这说明内廷存在着一套由宫人组成的文书簿记系统，也就意味着宫人不仅须在礼仪起居上，也须在书算等知识上接受必要的教习。而石虎增置女官十八等中的"女太史"，似即在魏晋内廷女史的基础上增置而来。

　　　　　　　　　　　　　中古政治与思想文化史论

施药，疗效百姓"的"福田经变"，上有一黑衣妇从后扶抱一裸体患者敧枕其胸前，黑衣妇侧有一浅红衣男子在旁协助，患者左侧有一黑衣男子持勺为其服药，右后侧有一跪坐浅红衣女子持白捣药。此图之右，则为扶抱患者的夫妇恭送已戴上幞头的持勺男和捣药女骑马离去。[1]

二、隋开皇四年所建302窟：其顶人字披西坡下端绘有同一主题的"福田经变"[2]，上有一裸体患者卧于席上，两侧各有一红衣男子以双手持定患者左、右手肘，患者肩部左侧有一黑衣男子为之诊疗，患者足后下侧有一跪坐的红衣女子作煎药状。

三、盛唐217窟：其南壁所绘"法华经变"的下端[3]，有一贵妇坐于堂内，目视其右侧一妇所抱小儿，堂外有一侍女正引一持杖戴幞头的红衣男医趋向堂前[4]，男医侧后有一双手捧盒的白衣女子亦步

1　段文杰、樊锦诗主编：《中国敦煌壁画全集》第三册《敦煌·北周》，图版一三三"福田经变"（二九六窟），沈阳：辽宁美术出版社/天津：天津人民美术出版社，2006年。此册前有樊锦诗所撰题为《北周时期的敦煌壁画艺术》的代序，文中附有此图的线描摹本。

2　段文杰、清白音、樊锦诗主编：《中国敦煌壁画全集》第四册《敦煌·隋代》，图版一二"救治病人"（三〇二窟），天津：天津人民美术出版社，1991年。此册前有段文杰所撰题为《融合中西成一家——莫高窟隋代壁画研究》的代序，文中即附有此图并做简述。

3　段文杰、清白音、樊锦诗主编：《中国敦煌壁画全集》第六册《敦煌·盛唐》，图版一九"法华经变"（二一七窟南壁），天津：天津人民美术出版社，2006年。此册前有史苇湘所撰题为《汗尘迷净土，梦幻寄丹青——论敦煌莫高窟盛唐壁画》的代序，其中述217窟壁画最具代表性时，以文字描述了这幅图像。此"法华经变"今已定名为"佛顶尊胜陀罗尼经变"。又，有些敦煌壁画的黑色本为红色，因氧化而转黑，但以上数图皆并存红色、浅红和黑色。

4　此医者持杖形象，亦可见于初唐321窟南壁"宝雨经变"（今已定名为"十轮经变"）中部左侧"送医服药"图所绘屋内左侧的戴幞头持杖男医。见段文杰、樊锦诗主编：《中国敦煌壁画全集》第五册《敦煌初唐》，图版一〇一"宝雨经变局部"（三二一窟），沈阳：辽宁美术出版社/天津：天津人民美术出版社，2006年。

亦趋。

以上图像中的涉医女子，以往或视为"家属""侍女"，但其中的捣药、煎药及捧盒女子，画中示其角色与确为家属、侍女者显然不同[1]，尤其296窟图右与医者一并骑马离开的女子，及217窟在持杖医者侧后亦步亦趋的持盒白衣女子，其为医者助手的身份呼之欲出，可断其必为当时所认女医形象。需要指出的是，莫高窟北凉、北魏以来诸窟壁画表现的佛经故事，虽有怀胎分娩、盲人复明之类的题材，却要么是渲染其事神异而未有医者出现，要么是虽有医者而无女医图像[2]。故上列数图，至少应可表明周隋至盛唐女医流行于民间的状态，从官方制度每与民间之事互动的角度，再结合当时医署教习之制的兴旺，当可将之视为女医之制始于周隋确有一定社会基础的证明。由此再据北周武帝始以软脚幞头为百官"常冠"之事[3]，并据北周296窟所绘骑马女性医者与盛唐217窟所绘持杖红衣男医皆戴

1　黄明兰《洛阳北魏世俗石刻线画集》（北京：人民美术出版社，1987年）所收有不少侍女形象，郑岩《魏晋南北朝壁画墓研究（增订版）》（北京：文物出版社，2016年）有不少图版为东西魏以来侍女形象。其共同点是仆从身份清晰，与墓主、宾客之类迥然有别，部分显贵及高士身侧侍女手捧之物或与养生求仙相关，但其形象明显与女医无关。

2　如段文杰、樊锦诗主编：《中国敦煌壁画全集》第三册《敦煌·北周》，图版一〇九"遇见病人"，为北周290窟人字顶西披中部所绘释迦牟尼为太子时"遇见病人"之图，上有一裸体患者欹几侧卧，其右有一医者作察视状，患者头部后侧有一老妇拱手而立。其中即未出现女医图像。樊锦诗、马世长《莫高窟第290窟的佛传故事画》一文附有此图照片（图版十）及线描摹本（插图六），《敦煌研究》创刊号，1983年。

3　《周书》卷六《武帝纪》宣政元年三月甲戌"初服常冠，以皂纱，加簪而不施缨导，其制若今之折角巾也"（第106页）一般认为此即幞头所起。参孙机：《从幞头到头巾》，收入所著《中国古舆服论丛》，北京：文物出版社，2001年，第205—213页。

幞头的形象[1]，则可进一步推想两者或皆为官身，然则北周以来官府已有女医似非毫无证据可言。

综上诸种事态，大致可以认为女医之制或始于北周，并在隋定《医疾令》时附入令篇，置于医署生徒教习诸条之后，唐初以来当又有所调整，即为今见《天圣令·医疾令》所存唐令"女医"条的模样。由于《天圣令》各篇之末所存唐令皆标明"右令不行"，故"女医"等条唐末以来应已隳废[2]，宋仁宗时修令时遂将之摒出新令[3]，至于其后嫔妃宫女即便仍有女医为之服务，也只是一种并不纳入法定教习体制的余绪而已。[4]

1　唐永泰公主墓及新城长公主墓壁画中，其侍从女官有些即戴幞头。见陕西省文物管理委员会：《唐永泰公主墓发掘简报》，《文物》，1964年第1期；陕西省考古研究所、陕西省博物馆、昭陵博物馆：《唐昭陵新城长公主墓发掘简报》，《考古与文物》，1997年第3期。

2　唐代王建《王司马集》卷八《宫词一百首》，其中第八十四首为："御厨不食索时新，每见花开即苦春。白日卧多娇似病，隔帘教唤女医人。"似唐后期仍有"女医"为宫人服务。《景印文渊阁四库全书》第1078册，第627页。

3　范仲淹《范文正公集·政府奏议》卷下《杂奏·奏乞在京并诸道医学教授生徒》有曰："我祖宗朝置天下医学博士，亦其意也，即未曾教授生徒。今京师生人百万，医者千数，率多道听，不经师授，其误伤人命者，日日有之。臣欲乞出自圣意，特降敕命，委宣徽院选能讲说医书三五人为医师，于武成王庙讲说《素问》《难经》等文字，召京城习医生徒听学，并教脉候及修合药饵。其针、灸亦别立科教授，经三年后方可选试高第者入翰林院，充学生祗应……所有诸道州府，已有医学博士，亦令逐处习生徒，并各选官专管。仍指挥转运使、提点刑狱、转运判官，所到点检其学医生徒，候念得两部医书精熟，即与免户下诸般差配。如祗应州府，累有功效者，即保明闻奏，与助教安排。所贵天下医道，各有原流，不致枉人性命，所济甚广，为圣人美利之一也。"（《万有文库》本，上海：商务印书馆，1937年，第376页）可见宋初虽有医学博士，亦如他官并无职事，天圣定令后其医学部分一时仍具文而已。

4　关于宋以来女医之况，参梁其姿：《前近代中国的女性医疗从业者》，收入《台湾学者中国史研究论丛》李贞德、梁其姿主编之《妇女与社会》卷，北京：中国大百科全书出版社，2005年，第355—374页。

附图：莫高窟296窟（北周）"福田经变" 摹本

文
景

社 科 新 知　文 艺 新 潮

Horizon

中古政治与思想文化史论

楼 劲 著

出 品 人：姚映然
责任编辑：但　诚
营销编辑：杨　朗
封扉设计：东合社·安宁

出　　品：北京世纪文景文化传播有限责任公司
　　　　　（北京朝阳区东土城路8号林达大厦A座4A　100013）
出版发行：上海人民出版社
印　　刷：山东临沂新华印刷物流集团有限责任公司
制　　版：南京展望文化发展有限公司

开 本：890mm×1240mm　1/32
印 张：23　字 数：509,000　插 页：2
2023年1月第1版　2023年1月第1次印刷
定 价：128.00元
ISBN：978-7-208-17888-5/K·3235

图书在版编目（CIP）数据

中古政治与思想文化史论 / 楼劲著 .— 上海：上
海人民出版社，2022
　ISBN 978-7-208-17888-5

　Ⅰ．①中 ... Ⅱ．①楼 ... Ⅲ．①政治制度史−中国−古
代 ②思想史−中国−古代 ③文化史−中国−古代 Ⅳ.
①D691.2 ②B2 ③K203

中国版本图书馆 CIP 数据核字（2022）第 158700 号

本书如有印装错误，请致电本社更换　010−52187586